"十三五"国家重点出版物出版规划项目
国家科学技术学术著作出版基金资助出版

认知神经科学书系·认知与发展卷
丛书主编 杨玉芳

语言理解
——认知过程和神经基础

The Cognitive Processes and
Neural Bases of Language Comprehension

杨玉芳 著

科 学 出 版 社
北 京

内 容 简 介

语言理解涉及十分复杂的认知神经机制。探讨和揭示人类如何理解语言，成为语言学、心理语言学、认知神经科学和人工智能等多个科学领域的研究者共同关注的问题。

本书系统阐述近年来对语言理解认知过程和神经基础的研究进展。全书共十二章，分为四个部分。第一部分概述语言理解的语言学和认知神经科学基础。第二部分阐述词汇语义加工、句子理解、语篇阅读以及会话交流中的主旨和意图理解的认知过程和神经基础。第三部分阐述记忆、认知控制、推理和心理理论等一般认知过程的神经基础及其对语言理解的支持和调控功能。第四部分从理论和实证研究两个方面阐述语言产生与语言理解的关系。

本书对语言学、心理学领域的科研人员、学生，以及其他对人类语言发展感兴趣的读者均具有重要的参考价值。

图书在版编目（CIP）数据

语言理解：认知过程和神经基础 / 杨玉芳著. —北京：科学出版社，2020.12

（认知神经科学书系 / 杨玉芳主编）

ISBN 978-7-03-066712-0

Ⅰ. ①语… Ⅱ. ①杨… Ⅲ. ①神经语言学 Ⅳ. ①H0-05

中国版本图书馆 CIP 数据核字（2020）第 216451 号

责任编辑：孙文影　高丽丽 / 责任校对：彭珍珍
责任印制：师艳茹 / 封面设计：黄华斌

科 学 出 版 社 出版
北京东黄城根北街 16 号
邮政编码：100717
http://www.sciencep.com

三河市春园印刷有限公司 印刷
科学出版社发行　各地新华书店经销
*

2020 年 12 月第 一 版　开本：720×1000 B5
2020 年 12 月第一次印刷　印张：31　插页：16
字数：631 000

定价：168.00 元

（如有印装质量问题，我社负责调换）

"认知神经科学书系"编委会

主　编　杨玉芳

主　任　吴艳红

委　员　（按姓氏汉语拼音顺序排列）

　　　　陈安涛　傅小兰　郭秀艳　贺　永

　　　　刘　嘉　刘　勋　罗　劲　邱　江

　　　　翁旭初　吴艳红　杨玉芳　臧玉峰

丛 书 序
PREFACE TO THE SERIES

认知神经科学是20世纪后半叶兴起的一门新兴学科。认知神经科学将认知科学的理论与神经科学和计算建模等研究方法结合起来，探索人类心理与大脑的关系，阐明心智的物质基础。这是许多科学领域共同关心的一个重大科学问题。解决这个问题过程中的新发现和新突破，会深刻影响众多科学和技术领域的进展，影响人们的社会生活。

一方面，在心理学领域，人们曾经采用神经心理学和生理心理学的方法和技术，在行为水平上进行研究，考察脑损伤对认知功能的影响，增进了对于脑与心智关系的认识。近三十年来，神经科学领域的脑影像技术和研究方法的巨大进步，使得人们可以直接观察认知过程中大脑活动的模式，大大促进了对于人类认知的神经生物学基础的探索。另一方面，在神经科学领域，人们以心理学有关人类认知的理论和实证发现为指导，探索神经系统的解剖结构与认知功能的关系，有望攻克脑与心智关系研究的核心和整体性问题。可见，认知科学与神经科学的结合，使得这两个科学领域的发展都上升到了前所未有的崭新高度，开创了一个充满挑战与希望的脑科学时代。

多年前，有学者建议，将行为、心理、神经与基因研究的相互结合，作为认知科学的路线图。认知神经科学与传统的认知心理学、生理心理学、神经心理学和神经科学等相互重叠与交叉，同时又将它们综合起来。这种跨学科的研究方法和路径，使人们不仅能在行为和认知的层面上，还可以在神经回路、脑区和脑网络的层面上探讨脑与心智的关系。而且，这种探索不再局限于基本认知过程，已经扩展到发展心理学和社会文化心理学领域。其中，基本认知过程研究试图揭示感知觉、学习记忆、决策、语言等认知过程的神经机制；发展认知神经科学将发展心理学与神经科学和遗传学相结合，探讨人类心智的起源及其发展变化规律；社会文化认知神经科学将社会心理、文化比较与神经科学结合，研究社会认知的文化差异及其相应的神经机制差异。

在过去的三十余年中，认知神经科学获得了空前的繁荣和发展。世界各国对脑科学发展做了重要部署。每年都举办大规模的认知神经科学学术会议，吸引了不同学科领域的众多学者参与。以认知神经科学为主题的论文和学术著作的出版十分活跃。国内学者在这一前沿领域也做出了很多引人瞩目的工作，产生了一定的国际影响力。在国家层面上，政府对这个领域的发展极为重视，做了重要的部署和规划，在21世纪之初即建立了"脑与认知科学"和"认知神经科学与学习"两个国家重点实验室，设立了973计划项目、国家自然科学基金重大项目等，对认知神经科学研究进行大力资助。《国家中长期科学和技术发展规划纲要（2006—2020年）》将"脑科学与认知科学"纳入国家重点支持的八大前沿科学领域。习近平在《为建设世界科技强国而奋斗——在全国科技创新大会、两院院士大会、中国科协第九次全国代表大会上的讲话》中提出，脑功能研究是探讨意识本质的科学前沿，具有重要科学意义，而且对脑疾病防治、智能技术发展也具有引导作用。《中华人民共和国国民经济和社会发展第十三个五年计划纲要》也强调，要强化"脑与认知等基础前沿科学研究"，并将"脑科学与类脑研究"确定为科技创新2030重大项目。

科技图书历来是阐发学术思想、展示科研成果、进行学术交流的重要载体。一门学科的发展与成熟，必然伴随着相关专著的出版与传播。科学出版社作为国内科技图书出版界的"旗舰"，在2012年启动了"中国科技文库"重大图书出版工程项目，并将"脑与认知科学"丛书列入出版计划。考虑到脑科学与认知科学涉及的学科众多，"多而杂"不如"少而精"。为保证丛书内容相对集中，具有一定代表性，在杨玉芳研究员的建议下，丛书更名为"认知神经科学书系"。

2013年，科学出版社与中国心理学会合作，共同策划和启动了"认知神经科学书系"的编撰工作。确定丛书的宗旨是：反映当代认知神经科学的学科体系、方法论和发展趋势；反映近年来相关领域的国际前沿、进展和重要成果，包括方法学和技术；反映和集成中国学者所作的突出贡献。其目标包括：引领中国认知神经科学的发展，推动学科建设，促进人才培养；展示认知神经科学在现代科学系统中的重要地位；为本学科在中国的发展争取更好的社会文化环境和支撑条件。丛书将主要面向认知神经科学及相关领域的学者、教师和研究生，促进不同学科之间的交流、交叉和相互借鉴。同时力争为国民素质与身心健康水平的提升、经济建设和社会可持续发展等重大现实问题提供一定的科学知识基础。

丛书的学术定位，一是前沿性。集中展示国内学者在认知神经科学领域内取得的最新科研成果，特别是那些具有国际领先性、领域前沿性的研究成果，科研主题和成果紧扣国际认知神经科学的研究脉搏。二是原创性。更好地展示中国认知神经科学研究近年来所取得的具有原创性的科研成果，以反映作者在该领域内取得的有代表性的原创科研成果为主。三是权威性。由科学出版社和中国心理学会共同策划，汇集国内认知神经科学领域的顶尖学者组成编委会。承担单本书写作任务的作者均是认知神经科学各分支领域内的领军学者，并取得了突出的学术成就，保证丛书具有较高的权威性。

丛书共包括三卷，分别为认知与发展卷、社会与文化卷、方法与技术卷，涵盖了国内认知神经科学研究的主要分支与主题。其中，认知与发展卷展示语言、决策、认知控制、疼痛、情绪、睡眠、心理发展与年老化、阅读障碍、面孔认知等领域的研究成果；社会与文化卷展示文化心理、自我认知、社会情绪、社会认知的神经与脑机制等研究成果；方法与技术卷介绍当前认知神经科学研究主要使用的方法与技术手段，包括多模态神经影像、弥散磁共振脑影像、近红外光谱脑功能成像、静息态功能磁共振成像、计算认知神经科学、脑电信号处理和特征提取等。

丛书的编撰工作由中国心理学会的两个分支机构共同负责组织。中国心理学会出版工作委员会主任、中国科学院心理研究所杨玉芳研究员任丛书的主编。中国心理学会普通心理和实验心理专业委员会主任、北京大学吴艳红教授任编委会主任。时任北京师范大学心理学院院长刘嘉教授（现任清华大学教授）在丛书的策划和推动中发挥了重要作用。

丛书编委会汇集了国内认知神经科学领域的优秀学者，包括教育部长江学者特聘教授、国家杰出青年基金获得者、中国科学院"百人计划"入选者等。编委会选择认知神经科学各分支领域内的领军学者承担单本书的写作任务。他们均在各自擅长的领域取得了突出的学术成就，其著作能够反映国内认知神经科学领域的最新成果和最高学术水平。

在启动丛书编撰工作的同时，中国心理学会还组织编撰了《心理科学发展报告2014—2015》（以下简称《发展报告》），主题是"脑科学时代的心理学"，组织召开了以此为主题的学术研讨会。国内各高校和研究机构的十多位青年学者，围绕认知过程的神经基础、发展认知神经科学、社会认知神经科学和技术与方法的进展四个分主题，做了高水平的学术报告。此后他们又参与了《发展报告》的编撰工作。研讨会的召开和《发展报告》的出版在心理学界产生了很好的影响，也成为丛书编撰准备工作的一个组成部分。研讨会的多位报告人后续承担了"认知神经科学书系"的写作任务。

在丛书编撰过程中，编委会组织召开了多次编撰工作会议，邀请丛书作者和出版社编辑出席。作者们报告自己的撰写计划和进展，对写作中的问题和困惑进行讨论与交流，请出版社的编辑予以解答。编撰工作会议同时也是学术研讨会，认知神经科学不同分支领域的学者相互交流和学习，拓展学术视野，激发创作灵感，对丛书写作的推进十分有益。

科学出版社的领导和教育与心理分社的编辑对本丛书的编撰和出版工作给予了高度重视和大力支持。时任科学出版社党委书记李锋（现任科学出版社总编）出席了丛书的启动会并做报告。科学出版社副总编陈亮曾与作者开展座谈，为大家介绍科学出版社的历史与成就。教育与心理分社付艳分社长和编辑们经常与作者联系，悉心回答大家的问题。在大家的努力下，"认知神经科学书系"入选了"十三五"国家重点出版物出版规划项目，部分著作获得了国家科学技术学术著作出版基金的资助。

经过数年的不懈努力，丛书的著作逐步进入出版阶段，将陆续与读者见面。希望丛书的出版能成为我国认知神经科学领域的一件具有重要意义的大事，对学科未来的发展起到积极的促进作用，并产生深刻和久远的影响。

丛书主编　杨玉芳

编委会主任　吴艳红

2020 年 10 月 16 日

前 言
PREFACE

对于人类生存和发展而言,语言是一种不可或缺的能力。人类使用语言描绘和认识客观世界,进行人际交流,传承人类文明,形成历史与文化。可以说,没有语言,人类文明和社会发展就不可能达到今天的高度。语言的巨大作用是通过使用过程实现的,主要是人际的信息传递和交流,包括语言理解和语言产生。语言交流可以通过口语的说与听进行即时的、面对面的交流;或者借助文字的写与读进行跨越时间和空间的交流。在现代多媒体技术的支持下,人们已经可以通过听、说、读、写进行即时的或者跨越时空的交流。语言使用能力是人类在生物预设的基础上通过学习获得的,并且在使用过程中得到发展。可以说,语言的理解、产生和获得处于同一个交流系统之中。因此,有学者提出"语言链"的假设,将理解、产生和获得置于一个统一的理论框架中进行考虑和研究。

有研究表明,语言是其他物种不具备、人类所独有的一种能力。支持这种能力的关键条件是人类大脑所具有的卓越的编码、存储和处理复杂信息的能力。语言的认知神经科学研究正是借助于神经成像技术(脑成像、MEG 和 EEG 等)和神经心理学方法,揭示与语言加工相关的神经结构和信息处理过程。在过去的几十年里,有众多学者在此领域进行探索,取得了很大进展。对语言使用的认知神经机制的研究,已成为方兴未艾的脑科学研究的重要组成部分。在语言使用的几个方面中,对于"语言理解"的研究有更多的积累和成果。本书将聚焦于语言理解的认知神经基础这一主题。

一、语言理解的认知神经科学研究

1. 语言理解的研究方法

语言理解是人们根据语言输入和语境信息获得意义的过程,其涉及的认知神经过程十分复杂,诸多科学领域都对它进行了长期的系统的研究。

心理语言学将心理学和语言学的理论与方法相结合,研究人类语言及其使用。其研究主题包括人类语言的产生和理解、语言能力的获得与发展、语言与认知的关系。在早期，心理语言学研究主要在行为水平上进行，关注个体的言语行为及其发展规律。语言理解研究采用认知心理学的理论和方法，研究输入的语言信息在各个语言学层面上的表征和加工过程，包括词的识别和词义理解、句法语义加工和句子理解、语篇的连贯性建构和主旨理解等。其在实证研究的基础上提出了诸多理论和模型，系统地描绘了理解语言的认知加工过程。

认知神经科学将认知心理学（认知科学）与神经科学相结合，采用神经成像技术和神经心理学方法等对语言理解的认知神经机制进行探索，揭示各个语言学层次上人脑信息加工所涉及的神经结构及其活动模式，建构了多个理论和模型。这些理论和模型描述了语言理解的认知过程和神经结构，包括网络的结构与功能、网络之间和网络内部脑区之间的协同和信息传递。其不仅描述了语言系统本身的活动，也解释了语言系统与认知系统之间的互动，认为记忆、控制、心理理论等一般认知成分的支持和参与对于语言理解是不可或缺的。

在探索的过程中，语言理解的研究方法和技术也在不断发展。简单枚举几个方面：在实证研究的基础上从神经生物学层面建构了语言理解计算模型，将神经系统中语言信息的表征方式和处理流程具体化；行为和多种成像技术的并行使用，弥补了单一技术或者方法的不足，能够在更精细的时间和空间维度上揭示大脑的语言功能；与计算语言学和大数据挖掘方法相结合，能够更准确地设计和控制实验语料，对来自不同实验的数据进行分析和综合，得出更准确和更抽象的结论。

2. 语言理解的认知过程和神经基础

根据已有的认知神经科学研究成果，目前对于语言理解相关的认知过程和神经基础，研究者已在很多方面达成共识。人要想快速、准确地理解话语表达的意义以及说话者的意图，需要经过词汇语义的提取和句法语义的整合，这是语言加工的核心过程。其中，提取是在识别的基础上，对存储于长时记忆中的概念和语义的通达，整合是根据句法关系将这些概念组合成一个个更大的结构，如短语、语句等。为了理解说话者的意图，不仅要整合语言内部的信息，还要整合语境信息，例如，有关交流环境、交流者的信息等。除了提取和整合过程之外，语言理解还有一般认知过程的参与和支持，如记忆、认知控制、推理、心理理论等。

提取过程包括词汇的识别和概念语义的通达。当听到言语信息或者阅读文本信息时，首先要将连续的语言输入在知觉上切分为离散的单元，激活并映射到存储在长时记忆中的抽象表征。这个过程十分迅速，通常不超过 300ms。在提取获得词汇的语义表征和句法属性的同时，启动了句法和语义整合。乔姆斯基将融合看作生成语言层级结构的基本操作，即把两个单元融为一体产生一个新的单元的过程。来自脑电研究的结果表明，词汇提取和整合加工通常是在 500ms 之内完成的。要实现完整的句子理解还需要对句法和语义进行整合,将句法角色映射到主题角色。

语言理解是人际交流过程的组成部分。根据言语行为理论,交流不仅仅是命题的交换,听者还需要从编码的语义中推测说话者的意图,这需要利用多种信息资源。脑电和行为研究结果表明,非语言信息的输入(如说话时的手势、场景等)能够被快速地整合到当前加工的情境模型中。语言信息与非语言信息共同决定了听者对话语内容的解读。此外,交流过程中听者的目标和语言的信息结构标记也会影响听者的注意资源分配,进而影响其对输入信息的解读和加工深度。这些过程有认知控制和心理理论等一般认知过程的参与,说明在交流环境中的语言理解不但要求听者有语言处理能力,而且要有对环境信息的整合能力、支持交流目标的认知控制能力、以知识和经验为基础的推理能力,包括逻辑推理、预期,以及对他人的信念、动机等进行快速加工的能力。因此,语言理解被认为是一个生成的、层级的、概率推断的信息处理过程。

研究者采用神经成像技术,并结合病人的脑损伤部位和语言障碍关联的数据,研究了语言理解的神经生物学基础,揭示了语言理解的认知过程在神经系统中的实现。Friederici 提出了口语句子加工的神经解剖模型,对理解过程的不同阶段中参与信息处理的神经结构和时间进程进行了描述。在该模型中,初始的声学信号分析始于信号出现后的 100ms,这一过程主要在初级听觉皮层(PAC)以及颞平面(PT)完成。从这些脑区出发,信息传导到颞上回(STG)的前部和后部。颞上回前部(aSTG)经由钩状束(UF)与左侧额-岛盖(lFOP)相连接(腹侧通路Ⅱ),这部分脑区负责初始句法分析(即以词类信息为基础建立局部短语结构),这一过程发生在刺激出现后的 120~200ms。语义和句法的加工发生在刺激出现后的 300~500ms,负责语义加工的网络包含 STG 和颞中回(MTG)的中部和后部以及额下回(IFG)的 BA45(腹侧通路Ⅰ),负责句法加工的网络包含 STG 和颞上沟后部(pSTS)以及 IFG 的 BA44(背侧通路Ⅱ)。句法和语义的整合过程可能发生在刺激出现的 600ms 左右或之后,这一过程可能涉及 STG 和 pSTS 以及基底神经节(BG)。超音段信息的加工主要在右脑,并通过胼胝体(corpus callosum)与左脑的信息加工过程产生交互。

在句子和语篇加工中,需要对多词语话语给出连贯的解释。听者的世界知识、共同出现的视觉信息和语境信息等都能够诱发与句子语义信息相似的神经反应。从编码语义到理解说话者的意图,还涉及额外的神经网络。例如,理解间接回应时,会激活内侧前额皮层(mPFC)和右侧的颞顶联合区(rTPJ)。rTPJ 后部在心理理论网络中的功能被认为与心理状态推理密切相关,比如,当考虑其他人的信念、情绪和愿望时。mPFC 的激活与复杂的社会认知加工相关,比如,对他人或者自己意图的思考。这些脑区在语篇理解中也得到了同样的激活。

可见,从口语或者书面语信息的输入到将词汇整合成句子和语篇,再到理解说话者的意图,整个加工过程中有许多神经网络的参与。其中一些网络可能具有语言的领域特异性,尤其是当涉及语言知识的编码时;另一些网络则与其他认知功能区域是共享的,比如,认知控制和心理理论网络。在不同的任务中,网络之间的交流和协同如何动态地组织,是一个有待深入研究的问题。

3. 语言理解与语言产生

语言理解和语言产生在相当长的一个时期被当作两个相互独立的系统。近年来,两个系统之间的关系逐渐受到越来越多的研究者的关注。研究者用行为和神经科学方法揭示出,无论是在言语知觉、文本阅读还是人际交流条件下,语言理解过程的某些方面都涉及了语言产生和语言理解这两个系统之间的耦合,例如,可能有共享的词汇概念和句法系统。在复杂的情景中,语言产生和语言理解表现出了既有重叠又有特异的脑区激活和功能连接模式。根据这些观察,Pickering 等提出了语言理解与产生的整合理论,认为说话者和听者都使用内隐的动作模拟生成前向模型,在不同的语言学水平上做出预期,并在理解过程中使用这种预期来监控即将出现的语言信号。还有学者进一步假设,语言产生和语言理解两个过程相互影响、相互塑造,二者与语言获得一起构成了完整的语言链条。

二、本书的写作目的和章节结构

鉴于语言在人类社会发展中的重要作用,语言及其使用成为诸多学科领域的研究内容。除了心理语言学的研究之外,特别值得关注的是语言神经生物学(neurobiology of language)研究的兴起与蓬勃发展。这个领域汇集了语言学、神经生物学和认知科学等诸多学科的学者,共同探索语言及其使用的神经生物学基础,取得了令人瞩目的成果。以此为主题的系列国际会议每年举行,规模宏大。从会议论文可以看出,语言理解的研究成果是其重要组成部分。

关于语言理解的研究进展,在国内外心理语言学和认知神经科学的专著和会议论文集中有不同程度的反映。在国际上,Kintsch 的 *Comprehension: A Paradigm for Cognition*(1998 年)系统地阐述了语言理解的认知框架,在心理语言学领域产生了深远的影响。Friederici 主编的 *Language Comprehension: A Biological Perspective*(1998 年)集结了数位学者的研究成果,从神经生物学视角对彼时的语言理解研究进展做了综述,其中多数章节集中于词汇层面的加工。Kemmerer 的 *Cognitive Neuroscience of Language*(中译本,2019 年)、Zubicaray 和 Schiller 主编

的 *The Oxford Handbook of Neurolinguistics*（2019年），以及 Fernández 和 Cairns 主编的 *The Handbook of Psycholinguistics*（2018年），都以相当多的篇幅介绍了语言理解方面的认知神经科学研究的实证发现和理论模型，涉及词汇、句子和语篇等各个语言学层面。

在国内，心理语言学、认知语言学和自然语言处理领域的学者以"语言理解"为题撰写和出版了多部专著，如鲁忠义和彭聃龄的《语篇理解研究》(2003年)、常欣的《认知神经语言学视野下的句子理解》(2009年)、崔希亮的《语言理解与认知》(2001年)、姚天顺等的《自然语言理解：一种让机器懂得人类语言的研究》(2002年)等。笔者编著的《心理语言学》(2015年)将"语言理解"作为一个组成部分，在词汇概念、句子和篇章等层次上介绍了语言理解的实证研究和理论模型，侧重点在于认知层面。尽管有了这些论著的问世，仍然可以说，到目前为止，能够集中、系统地反映有关语言理解认知过程和神经基础的研究进展和前沿的专著在国内尚不多见。

语言与认知的关系，一直是心理语言学和认知科学领域争议的焦点。近年来的研究进展使得学者之间的意见趋于统一，认为语言能力是认知系统的一部分，语言理解的神经网络是由语言特异的核心网络和领域一般的功能网络共同组成的。本书试图在这样的框架下，系统阐述近年来语言理解认知过程和神经基础的研究成果，不仅集成和反映语言理解的核心过程的理论和实验证据，而且包括那些从一般认知过程的视角开展的语言理解研究。这些内容在语言理解的理论模型中通常不容易得到详尽的阐述，但是这些却是全面了解语言理解过程所必不可少的内容。

本书共十二章，分为四个部分。第一部分概述语言理解的语言学和认知神经科学理论基础。第二部分阐述有关词汇语义加工、句子的理解、语篇阅读以及会话交流中的主旨和意图理解的认知过程和神经基础，这是语言理解的认知神经机制的核心内容。第三部分是从认知系统看语言理解，阐述了记忆、认知控制和推理等一般认知过程的神经基础及其对语言理解的支持和调控功能。第四部分是从语言系统内部看语言理解，从理论和实证研究两个方面阐述语言产生与语言理解的关系。在内容选择上，本书以语言理解的认知和神经科学的理论模型和实验结果为主，但也会引入一些相关的认知计算模型。这对于系统地认识语言理解的信息处理过程、沟通人类智能与人工智能的联系，具有特别的意义。全书的内容安排如下。

第一部分（第一、第二章）对语言理解的语言学和认知科学理论基础进行了概述。其中，第一章综合了语言学、心理语言学和认知语言学的观点，简要阐述了词汇概念、句子、语篇层面的语言学成分、结构及其认知表征，并且就会话的理论、结构和连贯性问题做了简要介绍。第二章综述了以理性思维的自适应控制系统（ACT-R）和神经元网络模型为代表的认知科学的一般（通用）模型和方法，以及语言理解的宏观认知模型——建构整合理论（CI）和连贯矩阵模型（Coh-Metrix），以记忆-整合-控制模型（MUC）和语言加工的双通路模型为代表的认知神经科学模型。最后，是根据神经网络和神经生理的研究进展，对语言与认知系统的关系的评述。这部分内容既是本书章节安排的理论依据，也可以为不同领域的读者阅读本书后面的内容提供知识储备。

第二部分（第三章至第六章）根据语言的结构层次，分别阐述了在词汇、句子、语篇和会话层面上语言理解的认知神经科学理论模型和实证研究结果。对语言理解这一主题而言，这些是最为重要或者说是最直接相关的内容。在词汇概念加工层次上，本书阐述了口语和视觉呈现的词汇（孤立词）加工的模型、在语流中词汇语义提取的神经生理模型和"提取-整合"的认知计算模型，以及组合概念理解的认知神经过程。句子层面的理解，包括句子理解的理论模型、句法和语义加工的神经基础，以及句子理解的神经网络。在语篇层面上，本书凸显了结构加工、信息整合与主旨理解的关系，分为三个部分：一是语篇信息整合，包括衔接与连贯性加工、局部与大范围信息的整合，以及宏观结构引导下的主旨提取；二是情境模型的建构与更新，以及作为建构基础的事件切分理论和神经基础；三是语篇理解涉及的神经结构和网络。在会话层面上，通过叙述会话认知模型和神经科学实验研究，分析了会话合作者之间的认知协同和神经耦合，以及隐含表达和交流情境影响下的意图理解。这样的布局意在显示语言理解从语义到语用有着不同的理解层次和理解深度，是一个连续的、层层递进的过程。

第三部分（第七章至第十一章）以认知过程为主线，阐述了记忆、认知控制和推理等一般认知过程的神经机制及其在语言理解过程中的重要作用，这是对第二部分核心内容的延伸和拓展。在这一部分，笔者首先论述长时记忆中的知识结构（包括语义记忆、情景记忆和图式记忆）的形成和更新的神经机制，以及各种知识结构在语言理解中的作用；其次论述认知控制（包括工作记忆、认知灵活性和抑制控制）及其对语言理解过程的支持和调控功能。推理是人类的高级智能，逻辑推理、预期加工和心理理论等都可以被看作特定形式的"推理"，在语言理解甚至一切人类认知活动中具有十分重要的作用。语言理解过程中的逻辑推理是以语言为中介，又超越语言的思维活动，是到达理解连贯性和获得真实含义的必要过程；预期是体现语言加工的生成性、主动性的一种前向推理，参与了语言理解的各个层次的加工，尤其是在流畅的会话过程中起到了重要作用；心理理论是指向自我或他人的内隐心理状态（包括动机、意图、信念、情绪等）的推理，在叙事理解和人际交流活动中尤为重要。每一章的章节安排均是首先概述这些一般认知成分的神经基础，然后通过几个比较典型的理解任务说明它们在语言理解中的作用，但是没有考虑这些理解任务之间的系统性关系。

第四部分（第十二章）是语言产生与理解的关系，包括相关的理论和实证研究。语言产生与理解是两个不同但是密切相关的系统，二者在语言使用中如何相互协同、相互影响？近年来，在认知神经科学技术的支持和促进之下，对这些问题的研究取得了新的进展。

本书没有专设与语言理解能力的发展和障碍有关的内容，尽管有些理解模型是来自脑损伤病人的研究数据，或者源于正常人和脑损伤病人两方面数据的比较。在心理语言学中，对于语言能力发展和障碍问题的研究已取得了丰富的研究成果，感兴趣的读者可以查阅其他相关资料。

语言作为最高级、最复杂的人类智能，在世界各国大力推进的脑科学计划和人工智能发展规划中都居于重要地位。我国的脑科学计划由"一体两翼"组成，包括脑认知功能、脑疾病和人工智能三个领域，其中，脑认知功能是主干。对语言理解的认知过程和神经基础的研究与这个三个方面均密切相关。希望本书的出版有助于心理语言学、认知神经科学和计算机科学自然语言处理领域的专家学者及研究生系统深入地了解语言理解的认知神经基础的研究进展和前沿，有助于促进不同学科领域的学者之间的交流与合作，启发研究者进行深入思考，推动语言理解研究向着更加深入的方向发展。

特别值得指出的是，本书所介绍的实证研究结果和理论模型并非关于语言理解问题的最终答案。相反，这个领域的研究十分活跃，进展十分迅速，目前的理论相互之间存在诸多的分歧甚至鸿沟。对这些争议的密切关注和深入思考，将成为激励我们持续研究、探寻真理的动力。

三、致谢

本书是"认知神经科学书系"中一部与语言和语言使用相关的著作，希望能系统、清晰地反映语言理解研究领域的最新进展。如前所述，语言理解能力作为一种复杂的人类智能，其实现不仅需要有语言特有的、核心的认知成分（词汇概念系统和句法等），还涉及几乎所有的一般认知功能。要对这些过程给出全面的描写，所涉及的内容远远超出了我以往关注和熟悉的知识范围。因此，在撰写过程中，笔者不仅需要对自己熟知的内容进行梳理，还要在一定程度上进行"补课"，弥补自己知识的不完整（或者说残缺）。因此，写作的过程其实也是一个不断学习、拓展和更新知识的过程。由于知识和信息的局限，写作中很可能存在某些问题，希望读者在使用中给予批评指正，以利于日后的补足和完善。

本书的撰写历时三年多时间，最终得以顺利完成，得益于我所在课题组的同事和研究生给予的支持和鼓励。与他们的日常切磋讨论，常常会激发我的思考和研究热忱。他们还帮助我检索和翻译了部分资料，并且在绘制图表、梳理和编排参考文献及索引等方面承担了大量工作。对他们的辛勤付出和无私帮助，谨此致以最诚挚的感谢。同时，希望本书能为他们日后的学习和研究工作提供有用的参考。

在本书撰写期间，我组织和参加了"认知神经科学书系"写作团队的多次研讨会。这套书的作者是来自国内各高校和科研机构、活跃在科研和教学一线的优秀学者，均在认知神经科学的不同研究领域中取得了令人瞩目的成就。与他们的研讨和交流使我获益良多，各位作者的热情和负责任精神，都值得我永久记忆。

本书有幸获得2019年度国家科学技术学术著作出版基金的资助，由科学出版社出版。出版之际，谨对负责本书的编校工作的编辑致以最真诚的感谢。

目 录
CONTENTS

丛书序（杨玉芳　吴艳红）

前言

缩略语表

第一章　话语的成分与结构 …………………………………………001
 第一节　语言学成分与结构 ……………………………………002
 第二节　会话的结构与连贯性 …………………………………019
 本章小结 …………………………………………………………024

第二章　语言理解的认知和神经科学理论 …………………………028
 第一节　人类认知的模型 ………………………………………028
 第二节　语言理解的认知模型 …………………………………034
 第三节　语言理解的认知神经模型 ……………………………041
 第四节　语言与认知系统的关系 ………………………………049
 本章小结 …………………………………………………………056

第三章　词汇和概念的加工 …………………………………………061
 第一节　词汇的加工 ……………………………………………061
 第二节　语境中的词汇语义加工 ………………………………074
 第三节　组合概念的加工 ………………………………………079
 本章小结 …………………………………………………………087

第四章　句子的句法语义加工 ………………………………………091
 第一节　句子加工模型 …………………………………………092
 第二节　句法加工 ………………………………………………103

第三节　句子语义加工 ·· 112

　　第四节　句子加工的大规模神经网络 ······························· 118

　　本章小结 ·· 122

第五章　语篇信息整合与主旨理解 ··· 126

　　第一节　语篇信息整合 ·· 127

　　第二节　事件与情境模型 ··· 141

　　第三节　语篇理解的认知神经机制 ···································· 154

　　本章小结 ·· 165

第六章　人际交流与意图理解 ·· 172

　　第一节　语言与交流 ··· 172

　　第二节　会话——一种社会互动 ······································· 179

　　第三节　会话中的隐含 ·· 187

　　第四节　跨通道信息整合 ··· 195

　　本章小结 ·· 202

第七章　记忆与知识组织 ·· 210

　　第一节　语义记忆 ·· 211

　　第二节　情景记忆 ·· 224

　　第三节　图式记忆 ·· 235

　　本章小结 ·· 244

第八章　认知控制 ··· 254

　　第一节　工作记忆 ·· 255

　　第二节　抑制控制与认知灵活性 ······································· 265

　　第三节　动机与认知控制 ··· 281

　　本章小结 ·· 287

第九章　推理与逻辑 ·· 299

　　第一节　推理及其认知基础 ··· 300

　　第二节　演绎与理解 ··· 305

　　第三节　归纳与理解 ··· 318

本章小结 …………………………………………………………… 334
第十章　预期 ………………………………………………………………… 339
　　第一节　预期加工及其神经生理基础 ……………………………… 339
　　第二节　语言预期的认知理论 ……………………………………… 350
　　第三节　语义预期、句法预期和时间预期 ………………………… 358
　　本章小结 …………………………………………………………… 378
第十一章　心理理论 ………………………………………………………… 386
　　第一节　人类的心理理论 …………………………………………… 386
　　第二节　心理理论与语篇认知加工 ………………………………… 395
　　第三节　心理理论与语篇情感加工 ………………………………… 410
　　本章小结 …………………………………………………………… 421
第十二章　语言理解与产生 ………………………………………………… 426
　　第一节　语言理解与产生的关系 …………………………………… 426
　　第二节　语言产生与理解系统的重叠 ……………………………… 436
　　本章小结 …………………………………………………………… 449
索引 …………………………………………………………………………… 455

缩略语表

AC	auditory cortex	听觉皮层
ACC	anterior cingulate cortex	前扣带回
ACT-R	adaptive control of thought-rational	自适应控制系统
AF	arcuate fasciculus	弓形束
AG	angular gyrus	角回
AI	autobiographical interview	自传体访谈
aITS	anterior inferior temporal sulcus	颞下沟前部
ALE	activation likelihood estimation	激活可能性估计
amPFC	anterior medial prefrontal cortex	内侧前额皮层前部
aMTG	anterior middle temporal gyrus	颞中回前部
AMY	amygdala	杏仁核
ANN	artificial neural network	人工神经网络
AS	analysis by synthesis	分析-合成
aSPPO	articulatory speech-production-perception-overlap region	发声言语-产生-感知-重叠区
aSTG	anterior superior temporal gyrus	颞上回前部
aSTS	anterior superior temporal sulcus	颞上沟前部
ATL（或 AT）	anterior temporal lobe	颞叶前部
ATR	anterior thalamic radiation	前丘脑辐射
BA	Brodmann's area	布罗德曼区
BG	basal ganglia	基底神经节
BIA	bilingual interactive action	双语互动激活
BLA	basolateral nucleus	外侧基底核
BOLD	blood oxygenation level dependent	血氧水平依赖
BP	backpropogation	误差反向传播算法
CI	construction and integration	建构整合

CN	caudate nucleus	尾状核
CNN	convolutional neural networks	卷积神经网络
Coh-Metrix	coherence metrics	连贯矩阵模型
CPS	closure positive shift	终止正漂移
CSC	controlled semantic cognition	受控的语义认知
CZ	convergence zones	汇聚区
DAT	dorsal parietofrontal or dorsal attention network	背侧额顶或背侧注意网络
DCM	dynamic causal modeling	动态因果模型
dFC	dorsal frontal cortex	背侧额叶皮层
dHPC	dorsal hippocampus	背侧海马
dlPFC	dorsolateral prefrontal cortex	背外侧前额皮层
DMN	default mode network	默认网络
dmPFC	dorsal medial prefrontal cortex	背内侧前额皮层
dPFC	dorsal prefrontal cortex	背侧前额皮层
DS	dopaminergic-serotonergic system	多巴胺-羟色胺系统
DSP	discourse segment purposes	语段目的
DSS	distributed situation space	情景空间分布
dSTG	dorsal superior temporal gyrus	颞上回背部
DTI	diffusion tensor imaging	弥散张量成像
EA	epistemological automata	认识论自动机
EC	extreme capsule	极端胶囊束
ECoG	electrocorticography	皮层脑电
EEG	electroencephalography	脑电
EFCS	extreme fiber capsule system	极外囊系统
EFE	emotional facial expression	情绪面部表情
ELAN	early left anterior negativity	早期前部负波
EP	emotion and perception	情绪知觉
EPIC	embodied predictive interoception coding model	具身的预期内感受器编码
ESM	electrocortical stimulation mapping	皮层电刺激投射
E-TP	externally driven temporal prediction	外部驱动时间预期
FB	false belief	错误信念
FC	frontal cortex	额叶

FFA	fusiform face area	梭状回面孔区
FG	fusiform gyrus	梭状回
FJ	funny jokes	幽默
fMRI	functional magnetic resonance imaging	功能性磁共振
FN	Frame Net	框架网
FOP	frontal operculum	额-岛盖
FP	false photograph	错误图片
FPN	frontal parietal network	额顶网络
GLT	generative lexicon theory	生成词库理论
GM	gray matter	灰质
GS	general semantics	一般语义记忆
HG	Heschl's gyrus	海氏回
HRM	human reasoning module	人类推理模块
HS	hub and spoke theory	轴辐式理论
ICM	ideal cognitive model	理想化认知模式
IF	inferior frontal	额下皮层
IFG	inferior frontal gyrus	额下回
IFOF	inferior-fronto-occipital fascile	下丘，下额枕束
IFS	inferior frontal sulcus	额下沟
ILF	inferior longitudiral fasciculus	下纵束
ILFC	inferior lateral frontal cortex	外侧额下皮层
ILP	integer linear programming	整数线性规划技术
IPL	inferior parietal lobe	顶下小叶
IPN	intention processing network	意图加工网络
IPS	intraparietal sulcus	顶内沟
ITG	inferior temporal gyrus	颞下回
I-TP	internally driven temporal prediction	内部驱动时间预期
ITS	inferior temporal sulcus	颞下沟
KB	knowledge base	知识库
L1	first language	第一语言
L2	second language	第二语言
LAN	left anterior negativity	左侧前部负波
lATL	left anterior temporal lobe	左颞叶前部
LC	locus coeruleus	蓝斑

LF	logical form	逻辑形式
lFOP	left frontal operculum	左侧额-岛盖
LGN	lateral geniculate nucleus	外侧膝状体
lIFC	left inferior frontal cortex	左额下皮层
lIFG	left inferior frontal gyrus	左侧额下回
lIFS	left inferior frontal sulcus	左侧额下沟
lITG	left inferior temporal gyrus	左颞下回
lMTG	left middle temporal gyrus	左颞中回
LOC	lateral occipital cortex	外侧枕叶
LPC	late positive component	晚期正成分
lPFC	lateral prefrontal cortex	外侧前额皮层
lpMTG	left posterior middle temporal gyrus	左颞中回后部
LSA	latent semantic analysis	潜在语义分析
LSMG	left supramarginal gyrus	左缘上回
lSTG	left superior temporal gyrus	左侧颞上回
LSTM	long short-term memory	长短时记忆模型
lTL	left temporal lobe	左颞叶
LTWM	long-term working memory	长时工作记忆
MACA	meta-analysis connection modeling analysis	元分析连接建模分析
MC	motor cortex	运动皮层
mCC	middle cingulate cortex	扣带回中部
MdLF	middle longitudinal fasciculus	中纵束
MDN	multiple demand network	多重需求网络
MeFG	medial frontal gyrus	内侧额回
MEG	magnetoencephalography	脑磁图
mFC	medial frontal cortex	内侧额叶
MFG	middle frontal gyrus	额中回
MI	mechanical inference	机械性推理
MMN	mismatch negativity	失匹配负波
mOFC	medial orbito-frontal cortex	内侧眶额皮层
MOG	middle occipital gyrus	枕中回
mPFC	medial prefrontal cortex	内侧前额皮层
MTG	middle temporal gyrus	颞中回
MTL	middle temporal lobe	颞叶中部

MTSP	motor theory of speech perception	言语知觉运动理论
MUC	memory-unification-control	记忆–整合–控制模型
NFJ	not funny jokes but intended to be funny	标题幽默内容不幽默
NJ	non-jokes	没有幽默含义
NLP	natural language processing	自然语言理解
OC	occipital cortex	枕叶
OFC	orbito-frontal cortex	眶额皮层
PAC	primary auditory cortex	初级听觉皮层
PCC	posterior cingulate cortex	后扣带回
PDC	production-distribution-comprehension	产生–分布–理解
PDP	parallel distributed processing	并行分布式处理
PET	positron emission tomography	正电子发射断层扫描
PFC	prefrontal cortex	前额皮层
PG	precentral gyrus	中央前回
PHC	parahippocampal cortex	海马旁回皮层
pIFG	posterior inferior frontal gyrus	额下回后部
pITG	posterior inferior temporal gyrus	颞下回后部
pITS	posterior temporal sulcus	颞下沟后部
PL	parietal lobe	顶叶
PMC	premotor cortex	前运动皮层
PMd	dorsal premotor cortex	背侧前运动皮层
pmPFC	posterior medial prefrontal cortex	内侧前额皮层后部
pMTG	posterior middle temporal gyrus	颞中回后部
PMv	ventral premotor cortex	腹侧前运动皮层
PO	operculum	岛盖
PPA	predictive pre-activation	预期性预先激活
PPC	posterior parietal cortex	顶后皮层
PPI	psycho-physiological interaction analyses	心理–生理交互分析
PRC	perirhinal cortex	鼻周皮层
PS	personal semantics	个人语义
PSG	phrase structure grammar	短语结构语法
pSMA	pre-supplementary motor area	前辅助运动区
PSN	perisylvian network	外侧裂网络
pSTG	posterior superior temporal gyrus	颞上回后部

pSTS	posterior superior temporal sulcus	颞上沟后部
PT	planum temporale	颞平面
PTL	posterior temporal lobe	颞叶后部
RAT	remote associates test	远距离联想测验
rATL	right anterior temporal lobe	右颞叶前部
RI	retrival- integration	提取-整合模型
rMTG	right middle temporal gyrus	右侧颞中回
RNN	recurrent neural networks	递归神经网络
RSA	representational similarity analysis	表征相似性分析
RSFC	resting-state functional connectivity	静息态功能连接
RT	reaction time	反应时
RTE	recognition of text entailment	文本蕴涵识别
rTPJ	right temporo-parietal junction	右侧颞顶联合区
SBF	the striatal beat frequency	纹状体敲打频率
SEC	structured event complex	结构化事件复合体
SFG	superior frontal gyrus	额上回
SG	supramarginal gyrus	缘上回
SLF	superior longitudinal fasciculus	上纵束
SMA	supplementary motor area	辅助运动区
SN	substantia nigra	黑质
SOA	stimulus onset asynchrony	刺激间隔
SOG	superior occipital gyrus	枕上回
SPL	superior parietal lobule	顶上小叶
SRN	simple recurrent network	简单重复网络
STG	superior temporal gyrus	颞上回
STS	superior temporal sulcus	颞上沟
svPMC	superior ventral premotor cortex	上腹侧前运动皮层
tDCS	transcranial direct current stimulation	穿颅直流电刺激
THAL	thalamus	丘脑
TL	temporal lobe	颞叶
TMS	transcranial magnetic stimulation	经颅磁刺激
ToM	theory of mind	心理理论
TP	temporal pole	颞极
TP	temporal prediction	时间预期

TPJ	temporo-parietal junction	颞顶联合区
TRW	temporal receptive window	时间感受窗
UF	uncinate fascisulus	钩状束
UG	universal grammar	普遍语法
V1	primary visual cortex	初级视觉皮层
VC	visual cortex	视觉皮层
vHPC	ventral hippocampus	腹侧海马
vIFG	ventral inferior frontal gyrus	腹侧额下回
vlPFC	ventral lateral prefrontal cortex	腹外侧前额皮层
VLSM	voxel-based lesion-symptom mapping	基于体素的损伤-症状匹配
vmOFC	ventral medial OFC	腹内侧眶额皮层
vmPFC	ventro medial prefrontal cortex	腹内侧前额皮层
VSTM	visual short-term memory	视觉短时记忆
VTN	ventral tegmental area	腹侧被盖区
VWFA	visual word form area	视觉词形区
WLG	Wernicke-Lichtheim-Geschwind	
WM	white matter	白质
WN	wordnet	词汇网

第一章

话语的成分与结构

人类可以使用语言表达无限的思想,取决于语言具有的丰富元素和复杂结构。语言功能的实现,需要有成分和结构两方面的支撑和运作。

人的语言理解有着极高的效率。这种效率至少可以归因于两个方面:一是在语言的不同层面上,话语的整体意义通过多种语言学线索得到不同程度的反映,或者说话语的意义分布式地体现在各个层面。例如,根据话语的词汇集合就可以用潜在语义分析(LSA)方法对其内容进行计算和比较。二是语言理解是一个有知识和经验支持的主动过程。凭借语言学知识和世界知识,人们可以根据部分内容推测和预期整个话语的主旨及说话者的意图。正如有些学者所说,人对世界的知觉是一种建构或者解释的过程。语言理解也是如此。

本书主要阐述语言理解的认知过程和神经基础,包括话语和会话层面的意义理解。本章的内容是为理解后续各章内容及其相互关系做一些必要的语言学铺垫,由两部分组成。第一部分是话语的成分与结构,在词汇、句子和篇章层次上对话语的成分、结构及其认知表征进行阐述。首先,对词汇概念系统的结构性、心理表征和认知功能及其与经验和世界知识的关系做简要介绍;其次,对句子的句法结构与语义、事件和命题表征的关系进行分析;最后,对语篇中的词汇、句子和篇章宏观结构在篇章组织中的功能,即它们在实现语篇连贯性中的作用进行分析。第二部分是关于会话的结构与连贯性。会话可以被看作一种特殊的语篇。这一部分简述了言语行为理论,特别是 Clark 的整合理论;采用会话分析方法描述了会话结构,包括话轮、序列组织和优先组织;分析了会话的话题与连贯性及其在语言学和语用学多个层次上实现的方式。

第一节 语言学成分与结构

话语是具有复杂层级结构的功能系统，其功能的实现依赖于语言学成分和结构。但说到成分和结构时，似乎又很难确切地划分哪些是成分、哪些是结构。本节将根据本书的有限目标，大体按照语言学和心理语言学常用的分层和术语展开对这个论题的分析。

一、词汇与概念

在认知科学的不同领域，对词汇与概念都有研究，但其侧重点有所不同。语言学的词汇语义学着重描绘词汇的系统性、结构性和生成性；心理语言学揭示了词汇语义概念系统的心理表征、组织结构及其与其他认知系统之间的联系；认知语言学将词汇和概念植根于人与环境的互动之中，将其看作一个具有能动作用的知识系统。

（一）词汇系统的结构性

语言学对词汇系统的研究具有很长的历史，形成了厚重的知识积累。这里仅简要提及结构语义学观点和语义知识体系建构两个方面的工作。

1. 词汇系统结构

结构主义词汇语义学强调词汇系统的结构性和系统性，侧重于对词汇系统进行共时研究。它认为语言是约定俗成的自治符号系统，系统性是其本质特征，语言的描述应当注重词汇的整体系统关系。结构主义理论对词汇的分析采用三种理论方法：词汇场理论、义征分析和关系语义学。《欧美词汇语义学理论》（德克·吉拉兹，2013）对此有系统阐述。

词汇场理论认为，语言构成了精神与物质世界之间的具有体系结构的概念层。世界是由实体构成的空间，语言把这个空间切分成概念块。词汇场是语义相关词项的集合，其意义相互依存，为某一现实域提供概念结构。词汇场的形成是通过形式联想和语义联想实现的，词汇之间具有组合关系和聚合关系。组合关系关注词与其他词汇一起进入更大整体单元的可能性，借助与词语出现的语境来建构其意义。在同一语境中出现的词语倾向于具有相似的意义。基于语料库研究词汇语义，就是研究搭配或者分布分析。聚合关系是基于形式或者意义相似性的联想。

聚合是指在结构的某个特殊位置上彼此可以相互替换的成分之间的关系，或者说是在线成分与未在线成分之间的关系。词汇学所研究的聚合体主要包括同义词、反义词、一词多义和上下义词等。

义征分析将词汇蕴含的概念以语义特征的形式表示出来，通过这些语义成分的正负性定义说明词汇本身的语义。义征分析能够较好地解释一个句法组合能否成立及其原因，解释词语比较隐蔽的语义特征。在词汇层面上，义征分析能够促使词汇形态研究的精密化，在句法研究中融入语义内容，从而使语法研究向着与形式意义相结合的方向发展。

关系语义学是20世纪50年代末至60年代初出现的一种用来解释非经典逻辑系统的形式语义学。最初，它是为模态逻辑所设计的语义系统，后来也被广泛用于包括直觉逻辑在内的其他非经典逻辑中。

2. 词汇的语义层面

与传统的结构主义语义学不同，生成词库理论（generative lexicon theory，GLT）（Pustejovsky，1995）建立并发展了一套词义结构描写体系和语义组合机制，用于解释词义在不同语境下的创造性和动态性用法。GLT试图回答两个问题：为什么我们能将有限的词汇应用于无限的上下文语境中？构成意义的词汇语义信息及其表征形式是否独立于人们的世界知识？其目标是提出一种成分组合语义学，对现实语言使用中的意义进行语境限制。

生成词库理论是一种知识表征框架，解释语言的生成性使用，对一种不断演化的词典进行仿真，解决理论和计算语义学不能确定"语言学和非语言学知识的表征界面"的困难。其克服了传统词汇表征的不可扩展性问题，能够说明词在不同语境下新的创造性使用，设置了生成以特定语境为基础的词汇语义表达的规程，提供了在几个概括层面上编码词汇知识的图式，把词汇歧义解决作为统一的语义分析规程的一部分，在意义的核心集上运作，通过一套生成性机制建构词汇在语境中的动态解释。

根据生成词库理论的假设，一个词项（词汇入口）的计算资源由四个层面构成。把已有的谓词-论元结构、原始配置和概念组织等概念最大化，决定了一个词可能有的解释空间。对于孤立词，这些意义成分定义了其恰当使用的边界。当嵌入语境中时，每个词在词汇配置中的相互兼容的角色都凸显出来，决定了在一个特定短语内对词的具体解释。除了表达词汇水平的语义概括的标记，还要有在短语水平上组合这些词项的机制。语义解释过程的关键在于组合的概念。

词汇语义学有四个表征层面：①词汇类型结构，即在一个结构性的类型系统中，一个词与其他词联系的方式。除了提供有关词汇知识系统组织的信息，在词义层面还要提供与一般世界知识有明确关联的信息。②论元结构，即从词到功能的投射。它是指将词的句法实现与论元的数量和类型相联系，在句法层面定义，在语义层面使用。③事件结构，即一个动词或者短语的特定事件类型。这个结构有三种成分，即简单（simple，S）事件、过程（process，P）和转换（transformation，T），规定了事件的焦点和事件的组合规则。④物性结构，即与一个词项相关的客体、事件和关系的基本特征。这个概念使名词从被动论元的地位提升到主动功能的层次，把物性结构中的填充物看作典型的谓词及其相关关系。物性结构是定义词项语义的一个关系系统，与动词的论元结构类似。在组合语义学中，物性结构与其他表征机制一起为可能的客体类型提供建构的模块。

3. 汉语语义知识体系

在生成词库理论的影响下，词汇语义学研究朝着知识系统建构的方向发展。袁毓林（2007，2008，2013）研究了汉语常用的名词、动词、形容词的物性结构和论元结构，揭示了它们之间的搭配连接和选择限制关系，试图建构完整的汉语语义知识体系，并将其转化为具有可扩展性的语义知识数据库。

描写框架从形式角色、构成角色、施成角色和功用角色等多个方面，说明了名词所指称的事物的性质及其与相关事物、事件的关系。概念层面上的事物或事件关系，在语言层面上表现为词语（名词与名词、动词、形容词等）之间的搭配关系（即选择限制关系）。通过物性角色，在概念层面上刻画了名词所指的事物的基本属性及其与相关事物或事件的关系；通过句法格式，刻画了名词与相关的名词、动词和形容词的选择限制和搭配关系；通过名词的物性结构的描述框架，形成了比较完整的关于名词的句法-语义接口的知识。这种描述框架是一种对名词的句法、语义知识的概念建模和语言建模。

研究者采用论元结构的描写框架分析汉语动词、形容词等谓词的语义结构，对于常用的动词和形容词的常用义项，分别建立格式一致的语义角色框架及句法实现形式（即句法格式）。其内容包括角色集合和句法格式。角色集合指在某个义项下，每个谓词的各个论元的语义角色集合；句法格式指该谓词与受其支配的这些论元角色在句子中的句法配置方式。其中，动词的论元角色首先分为必有论元和非必有论元，前者是构成意思相对完整的句子所不可缺少的，后者对句子进行扩充，帮助形成含义相对复杂的句子。根据论元与形容词在意义上的不同关系，形容词的各种论元可区分为9种不同的语义角色：主事、感事、范围、与事、量幅、对象、系事、原因、目的。谓词的这种句法语义描述体系刻画了动词、形容词在语义结构和句法组配方面的特点。通过这种描述框架，形成了比较完整的关于动词、形容词的句法-语义接口的知识，是一种关于句法、语义知识的简略的概念建模和语言建模。

将名词、动词和形容词的物性结构和论元结构及其情感评价的知识关联起来，可以形成以名词为中心的相关语义知识的互动和推导。这种知识有利于计算机理解语句的基本命题意义，并进行有关的自动推理（袁毓林，2013）。

（二）概念语义系统的心理表征和认知功能

语言学注重对词汇语义系统本身的描述，而心理语言学关注概念语义系统的心理表征及其认知功能。心理语言学曾以"心理词典"概念描述人所具有的词汇知识，认为人类大脑中存在着一个心理词典，词典内容包括词条的词形、发音、句法功能和意义（概念），以及词汇的统计分布规律等。近年来，其更注重研究概念和语义在认知系统中的表征与运作，以及词汇在大脑中的组织和功能结构。

1. 词汇语义与概念

心理语言学认为，词汇语义和概念是两个不同但密切相关的系统。词汇是概念和语义表达的载体，概念是个体基于知觉经验产生的对事物的概括性认识，既表示客观实体、事件或关系的范畴，也表示抽象的、一般的观念。语义系统是概念系统中能够用语言表达的子集，与心理词典密切相关。从个体发展的角度看，概念先于语义而产生。在概念形成的过程中，个体也不断地习得语义，将已有的概念通过词汇表达出来。这一过程不但赋予词汇本身意义，形成独立的语言系统，同时也将概念具体化，使人们能够在同一语言环境下与其他人进行交流。可见，概念为语义提供了内容基础，语义实现了概念的现实表达。尽管在实证研究中往往并不明确区分概念和语义，研究者一般通过对词汇语义的研究来探讨概念表征，但二者确实存在重要差别。因为任何一种语言的词汇都不可能穷尽所有概念的表达，并且概念和词汇在神经表征上存在分离，词汇表征的损伤并不一定伴随概念表征的损伤。

2. 概念表征的认知理论

心理语言学对概念表征和概念之间的关系是从两个方面进行研究的：一是概念的范畴关系（categorical relation）；二是概念之间的主题关系（thematic relation）。

概念的范畴关系理论解释了概念的组织原则。原型理论认为，概念主要以概念原型（最佳样例）进行表征。当提及一个概念时，人们首先想到的通常是最有代表性的典型样例。原型可以是范畴内部概念成员中存在的一个样例，也可以是多个概念成员的概括表征。特征表理论认为，概念由概念的定义性特征及整合这些特征的概念规则构成。定义性特征反映了某一类个体具有的共同属性，概念规则是指定义性特征之间的关系，如合取、析取等。这两个因素在概念表征中缺一不可。层次网络模型是早期的概念认知计算模型，认为概念由特征决定，按照上下级的关系分层存储，概念的不同特征也是分层存储的。因此，概念之间的关系包括分类关系和属性关系。其中，分类关系有三种：上位关系、下位关系和并列关系。扩散激活模型修订了层次网络模型，保留了网络的思想，但用语义联系取代了层级结构，更凸显了概念间的横向联系。在网络中概念是表征的基本单元，构成网络节点，其意义由与之相联系的概念来确定。可见，不同理论侧重于概念表征的不同方面。范畴是具有共同特征的概念的集合，是概念表征的基本形式。每一个范畴都有一组特征，即范畴成员的共有特征，同时各个成员还具有一些特异性特征。范畴中的典型样例，即原型，具备范畴的全部或大部分特征，能够较好地代表该范畴。同时，范畴也具有层级性，同一层级的概念之间相互联系。

概念之间除了有范畴（类别）关系之外，还存在主题关系。主题关系是通过概念参与到同一个事件或者出现在同一个情境中而将概念组织起来的语义关系，比如，球和球拍、纸和笔、汽车和车库等。主题关系是概念知识的一个组成部分，也是事件和情境知识的重要组成部分。主题相关的两个词语可以在特征上完全不相似，因为它不是由概念的内在特征决定的，而是由外在的情境或者事件背景联系起来的，强调概念在时间、空间、因果以及功能上的共现或者相互作用（Lin & Murphy, 2001）。通常，存在主题关系的两个概念在同一个事件中的角色是互补的。大量的研究表明，在语言理解过程中，事件以及情境知识起着重要的作用。一方面，名词的加工可以自动地激活与其相关的具有主题关系的动词；另一方面，加工动词的过程同样也会激活与其相关的名词信息。基于事件的主题知识存储在语义记忆中，构成了词汇意义的一部分，对语言的理解有着重要的影响。

3. 概念系统的认知功能

概念系统是一个认知表征系统。不仅如此，认知科学领域的学者（Barsalou, 2012）还赋予它更加复杂的认知功能，认为概念系统还包含与基本认知操作和高级认知功能之间的关系。概念系统中的成分知识可以支持大量的基本认知操作，包括范畴化、推理、命题表征和新概念生成等。这些基本操作进而支持了许多复杂的认知活动，包括高级认知、注意、记忆、语言、思维和社会文化认知。在这些学者看来，概念系统不仅是一个记录系统，而且是一个解释系统，可以对知觉到的实体进行解释，为此要把知觉的实体与记忆中经验成分的相关知识绑定在一起。由于它的解释性，概念系统为更大的认知系统提供了计算能力。在这个过程中，选择性注意和记忆整合发挥着核心作用，是解释性加工的基础。当注意持续聚焦于某一经验成分时，有关的概念知识就发展起来。当客观实体受到注意时，抽取的信息就与记忆中相关经验成分的过去信息整合起来。在时间进程中，无数经验成分以同样的方式在记忆中累积。有关这些成分的概念知识发展起来，用于解释一系列知觉和表象，因此可以说是知觉和概念表征共同实现了认知加工。概念系统是存在于与语言和思维系统中的高级认知，从高到低渗透于认知系统的每一方面。

（三）词汇概念与具身认知

认知语义学强调词汇意义的语境动态性和语用灵活性，认为意义是一种超越词语层面的认知现象，意义的理解与视角密切相关；重视语言与人类认知和经验之间的关系，认为概念语义系统的生成和发展是以身体经验为基础的；把隐喻作为词义变化的重要途径（Geeraerts，2013；束定芳，2008）。

1. 隐喻的认知和经验基础

认知语义学把隐喻看作一种认知范式和词义变化的重要途径。隐喻是根据一个事物来看待另一个事物的机制。概念隐喻理论有三个基本点：①认知观。隐喻是一种认知现象，而非纯粹的词汇现象；隐喻是一种思维方式，不只是说话方式。②映射观。隐喻的形成是来源域与目标域之间的概念化映射；来源域与传达手段相对应，目标域与要旨相对应，映射与范围相对应。③经验观。语义建立在身体经验的基础之上，基于经验的意象图式形成。一个信念隐喻转化为一个规约化隐喻，其表达形式经历了一种逐步抽象的过程。在新出现和已规约的两个阶段，隐喻的加工类型是不同的。规约化是一个程度问题，是一个历时过程。我们可以将隐喻形成划分为三个抽象等级：基本感觉图式、非感觉反应图式、超级图式。关于隐喻的运作机制，概念合成理论提出有四个空间：两个输入空间（来源域和目标域）、合成空间（两个输入空间的互动）、角色空间。

2. 语义与世界知识

认知语义学不仅考虑单个词项，同时考虑词项集合。世界知识不是与词项的直接对应，而是在更大范畴（即"知识块"）的层面上组织起来的。世界知识的意义描写需要一种表征大块知识的方式，以及把词项与更大概念结构联系起来的手段。人类通过长时记忆存储知识结构的形式，在不同科学领域有不同的名称，如框架、图式、知识表征、脚本等。理想化认知模式（ICM）（Lakoff，1987）作为理解意义的一种方式，认为语言知识与世界知识之间存在密切联系。世界知识以认知模式为基础指导认知加工，包括语言使用的信念和预期。这些认知模式是从现实世界中抽象出来的，为处理复杂性的概念提供了模板。

3. 语言使用与语言系统

基于用法的语言学思想反映了语言使用和语言系统之间的本质关系。语用学和语言学的结合方式有两种：①语言符号编码意义的语境化通过引发性推理而形成。引发性推理是指听者获得说者想要表达但没有明确表达出来的含义的过程。说话者可能使用了一种非明示的表达形式，而听者可以提取其全部信息。②引发性推理的规约化过程。这个理论是研究语义变化的基本模式，确定了语境决定意义的重要地位。语义变化的心理现实性描写语境化解读中留下的痕迹。这些痕迹的逐步固化是一种范畴内部的结构发生变化的原因。新的含义被规约化的前提是：有众多的语言使用者同样理解这种含义，累积效应促成了从个体层面到总体层面的过渡。在语言社群中，相同的交际表达问题的存在和成员间的相互模仿决定了概念演化方式。

综上所述，语言学、心理语言学和认知语义学理论分别解释了词汇和概念语义系统的组织结构、功能意义、其他认知系统的关系以及概念语义系统的具身性。尽管不同的理论采用不同的术语，但是仍可以看到它们相互之间的共性与交叉。了解不同领域的理论与成果，有助于人们全面、系统地认识词汇概念语义系统的本质及其在语言加工和交流中的基础性和重要地位。

二、句子：语义、事件与命题

句子是最重要的语言学单元之一。词汇在句法结构的组织下形成句子，表达语义、事件和命题。要理解句子，可能需要形成语义、事件和命题这样三重表征，才能支持在语义、事件结构和逻辑关系层面的语言理解。这一部分将从这三个方面阐述句子的分析、表征及其认知功能，包括句法-语义与认知、事件与事件结构以及命题。

（一）句法-语义与认知

句子指示事物的特点或事物之间的关系。句子所表达的意义由其所包含的概念和句法结构共同决定。句法结构是语言学的核心内容，是被研究得最为深厚的分支领域。由于语言的复杂性，句法理论多种多样，分别解释了句法现象的不同方面。

乔姆斯基的句法结构理论把句法关系作为语言结构的中心，并以此说明语句的生成，把语法看成能生成无限句子的有限规则系统。它以"核心句"为基础，通过转换规则描写和分析不同句式之间的内在联系。转换语法模式由短语结构规则、转换规则、语素音位规则等三套规则构成。短语结构规则有三种，即合并、递归、推导式，其基本形式是 $x \rightarrow y$。转换规则包括移位、删略和添加。最后，运用语素音位规则得出实际表达的句子。

在诸多句法理论中，与语言认知加工关系最为直接和密切的句法理论，当属论元结构理论，其体现了认知、语义和句法之间的映射关系（黄正德，2007；刘辰诞，2005；顾阳，1994）。论元结构把命题抽象为谓词和论元，反映了语言表达中陈述与指称两方面的基本内容。语言学家从中发现了新的语义描写视角，以论元结构所概括的语言事实和语义现象为基础，建构了新的研究模式。语言学的论元理论认为，句子是一个有组织的整体，其构成成分不仅是表面所看到的词，更重要的是词与词之间的关系。动词是一个句子的中心，支配着句子的其他成分，直接支配的有名词词组和副词词组。其中，名词词组是行动元，副词词组是状态元。

语言学引入论元概念，以其所扮演的论元角色及其与谓语的关系为基础，建立普遍的论元角色类型，包括受事、施事等，用以描述和预测参与者角色和语法关系之间的联系，有效解决了句法和语义的接口问题。生成语言学为了专门处理与逻辑结构有关的语义问题，也引入了论元理论。为了防止在句法表层生成合乎语法规则但语义上不可接受的句子，有研究者提出了论元角色栅理论，较好地解决了语法模型内的语义处理问题。功能语言学也研究论元结构。van Dijk 发展起来的功能语法是从对命题的建构开始的，以研究述谓结构为核心，对于核心述谓标示的情景和事件，以动态性、支配性和终点性为参量，将其区分为位置、状态、动作、过程等事态。关于论元的定义以及谓词所允许的论元数目，不同学者有不同的见解。这是由于论元结构是认知结构向语义层的投射，继而投射到句法层次。然而，在人的认知结构中，动作和行为与时间、地点、原因、方式、目的、工具等因素密切相关，在一定的语境中，都可以成为对动作和行为施加影响的因素。

认知语言学强调了语法结构的具身性，认为语法构造是复杂的功能结构和概念结构的表达方法的结合，表现了人类组织基本经验的方法。现实世界中，事物之间的关系是由多个认知范畴相互作用体现的。这些关系构成了一个个事件，事件构成了一个框架。说者或听者进行表达或者解读所依据的就是框架中的概念关系。人们对语言所表达的事件进行处理时，会调用相应的认知范畴，构成一种对各个概念间的相互作用进行描述的认知表征，这种认知表征就是语境。认知模型是涵盖心理储存中所有属于某一认知域的认知表征的一种认知框架。范畴关系结构在认知模型框架内形成，概念化使其关系结构由关系概念支配投射到抽象的语义论元结构；语义论元结构受概念结构的制约，由谓词调整和分配论元的数目和角色，再投射到句法，形成句法论元结构；句法论元结构受语义论元结构和注意突显度的双重制约，语义论元结构决定了句法论元的数目，注意突显度决定了谓词框架（出现在句法表层的述位形式）的选择，并进而决定了论元的语法功能和论元的隐现。因此，论元结构是沟通认知与句法结构的桥梁，是语义与句法的接口。

（二）事件与事件结构

语言学研究语言事件的内部结构，即事件结构。事件结构和动词内部时间结构密切相关，如事件的起始、持续、终结等。对事件的这种分法，不是单纯对动词本身的一种分类，而是对整个动词短语的分类。动词本身表示一个事件的集合，需要使用不同的外部描述特征来对事件进行个体化，从而表示不同的事件类型。在新戴维森事件语义学中，事件论元的使用范围包括表示动作的动词和状态动词等各种谓词形式，将动词看作只包含事件作为唯一论元的一阶谓词，不仅动词的修饰语可以被处理为事件谓词，动词的主语和宾语等典型论元通过题元角色分析，都被处理为事件谓词。

在自然语言处理领域，有学者用事件分析方法对句子及其构成的语篇进行分析，阐述了事件与句子、事件结构与句法结构、事件链与语篇连贯性之间的关系（张明尧，2013；周长银，2010）。

1. 事件与句子

在语言理解过程中，个体可以采用事件论元结构理论对句子进行分析，抽取句子所描述的事件，即"谁对谁做了什么"。事件是句子叙述的状态或事情，关注语言表达的事件是从语义出发研究语法的一种方法。引入事件，使事件成为语法实体，可以减轻谓词的负担，准确描述句子的复杂化过程。对一个事件的分析，包括对事件角色的句法位置分配、动词语义结构与事件角色的互动。事件因其复杂性可以有内部结构，并且可以拆分。对复杂事件的分析就是对事件内部子事件之间关系的处理。事件结构包括事件角色内部的组合关系，以及事件与事件组合所形成的表达。事件结构对语言分析中的动词时、体、态的组合能力，动词可搭配的副词范围，论元结构角色和从词汇到句法结构的映射都有重要价值。从事件结构到句子结构的映射，增强了句子分析的可操作性。

2. 事件结构与句法–语义结构

事件结构的相关理论将事件和事件结构与句法–语义研究结合起来，探讨了事件如何映射到句法中。事件结构和句法结构之间存在映射关系，即事件内部存在一定的句法关系，同时句子和句法可以表示事件。其中，事件结构是由事件内部作为组块的子事件之间的结构以及动词、论元等关系结构组成的。从语义角度看，每个语篇都有一个宏观语义结构，这个宏观语义结构通过其下层语义元事件来表示。事件是语篇微观语义单元，事件与事件之间存在依存和被依存的关系，即在语篇中一些事件比其他事件更加重要，这些事件相互连接构成了连贯的语篇。分布在事件下层的是实体关系层，它构成了语篇的静态基本要素，是构成事件和语篇宏观语义结构的基础，最底层是词义句义层。

3. 事件链与语篇连贯性

连贯语篇的结构可以被看作事件之间的关系。语篇中的事件存在线性序列关系和层级关系，这些关系相互交叉组合指向语篇的中心事件（即话题）。事件有核心事件和非核心事件之分，核心事件的聚合指向核心事件链。当所有的核心事件以一定的形式相互连接构成一个或多个事件链时，语篇就是连贯的。连贯的条件是当且仅当语篇包含至少一个事件链。如果存在很多词汇链而无事件链，语篇就可能是不连贯的。事件之间的关系及语篇连贯之间的关系可以表述为：一个语篇里只有一个贯穿始终的中心事件链，中心事件链由中心事件和若干次要事件构成，指向语篇的中心主题；次要事件可以是多个，这些事件相互链接，构成了局部事件链，存在于语篇内部的各个段落中；中心事件链管控次要事件链，局部事件链支撑中心事件链；中心事件链对整体连贯起主要作用，局部事件链对局部连贯起主要作用；事件链的串联以词汇链和关系链为主要链接形式。

（三）命题

命题是陈述事物之间的关系的思维形式。它存在于人脑之中，必须借助于语句表达出来。句子是命题的表达形式，命题是语句的语义内容。句子和命题之间的对应关系有赖于语言与逻辑之间的界面的存在，其中包括句子的逻辑形式。逻辑与句法都是构成自然语言基础的形式系统，都与语义交界。逻辑结构和句法结构对于语义结构的贡献是一致的。

但是，语句与命题之间存在明显的区别。第一，二者分属于不同的科学范畴。语句归属于语言学范畴，是语言运用的基本单位；命题则属于逻辑学范畴，是一种思维的形式。第二，命题需要用语句表达，但并非所有语句都能表达命题。命题是对事物状态或者关系的陈述，必有一个真值，而语句却未必。第三，语句与命题之间不存在简单的对应关系，不同的语句可以表达同一个命题，同一个语句也可以表达不同的命题。要准确理解语句所表达的命题，需要分析语句所处的语境。从句子到命题的判定，就是从句子获得命题表征以及命题间逻辑关系的过程。对此，张振智（2005）做了系统的分析和评述。

（1）单句与简单命题。汉语中的单句主谓句由主语和谓语组合而成。通常主语与简单命题的主项相对应，谓语则与简单命题的谓项相对应。简单命题一般都包括质和量两个方面，质是指命题的主项和谓项的联系性质，表现为肯定或者否定；量则指被断定事物的数量范围，表现为单称、全称和特称。单称表示被断定的是一个独一无二的事物或一类事物中的某一个分子；全称表示被断定的是一类事物的全部，通常用"所有""一切"等作为语言标志。特称表示被陈述的是一类事物中的部分，通常用"有些""有的""少数""多数"等作为命题的量的语言标志。

（2）复句与复合命题。构成复合命题的简单命题之间有着不同的逻辑关系。根据逻辑关系，可以把复合命题分为联言命题、选言命题、假言命题等。这三种复合命题与复句之间有着比较固定的对应关系。

联言命题是陈述两种以上事物同时存在的复合命题，是有关联的简单命题的"合取"。并列叙述有关联的事物，一般用并列复句表达，例如，按照时间、空间或逻辑顺序陈述连续的动作或先后相承，通常用顺承复句表达；对于层层递进的事物，用递进复句表达；对于相反或相对的事物，用转折复句表达。

选言命题是陈述事物存在几种可能性的复合命题，通常用选择复句表达。如果选言命题所陈述事物的几种可能性是彼此相容的，可以有一种或者几种可能性为真，这种选言命题就被称为相容选言命题，通常用"或者"等关联词语作为标志。有些选言命题所陈述事物的几种可能性是非此即彼，只能有一种可能性为真，这种选言命题则被称为不相容选言命题，通常以"要么""不是……就是……"等关联词语作为标志。

假言命题是陈述事物之间的条件关系的复合命题，由两个简单命题构成。前一个简单命题表示条件，称为前件；后一个简单命题表示结果，称为后件。前件和后件之间的条件和结果关系，分为三种不同的情况：一是前件是后件的充分条件，即有了这个条件，就足以产生这种结果；缺少这个条件，也不一定不产生这种结果。这种命题是充分条件假言命题，通常用假设复句和表示充足条件关系的条件复句表达，"如果……那么……""只要……就……"等关联词语是其标志。二是前件是后件的必要条件，这种命题是必要条件假言命题，通常用表示必要条件关系的条件复句表达，"只有……才……""除非……才……"等关联词语是其语言标志。三是前件是后件的充分必要条件，这种命题是充分必要条件假言命题，通常用条件复句来表达。由于条件复句的关联词语可以作为不同假言命题的语言标志，一个条件复句究竟表达哪种假言命题，还要看两个分句之间的实际联系。

为了把复杂的思想表达得更为准确、严密，常常把几个复合命题组合在一起，构成一个内部包含多层关系的更加复杂的命题，即多重复合命题，用多重复句来表达。多重复句的层次越多，表达的命题就越复杂。恰当地运用多重复句来表达多重复合命题，可以使思维具有严密的逻辑性，使语言表达得更加完备、周密。

三、语篇结构与主旨

语篇是主题意义相对完整、功能相对独立、结构有序的单元，可以表达或者传递更加复杂的意义和思想。构成语篇的七项标准为衔接性、连贯性、意图性、可接受性、信息性、情境性以及互文性（de Beaugrande & Dressler，1981）。一个合格的语篇通常具有明确的主题或者主旨，在展开过程中保持连贯性，即意义的前后一致性。这些功能的实现需要语篇成分和结构两方面的支撑和运作。以下分述词汇、句子和语篇结构在语篇组织和主旨表达中的作用。

（一）语篇中的词汇

有学者从词汇的角度研究了语篇的组织，认为即使在不考虑句法和语篇结构的情况下，语篇中的词汇集合依然可以在一定程度上表现语篇的意义。还有的学者研究了词汇本身的篇章功能（唐青叶，2010；周小成，2006），认为词汇之所以能够在实现语篇功能中起到这样的作用，在于它是一个具有多方面特性和功能的系统，如前所述的词汇系统本身的系统性和结构性，词汇系统及与其相联系的概念系统具有的认知操作和知识系统的功能。

（1）语篇的潜在语义结构。词与词之间存在的语义联系隐含在词语的上下文使用模式中，或者说语篇词汇存在某种潜在的语义结构（语义场）。潜在语义分析（LSA）模型（Deerwester et al.，1990）利用这种联系，通过建立向量空间来表征语义。LSA 模型从大量的分段文本中提取向量，通过分析文本中以及文本之间包含的词语之间的关系，建立一个与文本和词语相关的概念集。LSA 模型假设意义相近的词在文本中共同出现的概率比较大，即它们的物理距离比较近。在向量矩阵中，通过计算两个词的向量夹角的余弦值，可以比较二者的语义相似性，其值越接近 1，表明两个词的意义越相似。语篇理解的建构整合理论结合 LSA 技术，可以对很多语言理解问题进行计算，用语义空间中的矢量表征语篇的宏观结构，分析词汇与词汇、词汇与语段、语段与语段之间的关系等。

（2）词汇在语篇组织中的作用。周小成（2006）指出，语篇连贯的词汇手段系统包括语法和语义两个方面。一是词类，即词汇体系，反映词的语法范畴和语法特征；二是词汇语义场，反映词汇语义范畴和范畴特征。主题词群、语义链等篇章分析工具是词汇语义场在语篇中的表现。语篇中的词汇存在整合关系，包括：①语篇题旨语义链，由主题链和思路链构成。主题链是由意义相关的词汇构成的连续体，体现传递信息的连贯性，构成文脉；思路链是由反映语篇逻辑语义形成过程的词汇构成，即语篇思路和中心思想的形成过程，反映这一过程的词汇包括连词、关联词、插入语、同义结构等。②时空连续统，由反映时间和空间的词汇构成。③语言风格,反映格调和评价,包括客观语言风格和主观语言风格。

(3)话题链与语篇话题。唐青叶(2010)在语篇分析研究中,围绕话题分析指出了实现语篇连贯的三种语义分析手段:①词汇链。在语篇中具有相似特征的词项可以组成一个链,其功能是衔接,描述语篇中多元整合性要素的运作过程,语篇由多个这样的结构组成。例如,同一链中各成员关系是同指;相似链的成员关系是同类,或者说是同延。有的链是局部的,有些则是贯穿整个语篇的。②话题推进结构。它是在话题展开的基础上通过各种主题连贯方式来建构语篇的一种方法。不同的话题推进模式在语篇组织结构中发挥着不同的作用,但是它们都旨在帮助语篇取得整体连贯和局部连贯。③主题推进则侧重于通过主题(即句子谈论的对象或话题)和述题(即对话题展开的叙述或描写内容)的变化来分析语篇内部的各种语义联系。通过对主位/述位的推进的分析,可以了解语篇中新旧信息的分布情况;通过对主题/述题的推进的分析,则可以了解语篇主题挖掘的深入程度。

(二)语篇中的句子

句子是语篇的直接构成成分。文本语篇中的句子在空间上形成线性排列;口语语篇中的句子随时间线性展开。尽管有这样的序列性,但每个句子在语篇组织中的地位和作用是不同的,句子之间的关系可以通过二维的树形结构(或者其他多维结构)来表现。学者从不同角度研究了句子的组篇功能。以下简单提及邢福义等的小句中枢观点和韩礼德的句子组篇论述。

1. 句管控和小句中枢

邢福义等(2003)提出,汉语重句法,句法机制对各种语法因素都具有管控作用。词的语法性质在接受句管控之后得以落实;小句间的关系在接受具体语篇的句管控之后得以确定。汉语句法机制在多个层面发生作用,包括词语、小句、复句、句群。汉语句法机制是汉语句法内在的相互关联、相互制约的规律性。小句的语篇功能体现在以下两个方面:①句管控,即句法机制对各种语法因素的管控作用。汉语语法的基本面貌由特定句法机制所决定,即句法机制管控整个汉语语法面貌的大局。句管控包括句法管控和句域管控。句法管控指词语组合配置受到句法规则的管束和制约,涉及语言片段的句法语义格局。句域管控指不同句法领域对汉语实施的管束和制约,涉及具体语言片段的动态语境,要求顾及句域的多样性、可变性。②小句中枢,即小句在各级各类语法实体中占据中枢地位。有七种语法实体:词素、词、短语、小句、复句、句群、句调相关的语气。小句主要指单句,也包括结构上相当于单句的分句。在内部,小句与词和短语相联系;

在外部，小句与复句和句群相联系，成为"联络中心"。其他语法实体都依附或者从属于小句。

2. 句子的组篇功能

韩礼德根据句子在话语里所处的地位和所起的作用，将其分为始发句和后续句两类。始发句置于篇章、段落的开头，是整个篇章或整个段落意义展拓的起点；后续句置于始发句的后面，起承上接续的作用，在始发句的引领下展开续说。始发句与后续句的关系主要有三种：一是话题和述说的关系，始发句是话题句，是篇章、段落或句群内的述说对象；后续句是对话题进行述说的述题句。二是背景和前景的关系，后续句是前景句，是表现句群中主体事件或情景的句子；始发句是背景句，对前景句所表述的事件或情景起衬托作用。三是问答关系，始发句通常是问句，后续句通常是答句。

句群是由在意义和结构上有密切联系的各自独立的句子组成的大于句子的话语单位。句群由两个或两个以上的句子组成，包含两个或两个以上的句调；各句的意义相互关联、前后连贯，共同表示一个中心意思。根据成分之间的关系，句群分为联合句群、偏正句群、补充句群三类。联合句群可以分为并列句群、连贯句群、递进句群、选择句群四类，句群内部的结构成分的地位是平等的。偏正句群大体上可分为因果句群、转折句群、条件句群、映衬句群四类。偏正句群内部的成分有主从之别，充当该句群"正"成分的句子为"正句"或"中心句"，充当"偏"成分的句子为"偏句"或"状句"。补充句群可分为注证性补充句群、说明性补充句群、记叙性补充句群、描写性补充句群四类。

（三）语篇结构

通过管控功能、各种关联词，以及句子之间的语义关系等各种语言学手段，可以将句子组成复句和语段等大的单元。在语篇的整体结构中，这些大于句子的单元可能对应于 van Dijk 所说的微观结构。语篇的组织和连贯性的实现，还依赖于更加宏观的结构或者说语篇的整体结构。在语篇语言学中，整体结构包括宏观结构、修辞结构和叙事结构等。在自然语言理解领域，还有 Grosz 和 Sidner（1986）等提出的语篇结构理论（包括意图结构）。

1. 宏观结构

主题、主旨、结果、要点等常用来表述语篇的整体一致性。虽然这些概念的表述不尽相同，但是都指向语篇的整体内容和语义结构。van Dijk（1972）指出，语篇理解中的宏观结构是对语篇语义结构的总体概括，不仅可以描述语篇整体内容的抽象语义，还可以表示语篇整体连贯性。语义宏观结构理论主要包括宏观结构（macrostructure）、微观结构（microstructure）和宏观规则（macrorule）三方面的内容（图1.1）。

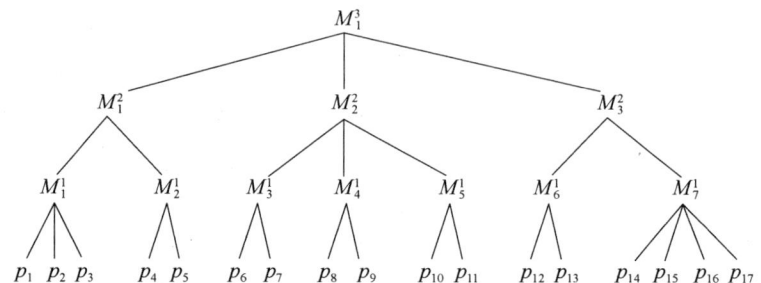

图1.1 文本的形式结构。M节点代表宏观结构，p节点代表微观结构，每一束连接线都代表着一项宏观规则。通过宏观规则可以把最低层次上的一系列信息单元——微观结构（p_1，p_2，p_3，…，p_{17}）归属为高一级的信息单元M_1（M_1^1，…，M_7^1），从而使这一系列信息单元作为整体与其他的信息单元系列产生关系。例如，（p_1，p_2，p_3）与（p_4，p_5）的信息单元产生关系是通过M_1^1和M_2^1，而不是p_1到p_5的信息累加；同理，最上层的整体宏观结构M_1^3的建立是通过次级宏观结构M_1^2、M_2^2、M_3^2，而不是p_1，p_2，p_3到p_{14}，p_{15}，p_{16}，p_{17}信息的简单叠加。宏观规则的整个推导过程采用自下而上的方式推进，即从最底层微观结构逐层向上，最后推导至最上层的根节点——整体语篇的宏观结构。每一层信息的加工方式和策略，以及低一层级向高一层级信息的整合，遵循删除/选择、概括、构建的规则（van Dijk & Kintsch，1983）

宏观结构建基于语篇中句子的意义，即以句子所表达的命题为基础。宏观结构本质上也是语义单位，是由命题或命题序列组成的宏命题（van Dijk & Kintsch，1983），因此宏命题是从语篇的句子所表达的命题派生出来的命题。换句话说，宏命题是从语篇的局部句子意义推导出某一局部或整个语篇的整体意义。语篇的宏观结构是一种层次结构，其中包含多个次级的层级结构。

微观结构是相对于宏观结构而存在的，是语篇最小的意义单位（此处指语篇的最小事件或最小命题），可以用一个句子或者句子序列来表达。语篇的微观结构与宏观结构也可能是重合的（简短语篇，如用一个词来表示事件），因此宏观结构也应具备微观结构所具备的一切条件。微观结构是分析语义宏观结构的先行基础。

宏观规则是宏观结构的一种语义映射方法，其本质是缩减语义信息的手段。宏观规则具有的意义递归（recursive）性质，能够将语篇语义表征水平上的诸多浅层结构逐渐合并为一个位于最顶层的宏观结构。van Dijk最初列举了四种宏观规则，分别是删除、选择、概括、构建（van Dijk，1972，1977，1980），在随后的表述中将删除规则与选择规则合并，保留概括规则与构建规则（van Dijk & Kintsch，1983），删除命题序列中的辅助内容（补充、修饰、说明、假设等）或偶然属性的命题，选择代表话题主要信息的命题，例如，从"玛丽玩一个蓝色的气球"到"玛丽玩气球"。概括是指对于给定的一个命题序列，用该序列的所有命题共同包含的命题替换该序列，也就是使用上位语义概念代替下位语义概念的过程，其本质上是一种语义蕴含关系，例如，从"玛丽在玩布艺娃娃，玛丽在玩积木……"到"玛丽玩玩具"。建构是指用一个命题来代替每个子序列，表征所有次级命题序列的正常条件、成分或结果，例如，从"我去了车站，我买了票……"到"我乘火车去巴黎"。

van Dijk（1977）认为，删除和概括属于删除原则，而在建构中信息可以部分地（归纳）通过关于一般条件、成分和后果的一般知识及框架知识来恢复。前者可以使用（α，β，γ）→β 来表示，后者可以使用（α，β，γ）→δ 来表示（钱敏汝，1988；熊学亮，1996）。在宏观规则中，不仅存在删除命题或者用一个（宏）命题替换命题序列，而且能赋予当前的语篇概念更高层级的意义表征，不只是在局部层次上通过线性连贯关系来组织，而是通过更高层次的概念单元来组织。

2. 修辞结构

修辞结构理论（rhetorical structure theory，RST）是 Mann 和 Thompson（1988）所创立的，目的在于描写自然语篇的结构，为计算机程序提供理论依据。修辞结构理论将语篇的最小信息单元（elementary discourse unit，EDU）定义为小句，小句之间依靠修辞关系连接起来。修辞关系总体上可以分成两类：一种是主次关系（如条件关系、阐述关系、让步关系、因果关系等）；另一种是并列关系（如对比关系、选择关系、联合关系等）。主次关系中主要的小句称为核心句，次要的小句称为卫星句。并列关系中两个句子不分主次，同为核心句。修辞关系把两个小句连成一个结构段（span），结构段之间同样根据修辞关系形成更大的单元，依次类推，直到将整个语篇连接成一个完整的树形结构。图 1.2 是语篇"因材施教"修辞结构的图示。杨晓虹和杨玉芳（2009）对语篇修辞结构的韵律表现进行了研究，发现修辞边界层级对于小句末尾的时长、音高和句间停顿时长都有系统性的影响。

3. 叙事结构

叙事结构作为一种语篇的结构框架，能使读者获得故事发展方式和事件顺序的信息。在文学作品中，叙事结构主要是指故事的情节（故事的内容和形式）和背景信息。关于叙事的理论研究在关注不同类型的叙事语篇时发现它们具有相似的基本结构成分，即背景（establisher）、起因（intial）、经过（prolongation）、高潮（peak）和结果（release）。其中，最核心的内容是起因、高潮和结果，即事件

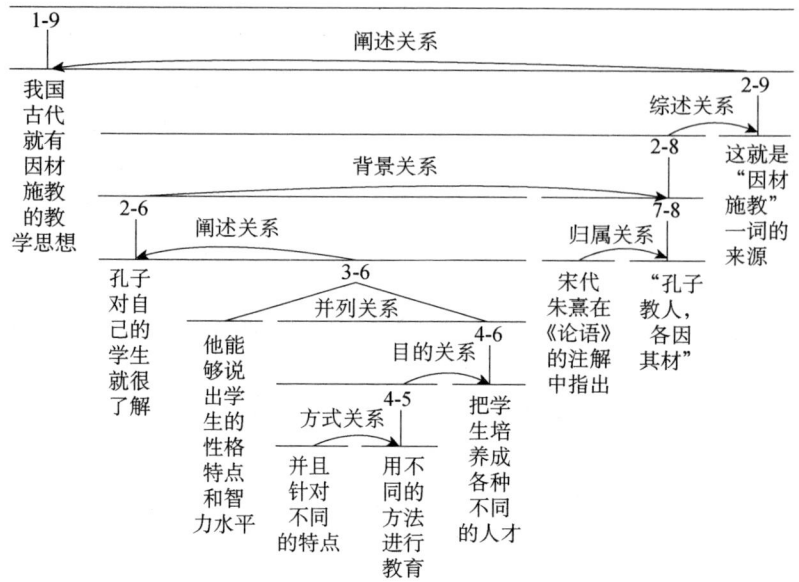

图 1.2 语篇"因材施教"的修辞结构。图中数字表示语篇中的小句编号,弧线上的文字注释了小句间的修辞关系,箭头指向的是主句(杨晓虹和杨玉芳,2009)

的发生过程。除这种事件沿情节展开的线性结构外,也有学者(van Dijk,1979)认为叙事结构是一种层级性的结构,从基本情节到故事层面有着各种不同的节点,即故事由情节构成,情节由背景和事件构成,而事件又包含错综复杂的具体情节及事件结局(图 1.3)(郎曼,2012)。

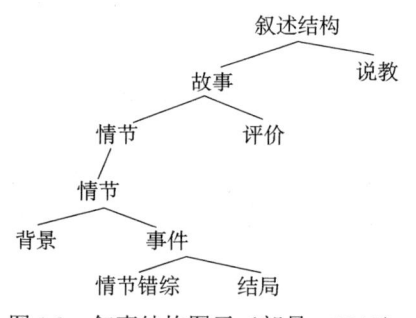

图 1.3 叙事结构图示(郎曼,2012)

从语言理解的心理层面来看,叙事结构可以被看成一种针对记叙语篇的图式,是可以存储在语义记忆里的结构。这种叙事结构与故事语法的内容有不少重合,它们都是关于故事事件的排列,而这些排列都具有典型性和可预期性等特征。但是故事语法的研究对语篇构成中句子的描述作用进行了更细致的划分(卡罗尔,2007),如背景(setting)、反应(response)、目标(goal)、企图(attempt)、结果

(outcome)、结局(ending)。因此，从事件发生的过程来看，故事语法对叙述语篇的结构的刻画精度更高。

4. 语篇结构理论

语篇结构理论（Grosz & Sidner，1986）将语篇结构分成三部分：语言结构、意图结构和注意结构。语言结构指语篇被分解成语段（discourse segment）并形成层级结构。虽然对语段的大小以及如何将语篇切分成语段还存在争议，但是较为一致的观点是语段之间可以根据不同的关系连接形成语篇的层级。

在这一理论框架下，语篇中的语段都带有目的性，是语篇整体目标的子成分。意图结构描述了语篇中语段的目的性以及语段之间的关系。语篇中的语段之间存在着两种语段目的（discourse segment purpose，DSP）：支配（dominance）和优先满足（satisfaction-precedence）。如果一个语段的目的（DSP2）从属于另一个语段的目的（DSP1），并且 DSP2 的满足是 DSP1 满足的一部分，那么 DSP1 支配 DSP2，即两者之间是支配关系；相反，如果要满足 DSP2，必须首先满足 DSP1，那么 DSP1 满足优先于 DSP2，即两者之间是优先满足关系。

我们再看注意结构模拟语篇中说话者的注意状态。注意结构中最重要的成分是焦点空间（focus space），其中包含语篇中的所指、语段的目的等。焦点空间中的信息是动态变化的。随着话语的展开，当前语段中所谈论的事物得到凸显并进入焦点空间；当说话人的注意转移时，它被新的事物排挤而退出焦点空间。焦点空间中活跃的单元并不仅限于单一的语段，有时几个语段的语篇目的同时被满足后，它们也可以同时从焦点空间中退出。

Grosz 和 Sidner（1986）的理论模型不仅刻画了语篇的层级结构，同时也考虑到了语篇的意图结构和注意结构，与修辞结构理论相比，对语篇的刻画更为全面。但是这一理论在操作细节上还不够具体、明确，应用起来较修辞结构理论更难。

第二节 会话的结构与连贯性

一、言语作为一种行为

言语行为理论是一种注重交际功能的语言理论，由 Austin（1962）首先提出。这个理论把言语看作一种交际的工具，认为人们说话就是在做事，通过言语这种行为来达到一定的目的。他把言语行为分为三个层次：以言表意行为、以言行事行为和以言取效行为。以言表意是指语言的意义和指称，以言行事是指做出一个陈述或一个承诺等，以言取效是指言语达到的效果。Searle（1979）进一步将言语行为分为四类：话语行为、命题行为、以言行事行为和以言取效行为。他还将言语行为分为直接言语行为和间接言语行为。直接言语行为的字面意义与说话者想表达的意义一致；间接言语行为的字面意义通常与说话者想表达的实际意义不一致，需要听者理解其言外之意。言语行为理论的提出极大地影响了心理语言学和语言认知神经科学的研究方向，使其不仅关注独白话语，而且关注人际交流的认知过程和神经基础。

Clark（1996）吸收了言语行为理论、语篇和会话理论以及社会交互理论，采用实证研究的方法考察了语言使用的社会和认知因素，提出了"语言作为一种行为"（language as an act）的整合理论，认为语言使用是一种共同行动，即一部分人和另一部分人协同的动作。会话作为一种协同活动，由联合行动和单人行动组成。单人行动是参与联合行动的个人行动；联合行动由活动内容和活动向前发展的过程组成。会话者的协同能力源于他们的共有知识、信念和见解，即共同基础。交流是以语言为中介的合作行为。在交流过程中，会话者按照社会规约共同管理和推进会话的展开。在交流环境中，说话人的语言产出是建立在与受话人共享的语境的基础上的，需要考虑受话人的意图、情感、评价等因素。

Clark 理论的核心观点是，在交流过程中，说者和听者以信号系统为中介，协调交流行为的产生和解释。信号系统的信号及其解释是由规约定义的，但也依赖于听者和说者的共同知识基础，并随着协同信号事件的积累不断夯实这一共同基础。信号事件使会话从一种状态转换到另一种状态。在话语水平，一个信号事件包括一个描述阶段和接受阶段。在描述阶段，发动者提出意见、见解或者请求；在接受阶段，其他会话参与者表示理解和接受或者拒绝。会话者力争以最小的合作努力，对交流活动的产生和解释进行管理。交流的信号系统包括各种类型的信号，不仅可以使用语言学信号，还可以使用复杂信号系列中的任何一种，如面部表情、姿势、言语和共有环境中的物体等。

Clark 指出，会话有一个交流活动水平之上的结构层。会话者对每个话语水平的解释基于如下假设：话语水平的信号事件对另一种联合行动产生影响，即某种结构化目标在语篇水平上定义了一个大的联合活动（目标或者计划）。每个联合信号事件是由单个片段组成的。两个片段之间的转换依赖于二者之间的关系，包括后承、所属、转移等。每个片段要求会话者在进入和离开这个片段时相互协同。协同的一个基础是用不同的方式对转换做出标记，如语篇标记词。

Clark 的整合理论的另一个主线是社会关系对语言产生和理解的作用。话语水平的信号事件的产生受到一系列社会规约的支配，这些约束来源于会话进行的社会环境和会话者之间的社会关系。对社会规约的倾向导致产生了交流行为的许多非直接形式（如间接回应）。在非直接言语行为的解释中，使用交互表征是计算语言学的焦点。

会话无疑也是一种语篇，在语言学、心理学言语中受到越来越多的重视。语言学借鉴和采用语篇分析方法分析会话，给出了会话结构的分析系统。心理语言学更关注交流的认知和社会心理过程，以及构成协同行为的神经基础。本节将从会话结构、会话的话题与连贯性等方面来阐述会话的特点及相关的重要问题。

二、会话结构

会话可以被看作一种特殊的语篇类型。会话分析将会话研究与语篇分析结合起来，刻画会话结构的单位和组织原则。经过多年的发展，会话分析已经成为一个语用学分支。会话结构由话轮、序列组织和优先组织等组成。

（一）话轮

话轮是会话语篇的最小单位。在会话中，参与会话的机会是通过话轮转换系统进行分配的。话轮转换是会话最基本的特征。参与者以某种特定的方式对话轮进行分配，即轮流发话，话轮可以解释很多会话现象。话轮的建筑基石是话轮结构单元（turn construction unit，TCU）。每一个话轮至少包括一个 TCU。TCU 的成分可以不同，可以是一个词、子句等。根据建构一个 TCU 所使用的单元类型，听者可以对话轮什么时候结束做出不同的预期。复杂的单元类型可能更难推测结束，具有两部分结构的复合 TCU 带有子句。话语可以提供一系列不同类型的线索，共同标记一个进行中的 TCU 的可能结束的时间点。TCU 可以作为一个互动的行动，因此填充了一个话轮位置（槽）。另外，话轮可以由多个 TCU 组成（多单元话轮）。

会话组织是一种情境化的社会活动。参与者组织对话的方式是一种互动结构，决定了会话运作的语境，使其有序、互动、协同发展。话轮组织可被看作一系列建构活动，使得参与者能够共同决定说话者转换的时间点。听者不仅要知道话轮的内容，还要知道自己什么时刻该说话，并预期进行中的话语结束的时刻。听者进行预期时，可以使用句法和韵律信息，但其中句法的作用是首要的。一个话语是否可能结束，主要取决于语用因素，即这个话轮与其直接相互作用的语境的关系。

（二）序列组织

交流是一种连贯的情境。理解并非仅仅取决于话轮的线性时间顺序。谈话者把话轮连接作为相互关联的交流行为的一种连贯序列的方式，称为序列组织。话轮序列具有结构性，参与者用它来完成并协调一个互动的活动。问答、请求与回应等就是序列的例子。不同类型的二分序列是紧密的序列组织，即邻近对。当话语被分析成特定类型邻近对的第一部分时，它已经在局部建立了一个规范的期待，即期待接受者在下一个话轮应该做什么。也就是说，第一部分为第二部分提供了条件相关的配置。序列中可能包含插入序列，如修正序列，可以延迟对第二部分的互动期待。介入的互动表明，虽然有延迟，参与者依然能够对第二部分的相关性做出响应。条件相关是理解话语结构的关键，能够使会话参与者适应情境性社会环境，通过情境性序列推理来理解会话中的话语意义。

（三）优先组织

与相对偏好程度相关的序列选择方案的排序，被称为优先组织。它描述了参与者互相可以观察到的取向，为参与者的解释性推理提供了微妙和有力的支持。会话分析方法的特性包括：引入序列组织的另一方面——优先组织；话语的意义如何根据序列推理建构；参与者理解会话的方法可以是在互动过程中加以规定和协商的。

三、会话的话题与连贯性

（一）话题

结合会话分析理论和关联理论对会话话题的结构、分布和运行规则进行考察，可以发现如同独白语篇一样，话题是会话组织的重要手段之一。在会话中，话题不是杂乱无章的，而是以一定的连贯性和展开的可能性有规律地、合理地发展（转引自余玲丽，2006）。在会话进行过程中，一个话题会经历建立、推进、保持和转换等过程。影响会话话题分析的语境因素包括话语范畴（社会过程、场合等）、话语基调（权力、接触、感情投入等）、话语发生（交流方式、媒介等）。

1. 话题的结构

话题将参与者所说内容有规则地组织起来，成为一个动态网状结构，称为话题框架，包括话题核心和核心的附属元素。话题框架是参与者头脑中的信息集合，规定了会话的适应范围，参与者只有在框架内选择信息才能使会话顺利进行。话题核心是会话的中心内容，参与者围绕核心进行交谈。核心的附属元素是与话题核心相关的因素，在会话结构中出现和发挥作用，并有可能成为会话的一个潜在的新话题。

2. 话题的建立

话题是在会话进行中由参与者通过语境协商产生的。在协商达成一致之前，参与者根据各自的意图建立的话题是个人话题。话题产生的过程就是从个人话题到会话话题的协商过程。话题保持是指参与者使会话在同一个话题框架中进行。在话题框架不变的条件下，话题核心和附属元素的关系可以发生变化。

3. 话题启动与推进

会话是参与者针对共同话题进行的互动过程，需要有组织连贯的语句。话题的引入、替换、结束等，通常要求通过其他行为（如疑问、建议）来实现。在交流过程中，话题展开过程可能会因为参与者之间的关系而变化。例如，在正式谈话中，需要有一个被授权的参与者对会话过程进行管控（主持），如引入新话题，给出话题相互关联的言语等。然而，在日常生活中，人际交流不一定有固定的话题，不受会话情境的制约。

4. 话题的转换

话题是会话结构组织的实质内容和深层纽带。在会话中，话题会随着会话的发展而发生转换。话题转换有时是随意的，有时可能是谈话者为顺应各种语境因素或者社会规约而使用的一种交际策略。话题转换时，需要借助各种语言结构对话语进行调控。话题转换与话轮转换之间没有必然联系。话轮转换时，话题未必发生变化；话轮不变时，话题却有可能发生变化。Riou（2017）结合质性分析、韵律分析和统计建模等方法，研究了即兴会话（spontaneous conversation）中话题转换使用的语言学线索，考虑了三种线索，即音域（pitch register）、话语标记（discourse markers）和提问，分析了每种线索的作用以及不同线索的组合作用，结果表明会话中的话题转换对这些线索有重要影响。

（二）会话的连贯性

会话由多个语句或者话语组成，有话轮、序列、邻近对等结构层次。如同独白语篇一样，在每一个结构层次上都有衔接与连贯的问题。与独白语篇相比，会话中的衔接与连贯既有相似性，也有不同之处。语用连贯框架描绘了几类最典型的会话连贯特征。

1. 话轮的语用连贯框架

有学者认为，在研究话轮语用连贯时，框架理论及这些框架结构的性质和功能具有重要的作用。从语篇分析角度看，话轮间的语用连贯是一种框架模式，由参与者的言语行为构成。这些框架集合了言语过程中的诸多元素。语用连贯实现的方式包括：①通过语气词实现话轮语用连贯，在反应话轮中重叠、强调、照应等，这时先行词和重复之间存在直接关联；在逻辑上继续对次级话轮的组成部分进行客观陈述，借助这种方式加强谈话双方言语互动的主观评述。②通过感叹词实现的话轮语用连贯。与语气词相比，感叹词在建立联系方面的功能表现得更明显，因为感叹词本身就表达了丰富的感情色彩，容易引起受话人对所谈话题的关注。③通过重复保证会话结构的完整性。重复是一种句际联系手段，通常出现在两个参与者的话语衔接处。重复的管控作用反映了会话参与者的策略一致性、合作和统一的对话基调。④会话是围绕主题信息展开的。听者要对说话人提供的信息进行提炼和扩充，利用预设填补话语中的一些空缺部分。话轮间的语用连贯框架要求一系列"缺口"，这些缺口是会话的潜在逻辑组织模式。缺口填充是对会话生成的每个阶段进行管控与调整的过程。受话人在做出回应时，通过缺口体现的协调框架既对启动话轮内容做出了回应，也对说话人对该话轮内容的态度做出了反应。

2. 邻近对的语用连贯框架

邻近对是由说话人的话轮和受话人的话轮组成的。在交流中，说话人和受话人的角色是相对的，每一个参与者可能时而是说话人，时而又是受话人。角色轮流转换是对话内容的组织方式，邻近对中的反应话轮在开始之处会出现一些标记，用于相邻对内部的联系和表达受话人的不同情感。这些标记，特别是语气词和感叹词在对话语篇中的作用表现为对内容的主观评述，也为受话人对该话轮的下一个语句信息组成部分的客观评述做了准备。邻近对中的话轮连贯可以帮助对话双方确定言语扩展的意义，填补不足的意义空缺，有助于充分领悟表述不清楚的信息。这种连贯是隐性的，是对话语篇的重要组成部分。

问答邻近对是对话中由提问话轮和回答话轮联结的结构语义统一体。在问答互动中，疑问话轮在保持自己的基本和主要功能的同时，还能构成新的言语交际框架，实现其自身所没有的交际功能。在分析对话互动中疑问话轮语用转换的特点时，可以发现转换的疑问结构的言外功能很广泛，可能会和转换后疑问行为的语用-语义功能重叠。这些话轮的疑问意向适用于随后的言语交际行为，要求受话人按照所提出的问题框架进一步做出反应。

本 章 小 结

本章概述了语言的成分与结构，为理解后续各章内容及其相互间的关系做了一些语言学知识的准备。本章包括两部分内容——话语和会话。

第一节概述了词汇、句子和篇章层次上话语的成分结构及其认知表征，包含三个部分：一是综合了语言学、心理语言学和认知语言学的观点，简要阐述了词汇系统的结构性、概念语义系统的心理表征和认知功能及其与经验、世界知识的关系；二是在句子层面概述了句子的句法结构，句子意义在语义、事件和命题三个层面的表征，以及三者之间的关系；三是分析了语篇中的词汇、句子和篇章宏观结构在篇章组织中的功能及其对实现语篇连贯性的作用。

第二节分析了会话的结构与连贯性，包括三部分内容：一是言语行为理论，特别是 Clark 的整合理论；二是采用会话分析方法描述会话结构，包括话轮、序列和优先组织等；三是会话的话题和连贯性，包括话题的建立、推进和转换的实现方式，以及会话连贯性在语言学和语用学多个层次上的实现。

参 考 文 献

德克·吉拉兹. (2013). *欧美词汇语义学理论*. 李葆嘉, 司联合, 李炯英译. 北京：世界图书出版公司.

顾阳. (1994). 论元结构理论介绍. *国外语言学*, (1), 1-11.

何自然. (2006). *认知语用学——言语交际的认知研究*. 上海：上海外语教育出版社.

何自然, 冉永平. (2001). *语用与认知：关联理论研究*. 北京：外语教学与研究出版社.

黄正德. (2007). 汉语动词的题元结构与其句法表现. *语言科学*, 6 (4), 3-21.

郎曼. (2012). 语用视角下的语篇宏观连贯研究——语篇宏观连贯构建中的宏观结构、超结构和语篇意图. *外国语文*, 28 (3), 57-61.

刘辰诞. (2005). 论元结构：认知模型向句法结构投射的中介. *外国语（上海外国语大学学报）*, 28（2），62-69.

卡罗尔. (2007). *语言心理学*. 缪小春等译. 上海：华东师范大学出版社.

钱敏汝. (1988). 戴伊克的话语宏观结构论（下）. *当代语言学*, (3), 128-131.

束定芳. (2008). *认知语义学*. 上海：上海外语教育出版社.

唐青叶. (2010). *语篇语言学*. 上海：上海大学出版社.

邢福义, 刘培玉, 曾常年, 朱斌. (2003). *汉语句法机制验察*. 北京：生活·读书·新知三联书店.

熊学亮. (1996). 语用学和认知语境. *外语学刊（黑龙江大学学报）*, (3), 1-7.

熊学亮. (2007). *语言使用中的推理*. 上海：上海外语教育出版社.

杨晓虹, 杨玉芳. (2009). 汉语语篇修辞结构边界韵律表现. *清华大学学报（自然科学版）*, 49（1），24-31.

余玲丽. (2006). 元语用分析调核提示预设命题成分. *外语教学*, 27（2），23-25.

袁毓林. (2007). 语义角色的精细等级及其在信息处理中的应用. *中文信息学报*, 21（4），10-20.

袁毓林. (2008). 语义资源建设的最新趋势和长远目标——通过映射对比、走向统一联合、实现自动推理. *中文信息学报*, 22（3）, 3-15.

袁毓林.（2013）. 基于生成词库论和论元结构理论的语义知识体系研究. *中文信息学报*, 6, 23-30.

张明尧.（2013）. *基于事件链的语篇连贯研究*. 武汉：武汉大学.

张振智.（2005）. 论语句与命题的辩证关系. *山东省农业管理干部学院学报*, 21（4）, 112-113.

周长银.（2010）. 事件结构的语义和句法研究. *当代语言学*,（1）, 33-44.

周小成.（2006）. 词汇与篇章. *外语学刊*,（6）, 46-50.

Austin, J. L.（1962）. *How to Do Things with Words*. New York：Oxford University Press.

Barsalou, L. W.（2012）. The human conceptual system. In: M. J. Spivey, K. McRae, & M. F. Joanisse（Eds.）, *The Handbook of Psycholinguistics*（pp.239-258）. Cambridge：Cambridge University Press.

Clark, H. H.（1996）. *Using Language*. Cambridge：Cambridge University Press.

de Beaugrande, R., & Dressler, W. U.（1981）. *Introduction to Text Linguistics*. New York：Longman.

Deerwester, S., Dumais, S. T., Furnas, G. W., Landauer, T. K., & Harshman, R.（1990）. Indexing by latent semantic analysis. *Journal of the American Society for Information Science*, 41（6）, 391-407.

Friederici, A. D.（2002）. Towards a neural basis of auditory sentence processing. *Trends in Cognitive Sciences*, 6（2）, 78-84.

Friederici, A. D.（2011）. The brain basis of language processing: From structure to function. *Physiological Reviews*, 91（4）, 1357-1392.

Grice, H. P.（1989）. "Logic and conversation", typescript from the William James Lectures, Harvard University. In: P. Grice（Ed.）, *Studies in the Way of Words*（pp.22-40）. Cambridge：Harvard University Press.

Grosz, B. J., & Sidner, C. L.（1986）. Attention, intentions, and the structure of discourse. *Computational Linguistics*, 12（3）, 175-204.

Lakoff, G.（1987）. Cognitive models and prototype theory. In: U. Neisser（Ed.）, *Concepts and Conceptual Development: Ecological and Intellectual Factors in Categorization*（pp.63-100）. New York：Cambridge University Press.

Lin, E. L., & Murphy, G. L.（2001）. Thematic relations in adults' concepts. *Journal of Experimental Psychology: General*, 130（1）, 3-28.

Mann, W. C., & Thompson, S. A.（1988）. Rhetorical structure theory: Toward a functional theory of text organization. *Text & Talk*, 8（3）, 243-281.

Pickering, M. J., & Garrod, S.（2013）. An integrated theory of language production and comprehension. *The Behavioral and Brain Science*, 36（4）, 329-347.

Pustejovsky, J.（1995）. *The Generative Lexicon*. Cambridge：MIT Press.

Riou, M.（2017）. Transitioning to a new topic in American English conversation: A multi-level and mixed-methods account. *Journal of Pragmatics*, 117, 88-105.

Searle. J. R.（1979）. *Expression and Meaning: Studies in the Theory of Speech Acts*. Cambridge：Cambridge University Press.

Sperber, D., & Wilson, D.（1986）. *Relevance: Communication and Cognition*. Cambridge: Harvard

University Press.

van Dijk, T. A. (1972). *Some Aspects of Text Grammars*. Mouton: The Hague.

van Dijk, T. A. (1977). *Text and Context: Explorations in the Pragmatics of Discourse*. London: Longman.

van Dijk, T. A. (1979). Relevance assignment in discourse comprehension. *Discourse Processes*, 2 (2), 113-126.

van Dijk, T. A. (1980). *Macrostructures: An Interdisciplinary Study of Global Structures in Discourse, Interaction, and Cognition*. Hillsdale: Lawrence Erlbaum.

van Dijk, T. A., & Kintsch, W. (1983). *Strategies of Discourse Comprehension*. New York: Academic Press.

第二章

语言理解的认知和神经科学理论

语言理解是根据语言输入（语音或文本）和语境信息获得意义的心理过程，是人类交流过程的重要组成部分。为了阐述语言理解的认知结构和神经生理基础，研究者在实证研究的基础上建构了多种语言理解的理论和模型。这些模型揭示出，人们要准确理解说者表达的语义以及说者的意图，需要经过词汇概念提取和句法语义整合等核心加工过程。其中，提取过程是在识别的基础上对存储于长时记忆中的概念和语义的通达，整合过程是根据句法关系将这些概念组合成一个更大的结构，如短语、语句等。为了理解说话者的意图，人们不仅需要整合语言内部信息，还要整合语境信息，如有关交流环境、交流者的信息等。此外，语言理解还有一般认知过程的参与和支持，如执行控制、心理理论等。

在众多的语言理解理论模型中，本章中介绍几种比较宏观的认知模型和认知神经科学模型。这些模型对语言理解的核心和基本问题给予了系统的阐释，能够解释大量实证研究的结果和发现，在相对长的时间里持续影响着人们对语言理解过程的探索。为了更好地把握和理解心理语言学领域的探索，有必要对人类认知的一般模型和研究方法进行介绍。为此，本章首先简要介绍具有持久影响力的理性思维的 ACT-R 模型和神经元网络模型。最后，对关于"语言与认知的关系"问题在脑网络和神经元层次上的研究进展进行简要阐述。

第一节 人类认知的模型

在认知科学领域，认知体系结构在早期分为符号主义和联结主义两大类，产生的最有价值和代表性的理论模型是理性思维的 ACT-R 模型和神经元网络模型。以这两个模型为基础，人类认知的各个领域产生了众多的认知和认知计算模型。

后续我们将会看到，在语言认知研究领域更是如此。

一、认知模型：理性思维的自适应控制系统

理性思维的 ACT-R 是一种认知体系结构假设理论，由美国卡内基·梅隆大学的 Anderson 等（2001，2004，2007）提出。在形式上，ACT-R 是一个计算机仿真程序；在内容上，ACT-R 是认知心理学的整合性理论，致力于模拟和理解人类的认知过程。它从认知心理学实验和神经科学实验两个角度同时进行模型的建构，因此不仅可以模拟真实世界的认知问题，还可以对复杂的认知神经科学数据进行整合。ACT-R 从模型得出的定量化预测结果可以与人类参与者在心理学实验中得到的数据进行比较，从而检验模型的效果。这些数据既包括反应时、正确率等行为数据，也包括神经实验数据，比如，通过功能性磁共振成像（functional magnetic resonance imaging，fMRI）获得的成像数据，如图 2.1 所示。

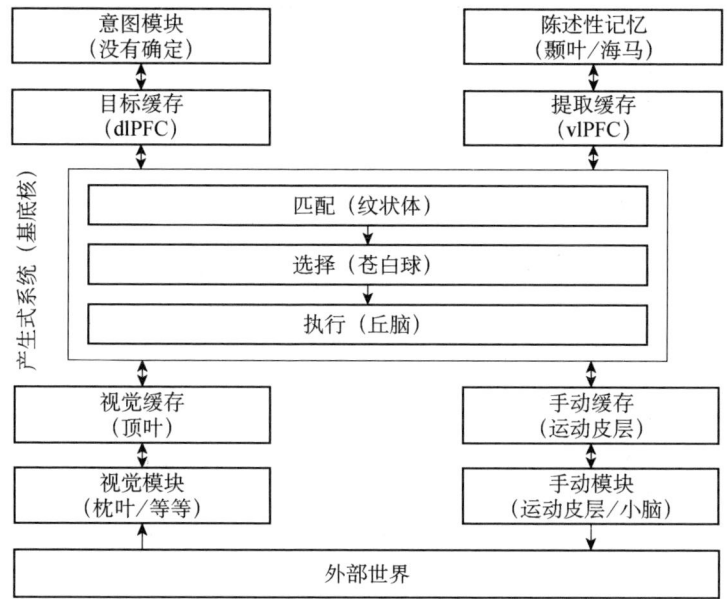

图 2.1　信息在 ACT-R 5.0 中的组织。产生式规则反映并改变了缓存中与模块有关的信息

认知体系结构在早期分为符号主义和联结主义两大类。ACT-R 系统就是一个混合型认知体系结构，由符号系统和亚符号系统两部分组成。符号系统内部结构包括三个主要组成部分，分别是模块、缓冲和模式匹配器（Anderson et al.，2004，2007；Ritter et al.，2007）。模块包括感知运动模块和记忆模块，以及之后加入的目标模块和镜像模块。模块之间通过缓冲机制相互沟通。符号系统是一个产生式

系统，通过产生式规则来对不同模块的缓冲块进行操作。运行在外部结构后台的亚符号系统通过一系列数学方程对符号系统模块内部的操作进行控制。

ACT-R 的感知运动模块负责与外部环境的交互，比如，接收视觉、听觉刺激，输出动作等行为反应。目前，发展最完善的感知运动模块是视觉和操作模块。ACT-R 的记忆模块有两种类型，分别是陈述性记忆和过程性记忆，也称陈述性知识和程序性知识。知识是 ACT-R 系统中的核心信息，因为人类所有的认知过程都建立在知识的基础上。陈述性知识是关于事物及其关系的知识，或者说是关于"是什么"的知识。每一个独立的陈述性知识都由一个知识块（chunk）表示。每个知识块由两部分组成，即知识块的类型和属性信息。ACT-R 自带了很多预先定义的类型，但是在模拟过程中也可以进行手动定义。属性信息由知识块的类型唯一决定。程序性知识是关于完成某项任务的行为或操作步骤的知识，或者说是关于"如何做"的知识。ACT-R 符号系统的核心是一个产生式系统，实际上过程性知识是以产生式规则的方式实现的。每个产生式规则由条件和行为两部分组成，当条件得到满足时，就会触发相应的行为。

与功能性模块不同，ACT-R 的镜像模块与目标模块是特殊的非功能模块，在缺失这两个模块的情况下，系统也可以正常运行。但是这两个模块对于人类认知而言过程是不可缺少的，因为它们反映了 ACT-R 系统对人类思维进行反向工程的构造方法。镜像模块模拟了人类认知对于来自外部环境的输入的学习能力。人类在真实的认知过程中并非直接使用视觉信息，而是将这个信息转化为大脑中虚拟的映像。映像模块生成含有相应信息的新知识块，作为输入模块的缓冲块中输入信息的一个映像，包含关于该输入信息所有有价值的数据。目标模块模拟了人类认知行为在缺少外部刺激的情况下，需要在内部设定目标进行自上而下的运作。其功能如下：一是产生新的目标，其目标知识块是目标模块相对于陈述性知识模块中存储的目标知识块所建立的一个映像；二是通过目标缓冲块中的目标知识块标注系统当前的状态和目标。

缓冲块是 ACT-R 系统中过程性模块与其他功能性模块的接口，主要有三种功能：一是命令功能。产生式规则通过满足条件激发行为，向特定模块的缓冲块中存入一个知识块，命令模块进行特定的操作。例如，在视觉操作中，在视觉缓冲块中存入一个特定知识块，使得眼睛可以去关注特定的物体。二是数据寄存功能。特定模块完成操作后将信息放入模块的缓冲块中，在之后的系统运行中满足产生式规则的条件，进而触发新的行为。例如，视觉模块完成关注操作后将看到的物体的具体信息存入视觉缓冲块中。三是状态查询功能。缓冲块的状态代表了模块的状态。例如，如果视觉缓冲块的状态为空闲，则代表视觉模块的状态为空闲。

模式匹配器是在知识库中搜索与缓冲状态一致的生成规则。如果规则匹配，则被模型触发，触发结果会修改缓冲状态，从而改变系统的状态。同一时间只能有一个产生式规则被激发，但是不同的模块可以并行地处理信息，这体现了 ACT-R 系统中并行性与单一性共存的思想。如果同时有多个产生式规则的条件被满足，就需要亚符号系统来选择一种特定的产生式规则。ACT-R 认知过程的实质就是生成规则的不断被触发。

ACT-R 的亚符号系统主导模块内部的工作方式，通过一系列数学公式对符号系统中模块内部的操作进行控制。亚符号系统提供知识块的选择机制和产生式规则的选择机制。从陈述性知识模块中检索知识块时，可能涉及当多个知识块同时满足条件时选择哪一个的问题，这时亚符号系统会提供选择机制来解决这一问题。从人类认知角度而言，这个机制反映的是人类在记忆中先提取哪一类知识。同样，当同时满足多个产生式规则的条件时，因为 ACT-R 每次只允许触发一个产生式规则，所以需要亚符号系统提供选择机制触发特定的规则。

如果 ACT-R 的符号系统正确反映了大脑的加工模式，那么应该能够在大脑中找到它的各个结构的加工脑区。事实上，的确存在这种对应关系，也就是 ACT-R 具有神经生物学研究的基础。

在 ACT-R 理论与模型发展的近 30 年中，它从一个描述人类认知过程的简单理论逐渐发展为一个完整的人类认知体系结构。迄今为止，ACT-R 已经在多个方面成功建立模型，包括学习与记忆、问题解决与决策、语言与交流、知觉与注意、认知发展和个体差异。除了被应用于认知心理学领域，ACT-R 认知体系结构也被应用在许多人工智能与神经科学领域。例如，在人机交互研究中构建用户模型；构建智能导师系统用以评估学生的能力；构建与环境交互的更贴近人类行为的人工智能体；解析复杂的 fMRI 数据；等等。

ACT-R 认知体系结构在语言加工领域也得到了较为广泛的应用，特别是在句子加工领域。例如，考察句子记忆过程（Anderson et al., 2001）、句子理解中的工作记忆加工过程（Lewis et al., 2006）、句子各个组成部分如何相互联系（Vasishth et al., 2008）、句法启动的作用机制（Reitter et al., 2011）等。研究的一般逻辑是：找出需要探讨的问题，根据认知理论和前人的实验研究，推测这种认知过程的内在机制，然后根据推测进行建模，再检验模型的预测结果与实验结果之间的吻合程度。

二、人工神经元网络模型：PDP+深度学习

（一）并行分布式处理

并行分布式处理（PDP）与联结主义（connectionism）密不可分，人们有时甚至

将二者等同。联结主义是在人工神经网络（ANN）的基础之上发展壮大的。联结主义的先驱 McCulloch 和 Petts（1943）总结了生物神经元的一些基本特征，提出了形式神经元（formal neuron）的数学描述与结构方法，并就形式神经元及其逻辑特征的有关思想进行了分析，随后又提出了一种叫作"似脑机器"（mindlike machine）的思想，这种机器可由基于生物神经元特性的互连模型来制造，这就是神经网络的概念。在此基础上，发展出了人工神经网络。

Rumelhart 等（1986b）合著出版了两卷本的《并行分布式处理：认知的微观探索》，结合了包括物理学、数学、分子生物学、神经科学、心理学和计算机科学等许多相关学科的研究成果，强调人类认知不是简单的符号运算，而是网络整体结构活动的结果。网络是时间动态系统，由类似于神经元（节点）的大量处理单元相互联结在一起，每个单元都具有不同的活性，既可以激活和抑制其他单元，同时也会被其他单元所激活和抑制。认知过程可被看作网络从初始状态到最终稳定状态的动态过程，而这个动态过程就可以被看作认知能力。该书在认知科学领域产生了很大的影响，极大地推动了联结主义的发展。

由此可以看出，并行分布式处理是人工神经网络关于神经加工和表征的一种取向，强调加工的并行性和表征的分布性。人工神经网络是模拟人脑细胞的分布式工作特点和自组织功能，且能实现并行处理、自学习和非线性映射等的一种系统模型，由大量的、简单的处理单元通过广泛的相互连接而形成。它不是人脑神经系统的真实写照，而是对其做出的简化、抽象和模拟。

人工神经网络具有结构特征和能力特征。结构特征包括并行式处理、分布式存储、容错性。人工神经网络是由大量简单的处理元件相互连接构成的高度并行的非线性系统，具有大规模并行性处理的特征。结构上的并行性使神经网络的信息存储必然采用分布式方式，即信息不是存储在网络的某个局部，而是分布在网络所有的连接权中。一个神经网络可存储多种信息，其中，每个神经元的连接权中存储的都是多种信息的一部分。当需要获得已存储的知识时，神经网络在输入信息的激励下，采用"联想"的办法进行回忆。以上特点必然会使神经网络在两个方面表现出良好的容错性。一方面，由于信息的分布式存储，当网络中的部分神经元损坏时，不会对系统的整体性能造成影响，如同人脑中每天都有神经细胞正常死亡而不会影响大脑的功能；另一方面，当输入模糊、残缺或变形的信息时，神经网络能通过联想恢复完整的记忆，从而实现对不完整输入信息的正确识别，如同人可以对不规范的手写字进行正确的识别。

能力特征包括自学习、自组织、自适应性。神经网络的自学习是指当外界环境发生变化时，经过一段时间的训练或感知，神经网络能通过自动调整网络结构参数，使得对于给定输入能产生期望的输出，训练是神经网络学习的途径。自组织是指神经系统能在外部的刺激下，按一定规则调整神经元之间的连接强度，逐渐构建起神经网络，这一构建过程称为网络的自组织（重构）。自适应性是指一个系统能改变自身的性能以适应环境变化，它是神经网络的一个重要特征。自适应性包含自学习与自组织两个层面的含义。

并行分布式处理的人工神经网络一般由三个部分组成：输入层、输出层和隐藏层。输入层接收输入的信息，输出层提供应有的表征，隐藏层则存储网络学习到的知识表征。网络学习由输入层开始至隐藏层，再到达输出层。这个过程是一个调节网络中各单元的激活程度以及单元之间联结强度的过程，即寻找确定权值（单元连接的权重值）的过程。

人工神经网络实际上是一种基于模拟生物神经网络的机器学习（machine learning）算法，是机器学习的一个庞大分支，包含很多种不同的算法。早期较有影响的一种方法为误差反向传播算法（backpropagation，简称 BP 算法）（Rumelhart et al.，1986a）。BP 算法可以让一个人工神经网络从大量训练样本中学习统计规律，进而对未训练的样本进行预测。然而，BP 算法作为传统训练多层网络的典型算法，由于多层网络训练的困难，其隐藏层通常只含有一层，对于含有多层隐藏层的网络，该训练方法则受到限制（Bengio & Delalleau，2009）。BP 算法的隐藏层只有一层，因此属于浅层学习（shallow learning）。浅层结构算法的局限性在于，在样本和计算单元有限的情况下，对复杂函数的表征能力有限，针对复杂分类问题的泛化能力受到制约（Bengio & Delalleau，2009）。如何提高含有多个隐层的神经网络的性能成为研究的重点，于是深度学习（deep learning）逐渐发展起来。

（二）深度学习

深度学习通过组合低层特征形成更加抽象的高层表征，以发现数据的分布式表征模式。深度学习有两个主要特征：①含有非线性加工单元的多层结构；②对每一层的特征表征进行监督或无监督式学习，形成从低层到高层的层级结构（Deng & Yu，2014）。深度学习与浅层学习的主要区别在于隐藏层的数量。深度结构神经网络每一层的输出结果都被作为下一层的输入信号。不同的深度学习网络的区别在于网络的层与层之间的数学算法，即映射关系或神经元连接模式的差异。以下介绍两种典型的深度学习网络。

（1）卷积神经网络（CNN）。它受视觉系统结构的启发，基于神经元之间的局部连接和分层组织图像转换，将具有相同参数的神经元应用于前一层的不同位置时，得到一种平移不变的神经网络结构形式。Le Cun 等（1989）在此基础上采用误差梯度设计训练了 CNN，成功地将 BP 算法应用于训练深度网络结构中。CNN

作为深度学习框架，是基于最小化预处理数据的要求而产生的，在某些模式识别如手写体字符识别任务中表现出了更优越的性能。

卷积神经网络由卷积层和子抽样层两种类型的神经网络组成。神经网络的每一层都由多个二维平面块组成，每个平面块包含多个独立的神经元。在每一层中，每个神经元有一组输入权值，这些权值与前一层神经网络矩形块中的神经元相关联。同一组权值和不同输入矩形块与不同位置的神经元相关联。为了使神经网络能够稳定地应对各种变换，需要对网络的结构进行限制。首先，在进行特征提取时，每一个神经元只从上一层的局部感受野得到输入，只提取局部特征。其次，在进行特征映射时，网络的每一个计算层由多个以二维平面形式存在的特征映射组成，平面中的神经元在约束下共享相同的权值集合。最后，跟随在卷积层后的子抽样层进行局部均值化，使得特征映射的输出对网络变换的敏感度下降。CNN执行的是有监督训练，在训练开始前，用一些不同的随机数对网络的所有权值进行初始化。

（2）递归神经网络（RNN）。它是目前最流行的几种深度学习网络结构之一，其递归处理历史信息和建模历史记忆的功能和特点，使其非常适用于处理时间、空间序列上具有强关联的信息。RNN 是包含循环的网络，是对神经系统的环式连接的一种简单模拟。RNN 通常用于描述动态时间行为序列，将状态在自身网络中循环传递，可以接受更为广泛的时序序列结构输入。RNN 更重视网络的反馈作用，当前状态和过去状态之间存在连接，使其具有一定的记忆功能。长短时记忆模型（long short-term memory，LSTM）（Hochreiter & Schmidhuber，1997）是当前典型的递归神经网络之一。与传统的 RNN 相比，LSTM 适用于区分、处理和预测间隔和延迟时间很长的重要事件的时间序列。LSTM 包括输入门（input gate）、输出门（output gate）、忘记门（forget gate）和专门的记忆存储单元（memory cell），门是指信息选择性通过的方法。LSTM 中最重要的是忘记门，它决定了哪些信息被丢弃；其次是输入门，它决定了哪些信息需要更新；最后是输出门。

第二节　语言理解的认知模型

语言理解研究可以在不同的语言学层次上对参与加工的不同认知过程进行研究。由此观察到的现象和产生的理论模型可以解释不同层次的现象，达到不同的理解深度。本节介绍两个语篇理解模型，即建构-整合（construction and integration，CI）模型和连贯性矩阵（Coh-Metrix）模型。这两个模型对语言理解的认知过程进行了分解，提出并解释了语言理解的一系列核心问题，在自身不断完善的同时，后续也引发了其他学者的深入、持久的研究。二者的不同之处在于，建构-整合模型侧重于理解的认知过程，或者说是计算层次的模型，具有重要的理论价值；连贯性矩阵模型侧重于不同语言学层次的分析和计算，可以被看作一个计算实现的模型，具有广泛的应用和实践价值。

一、建构-整合模型

建构-整合模型是以语篇为主体的理解模型，由 van Dijk 和 Kintsch 于 1983 年提出，重点描述了语篇理解的认知过程，是迄今为止最完整的语篇理解心理模型。这个模型是复杂性导向的，包括从词的理解到小句、复杂句、句子序列，再到语篇整合的完整过程。而且，理解过程不仅以输入信息为基础，还考虑了与理解者的目的、知识之间的交互，即关注语篇命题如何激活知识，以及如何得到语篇和知识的一个综合表征。这一模型认为，在语篇理解过程中，读者会建构三种语篇表征：表层表征（surface representation）、文本基础表征（textbase representation）和情境模型（situation model）。语篇理解包括两个过程：建构和整合。在建构过程中，激活词汇的概念和语义，形成命题，构建命题与命题之间的联系，形成关于命题的文本基础表征。在整合阶段，把语篇的背景纳入进来，确定信息的激活程度，排除一些不必要的信息，整合的结果是形成连贯的情境表征。

（一）三层表征

语篇理解的目的是建立一个连贯的心理表征。建构-整合模型将心理表征分为三个不同的层级：表层表征、文本基础表征和情境模型。表层表征是指语篇中的词、短语、句法等语言学水平的输入。文本基础表征是指命题表征。其中，命题是语篇加工的基本单元，由谓语和论元组成。命题是从语篇的句子中提取出来的，通过论元的重叠建立命题间的相互联系。这些命题通过一定的规则组合在一起，形成一个层级性的结构，可以根据局部连贯的命题组成序列关系和更高水平的宏观结构。情境模型是指语篇提及的事件、行为、人物和情境的认知表征。根据情境相似性，个体整合语篇的文本基础表征和语义记忆中相关的以往经验。长时记忆中存储的情境模型，在理解过程中会被提取并成为新的情境模型建构的基础。通过情境模型，语篇与记忆中的一般知识以及个人经验相联系，其内容可能成为个人知识的一部分。情境模型以联结网络表征，节点是概念或命题。联结网络服从限制满足原则，网络中的元素相互影响（正向或负向），最终达到一种平衡的状态。

简言之，表层表征是语篇字面上的内容；文本基础表征是理解语篇后对语篇内容的组织；情境模型则是结合了语篇内容、读者的世界知识和个体经验而获得的连贯表征。这种对语篇表征的层级区分，得到了实验研究的支持（Fletcher & Chrysler, 1990; Schmalhofer & Glavanov, 1986; Speelman & Kirsner, 1990）。

（二）建构-整合过程

1. 建构过程

（1）直接根据语言学输入形成概念和命题。对语言学输入进行语法分析，如词序、词素结构、句法类别等，建立表层表征。表层结构可以促进命题建构，背景信息和可获得的认知信息（如知识、目标或兴趣）也会影响命题的建构。理解者会运用社会的、交流的、认知的背景来建构命题的文本基础表征。因此，同样的事实可以用不同的方式来表征和描述，即在命题水平上能以不同的方式理解。

（2）从知识库中选择相关的内容来扩展这些元素。以概念或命题为线索提取知识库中相互联系的节点。假定在知识库中节点 i 与 n 个其他节点相互连接，用 $s(i, j)$ 表示节点 i 和 j 之间的连接强度，那么线索 i 可能导致节点 j 被提取。每个概念或命题都作为一个独立的提取线索。以项目 i 作为线索进行提取的次数被设为固定的，作为模型的一个参数 k。

（3）推理产生额外的推论。理解所需要的推论不一定都能通过随机扩展机制获得，所以需要通过推理产生推论。有两种类型的推论：连贯推论和对宏观命题进行推论。当建构的文本基础表征不连贯时，需要进行连贯推理，并在更高的水平上把句子表述的命题序列组织起来，形成一个层级性的宏观结构。

（4）在建构的元素之间分配连接强度。元素之间建立相互连接形成一个网络，包含所有提取的词汇、形成的命题、局部和整体的推论，以及这些元素之间相互连接的连接强度矩阵。

2. 整合过程

建构过程得到的语篇表征是不连贯的。与语篇元素有联系的内容在未考虑语篇背景的情况下被纳入进来，其中有很多可能是不合适的，可以通过整合过程将不需要的信息从语篇表征中排除。语篇整合过程是循环式的，一个循环单元大概对应于短句或短语。每个循环都会建构一个新的网络，包括经过前一个循环后还保留在短时记忆缓冲器中的所有内容。一旦这个网络建构起来，整合过程就开始了。代表网络中所有节点的初始激活值的激活矢量根据连接矩阵不断右乘，右乘后得到的激活值重新标准化。通过这种方式，激活被扩散直到系统稳定。一般而言，系统能很快达到一个稳定的状态。但是，如果整合过程失败了，新的建构就会进入这个网络，然后重新进行整合。整合过程的结果是：网络中的节点有些会处于高激活状态，而另一些被赋予较低的激活值。高激活表明这个概念或命题与当前的语篇理解很相关，而低激活表明不太相关或者完全不相关。高激活的节点组成每个加工循环形成的语篇表征。这个表征包含多个水平的信息，如词汇节点、语篇命题、基于知识的扩展（即各种推论）以及宏观命题。高激活的节点包含语篇内容的节点和知识库中的节点，形成连贯的情境模型表征。

（三）建构-整合理论的应用

1. 知识表征

语篇表征的建构过程依赖于知识。知识的表征也是一个联结网络，与语篇命题表征网络同构。网络的节点是概念或命题，包括一个源头和论元的卡槽（slot）。卡槽限定了源头和论元之间的关系。命题的论元可以是概念或者其他命题，其数量可以从一个到几个不等。网络中的节点是相互连接的，连接强度可以是正的、零或负的，最小为-1，最大为 1。概念的含义通过它们在网络中的位置来表征。节点的相互联系及其语义相邻的节点共同决定了它的主要含义。其完整含义则要通过与网络中其他所有节点的关系得到。一个概念的含义总是情境特异和背景依赖的，且处于动态变化之中。其他的结点可能会不断地加入已激活的小网络中，而小网络中另一些本来被激活的节点则可能消失。知识网络中概念之间的联结由联想规则决定，包括相似性、连续性和因果性。命题网络为知识库和语篇心理表征提供了一个共同的结构。但知识网络是一个无序的、基于知觉的系统，而不是一个逻辑性的结构。知识提取除了要有被动的、激活扩散的加工机制，还需要有主动的控制加工，即同时使用被动提取机制和控制策略。

2. 长时工作记忆

在语篇理解过程中，读者需要记忆的内容涉及知觉特征、语言学特征、命题结构、宏观结构、情境模型、控制结构、目标、词汇知识、框架、一般知识和语境的情节记忆等。这些信息是语篇理解所必需的，但短时工作记忆不可能容纳这么多信息。建构整合理论中的长时工作记忆观点解决了这个矛盾。长时工作记忆是由 Ericsson 和 Kintsch（1995）首次提出的，主要适用于熟练任务和熟悉的知识领域。通常，对大部分人来说，语篇理解都是一种熟练任务。长时工作记忆是长时记忆的一部分，可以直接通过短时工作记忆中的线索进行提取。这个提取过程是快速、自动的，不需要内部资源。因此，短时工作记忆的内容会自动地创建长时工作记忆。关键的限制是短时工作记忆中的项目与长时记忆中的项目需要通过稳定的记忆结构相联系（Kintsch et al.，1999）。在阅读理解中，理解导致了记忆中新节点的形成，即来自语篇的命题。这些节点以复杂的模式联系，取决于语篇的特性和读者的理解策略。提取能力与理解密切相关，如果读者完全理解了一个语篇，就会产生一个心理结构支持通过长时工作记忆的记忆提取，提取需要有合适的理解策略、使用这些策略的技能以及各种知识（包括语言学知识、世界知识、特殊话题知识等）。

3. 潜在语义分析

长时工作记忆涉及两种类型的联系：一是随着语篇的理解，新形成的节点之间建立的联系；二是新形成的节点与长时记忆中已有节点的联系。潜在语义分析模型能在大范围内模拟人类知识结构。以此为基础发展出的计算模型，成为广泛被用于模拟语篇理解的模型之一（Sanjose et al.，2006）。潜在语义分析最初是一种信息提取技术，然后扩展到语篇分析和问题解决中（Landauer et al.，1998）。潜在语义分析的出发点是文本中的词与词之间存在某种联系，即存在某种潜在的语义结构。这种潜在的语义结构隐含在文本中词语的上下文使用模式中。传统的空间向量方法假设词汇的语义是相互独立的，每个词语都被看作向量空间中的一个正交基本向量。实际上，词语之间存在很强的关联性，即会出现"斜交"现象。潜在语义分析利用这种关联性，通过对文本集中词语的上下文使用模式进行统计转换，获得一个新的低维的语义空间。建构整合理论结合潜在语义分析技术可以对很多语言理解问题进行计算。潜在语义分析可以用语义空间中的矢量表征建构主义理论提出的宏观结构。另外，潜在语义分析还可以测量词汇与词汇、词汇与语段、语段与语段之间的关系。这些关系结合宏观结构可以补充建构模型对语篇的模拟。

建构整合理论从语篇表征和理解过程详细论述了语篇理解，并为语篇理解的计算提供了重要的理论依据，是一种非常有价值的理解理论。

二、连贯性矩阵模型

连贯性矩阵模型是 Graesser 等（2004，2011）和 McNamera 等（2010，2014）综合利用语料库语言学、计算语言学、自然语言处理、语篇分析、心理语言学等学科的最新进展而开发出的语篇处理工具，能够对语篇的表层和深层特征进行自动量化。连贯性矩阵模型的最初目的是测量语篇连贯性及阅读语篇的困难程度，可用于分析 200～15 000 个词汇的英语文本，并可以根据用户需求对文本在语言、话语和概念层面上的难度和衔接手段进行量化计算，准确地反映出阅读理解中的心理过程，如解码、句法分析和意义构建等。

Coh-Metrix 的特点和优势主要表现在两个方面：其一，充分利用现有的词库和模式分类器、词性赋码器、句法分析器、浅层语义解释器等语篇自动处理工具，例如，CELEX（centre for lexical information）数据库中的词长和词频信息、MRC（medical research council）心理语言学数据库中的具体度和熟悉度等词汇信息、WordNet 中的上位关系和其他词汇语义信息，以及 Charniak 句法分析器等。已有资源的集成使得 Coh-Metrix 能够从多个角度对语篇进行全面分析。其二，它不止于形式层面上的计算，还可以利用 LSA 技术通过数学和统计的方法对语篇的语义进行量化，利用奇异值分解的方法对大型语篇语料库进行降维简化，建造出由 100～500 个维度构成的潜在语义空间，由这些维度的向量表征语义。

Coh-Metrix 基于词汇到体裁等多个水平对语篇进行分析。作为一种计算机语篇分析器，Coh-Metrix 不能完全理解深层隐喻、文学手法和历史背景等。成功的语篇理解不仅仅是分析基本的语篇特点，还包括分析先验的世界知识、推理机制以及读者的阅读技巧。然而，Coh-Metrix 的多水平分析方式对于了解语篇、读者、任务以及社会文化背景之间的交互过程依然有着重要作用。据 McNamera 等 (2010) 的报告，长期以来，美国教育部门主要依赖一些由来已久的可读性计算公式对学生的阅读材料做出取舍。这些公式主要依靠词长、句长等参数对阅读材料进行测量，导致很多教材中充斥着大量的短小、破碎而不连贯的语句，不利于学生阅读和写作能力的提高。McNamera 等设计的 Coh-Metrix 合理地利用了计算语言学、语料库语言学、信息检索等多种自然语言分析技术，可以有效地测量文本的连贯性，为学生阅读材料的选择提供了可靠的依据。

连贯性之所以引起极大的关注，是因为语篇理解是同时受语篇连贯性和读者关于语篇话题的先前知识及他们的阅读技巧影响的（McNamara & Kintsch, 1996; Ozuru et al., 2009）。语篇本身的连贯性能帮助读者理解大部分的语篇。但在某些情况下，低连贯性的语篇会刺激知识丰富的读者在阅读过程中产生更多的推理和有意义的解释。为了了解语篇连贯性和读者之间的交互作用，需要客观地度量语篇的连贯性。

Coh-Metrix 的测量是与多层级理论框架提出的多语言-语篇水平相符的（Graesser & McNamara, 2011; Kintsch, 1988; Snow, 2002）。这些理论框架从语言和语篇的不同水平来识别表征、结构、策略以及过程。语言和语篇的水平主要包括五个，即词汇、句法、基础表征、情境模型以及体裁和修辞结构，也就是语篇的类型及它的组成成分。第六个水平是说话人和听者（或者作者和读者）之间的语用交流。相比其他五个水平，这个水平与语篇特征的关系不是太紧密。

（一）词汇

词汇知识对于阅读时间和阅读理解有着十分重要的作用。拥有高质量词汇表征的读者会把词汇的语音、正字法、形态以及音节结构紧密联系在一起。不同阅读水平的人所适用的语篇不同。初级阅读者适用的语篇中包含的词汇是与日常口语有关的简单词汇。阅读能力更强的人所适用的语篇中包含的词汇更具多样性，他们也擅长在不同的语篇中学习这些词汇。可见，词汇与阅读发展和语义构建有重要的联系，对语篇词汇的分析十分必要。Coh-Metrix 对词汇的分析包括以下几个方面：①词性。它是词汇在语篇中的句法范畴。在这里，词性分为实词（如名词、主动词、形容词、副词）和功能词（如介词、限定词、代词），有些词的词性不止一种。Coh-Metrix 会根据词语所在的句法语境判断这个词的具体属性。②词频。词频越高，越好理解。③心理测评。Coh-Metrix 为数以千计的词汇构建了心理语言学数据库，这个数据库包含词汇的获得年龄、意义性、具体性、可想象性以及熟悉性等维度。④语义。它是通过对一个大型辞典的 WordNet 分析而获得的。

（二）句法

句法理论认为词汇在句子中扮演着不同的角色，它们相互结合构成短语，最后通过句法树结构形成句子。书面形式的语篇通常具有复杂、嵌套的句法结构，会对读者造成一定的工作记忆负荷。Coh-Metrix 对句法难度进行测量，结果表明，句子越短，名词短语包含的词汇越少，主句动词之前的词汇数量越少，连接逻辑的连词越少，那么句子的句法越简单。另外，被动语态的使用频率以及句子间的句法结构相似性也是衡量句法加工难度的重要标准。

（三）基础表征

基础表征是指语篇所要表达的外显语义信息。对语篇基础表征连贯性的测量包括以下几个方面：①共指关系。它是连接基础表征的命题、小句和句子的重要语言手段。Coh-Metrix 计算的共指类型包括实义词重叠、名词重叠、论据重叠以及词干重叠。②词汇多样性。文本里的词汇越丰富，需要整合的新词就越多。评价词汇多样性的一般指标是语料中呈现的类符与形符的比率（type-token ratio），类符（type）是指文章中一切不反复的单词，形符（token）是指文章中的一切单词，包括反复运用过的。③LSA。Coh-Metrix 通过潜在语义分析模型测量句子之间的概念重合度。LSA 是计算概念相似性的重要方法，它不仅考虑了词汇的外显意义，也考虑了词汇的隐性知识。根据 LSA，在自然语言中，一个词的意义可以通过它附近的词汇推测出来。两个词汇在语义上的相似性，很大程度上取决于它们旁边的词汇是否一致。

（四）情境模型

情境模型是指语篇所描述的主题或语篇所描绘的故事世界。Zwaan 和 Radvansky（1998）认为，叙事语篇的情境模型包括五个维度，分别是因果关系、意图/目标、时间、空间以及人物。情境模型中的一个或更多维度的中断会影响语篇的连贯性。当维度中断时，用一些小品词，如连接词、过渡短语、副词或其他语言标记来提示读者就显得特别重要。这些小品词可以表示因果的连贯（如"因为"）、意图的连贯（如"为了"）或者时间上的连贯（如"在……之前"），从而提高了语篇的连贯性。对于因果、意图和时间，Coh-Metrix 计算了这种小品词与相关指称内容的相对频率的比值（相关指称内容是指标记状态变化、事件、行动和过程的主动词）。另外，时间可以通过主动词或助动词的时态和体态表示出来。通过追踪时态和体态可以得到一个重复分数（repetition score），构成了 Coh-Metrix 的一些时间性指标。当时态和体态改变的时候，重复分数会降低。这时候，如果没有一些外显的标记改变的小品词（如时间副词、时间连接词、包含时间名词的介词短语），那么读者的阅读难度会增加。因此，小品词与时态/体态变化的比率是衡量时间连贯性的一个指标，比率太低，表示时间连贯性较差。

（五）体裁和修辞结构

体裁是指语篇的类型，如叙事文、说明文和议论文。对这几种体裁还可以继续进行更细致的分类。不同体裁的篇章阅读难度不同，例如，叙事文的阅读、理解和回忆的难度比说明文要小。研究发现，对体裁和总体语篇结构的识别有助于阅读理解。除了体裁，语篇还包括修辞成分，它们是语篇信息的另一种功能组织形式，使篇章、段落、句子很好地跟篇章宏观结构联系在一起。另外，Coh-Metrix 能够对语篇的体裁进行分析和分类。

第三节　语言理解的认知神经模型

语言理解的认知神经基础是本书的主题。从词汇、句子、语篇到会话等不同的语言层次的理解过程和神经机制，将在后续各章详述。在这里，仅对语言理解神经机制的主要理论做概括性介绍。

相比语言认知神经科学研究的其他领域，语言理解领域的研究者众多。随着技术的进步和资料的积累，不断有学者提出语言理解的认知神经模型和神经计算模型。这些模型在理论取向上存在重大差别，既体现在探索途径和建构基础的不同，也体现在对于语言理解系统的不同方面和不同的神经组织层次的侧重上。

认知神经科学研究采用神经成像（脑成像和 EEG）技术，神经心理学通过对病人的脑损伤部位和语言障碍的关联进行分析，对语言理解的神经生物学基础进行了系统研究，揭示出语言理解的认知过程在神经系统中是如何实现的。大量研究发现，从口语或者书面语信息的输入到将词汇成分整合成更大的句子和语篇结构，再到从语言的输入信息中抽取说话者的目的，这一系列加工过程都有许多神经结构和脑网络的参与。其中一些脑网络可能表现出语言的领域特殊性，尤其是当涉及语言知识的编码时。另一些脑网络则与其他功能区域是共享的，如认知控制和心理理论网络。不同网络之间的交流和协同是如何组织的，是语言理解研究的核心问题。

在诸多的语言理解认知神经科学模型中，具有代表性的是 Hagoort（2005，2013，2016）的记忆-整合-控制模型和 Friederici（2002，2009a，2009b，2011）的口语句子加工的神经解剖模型。其代表性不仅在于他们获得了一致的科学发现，更在于他们持有不同理论立场，以及由此引发了对语言过程不同方面的关注。这些都激发了众多研究者的兴趣，引导了他们的目光和注意力指向。

一、记忆-整合-控制模型

Hagoort（2003，2005，2013，2016）的记忆-整合-控制模型包括认知结构（cognitive architecture）和神经模型（neural architecture）两个部分。认知结构是探索语言理解的神经过程和结构的理论基础；神经模型揭示了认知过程在大脑中的实现。在模型提出后的十几年时间里，他的团队不断发现新的事实和证据，对模型进行了修正、扩展和完善。

（一）认知结构

记忆-整合-控制模型的认知结构包括三个成分：记忆、整合与控制。这三个成分大致对应于 ACT-R 模型的三个主要功能模块，因此记忆-整合-控制模型可以被看作语言理解的一个简化的 ACT-R 模型。记忆指语言获得过程中已经习得并在新皮层记忆结构中得到巩固的语言学知识，是模型中唯一的语言特异成分。在记忆中存储的关于语言构件的知识，如音系、语素、句法构件，合起来称为词项。词项是领域特异的，其编码形式不同于其他感觉通道的知识（如颜色或者视觉物体）。语言以不同的方式对记忆中提取的元素进行组合，形成句子或者大于句子的单元，产生无限多的表达和意义。通过元素组合获得高层次意义的过程称为整合。控制成分把语言与动作、社会交互联系起来，当听者或者读者选择适于语境的目标语言，或者处理会话中与语言同时发生的动作时，将会激活控制过程。此外，语言有内在的机制（如信息结构）触发注意控制系统工作，也可以激活控制过程。

记忆-整合-控制模型以 Jackendoff（2002）的概念语义学和言语行为理论作为语言学的理论基础。其认为语言由语音、语法和语义等三个成分组成，在理解过程中，这三者是平行加工的，分别由分离的神经网络完成，语言理解不仅要解码语言本身的句法和语义，而且要理解说话者的真实意图，这需要整合听者的世界知识以及交流环境中的信息，包括手势等。

（二）神经模型

在记忆-整合-控制模型中，颞叶（TL）区域和顶叶（PL）中的角回（AG）支持知识表征，包括词汇的语音、语素词义和句法模板（词类）等信息；不同的知识类型与颞叶的不同部分相关。前额区（包括布罗卡区和邻近皮层）是整合操作的关键脑区，把记忆提取的构件整合成更大的结构。控制操作需要 PFC 的另一部分脑区和前扣带回（ACC）的参与，见图 2.2。大量的神经成像研究揭示出存在着左侧额-颞皮层的语义和句法加工的梯度。要求高的句法加工激活了左侧 IFG（BA44/45）后部的更多背侧部分、右侧 IFG 后部和左侧 STG 和 MTG 的后部。此外，还有左侧楔前叶、左侧顶下小叶和 rMTG 后部。更多的语义要求确定地激活了左侧 IFG 后部（报告 BA45/47 是 BA44 的 2 倍）的所有部分、右侧 IFG 后部和左侧 MTG 的中部和后部。此外，还有 mPFC 的可靠激活（而在句法加工中不被激活），以及左侧前脑岛、AG 和颞下回（ITG）后部。

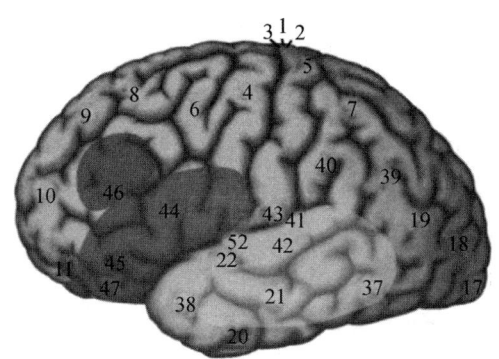

图 2.2 语言的记忆-整合-控制模型。该图呈现了左半球的侧视图。数字代表布罗德曼脑区，这些脑区在细胞结构上是不同的。记忆脑区在颞叶皮层（黄色区域）。整合需要布罗卡脑区（BA44/45）和邻近的前额叶脑区（BA47/6）。控制操作需要前额叶的另一部分脑区（粉色区域）和前扣带回（在图中并未标记出来）（Hagoort，2013）（见彩图 2.2）

记忆-整合-控制模型区分了语音、句法和语义这三个不同的语言学成分的整合，即词项（元素）在句法、语义和语音层面被组合和整合成大的结构。在左额下皮层内，依据整合的不同信息类型，有相关的特定脑区的空间分布。语义整合在 BA47 和 BA45，句法整合在 BA45 和 BA44，语音整合在 BA44 和 BA6 的腹侧（Hagoort & Indefrey，2014）。对于语音、句法、语义这三种信息类型，在提取和整合之间存在一致的可辨别的差异，即支持语言中不同类型的信息加工的脑网络。Xiang 等（2010）采用静息态方法，发现在左侧前额皮层、顶叶和颞叶脑区有清晰的功能连接模式（图 2.3）。在左侧的外周裂脑区，功能连接的模式是遵循语言加工的三个组成部分的。这些结果支持了记忆-整合-控制模型所做的假设（Hagoort，2005），即在左侧前额皮层和布罗卡脑区，语音、句法和语义的功能分区的假设。这些结果也揭示了左侧外周裂语言网络在结构上的功能组织，即哪些脑区与哪种信息类型（语音、句法和语义）具有很强的相关。左侧外周裂脑区具有特定的网络特征，尤其适合支持人类语言三种组成成分的结构。

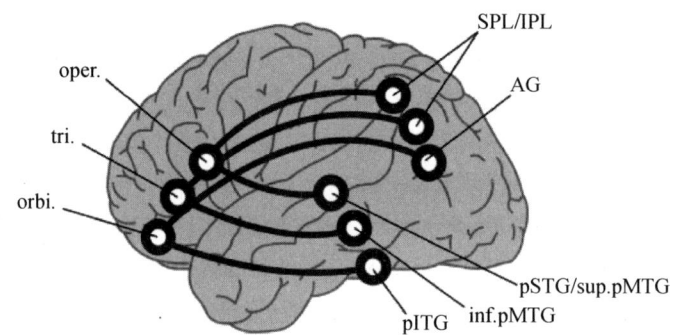

图 2.3 在外侧裂语言网络的前额叶和颞顶脑区的功能连接示意图，与静息态 fMRI 的研究结果一致（Xiang et al., 2010）。与布罗卡区的岛盖部（oper.）、三角部（tri.）和眶部（orbi.）最强的功能连接都被标出。其中，红色为语义加工网络，蓝色是句法加工网络，绿色是语音加工网络（见彩图 2.3）

语言的脑网络并非局限于左半球，同样也包括右半球，但左侧外侧周裂区仍然存在着加工优势。在一项基于 128 项神经影像研究的元分析中，Vigneau 等（2011）比较了语言加工过程中左半球与右半球的激活。总体上而言，对于语音加工、词汇-语义加工和句子或文本加工，右半球的激活峰值不及左半球的激活峰值的 1/3。而且，在大部分的研究案例中，右半球的激活都是在同伦的脑区，显示出了更强的左半球效应。因此，对于多数人群（除了一些左利手）来说，人类大脑的语言准备在更大程度上是依赖于左侧外侧周裂区的组织。

除了 UF 之外，其他的纤维束对于联结 PFC 和语言相关的 TPJ 具有同样重要的作用（图 2.4）。它们是上纵束（SLF）、极端胶囊束和钩束，沿着腹侧通路联结着布罗卡脑区和 STG、MTG（Anwander et al.，2007；Friederici，2009a，2009b；Kelly et al.，2010）。

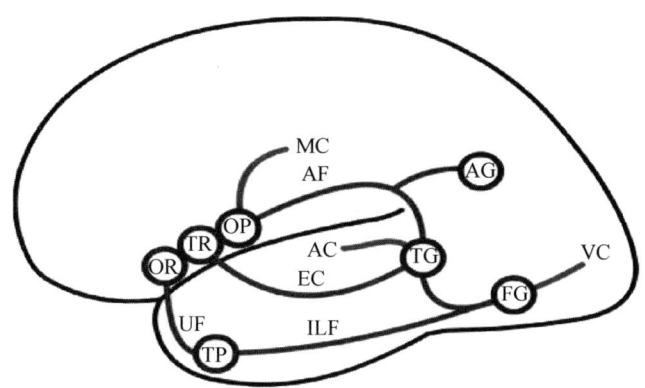

图 2.4　简化的描述左半球语言网络的结构和功能连接。脑区通过红色圆圈表示：左侧前额皮层的眶部（OR）、三角部（TR）和岛盖部（OP）；角回（AG）、颞上回和颞中回（TG）、梭状回（FG）和颞极（TP）。白质纤维束用灰线表示，箭头强调双向连接：弓状束（AF）、极端胶囊束（EC）、下纵束（ILF）。与感知运动系统的接口用绿线表示：视觉皮层（VC）、听觉皮层（AC）和运动皮层（MC）（Hagoort，2013）（见彩图 2.4）

二、语言理解的神经网络

Friederici（2002，2006，2009a，2009b，2011）对于语言理解的研究遵循了乔姆斯基的生成语法理论（普遍语法，UG），关注生成语法中的形式表征与大脑结构的呼应。其认为语言是一种种系和领域特异的人类认知能力，本质上是一种能够生成无限的结构化的短语和句子的内部计算机制。其主张神经语言学应该聚焦于人类语言的核心认知计算机制的神经基础。语言加工过程可以划分为功能上分离的自主成分，如句法、形态、语义等。如同语言认知理论的句法加工模块化的假设，双通路模型认为句法加工过程在大脑中是独立进行的。语言的主要功能在于思维，语言理解的核心是普遍语法意义上的句法语义计算，即短语法和有限状态语法，因此句法具有优先性和自主性。

在综合了多项研究之后，Friederici 对语言网络做了细致的阐述。语言相关脑区包括 IFG 的布罗卡区，STG 的威尔尼克区（Wernicke's area），以及 MTG 的部分区域、IPL 和 AG（图 2.5）。在这些宏观解剖学定义的区域内，包含一些具体的微观解剖学子区。

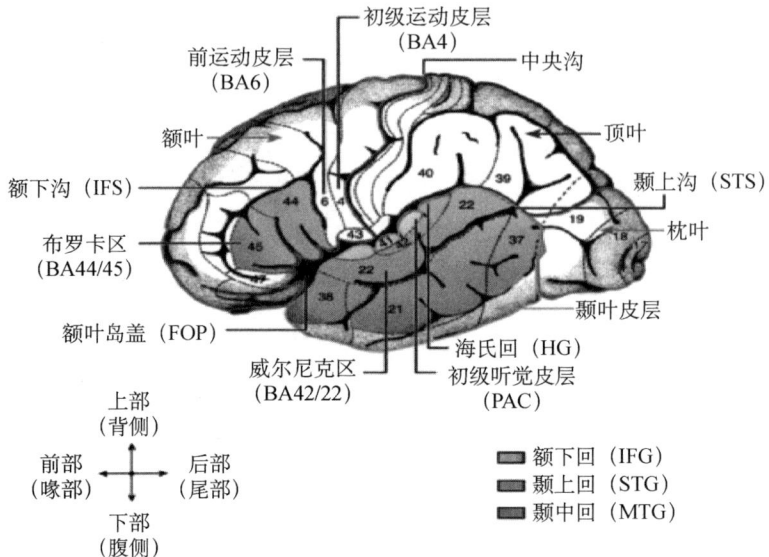

图 2.5 左半球的解剖和细胞结构的细节。不同脑区边界（额叶、颞叶、顶叶、枕叶）由不同颜色代表。主要的语言相关回路（IFG、STG、MTG）由不同颜色代表。数字表示语言相关的布罗德曼区（BA），这是 Brodmann（1909）基于细胞结构的特征所做的定义。上部/下部的坐标表示回路在脑区（如颞上回）或在布罗德曼区（如 BA44 上部；上下部维度也被标记为背侧/腹侧）中的位置。前部/后部坐标表示回路的位置（如颞上回前部；前后部维度也被标记为喙部/尾部）。布罗卡区由盖部（BA44）和三角部（BA45）组成。布罗卡区的前部是眶部（BA47）。额叶岛盖（FOP）的位置比 BA44 和 BA45 更靠内侧。前运动皮层位于 BA6。威尔尼克区是 BA42 和 BA22。初级听觉皮层（PAC）和海氏回位于内侧方向的侧面（Friederici，2011）（见彩图 2.5）

（一）语言脑区的分割

Brodmann（1909）对人类大脑皮层的细胞结构进行了描述。新异的神经结构方法为语言网络区域的细分提供了详尽的信息。这些新异的神经结构方法包括客观细胞结构分析、受体结构分析以及基于连通性的分割方法。客观细胞结构分析是基于皮层中不同类型神经细胞的密度进行的；受体结构分析是基于皮层中不同类型的神经受体的分布进行的；基于连通性分割的方法是根据它们与其他脑区的特定区域连接进行的。

所有这些方法都支持对布罗卡区进行的细分，并将其与邻近区域分开。通常我们认为布罗卡区的大部分区域支持语言加工的不同方面。根据细胞结构定义的布罗卡区由 BA44 和 BA45 组成（图 2.5）。受体结构分析认为，BA45 可以被细分成两部分，更前部的区域 BA45a 与 BA47 区相接，更后部的区域 BA45p 则与 BA44 区相接。根据受体结构分析，BA44 可以细分为背侧区（BA44d）和腹侧区（BA44v）。

这些细分在功能上可能是重要的，因为不同语言的实验均指出 BA45 和 BA44 具有不同的功能。在考虑这些区域更精细的神经解剖时，或可区分为 BA45（45a vs 45p）和 BA44（44d vs 44v）等不同子区。使用基于连通性的方法可以把 IFG 分成四个子区：第一个子区（BA44）通过一条背侧通路连接颞叶皮层，包括 AF 和 SLF；第二个区域（BA45）通过极外囊系统（EFCS）与 TL 相连；第三个区域位于更内侧（FOP），通过 UF 与颞叶皮层前部相连。

（二）语言皮层之间的结构连接

Dejerine（1895）将 AF 定义为连接布罗卡区和威尔尼克区这两个区域的主导纤维束。弥散张量成像（DTI）技术可以识别人类不同脑区的结构连接。Catani 和 de Schotten（2008）用纤维束图谱代表主要的纤维连接，但是使用这种方法并不能确定连接的方向。关于语言相关区域之间的连接，如前额皮层和颞叶皮层，研究通常支持两条通路：一条是背侧通路，另一条是腹侧通路。对于在从颞叶皮层到大脑其他部分的不同通路的具体功能上，包括这些通路在其他脑区上的终点，都存在争论（图 2.6）。

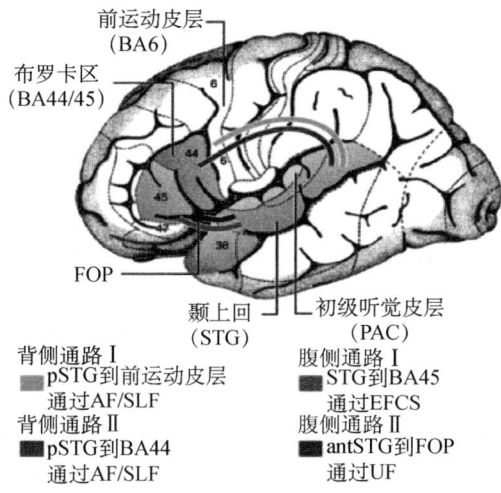

图 2.6 语言皮层之间的结构连接。两条背侧通路和两条腹侧通路的观点图示。背侧通路Ⅰ通过弓形纤维束（AF）和上部纵向纤维束（SLF）连接颞上回（STG）和前运动皮层。背侧通路Ⅱ通过 AF/SLF 连接 STG 和 BA 44。腹侧通路Ⅰ通过极外囊系统（EFCS）连接 BA45 和颞叶皮层。腹侧通路Ⅱ通过钩状纤维束（UF）连接额叶岛盖（FOP）和 STG/STS 前部（antSTG）（Friederici，2011）（见彩图 2.6）

在双通路模型中，腹侧通路支持声音到意义的映射，连接颞叶后部背侧部分和额叶后部的背侧通路支持听觉-运动整合（Hickok & Poeppel，2007）。Saur 等

(2008，2010)使用纤维追踪方法，揭示了通过 EFCS 将颞叶皮层与眶部(BA47)和三角部(BA45)相连的腹侧通路，支持声音到意义的映射，并将背侧通路定义为从颞叶皮层到前运动皮层和盖部(BA44)支持发音的感觉-运动映射。Friederici 等(2006)基于功能上的不同激活，在 IFG 中定义了两个种子点，识别出一条通过 AF/SLF，从盖部(BA44)到颞叶皮层后部的背侧通路，以及通过 UF 从 FOP 到颞叶皮层前部的腹侧通路。背侧通路的功能是在句法复杂的句子中支持非临近元素的加工，腹侧通路则支持序列中相邻元素的组合。这些发现揭示出，语言加工中存在两条腹侧通路连接额叶和颞叶皮层：一条是 BA45 通过 EFCS 到颞叶皮层(腹侧通路 I)；另一条是从 FOP 通过 UF 到颞叶皮层(腹侧通路 II)。另外，还存在两条平行的背侧通路：一条是从颞叶皮层到前运动皮层(背侧通路 I)；另一条是从颞叶皮层到 BA44(背侧通路 II)。前者主要支持声音到运动的映射，后者支持高层次的语言加工。

除了这些长距离的连接，功能连接和结构连接分析还识别出了颞叶皮层中的两条短距离通路。第一条是通过喙状纤维通路，从海氏回(Heschl's gyrus，HG)到极平面和 STG 前部；第二条是通过一条尾状纤维通路，从 HG 到颞平面和 STG 后部。这表明听觉皮层中有两条听觉加工流：①PAC 和听觉皮层前部(极平面)之间；②PAC 和听觉皮层后部(颞平面)之间。PFC 中也有短距离连接，即额下沟(IFS)和 BA44 互连。

（三）语言默认网络的功能连接

在外侧裂皮层中，给定区域的具体功能是以功能成像研究为依据的，这些研究涉及语言加工的不同方面，如语音、句法和语义。这些研究中的实验变异只反映了冰山一角，因为具体实验条件只能解释在一个具体实验中大脑激活的总体变异的 20%，甚至更少。剩下的变异不是由具体实验条件所诱发的激活，这些"无法解释"的活动并不是随机的。对于语言实验而言，它位于外侧裂皮层。因为这种激活模式只在语言实验中观察到了，而在非语言实验中没有观察到，因此被认为代表着语言默认网络。为了识别这种默认激活，研究者对 fMRI 数据进行了低频波动分析，对同一个实验室的四个语言实验和两个非语言实验进行了比较。而且，当对这种语言默认网络进行功能连接分析时，在 IFG 中的布罗卡区和颞上皮层后部之间发现了一种重要的相关连接(图 2.7)。因此，这些不同语言区之间的功能连接早已存在于语言默认网络中，独立于具体实验诱导的不同条件。总之，在测试语义或句法过程的 fMRI 研究中，具体实验条件引发特定激活模式，只代表了对语言默认网络的调节。

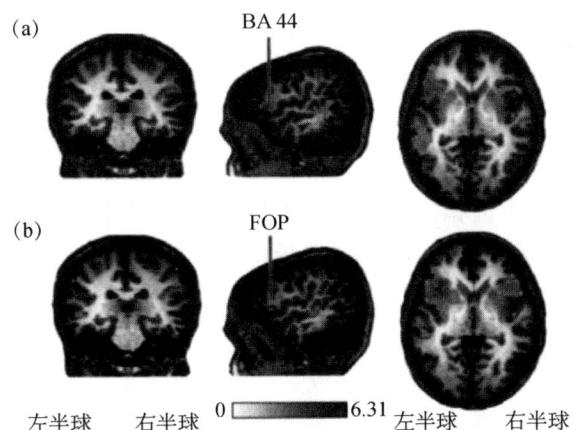

图 2.7 语言默认网络中语言皮层之间的功能连接。对 4 个语言实验进行结合分析的结果，使用 FDR 阈值 $p<0.05$ 对多重比较进行矫正。(a) 与 BA44 种子区的相关。(b) 与 FOP 种子区的相关。每一个实验都将 r 转换成 z 值，以此来保证高斯性，然后对被试进行体素 t 检验。地形图显示了 4 个语言研究结合后的 z 值。z 值由颜色条形图表示（Lohmann et al., 2010）（见彩图 2.7）

第四节 语言与认知系统的关系

语言是一个模块化的独立系统，还是认知系统的一部分？语言与认知的关系问题是一个长期受到争议的问题。近年来，在神经网络和神经元水平上对这个问题进行的探讨，有可能会使学者达成较为一致的看法。

一、语言网络的"核心"与"外周"成分

Fedorenko 和 Thompson-Schill（2014）在神经网络框架下对语言理解机制的特异性和一般性问题进行了研究和思考，提出语言网络可能包括功能特异性的"核心"和领域一般性的"外周"。核心是指在语言加工中被激活的那些脑区，而外周是指在某些条件下与语言核心区域一起被激活，而在另外一些条件下则指和其他系统网络一起被激活的那些脑区。这种网络的框架也许能够帮助我们更确切地了解语言的神经生物学基础。

多年以来，Fedorenko 和 Thompson-Schill 一直在试图使用区域特异性的 fMRI 反应来探索语言的认知和神经机制，并获得了丰富的实验证据。但是，关于语言脑区的功能特异性，二者的看法不同。Fedorenko 认为存在语言加工的高度功能特异性的脑区，而 Thompson-Schill 则认为语言加工是由领域一般性的区域来完成

的。后来，他们学习和借鉴认知神经科学对其他认知功能的研究经验，采用语言网络的框架分析和处理实验证据，对于语言加工的认知神经机制达成了共识。为此，他们提出了定义这些网络特性的方法，包括对语言功能的独有特性的定义方法。他们认为要描述这些网络，并不需要事先对语言进行定义，可以从认知神经科学的其他功能网络中借鉴网络核心和外周的概念，通过追踪网络随着时间而产生的结构性变化，来定义它们的功能特异性和领域一般性。这种方法能够用来区分领域特异性和领域一般性的机制，探索它们各自的作用和二者的交互作用，以及这种动态性对行为的影响。

判断一个网络的功能特异性的方法之一是考察"网络动态性"，也就是网络中节点之间耦合（共变）模式的变化。网络并不是静态不变的，它们在不同的任务条件下以及在同一任务的不同阶段都会发生变化。例如，Cole 等（2013）的研究表明，随着任务要求的变化，额顶网络会比其他的功能网络产生更多的连接模式。也就是说，额顶网络是可变的，有时候会与视觉网络联合，有时候又会与听觉网络联合。因此，功能特异性这一概念可能与网络的稳定性有关。如果一个网络的节点非常稳定，那么它可能对于某些认知加工具有功能特异性；如果节点常常是灵活变化的，那么它可能就是领域一般性的。

语言及其子成分，如语音知觉、词汇识别、发音和句法加工等在多大程度上依赖于功能特异性的机制，又在多大程度上依赖于领域一般性的机制？这一问题的关键在于，在很多定义中，语言网络既包含相对特异性的脑区，也包括领域一般性的认知控制脑区。其中，领域一般性脑区（如认知控制和工作记忆的脑区）之间的连接是必不可少的，它们可能在所有的认知加工中都起作用。

功能特异性成分和领域一般性成分如何产生交互作用？有研究者认为，这种交互作用能够通过稳定的枢纽（hub）来完成，这些枢纽通常与一个以上的特异性网络相关。也有研究者认为，这种交互作用能够通过特异性脑区和一般性脑区之间连接模式的动态变化来完成。例如，在语言加工中，语言网络在某一时刻可能以一种方式组织起来；而在另外一个时刻，同一个一般性脑区可能与其他网络一起工作。利用"稳定性"这一概念，能够将网络核心与网络外周区分开来，网络核心是无论在什么时候都持续相互作用的那些脑区，而网络外周是根据任务要求的不同，在不同的时间点与不同的特异性脑区相互作用的那些脑区。这样的区分有助于研究任何网络的功能特异性，包括语言网络。

在动态网络中，功能特异性区域是指只在某些特定任务中被激活的那些脑区，而领域一般性脑区是指在不同任务中也能够被激活的那些脑区；跨时间结构是指能够持续保持连接的脑区，而外周区域是会产生变化的脑区。这两个维度并不是相互独立的，如果某一脑区支持针对某种特定任务的计算过程，那么它就很可能也支持相似计算的脑区共同活动;如果某一脑区支持一般性的计算过程,那么它就可能与很多其他功能的脑区共同活动。因此,语言网络很可能包括功能特异性的核心和领域一般性的外周。支持特定加工过程的核心脑区与这一过程所需要的领域一般性脑区是同时存在的。

这种方法有助于探索语言网络的构成,既不需要先验地定义这一网络,也不需要使用一种非常随意的包含一切的定义。任何语言任务(如句子理解)都可能既包括领域一般性的加工,也包括语言特异性的加工。但是,如果假定这些加工是由网络中不同的节点来完成的,这些节点之间的动态关系会随着任务的不同而变化,那么使用网络的方法就可以解释它们变化的方式以及这些节点的功能。这有助于我们探索在不同的认知条件下不同节点的反应特性是核心的和还是外周的。

总之,关于脑功能特异性的研究,之前主要关注特定脑区的功能,现在则越来越强调脑区之间的协同作用,这种网络的框架也许能够在很大程度上帮助我们了解语言的神经生物学基础。语言理解的认知神经模型都认可领域特异性成分的存在,但是对于什么是语言特异的网络,各模型有不同的理论假设。Hagoort(2005,2016)的记忆-整合-控制模型认为,存储在记忆系统中的词汇语义信息是语言系统中唯一的领域特异性成分;句法加工是与音乐、数学等其他认知领域共享的领域一般的神经计算机制。Friederici(2011)的双通路模型把形式句法加工看作人类独有的、能生成无限意义表达的认知和神经计算系统,是语言能力的核心成分。另外,记忆-整合-控制模型中包括领域一般的认知系统,如执行控制系统,强调句子加工的原则在网络水平上与其他认知功能的相似性。尽管如此,这些模型仍在一定程度上为语言网络包括功能特异性的"核心"和领域一般性的"外周"的观点提供了支持。但是,这里并不是故事的真正结束。研究者进一步在更加微观的水平上进行分析,说明语言功能的神经基础或许与其他认知功能是一样的,并没有"特异性"存在。

二、语言功能的生理基础

研究者使用动物模型已经从微观环路到分布式功能网络等各个层级和层次上探索了认知和执行过程的神经基础。这些研究结果表明,各种认知功能都是以相似的神经机制为基础的,即使是人类的认知功能也是依赖于这些基本的神经机制。有理由相信,和其他认知功能一样,语言也是依赖于皮层区域内部的分布式计算加工来形成大尺度的动态网络。Friederici 等(Friederici & Singer, 2015; Friederici et al., 2017)用这样的观点阐释了语言加工在不同层次的神经元网络水平上的表征和计算过程。这对于我们认识语言与认知系统的关系、语言功能的本质，是极其重要的。

（一）行为的潜在神经生理原则

关于语言相关脑区的功能特异性、定位以及脑区之间的联结，结果主要来源于非损伤性的影像学研究（fMRI、MEG、EEG），因此不能直接揭示细胞和微观环路的潜在加工过程。通过对比不同物种的大脑皮层不同区域的解剖和电生理的研究结果，可以发现皮层网络的算法是非常相似的，包括皮层神经元的生物物理特性、兴奋神经元和抑制神经元的形态和层状分布、微环路的组织，以及皮层区域之间联结的基本原则。

人们通常使用"典型微环路"（canonical microcircuit）这一概念来表示不同物种的不同皮层区域的联结。因为神经网络的功能是由内部神经元的特性和调节其相互作用的环路决定的，无论皮层区域的功能是什么，都使用同样的算法来实现。不同的皮层区域能够实现特定的功能，主要是由输入和输出之间的联结决定的。也就是说，每一部分脑区都能够从其他脑区接受刺激输入，也能够将刺激输出到其他脑区。皮层功能特异性取决于大脑内部的联结，而非其固有的组织。由此可以进一步推理：支持语言加工的皮层区域与处理非语言领域的感觉和运动信息的区域应该是在以类似的方式进行运作，因此也可以用动物模型进行分析。

回顾语言相关的神经解剖和功能的研究结果，可以考虑将从微环路的单细胞到大尺度神经网络不同水平的加工过程与非语言脑区结构和其他物种的研究结果做对比，在具有高维度动态性的循环网络内的分布式编码理论的框架下来解释人类的研究结果。可以认为，即使是语言这种高度复杂的认知功能，也具有和其他认知功能类似的神经计算原则。

人类语言的句法规则能够将元素（单词）联合起来形成一个结构（句子）。这种句法结构允许在长距离依存关系中嵌入复杂关系的编码。语言理论对语言单元的基本特征和核心层级句法结构中的基本句法操作都做出了详尽的描述，这有利于人们探讨语言特异性功能和神经加工之间的关系。

（二）神经元、神经元集合和分布式网络

基本的语言单元，如音位和单词，并不是由单个的、高度特异性的神经元表征的，而是由暂时组合在一起的神经元集合来表征的。这些特征特异性的神经元之间能够灵活组合成不同的神经元集合，用相对较少的特异性神经元来编码大量的音位组合。从序列加工的神经编码的实验证据可以进一步推理，句法序列的加工以及将单词联合为短语和句子，可能是通过分布式神经反应产生随时间变化的不同模式来完成的。句子加工中的句法和语义信息整合，可以被描述为在一种情境下大量神经元组合的重新激活。联合分布式编码的概念认为，单个神经元在不同的时间能够参与不同的功能网络。这些网络能够根据刺激特性和行为目标，以解剖联结为基础，组织成为功能性一致的神经元集合。在学习时，解剖联结的权重会发生变化，继而影响神经元集合的组合过程。

语义加工定位在颞叶中部（MTL），一些神经元能够对视觉呈现的客体、熟悉的人物或者人名做出反应，这是一种高度抽象化的加工。这些发现被认为是编码加工的重要证据，即对特定内容的表征是由一些高度特异化的神经元来实现的。另外是神经反应时间的离散性，意味着即使是表征高度抽象化的概念，也需要大量的神经元组合在一起形成神经元集合。这表明编码的离散性是逐渐获得的，从低水平的、通道特异性的反应开始，一直到高水平的加工区域（如MTL）结束，会产生一个信息加工流。在这个过程中，特征特异性反应会重复组合，从而逐渐实现编码的离散性。

有研究表明，一些神经元对语义种类敏感，这与语义记忆和词汇表征之间关系的认知理论模型直接相关。语义记忆和词汇表征具有很多相似之处。行为和电生理的研究表明，词汇是一种特征集合表征。识别一个词的时间依赖于语义特征的数量（语义的丰富性），而且随着词汇与语境不同特征数量的变化而变化。在神经元水平，这意味着表征一个基本语义特征的神经元会参与到更大的词汇表征的集合中去，语义相关的词汇可能会由互相重叠的集合来编码。关于语言感知的研究发现，当语义相关的词汇（如老虎和狮子）之间存在时间间隔时，会促进词汇的识别，因为这会使得表征相同语义特征的神经元得到预激活。然而，当没有时间间隔时，词汇的识别会被抑制，产生干扰效应，因为在编码具有重叠语义特征时存在延迟效应。关于MEG的研究发现，这种延迟效应定位在左侧颞叶皮层，这一区域与语义层级各个层次的语义加工相关。在这种层级内，更高层次的加工与后部腹侧枕颞皮层的激活有关，而低层次的加工与颞叶的前部和中部的激活有关。

词汇由音位特异性细胞的集合来表征，而且这些细胞又能够灵活地重新组合来表征其他词汇。一方面，词汇特异性的集合能够接着组合来表征各种语义，激活名词和动词相应的感觉和运动区域；另一方面，其还能够成为暂时性的扩展序列，通过句法规则组合在一起来表征句子。将两个元素组合到一起形成一个句法结构，最基本的句法操作就是融合，如果多次运用这种操作，就能够建立语言中所有的句子结构（Chomsky，1995）。

通过神经元集合随时间的变化来表征一个句子和相关的语义，继而会诱发脑内其他子系统的活动，实现句法和语义结构的建立。有研究表明，音位和音节的

加工与 θ 和 γ 频段的耦合活动有关。然而，同时记录暂时组合成为一个集合的所有神经元的活动几乎是不可能的。据估计，表征一个概念大约需要颞叶中部 200 万个神经元的活动，因此表征句子和其他语义联合很可能也需要数量巨大的神经元的活动。

（三）神经元集合内部及其之间的动态性

暂时性组合在一起的神经元集合有比较一致的神经活动。较小的、空间分布受限的集合活动的一致性似乎通过 γ 频段（30～80Hz）的震荡活动的同步性来实现，而较大的空间分布较广的集合活动的一致性则通过低频（β，15～30Hz；θ，4～8Hz）震荡活动的同步性来实现。在连续的音节加工过程中，需要听觉皮层初级和次级区域在大脑半球之间进行信息转化，这主要依赖于 γ 频段的同步性活动。根据从听觉皮层记录到的数据，可以发现 HG 和 STG 的后外侧对音节的反应更强烈。颅内脑电获得的神经震荡活动结果表明，左侧的感知运动区域在音节切分的加工过程中具有重要作用。

关于集合形成过程中的神经震荡的作用，研究者主要是在记忆形成和回忆的框架下进行研究的。对有意义的实词（名词和动词）和没有意义的功能词进行对比时，出现了增强的 γ（>30Hz）活动，表示视觉场景的名词和表示动作行为的动词在 γ 频段的能量上存在差异。当任务需要较高的记忆负担或者需要额外搜索记忆信息时，θ 频段的相干活动会增强。在词汇启动范式和真假词判断任务中，发现了额下区域和颞顶区域之间大尺度网络的 θ 频段的相干活动。从记忆中成功提取词汇时，前部和后部脑区 β 频段的相干活动会增强。这些结果说明，与记忆相关的加工，以及分布较广的皮层网络通常涉及 θ 和 β 频段的活动。

通过人造语法范式将句法与其他的语言和非语言方面区分开来，或者在自然语言中只系统性地变化句法参数，能够了解句法加工的机制，这种方法主要采用的是 ERP 和 fMRI 研究。在一项考察复杂句法加工的 fMRI 研究中，研究者发现句法加工的脑区位于 IFG，而词汇工作记忆的脑区位于顶叶皮层。在加工句法复杂、记忆负担较重的句子时，潜在的时空模式显示了左半球顶叶的 α 活动的增强。研究还发现了不同频段的神经振荡同时存在，或者存在相位-振幅的耦合，也就是说，快速神经振荡的振幅会随着同时存在的慢速振荡的相位的变化而变化。这种现象被称为跨频段耦合（cross-frequency coupling），即低频范围内的振荡表征上级内容（一个种类），而慢速节律内快速振荡表征更具体的信息。

（四）小尺度和大尺度网络

不同尺度的同步性活动产生了不同尺度的功能网络。小尺度的局部网络通常涉及局部区域的电位振荡能量的变化，或者是局部头皮脑电信号的能量变化。因为这些信号的能量会随着同步活动的神经元数量的增多和神经元之间同步活动精细度的增强而增加。大尺度网络则通常涉及几个区域之间的联结，通过测量不同电极或脑区之间振荡信号的同步性和相干性来计算。它们随着情景和目标的变化而变化，反映了相应脑区或节点之间解剖联结的密度。

语音和韵律分别是口语的音段和超音段信息。音段信息由左半球的局部网络来加工，而超音段信息主要由右半球来加工。语音和非语音信息由 HG 和其邻近区域来进行区分，而语音不同方面的信息（如频率、频谱信息）的区分由位于 STG 凸面的 HG 的侧面至 STG、颞平面之间的区域来完成。为了加工音段信息，系统的分辨率需要达到 25~50ms，而处理超音段信息的分辨率则需要达到 150~300ms。如果反应的振荡模式能够用于对信息进行时间上的切分，就意味着音段和超音段信息的切分是由不同频段的振荡成分来完成的。与语音加工的大脑半球偏侧化一致，研究发现左右半球具有不同频段的振荡活动，左半球对应 γ 频段，而右半球对应 θ 频段。然而，当加工连续语言时，左半球加工的音段信息和右半球加工的大尺度超音段信息需要整合。这种整合过程涉及半球之间的网络动态性变化，关于其在神经元水平是怎样表现的，还有待考察。

词汇语义表征储存和提取的潜在神经机制的相关研究主要为病人研究和 fMRI 研究。这些研究描绘了一个广泛分布的语义网络，包括 TL 和 PL 区域以及额下区域。TL 和 PL 特别是 AG（BA39）和缘上回（supramarginal gyrus, SG）（BA40）是威尔尼克区的一部分，被认为是词汇语义信息表征和储存的区域，也是句子水平加工的区域（例如，建立动词和宾语之间的关系）。额下区域，特别是三角部（BA45）和眶额部（BA47）则与信息的提取和加工有关。这表明大脑在进行语义信息的通达和加工过程中，小尺度的网络需要和涉及几个脑区的大尺度的网络一起协作。这些区域通过前部的纤维束也就是 UF 和纤维胶囊系统（也叫额枕束的下部）连接起来。大脑区域和纤维束一起构成了语义加工网络，然而这并不是语言系统所独有的。多通道感觉客体和注意的控制网络也同样是广泛分布的。一种基本的思想似乎是：功能网络在解剖连接的基础上形成，通过增强同步活动的结构之间的相干性来实现动态变化。

句法是指生成复杂结构的规则。虽然它很复杂，却可以分解为一些基本的原则。复杂句子的加工是由一个大尺度的额颞网络完成的，包括 lIFG、lSTG 和 pSTG/STS。与之相反，"融合"这种最基本的操作则定位在一个很小的区域，也就是布罗卡区的三角部，是一个小尺度的网络。在句子加工过程中，位于左侧 BA44 的小尺度句法加工网络和位于 lIFS 的句法相关的工作记忆系统联合起作用。这两个区域通过小的白质通路连接起来，在加工复杂句法层级的过程中会表现为功能耦合。这个小尺度的网络是大尺度网络的一部分，除此之外，大尺度网络还包括颞叶和顶叶的后部。

（五）网络复杂性

基于物种比较的进化研究结果表明，灵长类动物和人类的神经网络具有高度的复杂性。与灵长类动物的不同在于，人类大脑中存在高度自由的节点，它们与其他节点之间存在大量联结。这些战略枢纽与多通道整合，与语义和句法整合等高级认知功能的神经网络都密切相关。这种枢纽的产生，可能与语言的进化密切相关。这些联结的产生在同一物种内几乎不存在个体差异，因此被认为是由遗传导致的。

DTI 的研究能够揭示大脑不同脑区之间的结构连接，将 DTI 的研究结果与 fMRI 研究和 MEG/EEG 的研究结果结合起来，能够增进我们对于皮层网络的认识。研究表明，具有很强解剖联结的节点通常会表现出静息态激活相干的增强。因此，在视觉领域的研究中，随着情景和任务的不同，功能网络的形成和分解就反映了通过耦合联结形成的结构。在默认网络中，结构网络的主要枢纽与主要激活的脑区高度相关。发展和纵向研究的结果表明，功能网络会受到经验和训练的影响。因此，在个体发展过程中，静息态相干逐步由半球之间的联结转变为变球内的联结，β 频段相干的网络逐步从分散式转变为焦点式，在青春期晚期会经历一个短暂的协调性减弱的阶段。慢活动波动的相干分析揭示了领域特异性的默认网络。在语言领域，这一默认网络包括语言相关的主要脑区，这些节点之间具有特殊的相干活动，以此来构成句子加工系统。它们通过大范围的白质纤维束紧密联系在一起，表现出 θ 频段的同步性活动。在快速的信息加工中，自动激活的时空模式将对感觉信息反应的活动集合起来。这种自发性的活动表现为网络之间的结构耦合，能够表征需要进行加工的知识和对感觉信号的解释。

本 章 小 结

本章内容是全书的认知和神经科学基础，内容包括人类认知一般模型，以及语言理解的认知和神经科学的宏观模型。

第一节是人类认知的一般理论模型——ACT-R 模型和神经元网络模型。在后续章节中可以看到，它们为语言认知研究提供了一般框架，成为研发语言理解的认知计算模型的理论和方法学基础。第二节是两个重要的语言理解认知模型，建构-整合模型可被看作认知计算水平的模型,曾引发了一系列更深入的研究,其影响已超越语言研究范围;连贯性矩阵模型更像一个计算实现的模型,在应用方面得到发展。第三节是两个最具代表性的语言理解的认知神经科学模型——记忆-整合-控制模型和语言理解的双通路模型。它们建立在不同的语言学理论的基础之上,侧重于不同的认知和神经过程,尤其是对于什么是人类语言加工的核心成分和过程提出了不同的看法。这些争议将会持久地影响未来的语言理解研究。第四节是关于语言与认知系统的关系,这是心理语言学领域存在已久的重大科学问题。近年来,在脑网络和神经生理水平上的研究进展,使得学者的看法趋于接近。语言理解的认知过程和神经基础极其复杂。从脑网络的观点来看,语言网络包括核心和外周成分,即语言特异的认知成分和领域一般的认知成分。从神经元水平来看,语言加工与人类其他认知功能的神经生理基础存在高度相似性,都是由神经元组成环路、集群、不同尺度和不同复杂度的网络完成的。

以上述模型和理论为基础,本书的后续各章将以语言理解的认知过程为主要线索,阐述语言理解的认知神经基础,包括各个核心和外周成分在语言理解中的作用。

参 考 文 献

Anderson, J. R, Bothell, D., Byrne, M. D., Douglass, S., Lebiere, C., & Qin, Y. (2004). An integrated theory of the mind. *Psychological Review*, 111 (4), 1036-1060.

Anderson, J. R. (2007). *How Can the Human Mind Occur in the Physical Universe*? New York: Oxford University Press.

Anderson, J. R., Budiu, R., & Reder, L. M. (2001). Theory of sentence memory as part of a general theory of memory. *Journal of Memory and Language*, 45 (3), 337-367.

Anwander, A., Tittgemeyer, M., von Cramon, D. Y., Friederici, A. D., & Knosche, T. R. (2007). Connectivity-based parcellation of Broca's area. *Cerebral Cortex*, 17 (4), 816-825.

Bengio, Y., & Delalleau, O. (2009). Justifying and generalizing contrastive divergence. *Neural Computation*, 21 (6), 1601-1621.

Brodmann K. (1909). Beiträge zur histologischen Lokalisation der Grosshirnrinde. VI. Die Cortexgliederung des Menschen. *Journal Fur Psychologie und Neurologie*, 10, 231-246.

Catani, M., & de Schotten, M. T. (2008). A diffusion tensor imaging tractography atlas for virtual in vivo dissections. *Cortex*, 44 (8), 1105-1132.

Chomsky, N. (1995). *The Minimalist Program*. Cambridge: MIT Press.

Cole, M. W., Reynolds, J. R., Power, J. D., Repovs, G., Anticevic, A., & Braver, T. S. (2013). Multi-task connectivity reveals flexible hubs for adaptive task control. *Nature Neuroscience*, 16 (9), 1348-1355.

Dejerine, J. J. (1895). *Anatomie des Centres Nerveux*. Paris: Rueffet Cie.

Deng, L., & Yu, D. (2014). Deep learning: Methods and applications. *Foundations & Trends in Signal Processing*, 7 (314), 197-387.

Ericsson, K. A., Kintsch, W. (1995). Long-term working memory. *Psychological Review*, 102 (2), 211-245.

Fedorenko, E., & Thompson-Schill, S. L. (2014). Reworking the language network. *Trends in Cognitive Sciences*, 18 (3), 120-126.

Fletcher, C. R., & Chrysler, S. T. (1990). Surface forms, textbases, and situation models: Recognition memory for three types of textual information. *Discourse Processes*, 13 (2), 175-190.

Friederici, A. D. (2002). Towards a neural basis of auditory sentence processing. *Trends in Cognitive Sciences*, 6 (2), 78-84.

Friederici, A. D. (2009a). Allocating functions to fiber tracts: Facing its indirectness. *Trends in Cognitive Sciences*, 13 (9), 370-371.

Friederici, A. D. (2009b). Pathways to language: Fiber tracts in the human brain. *Trends in Cognitive Sciences*, 13 (4), 175-181.

Friederici, A. D. (2011). The brain basis of language processing: From structure to function. *Physiological Reviews*, 91 (4), 1357-1392.

Friederici, A. D., Singer, W. (2015). Grounding language processing on basic neurophysiological principles. *Trends in Cognitive Sciences*, 19 (6), 329-338.

Friederici, A. D., Bahlmann J., Heim, S., Schubotz, R. I., & Anwander, A. (2006). The brain differentiates human and non-human grammars: Functional localization and structural connectivity. *Proceedings of the National Academy of Sciences of the United States of America*, 103 (7), 2458-2463.

Friederici, A. D., Chomsky, N., Berwick, R. C., Moro, A., & Bolhuis, J. J. (2017). Language, mind and brain. *Nature Human Behaviour*, 1 (10), 713-722.

Friederici, A. D., Fiebach, C. J., Schlesewsky, M., Bornkessel, I. D., & von Cramon, D. Y. (2006). Processing linguistic complexity and grammaticality in the left frontal cortex. *Cerebral Cortex*, 16 (12), 1709-1717.

Graesser, A. C., & McNamara, D. S. (2011). Computational analyses of multilevel discourse comprehension. *Topics in Cognitive Science*, 3 (2), 371-398.

Graesser, A. C., McNamara, D. S., & Kulikowich, J. M. (2011). Coh-Metrix providing multilevel analyses of text characteristics. *Educational Researcher*, 40 (5), 223-234.

Graesser, A. C., McNamara, D. S., Louwerse, M. M., & Cai, Z. (2004). Coh-Metrix: Analysis of text on cohesion and language. *Behavior Research Methods, Instruments, & Computers*, 36 (2), 193-202.

Hagoort, P. (2003). How the brain solves the binding problem for language: A neurocomputational model of syntactic processing. *NeuroImage*, 20 (suppl.1), S18-S29.

Hagoort, P. (2005). On Broca, brain, and binding: A new framework. *Trends in Cognitive Sciences*, 9 (9), 416-423.

Hagoort, P. (2013). MUC (memory, unification, control) and beyond. *Frontiers in Psychology*, 4, 416.

Hagoort, P. (2016), MUC (memory, unification, control): A model on the neurobiology of language beyond single word processing. In: G. Hickok & S. Small (Eds.), *Neurobiology of Language* (pp.339-347). New York: Academic Press.

Hagoort, P., & Indefrey, P. (2014). The neurobiology of language beyond single words. *Annual Review of Neuroscience*, 37 (1), 347-362.

Hickok, G., & Poeppel, D. (2000). Towards a functional neuroanatomy of speech perception. *Trends in Cognitive Sciences*, 4 (4), 131-138.

Hickok, G., & Poeppel, D. (2007). The cortical organization of speech processing. *Nature Reviews Neuroscience*, 8 (5), 393-402.

Hochreiter, S., & Schmidhuber, J. (1997). Long short-term memory. *Neural Computation*, 9 (8), 1735-1780.

Jackendoff, R. (2002). *Foundations of Language: Brain, Meaning, Grammar, Evolution*. New York: Oxford University Press.

Kelly, C., Uddin, L. Q., Shehzad, Z., Margulies, D. S., Castellanos, F. X., Milham, M. P., et al. (2010). Broca's region: Linking human brain functional connectivity data and non-human primate tracing anatomy studies. *The European Journal of Neuroscience*, 32 (3), 383-398.

Kintsch, W. (1988). The use of knowledge in discourse processing: A construction-integration model. *Psychological Review*, 95, 163-182.

Kintsch, W., Patel, V. L., & Ericsson, K. A. (1999). The role of long-term working memory in text comprehension. *Psychologia*, 42 (4), 186-198.

Landauer, T. K., Foltz, P. W., & Laham, D. (1998). An introduction to latent semantic analysis. *Discourse Processes*, 25 (2/3), 259-284.

Le Cun, Y., Boser, B., Denker, J. S., Henderson, D., Howard, R. E., & Hubbard, W. (1989). Backpropagation applied to handwritten zip code recognition. *Neural Computation*, 1 (4), 541-551.

Lewis, R. L., Vasishth, S., & van Dyke, J. A. (2006). Computational principles of working memory in sentence comprehension. *Trends in Cognitive Sciences*, 10 (10), 447-454.

Lohmann, G., Hoehl, S., Brauer, J., Danielmeier, C., Bornkessel, I. D., Bahlmann, J., et al. (2010). Setting the frame: The human brain activates a basic low-frequency network for language processing. *Cerebral Cortex*, 20 (6), 1286-1292.

McCulloch, W. S., & Petts, W. (1943). A logical calculus of the ideas immanent in nervous activity. *Belletion of Mathematical Biophysics*, 5, 115-133.

McNamara, D. S., & Kintsch, W. (1996). Learning from texts: Effects of prior knowledge and text coherence. *Discourse Processes*, 22 (3), 247-288.

McNamara, D. S., Graesser, A. C., McCarthy, P. M., & Cai, Z. (2014). *Automated Evaluation of Text and Discourse with Coh-Metrix*. Cambridge: Cambridge University Press.

McNamara, D. S., Louwerse, M. M., McCarthy, P. M., & Graesser, A. C. (2010). Coh-Metrix:

Capturing linguistic features of cohesion. *Discourse Processes*, 47 (4), 292-330.

Ozuru, Y., Dempsey, K., & McNamara, D. S. (2009). Prior knowledge, reading skill, and text cohesion in the comprehension of science texts. *Learning and Instruction*, 19 (3), 228-242.

Reitter, D., Keller, F., & Moore, J. D. (2011). A computational cognitive model of syntactic priming. *Cognitive Science*, 35 (4), 587-637.

Ritter, S., Anderson, J. R., Koedinger, K. R., & Corbett, A. (2007). Cognitive Tutor: Applied research in mathematics education. *Psychonomic Bulletin & Review*, 14 (2), 249-255.

Rumelhart, D. E., Hinton, G. E., & Williams, R. J. (1986a). Learning internal representations by back-propagating errors. *Nature*, 323 (6088), 533-536.

Rumelhart, D. E., McClelland, J. L., & PDP Group, C. (1986b). *Parallel Distributed Processing: Explorations in the Microstructure of Cognition. vol.1: Foundations.* Cambridge: MIT Press.

Sanjose, V., Vidal-Abarca, E., & Padilla, O. M. (2006). A connectionist extension to Kintsch's Construction-Integration Model. *Discourse Processes*, 42 (1), 1-35.

Saur, D., Kreher B. W., Schnell, S., Kümmerer D., Kellmeyer, P., Vry, M. S., et al. (2008). Ventral and dorsal pathways for language. *Proceedings of the National Academy of Sciences of the United States of America*, 105 (46), 18035-18040.

Saur, D., Schelter, B., Schnell, S., Kratochvil, D., Küpper, H., & Kellmeyer, P., et al. (2010). Combining functional and anatomical connectivity reveals brain networks for auditory language comprehension. *NeuroImage*, 49 (4), 3187-3197.

Schmalhofer, F., & Glavanov, D. (1986). Three components of understanding a programmer's manual: Verbatim, propositional and situational representations. *Journal of Memory & Language*, 25 (3), 279-294.

Snow, C. (2002). *Reading for Understanding: Towards an R&D Program in Reading Comprehension.* Santa Monica: RAND.

Speelman, C. P., & Kirsner, K. (1990). The representation of text-based and situation-based information in discourse comprehension. *Journal of Memory and Language*, 29 (1), 119-132.

van Dijk, T. A., Kintsch, W. (1983). *Strategies of Discourse Comprehension.* New York: Academic Press.

Vasishth, S., Brüssow, S., Lewis, R. L., & Drenhaus, H. (2008). Processing polarity: How the ungrammatical intrudes on the grammatical. *Cognitive Science*, 32 (4), 685-712.

Vigneau, M., Beaucousin, V., Hervé, P. Y., Jobard, G., Petit, L., Crivello, F., et al. (2011). What is right-hemisphere contribution to phonological, lexico-semantic, and sentence processing? Insights from a meta-analysis. *NeuroImage*, 54 (1), 577-593.

Xiang, H. D., Fonteijn, H. M., Norris, D. G., & Hagoort, P. (2010). Topographical functional connectivity pattern in the perisylvian language networks. *Cerebral Cortex*, 20 (3), 549-560.

Zwaan, R. A., & Radvansky, G. A. (1998). Situation models in language comprehension and memory. *Psychological Bulletin*, 123 (2), 162-185.

第三章

词汇和概念的加工

词汇加工是在词汇识别的基础上对存储于长时记忆中的词汇语义（可能还包括句法信息和逻辑接口的激活）通达的过程，是语言理解中的核心和基础过程。由于词汇加工在语言理解中的基础性重要地位，心理语言学对其进行了大量的实验研究和理论建构。认知神经科学采用神经成像的多种技术手段，探索了词汇加工涉及的神经结构（脑区或网络）和时间进程，近年来提出了多个新的理论模型。与传统词汇加工模型不同，这些模型把词汇知觉加工与语境联系起来，不仅描述词的识别过程和机制，而且重视语境的作用，描述了语境何时、怎样对词汇加工产生作用。此外，其不仅分析单个词的加工，还探索了组合概念加工的认知过程和神经基础。通过组合（combination）形成新的概念，是词汇概念系统扩展的重要途径之一。因而组合概念加工可以被看作词汇加工中的一个重要方面。

本章包括三节，其一，单个（孤立）词的加工，包括识别和词义提取的理论和模型；其二，语境中的词汇语义加工，即语言展开过程中的词义理解是一个"提取-整合"的动态过程；其三，组合概念加工，即理解一个由两个概念组合成的新概念时的认知机制和神经过程。

第一节 词汇的加工

有研究证据表明，词汇加工包括识别与语义提取两个过程（或者说加工阶段）。两个过程既不相同，又相互联系，对于二者的关系，在不同的词汇加工模型中有着截然不同的表述，这往往与研究者所持的研究取向和采用的方法有关。本节分别阐述与口语和视觉词汇加工过程相关的理论和模型。

一、口语词汇加工

当听到连续的言语信息时，人们需要将其在知觉上切分为离散的单元，激活并映射到存储在长时记忆中的抽象表征。获得词汇的概念语义表征和句法属性，是后续进行句法和语义整合的基础。对于词汇识别和概念语义提取，心理语言学在行为和认知计算层面做过深入的研究。研究者采用实验心理学方法研究口语词汇加工，提出了一系列经典的理论假设，例如，口语词汇加工的群集（cohort）模型（Marslen-Wilson，1984，1987）、自适应共振理论（Grossberg，1980）等；采用认知建模和计算建模方法建构的理论模型，描述了从信号输入、词汇识别到语义提取的认知计算过程。在这些模型中，最有影响力的是 Cohort 模型和 Trace 模型。

Cohort 模型由 Marslen-Wilson 等（1984，1987）提出。该模型将口语词汇识别过程分为三个阶段：①初步接触阶段。语音刺激的知觉表征激活音系表征。词首信息与语音输入相符合的一系列词汇首先得到激活，这些被激活的词组成了候选词群。②词汇选择阶段。在语音输入过程中，符合后续输入信息的词汇得到进一步激活，而不符合的词汇激活水平则急剧下降。当只剩下一个词汇与刺激输入完全匹配时，即识别了目标词汇。上述两个阶段都属于前词汇水平。③整合阶段。这个阶段属于词汇水平，利用目标词的语义和句法属性将其整合到语境中。Cohort 模型强调词汇识别过程中的序列性，词首的语音信息最为重要，决定了词群的组成；词汇的激活水平下降程度决定了该词是否被排除在词群之外；句法和语义等信息可能会对识别过程产生影响，但只发生在词的识别之后，词的早期加工是一个完全的自下而上的过程。

Trace 模型是联结主义模型的代表，由 Elman 和 Mcclelland（1986）提出。在 Trace 模型中，听觉词汇识别系统由区别性特征、音位和词汇三个层次构成，每层都包括多个识别单元，每个识别单元代表一个特定的语音表征。单元之间相互连接并存在交互作用。识别过程从最底层的区别性特征开始，自下而上地传递信息。在识别过程中，上层信息可以即时影响下层信息的加工。同一层次内部的单元之间存在相互竞争关系，不同层次之间则不存在这种关系。同层级内的信息传递是抑制性的，层级之间的信息传递是兴奋性的。根据 Trace 模型的这些假设，当语音信号输入时，首先激活区别性特征识别层中与输入相符的单元，这些单元通过层次之间的连接进一步激活音位识别层和词汇识别层中的相关音位和词汇。随着语音信息的不断输入，每个层次中各个单元的激活水平都会发生动态变化，由于不断地得到累加，符合所有刺激输入的词汇的激活程度最高。Trace 模型对听觉词汇加工过程的描述与 Cohort 模型有许多相似之处，区别在于，Trace 模型更支持各个层次的平行加工以及层次内和层次间的相互作用。

认知模型的建构为词汇识别和词义提取的认知神经科学研究奠定了必要的基础。采用神经影像学技术和方法进行研究时，研究者常常以这些认知模型为基础，去发现词汇语义提取在神经系统中的实现过程。在实证基础上产生的功能和解剖模型，又进一步对认知模型及其原则进行了鉴别和检验，扩展和更新了我们的认知。以下介绍口语词汇加工的三个认知神经科学模型：言语知觉的双通路模型、口语词汇加工的三成分模型和口语词识别的群集模型。

(一) 言语知觉的双通路模型

在口语词汇加工的认知神经理论模型中，Hickok 和 Poeppel（2004，2007）提出的言语知觉的双通路模型最具有影响力。这个模型涵盖了有关言语知觉理论的基本结论，能很好地解释心理行为层面的实验事实。众所周知，言语信号中的声学语音学线索在语流中会随发音人和发音环境而发生变化，这种变异性给语音识别带来了困难。对此言语知觉领域的研究者从不同方面提出假设，试图回答和解决这些问题。例如，言语知觉的动作理论提出发音动作编码参与了言语知觉过程；合成分析理论认为言语识别是一个预测和预测验证的循环过程；音位恢复现象揭示出音段知觉有赖于听者的词汇和语言学知识。言语知觉的双通路模型融入了这些加工原则。

借鉴 Marr（1982）的视觉计算理论，Poeppel 等（2008）提出的研究框架在三个水平上阐释了从声学表征到词汇语音表征的投射过程，包括三个步骤：从声学信号中同时提取不同时间尺度的信息；通过合成分析的方法使不同层级间的信息相互影响；以区别性特征为单元建构抽象表征。言语知觉的双通路模型描述了这些步骤在神经系统中实现的过程。①由双侧颞上回背部 (dSTG) 负责对输入刺激的频率和时间参数进行分析。②双侧 pSTS 负责将声学参数分析结果转换为音段的抽象表征并激活语音网络。③音位编码完成后沿着两条通路继续加工，腹侧通路将语音信号投射到词汇界面，对语音进行意义编码，由双侧 pMTG 和 pITS 负责，略呈左侧化优势；背侧通路将语音信号投射到发音运动表征，对语音进行动作编码，由左侧的颞顶外侧裂负责（图 3.1）。

1. 言语知觉的早期阶段

1）层级组织

言语知觉早期的皮层加工由 HG 开始，然后进入 STG 和 STS。沿着这一路径的听觉加工是层级组织，表现为低层级的细胞执行基本的时间和空间信息分析，高层级的细胞主要抽取复杂的语音模式。言语信号是由多层级构成的复杂的听觉刺激。目前，并不清楚在知觉过程中这些语音信息在不同层级水平如何计算，但

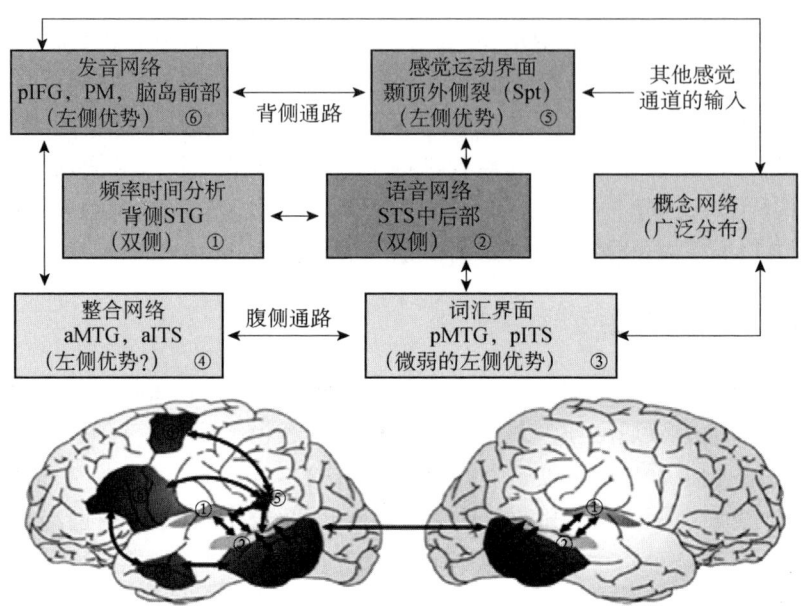

图 3.1 语音加工的双通路模型。双通路模型（Hickok & Poeppel，2000，2004，2007）认为言语加工的第一个阶段是对频谱和时间信息的分析，涉及双侧皮层的颞上回（STG）背侧（绿色）；其次是音系水平的加工和表征，涉及双侧的颞上沟（STS）中后部（黄色），略有左侧化趋势。在此之后，系统分两个通路对信息进行加工：背侧通路（①—②—⑤—⑥）将感觉或音系表征投射到发音动作表征；腹侧通路（①—②—③—④）将感觉或音系表征投射到词汇概念表征。概念网络（灰色盒子）广泛分布在皮层各处。根据已有实验证据，尽可能精确地定位双通路模型中各个成分对应的结构位置。双侧的区域①代表颞上回的背侧表面，与频谱时间分析有关。双侧的区域②代表颞上沟的后半部分，与音系水平的加工有关。区域③和④代表腹侧通路，双侧分布，但略带左侧化优势。腹侧通路的后半部分以及颞叶的后中部和下部对应于词汇表征、联结音系和语义信息；前半部分对应于整合网络。区域⑤和⑥代表背侧通路，具有明显的左侧化倾向。背侧通路的后半部分对应于颞顶叶边界的外侧裂，与感觉运动有关；位于额叶的前半部分包含布罗卡区和更靠上的前运动区（PM），对应于发音网络的一部分。IFG：额下回；ITS：颞下沟；MTG：颞中回；aMTG：颞中回前部；aITS：颞下沟前部；pITS：颞下沟后部；pIFG：颞下回后部；PM：前运动区；Spt：颞顶外侧裂；STG：颞上回；STS：颞上沟（Hickok & Poeppel，2007）（见彩图 3.1）

肯定有相关的神经机制参与到模式识别的许多层面，整合更为复杂的特征集合。

2）两半球的不同时间窗

词的语音结构在不同层级上加以组织，而不同层级的表征有不同的时长，因此听者必须以不同的时间窗来加工信息。有的语音信息类型的发生过程很快，大致在 20～80ms 的时间窗；有的语音信息类型，如重音线索，其发生过程比较慢，大致在 150～300ms 的时间窗。因此，Poeppel（2003）提出了"时间采样不对称"

假设。根据这一理论,在早期双侧半球的听觉皮层形成对听觉信号对称的高保真度的表征,之后两半球的高级听觉皮层对这些表征以不同的时间窗划分为不对称的组块。与右半球相比,左半球在 20~80ms 能更好地处理快速的听觉变异,对音位层次的区分敏感;右半球在 150~300ms 的时间窗对较长的听觉模式更为敏感,适合于音节水平的信息提取。这一假说在后续研究中不断被修正。左半球不仅存在 20~80ms 中加工短听觉信号的偏好,同时也存在以范畴方式加工信息的偏好。

2. 言语加工通道的分离

双通道模型的主要观点部分是来自听觉系统与视觉系统的结构相似性。人们发现,在视觉加工的早期阶段,皮层加工发生于枕叶区域,然后分离为两个不同的计算通道。一个通道进入腹侧的视觉皮层(what 通路),表征有关形状、颜色及质地的信息,这些信息对于识别物体具有重要作用;另一个通道从背侧穿过顶上皮层到前运动皮层(how 通路),实现视觉-运动的转换,以使身体运动与物体相互协调。脑损伤研究证实了这种分离,发现在言语感知的早期皮层加工阶段完成后,进一步的加工便会分离为两个通道:一个通道负责联结语音表征与词汇-语义系统,而另一个通道则负责联结语音表征与动作-表达系统。

1)腹侧通路——从声音到意义

腹侧通路是口语理解的重要计算通道。它主要由两个功能解剖成分组成,即词汇界面和联合网络。词汇界面与语音系统有双向连接,负责把词语的语音结构转化为相应的语义结构,主要分布于双侧颞叶的中后部及下部,并存在左半球偏侧化。词的语音结构主要依赖于双侧的 STS 中部区域,而语义结构则广泛分布于皮层区域。词汇界面在语音结构和语义结构之间起重要的中介作用,构成"听觉-概念界面"系统分支。神经心理学证据表明,词汇界面主要在双侧的 pMTG 和 pITG 两个区域,但存在左侧偏向。关于失语症的研究进一步证明,那些有理解缺陷的接收性失语症病人一般也存在左颞中回后部(lpMTG)的损伤。联合网络与词汇界面有双向连接,在建构短语或句子意义的整合信息水平的表征时具有重要作用,这一成分主要分布在左颞叶前部(lATL)(左半球颞叶的前中部及上部)。在语义和语法信息的基础上构建短语和句子的整合意义时,这一网络具有重要作用。有研究表明,lATL 对可理解的多词话语的反应显著大于不可理解的刺激。

2)背侧通路——从声音到动作

双通路模型认为,背侧通路是听觉的"how"系统,把言语知觉表征转化为言语产出的动作表征。和腹侧通路一样,背侧通路也有两个功能性解剖成分,即感觉运动界面和发音网络。感觉运动界面与语音网络有交互联系,分布于外侧裂组织后部的皮层区域,主要是在左半球。左侧颞顶裂侧区负责协调或实现语音网络和动作表达网络之间的转化，其在功能上是感觉-动作的整合系统，即使用初级的听觉信息帮助指导声带的运动。发音网络与感知动作界面有交互联系，主要分布于左侧额叶后部的一系列运动区域，这一神经回路对言语获得具有重要作用。

（二）口语词汇加工的三成分模型

众所周知，口语词汇的语义提取面临三重挑战：①口语词汇随时间展开得十分迅速，支持口语词汇识别的神经生物学系统需要使用在时间上分布的信息，词义提取要求有内部记忆保持先前信息以支持当前言语声或者词汇的知觉；②识别单个口语词，需要排除噪声和语音变异的影响；③灵活处理口语中普遍存在的词汇和语义的歧义性的计算要求。针对这些挑战，Davis（2016）提出了词汇加工系统必须具备的三个成分。

（1）词汇提取需要一个内部记忆。内部记忆保持先前的言语记录，指导当前言语声或者词汇的知觉，如同 Trace 模型中的迭代语境单元，并将这个内部记忆与 STG/MTG 前部脑区中的层级加工相联系。前部区域的神经元对越来越大的时间段内（具有长的时间感受野）的信息进行整合，支持长时程韵律词中的词汇确认和识别。

（2）噪声条件和言语声变异条件下的词汇识别。尽管说话者的特征基频和共振峰频率、话语速度和口音不同，人类的口语识别依然具有鲁棒性。识别中的关键过程是听者对说者的发音姿势的感知，即确定自己所听到的词是如何由发话人说出来的。这个计算的目标得到了感觉运动区或者背侧通路的 TPJ 的支持。背侧通路把听到的词与发音动作表征相联系。但是，关于这个通路是否支持言语知觉，尚有争议。

（3）口语词义提取。我们能够灵活地处理口语中随处可见的词汇的语义模糊性。语义模糊出现的原因包括语音相同但词形不同、多义词的语义具有灵活性等。因此，需要额外的神经过程支持多义词的提取，并选择适合语境的意义。功能成像揭示，颞下回的后部支持了口语词汇意义的提取。

支持口语词汇意义提取的三个颞叶通路的功能组织，如图 3.2 所示。

（三）口语词识别的群集模型

Marlsen-Wilson（1984，1987）提出了口语词汇加工的群集模型（Cohort 模型）。近年来，其又在这个模型的指导下，继续探索口语词汇加工中负责词汇的竞争、选择和从声音到意义投射的不同神经结构（Zhuang et al.，2014），认为人们是通过一种最佳效果（optimal effect）的序列分析过程来识别口语词汇的。

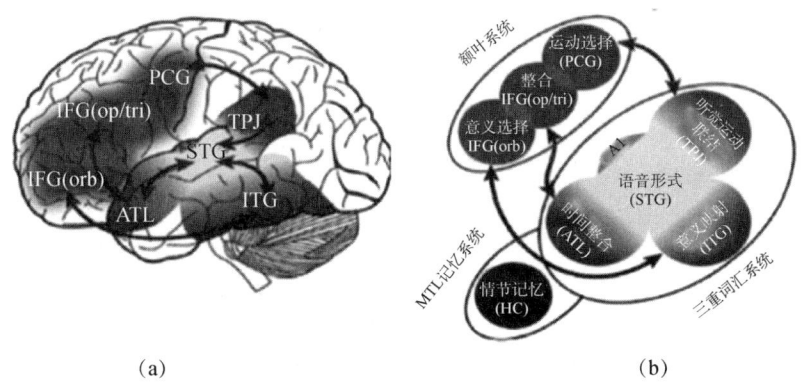

(a) (b)

图 3.2 三成分模型的解剖和功能组织示意。口语词的声音在初级听觉区域（A1）编码，然后在颞上回（STG）进行语音形式加工。在词汇加工中，言语声在 STG 的表征与其他三个系统结合：①在时间上与先前音段的层级表征和 STG/MTG 前部区域中的词汇语境整合；②通过颞顶联合区（TPJ）的听觉-运动联结投射到发音表征；③在颞叶的后部和下部投射到意义表征。额叶系统显示了以汇聚联结为基础的同样的三个成分的分级形式：中央前回（PCG）、额下回的盖后角/三角部［IFG（op/tri）］、额下回的眶部［IFG（orb）］。词汇系统三个成分之间的汇聚联结也在其他两个系统中出现，到 STG 和内侧颞叶/海马（MTL/HC）的联结再次进入编码词的情境表征和与学习词汇时相关的语境信息（Davis，2016）（见彩图 3.2）

在口语词汇识别过程中，存在一个完全平行的识别过程，人们对所有适合语音输入的词汇进行连续评估，当出现不匹配时，便将该词汇排除。支持这一观点的证据是：非词一旦偏离真词就会被识别出来，非词识别点（nonword point）（Marlsen-Wilson，1984）的存在反映了存在对词汇语音输入的连续评估。Zhuang 等（2014）通过两个实验探索了支持词汇识别的这一核心方面的大脑机制，以及在多个词汇之间的竞争和选择过程。其首先进行了行为实验，探索实验刺激诱发的非词点效应，验证关于识别系统的动态功能特征的基本认知观点。刺激由 360 个非词和 360 个真词组成，共有四种实验条件：非词点出现早（第二或第三个音位），音位违规（如 kvint[kv]）；非词点出现早（第二或第三个音位），音位不违规（如 smaud[sm]）；非词点出现晚，音位违规；非词点出现晚，音位不违规。被试的任务是尽可能快地判断听到的刺激是不是英语真词。结果发现，随着从序列开始到非词点时长的增加，被试做出拒绝反应（即将序列判断为非词）的时间更长，说明反应时受到非词点之前的信息时长的强烈线性操控。另外，研究者对非词点出现晚的 144 个项目进行了进一步分析，以初始词群大小（语言中共享相同初始音位的词汇数量，即听者所知的初始 2 个辅音或初始辅音和元音一致的词汇数量）和词群排除率（最终词群大小和初始词群大小的比率，最终词群大小涉及共享相同音位的候选词汇数量）作为竞争过程和选择过程的两个指标，探索词群竞争和选择的潜在行为效应。结果发现，反应时和初始词群大小之间存在显著正相关，即随着初始词群的增大，拒绝非词的反应时更长，可能反映了竞争增加；反应时和词群排除率之间的相关边缘显著，即随着排除率的提高，更多的候选词汇被评估和放弃，反应时增加。

随后，其采用相同的任务和刺激进行了 fMRI 研究，探索支持这种从声音到意义的最佳有效映射的大脑机制以及在这个过程中竞争和选择功能的神经基础。共有 14 名被试参与实验，材料包括 360 个非词、360 个真词和 80 个作为基线的无词汇事件，被试的任务是尽可能快地判断听到的刺激是不是英语真词，对于无词汇事件不做反应。结果表明，对非词点出现晚的词汇，左侧颞上回和颞中回的激活增加（BA21/22），表明这些区域负责声音-意义的动态映射。与行为实验一样，研究者通过操控初始激活词汇的数量（竞争）和随后的排除率（选择）来探索竞争和选择。词汇竞争增加，增强了双侧腹侧额下回的活动（BA47/45）；词汇选择需要增加，激活了双侧背侧额下回的活动（BA44/45）。这些发现表明了用于加工口语的额颞系统的功能区分：lMTG 和 STG 涉及从声音到意义的映射；双侧腹侧 IFG 参与较少受限的早期竞争加工；双侧背侧 IFG 涉及更晚的、更精细的选择过程。

二、视觉词汇加工

视觉词汇加工是研究文字符号的识别和语义提取的认知过程，关注在视觉词汇加工过程中词汇结构成分的加工和整合，以及词的音、形、义三者之间的关系等。

拼音文字的视觉词汇由字母组成。研究者把字母的感知加工分为三个阶段：一是字母视觉特征分析，即早期的视觉分析抽取字母的视觉特征，如线条的方向、斜率等。这个层次的加工对刺激的物理特征敏感，如字母大小、方向以及各成分的特征等。二是对大小写敏感的字母形式表征阶段。通过对视觉特征的分析，多个视觉特征组合成高水平的字母形式表征，这时的表征不再对字母的大小和方向敏感。这个层次的加工对字母大小写更为敏感，因为多数字母的小写和大写形式具有区别性的视觉形式表征。三是抽象的字母表征阶段。不同形式表征的字母具有同一个抽象的表征，这个层次的加工对字母的形式变异不再敏感，因此也对字母的大小写不敏感。Petit 等（2006）采用启动的 ERP 实验发现，视觉相似性效应发生在早期（120～180ms），字母大小写敏感的加工出现在相对较晚的阶段（180～220ms），而对字母大小写不敏感的识别阶段发生得更晚（220～300ms）。这证明了字母识别过程中不同阶段加工具有序列性。

认知神经科学的神经成像技术使研究者有可能进一步探索词汇识别涉及的神经环路、信息加工的时间进程等。从最简单的视觉分析到词汇的识别，由多个复杂的加工阶段组成，每个阶段都具有相应的神经基础。最初级的加工是对视觉呈现的光点的识别，主要由外侧膝状体完成，它对光点的局部对比度敏感。多个光点组成了线条及其方向，主要由初级视觉皮层 V1 完成加工。进一步的加工由次级视觉皮层 V2 区完成，它对多个线条所组成的轮廓敏感。然后，在 V4 区识别出各个不同形状的字母，对不同形状的字母敏感。更高级的加工对抽象的字母符号敏感，对字母形状不敏感，但可能会对字母的大小写敏感。更为复杂的抽象词形加工则对双字母以及整词敏感，主要由颞叶和枕叶下部交接的梭状回（FG）负责加工。FG 内部具有对视觉词形进行加工的层级功能。Dehaene 等（2004）采用启动的实验范式，发现 FG 后部（y=-64，y 为大脑坐标，余同）的启动效应来源于同一字母在同一位置的重复，表现出对空间位置的依赖性，对应着一种更初级的视觉加工；FG 中部（y=-56）对个别位置变化后的字母依然存在着启动效应，可以忽视字母的空间位置信息，在抽象水平表现出视觉相似性的启动效应；FG 前部（y=-48）则对更加任意的空间变化不敏感，说明已经不存在对空间信息的依赖，而只对字母串本身的相似性敏感。

词汇阅读研究中一直存在的争议是关于字词结构成分加工中信息传递的方向，以及语音和语义在字词识别中的作用。一种观点认为，视觉词汇加工是在正字法信息的基础上，以一种前馈方式加工，随后才是语义和语音表征的激活。另一种观点认为，系统是完全交互的，语义和语音表征的反馈在早期就对视觉词汇识别起到了重要作用。以下是这两种观点的代表性模型。

（一）联结主义模型

Carreiras 等（2014）对行为研究、神经影像研究以及生物学可能的联结主义建模方法所获得的证据进行了回顾，认为这些证据与交互理论相一致，高阶语言学信息在早期就对字形加工进行调节，认为这种生物学可能的交互框架与实证研究和计算建模协同工作，能够推动视觉词汇识别理论的发展。

词汇阅读的脑成像研究的主要发现是：阅读主要是在左半球进行加工的，阅读的神经回路由具有两条通路的网络组成。①背侧通路包括枕叶、上缘板和 AG，以及额下皮层的前运动区和岛盖；②腹侧通路整合了左侧 FG、颞叶中部和前部及额下皮层的三角部。但是，关于这些通路中信息流动的方向性，还存在激烈的争论。一个最相关的例子是左侧 FG 的作用。FG 中的视觉词形区（VWFA）是一个纯粹的视觉词形区，从解剖结构的角度看，这个区域是相对早期的视觉加工脑区。在这里表征的是什么特定信息？是否对自上而下的信息敏感？一种理论认为，VWFA 是一个前词汇中枢，计算和存储视觉和抽象的前词汇字形表征，以前馈方式进行加工。另一种理论认为，VWFA 的激活受到刺激的高阶语言学信息的调节，如语音、词素和语义。两种理论对阅读提出了十分不同的观点：一种观点主张时间和结构的模块化，认为阅读依赖于对字形表征层级敏感的脑区的连续加工，词汇识别是逐步积累信息的过程；另一种观点主张阅读是一个交互的加工系统，高阶的语言学信息（不限于字形）调节早期的字形知觉加工。脑成像研究结果支持第二种观点，即 VWFA 早期加工受到高阶词汇信息的调节，如词频。这些事实可以用循环假设（recycling hypothesis）来解释，视觉客体识别的神经环路在计算人类阅读的必要表征时是循环计算的。

EEG 和 MEG 技术可以揭示视觉词汇识别中神经过程的顺序，时间进程的信息为解决不同理论立场间的争议提供了重要证据。两种技术都是处理大脑中由某种认知事件激活的同步神经元活动，对影响最终行为反应的中间事件进行连续测量。有证据表明，高阶语言学信息在刺激开始后 100ms 就开始影响字形识别，例如，100~200ms 的 ERP 成分对词频敏感，视觉词汇识别的早期指标受到高阶词汇信息的调节。N250 也受到词汇因素的调节，不仅对字母身份敏感，还对字母的语音学状态（即元音还是辅音）敏感。Carreiras 等（2014）发现，辅音的掩蔽子集启动（例如，用 mln 启动 melon）与掩蔽的整词启动（例如，用 melon 启动 melon）在 N250 上没有太大的差异，而掩蔽的元音子集启动（例如，用 aio 启动 amigo）和隐蔽的整词启动（例如，用 amigo 启动 amigo）存在显著差异。这是因为在预期词的身份时，辅音比元音更多地受到词的限制。这个结果说明，自上而下的词汇信息调节了 N250。对 MEG 数据进行的因果建模，揭示了视觉词汇阅读中从额下回到左侧腹侧枕颞皮层的自上而下的反馈。尽管对于额-枕-颞脑区之间的动态性并未彻底阐明，但这些数据显然挑战了词形加工的时间-结构模块化的观点。

因此，Carreiras 等（2014）提出，视觉词汇加工整合了存储在不同脑区的大量分布式表征，在不同的时间点进行信息提取和加工，非常适合采用联结主义建模进行理论研究。这种方法使研究者能够探索视觉词汇识别系统的涌现性质。在这个模型中，低层级特征觉察器的信息自下而上地流向整词的词汇表征，同时允许高阶表征自上而下流动。该模型能够解释并生成预期与词汇阅读相关的自上而下的影响，如词优效应，还可以生成和解释与 N400 成分相关的电生理动态特征等，见图 3.3。

（二）视觉词汇识别的功能结构

与上述的联结主义模型不同，Whiting 等（2015）提出了视觉词汇识别的功能结构问题。他们认为，视觉词汇识别包括两个基本问题：一是识别过程的功能结构是什么？即视觉输入如何通过正字法分析映射到词形和意义表征？二是就执行

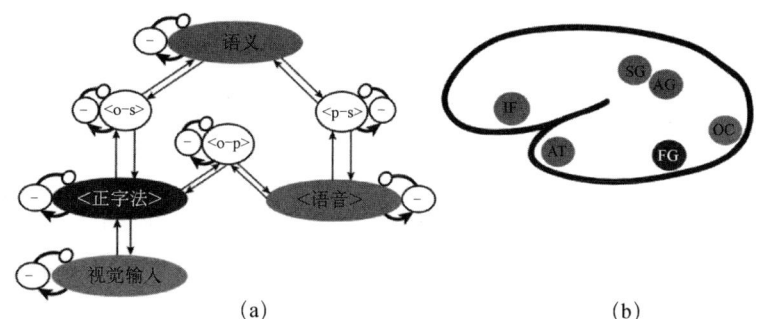

图 3.3 整合联结主义模型和神经成像数据的视觉词汇加工模型。近期的联结主义模型使用大量的兴奋性神经元和少量的抑制性神经元（以"-"标记），以及稀疏/弱的远联结（粗箭头）和密集/强的局部联结（细箭头）和浮现的隐藏表征（没有具体标记，通过在可能出现的近似表征的名称上加<>来标记），这是用明确的计算理论解释和预测行为和神经成像数据的巨大进步。（a）包含正字法和语义表征的模型（<o-p>、<o-s>、<p-s>表示正字法、语音、语义之间投射的中间神经元群），原则上可以研究激活的动态性和表征，它们在与不同表征相关的脑区（b）涌现，其中最关键脑区的子集显示在左半球的侧向横截面中。圆圈的颜色表示模型中这些区域支持的理论表征（Carreiras et al., 2014）（见彩图 3.3）

过程而言，分析的单元是什么？词汇还是亚词汇？研究者认为，尽管关于视觉词汇识别的研究进行了近一个世纪，但是这些基本问题依然没有得到解决。

研究者采用 MEG 和掩蔽启动行为研究，使用简单词（如 walk）、复合词（如 swimmer）和假的复合词（如 pseudo-complex、corner）的对比系列来解决这些问题。实验分为 9 种条件：4 种条件包含一个可能的派生后缀，其中三种是真词条件（语义清楚的[farmer]、假-派生的[corner]以及假-后缀的[blemish]），加上一种假词条件[frumish]（词干不是实词）；3 种条件包含一个可能的过去时变形后缀{-ed}[语义清楚的[blinked]、假-变形词[ashed]，加上一个假词条件[bected]（词干不是真词）]；2 个不包含可能词缀的基线条件（假-词干[scandal]和没有词干/没有后缀[biscuit]）。另外，为了架起掩蔽启动研究和当前研究之间的桥梁，研究者进行了一项传统的掩蔽启动任务，使用 40ms 的启动-目标 SOA，整个词（如 farmer）作为启动-目标范式的启动，词干形态（如 farm）作为目标，29 名被试参与实验。结果发现，在包含词干和后缀的条件中（语义清楚的[farmer]、假-派生的[corner]、语义清楚的[blinked]、假-变形词[ashed]）都发现了启动效应，条件之间的启动效应不存在显著差异。随后，另外 16 名被试进行了 MEG 实验，MEG 的实验材料是基于掩蔽启动任务中的材料。被试的实验任务是：在每一个子实验的末尾，出现一个屏幕询问被试在刚才的实验中该字母串是否出现过，被试需要在 3000ms 内按键反应。结果发现，在双侧颞叶（150～230ms）可探测到正字法结构的早期分析。具体来说，在双侧枕颞区域发现了最强激活，延伸到双侧颞下回和颞中回，条件间的差异出现在双侧后部和中部颞叶，主要是 FG 中的腹侧表面和颞下区域。将词和假词与辅音串进行对比，在 lITG 后部、lITG 中部、lMTG 后部、右侧 FG 后部以及右侧 ITG 后部发现了显著差异。相比词和假词，加工辅音串的所有兴趣区的活动增强。另外，把视觉输入切分成语言的子系统（词和词素），从 300ms 开始触发左侧颞中区的词汇通达。具体来说，进一步分析发现，只有当可能词干和可能后缀都有时，才能触发早期分割。与非复合条件相比，派生条件在左中部 MTG（330~340ms）的激活差异显著；对于变形的/非复合条件的对比，在左后部 MTG（300~320ms）发现显著差异，这种差异在左额下回出现稍晚[在左 BA44（320~370ms）以及左 BA45（350~370ms）]。这些主要是前馈过程，最初不受词汇水平变量的限制。对简单和复合词的词汇限制从 390ms 开始显著，对假词和假复合词的加工增强。具体来说，激活的总体分布向前部和额叶偏转，主要分布在左侧，对于词汇和假词，颞叶和额下区域有很强的活动。条件之间的差异出现在更后部，lSTG 后部（390~500ms）、lMTG 中部（410~440ms）以及 lITG 中部（430~440ms）对假词的反应更大。复合词和假复合词的激活强度差异在左后部 FG（400~470ms）达到显著，在 lITG 中部、左中部 FG（400~410ms）的差异接近显著，前面所提脑区对假复合词的反应更大。

基于上述结果，Whiting 等（2015）提出，可以将视觉词汇识别概念转化为一个两阶段过程：主要的前馈正字法驱动分析将视觉输入分割为可能有意义的语言子串（词汇和词素），随后这些语言子串在刺激开始后的 300ms 在中部和额颞位置引发词汇通达。这种通达过程的初始阶段受形态-正字法因素的控制，词汇限制效应可以在 100ms 之后被检测到，这反映在 100ms 之后出现词汇身份效应，以及对假复合词加工的增强。这些结果与以掩蔽启动数据为基础的词素-正字法模型相一致，刻画出了视觉词识别的实时功能结构，展示了正字法字形、词素结构和词汇意义之间的关系中基本的前馈加工关系。

（三）词汇语义信息神经编码的梯度

Borghesani 和 Piazza（2017）以动物和工具两类名词为材料，研究了默读情况下词义沿着腹侧视觉通路的语义表征，检验了如下假设：词所指称的客体的知觉语义特征所编码的脑区与编码概念语义特征所编码的脑区是部分分离的。研究中，实验任务与语义空间的维度成正交，确保被试加工的词是在个体水平（与范畴或者特征集相对），从大脑激活中复原的表征是同时出现的。通过对数据进行多变量模式分类和表征相似性分析（RSA），有以下几个方面的研究发现。

（1）在阅读中，早期视觉区激活模式包含词义信息的一个方面——词汇隐含的真实尺度信息（知觉语义维度）。这种信息在接近 ATL 时逐渐消失，ATL 逐渐编码了更多更加抽象的信息，如语义范畴和范畴子集。这说明早期视觉区在语义加工中发挥作用，不仅是加工低层视觉信息。

（2）概念类别信息主要在颞区的中前部编码。在同一语义范畴中，词的语义接近性与左侧外周皮层的激活模式相关。ATL 作为一个枢纽对单个知觉语义特征进行整合，产生概念表征。由于同时研究了词的知觉和概念语义维度，可以直接证明 ATL 编码了语义空间的概念维度（范畴和范畴子集），而独立于客体尺度的知觉特征。通过 RSA 分析，可以分离词义复杂表征空间的多重成分。已有证据表明，客体范畴效应（类似于语义范畴）反映在后中/颞下回和腹侧颞叶皮层；语义相似性效应（类似于语义集群）反映在左侧外周皮层。

（3）沿腹侧流的表征转变。研究发现了两个渐进的语义编码梯度：从知觉到概念的梯度和从范畴到子范畴的梯度。视知觉语义信息被优先编码在枕叶视觉区，ATL 逐渐对这种知觉特征失去敏感性，同时逐渐增加对语义空间的概念类别维度的敏感性（语义范畴和范畴子集）。类似的抽象性梯度（从物理-知觉-概念信息编码）沿着枕-颞轴从后向前的编码已经在客体识别领域有报告，而沿着枕-颞轴的语义梯度的存在也是首先在临床中被发现的。

这项研究还观察到，当沿着 ATL 移动时，出现词的渐近的精细粒度集群化。颞区中部（mid-level）表征了词的粗粒度的语义范畴（如动物—工具），更靠前部的区域（BA20、BA38）对范畴子集的敏感性逐渐增强（如野生动物—家养动物）。可以推测，颞叶皮层表征的特性是逐渐精细化（细粒度化）的。例如，可能是在后部反映范畴成员关系，在更靠前部反映单个词项的身份。

研究发现，类似的神经编码梯度在听觉词汇语义编码中也是存在的。Miozzo 等（2017）采用神经心理学方法，研究了脑损伤病人的词汇命名错误。词义提取作为口语交流的基本成分，是由左侧颞叶支持的。但是，调节词义提取的具体颞区和这些区域支持的特定语言学过程尚未被清晰地描述出来。研究者分析了由癫痫手术病人左侧颞叶皮层刺激诱发的 1000 个命名错误，将错误分为语义、语音、无反应、延迟反应四种类型。每个错误类型主要出现在一个特定区域：语义错误出现在 MTG 中部，语音错误和延迟反应出现在 pSTG，无反应出现在 ITG 前部。由于语义错误、语音错误和延迟反应分别反映了不同过程的损毁，这些结果意味着语义和语音加工过程的脑区分布具有特异性。具体而言，该研究结果揭示了一个自下而上的梯度，靠近上部的脑区与语音加工相关。进一步而言，越接近颞叶皮层后部，错误越是在语义上与目标词相关。可以推测，语音提取需要详细的语义输入的支持，这样语义输入的特异性向语音加工中涉及的颞区后部逐渐增强。

词汇语义编码梯度的存在，也决定了视觉词汇语义提取是大脑激活从枕叶向ATL逐渐展开的过程（Marinkovic et al.，2003；Pammer，2009），而在听觉词汇理解中，大脑也类似地从初级听觉皮层向颞叶逐渐被激活（Marinkovic et al.，2003；Salmelin，2007）。知觉层面上的字形或声音信号在刺激呈现后的200ms和100ms就会在初级视觉和听觉皮层得到加工（Kuriki & Murase，1989；Tarkiainen et al.，1999；Parviainen et al.，2005）。刺激呈现后的300~500ms时间窗口，被认为是语义加工阶段（Kutas & Hillyard，1980）。然而，近期的研究发现，知觉信息加工和语义加工在时间上并不是严格分开的。语义表征包含感觉运动特征和概念特征，并且加工过程可能会受语境影响，因此语义加工阶段可能存在一定的时间动态性。

第二节　语境中的词汇语义加工

上一节介绍的词汇加工研究主要集中于孤立词的识别和词义提取的认知过程及神经基础。在语言的词汇系统中，孤立词（或称单词）的意义是确定的、有限的，提取过程相对简单。然而，在语流中，词汇意义受到语境的约束，词义的提取和确定过程与孤立词存在重大差别。人们通常认为，语言理解是一个渐进的、不断将新输入的词汇信息与先前内容进行整合的过程，词汇语义受到先前语境的约束。有学者将这种整合与语义提取结合在一起，认为"提取-整合"是语言理解的核心过程。Baggio 和 Hagoort（2011）提出了"记忆与整合的互动"，Brouwer和 Hoeks（2013）对EEG的N400-P600成分关系做出了"提取-整合"的解释。他们认为，在文本或者语流中的词汇识别和语义提取不是简单的词形-语义匹配过程，而是一个"记忆与整合成分相互作用的循环"，并用认知神经和神经计算等不同的方法对这一过程进行描述。值得注意的是，两个模型都对N400的意义做出解释，但观点是不同的。

一、语义提取的神经回路

Baggio 和 Hagoort（2011）提出了词汇语义加工中"记忆与整合的互动"，描述了提取与整合的神经环路。在文本或者语流中，输入词语的表征信息（包括语义特征）会激活颞下回和角回区域。从这里开始，神经信号沿着两条通路传递：第一条通路通过后部脑区的局部功能连接传递，导致相邻的神经群被分级激活，编码相关的词汇-语义信息。这种局部的激活扩散会促进在颞顶脑区的词汇-语义背景的建立（图 3.4，绿圈部分），并且可能成为在很短的 SOA 条件下启动效应和预激活的基础（Lau et al.，2008）。第二条通路是基于与左额下皮层长距离的功能连接，通过直接的白质纤维束导致前额叶皮层神经群的选择性激活。前额叶神经元将输出的信息通过长路径重新输送到接收输入信号的颞顶联合区，产生另一个激活扩散，加强语义背景表征的联结。这与在长的 SOA 条件下的启动效应和预期相关。每一个词语都会经历记忆（颞顶区域）和整合（额叶下部）成分相互作用的加工循环，以及沿着图 3.4 的路线的激活的反射。

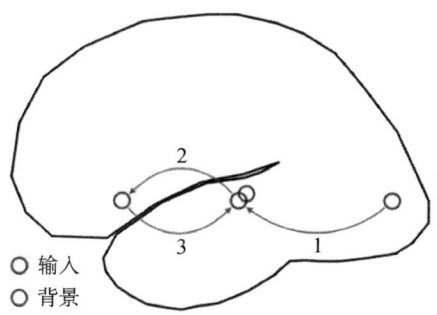

图 3.4 在左半球语言网络的词汇语义理解的加工流程。输入信息由知觉区域（这里是视觉皮层）传递到颞上回、颞中回和颞下回（1），在这些脑区中词汇信息被激活。信号被转送到前额叶脑区（2），在这个脑区神经元反应会呈现出一种持续的放电模式。接着，信号被反馈到信号被接收的颞叶皮层相同的区域（3），一个循环的网络因此建立。这个网络允许信息的在线维持，随着接下来的加工流程，一个背景（绿色圆圈）就此形成，并且输入的词语会被整合到当前的背景中（Baggio & Hagoort，2011）（见彩图 3.4）

在额叶—颞叶通路中的反射可能是神经生理信号产生的关键。Friston（2005）根据不同的神经递质的延迟时间，对它们的作用进行了区分。前馈联结似乎是通过快速的 AMPA 和 GABAa 受体调节它们的突触后效应，而反馈联结更多是通过许多较慢的 NMDA 受体调节的。在这一调节过程中，NMDA 受体主要在终止反向联结的颗粒上层表达。NMDA 受体对于工作记忆信息的维持极其重要，允许网络在不需要突触可塑性的情况下维持激活状态。大量的研究证据已经证明了通过再进入的皮层反射对工作记忆的重要性。Baggio 和 Hagoort（2011）认为，在语言中也是一样的。从颞叶/顶叶到左额下皮层（lIFC）的前馈通路可能是一条快速延迟路径，需要 NMDA 调节从 lIFC 再次进入以维持词汇信息的激活，这对于多个词语的整合而言十分重要。

这种神经生理的解释能够作为 N400 神经计算模型的基础。在这种设想下，N400 成分反映的是在一个或者几个循环期间在额后网络的反射活动（图 3.4）。在词语出现的大约 250ms 时，活动开始建立，反映了来自颞下回区域和颞中回/颞上回邻近区域的突触后电流的总和。直接白质路径允许激活快速地扩散到 lIFC 区域。N400 的波峰与循环结束的时间相一致，伴随着电流重新流入颞顶区域。在几个词汇加工的循环中，神经活动的模式出现在这些后部的脑区，编码局部的背景。这是在前向反馈过程中的激活扩散到被激活的脑区附近的结果，相似的加工过程也发生在来自 lIFC 的反馈过程中。这个加工过程加强了语义特征之间的联结。

加工不完整的句子"The girl was writing a letter when her friend spilled coffee on the..."时，会为后续出现的词语建立一个背景，伴随着来自 lIFC 信息的输入一直被维持着，与词汇 writing 和 letter 相关的语义特征会被激活。背景与输入的信息之间的重叠越大，ERP 记录到的波幅则越小。语义相关性与 N400 波幅之间的这种反向关系源自神经源重叠程度与 ERP 记录的波幅之间的反向关系。在 N400 整合效应的设想下，N400 波幅的增大说明了整合负荷的增大。lIFC 的神经群对当前非局部的背景信息进行编码，一旦接收到来自颞顶脑区的信息输入，就开始持续放电，并且将电流重新传回接收信号的脑区。这样传输联结是在不同语义类型之间动态建立的，而颞叶和顶叶区域可能是信息类型的中心（分布表征的聚合区）。这种解释与一些研究发现 N400 最强的神经源是在 lMTG 和 STG 是一致的。这些脑区就是大部分信号发出的位置：①在早期加工阶段（大约 200ms），由外周区域通过颞下回传出的信号；②通过在颞中回/颞上回脑区的功能连接，信息选择性输入的神经群的激活扩散到颞叶脑区附近的其他脑区所传出的信号；③支持整合和在线的背景维持的反馈加工期间来自 lIFC 的信号。lIFC 可能在较短的时间间隔内表现出一种相对较小的突触后净效应，可能是由于很少的信号通过在 lIFC 脑区局部的功能连接被重新传送回去，但是在较长的时间间隔条件下却会产生一个较强的激活，这是由于 lIFC 神经元产生了持续的放电模式。这可以解释为什么 MEG/EEG 的溯源分析不能成功地揭示出 lIFC 的显著贡献，而 fMRI 却能够发现在 lIFC 脑区有很强的信号反应。另外，神经信号的时间锁定在颞叶脑区的后部比在额下回更加敏感（Liljeström et al., 2009）。在 lIFC 脑区的激活对刺激的呈现和消失时间是相对敏感的，并且由于它是自持状态，因此并不受试次到试次（trial-to-trial）变化的影响。相反，在颞中回和颞上回和邻近脑区的自下而上的激活可能有着更严格的时间限制，可能是由于上述这些脑区与知觉加工脑区相邻比较近。

对 N400 的解释与解剖和功能上的数据结果一致，同样也与 Kutas 和 Federmeier 对 30 年来 N400 研究的回顾（Kutas & Federmeier, 2011）和 Nieuwland 等（2010）的解释一致。他们解释 N400 是来自前额叶到颞顶叶脑区（整合）的电流的总和，而在颞顶叶脑区包括由于激活扩散到邻近脑区的电流。实时的语言加工的通达、选择、预激活和整合都是一个词语加工流程的一部分,也就是说,一种连续的神经激活模式会在一个分布的皮层网络中随着时间而展开。

二、语义提取和整合的神经计算模型

采用 EEG 技术研究语言理解过程已经获得大量数据。其中,ERP 的 N400 和 P600 成分可以在许多不同的研究中被发现,研究者对其意义有多种不同的解释。Brouwer 和 Hoeks(2013)对有关语言理解中 N400-P600 的提取-整合进行了解释,认为 N400 反映了词汇语义信息的提取,而不是语义整合或者其他的组合性语义加工。P600 的幅度反映了整合过程。它是一族晚期正成分,反映了逐词间的重组或者是话语解释的更新。这个整合加工可能在很多情况下得到强化(导致 P600 幅度增加),如谓词论元的角色指派、实体间关系的建立、已建立的关系的改变、信息源之间的冲突等。整合与解释的组合过程反映了 P600 幅度的变化。据此,他们提出了提取-整合(retrieval-integration,RI)神经计算模型(图 3.5)。

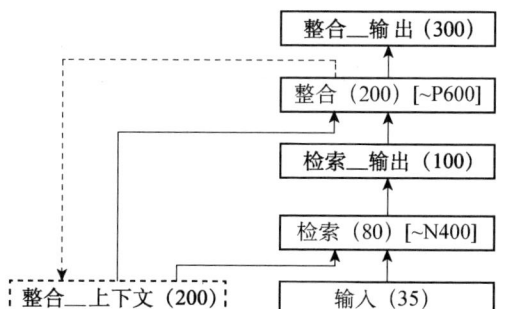

图 3.5 神经计算模型的图示——以 N400 和 P600 的检索-整合解释为例。每一个矩形代表一个人造(逻辑点积)神经元的载体,每一个实线箭头代表连接权重的矩阵,连接投射层中和接受层中的每一个神经元。该网络在输入层接受输入,并在整合__输出层输出。虚线矩形是上下文层面(Elman,1990),虚线箭头代表一种复制投射;在激活的前馈产生之前,从输入到整合__输出层,整合__上下文层面接受整合层面的复制。在时间距离 $t=0$ 时,整合__上下文层面中每一单元的激活值是 0.5。除了输入和整合__上下文层面的所有其他层面也接受一个偏差单元的输入(没有显示),该单元的激活值总是 1。括号中的数字表示输入或输出的信息量(Brouwer et al.,2017)

(一)模型的结构

建构神经计算模型的设计原则是:①在同一个理解结构中给 N400 和 P600 建模;②建模的粒度水平表示大规模神经集群中突触后电位的头皮记录的总和,

在这一水平上构成 N400-P600 基础的模型；③对幅度的估计来自模型的加工行为，即不应通过外在训练产生这些估计；④应能说明语义加工诱发的 ERP 效应的相关模式。如果对一个给定的任务能产生正确的 ERP 效应，就认为它是成功的。

提取-整合神经计算模型假定，渐进的逐词语言加工在提取-整合循环中进行。每个循环都可以被看作一个概念化过程，即从词形和话语语境到话语表征的投射。这个投射不是直接的，而是分为提取和整合两个子过程，引入一个编码词汇意义的中介表征。中介表征是提取过程的输出，可以概念化为一个功能提取，即从词形和话语语境到词义的投射。提取过程的输出是词义表征。提取过程的输出作为整合过程的输入，同时考虑它所出现的语境。在整合过程中，它与语境组合生成一个更新后的话语表征，整合过程可以概念化为一个功能整合。这个神经计算模型扩展了简单重复网络（SRN）（Elman，1990）。

在模型中，词形是局部词表征，话语表征是题元角色分配表征。从词形到话语表征，分解成提取和整合两个子过程，与 N400 和 P600 直接联系。词义表征的形式是分布的语义特征向量。整合层的功能是把词义整合到展开的表征之中。在提取-整合神经计算模型中，N400 指示激活记忆中与输入词相联系的概念知识时涉及的加工量。P600 幅度反映了逐词建构、重新组合或者更新话语表征过程中所涉及的加工量。

（二）模型的皮层实现

模型的核心是提取和整合两个模块，组成高级语言加工回路。这个加工回路的神经基础如图 3.6 所示。Brouwer 和 Hoeks（2013）提出，词义提取是由左颞中回后部（lpMTG，BA21）调节的，这个区域是 N400 成分的主要发生源。整合过程发生在 lIFG（BA44/45/47），这个区域是 P600 成分的主要发生源。模型还详细推导了从概念到话语的投射过程。由 lpMTG 提取的与词相关的概念知识需要与 lIFG 连接，整合到当前的话语表征，生成一个更新的话语表征。更新的解释需要返回到 lpMTG，使语境线索能够预先激活与可能到来的词相关的概念知识。lpMTG 和 lIFG 通过白质纤维束实现双向连接。

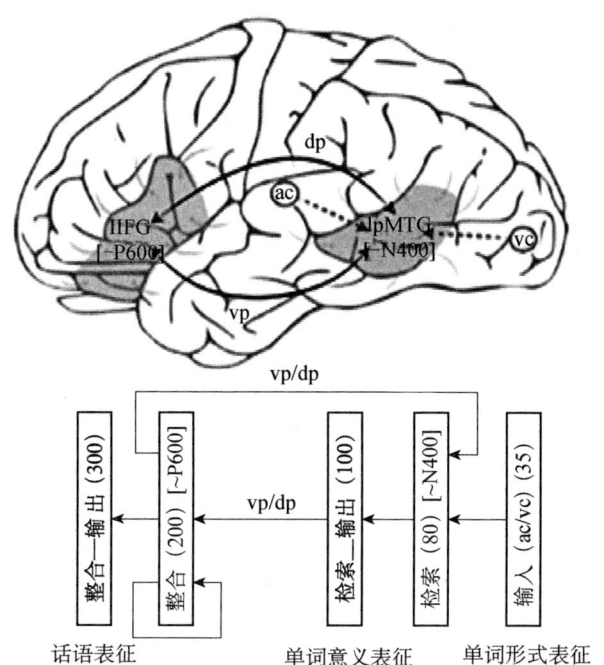

图 3.6 检索-整合对核心语言网络进行解释，该图上半部分为检索-整合的功能解剖映射的图示说明，下半部分为它们与神经计算模型的关系。值得注意的是，模型的图示对上下文输入到检索和整合层面使用了简短的符号（省略了整合＿上下文层面）。一个单词通过听觉皮层（ac）或视觉皮层（vc）到达左颞中回后部（lpMTG）（对应模型中的输入层面）。随后，lpMTG 通过联合皮层检索与该单词有关的概念知识（检索—检索＿输出），产生了 N400。接下来，检索后的意义被传送到左额下回（lIFG）（检索＿输出—整合），在这里与之前的上下文（整合—整合）相结合成为一个更新的话语表征（整合—整合＿输出）。这一整合过程通过 P600 成分反映出来。紧接着，lIFG 中更新的话语表征为检索与下一个单词有关的概念知识提供上下文（整合—检索）（Brouwer et al., 2017）

第三节 组合概念的加工

组合性是人类语言的一个重要特征，人类通过组合将基本的意义单元建构成复杂的概念和意义。在许多语言中，组合是新词生成的一个基本过程。在交流中，说者将两个词并置，生成一个新的复合词，而听者可以毫无困难地理解说者的意思。在认知科学领域，已有很多研究探讨了人们对组合概念进行解释和理解的认知机制，并提出了多种理论。其中，关系取向的理论主要关注组合概念中两个子概念之间的语义关系；图式取向的理论假设提出，概念的表征是图式，概念组合是对图式的修改、填充和属性映射；语用学取向的理论提出了概念组合必须遵循的语用学约束（刘烨和傅小兰，2005）。关于概念组合加工也有大量实证研究，包括行为水平的研究、以语料库为基础的计算建模研究和认知神经科学的研究。实证研究结果使得概念组合加工理论得到了不断丰富和发展。

一、组合概念加工的行为研究和计算建模

组合概念研究的重要问题之一是复合词的语义如何加工。复合词是指由两个或者多个独立的词项组成的形态结构复杂的词汇。

在复合词加工的心理语言学研究中，一个重要问题是复合词的表征和加工是作为一个独立的单元还是受其成分表征的调节？跨语言的和不同实验范式的研究结果一致支持了复合词的成分在加工中的作用。关于其成分的作用有多种解释，Libben（2014）提出，一个复合词和其成分之间的关系是一个高度连接的系统的组成部分。这个系统分别表征了作为独立单元的词和位置绑定（position-binding）的复合词成分，是由语言使用（language usage）驱动的词汇和语义转移（drift）生成的，通过建构复杂、丰富的词汇表征网络，实现复合词的意义提取。Kuperman（2013）的解释是，成分相关的效应表现了复合词与成分意义表征之间的区分过程。视觉输入的正字法线索激活了复合词和它的成分，但是这些表征相互竞争的程度是依赖于先前的语言学习经验的。Gagné 和 Spalding（2004，2009）认为，在成分加工的基础上生成复合词的组合操作（compositional procedure），是解释成分相关效应的基础。复合词不仅是词的连接，更是一种以层级结构为基础的意义组合。

组合是生成和理解新形式的一种机制。母语使用者对于初次遇到的复合词意义有着清晰的直觉，组合机制是理解复合词加工的关键步骤。在关于概念组合的研究文献里，研究者对组合程序做了深入的探讨。组合概念（因此新的复合词）要求生成新的表征而不是成分的混合，即修饰成分对核心成分的修正，表现的不是两个成分的相加，而是产生一个新的概念。在词的组合中，当同一个修饰成分被用于不同的核心词时，会带来不同的变化。例如，雪橇和雪球，雪橇中的"雪"表示使用环境，雪球中的"雪"表示球的材质。因此，成分意义之间的交互是受到它们的主题关系的限制的。

关系信息的作用在研究概念组合和复合词的文献中具有重要意义。但是，对于这些信息在概念系统中如何表征，尚存在争议。有人认为，它是核心词概念图式的内在成分（Cohen & Murphy，1984），也有人认为关系是根据成分的固有特性选择的外在因素（Gagné & Shoben，1997）。尽管存在争议，关系信息对加工新复合词的影响已被实验证明。心理学实验发现，①关系启动效应，与词项具有不

同连接关系的复合词相比,当目标复合词前面出现一个具有同样连接关系的复合词时,对其进行"有意义或无意义"的判断更快。②存在关系优势效应。关系优势效应与语言使用相关,对组合的解释难易程度与连接关系的使用经验有关。这些结果揭示了关系优势效应发挥作用的机制,在激活一个给定的关系结构时,修饰词具有中心作用,组合程序是建立在过去的语言经验基础之上的。

研究者不仅研究了关于组合概念的外显直觉,而且关注那些指向成分的关系结构和形态句法角色的、与语言经验有深层关系的实验事实。采用数据驱动的大规模计算模拟,可以发掘这种现象是如何从语言使用的样例中自然地涌现出来的。Marelli 等(2017)基于分布语义模型理论,在语料库的基础上建构了组合概念理解的计算模型——组合作为一种语义空间的抽象操作的概念组合(compounding as abstract operation in semantic space,CAOSS)模型,如图 3.7 所示,这是一个大数据驱动的复合语义加工的计算系统。在这个模型中,以词汇意义表征为向量,在所用的语料库中编码了它们的词汇共现。如图 3.8 所示,对于给定的两个词,复合表征的计算使用了表征成分角色(修饰词+核心词)的抽象性质的矩阵。矩阵是通过语言使用的实例来生成的。为了验证模型的合理性,可以用复合词加工的行为数据对这个模型生成的复合词进行检验,特别是关系启动和关系优势范式下获得的关系效应对于反应时的影响。

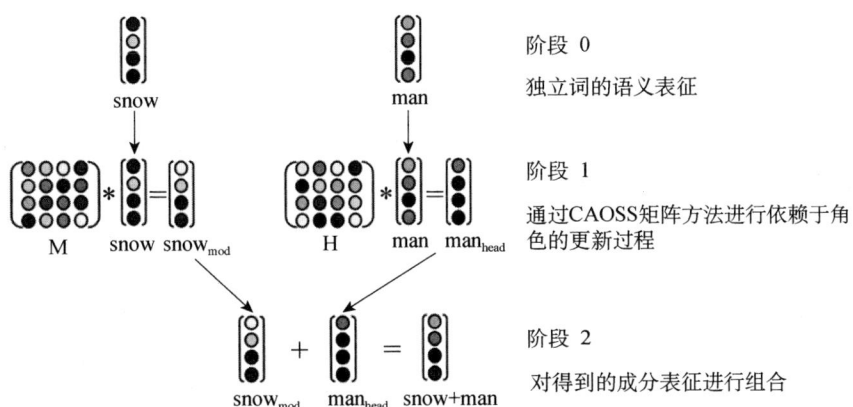

图 3.7　用于生成组合意义的 CAOSS 系统总结示意图(Marelli et al.,2017)

CAOSS 模型以组合分布语义学的 cutting-edge 技术为基础,系统生成的语义表征能够解释语言加工中关系信息的作用(关系启动和关系优势)。在一个无监督、数据驱动的框架中能够生成新词组合的认知表征,有效地刻画行为研究中观察到的关系效应。这种能力是通过一种新的刻画语义组合的方法体现的,关系效应是作为各个成分的以位置为基础的关系更新的副产品而涌现出来的。CAOSS 模型实

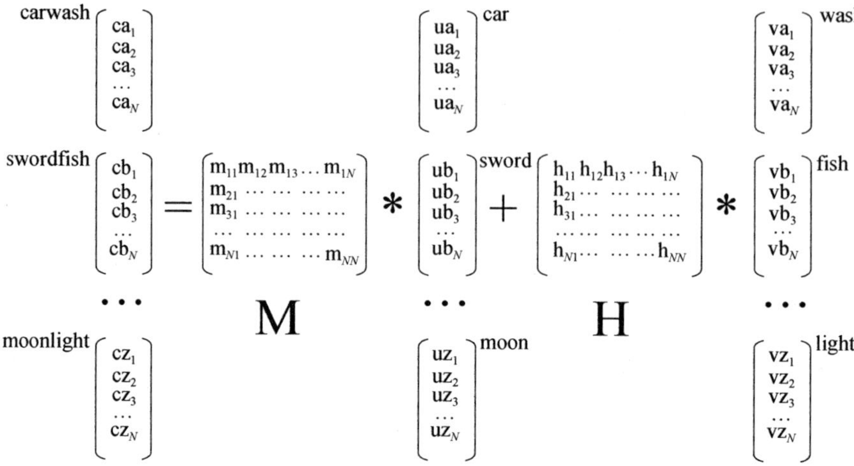

$$
\begin{array}{c}
\text{carwash}\begin{bmatrix}ca_1\\ca_2\\ca_3\\\cdots\\ca_N\end{bmatrix}\\[2ex]
\text{swordfish}\begin{bmatrix}cb_1\\cb_2\\cb_3\\\cdots\\cb_N\end{bmatrix} = \begin{bmatrix}m_{11}\,m_{12}\,m_{13}\ldots m_{1N}\\m_{21}\\m_{31}\\\cdots\\m_{N1}\ldots\ldots m_{NN}\end{bmatrix} * \begin{bmatrix}ub_1\\ub_2\\ub_3\\\cdots\\ub_N\end{bmatrix}\text{sword} + \begin{bmatrix}h_{11}\,h_{12}\,h_{13}\ldots h_{1N}\\h_{21}\\h_{31}\\\cdots\\h_{N1}\ldots\ldots h_{NN}\end{bmatrix} * \begin{bmatrix}vb_1\\vb_2\\vb_3\\\cdots\\vb_N\end{bmatrix}\text{fish}\\[2ex]
\cdots \qquad M \qquad \cdots \qquad H \qquad \cdots\\[2ex]
\text{moonlight}\begin{bmatrix}cz_1\\cz_2\\cz_3\\\cdots\\cz_N\end{bmatrix}\qquad\qquad \begin{bmatrix}uz_1\\uz_2\\uz_3\\\cdots\\uz_N\end{bmatrix}\text{moon} \qquad\qquad \begin{bmatrix}vz_1\\vz_2\\vz_3\\\cdots\\vz_N\end{bmatrix}\text{light}
\end{array}
$$

图 3.8 CAOSS 模型训练阶段简化示意图。c 表示复合词，u，v 表示构成复合词的成分词（Marelli et al., 2017）

现了作为组合操作程序的基础的学习过程，即使核心-修饰角色指派和组合关系在语言样例中没有明确表达，通过与复合词相关的使用模式和成分之间的架桥机制（bridging-mechanism），这些关系也能够被学习到。

CAOSS 模型是一个心理学取向的模型，聚焦于加工过程，目的是在语言使用的大规模样例的基础上生成语义表征，关系是作为组合操作的副产品从 CAOSS 模型中涌现出来的。CAOSS 模型以分布式语义系统为基础，与认知上可行的学习模型相联系，不是复制复合词意义的显式标注，而是预测组合的语义结构如何影响在线的加工测量（反应时）。模拟结果清楚地表明，关系信息反映在语义统计学中，人类说话者能够从语言经验中学习这些内容，并自动地将其应用于新的词组合加工之中。因此，CAOSS 模型为语言经验在新的复合词理解中如何与形态结构相互作用提供了计算的解释。

CAOSS 模型捕捉关系性对加工的影响的能力反映在模型结构，特别是 M 矩阵中。按照分布的术语，M 刻画了语言学文献中描述的关系库，M 与成分向量的组合代表了对以语义特性为基础的关系分布的预选择，将关系表征为分布模式，对于关系之间的竞争，通过核心词的特性加以分辨。关系和关系竞争被当作对分布模式进行的新的、细粒度变化的、高层次的描写。这种分布式的特征描述超越了关于关系类型的争议，把关系表征为从它的矩阵中涌现出来的数据驱动的权重模式。

总之，CAOSS 模型提供了一个词汇组合加工的新模型，成功解释了关系启动和关系优势的行为学数据。CAOSS 模型可用于词汇化复合词加工的研究。这种组合包含关系信息的角色，为组合加工中的语义效应研究提供了一种新的框架。尽管复合词是一种语言学结构，它反映的认知操作却不是语言特异的。概念组合是一种对概念的操作，与如何用语言学的术语表达无关。概念建立在我们日常生活经验的基础之上，并非限于语言，包括知觉、动作和情绪维度。在认知领域中，分布式语义模型（distributional semantic models，DSM）作为一种模型，刻画了信息在人脑中是如何结构化的，这种分布式表征并非限于语言，可以应用于任何一种信息。

二、组合概念加工的神经机制

Pylkkänen（2016）及其团队结合概念的形式语义学理论，对概念组合的神经机制进行了系统的探讨，发现了在组合加工的早期（250ms 之前）lATL 在各种类型的语义组合中的关键作用。大量研究表明，所有的语义构成都不可能由一个单一脑区来完成，即便是只有两个单词构成的语义也是如此。实验发现，至少有三个脑区对这种构成是敏感的，即 lATL、vmPFC 和 AG。lATL 作为一个基本的综合区域，支持对句子的增量进行解读。lATL 是一个相对比较大的区域，包括 TP（BA38）和 MTG、ITG 的前部（BA20 和 BA21）。Pylkkänen 等（2014）用 MEG 研究了组合概念加工，着重探讨了与 lATL 计算相关的范围和普遍性，它到底组合了哪些类型的表征？又是怎样组合了这些表征？其发现，lATL 对意义结构的反应大约发生在最早期的 200ms 处，此时只有最容易获得的特征得到了组合，而 vmPFC 阶段的计算是发生在词汇后期（post-lexical）。这种解释符合许多现存的理论，包括概念组合的图式模型，主张图式早期特征槽填充之后，会有基于世界知识的精细化的合成表征，以及语义激活是梯度发展的认知神经科学的近期模型（Binder & Desai，2011）。

Ziegler 和 Pylkkänen（2016）探讨了 lATL 内进行的组合操作类型。lATL 涉及组合性语义加工，这一活动发生在 200~250ms，早于词汇语义效应的时间窗。在这个窗口，lATL 进行了哪种类型的语义组合？假定 lATL 计算了组合的早期阶段，仅把最容易得到的词汇语义信息作为输入。为此，研究者变化了前置形容词的语境敏感性，推测只有语境敏感的交集性形容词（如 dead、Italian）能够在早期时间窗组合，而语境敏感的标量形容词（如 fast、large）的组合应该延迟到后续名词的解释已经确定时。与此一致，左侧 TL 的早期组合效应只对应交集性形容词，在这项研究中，这些效应比此前报告的更晚。这项研究说明了语义组合有多个阶段，lATL 支持了最早的加工阶段。

Hsu 等（2018）研究了汉语双字词的形态复杂性的效应，即词内部的变量对阅读汉语双字词会产生影响。实验的操作变量是形态复杂性（词素的数量）和结构复杂性（两个音节是否通过指示语-核心词-补语结构相关）（the specifier head-complement structure）。在视觉词汇判断任务中，阅读四种类型的汉语双字词：①双音节单词素（如蚯蚓），作为控制条件；②同等复合词（如花草），即双核心词，其意义是从两个词根（root）共同推导出来的；③修饰-核心复合词（如汽车），即右核心词，第一个词根是修饰语；④动宾复合词（如开车），第一个和第二个词根分别表示动作和宾语。在阅读过程中，记录被试的 MEG 反应。对数据的源分析结果表明，在 200ms 时，与单词素复合词相比，阅读复合词时 lATL 激活更强，反映了词素复杂词加工中的组合过程。在 300～400ms，阅读修饰-核心复合词和动宾复合词相比阅读单词素词在左侧颞叶后部有更大的激活，但是在这个时间窗阅读同等复合词与单词素复合词没有显著差异。这些结果说明，形态复杂性和结构复杂性充分调节了双字词阅读中 lTL 的活动。

Williams 等（2017）对名词和动词关联性在概念组合加工中的作用及其机制进行了研究。跟踪概念的关联性的能力，即解释客体之间的关系的能力，是人类具有的核心语义能力之一。在语言加工中，为把参与者与事件相联系而计算动词的论元结构时，人们系统地利用了这种能力。先前的工作已经把这种加工的位置聚焦于左后外侧裂皮层区域。但是，实验刺激和操控的宽泛，使得这个脑区在概念组合加工中的作用机制很不清晰。更重要的是，在单词研究中的关联性效应倾向于定位在颞顶皮层的后部，而句子的论元结构效应在左侧颞上皮层。为了澄清这些问题，研究者设计了包含跨关联性和事件性两个因素的两项 MEG 实验。第一个实验使用最小限度的名词短语，检验语义组合效应；第二个实验使用整句，并操控了句法范畴。第一个实验确定了左侧顶下小叶的一个脑区对关联性敏感，但对事件性或者组合性不敏感，始于 170ms。第二个实验在左侧颞叶皮层中上部发现了在时间上与第一个实验相似的关联性效应，但该效应与事件性和范畴无关。这些结果说明，外侧裂皮层的多个子区对概念的关联性敏感，即使论元结构不存在；语言学语境调节了这个敏感性的位置，与先前的研究一致；关联性信息提取较早，在 200ms 以前，与概念的事件状态或者句法范畴无关。

Zhang 和 Pylkkänen（2018）比较了句子加工中概念和逻辑成分的加工机制。语言是不同类型成分的结合，有概念性的、功能性/逻辑性的，如否定和量词成分（not，many，all）。概念组合的神经生物学理论正在形成，对于带有逻辑信息的概念整合的神经机制，尚需进一步研究。概念组合的神经相关是否也反映了具有逻辑成分的概念组合？已有研究表明，在名词复合词中，第一个词的概念特异性会调节第二个词诱发的 lATL 的激活程度，表明概念特异性效应（或者说信息量）对概念组合过程产生了影响。研究者检验了这种模式是如何受到能够反转信息的否定词的影响的。例如，在概念上，"狮子狗"比"狗"拥有更多信息，"非狗"

否定了更多可能性，因此比"非狮子狗"具有更多信息。实验操作了句子主语的信息量，通过概念特异性（poodle vs. dog）与否定词出现（no vs. a）的交叉（fully crossing），生成肯定和否定句子，检测概念特异性效应是否是由于否定词（相比于肯定）的整合而被反转。结果在加工句子末尾的动词时，观察到了在 lATL 和周边额颞皮层的这种模式。这说明在整合概念和逻辑成分时，追踪信息量具有共享机制。

Kim 和 Pylkkänen（2019）研究了事件概念的组合，揭示出了左右两侧的 ATL 的不同功能。表征语义网络不同节点所进行的计算是一个重要的问题。在这个系统中，得到较好认识的是 lATL，如果当前词与语境的语义组合在某些方面是简单的，这个脑区在较早的窗口（250ms）显示活动增强。这种效应是在对名词修饰语组合进行研究时发现的。同样的模式是否也被动词短语组合激发？研究操纵了副词是否可以直接描述动词本身这一因素。副词包括施事性副词、结果性副词和事件性副词，只有事件性副词可作为直接简单组合的样例，即副词可描述动词本身。结果显示，在事件性副词条件下，在 250ms 窗口，事件性引发了 lATL 显著的增强，在施事性和结果性副词条件下，则没有。然而，rATL 表现出了完全不同的模式，在施事性副词条件下，该脑区显示出最大激活，表明 rATL 在语义组合中的作用不同于 lATL。

基于上述采用 MEG 技术考察短语加工过程的研究结果，Pylkkänen（2019）提出了一个语义组合加工的脑网络（图 3.9）。这一网络包含 lATL、vmPFC、lPTL、AG 和 lIFG。

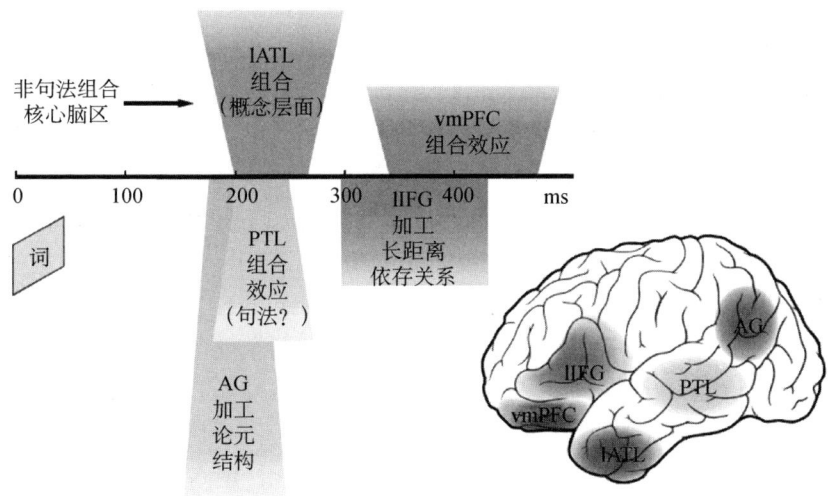

图 3.9 语义组合脑网络时空特征图。时间线以上的脑区为非句法组合核心脑区，如 lATL、vmPFC，时间线以下的脑区为加工不同句法信息的核心脑区，如 PTL、AG、lIFG（Pylkkänen，2019）（见彩图 3.9）

在该模型中，这些脑区可以分为两类：lATL 和 vmPFC 主要负责非句法层面的语义组合过程；AG、lPTL 和 lIFG 在语义组合过程中的激活可能涉及句法层面的加工。对短语理解过程的研究可以为句子理解中的语义组合提供基础。关于短语加工机制的研究发现，在刺激呈现后的 200~250ms，相比不能与前一个刺激组成短语的目标词（如"skq boat"），大脑在加工能够与前一个刺激组合为一个短语的目标词（如"red boat"）时，lATL 的激活强度增加，而在刺激呈现 300ms 之后，相比无组合条件，语义组合条件下 vmPFC 的激活更强（Bemis & Pylkkänen，2011）。进一步研究发现，在短语加工过程中，lATL 的激活反映了词与词在概念层面的组合过程。比如，当短语中修饰词的概念特异性更强时，相比低特异性条件，lATL 的激活更强，并且当被修饰的中心词特异性更低时，lATL 的效应更强。这一结果表明，lATL 的激活强度与概念的特异性程度有关，lATL 在语义组合过程中的功能可能是将两个概念之间的语义特征绑定在一起（Westerlund & Pylkkänen，2014；Zhang & Pylkkänen，2016）。以往的研究发现，vmPFC 在句法结构相似的语言加工中也会被激活，表明该脑区对语义更加敏感，其功能与语义加工有关。因此，Pylkkänen（2019）认为，在语义组合过程中，lATL 的激活反映了概念间特征的整合过程，vmPFC 反映了晚期的语义整合过程，即两个概念整合在一起，最终形成一个统一体。

语义组合过程不仅涉及概念语义层面的整合，还涉及句法层面的组合。在 Pylkkänen 提出的语义组合脑网络中，lATL 和 vmPFC 的活动反映了语义层面的组合过程，网络中其他脑区的活动可能反映了句法层面的组合过程。研究发现，当概念层面的信息相对稳定而改变句法时，lPTL 对句法信息比较敏感（Matchin et al.，2019），并且 lPTL 的激活在时间进程上与 lATL 的激活平行（Hultén et al.，2019；Matchin et al.，2019）。除了 lATL、vmPFC 和 lPTL，AG 和 lIFG 也被包含在语义组合的脑网络中。AG 的激活一般在刺激呈现后的 170ms 达到最强，并且其对刺激所能携带的论元数量比较敏感。比如，与加工不及物动词相比，加工及物动词时，lPTL 的激活更强（Williams et al.，2017）。在一些语言加工模型中，lIFG 都被认为负责句法组合过程（Friederici，2011；Hagoort，2005）。但是，考察短语中语义组合的研究并未发现 lIFG 的激活，因此，目前对于该脑区在语义组合过程中的机制仍不十分明确。但关于句子加工的 MEG 研究发现，刺激呈现后的 300~450ms，lIFG 被激活（Hultén et al.，2019），有研究发现该脑区对句子中的长距离依存关系敏感（Leiken et al.，2015）。因此，lIFG 在更大语言尺度的语义组合中的功能可能与句法加工有关，但对此仍需要进一步探讨。

本 章 小 结

本章概述了词汇概念理解的核心成分和加工过程。第一节是关于词汇（单个词或者孤立词）加工的认知神经模型，包括口语词汇和视觉词汇加工的认知神经模型。孤立词有其确定的意义，识别与语义提取的过程相对简单。第二节是关于语境中词汇意义的提取。在语流中，词汇的意义在很大程度上是由语境决定的，词义提取是一个不断与语境进行匹配的动态过程。研究者从神经生理和认知计算建模两种不同的途径，揭示出了语境影响词义加工的神经基础和时间进程，包括提取-整合神经计算模型和神经模型。第三节阐述了组合概念加工的认知计算模型和神经模型。组合是生成新的词汇概念的一种途径，涉及词汇概念的语义和句法关系的分析和整合，加工过程涉及多个语言加工的脑网络，Pylkkänen 勾画了"语义组合脑网络时空特征图"。词汇是一个相对独立的语言学单元，但从词汇概念加工的认知神经过程看，它与句子层面的句法和语义加工过程之间并没有明确的界限。

参 考 文 献

刘烨, 傅小兰. (2005). 概念组合的理论模型. *心理科学进展*, 13 (1), 17-26.

Baggio, G., & Hagoort, P. (2011). The balance between memory and unification in semantics: A dynamic account of the N400. *Language & Cognitive Processes*, 26 (9), 1338-1367.

Bemis, D. K., & Pylkkänen, L. (2011). Simple composition: A magnetoencephalography investigation into the comprehension of minimal linguistic phrases. *Journal of Neuroscience*, 31 (8), 2801-2814.

Binder, J. R., & Desai, R. H. (2011). The neurobiology of semantic memory. *Trends in Cognitive Sciences*, 15 (11), 527-536.

Borghesani, V., & Piazza, M. (2017). The neuro-cognitive representations of symbols: The case of concrete words. *Neuropsychologia*, 105, 4-17.

Brouwer, H., Crocker, M. W., Venhuizen, N. J., & Hoeks, J. (2017). A Neurocomputational Model of the N400 and the P600 in Language Processing. *Cognitive science*, 41, 1318-1352.

Brouwer, H., & Hoeks, J. C. J. (2013). A time and place for language comprehension: Mapping the N400 and the P600 to a minimal cortical network. *Frontiers in Human Neuroscience*, 7, 758.

Carreiras, M., Armstrong B. C., Perea, M., Frost, R. (2014). The what, when, where, and how of visual word recognition. *Trends in Cognitive Sciences*, 18 (2), 90-98.

Cohen, B., & Murphy, G. L. (1984). Models of concepts. *Cognitive Science*, 8 (1), 27-58.

Davis, M. H. (2016). Chapter 44—The neurobiology of lexical access. *Neurobiology of Language*, 541-555.

Dehaene, S., Jobert, A., Naccache, L., Ciuciu, P., Poline, J. B., & Cohen, D. L. B. (2004). Letter binding and invariant recognition of masked words: Behavioral and neuroimaging evidence. *Psychological Science*, 15 (5), 307-313.

Elman, J. L. (1990). Finding structure in time. *Cognitive Science*, 14 (2), 179-211.

Elman, J. L., & Mcclelland, J. L. (1986). Exploiting lawful variability in the speech wave. In: J. S. Perkell & D. H. Klatt (Eds.), *Invariance and Variability in Speech Processes* (pp.360-385). Hillsdale: Erlbaum.

Friederici, A. D. (2011). The brain basis of language processing: From structure to function. *Physiological Reviews*, 91 (4), 1357-1392.

Friston, K. (2005). A theory of cortical responses. *Philosophical Transactions of the Royal Society B. Biological Sciences*, 360 (1456), 815-836.

Gagné, C. L., & Shoben, E. J. (1997). Influence of thematic relations on the comprehension of modifier-noun combinations. *Journal of Experimental, Psychology. Learning, Memory, and Cognition*, 23 (1), 71.

Gagné, C. L., & Spalding, T. L. (2004). Effect of relation availability on the interpretation and access of familiar noun-noun compounds. *Brain and Language*, 90 (1), 478-486.

Gagné, C. L., & Spalding, T. L. (2009). Constituent integration during the processing of compound words: Does it involve the use of relational structures? *Journal of Memory and Language*, 60 (1), 20-35.

Grossberg, S. (1980). How does a brain build a cognitive code? *Psychological Review*, 87 (1), 1-51.

Hagoort, P. (2005). On Broca, brain, and binding: A new framework. *Trends in Cognitive Sciences*, 9 (9), 416-423.

Hickok, G., & Poeppel, D. (2004). Dorsal and ventral streams: A framework for understanding aspects of the functional anatomy of language. *Cognition*, 92 (1-2), 67-99.

Hickok, G., & Poeppel, D. (2007). The cortical organization of speech processing. *Nature Reviews Neuroscience*, 8, 393-402.

Hsu, C. H., Pylkkänen, L., & Lee, C. Y. (2018). Effects of morphological complexity in left temporal cortex: An MEG study of reading Chinese disyllabic words. *Journal of Neurolinguistics*, 49, 168-177.

Hultén, A., Schoffelen, J. M., Uddén, J., Lam, N., & Hagoort, P. (2019). How the brain makes sense beyond the processing of single words—An MEG study. *NeuroImage*, 186, 586-594.

Kim, S., Pylkkänen, L. (2019). Composition of event concepts: Evidence for distinct roles for the left and right anterior temporal lobes. *Brain & Language*, 188, 18-27.

Kuperman, V. (2013). Accentuate the positive: Semantic access in English compounds. *Frontiers in Psychology*, 4, 203.

Kuriki, S., & Murase, M. (1989). Neuromagnetic study of the auditory responses in right and left hemispheres of the human brain evoked by pure tones and speech sounds. *Experimental Brain*

Research, 77（1），127-134.

Kutas, M., & Federmeier, K. D.（2011）. Thirty years and counting: Finding meaning in the N400 component of the event-related brain potential（ERP）. *Annual Review of Psychology*, 62（1）, 621-647.

Kutas, M., & Hillyard, S. A.（1980）. Event-related brain potentials to semantically inappropriate and surprisingly large words. *Biological Psychology*, 11（2）, 99-116.

Lau, E. F., Phillips, C., & Poeppel, D.（2008）. A cortical network for semantics: (de)Constructing the N400. *Nature Reviews Neuroscience*, 9（12）, 920-933.

Leiken, K., McElree, B., & Pylkkänen, L.（2015）. Filling predictable and unpredictable gaps, with and without similarity-based interference: Evidence for LIFG effects of dependency Processing. *Frontiers in Psychology*, 6（1739）.

Libben, G.（2014）. The nature of compounds: A psychocentric perspective. *Cognitive Neuropsychology*, 31（1-2）, 8-25.

Liljeström, M., Hulten, A., Parkkonen, L., & Salmelin, R.（2009）. Comparing MEG and fMRI views to naming actions and objects. *Human Brain Mapping*, 30, 1845-1856.

Marelli, M., Gagné, C. L., & Spalding, T. L.（2017）. Compounding as abstract operation in semantic space: Investigating relational effects through a large-scale, data-driven computational model. *Cognition*, 166, 207-224.

Marinkovic, K., Dhond, R. P., Dale, A. M., Glessner, M., Carr, V., & Halgren, E.（2003）. Spatiotemporal dynamics of modality-specific and supramodal word processing. *Neuron*, 38（3）, 487-497.

Marr, D.（1982）. *Vision*. San Francisco: Freeman.

Marslen-Wilson, W. D.（1984）. Function and process in spoken word-recognition. In: H. Bouma & D. G. Bouwhuis（Eds.）, *Attention and Performance X: Control of Language Processes*（pp.125-150）. Hillsdale: Erlbaum.

Marslen-Wilson, W. D.（1987）. Functional parallelism in spoken word-recognition. *Cognition*, 25（1-2）, 71-102.

Matchin, W., Brodbeck, C., Hammerly, C., & Lau, E.（2019）. The temporal dynamics of structure and content in sentence comprehension: Evidence from fMRI-constrained MEG. *Human Brain Mapping*, 40（2）, 663-678.

Matchin, W., Liao, C. H., Gaston, P., & Lau, E.（2019）. Same words, different structures: An fMRI investigation of argument relations and the angular gyrus. *Neuropsychologia*, 125, 116-128.

Nieuwland, M. S., Ditman, T., & Kuperberg, G. R.（2010）. On the incrementality of pragmatic processing: An ERP investigation of informativeness and pragmatic abilities. *Journal of Memory & Language*, 63（3）, 324-346.

Pammer, K.（2009）. What can meg neuroimaging tell us about reading? *Journal of Neurolinguistics*, 22（3）, 266-280.

Parviainen, T., Helenius. P., & Salmelin, R.（2005）. Cortical differentiation of speech and nonspeech sounds at 100ms: Implications for dyslexia. *Cerebral Cortex*, 15（7）, 1054-1063.

Petit, J. P., Midgley, K. J., Holcomb, P. J., & Grainger, J. (2006). On the time course of letter perception: A masked priming ERP investigation. *Psychonomic Bulletin & Review, 13* (4), 674-681.

Poeppel, D. (2003). The analysis of speech in different temporal integration windows: Cerebral lateralization as "asymmetric sampling in time". *Speech Communication, 41,* 245-255.

Poeppel, D., Idsardi, W. J., & van Wassenhove, V. (2008). Speech perception at the interface of neurobiology and linguistics. *Philosophical Transactions of the Royal Society, B, Biological Sciences, 363,* 1071-1086.

Pylkkänen, L. (2019). The neural basis of combinatory syntax and semantics. *Science, 366, 62-66*

Pylkkänen, L., (2016). Composition of complex meaning: Interdisciplinary perspectives on the left anterior temporal lobe. In: G. Hickok & S. L. Small (Eds.), *Neurobiology of Language,* 621-631. New York: Elsevier.

Pylkkänen, L., Bemis, D. K., & Elorrieta, E. B. (2014). Building phrases in language production: An MEG study of simple composition. *Cognition, 133* (2), 371-384.

Salmelin, R. (2007). Clinical neurophysiology of language: The MEG approach. Official of the International Federation of Clinical. *Neurophysiology, 118* (2), 237-254.

Tarkiainen, A., Helenius, P., Hansen, P. C., Cornelissen, P. L., Salmelin, R. (1999). Dynamics of letter string perception in the human occipitotemporal cortex. *Brain, 122* (11), 2119-2132.

Westerlund, M., & Pylkkänen, L. (2014). The role of the left anterior temporal lobe in semantic composition vs. semantic memory. *Neuropsychologia, 57,* 59-70.

Whiting, C., Shtyrov, Y., & Marslen-Wilson, W. (2015). Real-time functional architecture of visual word recognition. *Journal of Cognitive Neuroscience, 27* (2), 246-265.

Williams, A., Reddigari, S., & Pylkkänen, L. (2017). Early sensitivity of left perisylvian cortex to relationality in nouns and verbs. *Neuropsychologia, 100,* 131-143.

Zhang, L. M., & Pylkkänen, L. (2015). The interplay of composition and concept specificity in the left anterior temporal lobe: An MEG study. *NeuroImage, 111,* 228-240.

Zhang, L. M., & Pylkkänen, L. (2018). Semantic composition of sentences word by word: MEG evidence for shared processing of conceptual and logical elements. *Neuropsychologia, 119,* 392-404.

Zhuang, J., Tyler, L. K., Randall, B., Stamatakis, E. A., & Marslen-Wilson, W. D. (2014). Optimally efficient neural systems for processing spoken language. *Cerebral Cortex, 24* (4), 908-918.

Ziegler, J., & Pylkkänen, L. (2016). Scalar adjectives and the temporal unfolding of semantic composition: An MEG investigation. *Neuropsychologia, 89,* 161-171.

第四章

句子的句法语义加工

句子是最重要的语言学单元之一,句子理解涉及几乎所有的语言理解核心过程。在心理语言学领域,围绕句子加工有诸多理论争议,Friederici等(2017)对争议和问题进行了归纳。一是句子加工是否是渐进的(incremental)?渐进加工假设认为,加工系统随着句子的展开逐词地加工句子意义。但是,也有证据显示,句子加工系统并非逐词加工,在主要句法边界存在附加加工(wrap-up),即在整体意义上的计算成分。二是句子理解是串行还是平行加工?在特定时间,系统是考虑一种还是多种解释?并行观点认为句子加工系统同时激活了所有符合语法的分析。三是加工过程是交互的还是模块化的?对句子进行分析时,系统是仅考虑语言信息还是考虑所有相关信息源?这些争议和问题是相互联系的,并充分体现在句子理解的认知和计算模型中。

目前,句子理解模型主要有两类——模块化理论模型和联结主义模型。两阶段模型是一个典型的体现模块化思想的句子加工理论。该理论主要有两个假设:首先是以最小附加为基础的句子分析,限制句法分析生成不必要的句法节点;其次是后终止,把新的语言输入添加到现有的结构上,当出现句法歧义或者违反时,重新选择句法结构的解释。在联结主义模型中,句子加工系统是渐进的,所有可能性被平行地激活和评价;任何相关信息源都可以调节激活水平,使其中一种可能性胜出;句法分析由词汇负责而不是依据语法规则进行,词汇表征不仅激活了词和词义,而且激活了句法框架;所有必要的信息都存在于词汇中,句法规则是多余的;所有潜在的信息源都可以在任何加工阶段使用,系统是交互的而不是模块化的。这些理论模型为句子理解的认知神经科学研究奠定了理论基础。

在传统研究的基础上,近年来,对句子理解的研究采用了认知神经科学的方法和技术,探索句子理解的认知过程和神经基础,获得了很多新的实证发现,提出一些句子理解的认神经科学模型。本章第一节介绍句子加工模型,包括

Freideriecci（2002，2011）提出的句子理解的结构和功能动态网络模型、理解的认知过程和神经基础；在 Hagoort 的语言理解的记忆-整合-控制框架下，在句子层面所做的拓展研究。第二节是关于句法加工的，包括简单句法结构加工和复杂句法结构加工涉及的不同神经结构和过程。第三节介绍了句子的语义理解或者说是句法语义的整合在句子理解中的神经基础和时间进程。第四节介绍了一个在神经心理学方法和数据分析的基础上提出的句子理解的大规模神经网络。

第一节 句子加工模型

在句子层面上，早期提出的比较系统的认知神经科学模型是 Freideriecci（2002）的言语句子理解的神经解剖模型。在后续研究中，特别是在语言理解的双通路模型的基础上，该模型得到不断丰富和发展，不仅揭示了句子加工涉及的脑网络，而且以信息流的组织方式分析了句子理解包括的子过程及其神经机制。

一、口语句子的加工模型

在第二章的语言理解的认知神经科学模型部分，已经提及 Freideriecci（2011）的语言加工的双通路模型，这是一个语言理解的宏观结构，包括对视觉输入和听觉输入的语言理解。这里着重阐释其关于言语句子加工的结构和功能动态网络模型（Freideriecci，2002；Freideriecci & Gierhan，2013）、句子理解的子过程及其认知神经机制。这个模型将言语句子理解分为三个加工阶段：第一阶段是以词类为基础建立局部短语结构；第二阶段是句法和语义关系的计算过程，比如，动词论元结构的建立；第三阶段是综合考虑和整合多方面的信息，比如，与语境和世界知识的整合。在给出言语句子理解的结构性神经网络之后，其还分别描述了各加工阶段和子过程涉及的神经网络和时间进程。

（一）句子加工的神经网络

这里简要回顾一下 Friederici（2011）的双通路模型。在这个模型中，语言相关的大脑皮层包含 IFG 的布罗卡区、STG 的威尔尼克区、MTG 的部分脑区以及 PL 的 IPL 和 AG。语言皮层间的结构连接主要是通过腹侧和背侧的两个双通路实现的。腹测通路Ⅰ经由 EFCS 连接 BA45 和 TL；腹测通路Ⅱ经由 UF 连接 FOP 和 STG/STS 前部。腹侧通路的功能是支持声音-意义的投射过程，以及局部短语结构加工。背侧通路Ⅰ经由 AF 和 SLF 连接 STG 与 PMC，背侧通路Ⅱ经由 AF 和

SLF 连接 STG 与 BA44。背侧通路支持语音产生过程的感觉-运动投射和复杂句法结构的加工。探讨语言加工的脑成像研究，一般都会发现左侧皮层如前额叶、额叶、颞叶和顶叶在语言加工中被激活，而这些脑区的激活并不能完全由实验操纵来解释，因此在这些脑区之间还存在一个语言默认网络。其中，一个显著的相关性连接是布罗卡区的 BA44 与颞叶后上部区域的连接。

1. 句法加工网络

句法加工网络由腹侧和背侧网络组成，分别负责句法加工的不同方面，即邻近句法依存关系和复杂句法结构。

句子加工中局部结构的构建在功能上以语法知识为基础，即邻近依存结构的知识，如局部短语、前置词短语、冠词短语等。这些知识是在语言学习的早期获得的，在学习进程中逐渐向自动化过程发展，在成人的大脑中可以达到很高的自动化程度。局部结构加工涉及前岛盖和 pSTG。在自动化程度不高的情况下将激活 BA44，如同第二语言的句法加工的情形。前岛盖和 BA44 是两个相邻的区域，在系统发育上，前岛盖比 BA44 发育更早，二者通过 UF 连接，构成支持局部结构加工的脑网络。网络中相关区域的功能是：STG 前部从听觉皮层接收信息，将输入信息与局部短语模板表征相匹配。一旦遇到短语核心词（head）、冠词、前置词，相关结构（如短语结构）即在 STG 前部形成。从这里信息通过 UF 到前岛盖，然后到 BA44 得到进一步加工。腹侧句法网络负责最基本的句法加工，即局部句法计算。

背侧句法网络处理更整体的计算，即复杂句子中的句法层级依存加工。复杂性可能来源于不同的语法现象，例如，非正常词序、不同程度的嵌套、在句法上被不同程度融合的元素，以及这些结构与工作记忆的交互影响。句法层级因素的操作（如非正常句子的重新排序或者嵌套结构）加工位于布罗卡区的后部（BA44）。增加句法树的层级结构层次，将导致与 BA44 交互的增加。与句法复杂性和动词-论元的解析相关的第二个区域是 pSTG/STS。当动词和论元的语义关系不能解读时，这个区域即被激活。动词类型和论元的顺序在这个区域相互影响，因此这个区域是句法信息和动词-论元语义信息整合的区域。布罗卡区后部（BA44）和 pSTG/STS 构成了第二个句法网络，负责加工句法复杂的句子。在这个背侧句法网络中，BA44 负责非邻近元素的层级结构的建构，pSTG/STS 负责复杂句子的句法和语义信息的整合。

2. 语义加工网络

腹侧流分成两条通路，分别涉及 UF 和 ECFS，对于二者的功能分配，还有争议。fMRI 研究表明，UF 通过 ATL 连接额区后部的腹侧部分和颞叶皮层，支持句子理解的邻近依存加工。ECFS 连接 ATL 和 IFC 前部，支持语义加工。这个通路也称下额枕束（IFOF），它从 IFG 腹侧部分沿着颞叶皮层到达枕叶皮层。这样与语义加工有关的额区（如 BA45、BA47）与颞叶连接，支持语义加工（包括部分语义记忆）。BA44 和 BA47 是语义网络的一部分，特别是在策略控制下加工词汇语义时会被激活。ATL 也是语义网络的一部分。关于句子水平的语义加工的研究还很少，不同的研究范式获得了不同的发现。ATL、IFC、TPJ 后部参与句子水平的语义加工，在支持语言理解时，关于它们之间的交互作用还不清楚。腹侧通路连接 IFG 和 STG/STS，在语言加工中起着关键作用，当存在预期加工时，还涉及背侧通路。

（二）句子理解子过程的神经网络

Freideriecci（2002，2011）提出的口语句子加工解剖模型，从信息加工的角度将句子理解分解成一系列子过程或者子成分，从声学分析开始，到初级句法分析、句法语义关系计算、韵律加工，直到语义整合与理解，描述了每一个子成分涉及的脑区和神经通路，以及各成分的信息加工的时间进程。

1. 声学分析

口语句子理解始于听觉信号的声学分析，这一过程主要发生在听觉皮层及与其临近的脑区。在结构层面，研究者对非人类哺乳动物的神经解剖结果表明，海氏回在这一网络中起到了关键作用。在人脑中，初级听觉皮层在双侧海氏回的皮层表面，并且有三个脑区被确定为海氏回的临近脑区，即海氏回后部的颞平面、海氏回前外侧的颞极平面以及从颞上回延伸到颞上沟的外侧凸起。这些脑区均会参与口语的声学分析过程。

在功能层面，初级声学分析发生在海氏回。fMRI 的研究结果表明，任何类型的声音信号均可以激活海氏回。海氏回外侧从颞上回延伸到颞上沟的凸起皮层，对于声音的语音学参数以及非言语声音的频谱信息敏感，因此该脑区为非言语特异脑区。另外，研究还发现，颞平面不能区别相同复杂程度的言语和非言语信号。对辅音的言语知觉研究表明，处在颞上回/颞上沟中的临近海氏回的前外侧皮层可以区分言语和非言语声音，而左侧颞上回后部只加工基本声学特征。也有研究表明，颞平面或缘上回也可以区分言语和非言语声音。左侧初级听觉皮层偏向于加工言语的声学特征，而右侧初级听觉皮层偏向于加工音调特征。综上所述，在听觉语言理解的初始加工过程中，大脑的听觉皮层网络对声音信息进行声学分析。从初级听觉皮层开始向两个方向延伸，一个向颞平面和颞上回后部延伸，另一个向颞极平面和颞上回前部延伸。

2. 初级句法分析

关于句子理解过程中句法和语义分析发生的时间进程存在理论争议。句法优先理论认为，句子理解过程中首先加工句法信息，明确词类信息、建立短语结构之后，进行整体句法加工。交互理论认为，句法和语义加工交互进行。前者更多地得到了认知神经模型的支持。关于参与初级句法分析的脑结构，采用人工语法的研究表明，额岛盖和颞上回前部参与局部句法加工。初级句法分析过程非常自动化，在加工母语言语信息时，这一过程对认知资源的消耗很少，因此额岛盖并不经常被激活。关于语言发展以及二语的研究发现，短语结构违反不仅激活了额岛盖，还激活了额下回，特别是布罗卡区，这表明语言使用的熟练程度会影响局部句法结构建立的神经环路。

3. 语义和句法关系的计算

研究发现，颞叶的前部和后部以及额下回在句子的语义和句法加工过程中存在激活。虽然研究的范式、刺激类型、任务以及大脑分区有所不同，但当考虑了所有信息之后，还是可以发现大脑在这一过程中的激活模式。首先，是颞叶的作用。颞叶前部，特别是颞上回前部在句法加工过程中被激活，该脑区在语义加工过程中只有在特定刺激条件或特定任务条件下才会被激活。研究发现，颞上回/颞上沟前部可以分为两个子区域，颞上沟最前部响应句法加工，稍微靠后的位置响应句法和语义交互的整合过程。颞叶后部尤其是颞上回/颞上沟后部响应句法加工过程，而该区域在语义整合过程中的激活情况受到语义信息的调节。当句子理解过程涉及动词及其论元的关系加工时，颞上回/颞上沟后部会被激活。另外，加工句法和语义歧义性时，颞叶后部会被激活，并且延伸至顶下部以及颞中回前部直到海氏回。同时，左侧额下回也会在这一过程中被激活。其次，是额下回的作用。额下回，尤其是布罗卡区一直被认为与语言理解过程有关，但是对于其在语言理解过程中具体发挥什么作用却存在争论。一般认为，布罗卡区在运动观察和监控以及涉及运动的语言产生和理解过程中起到了重要作用，也有研究认为该脑区与词汇工作记忆相关。在语言学层面上，布罗卡区涉及语言加工的各个方面，比如，句法结构的构建、主题角色分配、语义加工、句法位移的计算以及不同语言信息的整合。首先，对语序相对固定的英语以及语序相对灵活的德语和日语等语言进行的研究表明，布罗卡区对于加工复杂句子起到了重要作用，但对于该脑区不同分区在不同语言加工过程中的作用仍需探讨。其次，句法的复杂性与工作记忆的交互加工过程也依赖布罗卡区。有研究表明，当工作记忆负荷增大时，BA44

上部与额下沟毗邻的脑区激活增强；当句子复杂性提高时，BA44 下部的激活增强。这表明布罗卡区背侧与额下沟毗邻的位置与工作记忆负荷相关，而腹侧与句法复杂性的加工相关。最后，额下回对句法复杂性的响应还与实验要求有关。一般认为，布罗卡区的 BA44 在句法加工中起主导作用，而与额下回临近的脑区在句法加工的过程中会受到加工需求的调节。

完整地理解句子，需要对句法和语义进行整合。有研究者认为，整合发生在左侧颞上回后部，也有研究者认为整合发生在左侧额下回。跨研究比较结果支持了整合发生在颞上回的观点，当句子理解涉及语义信息时，颞上回被激活，而不管句子是否涉及语义信息，额下回的 BA44 均被激活。支持整合发生在额下回的研究发现，该脑区的不同部分支持了不同的句子加工过程，比如，语音信息加工、句法信息加工以及语义信息加工。另外，有研究发现，当操纵语义和句法信息的交互过程时，激活主要集中在额下回的前部。由此可以看出，额下回，特别是额下回前部对于语义和句法整合具有重要作用。

4. 韵律加工

整合理解过程还需要考虑超音段信息，即韵律信息。韵律信息主要是通过语调轮廓传达，表明言语句子成分（短语）的分离以及连续语流中的重音信息。韵律信息会影响句子理解过程，比如，切分句子成分的韵律边界与句法加工过程相关。对病人的研究发现，负责加工言语韵律信息的脑区主要集中在右脑，也有研究发现左脑和右脑均损伤的病人在加工韵律信息时存在一定障碍。当把韵律信息过滤之后，右脑损伤的病人比左脑损伤的病人在句子理解过程中受到了更大的影响。采用神经成像技术对健康被试的研究也支持了韵律信息加工的右脑优势。对音高信息（语调轮廓）的加工与右脑激活相关，但受到实验任务的调节。当系统地变化音段和超音段信息时，右脑的激活与此相关，比如，右脑的背外侧前额皮层以及右侧小脑的激活与韵律信息加工有关。

（三）言语理解子过程的时间进程

ERP 技术具有非常高的时间分辨率，因此在研究言语理解的时间进程方面具有很大优势。以往研究已经发现了不同言语理解过程会反映在不同的 ERP 成分上，由此我们可以推断句子理解的时间进程。

1. 声学分析

反映大脑对言语刺激进行声学分析的 ERP 成分为 N100 和失匹配负波（MMN）。元音范畴知觉的研究表明，刺激出现 100ms 之后就可以被确认并区分，表现为 100ms 左右的负波（N100）波幅的变化。然而，发生在刺激出现后 100ms 左右的 MMN 也反映了大脑对音素和音节的知觉加工过程。对 N100 和 MMN 的溯源分析发现，早期的声学分析主要发生在听觉皮层。

2. 初级句法分析

句子理解过程早期要以词类信息为基础建立短语结构，在此过程中，如果出现词类违反，在关键词呈现 120～200ms 之后，就会被探测出来。早期前部负波（ELAN）即反映了这一过程发生的时间。MEG 研究发现，ELAN 效应主要产生在颞叶前部和额叶下部，或只在额叶。对脑损伤病人的 EEG 研究发现，左侧额叶皮层损伤并伴有基底神经节损伤的病人并未出现 ELAN 效应，而仅有基底神经节损伤的病人出现了 ELAN 效应；左侧颞叶前部损伤的病人并未出现 ELAN 效应，而右侧颞叶损伤的病人出现了 ELAN 效应，表明左侧额叶以及左侧颞叶前部负责早期句子结构的建立，是产生 ELAN 的主要脑区。研究发现，同时存在短语结构违反和语义违反的句子只诱发了 ELAN 效应，并未出现语义效应，表明早期的句法短语结构加工先于语义加工。虽然大量的关于句法信息和语义信息加工的时间进程的研究发现不同语言的初始句法加工以及其他加工过程的绝对时间有所不同，但词类相关的句法信息总是最先被加工。

3. 句法和语义关系的计算

句子理解中最主要的过程是语义角色分配，即理解谁对谁做了什么。在这一过程中，语义特征（如动物性）以及语法特征（如主谓一致）都需要被加工。该过程在不同的语言中有所差别，比如，在词序相对固定的语言中，词汇的位置信息比较重要，对于词序相对灵活的语言，则必须考虑形态句法特征。

（1）语义和动词-论元关系的加工。理解句子的关键在于抽取句子的语义信息，理解词义以及词和词之间的关系。采用 ERP 技术进行的研究发现，语义加工主要反映在 N400 效应上。N400 反映了词汇语义整合的难度。在语义层面，动词的选择性限制信息是指动词本身限制了其后的名词的特征，当名词的特征与动词搭配不合适时，名词会诱发 N400 效应。在语法层面，动词决定了句子中的论元个数以及类型。当论元个数或类型违反时，违反信息会诱发 N400，并且伴随着晚期正波效应。MEG 研究发现，言语理解过程中的 N400 效应主要是在听觉皮层产生，有时也会在额叶下部产生。fMRI 的研究结果表明，加工选择性限制违反时，N400 效应主要产生于颞上回中后部，而加工动词论元关系的数量和类型违反时，N400 效应主要产生于左侧颞上回后部和额下回。

（2）语法信息的加工。伴随着语义和动词-论元信息的加工，由动词变化（数和人称）而产生的形态句法信息对句子理解也至关重要，因为其会影响句子的语义角色分配。但这一过程对语序固定的语言影响较小，对语序灵活的语言影响较大。主谓一致的违反通常会诱发左侧前部负波（LAN），这一效应产生在违反刺激出现之后的 300～500ms。一般来讲，随着语言中的形态句法标记的增加，LAN 效应出现的可能性也增加。同时，LAN 效应出现的可能性也受到形态句法在语言中的重要性的影响。形态句法信息越重要，LAN 效应就越有可能出现。

关于句子理解时间进程的模型认为，在句子理解晚期，各种类型的信息整合在一起达到最终理解。句法再分析和修复发生在这个阶段，与之对应的 ERP 成分为晚期正波 P600。早期的观点认为，P600 反映了句法加工过程，一般性句法加工、句法再分析和修复以及句法整合的难度等均与 P600 效应有关。然而，最近的研究发现，当出现句子层面的语义违反时，比如，语义角色分配过程中出现偏差，也会诱发 P600 效应，表明 P600 效应与句子层面的句法和语义的交互整合过程有关。有研究采用 MEG 对 P600 效应的神经基础进行了探讨，发现颞中回以及颞叶后部是产生 P600 效应的主要脑区。对脑损伤病人的研究发现，当基底神经节受损时，句法违反诱发的 P600 幅度降低。

4. 韵律加工

在言语句子理解过程中，不仅需要加工语义和句法信息，还需要加工韵律信息。韵律信息加工的时间进程反映在 ERP 成分上，为终止正漂移（CPS）。CPS 由语调短语边界诱发，在很多语言中都发现了该效应。韵律短语边界的特征，比如，边界无声段、边界前音节音高变化以及边界前音节延长都会诱发 CPS。以婴儿为被试进行的研究发现，在消除边界无声段之后，CPS 效应会消失。以年龄较大的儿童以及成人为对象的研究发现，只需要进行边界前音节音高和时长的变化就会诱发 CPS，表明随着韵律信息和句法信息的习得，边界无声段的有无并不能决定 CPS 效应是否出现。一项只给被试呈现韵律信息即超音段信息的研究发现，CPS 效应主要出现在右脑。

句法信息主要在左脑加工，韵律信息主要在右脑加工，左右脑通过胼胝体相连接，如果胼胝体损伤，势必会影响句法和韵律的交互过程。在言语句子理解过程中，句法和韵律的交互可能发生在两个阶段：初级句法分析和动词论元结构的建立。关于初级句法分析和韵律加工的交互，有研究将短语结尾的韵律信息放在非结尾的位置上，该韵律信息的违反诱发了右侧前部负波，并且这种效应受到了句法短语结构的调节。对于胼胝体后部损伤的病人，并未发现这种句法和韵律的交互过程。一项采用语序相对灵活的德语进行的研究探讨了动词论元结构建立和韵律加工的交互过程。当韵律信息表明即将出现的动词为及物动词，但实际上出现了不及物动词时，会诱发 N400 和 P600 效应，但这种双向的 N400/P600 效应只有在要求被试判断句子的句法是否合适时才会出现，当实验任务不要求被试进行句法判断时，只出现了 N400 效应。同样，在对胼胝体后部（非前部）受损的病人的研究中发现句法和韵律信息的交互影响消失，表明句法和韵律信息的交互依赖于左右脑通过胼胝体进行的交流过程。

综上所述，初始的声学信号分析在声音信号出现 100ms 之后就开始了，这一过程主要在初级听觉皮层以及颞平面完成。从这些脑区出发，信息传导到颞上回的前部和后部。颞上回前部经由钩状束与左侧额岛盖相连接（腹侧通路Ⅱ），这部分脑区负责加工初始句法，即以词类信息为基础建立局部短语结构，这一过程发生在刺激出现后的 120～200ms。语义和句法的加工发生在刺激出现后的 300～500ms，负责语义加工的网络包含颞上回和颞中回的中部和后部以及额下回的 BA45（腹侧通路Ⅰ），负责句法加工的网络包含颞上回和颞上沟后部以及额下回的 BA44（背侧通路Ⅱ）。句法和语义的最终整合过程可能发生在刺激出现的 600ms 左右或之后，这一过程可能发生在颞上回和颞上沟后部以及基底神经节。超音段信息主要在右脑进行加工，同时通过胼胝体与左脑的信息加工过程产生交互。

二、MUC 框架下的句子理解研究

本书第二章介绍了 Hagoort（2005，2013）关于语言理解的记忆-整合-控制模型。这个模型主张，语言理解模型的认知结构包括三个成分：记忆、整合与控制。在语言加工的神经系统中，TL、PL 中的 AG 支持知识表征；PFC（包括布罗卡区和邻近皮层）是整合操作的关键脑区，把记忆提取的构件整合成更大的结构；控制操作需要 PFC 的另一部分脑区和 ACC 的参与。这个模型是一个语言理解的宏观模型，并非仅仅解释句子理解的认知神经机制，它还适用于语篇（甚至会话等）的理解。这里再重述一下记忆-整合-控制模型关于句子加工的主要观点。

在记忆-整合-控制模型中，记忆成分与 lPTL 相联系（与顶下脑区邻近），IFG 是神经整合脑区，dlPFC 和 ACC 与控制过程相关。关于句子加工，记忆-整合-控制模型有独到的主张：一是记忆与整合在脑区上分离。它认为句法结构与词项相联系，作为一种模板存储在记忆中，结构建构就是将这些模板的组合生成更大的结构。关键证据之一是加工置于词表或者句子语境之中的范畴模糊词（可被用作名词或者动词）的研究（Snijders et al., 2009），结果显示，与非模糊词相比，词表和句子中的模糊词对 pMTG 的激活更强；而左侧 IFG 只在句子条件下显示出了模糊效应，支持了关于 pMTG 的词汇功能和 IFG 的组合功能的假设。二是在 IFG

整合空间，从左侧 IFG 的前部-腹侧到后部-背侧存在整合梯度。语音、句法和语义加工在整个语言网络中的功能连接模式是相互分离的（Xiang et al., 2010）。语义整合与眶部相关，句法整合与三角部有关，语音整合与岛盖部和邻近的腹侧 PMC（premotor cortex）相关。句法和语义信息之间也存在整合梯度。神经成像研究中的元分析研究（Hagoort & Indefrey, 2014）操控了句子水平上的句法和语义加工负荷，研究结果表明，句法加工困难导致了可靠的 BA44、BA45 激活，而语义加工困难则与 BA45、BA47 相联系。

在记忆-整合-控制框架下，近年来，研究者又开展了很多句子层面理解的研究。这些工作展示了关于句子理解研究的一些新颖的视角，对已有的句子加工理论提出挑战，为丰富和拓展这些理论提供了新的实证数据。以下仅从三个方面加以简述。

（一）跨通道的句子理解网络

Freideriecci（2002，2011）的口语句子理解模型系统、清晰地描述了口语句子理解的认知过程、支持这些过程的神经网络和加工时间进程，具有重要的理论意义。但是这个模型不能完全涵盖视觉呈现的句子的理解（如阅读）所涉及的神经网络和时间进程。我们知道，不论是书写形式还是口语形式，人们都能理解句子的含义。因此，支持语言理解的神经过程很可能部分独立于感觉通道。近年来，研究者开始关注由输入通道不同造成的差异，尤其关注跨通道的句子加工神经网络，以及语言网络中不同脑区之间的协同与互动。

为了确定在大脑中的何时/何处语言加工独立于感觉通道，Arana 等（2020）通过 MEG 技术直接比较了人类被试阅读或聆听句子时的脑磁信号。在视觉任务中，逐词呈现句子；在听觉任务中，通过语音呈现句子。将被试分为不同的组别，进行阅读或聆听任务。研究者使用了多重典型相关分析来对齐单个被试数据，增强所有被试的信号共同点，从而使得研究者能够在精细的时间尺度上捕获逐词的信号变化，并在各个被试之间保持一致。

结果发现，在词出现后的 325ms，阅读和聆听任务共同激活了左半球皮层网络。表现出一致活动模式的区域，不仅包括以往发现的高级语言加工区，如左侧 PFC、STC/MTC 以及 ATL，还包括部分控制网络的脑区，特别是 ACC 以及接近中心和更后部的颞顶区域。这个跨通道句子加工网络的活动从 TL 和 dFC 开始，随后迅速扩展到其他相关区域。进一步的数据分析揭示出了不同通道加工的差异。

（1）FC 和 TL 的时间动态性有所不同。跨通道激活随时间从 MTC 扩展到更前部的区域；与 IFG 相比，STG 中部的活动出现在更早的时间点上，在通道之间变得越来越相似。这与记忆-整合-控制模型的预测一致,即背侧额叶网络中的活动对充分的语言加工很关键。

(2)超越语言核心网络和单个词汇水平。先前的跨通道加工研究曾发现了 IFC 的参与,而该研究观察到了 dFC 独立于模态的活动。这是因为研究者使用了语言学内容丰富的句子材料,与单个词或短语相比,具有多变的句法复杂性。另外,使用句法复杂的句子材料可能会导致双侧 ACC 的跨通道激活。ACC 是一个中线结构,是支持语言加工的领域一般执行控制网络的组成部分。对跨通道活动的量化不必依赖于对比,可以避免数据分析中与减法有关的解释问题。另外,研究者采用置换检验控制了低水平刺激特征,词汇开始的相对时间和词汇顺序得以保留,因此排除了与句子展开有关的一般认知控制或记忆过程。研究中发现的领域一般区域的激活,表明这些区域并不仅仅涉及"一般"过程。

(3)跨通道的正字法-语音映射。研究发现了在中央后回、中央下回以及 SG 的激活。在大多数数据集里,这些区域表现出明显的跨通道激活,如果仅在非常短暂的时间内,则在时间上与 PAC 的跨通道激活一致。跨模态任务诱发了 SG 活动的增加,如视觉呈现词汇的节奏判断,需要正字法和音位表征之间的转换。同时,中央后回和中央下回部分覆盖了嘴唇和舌头的发声运动区和躯体感觉区。这些区域的跨通道激活表明,音位提取和发声映射并不仅仅限于语音感知,在被动阅读中也会发生。这些结果不仅表明在跨通道语言加工中涉及一个大的脑网络,而且也表明句子展开中包含的语言学信息以一种词汇特有的方式调节大脑活动。

(二)句子加工中信息的定向流动

语言加工需要功能特异的脑区之间的互动。大量研究已经揭示出,这些互动是通过脑区之间的白质神经纤维束来完成的,如 Freideriecci(2002,2011)在语言理解双通路模型中描述的那些重要的语法、语义加工通路。值得注意的是,Schoffelen 等(2017)使用 MEG 研究语言脑网络中脑区之间的互动,发现了脑区之间还可以通过节律性神经活动进行动态的定向交互作用。

在实验中,被试阅读依次呈现在屏幕上的句子和词表(共 240 个单词,每个单词序列包含 9~15 个单词)。研究者在一组预先定义的脑区(包含 156 个皮层区域)中重建皮层活动。这些脑区包含核心语言系统、视觉系统,以及大脑对侧半球相同位置的区域。接下来,计算格兰杰因果来量化与语言相关的脑区之间的定向节律性神经交互作用。随后,计算得到了网络的拓扑结构,并观察到所涉及的皮层区域的连接数分布不均匀。研究者采用 Bonferroni 多重比较矫正($p<0.05$),发现左右 MTL 是有大量连接的发送节点,并由它投射到同侧的前中颞上皮层(BA21、BA22、BA38)、对侧的中颞上皮层(BA21、BA22),以及 FC(BA6、

BA9、BA44、BA45、BA47）。采用同样的方法，得到左右 FC（BA47）接收到来自同侧 FC（BA44、BA45、BA46）、同侧颞上皮层（BA22）、同侧 AG（BA39）和同侧纹外视觉皮层（BA19、BA17、BA18 只出现在大脑右半球）的格兰杰因果输入。此外，还发现双侧前 TP、枕极和右 ATL 接收了大量信息流入。为了更详细地了解这个脑网络的空间和频谱结构，研究者将稀疏非负矩阵因子分解（nonnegative matrix factorization，NMF）应用到组水平连接数据的分析中，计算出语言相关皮层脑区间主要连接的网络类别。此外，还确定了左右半球从 PTL 和 MTL 到同侧 FC（主要是 IFC）的定向节律交互作用，其中峰值频率为 12Hz。与 TL 中输出脑区的网络类别相比，由 PL 和 FC 为主要流出的节律性交互始终表现出较高的交互峰值频率。基于 NMF 可以区分由 TL 到 FC 的交互和由 FC 到 TL 的交互。前者的峰值频率为 20Hz，后者的峰值频率为 27Hz。

此外，研究者还考虑了节律性交互的强度是否会受到感知输入的调节。将刺激材料分为四种：结构完整的句子、由单词构成的伪随机序列（单词序列）、单词的顺序出现在序列前段、单词顺序出现在序列后段。将完整句子和单词序列进行比较，经过非参置换检验（$p<0.05$ 的多重比较校正）发现，从左颞叶中部到左 TP 的相互作用强度被调制；对于单词序列，从右纹状体到纹外视觉皮层的作用强度要大于句子。早期（单词在序列前段出现）、晚期（单词在序列后段出现）单词间的比较结果显示，在句子中早期有更强的节律性相互作用，从 TL 到 FC、MTL 到 TP 的连接是双侧的。此外，在右半球中发现，FC 到 TL、STG 到 MTG 之间存在显著的调制连接（置换检验，$p<0.05$ 的多重比较校正）。

总之，对整个网络的拓扑分析显示，大量的格兰杰因果流入 IFC 前部、右侧 ATL 和双侧 TP。MTL 表现出高度的格兰杰因果流出。值得注意的是，没有在连接模式中观察到明显的偏侧化，这说明大脑的两个半球都参与了语言刺激的处理。数据驱动将整体网络分解为更小的子网络，揭示了几个对应于局部和长程定向交互的、在空间上受限的类别。来自 TL 区域的连接峰值频率（α 和低 β）始终低于来自 PL 或 FC 区域（高 β）的连接峰值频率。此外，研究数据还揭示出大脑语言系统中特定神经振荡频率下的子网络。进一步探索这些交互作用的潜在功能和意义，发现语言环境调节左外侧 MTL 与 ATL 的相互作用，以及右外侧纹外皮层-纹状体的相互作用。在这些连接中，格兰杰因果影响在由单词构成的序列条件下更强。这表明句子结构的缺失增强了信息传递到 ATL 的需要。

（三）句子加工中的神经振荡

电生理信号频率分析可以用于对频率特定的神经活动，特别是高级认知活动进行研究。把这种技术用于研究句子加工与神经振荡（neural oscillations）的空间-

时间动态性之间的关系，为研究大脑如何协调句子加工过程提供了一种独特的视角。Lam 等（2016）采用 MEG 源定位分析方法，研究了句子阅读中神经振荡的空间-时间动态性。研究者预期，在句子展开过程中，词诱发了左侧 θ、α、β 和 γ 频段的神经振荡反应；展开的句子语境可以调节两半球的 θ、α 和 β 振荡；振荡源的定位脑区与早期的神经成像和 MEG、EEG 研究一致。

实验材料是句子和打乱了词序的词表。记录被试对句子中的词和词表中的词的反应，并进行量化和对比。对句子早期（相比于晚期）出现的词的反应进行量化，可以看到语境增强时对词的反应在左半球和右半球的 θ、α、β 和 γ 频段上神经振荡能量的变化。源定位能够对脑区进行精细定位，发现了句子加工涉及广泛分布的网络；左侧颞叶和额叶的效应说明，在这个广泛分布的网络中，这两个区域对句子加工最为重要；右侧额-顶脑区的参与可能反映了按照句子在不同时间点上的任务要求，领域一般的控制网络的参与。这项研究中也利用了 MEG 的时间分辨率的优势。在统计上比较句子与词表时，结果显示了句子阅读中涉及的整合过程始于 200ms 左右。振荡能量变化的时间进程表明，句子和词表之间的波形差异出现在 100ms 左右，提示语义和句法的语境效应可以在 100ms 左右开始。

研究者分析了多个频率后发现，θ、α、β 和 γ 频段的神经振荡都参与了句子加工。θ 效应说明句子语境有助于词汇提取，这种效应在句子后部发现的词上表现更强；α 和 β 可能反映了语义和句法信息的整合，提示在句子后部整合更容易；γ 显示了对句子加工中的后续词的预期。神经振荡的变化揭示了句子加工的各个方面。结果支持了记忆-整合-控制模型的早期结论，即句子加工使用的脑区分布在两半球，超越了经典语言脑区。特定脑区和功能之间不存在简单的对应，不同频段的效应具有不同的功能和意义。高阶语言加工（如整合）依赖于多个网络，除了左外侧裂皮层的核心语言网络之外，还包括颞叶的记忆网络和右侧额顶网络。

第二节 句法加工

从前一节有关句子加工的理论模型中可以看出，句法加工是人类语言的核心能力；具有不同复杂度的句法结构在加工的神经机制上是不同的；简单句法结构加工是由语言网络的腹侧通路通过 UF 连接额下皮层前部和颞叶前部（ATL）完成的；复杂句法结构加工与布罗卡区有关，特别是后部（BA44）和 STG。在此基础上，有不少学者分别对两类不同句法结构加工的神经机制进行了深入研究。根据这些研究结果，本节将对简单句法结构与复杂句法结构的加工机制做进一步阐述。

一、简单句法结构的加工

人类依靠生物遗传禀赋在具体的语言环境中获得一门语言，就是运用规则的组合系统生成无限的意义表达。语言的核心特征是：在所有的语言学层次上的表征都是层级组织的结构（Everaert et al., 2015）。这些结构表征是通过组合性操作形成的，这种操作称为融合。融合概念最初是由乔姆斯基（Chomsky, 1995）提出的，指通过组合两个语言学成分 X 和 Y，生成一个组合项 (X, Y) 的递归过程。生成语法的核心目的就是理解生成人类语言层级结构的组合过程、这个过程的习得及其在人类大脑中的神经实现。它与组合的概念既相关又不同，更侧重于在句法层级建构中的作用。以下三项研究分别采用不同的方法探讨了基本句法结构加工的神经基础。

（一）融合的神经解剖机制

融合构成了我们的语言能力的认知基础，是自然语言句法普遍功能结构的建构计算，即把输入中的两个成分（比如词）构成一个更大的单元。词是语言结构的基本建筑板块，可分成内容词（实词）和功能词（虚词）两大类。内容词传达词汇语义信息、指称事件（状态或者动作）以及参与其中的客体；功能词传递语法信息，通过连接其他词项完成结构指派。内容词和功能词通过融合的方式组合在一起，这种组合方式对于语言学序列的建构十分重要。其中，层级关系按照进入计算的词的句法性质被严格建立起来。一种研究融合的皮层实现的方法是比较不能形成结构的词表序列加工的负荷与句法建构过程的负荷，可以直接研究融合，而把词长和词义提取在条件之间平衡掉。先前的研究采用的技术方法不同，结论不一致，特别是在控制条件下有词类混淆的情况。

Zaccarella 等（2017）采用激活可能性估计（ALE）元分析算法对上述通过词表方法获得的数据进行了分析，目的是验证融合的神经解剖的汇聚（收敛）性结论，核实哪些脑区在不同的研究中表现出了一致的激活。该研究首先检验了如下假设：与句法融合相应的功能活动更明确地定位在左侧 IFG（BA44）和额叶的后部。如果上述假设被验证，再用另外的数据集评估 IFG 与 PTC 的连接。结果发现，当词表控制条件的句法混淆效应被消除之后，BA44 和 pSTS/STG 是两个可靠的参与融合加工的脑区。概率纤维追踪进一步证明了连接两个区域的背侧结构纤维束的存在。在这个网络中，BA44 专门负责句法融合，根据相应的句法信息把词组合在一起构成层级；pSTS/STG 把词/主题信息投射到由 BA44 建构的句法层级中。根据这个解释，在 BA44 和 pSTS/STG 中发现了结构建构加工的激活位置的跨数据的高度一致，重复了先前的在句法复杂性不同水平上的融合研究（从二词短语到长的句子刺激）结果。在这个意义上，用元分析方法把来自不同实证研究的神经活动数据放在一起并评价其汇聚性，能够排除人群和刺激的复杂性的影响，来确认融合的共同脑区定位。结果支持了如下神经生物学假设：以规则为基础的、以层级方式加工语言学词串的组合系统是由下额颞背侧连接实现的。这项元分析连接了语言学理论和语言的神经生物学研究，解释了语言学知识的基本成分是如何投射到人脑的神经结构的。

（二）句法绑定的神经过程

语言学理论假设，线性展开的句子具有嵌套短语的树状结构。大脑是否能够建构、如何建构这样的结构？研究者采用多种认知神经科学技术对这些进行了探讨。Segaert 等（2018）使用 EEG 研究了句法绑定（syntactic binding）的神经过程。句法绑定是指把词组合成更大的结构的过程。实验中，研究者给被试听觉呈现二词组成的句子（即一个代词和假动词，如"she dotches"，在这之中可以产生句法绑定）和词表（即两个假动词，如"pob dotches"，在这之中无法产生句法绑定）。另外，实验中还包含三种填充条件。被试的任务是检测反向语音（仅出现在填充试次中）。因此，在两种实验条件下，被试的反应决策过程并没有差异。通过比较这两种条件，研究者可以探究句法绑定，同时能尽量降低语义绑定和其他认知过程的影响。研究者使用两种不同的分析方法得到了相同的结果模式。一种方法是：使用前人研究定义的频带[θ（4～7Hz），α（8～12Hz），低 β（15～20Hz），高 β（25～30Hz）]；另一种方法是数据驱动方法（3～30Hz））。将二词句中的第二个词作为目标词，结果发现：在句法绑定条件下（与词表相比），从需要绑定的目标词出现前 0.4s 到目标词出现，α 频带（8～12Hz）的能量增加；目标词出现前 0.25～0.15s，低 β 频带（15～20Hz）的能量增加。第二种分析得出了一致的结果，并发现在目标词出现前，在高 β 频带上也存在条件间的差异（即在 7～14Hz 和 18～30Hz 观察到的效应）。目标词之前的效应主要出现在中部电极，这反映了理解者期待绑定需求的出现。在句法绑定条件下，与词表条件相比，目标词出现后（0.05～0.35s），α 频带（8～12Hz）的能量增加，在左侧额-颞电极最大，表明了句法绑定的出现。第二种分析结果相似，目标词出现后，在 8～15Hz 存在条件间的差异。研究结果表明，α 和 β 能量增加反映了句法绑定的不同神经过程。

（三）短语结构形成过程

Nelson 等（2017）使用颅内记录，研究了在短语结构形成过程中左半球活动是如何变化的。实验中，研究者向病人逐词呈现句子和词表。在句子任务中，要求病人阅读和理解逐词呈现的句子。其中，每一个试次的句子长度都不同，并在 2.2s 后呈现一个更短的探测句（2~5 个词）。在 75%的试次中，这个探测句是之前句子的省略，具有相同的含义（如"Bill Gates slept in paris"，跟随着"he did"或"he slept there"）；在 25%的试次中，探测句是无关的省略句（如"they should"）。被试的任务是判断这两个句子是否具有相同的含义。选择这个任务是因为它需要记住目标句的整体结构，同时判断是否自然、易于执行。在词表任务中，随机给病人呈现词表，跟随着一个探测词，要求病人判断这个探测词是否出现在之前的词表中。结果发现，在语言相关的区域（多重颞上和额下结构），高 v 能量随着句中连续呈现的每一个词而增加，但是当词被融合成短语后，高 v 能量突然下降。此时还激活了 IFG 三角部，随后这种激活下降（似乎反映了将融合词理解为一个短语）。但是，这种激活并没有降为零，仍与剩下要融合的节点数成正比。回归分析表明，每一个新增的词或者多词短语都贡献了等量的附加大脑活动，证明融合操作适用于任何复杂度的语言学对象。

另外，研究者还使用实验数据检验了基于概率的模型和多词短语建构模型等三种解析策略。①自下而上解析：只要输入的单词需要，便会使用语法规则；②自上而下解析：每一个单词出现前，使用最多的规则；③左角句法解析：结合了前两种解析策略。结果发现，基于词项和句法范畴序列转移概率的语言模型仅仅刻画了 pMTG 的活动。规范的模型比较结果显示，多词短语建构的模型比基于概率的模型更契合 STC 和 IFC 中多数位置的活动模式，即 STC 和 IFC 的活动主要由短语结构驱动。这些区域的活动与输入语流的自下而上解析或者左角句法解析一致。研究结果为融合操作的神经生理基础提供了初步的颅内证据。由此我们可以认为，大脑可以对句法完好的词序列进行压缩，形成嵌套的短语层级。

二、复杂句法结构的加工

句子句法结构的复杂性与句子理解的困难程度密切相关。复杂句法结构有多种形式，包括嵌套结构（短语语法结构）、句法成分的长时程依存关系以及非规范句等。研究者采用多种认知神经科学技术和方法对复杂句法结构的加工机制和加工困难的来源进行了探讨。

（一）非规范句和嵌入句的加工机制

有两种复杂句子类型——非规范句和嵌入句，其加工所需的认知过程得到了广泛的研究。大量的行为证据揭示了其所涉及的认知过程。Meyer 和 Freiderieci（2016）对那些直接对比了规范句与非规范句以及嵌入句与非嵌入句的神经影像文献做了元分析，区分了在处理非规范句和嵌入句时激活的脑区。这些元分析的结果表明，复杂句加工的功能神经解剖会涉及两个区域，即左下额叶皮层和左半球的颞中回和颞上回后部，并基于元分析中非规范句和嵌入句的脑激活方式的相似性，探讨了复杂句加工难度的原因和机制。

1. 为什么语序出现偏差时句子难以加工？

心理语言学和神经语言学研究发现，如果一个句子的词序不同于规范句的词序，会增加对其的加工难度。而且，因词序偏差而造成的难度会随着层级结构的增加而增加；重组不规范的宾语和主语，使之与谓语一起整合成为规范句的主语、宾语语序，也对词序偏差造成的难度有影响。心理语言学研究证明，语序重组能在即时加工中反映出来。例如，在宾语先行的句子中，对语法合法度的判断速度减慢；当及物动词没有跟随介词短语，而是直接跟了宾语时，宾语的位置必须是固定的，否则也会对句子语法的合法度判断产生影响。目前得到的证据支持这样的观点，即加工非规范语序句子比较困难，因为人们需要将句子的非规范语序调整为规范语序。

2. 为什么嵌入句难以加工？

当一个从属句嵌入主句中时，整个句子便有了一个层级结构，因此对它的处理变得困难起来。这种效应在荷兰语、英语、德语等多种语言的研究中均有发现。处理嵌入句时，一个主要的认知挑战是：需要在多组主语、宾语和相应动词之间形成的多重平行的句法依存中提取层级结构。对嵌入句的处理，有时需要对两个或多个主语或宾语进行平行存储，直到动词出现。尽管有的嵌入句的多个主语、宾语在句法关系上非常明确，处理起来比较容易，但这些主语、宾语在句法特点上的相似性还是会增加加工难度，导致对记忆产生干扰。这种解释的行为证据之一是来自一项日语研究。Babyonyshev 和 Gibson（1999）的研究中呈现了一些嵌入句，其中有三个主语的格助词匹配的嵌入句与只有两个主语格助词的嵌入句匹配，并对其进行比较。结果发现，对拥有三个主语的句子进行加工更困难，这些加工困难被认为是由干扰引发的。相似的证据在二语研究中也有所发现。这些行为证据证明，对嵌入句的加工难度来自其层级性以及不同主语或宾语与各自相联系的动词之间多层次的依存性。

3. 参与复杂句加工的脑区

神经影像学研究广泛地调查了非规范句和嵌入句加工的功能性神经解剖的特

点。Meyer 和 Friederici（2016）对已发表的所有关于非规范句和嵌入句效应的研究进行了 ALE 元分析（图 4.1）。这些研究均未发现与其他实验因素的交互效应，且数据均在 Talairach 坐标系或 MNI 坐标系。ALE 元分析在每个研究的峰值坐标图中生成了均值脑图，每个研究的脑图的重叠最后形成了一个体素水平。由此形成的全脑显著性地图，通过 1000 个排列和 $p<0.001$ 集群水平阈值的聚类统计得到校正。ALE 流程的结果显示出了非规范句和嵌入句最可能激活的两大核心区域：lIFG 的 BA44，以及没有在所有研究中一致出现的 MTG/STG 的 BA22。在 BA44 上坐标重合的代表性研究是七项功能性磁共振研究，它们选择了能够测试句法复杂因素的语言，并对它们进行了处理，最大限度地保证了工作记忆存储和重复的干扰需求，也就是在实验条件下，保证主语或宾语与动词之间的时间间隔的恒定。这些实验使用的语言材料是多样化的，有德语、希伯来语和日语。

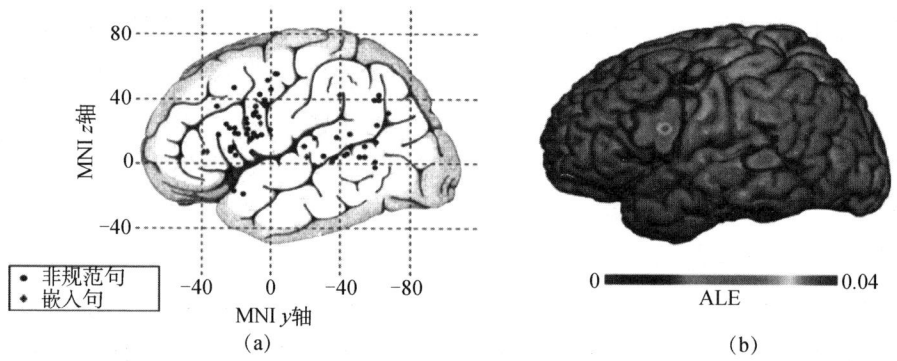

图 4.1 非规范句和嵌入句神经影响研究结果及对其进行的元分析结果。(a) 已发表的神经影像研究所显示的非规范句（蓝色）和嵌入句（红色）主要效应的左半球峰值激活坐标图。(b) 绘制坐标得出的 ALE 分析结果显示在柯林 27 标准脑图（Holmes et al.，1998）上。可以看到有两个主要区域在复杂句加工时最易被激活，一个是额下回的 BA44，另一个是 SG/STG（Meyer & Friederici，2016）（见彩图 4.1）

尽管这些语言的类型不同，但这些研究都使用因素设计或参数设计比较了含有标准或非标准主语和宾语语序的句子，并且积极控制了实验范式，尽量保证了实验过程对工作记忆中存储与复述的干扰相同。关于 BA44 参与非规范句和嵌入句加工过程的观点，也得到了一些临床证据的支持。有研究报告，发生于 BA44 的脑卒中与非规范句加工缺陷之间存在紧密联系。Kinno 等（2009，2014）对神经胶质瘤患者的两项研究显示，在 BA44 及上部区域的神经胶质瘤会导致患者在非规范句加工方面能力的降低。这些患者的数据支持了在非规范句和嵌入句加工时 BA44 的主要作用。

除了 BA44 外，ALE 分析还分离出 MTG/STG，被作为第二个最有可能在加工非规范句和嵌入句时被激活的区域。在语言任务中，MTG/STG 与语义整合有关。在非规范句和嵌入句加工中，负责语义整合的区域的脑部活动增加，可能是因为句子水平的语义信息需求增加，这种增加最有可能是在对动词-论元结构表征时进行的存取。针对一个动词可能出现的动词-论元结构的增加数量，有研究就相关的脑部活动进行了评估。结果显示，动词可能的动词-论元结构的数量增加会使 MTG/STG 的活动增加，这一活动区域与 MTG/STG 的 ALE 的最大极值接近。对于在加工非规范句和嵌入句时主要脑机制是否牵涉 MTG/STG，则尚未确定。

4. 语序偏差和嵌入句加工的共性

元分析表明，非规范句和嵌入句的加工难度有着相似的脑部基础。但是它们在认知加工过程中的相似之处又是什么呢？首先，与非规范性相关的困难主要是在句子的宾语与潜在的标准语序中主语、谓语、宾语的位置之间的匹配失败导致的。解决这种匹配失败问题，需要一个重组序列的过程。这个过程独立于工作记忆存储和复述之外，需要在动词重现后提取它的主语、宾语，重新将它们按照规范语序进行排列。其次，嵌入句的加工难度主要在于不同主语、宾语及它们与动词之间的依存关系较为复杂。这需要一种独立于工作记忆存储和复述之外的过程，以保持每部分内容的独特性，使得每部分内容的提取只发生在与其动词相关的规范位置上。

语序偏差和嵌入在两条同构线上有着相似性。首先，两种句子类型都有比对应的规范句或非嵌入句更为复杂的结构，在句法树上有着更多的层级。其次，这两种句子类型都在第一个名词短语（主语和宾语）至第二个可能产生干扰的名词短语（主语和宾语）之间有临时存储，都需要在提取主语、宾语时避免错误参数。这种句法层级的复杂性和在工作记忆中可能会产生干扰，导致了非规范句和嵌入式句加工的难度（图 4.2）。Glaser 等（2013）的 fMRI 研究发现，在加工关系从句主语对主句主语产生干扰的嵌入式句子时，IFG 的 BA44 的激活反应比加工没有干扰的嵌入句时要强烈得多。可见，在加工句子时，BA44 的主要功能是在主语和宾语与动词之间建立层级上的依存关系。目前，也有了第二个加工方面的神经基础的证据，即对工作记忆中可能产生干扰的主语和宾语所进行的明显的短时存储与提取，这种干扰说需要神经语言学方面证据的进一步证实。

由此可见，语言学、心理语言学的研究结果显示，与相应的规范句和非嵌入句相比，非规范句和嵌入句的加工难度增大。加工非规范句时增加的难度来自按照规范句中主语、谓语、宾语的顺序对其主语、谓语、宾语进行重组；加工嵌入句时增加的难度来自它本身的层级性，以及追踪不同层次的主语、宾语与它们相应的谓语动词之间的依存关系的需要。ALE 元分析提供了证据，证明这两种加工

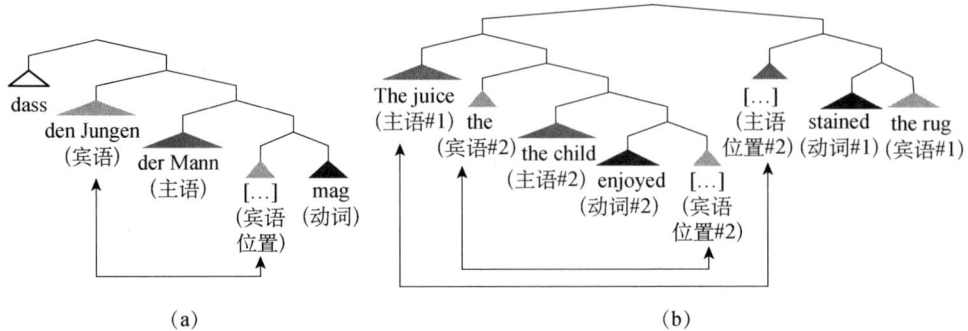

图 4.2 德语非规范语序从句与（a）英语嵌入句（b）结构比较。非规范语序从句的宾语前置和嵌入句的主句主语、从句宾语的远置，产生了额外的语法层级［分别比较句型 a 和句型 b 的节点（三角的个数）］和第二个主语或宾语的动词依存关系（分别比较句型 a 和句型 b 的句子箭头的数量）（Meyer & Friederici，2016）

都依赖 lIFG 的 BA44 和颞中回/颞上回。因为只有额下区域在所有的研究中都是活跃的，因此可以认为 BA44 是参与非规范句和嵌入句加工的最主要区域。在进行复杂句加工时，BA44 的一般潜在机制是：追踪不同主语、宾语与它们的动词之间多重层级的依存关系，避免干扰，以确保主语和宾语能在工作记忆中适当的位置上被提取。

（二）长时程依存关系的加工机制

句子成分的长时程依存（非邻近依存）关系是指由于插入了另外的成分（例如，用作修饰成分的短语或者句子），使得主句的语法成分之间在距离或者层级关系上出现分离，在句子整合中需要额外的认知加工资源，造成理解的困难。有学者用多种方法研究了这种长时程依存关系加工的神经机制。

1. 非邻近依存关系加工的关键脑区

非邻近依存对语言学习是一种挑战，它比邻近依存关系的习得要晚。Uddén 等（2017）使用人工语法和 TMS 技术对非邻近依存加工的关键脑区进行了研究。实验中使用具有交叉非邻近依存的有界（语境敏感）语法，语法序列通过具有交叉部分的语法生成，序列长度为 6~12 个符号（平均序列长度为 10.3 个符号）。在交叉部分之前和之后，这些只包含邻近依存的部分使用终端符号的字母［M，N，V，W，T，R］，交叉部分使用字母［F，D，X，L，P，K］。交叉部分的前半部分总是从［F，D，X］中选择，后半部分总是从［L，P，K］中选择。这种设置将表面结构与基础语法分离开，目的是最大限度地减少使用外显记忆或类似策略。交叉依存是指字母对 F 和 L、D 和 P 以及 X 和 K 之间的一种关系。具体来说，如果 F

（D，X）出现在前半部分的第一、第二或第三个位置上，那么在序列后半部分的对应位置上会出现 L（P，K）。刺激材料中有 39 个不同的交叉依存部分。研究者通过保持前半部分 F、D 和 X 的结构，后半部分 L、P 和 K 的结构，违反第一、第二、第三位置上或组合中的关系，来构建这些关系的违反条件。

研究者计算了与完整序列集相关的每个序列的特定关联块强度（associative chunk strength，ACS）。ACS 可以衡量测试集中单个序列相对于某些习得集的子序列熟悉度。为了计算 ACS，首先计算了习得集中每一可能的二元语法（两个连续的字母）和三元语法的频率。随后，将每一测试序列分解为二元语法和三元语法，并计算它的平均二元语法和三元语法频率。随机选取 100 个序列，并对其 ACS 进行测试，得到了一个在 ACS 方面与完整序列集比较具有代表性的习得集，创建了 5 个 100 个序列的分类集（50 个语法的，50 个非语法的）。实验用时 9 天，每天都要完成一项内隐习得任务。第一天，在第一次习得任务开始前进行了一项基线偏好分类任务。第七天，被试在习得任务后进行了一项偏好分类任务。第八天，进行了 TMS 刺激。在 TMS 刺激之前，告诉被试存在一种语法，并在 TMS 刺激后要求被试迅速进行语法分类任务。第九天，即最后一次习得任务，让被试进行一项没有 TMS 刺激的语法分类任务。习得任务（大约 30min）：一项短时记忆、快速回忆任务；在习得任务中，一个序列呈现 6s，当序列消失后，要求被试使用键盘自定步速回忆这些序列；被试可以修改答案，但是不会收到反馈。分类偏好任务：要求被试在序列开始后，基于他们的第一印象，尽可能快地判断是否喜欢这个序列。语法分类任务：要求被试基于直觉，又快又好地判断新的序列是否符合语法。

结果发现，在内隐习得具有交叉非邻近依存的人工语法后，被试能够成功地区分语法和非语法序列。与刺激语言无关控制区相比，刺激布罗卡区时这种区分能力受损。结果表明，布罗卡区参与了结构化序列加工。这项研究在两个方向上扩展了已有的 fMRI 人工语法学习研究结果：一是在加工非邻近依存时，布罗卡区是一个因果成分（causal component）；二是非邻近依存的内隐加工调用了布罗卡区。因为该区受损的病人并非总是有语法加工困难，该研究结果对厘清问题有帮助。该研究与前人的研究结果一致，并认为布罗卡区负责一般结构化序列加工，而非仅负责加工层级组织的句子结构。

2. 对复杂句法敏感的脑区

Udden 等（2019）采用 fMRI，通过让被试阅读或聆听形式完好的句子或一系列无连接的单词，探索了语音与阅读这两种通道使用的网络中哪些部分对句法复杂性敏感。刺激由 360 个句子和对应的 360 个词表组成，其中句子的复杂程度不同，主要通过关系从句来操纵句子的复杂程度。一半句子包含一个关系从句，另一半句子不包含关系从句，句子的长度为 9~15 个词。对于每一个句子，通过打乱句子中的词来产生对应的词表，打乱原则是词表中 3 个及以上的连续词不会构成一个连贯的片段。因为句子和词表包含相同的单词，将句子和词表对比，可以在控制词汇提取过程的基础上，探究句子水平的整合过程。研究者还基于依存结构分别计算了每一左分支句子和右分支句子的复杂度。在测试任务中，10%的试次跟随着一个是否问题，该问题是对刚才呈现的句子/词表内容的提问。一半句子问题是对于句子内容的提问（例如，Did grandma give a cookie to the girl?）；另一半句子和所有的词表问题都是一个实词问题（例如，Was the word "grandma" mentioned?），其中大多数复杂关系从句的问题是关系从句中的内容。结果发现，左侧 IFG、双侧 MTG 前后部、左侧 IPL 都对跨通道整合过程有贡献，但其对加工句法复杂度的贡献是不同的。具体来说，左分支复杂性对加工过程的影响表明，在语法上更复杂的句子中，主要在左侧裂语言区的激活水平增加。而且，随着句子的展开，左分支加工复杂性效应在左侧 IFG 和左侧 pMTG 增加。与之不同的是，左侧 aMTG 对右分支复杂度不同的句子有更多的激活，这可能是由于在这种情况下对即将出现的词汇语义信息的期望更高。

第三节 句子语义加工

句子加工的最终目的是理解其意义，而不是终止于句法加工。句子意义理解与句法加工是密切相关的，这是研究者的共识。但是，二者是可以分离的两个不同过程，还是同一个过程的两个不同方面，在这方面是存在争议的。本节介绍句子意义理解的三项研究。

一、句子意义建构的神经关联

人类语言的显著特征是组合性，即在词组成短语或者句子的新异组合中生成和理解无限的复杂意义。在句子理解过程中，神经回路如何提取和表征句子的意义，目前对此还知之甚少。Fedorenko 等（2016）采用皮层脑电（ECoG）技术研究了句子阅读过程中连续、在线的神经活动。ECoG 直接从皮层表面记录实际的神经活动，具有时间和空间的高分辨率。使用这项技术，可以帮助我们确定在句子意义抽取和保持过程中的在线神经活动。

实验中，让被试阅读句子和三类控制刺激，同时记录其颅内反应。在每个试次，顺序呈现 8 个刺激项（词或者非词），要求被试注意所有刺激项是否有意这样可以分别测量被试对每个刺激项的神经反应，构成四种实验条件：句子、词表（有意义但不符合句法规则）、假词序列（无意义但符合句法规则）和非词序列（无意义、不符合句法规则）。当癫痫病人阅读这四种句子时，记录其全脑电极的颅内反应，测量了 ECoG 信号中宽带 γ-能量的时间进程。与 fMRI 不同，这种方法可以确定句子意义提取和表征过程中的神经事件（neural event）。

实验结果如图 4.3 所示。研究发现，在句子阅读过程中，被试颞叶和额叶的多数电极的神经活动稳定增强；当阅读词表和其他非词序列时，则没有这种稳定

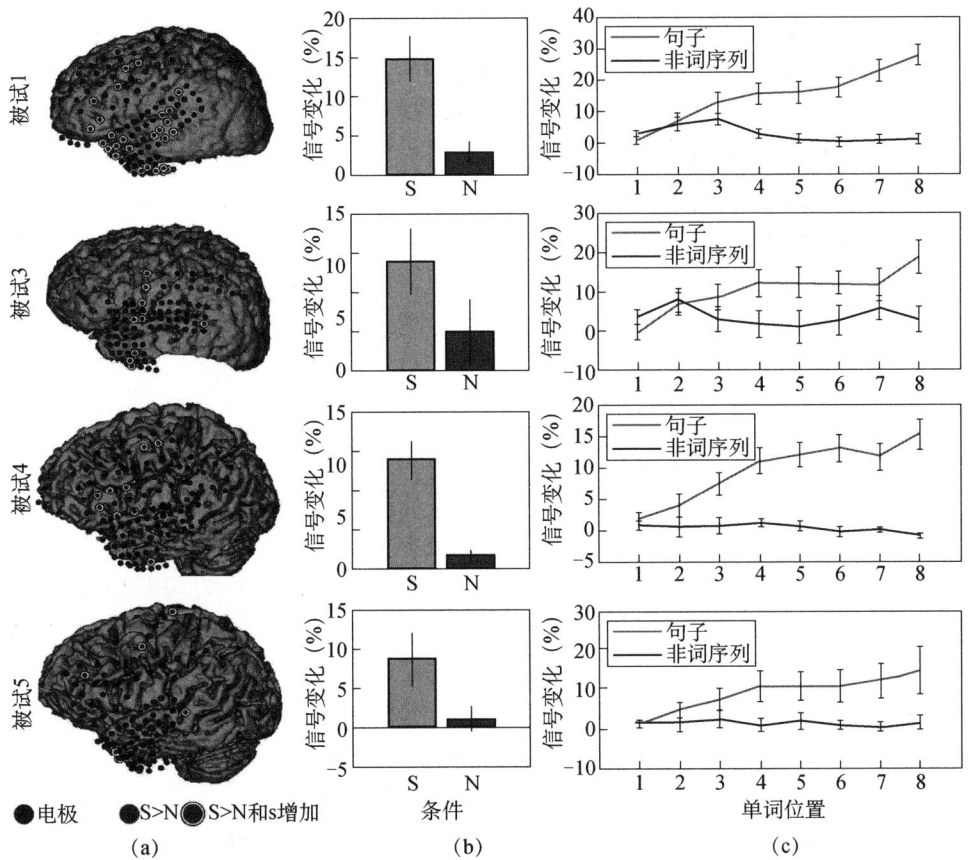

图 4.3 句子理解过程的神经基础。(a) 单个被试的大脑皮层模型，黑色点表示所有电极（Electrode），蓝色点表示在奇数序列中句子＞非词列表（S＞N）效应的电极，白色圈起来的蓝色点表示在奇数序列中，既表现为句子＞非词列表效应（S＞N）又在句子条件中随着单词位置单调增加（sincrease）的电极点（即感兴趣的电极，electrodes of interest, EOIs）。(b) 句子（S）和非词列表（N）条件下偶数序列中估计的词位置的平均 γ 幅度（即独立于用于选择感兴趣电极的数据）。(c) 句子和非词列表条件下在偶数序列的 8 个单词位置中的每个单词位置上的 γ 幅度。(b) 和 (c) 中的误差线表示感兴趣电极上的标准误（Fedorenk et al., 2016）（见彩图 4.3）

增强。这个效应分布在额-颞的语言网络,而不是其他脑区。γ-能量在语言脑区的单向增强反映了句子意义的神经建构的标记,它仅与句子水平的意义表征的建构过程相关,而不能单独用词义或者句子结构加以解释,也不能用其他高级认知功能的参与加以解释。

二、句子理解中结构和内容加工的动态性

Matchin 等（2019）结合被试内多模态成像方法,研究了句子理解中结构和内容加工的时间特征。首先,其用 fMRI 研究了神经系统如何参与组合过程。其基本假设是参与句法和语义组合过程的脑区在句子加工中的激活会增强,而感觉、注意和词汇加工等脑区的活动将会减弱。fMRI 研究发现,左半球的四个广泛的脑区显示出了很强的句子结构效应,包括 TPJ、ATL、PTL 和 IFG。实验结果揭示了组合加工精确的空间信息,但是对于这些结构性效应的时间进程尚不清楚,需要采用 MEG 技术进一步揭示这些语言敏感脑区在句子加工时的时间动态性。MEG 信号测量了颅内电流诱发的磁场强度,颅内电流由皮层椎体细胞的突触活动所引发,反映了与 fMRI 类似但是不同的电生理过程。由于磁场传播没有时间延迟,MEG 的神经活动测量精度可达到毫秒级。

在自然语言中,语义组合与句法结构密切相关。为了区分结构效应是由句法还是语义引发的,可以通过内容的对比进行研究,比如,自然句子与非词句子。非词句子的构成是将内容词用非词替代而保持功能词不变,减少语义内容而保留句法结构。这些对比揭示了结构敏感脑区活动的增强,提出了句法与语义可分离的问题。还有研究将 IFG 和 PTL 与词汇提取和存储相联系,认为词汇和句法加工可能是 PTL 和 IFG 功能的一部分。然而,ATL 和 TPJ 与概念信息相联系,这些脑区的内容效应反映了概念-语义加工而不是词汇或句法加工。IFG 和 PTL 参与句法加工,与概念-语义内容的丰富性无关。对于这些假设,可以用跨句子的激活相对时间加以检验。这项研究通过 MEG 和 ECoG 观察了基本结构效应是如何在时间维度上展现的,试图为建构组合加工相关的神经生理反应模型奠定基础。

Matchin 等（2019）通过平行的被试内的 MEG 和 fMRI 实验,直接评价了结构和内容效应。实验采用 3（结构）×2（内容）的参数设计。概念-语义的内容效应是通过使用句子和非词句子的参数设置实现的；结构效应是通过建构词汇匹配的三种结构水平——六个词构成的句子、二词的短语和随机词表实现的。其用 MEG 评估了在 fMRI 实验中观察到的结构和内容效应。他们预期：PTL 和 IFG 的结构效应出现在第 1、2 个词；ATL 和 TPJ 的结构效应出现在第 5、6 个词；ATL、PTL 和 IFG 显示内容的主效应；TPJ 的内容效应出现在第 4~6 个词,其功能被认

为是加工事件语义。这项研究用 fMRI 实验确定了与组合加工相关的脑区，平行的 MEG 实验确定结构和概念-语义加工的时间进程。这些脑区的跨句子的激活相对时间，可以被用来分析和辨别它们在结构和语义加工中的功能。实验结果揭示，四个脑区在句子加工中的作用如下。

（1）PTL——词汇句法加工。在句子语境中，PTL 在主语名词短语结束时的活动开始增强，支持了对这个脑区结构效应的如下解释：一是句子水平句法表征的预期激活；二是与词项相关的注意和句法表征的保持。句子水平的预期性结构加工可以定位于颞叶后部区域；主语名词短语中的核心词对于计划后续结构来说非常关键。

（2）ATL——概念语义加工。有两个显著效应：与非词句子相比，在 224~348ms 时间窗，自然句子中内容词的激活增强；在 400~448ms 时间窗，自然句子中的功能词的激活比自然短语强。功能词的结构效应出现得比较晚，可能反映了对句子中概念-语义表征（相对于短语）的注意增强。出现在功能词上的这个效应可能反映了根据句子中的功能词对后续出现的概念-语义内容的预期。

（3）TPJ——句子水平的概念-语义加工。TPJ 的效应出现在第 4~6 个词，与非词句子和自然短语相比，自然句子在接近句尾时，TPJ 激活增强；与非词句子相比，自然句子中的内容词没有显示出显著的内容效应。许多研究发现，TPJ 参与了论元结构和事件水平的语义加工而不是词汇水平的语义加工。如果 TPJ 主要是加工连贯的句子意义，其激活不应与某个词项的具体概念内容相关。实验结果与此一致，即在接近句子末尾处激活增强，结果反映了根据主语和动词对句子意义的渐进解释。

（4）IFG——参与内容和结构加工。在 fMRI 实验中，左侧 IFG 显示出了很强的结构效应和内容效应。在 MEG 实验中，研究者观察到了内容词比非词的更稳定的效应，效应出现的时间窗口与 PTL 和 ATL 类似。但是，如同其他的 MEG 研究结果一样，没有观察到 IFG 的结构效应。

这个平行的 fMRI 与 MEG 实验，在空间和时间维度上确定了句子理解的相关关键脑区及其激活的时间进程，并通过相对的时间关系揭示了它们在句子结构和语义加工中的功能。

三、语义组合的神经动力学

如前所述，人们在进行语言交流时，听者对话语的理解非常迅速，对言语输入的渐进解释是毫秒级的。这个过程的关键是与语义组合相关的神经计算。听者通过组合过程把每个词的意义整合到话语的动态解释中，构成对句子渐进解释的支柱。Lyu 等（2019）对简单口语句子中动词与直接宾语的关系进行了研究。该研究结合了实时的神经成像测量与多变量统计学和计算语言学方法，研究了渐进的语义组合中具体的神经计算内容，以及在大脑中这些计算发生的时间和位置。

使用话题模型（topic model，以语料库为基础的计算语言学方法）可以建立可量化的连续呈现的词汇语义模型。研究聚焦于动词和它的直接宾语的语义组合，把这种组合置于简单句子中。话题模型能够说明宾语的语境无关的语义；在听到名词时，前面动词的语境限制与宾语语义的激活在毫秒时间量级上相互作用。在 EEG/MEG 源定位中使用 ssRSA（spatiotemporal searchlight representational similarity analysis），比较名词语义模型的相似性结构与脑电活动模式的相似性结构，决定名词的哪些语义内容在大脑中跨越时间被编码。动态定向连接方法可以探索皮层区域之间信息流动的时间和方向性。全脑的 EEG/MEG 数据是在被试听这些序列的自然状态下收集的。这项研究采用多种方法的组合处理"语境化的语义表征"假设，使用话题模型表征每个词的语义内容，这些内容怎样随着动态表征的语境限制而改变，该研究主要探讨如下两个问题。

（一）动词语义的提取和整合

动词语义如何与后续的直接宾语互动？为此，首先要理解动词的相关语义特征如何被激活并限制后续词。研究者采用以主题模型为基础的两个 RDM 模型（model RDMs）对动词语义进行估计，即动词主题模型 RDM 和动词主题熵 RDM。在动词时程中，RDM 的模型拟合提示了一个跨越左侧颞叶的网络，从 LATL 到颞区后部，再从背侧延伸到 SMG/AG，最强的模型拟合位于 plMTG 和 SMG/AG。动词主题模型在整个动词时程都涉及了 lpMTG。这些区域之间的加工互动的性质是通过定向连接分析来揭示的。

动词主题模型 RDM 体现了动词语义选择的表征内容。LMTG 在早期显示了从动词开始的较弱的模型拟合，在 100ms 之后出现更强的效应。模型拟合最初集中于 lpMTG，在动词被识别（recognition point，RP）之后，扩展到 LATL 和 LSMG/AG。LATL 和 LSMG/AG 之间有定向连接，这两个区域对动词主题模型有最强的模型拟合，这说明源于 lpMTG 的信息以很短的延迟（20ms）被连续传送到 LSMG/AG。而相反方向的信息流（从 LSMG/AG 到 lpMTG）是间歇性的，从动词开始直到动词的 RP 停止。这种连接模式说明，动词的语义内容信息随着言语输入的累积在 lpMTG 连续生成，并被传送到 LSMG/AG 做进一步整合。已知 LSMG/AG 在短语和句子水平的整合中具有重要作用。从 LSMG/AG 到 lpMTG 的信息流仅当动词被识别时才出现,说明词汇分析在 lpMTG 获得的调节是由动词语义整合到话语表征所触发的。

动词主题熵的模型拟合的时间反映了动词语义开始对不同模型的神经反应进行支配。一个有少量的主题选择性(更有限制性)的动词具有低熵。这个信息对于渐进的组合过程是关键的,决定了对后续词的不同语义限制的强度。只有在动词的主题分布是已知时,这些信息才能发生作用,这恰恰出现在动词的 RP。与此一致的是,LATL 和 LSMG/AG 在语义整合中具有作用,动词主题熵 RDM 在这两个脑区以及 lpMTG 有最强的模型拟合。动词对后续宾语的语义限制的本质是什么?主题是宾语在整个词表的概率分布而不是某个概念的具体语义特征,动词主题向量表征的通常是一般的语义范畴,说明宽泛的语义表征(共享动词优选的主题)在动词识别时已经生成。这个语义集被用来指导后续宾语名词的解释。实际上是主题向量表征使用了范畴组织来表征语义结构。主题表征概念提供了 lpITC 与动词主题效应的联系的可能解释,其重要作用是加工范畴语义信息。

(二)语义组合中的语义限制

词的意义是如何被语境调节的?主题模型(EEG/MEG 源空间)和 ssRSA 结合可以研究语义的灵活性,通过建构宾语的语境无关(context-independent)和语境敏感(context-dependent)的 RDM 模型,决定哪个模型与听到宾语时的神经活动有最显著的模型拟合,以此确定这些效应出现的位置和时间。动词权重的名词主题 RDM 包括动词和优选宾语的主题,名词主题 RDM 表征了名词的语境无关的全部语义内容。

结果显示,不同名词主题 RDM 在名词时程上的模型拟合存在明显差异。动词权重的名词主题 RDM 在 LIFG 和 LMTG 有显著效应,从 RP 开始并延续到名词结束。语境无关的名词主题 RDM 在名词时程上没有显著的模型拟合。这表明,宾语是在前面动词的语义权重的语境中得到灵活解释的。言语输入的第一遍加工时词的语义特性(先前语境中没有权重的)或许非常弱地被激活(但没有被模型探测到),或者根本没有被激活。

宾语语义如何选择性地被激活?另外两个模型的 RDM 用来探测支持语义组合过程的不同方面。动词和名词交互的 RDM 用来确定加工机制,动词限定错误的 RDM 反映的是名词语义表征和前面动词投射的语义偏向之间的联系。两个模型在 LIFG 上显示出了较强的模型拟合,所有这些都发生在 RP 左右或者之后。

LIFG 是语义提取(特别是语义知识的控制性选择)的关键脑区,在记忆-整合-控制模型中起到了语义整合的核心作用。LIFG 的不同子区在语义控制加工中被赋予不同的功能，BA45 参与选择和整合，BA47 参与语义提取。动词权重的名词主题 RDM 刻画了语境化的语义表征，效应的峰值在 BA47，从名词 RP 到结束，左侧颞叶的前部和后部的卷入程度不同。BA45 参与动词和名词交互的 RDM，生成模型拟合主要在 BA45，延伸到 BA47；动词限制误差 RDM 的模型拟合在 RP 时从 BA45 延伸到 BA47。这与 BA45 在控制过程中发挥的主要作用一致，即选择语境相关的语义。动词限制误差 RDM 的峰值在 lpMTG，说明它在语义组合过程中参与了动词和宾语的相关语义特征的表征。

LIFG 的突出作用也反映在 LIFG 与 LMTG 之间的方向性连接上。尽管宾语相关的 RDM 模型拟合在宾语 RP 之前缺失，LIFG 和 LMTG 之间的信息流从名词开始是双向的。与动词时程显示的模式相似，从 LMTG 的信息流延迟 20ms 迅速更新，说明被提取的词汇语义特征被立即投射到 LIFG，用于进一步的神经计算。这个发现与近期的 MEG 研究一致，MTG 是一个外流的中心，向其他语言相关的脑区传递信息。流向 LMTG 的信息的特征是间歇性出现的，延迟时间长，持续效应也相对长（100ms）。从 LIFG 到 LMTG 的方向性连接总是在宾语开始时出现，说明后续名词的语义解释在名词开始时已经受到概率性动词语义限制的影响。认知神经模型强调了 LIFG 在将词组合成大单元中的一般性作用，方向性连接结果详尽解释了这些过程的时空结构。

这项研究开发了以主题建模为基础的定量语义模型，根据用源定位 EEG/MEG 记录的实时神经活动，使用 ssRSA 进行检验，揭示了先前语境如何驱动后续名词的语义解释及其神经活动的时间和空间动态特性。方向性连接分析和解释了皮层语言脑区之间的自上而下和自下而上的信息流的不同时间模式，揭示了词组合的神经机制。

第四节　句子加工的大规模神经网络

Dronkers 等（2004，2017）、Turken 和 Dronkers（2011）的句子理解的大规模神经网络模型以行为、神经解剖和脑损伤数据为基础，为我们理解句子加工的神经机制提供了不同的侧面。

Dronkers 等（2004）同时使用复杂行为反应与神经解剖学技术，研究了损伤位置明确的中风病人对于口语句子的理解。在 72 名被试中，64 名被试的大脑左半球损伤，8 名被试的大脑右半球损伤。每个病人理解口语句子的能力都由 CYCLE-R（Curtiss-Yamada Comprehensive Language Evqluation-Receptive）的 11 个分测试评定。

为了鉴定与在 CYCLE-R 测试中受损表现相关的脑损伤的特定区域，Dronkers 等于 2004 年采用基于体素的损伤-症状匹配（VLSM）方法，对 64 名大脑左侧损伤的病人的脑损伤部位数据以及他们在 CYCLE-R 测试上的综合得分进一步进行统计分析。每一个体素至少包含 8 名脑损伤病人和 8 名没有脑损伤的病人的数据，采用 t 检验对两组的行为数据进行分析，以检测损伤组的表现是否比未损伤组的表现显著下降。这些分析表明，句子理解能力受损与大脑左半球的 5 个区域的损伤有关：①pMTG，包括 BA21 的后部和 BA37 的上部；②aSTG，特别是 BA22 的前部；③左侧颞顶区域，尤其是 pSTS 并且延伸至 AG 的部分（BA39）；④BA47 左侧区域的大部分；⑤BA46 左侧区域的一部分。

在这 5 个脑区中，pMTG 可能是最重要的。为了更加细致地研究这种可能性，Dronkers 等在 2004 年的一项研究中让 6 个组的病人完成西方失语症成套测试中的简单词汇理解任务，并观察他们的表现。在这个任务的每一个试次中病人都会听到一个单词，然后在一系列图片中选出与单词最匹配的图片。在 pMTG 区域有损伤的病人的成绩显著比其他组被试更差。这表明，pMTG 区域的损伤有损于早期阶段对句子的理解，即通达单词句法和语义属性的阶段（Ogar et al.，2011）。

Turken 和 Dronkers（2011）通过对两组健康被试分别采用结构 MRI 与功能性 MRI，描绘了整个网络的连接结构。通过 DTI 可以在活体大脑中观察白质的结构组织，同时也能够追踪长距离的纤维组织。通过这种方法，可以识别 Dronkers 等于 2004 年用 VLSM 分析的 5 个独立区域的内部连接通路。静息态功能性磁共振成像（resting state fMRI，rs-fMRI）能够揭示大脑在相对长的时间内不同脑区自发性活动的相关波动，从而识别不同脑区在生理上的连接。通过这种方法，研究者可以描绘出被试在无任务的条件下，与这 5 个感兴趣区域有 BOLD 信号关联的其他区域。这两种连接分析方法是相互补充的，具体见表 4.1。

表 4.1 每一兴趣区与其他兴趣区的功能连接和结构连接发现

兴趣区	功能连接	结构连接
颞中回	颞上沟/BA39； 颞上回前部/BA22； BA47； BA46	通过弓形束的间接段（颞-顶）连接颞上沟/BA39； 通过中纵束连接颞上回前部/BA22； 通过下额枕束（IOFF）连接 BA47
颞上沟/BA39	颞中回 颞上回前部/BA22 BA47	通过弓形束的间接段（颞-顶）连接颞中回； 通过中纵束连接颞上回前部/BA22
颞上回前部/BA22	颞中回； 颞上沟/BA39； BA47	通过中纵束连接颞中回； 通过中纵束连接颞上沟/BA39

续表

兴趣区	功能连接	结构连接
BA47	颞中回； 颞上沟/BA39； 颞上回前部/BA22	通过下额枕束连接颞中回
BA46	颞中回	

资料来源：Turken 和 Dronkers（2011）

Turken 和 Dronkers（2011）指出，理解口语句子不是仅靠某个单独的区域或者通路就能完成的，而是需要许多不同通路将不同的区域连接起来。比如，对损伤以及连接的研究都表明，pMTG 在理解听觉呈现的句子中起着非常重要的作用，但这个区域并不是单独运作的；理解句子的过程是许多其他区域相互连接而成的，每一个区域都有不同的功能，所以提取多词言语意义最终是通过整个网络中不同节点的协同增效来完成的。也可以简单归结为：理解句子的能力是由许多白质通路将不同的脑区连接而达成的。这个复杂的环路跨越了大脑左半球的三个部分——颞叶、顶叶、额叶，这种长距离的纤维束构成了 Turken 和 Dronkers（2011）所说的语言理解的"结构支柱"。

具体而言，Dronkers 等（2004）标记了这个网络中的 5 个主要区域：pMTG、aSTG、pSTS/BA39、BA47 的大部分、BA46 中的一部分。Turken 和 Dronkers（2011）证明了这些区域的大部分以及布罗卡区通过长距离的纤维束使之在结构上连接在一起，而且静息态的生理活性研究表明这些区域在功能上也是连接在一起的。以下分析这个网络中的各个部分对句子理解的独特贡献。

一、pMTG

Dronkers 等（2004）认为，pMTG 对于检索听到的词汇的语义和语法特征非常重要，这些特征与句子理解过程有直接关联。与言语知觉双通道模型的词汇界面的概念相一致，pMTG 就像是一个中继站，输入词汇的语音形式，输出相应的语义和句法编码的信息。词的语义特征依赖于大范围的脑区，而词的句法特征至少在一定程度上是直接存储在 pMTG 中的。另外，这些语法成分与 IFC 更高级的认知机制有交互作用，特别是在处理歧义语义的情况下。有研究者认为，这个区域不仅直接表征句法信息，也表征语义信息，宾语名词和动作动词的多种语义特征可能分散在广泛的皮层区域，pMTG 被认为是最重要的一部分。更多的支持来自对 120 篇功能影像研究文献所做的元分析，发现 pMTG 是人脑语义系统的重要组成部分（Binder et al.，2009）。采用多种方法进行的研究结果都契合了"pMTG 是执行各种操作的神经中枢"的观点。但是，对于 pMTG 在句子理解中所起的确切作用，还需要更多的研究加以证明。

二、aSTG 及其相邻区域

神经功能影像学的研究表明，当与基线条件比较时，句子对 aSTG 及其相邻的区域有显著的激活——特别是 aSTS、aMTG、TP 相邻的部分（BA38）。当句子是以听觉形式呈现时，aSTG 部分的激活反映了韵律加工过程。aSTG 也会对视觉呈现的句子做出反应，说明这个部分也有可能对句子理解的其他部分有贡献。Dronkers 等（2004）认为，aSTG 在分析句子句法结构时起着重要的作用；pMTG 的功能可能在于对词汇语法成分的编码，促进单词组成不同层级结构的短语。在语音知觉的双通道模型中，这个区域与 aSTG 和 aMTG 构成联合网络，加工语义和语法信息，参与构建多词言语的整合（组合）含义。

fMRI 研究表明，ATL 区域，包括 aSTG、aSTS、aMTG 和 BA38 的相邻区域，在句子理解的大范围神经网络中是非常关键的。虽然对于这些皮层的功能尚不清晰，但它们可能参与了将单个词组成层级组织成分（aSTG、BA38），整合语义和句法分类（aSTS、aMTG、BA38）。另外，也有一些研究表明，ATL 不一定是句子理解中所必需的。要解决这个问题，还需要进行更进一步的研究。但另一种可能是句子理解过程中经常作为目标的一些特定计算操作所涉及的区域不仅仅是 ATL，可能还包括接受句子加工中广泛分布的其他成分。事实上，将语法映射到论元角色的操作，更多地依赖 pSTS/BA39 而非 ATL。

三、pSTS/BA39 及其相邻区域

pSTS、BA39 与 pSTG 构成了听觉-言语短时记忆存储的基础。一系列研究说明，这些皮层的结构密度与完整性不仅与数字知觉广度有关，也可以预测听觉-言语短时记忆能力，并且与解决由语法违反造成的理解困难有关。很可能 pSTS、BA39 与 pSTG 一起通过保留词汇的音韵形式，促进了对于"who's doing what to whom"这样复杂的句子的理解，从而使其他区域有更多时间加工语义-句法关系。与此同时，也有一些关于听觉-言语短时记忆与句子理解双重分离的证据。一些听觉-言语短时记忆严重损伤的病人仍能很好地理解复杂的句子；相反，一些在句子理解方面有显著损伤的病人的听觉-言语短时记忆并没有什么损伤。这些发现表明，除了对于语音工作记忆的贡献，颞顶皮层对于主体与客体之间的联系是非常重要的。根据这些数据，一种可能性是从 pSTS 到 pSTG 的区域可能更多地卷入了听觉-言语短时记忆，而从 pSTG 返回到 BA39 的区域可能更多地参与了连接名词短语与参与者角色。

四、布罗卡区及其一些邻近区域

近几十年，大量研究试图发现布罗卡区对句子理解可能产生的影响，但学术界对于这方面仍然知之甚少。一种假设认为布罗卡区可能负责提取各种语句的层级结构；另一种假设则认为布罗卡区通过发音复述和认知控制理解口语语句。这些假设都有理论和实验证据的支持，但是都不能解释所有可用的数据。神经心理学有关布罗卡区在语言理解中的作用的证据，有着高度的不一致性。在某些情况下，这个区域的功能障碍极大地损害了人们对句子的理解能力，但在其他情况下，这个区域的功能障碍并没有损害人们对句子的理解能力。研究发现，在普通人对复杂句子的加工中，布罗卡区的参与程度有很大的可变性，这可能为研究结果的不一致提供了解释。相矛盾的功能障碍的数据可能反映了大量其他偶然因素的动态相互作用，例如，病人的病理性质、出现的功能—解剖的重组、用作刺激的特定句型等。

综上所述，口语句子的理解是由大范围紧密联结的脑皮层网络完成的，以协同的方式将接收到的词转化为句法和语义的信息。虽然尚不完全清楚网络中的每一个节点是如何帮助大脑理解多词话语的，但是功能结构的粗略轮廓已经显现。基本观点如下：①pMTG 是支持句子理解早期阶段的基础，用来检索听到的词汇的语义及语法特性。虽然在话语中的词的语义特征可能分布在多个皮层，但是有证据表明它们的语法特征至少在某种程度上储存在 pMTG。②以 pMTG 中的词汇-句法信息作为输入，aSTG 可能与相邻的 TP（BA38）协作来计算句子的层级结构。aSTS、aMTG 和相邻的 TP（BA38）的一部分组成了一个整合系统，将多词表达的语义和句法片段连接在一起，生成复杂表征。③在线的句子加工中，词汇的语音形式在听觉-言语短时记忆中保持激活状态，这主要依赖 pSTS 和邻近的一些区域，包括 pSTG 和 AG（BA39）。AG（BA39）除了参与听觉-言语短时记忆外，也具有建构名词短语和论元角色之间的联系等方面的功能，特别是对于语义可逆或含有非典型词汇的句子。④最有争议的一点在于，布罗卡区中用于句子理解的大范围网络。一些研究者认为，这个部分的功能在于计算句子的线性关系和层级结构；另一些研究者认为，这部分是通过执行控制——如利用听觉-言语短时记忆来刷新存储语音表达，通过检查/再检验名词短语和参与角色之间的关系来促进对复杂句子的理解。

本 章 小 结

本章的主题是句子的句法和语义加工，共分为四节。第一节是句子理解的理论模型，其中 Friederici 的听觉加工的神经模型以加工信息流为线索，阐述了句子理解的不同阶段、相关的神经基础和时间进程；Hagoort 团队在记忆-整合-控制理论框架下围绕句子加工开展的研究，展示出了新的研究视角和发现。第二节聚焦句法加工，有关简单句法结构和复杂句法结构加工的神经机制的实证研究，展示了采用不同方法和技术和获得的不同研究结果，因此这仍是一个有颇多争议、未来有待深入研究的方面。第三节是句子语义加工，介绍了句子意义理解涉及的脑区及其作用的时间关系，揭示了句子语义理解中句法和语义加工之间的关系。第四节是 Turken 和 Dronkers 等用神经心理学方法，以语言障碍病人的数据为基础，提出的一个句子加工的大规模神经网络。行为、神经解剖和脑损伤研究结果为我们理解句子提供了丰富的证据，相互矛盾的方面将促使研究者进行更多思考和深入探索。

参 考 文 献

Arana, S., Marquand, A., Hultén, A., Hagoort, P., Schoffelen, J. M. (2020). Sensory-modality independent activation of the brain network for language, *The Journal of Neuroscience*, *40*(14), 2914-2924.

Babyonyshev, M., & Gibson, E. (1999). The complexity of nested structures in Japanese. *Language*, *75*, 423-450.

Binder, J. R., Desai, R. H., Graves, W. W., & Conant, L. L. (2009). Where is the semantic system? A critical review and meta-analysis of 120 functional neuroimaging studies. *Cerebral Cortex*, *19*(12), 2767-2796.

Chomsky, N. (1995). *The Minimalist Program*. Cambridge: MIT Press.

Dronkers, N. F., Ivanova, M. V., & Baldo, J. V. (2017). What do language disorders reveal about brain-language relationships? From classic models to network approaches. *Journal of the International Neuropsychological Society*, *23*(9-10), 741-754.

Dronkers, N. F., Wilkins, D. P., van Valin, R. D., Redfern, B. B., & Jaeger, J. J. (2004). Lesion analysis of the brain areas involved in language comprehension. *Cognition*, *92*(1-2), 145-177.

Everaert, M. B. H., Huybregts, M. A. C., Chomsky, N., Berwick, R. C., Bolhuis, J. J. (2015). Structures, not strings: Linguistics as part of the cognitive sciences. *Trends in Cognitive Sciences*, *19*(12), 729-743.

Fedorenko, E., Scott, T. L., Brunner, P., Coon, W. G., Pritchett, B., Schalk, G., & Kanwisher, N. (2016). Neural correlate of the construction of sentence meaning. *Proceedings of the National Academy of Sciences*, *113*(41), E6256-E6262.

Friederici, A. D. (2002). Towards a neural basis of auditory sentence processing. *Trends in Cognitive Sciences*, *6*(2), 78-84.

Friederici, A. D. (2011). The brain basis of language processing: From structure to function.

Physiological Reviews, 91（4），1357-1392.

Friederici, A. D., & Gierhan, S. M.（2013）. The language network. *Current Opinion in Neurobiology*, 23（2），250-254.

Friederici, A. D., Chomsky, N., Berwick, R. C., Moro, A., & Bolhuis, J. J.（2017）. Language, mind and brain. *Nature Human Behaviour*, 1（10），713-722.

Glaser, Y. G., Martin, R. C., van Dyke, J. A., Hamilton, A. C., & Tan, Y.（2013）. Neural basis of semantic and syntactic interference in sentence comprehension. *Brain and Language*, 126（3），314-326.

Hagoort, P.（2005）. On Broca, brain, and binding: A new framework. *Trends in Cognitive Sciences*, 9（9），416-423.

Hagoort, P.（2013）. MUC（Memory, Unification, Control）and beyond. *Frontiers in Psychology*, 4（416）.

Hagoort, P., & Indefrey, P.（2014）. The neurobiology of language beyond single words. *Annual Review of Neuroscience*, 37（1），347-362.

Kinno, R., Muragaki, Y., Hori, T., Maruyama, T., Kawamura, M., & Sakai, K. L.（2009）. Agrammatic comprehension caused by a glioma in the left frontal cortex. *Brain & Language*, 110（2），71-80.

Kinno, R., Ohta, S., Muragaki, Y., Maruyama, T., & Sakai, K. L.（2014）. Differential reorganization of three syntax-related networks induced by a left frontal glioma. *Brain*, 137（4），1193-1212.

Lam, N. H. L., Schoffelen, J. M., Uddén, J., Hultén, A., & Hagoort, P.（2016）. Neural activity during sentence processing as reflected in theta, alpha, beta, and gamma oscillations. *NeuroImage*, 142, 43-54.

Lyu, B., Choi, H. S., Marslen-Wilson, W. D., Clarke, A., Randall, B., & Tyler, L. K.（2019）. Neural dynamics of semantic composition. *Proceedings of the National Academy of Sciences*, 116（42），21318-21327.

Matchin, W., Brodbeck, C., Hammerly, C., & Lau, E.（2019）. The temporal dynamics of structure and content in sentence comprehension: Evidence from fMRI-constrained MEG. *Human Brain Mapping*, 40（2），663-678.

Meyer, L., & Friederici, A. D.（2016）. Neural systems underlying the processing of complex sentences. *Neurobiology of Language*, 597-606.

Nelson, M. J., Karoui, I., Giber, K., Yang, X., Cohen, L., & Koopman, H., et al.（2017）. Neurophysiological dynamics of phrase-structure building during sentence processing. *Proceedings of the National Academy of Sciences*, 114（18），E3669-E3678.

Ogar, J. M., Baldo, J. V., Wilson, S. M., Brambati, S. M., Miller, B. L., Dronkers, N. F., & Gorno-Tempini, M. L.（2011）. Semantic dementia and persisting Wernicke's aphasia: Linguistic and anatomical profiles. *Brain and Language*, 117, 28-83.

Schoffelen, J. M., Hultén, A., Lam, N., Marquand, A. F., Uddén, J., & Hagoort, P.（2017）. Frequency-specific directed interactions in the human brain network for language. *Proceedings of the National Academy of Sciences*, 114（30），8083-8088.

Segaert, K., Mazaheri, A., & Hagoort, P. (2018). Binding language: Structuring sentences through precisely timed oscillatory mechanisms. *European Journal of Neuroscience*, 48(7): 2651-2662.

Snijders, T. M., Vosse, T., Kempen, G., Berkum, J. J. A. V., Petersson, K. M., & Hagoort, P. (2009). Retrieval and unification of syntactic structure in sentence comprehension: An fMRI study using word-category ambiguity. *Cerebral Cortex*, 19(7), 1493-1503.

Turken, A. U., & Dronkers, N. F. (2011). The neural architecture of the language comprehension network: Converging evidence from lesion and connectivity analyses. *Frontiers in Systems Neuroscience*, 5, 1.

Uddén, J., Hultén, A., Schoffelen, J. M., Lam, N., Harbusch, K., et al. (2019). Supramodal sentence processing in the human brain: fMRI evidence for the influence of syntactic complexity in more than 200 participants. bioRxiv (reprint). DOI: 10.1101/576769.

Uddén, J., Ingvar, M., Hagoort, P., & Petersson, K. M. (2017). Broca's region: A causal role in implicit processing of grammars with crossed non-adjacent dependencies. *Cognition*, 164, 188-198.

Xiang, H. D., Fonteijn, H. M., Norris, D. G., & Hagoort, P. (2010). Topographical functional connectivity pattern in the perisylvian language networks. *Cerebral Cortex*, 20(3), 549-560.

Zaccarella, E., Schell, M., & Friederici, A. D. (2017). Reviewing the functional basis of the syntactic merge mechanism for language: A coordinate-based activation likelihood estimation meta-analysis. *Neuroscience & Biobehavioral Reviews*, 80, 646-656.

第五章

语篇信息整合与主旨理解

语篇是由多个语句或者语段组成的语言单元。语篇理解是一种复杂的人类认知活动,涉及语言理解的基本过程、语用过程和一般认知过程。语篇理解的关键是衔接与连贯。与此相关的有两种类型的语言学线索——词汇线索和结构线索。连接词(如因此、然后、但是等)是一种词汇线索,提示了语言单元之间的连接关系;代词、同义词等在语篇理解的过程中会影响相关概念的激活。结构线索(如宏观结构、修辞结构等)有助于读者把握语篇的脉络和组织框架,对于主旨抽取极为重要。

语篇的背景信息和读者的世界知识对语篇理解具有促进作用,它们以语义网络形式储存在大脑中。当人们读到一个词时,会激活概念节点,然后通过扩散激活的方式激活其他相关的概念。CI 模型将知识结构与限制满足的联结机制结合起来。假设理解包含两个阶段——建构与整合。在建构阶段,词汇以非限制性的方式激活知识;在整合阶段,通过限制满足机制实现对句子的理解。CI 模型将情境模型(situation model)建构看作语篇理解的高级阶段和关键所在,包含文本描述的内容和言外之意。事件标记模型(event-indexing model)(Zwaan et al., 1995, 1998)假设,情境模型包含 5 个维度:空间、时间、人物、动机和原因。在语篇理解过程中,读者会将接收到的信息与心理表征在这 5 个维度上进行整合。这些维度并不是完全独立的,可能存在交互作用。通常认为阅读是一种浸入式的体验过程,也就是说,人们在阅读语篇时,就好像自己参与到了文本所描述的事件之中。

根据 CI 模型的框架,本章中的第一节以语篇中的概念和结构为基础,阐述语篇语义信息的整合加工过程,其核心问题是语篇的衔接、连贯和主旨理解。第二节以语篇的事件与事件结构为基础,阐述语篇情境模型建构的认知神经机制。第三节介绍语篇理解的认知神经科学模型,阐述语篇理解涉及的认知神经机制。

第一节 语篇信息整合

本节主要阐述从文本包含的概念和结构的加工中获取主旨的认知过程和神经机制，包括连贯性获得的三个重要方面：一是连接词、代词和指示词的加工，以及必要的推理过程；二是局部与整体的整合，即语篇整合过程中当前信息与不同尺度的语境信息整合的神经机制和理论模型；三是结构与主旨，主要阐述语篇的宏观结构、修辞结构等整体性结构在语篇主旨理解中的作用。

一、衔接与连贯

语篇的衔接是指将语句意义聚合为整体语义的语法和词汇手段，是把语句组成篇章的必要条件之一。有四种基本衔接手段：照应、省略、替代和连接。连贯是将篇章中的语句连接成文的认知机制，使语篇在主题思想、语义结构和逻辑关系等各方面形成一个有机整体。连贯性的实现，除了依靠语篇本身的词汇和结构因素外，还需要读者根据上下文背景和世界知识进行主动推理，如架桥推理、精加工推理等。

（一）连接词加工

1. 连接词的特性

把命题进行组合生成复杂的意义表达，是人类语言能力的本质特征。这种能力依赖于有限数量的运算子，其中包括连接词和逻辑连接词。连接词是语篇实现衔接与连贯的必要手段。Moeschler（2016）从一般性语用框架出发，聚焦语义-语用界面的本质，系统阐述了连接词的作用、功能与意义以及表征问题。

1）连接词的作用

以连接词 and 和 because 为例，这两个连接词在话语理解过程中起到了对时间和因果关系进行标记的作用。研究发现了三种情况：①在某些情况下，连接词 and 的缺失会导致时间关系丢失，and 引导的从句会被解释为前一句的原因，如"Max didn't go to school and he got sick."和"Max didn't go to school; he got sick."有 and 的句子表示原因-结果结构，没有 and 的句子表示结果-原因结构。②某些情况下，and 会表示原因，引导原因从句。因此，有无 and 并不会影响理解过程，如"Well, the vase broke; John dropped it."和"Well, the vase broke, and John dropped it."③because 一般用来描述原因，在时间上发生在结果之前，但在一些情况下，because 引导的原因从句发生在结果之后。当存在前提"Jane always eats a banana before she drinks her coffee in the morning."时，句子"Jane has eaten her banana, because she is drinking her coffee now."中的 because 引导的事件在时间上后发生，但可以作为前一句的原因。由此可见，and 的有无可能会改变话语的解释，而 because 的有无可能会改变话语的时间顺序。据此，连接词的作用可以归结为：帮助确认没有连接词时的话语关系；改变话语关系；加强话语关系；表达与其本身意义不相符的话语关系。

2）连接词的功能与意义

连接词之间在语义复杂性和特异性方面存在很大差异。一般来讲，连接词的语义越弱，它们会越多地作为连接词被使用，反之亦然。词汇既包含概念意义，又包含程序意义，话语连接词也不例外。概念意义是该词汇构建、存储以及提取的信息，是从表征层面上论述的意义；程序意义是指对表征进行操纵和计算的过程。有些词汇的概念意义多于其他词汇，如动词，在事件或状态中的地位使其具有因果或时间上的内容，但是情态动词和助动词则不具备这些内容。连接词也一样，有些连接词的概念意义多一些，有些则少一些；意义使用得越多，则其概念性越低。在因果关系中，因本身是一种概念意义，而因果中所蕴含的方向性属于程序性意义。

3）连接词的表征

连接词的表征是发生在语义层面还是语用层面？Moeschler（2016）通过比较 because、therefore 和 and 这三个时间和因果连接词的异同回答了这个问题。"Mary pushed John"和"John fell"这两个命题可以用上述三个连接词连接，均表示时间和因果关系。但是，不同的连接词可能表征了不同的层次，有些内容可能是蕴涵，有些可能是显义，有些可能是含义。蕴涵发生在语义层面，显义和含义发生在语用层面。这些连接词会引导读者对所表达命题的真假进行判断，三种连接词均包含蕴涵命题 P，但只有 because 和 and 蕴涵命题 Q。在因果关系层面，because 所表达的是显义，而 therefore 和 and 所表达的是含义。由此可见，话语连接词的意义可能发生在语义层面，也可能发生在语用层面。

如前所述，有时省去话语连接词并不会影响话语理解，比如，对话语中包含的因果关系进行推理。在这种情况下，连接词的作用是什么？关联理论的语用框架给出了如下答案：在无连接词的语篇中，有意的解释（intended interpretation）只能依赖语境；使用了连接词，则会产生更简单的途径，减少推理的步骤，并帮助语言理解者确定语义和语用内容，如蕴涵、显义和含义。

2. 连接词加工的认知神经基础

Baggio 等（2016）对逻辑连接词在大脑组织的表征进行了研究。其探讨的问题是：在用于认知计算之前，逻辑复合体是以什么样的形式在线保持的？这种形式包括其意义还是仅限于表层形式？当意义最终得到计算和使用时，最初的表征是如何被修改的？根据形式、意义和语用之间的理论区分，复合体以三种并非互斥的形式表征。相应地，大脑编码逻辑复合体时可能根据表层的形式，也可能根据其完整的意义。表征完整意义要求表征复合体的所有模型，即从复合体到参照结构的所有映射。在该研究中，每个模型相当于真值表中的一个条目，其通过研究这些理论驱动的表征形式的神经表征来研究大脑是如何、在哪里表征这些组合思想的建构模块的。研究者假设，逻辑连接词有保持和评价两个加工阶段。在保持阶段，复合体被回忆并在工作记忆中处于激活状态；在评价阶段，对激活的复合体与给定的视觉目标图像的可比性进行判断。在这两个连续的加工阶段，这些表征如何变化？fMRI 结果支持逻辑复合体保持和评价的动态多阶段和多形式的模型。命题逻辑运算子的表征和加工通过三个认知成分，由左半球的特定脑区执行：后部 IFG 负责表层形式表征，前部 IFG 和后部 IFG 获得完整逻辑意义；顶内沟（intraparietal sulcus，IPS）使其意义适应于当前的特定语境；左侧后部 IFG 除了表征复合体的表层形式之外，还能够快速转换到编码和表征其逻辑意义。

Prado 等（2015）研究了语篇中逻辑词（如 or、if、not）加工与语用加工的关系。逻辑词与语用的关系在日常对话中具有核心作用，在较强的语用场景下，不需要付出太多努力就可以产生推理。逻辑推理的神经基础在抽象任务中已得到了广泛研究，但对语用方面的关注很少。Prado 等采用 fMRI 技术研究了自然语篇中逻辑推理与语用加工的交互作用。每个语篇包含三个前提和一个陈述句。在完全的演绎推理故事中，陈述句确认了前两步得出的结论。例如，Xavier 考虑周四、周五或周六约女朋友出去，他首先排除了周四，然后排除了周六，然后宣称"我将约她周五出去"。在隐含前提的故事中，另外一种相同的语篇包含三种前提，前两个排除了一种选择。例如，由于两个原因，Xavier 排除了周四，结论也必须包含一种隐含意义，Xavier 也必须排除周六。研究发现了两个主要结果：一是与完全演绎的故事相比，隐含前提的故事激活了更强的双侧额顶系统，表明这些区域在推理隐含的假设中有重要作用；二是阅读隐含前提的故事时，这些区域的脑连接与语用能力呈正相关。这些发现表明，语用加工与逻辑推理在理解语篇论点时存在交互作用。

（二）代词和指示词加工

词汇除了其本身的概念意义外，还存在指称意义。概念意义和指称意义分别与语义分析和指代分析过程相关。通过语义分析，人们能够从长时记忆中提取词汇意义，并将其组合到更大的概念结构单元中；通过指代分析，人们能够明确语篇中的词汇指代了现实或虚构世界中的事物，包括人物、事件、概念、地点等。

  Nieuwland 等（2007）采用 fMRI 技术，考察了指代加工的神经基础，并且考察了指代加工的皮层系统与语义加工的皮层系统之间的关系。在该研究中，被试需要阅读屏幕上逐词呈现的句子，句子中包含两个人物，但只有一个代词，代词和人物之间存在三种关系，即代词可能指代两个人物中的任意一个、不能指代两个人物中的任何一个、只能指代其中的一个人物，从而形成了对应的三种指代条件，即指代歧义、指代失败和指代正常。其中，指代正常的句子包含两种：一种为语义正常句子；另一种为语义违反句子，语义违反发生在代词出现之后。研究发现，相比加工正常句子，加工指代歧义句子时额上回（SFG）内侧、右侧额上皮层、顶内皮层以及双侧顶下区域的激活更强，双侧 IFG 的激活减弱。额叶和顶叶皮层部分脑区的激活增强表明，加工具有指代歧义的代词时，需要读者调用问题解决网络，以明确代词所指向的人物并最终建立一个连贯的语篇模型。双侧额下回的激活减弱表明，代词解歧过程与工作记忆操纵或语义表征冲突加工过程不同。背内侧和腹内侧前额叶皮层的激活与 EEG 研究中前部持续负波相对应，背内侧前额皮层（dmPFC）与语篇理解中进行受控的高层级推理以建立连贯表征的过程相关，vmPFC 与评价判断和决策过程相关。由此可以推测，额叶皮层的激活表明，被试在理解过程中试图将代词与某一先行人物进行连接，以建立连贯的语义表征。

  相比加工正常句子，加工指代失败句子时，顶内皮层、双侧顶下区域的激活更强，而额内区域的激活强度不存在显著差异，并且左侧颞叶内侧包括海马旁回区域的激活减弱。双侧顶叶内侧和左侧额叶中部的激活增强，表明个体在加工指代失败句子时，认为其属于句法错误，因为这些区域与形态句法加工过程有关。另外，研究者根据被试在扫描结束后对指代失败句子的解释，将被试分为两组：7名被试在加工指代失败句子时，引入了第三个人物，将句子合理化，其余大部分被试认为指代失败句子中的代词为形态句法错误。对这两组被试进行比较发现，前一组被试比后一组被试在左侧 SFG 内侧以及右侧额中回（MFG）的激活更强。这些脑区被认为与建立句子之间关系的因果推理过程相关。这种推理过程并不只局限于当前语境，因此研究者推测这些被试在加工指代失败句子时，认为句子中所描述的两个人物在这之前已经产生了一些涉及第三个人物的对话，因此被试会加入更精细的加工过程以理解句子描述的情境。

  相比加工正常句子，加工语义违反句子时，被试的左侧 IFG 和右侧 IFG 部分区域的激活更强，而额叶内侧区域如 ACC 和尾状核（CN）、顶叶内侧区域［如楔前叶（precuneus）］，以及右侧额上皮层的激活减弱。额下回与语义加工过程密切相关，当输入的信息违背预期或与常识相悖时，需要更多的语义加工过程，该区域的激活会增强。

从上述结果看，语言理解过程中的指代加工和语义加工涉及了不同的脑网络。另外，从脑区激活增强和激活减弱的模式上看，指代歧义加工与语义违反加工在前额以及顶叶区域表现出完全相反的模式，如顶内和顶外皮层、额内和额上皮层在加工指代歧义时的激活更强，而在加工语义违反时的激活更弱。相反，双侧额下回在加工语义违反时的激活更强，而在加工指代歧义时的激活更弱。以往研究发现，顶叶内侧区域与情景记忆加工以及内部表征监控过程有关。这些区域的增强表明，在指代解歧的过程中，被试需要再次加工句子的情景记忆痕迹。然而，语义违反句子的加工并不涉及句子情景记忆痕迹的再加工或修正过程，只需要按照句子内容建立一种内部表征。指代歧义与语义违反激活的网络存在双重分离和反向耦合，暗示了指代歧义加工过程和语义违反加工过程分别调用了大脑中负责情景加工和语义加工的脑网络。

Brodbeck 和 Pylkkänen（2017）采用 MEG 技术研究了理解指代表达中单个词加工的时间进程和负责该过程的脑区。以往的 fMRI 研究表明，顶叶皮层在指代加工过程中具有重要作用。研究者认为，指代加工过程中顶叶皮层的活动反映了大脑需要调动知觉组织和空间中多物体跟踪的脑网络，追踪语篇中的多个指代物体。这种解释与视觉世界范式相容，因此能够预期指代消解过程与顶叶活动有关。

实验 1 给被试呈现三个彩色形状的物体，并提供一个简单的形容词-名词指代表达，如"the blue heart"。实验条件分为两种：一种为场景中只存在一个目标颜色形状的物体，如蓝色，因此，指代表达中的形容词已经提供了足够的信息去确定该短语指代的是哪个物体，该条件为形容词消解；另一种为场景中存在两个目标颜色的形状，形容词并未提供足够的信息，只有加工到名词时，才可以明确短语所指代的物体，该条件为名词消解。实验材料包括 7 种颜色和 7 个形状物体，指代表达短语嵌入一个问句中，如"Was the green key beside a bomb?"。结果发现，相比名词消解条件，形容词消解条件下形容词对顶叶皮层内侧区域的激活更强，这一效应产生在形容词出现之后的 255～325ms 和 435～500ms 两个时间段内。相反，相比形容词消解条件，名词消解条件下名词在其呈现之后的 340～445ms 时间段内，在顶叶皮层存在更强的激活。这些结果说明，指代消解过程（不管是形容词消解还是名词消解）使得内侧顶叶皮层的激活更强。然而，该实验中名词的预期性在形容词消解条件比名词消解条件下更高，导致名词在前一种条件下可能被预激活，而该条件下加工名词时脑活动降低。

据此研究者进行了实验 2 和实验 3。实验 2 添加了两种条件：一种为场景中只存在一个物体与目标形容词匹配,但是物体的形状并不直接呈现,因此被试不能预期形容词后的名词;另一种场景为存在两个物体与目标形容词匹配,且两个物体形状相同,因此被试能够预期形容词后的名词。结果发现,在指代消解过程中,内侧顶叶的活动增强,而在预期加工过程中,内侧顶叶的活动也增强,表明研究中指代消解过程确实包含了预期加工过程。同时,实验 2 还记录了 EEG 数据,结果发现相对于指代消解条件,指代不能消解的条件下在后部电极诱发了更大的负波。实验 3 采用阿拉伯语词作为实验材料,阿拉伯语中形容词在名词后出现,因此指代消解条件的名词与指代不能消解条件的名词在视觉上是相同的。

综合三个实验结果可以发现,内侧顶叶在指代消解过程中具有重要作用。内侧颞叶的作用可能发生在短时视觉表征和更加抽象的语篇层次表征上。

(三)连贯性推理

在理解过程中,不仅需要对语篇提供的信息本身进行加工,很多情况下还需要通过推理来建立句子之间的连贯。神经心理学和脑成像的研究表明,连贯性建立的过程主要由右半球负责。也有证据显示,前额叶损伤导致的非失语症的语言障碍病人,其语篇层次的加工能力下降。Ferstl 和 von Cramon(2001)采用事件相关的 fMRI 技术,考察了 PFC 和右半球在连贯性建立过程中的作用。实验中,让被试阅读 120 个句对,并判断其连贯性,将连贯和衔接交叉分为 4 种条件。行为前测表明,衔接词的出现有助于连贯性的建立,同时也会阻碍被试发现连贯中断。fMRI 结果显示,与物理性的控制任务相比,所有的语言条件都激活了左半球的额外侧和颞外侧区域。与不连贯的句对相比,连贯的句对更多地激活了左半球的额内侧以及 PCC 和楔前叶。最后,IFG 区域对任务难度敏感,尤其是对衔接词错误地提示了连贯时增加的加工负荷敏感。这些结果并没有为右半球参与推理加工提供证据,而是表明了左半球的前额内侧在连贯性建立方面起到了重要作用。

Kim 等(2012)采用正电子发射断层扫描(PET)研究了故事理解中架桥推理与连贯性加工的神经基础。研究者让 10 名健康的右利手被试阅读三种类型的故事(高连贯性、低连贯性、控制条件)。高连贯性的故事中的句子之间存在因果联系,而低连贯性的故事中的因果关系没有明确表达出来,需要通过架桥推理来填补其中的空白。结果发现了 lMTG 在低连贯性的故事中被激活,而 dmPFC 和 PCC 在高连贯性的故事中被激活。这些结果表明,dmPFC 参与了连贯性的加工,而架桥推理是由左侧颞中回调节的。另外,研究者还发现了 TP 前部与 TPJ 会调节一般的语义加工。

Hernández-Gutiérrez 等(2016)考察了语篇理解中的语篇整体连贯和信息积

累这两个语义因素对句子的句法加工可能产生的影响。形态句法违反主要通过两个 ERP 成分反映出来：前部 LAN 和后部 P600。整体连贯对这两个指标都没有显著影响，尽管这一因素似乎有利于对形态句法违反的监测。另外，前部 LAN 也未受到信息累积量的影响。因此，第一遍的句法加工似乎不会被这些语篇因素所影响。相反，P600 的第一部分会受到语篇信息累积量的影响，表明对情景中句子信息的整合需要付出更大的努力。这些结果表明，语篇整体连贯加工包含的过程似乎独立于 LAN 和 P600 反映出的在线的句法加工和组合机制。

二、局部与整体加工

在语篇展开过程中，当前信息需要与语境中不同跨度的（时间或者空间）信息进行整合。例如，对于句子内部的整合与跨越句子的语段整合，整合过程是否一样？已有不少实验研究对这个问题进行了探讨。早期采用脑电技术和语义违反范式的研究发现，关键词与句内信息或语篇信息违反，诱发的 N400 的幅度和潜伏期是一样的，研究者据此认为句子整合与语篇整合过程是一样的（Hald et al.，2007）。但是，也有研究获得了不同的结果和解释。近年来，采用多种认知神经科学方法的实验研究一致发现，语篇中不同跨度信息的整合有不同的神经机制，无论是涉及的神经网络还是加工的时间进程都不相同。而且，整合过程受到阅读时读者的目标和策略的调节。

（一）局部与整体加工的认知神经机制

在语篇整合中，当前信息如何整合到不同尺度（如局部语境、整体语境）的语境中？Egidi 和 Caramazza（2013）考察了这一整合过程的神经机制，尤其是即将出现的信息与局部的、邻近的语境的整合以及与整体的、较远的语境的整合。实验 1 采用的故事结尾有两种条件：与局部语境一致或不一致；与整体语境相关或者不相关。阅读时间结果表明，对结尾一致性的感知依赖于它与局部语境的适合程度，但相关的整体语境的可及性削弱了这一效应。实验 2 采用 fMRI 技术来考察结尾的局部一致效应及整体语境的相关性涉及的神经机制。通过评估阅读故事结尾时的 BOLD 信号反应，研究者发现了三个网络：一个与局部语境一致性相关的网络，一个对整体语境相关性敏感的网络，以及一个对二者都敏感的网络。这些结果表明，一些区域与局部语境和整体语境都有关，另外一些脑区只负责局部语境或者整体语境。进一步分析被试在听故事结尾时的 BOLD 信号与对结尾的记忆效果的相关性，发现了两个不同的网络：与语义加工和语言记忆的脑区存在正相关，与感觉、运动和视觉区域的激活存在负相关，即后者的较弱激活有利于对言语内容的记忆。当整体语境与故事结尾相关时，研究者发现了更多广泛分布的记忆关联。这些结果表明，语篇水平上的整合包括不同网络的合作，这些网络对某种特定的任务敏感，而且当可能的干扰信息减少时，更有利于整合。

Egidi 和 Caramazza（2016）进一步考察了在一致性评估和被动理解这两种不同的理解任务下整合过程的神经基础。评估是通过一致性判断任务操纵的，而被动理解任务是完成被动听故事的任务。实验操纵了故事结尾与局部语境的一致/不一致，与整体语境的相关/不相关。全脑分析揭示了两种任务中的几点不同：与语义加工和注意指向加工相关的两个网络在一致性判断任务中比被动听故事的任务中有更强的激活。与情景记忆的提取和心理场景的构建相关的网络在与整体语境相关时有较强的激活，但只在判断任务中存在这种效应。这表明，一致性评估比被动理解更能触发个体对整体语境的重新认识，促进其从故事中构建丰富的心理表征。最后，与知识基础的更新相关的网络在局部一致时比局部不一致时有更强的激活，但只在被动理解中存在这一效应，表明理解的模式依赖于语言加工的局部范围。总而言之，这些结果表明，一致性评估和被动理解在远距离信息和局部信息的加工中使用了不同的加工策略，调用了不同的脑网络。

常若晗（2018）采用 EEG 技术研究了语篇理解中不同距离信息的加工以及实验任务的调控作用，揭示了不同加工过程的时间进程。整合与预期是理解过程中两个相辅相成的认知过程，其通过两组实验进行了对比研究。首先，研究了在阅读理解任务和合理性评价任务中语篇中不同距离的背景信息是如何影响语义整合加工的。两种理解任务在两个独立的实验中进行，但实验材料相同。通过改变语篇中不同位置的信息产生不同距离的语义违反（短距离、中等距离、长距离）。结果发现，在阅读理解任务中，随着整合距离的增大，语义违反诱发的 P600 效应越来越弱，表明整合距离越长，语义违反探查加工越困难。在合理性判断任务中，随着整合距离的增大，语义违反诱发的早期正波效应越来越强，表明随着整合距离的增大，语义违反的探查需要付出更多的认知努力。两种理解任务中获得的不同脑电结果说明，读者在不同的理解任务中是以不同的方式来整合语篇信息的：在阅读理解任务中，短距离的语义整合过程占优势；在合理性评价任务中，长距离的语义整合更具有优势。

常若晗（2018）进一步研究了在阅读理解任务和合理性评价任务中不同距离的语篇信息是如何影响预期加工的。通过改变语篇中不同位置的关键词操纵语境限制性，以改变目标词的可预期性，共形成了四种实验条件：短距离-低预期、短距离-高预期、长距离-低预期、长距离-高预期。结果显示，在阅读理解任务条件下，与低预期条件相比，短距离与长距离高预期条件下的关键词均使得 N400 波幅降低，而且不同距离条件下的 N400 效应没有显著差异；在晚期窗口，只有在短距离条件下，低预期比高预期条件诱发了更大的晚期正波，而长距离条件下则没有这种效应。这表明尽管不同距离的背景信息都能够快速地促进高预期词汇的语义加工，但是只有短距离背景信息能够支持词汇水平的预期，在信息不符合词汇预期时启动抑制加工。在合理性判断任务中，两种距离的高预期条件都比相应的低预期条件诱发了更小波幅的N400，而且长距离-高预期比短距离-高预期条件诱发的N400波幅更小，表明长距离信息对于高预期词汇语义加工的促进作用大于短距离信息。两种任务条件下的研究结果表明，预期加工同样受到实验任务的调控：在阅读理解任务中，短距离的背景信息所起的作用更大；在合理性评价任务中，长距离信息所起的作用更大。

上述的脑成像和脑电研究结果一致揭示出，在语篇整合过程中，在当前加工信息与不同尺度的背景信息进行整合时，认知和神经机制是不同的；在阅读理解任务中，读者的目标与动机对阅读理解过程有着重要影响。

（二）层级过程记忆模型

Honey（2012）和 Hasson 等（2015）通过一系列实验研究，探讨了词汇、句子和语篇加工涉及的神经回路和脑区。其发现随着语言单元尺度的增大，整合所涉及的脑区和整合的时间窗会有系统的变化，并在实证研究的基础上提出了层级过程记忆的模型（hierarchical process memory）。这个模型对于理解不同尺度的语篇信息整合具有极其重要的作用。

Hasson 等（2015）提出一个理论框架，用来解释记忆是怎样服务于当前的信息加工的。这一理论强调，不应该将记忆与信息加工割裂开来。为了将记忆概念与传统的记忆储存的概念相区分，Hasson 提出了"过程记忆"（process memory）这一概念。从广义上讲，过程记忆是指在当前的信息加工中用到的过去信息的激活痕迹。过程记忆以层级性的方式组织起来，从早期的感觉皮层到高级皮层区域，依赖于记忆的信息加工的时间尺度逐渐增大。这个新的理论框架与分布式记忆模型的观点是比较一致的。

在过程记忆中，几乎所有的皮层环路都具备随着时间的展开加工信息的能力。研究者使用时间感受窗的概念来对不同脑区的加工时间尺度进行操作性定义。时间感受窗借鉴了视觉中的空间感受野的概念，指先前接收到的信息对新接收到的信息的加工能够产生影响的时间窗口。有些脑区具有较短的时间感受窗（例如，10~100ms），能够将几个音位整合为一个单词；有些脑区具有中等长度的时间感受窗（例如，几秒钟），能够将一些单词整合为句子；还有一些脑区具有较长的时间感受窗（例如，10~100s），能够将句子整合为更大结构单位的语篇。从早期的感觉皮层到高级的感觉和认知区域，时间感受窗以层级性的方式逐步递增。过去信息的记忆并不储存在几个具体的记忆系统内，而是在加工信息的皮层区域内以层级性的方式组织起来。以下是支持层级过程记忆的证据和层级加工时间窗的测量方法。

1. 过程记忆的层级性分布

有很多研究使用 fMRI、皮层脑电和单个神经元记录的方法，研究了在听觉和视觉信息流展开的过程中不同尺度的时间感受窗的头皮分布情况。图 5.1（a）是一个 fMRI 研究的结果。其使用的刺激材料是一个故事，以不同的时间尺度（词、语句或者段落）进行切分，以随机顺序呈现这些片段，播放或者倒序播放完整的故事。结果在颞上回区域发现了梯度变化的模式，早期的听觉皮层具有较短的时间窗，而 TPJ 和 AG 具有较长的时间窗，加工的时间尺度随着皮层层级的增加而逐步递增。早期的听觉皮层对所有尺度信息的反应模式都很类似，也就是说，对完整的故事，以段落打乱、以句子打乱、以单词打乱以及倒序播放的刺激都具有相同的反应模式，被试之间的相关性很高。这些感觉区域被认为具有较短的时间感受窗。随着加工层级的升高，越来越多的语境开始影响当前的刺激加工。在具有长时间感受窗的区域，如在 TPJ、AG 以及 PFC 的中部，信息加工依赖 10s 之前的信息的记忆。这些高级区域只对完整的故事和段落产生稳定的激活模式。这种过程记忆的层级模式并不仅限于对随着时间展开的语言信号的加工。与此类似，当被试观看电影默片时，在视觉系统也存在着这样的头皮分布模式。此外，在一项采用 ECoG 技术的研究中，使用直接的神经生理测量技术重复了上述 fMRI 的研究结果，发现在被试观看视听同时呈现的电影时，视觉和听觉加工的信息流都存在时间尺度的层级性头皮分布模式。

2. 具有较长时间窗的脑区神经活动的动态性更弱

在灵长类动物的脑区中，一个区域的时间感受窗与其内在的神经动态性具有共变关系。也就是说，具有较短时间窗的区域，其潜在神经动态性较快，而具有较长时间窗的区域，其潜在神经动态性则较慢。有研究测量了恒河猴的 7 个皮层区域在短暂的休息状态下神经活动的自相关，发现其表现出了一种层级性的组织方式，感觉区域具有更短的时间尺度，而前额皮层具有较长的时间尺度。类似地，ECoG 的研究也发现，高级皮层区域的神经元集群活动具有更多的低频波动，而在早期的感觉区域，神经元活动则以高频波动为主。在这两项研究中，在没有任何刺激的情况下，均发现了这种神经动态性时间尺度层级性变化的模式，表明这种模式是神经环路的一种本质特征。使用 fMRI 的其他研究也报告了相似的动态性组织模式。

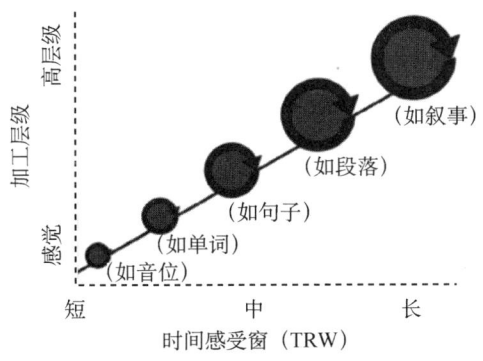
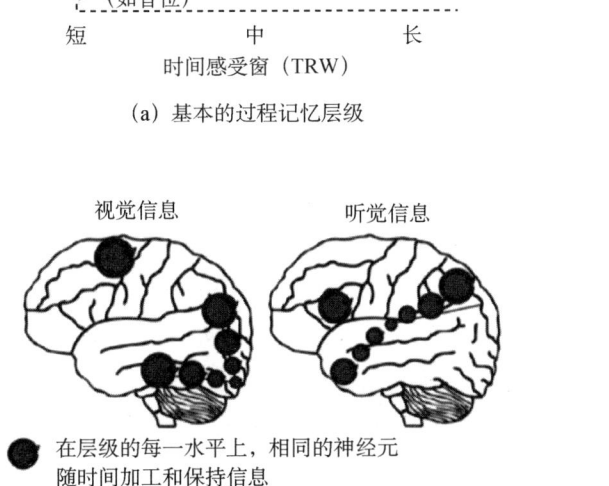

图5.1 (a)过程记忆的层级结构。记忆是每一皮层区域加工不可或缺的一部分，而且加工单元和信息存储单元之间没有分离。此外，每一区域的加工时间尺度以头皮地形的组织方式增加，从早期感觉区域的毫秒级到高层级区域的分钟级。(b)听觉和视觉刺激的过程记忆层级图示。(c)基本的 vs.调节过程记忆。两个额外过程（蓝色圆圈）调节层级结构中的基本过程记忆：注意控制过程（如额-顶网络与短-TRW 语言区域交互可以在延迟期间保持目标词）和情景记忆过程（如内侧颞叶（MTL）/海马与长-TRW 区域[如压后皮质（retrosplenial cortex）]交互可以激活自传情景）（Hasson et al., 2015）（见彩图5.1）

这些研究结果表明，具有更快神经动态性的脑区在较短的时间尺度内整合信息，而具有较慢神经动态性的脑区则在较长的时间尺度内整合信息。因此，之前一直被忽略的或者被当作伪迹的神经动态性的慢波动，其实是与现实生活中的信息加工密切相关的。当这些信息以毫秒、秒甚至分钟为单位被切分成不同的时间结构时，对应着不同的神经活动的动态性。近年来，有些模型已经将这种动态时间尺度的层级性组织与兴奋-抑制的平衡活动联系起来，还有模型提出大尺度的解剖组织以及神经调节物质的头皮分布对神经动态性具有重要影响。

3. TRW 的大小会随着信息呈现速度的变化而产生相应的变化

已有研究结果表明，从感觉皮层到高级区域，TRW 的时间尺度从短到长逐渐增加。那么 TRW 的大小是由时间单元（如毫秒、秒和分钟）决定的，还是由信息单元（如音位、单词和句子）决定的呢？在现实的语言中，很容易将时间单元与信息单元区分开来。讲话最快速的发音者，其速度能够达到慢速发音者的两倍。研究结果显示，当信息呈现的速度发生变化后，听觉皮层、语言以及语言以外区域的神经反应都会产生线性的变化（递增或者递减）。这些结果表明，过程记忆整合时间窗是根据相对的时间尺度来确定的，而并非绝对的尺度，神经动态性反应会随着刺激速度的变化而进行相应的调整。当刺激的呈现速度达到两倍时，神经反应随着刺激速度的变化而变化的现象就会被打破，刺激的完整性受损时也是这样。需要强调的是，即使是加工的时间尺度进行了调整，其 TRW 的层级性模式依然存在。因此，正如空间感受野能随着任务、情景和注意要求的变化而进行调整，加工记忆的整合窗也能够随着刺激呈现速度的变化而做出时间上的调整。

层级过程记忆模型为语篇理解过程中对不同尺度语言单元进行整合加工的神经机制给出了一个系统的说明和解释。更为重要的是，这种加工方式并非语言理解所独有的，在景物和电影之类的视觉信息流的加工中，神经系统遵循了同样的信息处理原则。

三、结构与主旨

语篇的宏观结构、修辞结构等语言学理论描述了语篇具有层级结构。这一部分将阐述层级结构的分析及其在语篇主旨理解中的作用。

（一）宏观结构

宏观结构（van Dijk et al., 1972; van Dijk, 1980; van Dijk et al., 1983）是语篇语义结构的总体概括，不仅可以描述语篇整体内容的抽象意义，还可以表示语篇整体连贯性。Jr Lorch（2001）阐述了宏观结构及其在语篇理解中的作用。语篇理解是一个记忆表征建构的过程，宏观结构表征的可及性可能会影响语篇阅读和内容记忆。在阅读中，宏观结构表征指导着记忆表征的系统搜索。读者若要获得好的理解，建构的连贯表征必须与作者想要表达的主旨相一致，即准确表征文本的主要观点及其组织（宏观结构）。因此，建构和使用宏观结构表征是语篇理解过程中的关键成分。

文本表征有两个水平：微观结构和宏观结构（即横向组织和纵向组织）。理解文本要求读者表征这两种结构。横向组织的存在是基于这样的事实：大多数句子可以从前面紧邻的句子语境中得到解释。微观结构表征刻画了局部连贯关系、篇章最小意义单位，如事件、命题之间的局部关联性。文本微观结构的形式分析要求将句子分析成它们的底层意义，即命题及其关系。如果有共同的指称，或者指示了因果联系的程度，命题就是相互联系的。微观结构分析的结果可以用一个网络表征，命题表征为节点，关系表征为节点之间的连接。

文本的纵向组织是基于显性或者隐含的命题之间的层级式联系进行的。宏观结构把最小的意义单位通过规则形成篇章中心话题或主题的整体语义结构，抓住了文本整体连贯性的基础。运用三种宏观规则，宏观结构可以从微观结构表征中被推导出来，具体如下：一是消除那些不是其他命题的解释条件的命题；二是通过对微观结构中更具体的微观命题的概括，生成新的宏观命题；三是将一系列表示复杂事件的微观命题相互联系，建构新的宏观命题。循环使用这三个宏观规则可以生成新的宏观命题，支配越来越大的文本组成部分。直观上而言，不断提升的宏观结构层次可以被看成是越来越简洁的文本总结。

van Dijk（1980）还提出了"反向宏观规则"：一是补充，是宏观规则"删除"的反向使用，新补充的细节信息是语篇中不重要的信息；二是拆分，是宏观规则"概括"的反向使用，分离时可以将一个一般性的概念用直接下属的分概念或下义概念来追述；三是详述，是宏观规则"建构"的反向使用。这些过程应在宏观结构的基础上进行。这样宏观规则包括三对规则：一是删除与补充；二是概括与拆分；三是建构（抽象）与详述（具体）。其更加全面地描述了阅读过程中的认知和思维活动。就像建立局部连贯一样，宏观规则也需要有适当的世界知识以框架或脚本的形式为宏观结构的建构提供支撑。

宏观结构的恰当表征是文本理解的关键。但是，有时即使在文本是规范的、读者已具备必要的词汇和背景知识的情况下，加工宏观结构时还可能会遇到一些困难。其可能的原因如下：一是文本是作者意图的不完整的表征。作者省略了可能从所提供的信息中推测出来的信息，希望读者从明确提供的具体信息中推测相关的宏观结构。二是相关的宏观命题在文本中相隔很远。因为文本是线性组织的，而潜在的宏观结构是层级组织的，由于读者的记忆限度而不能确定文本话题之间的关系。

文本的结构线索能够为宏观结构表征的建构提供帮助。宏观结构的重要连接在文本中会以多种方式标记出来。标题、概述和其他手段强调了主要话题和主题在文本中的组织，能帮助读者记忆宏观结构，功能性指示语用于指示文本中特定话语的相关性。潜在的结构也反映了信息在文本内的分布。语篇话题通常反映在阐述话题的话题-评述结构中，重复的句子话题为确定相关语篇话题提供了基础。话题的转换相当于局部文本连贯性的中断，段落结构标记有助于识别话题变化和确认新的话题。话题转换的确认还可以使用句法结构，使读者将注意焦点转向新话题。

（二）修辞结构

修辞结构理论是在系统功能理论的框架下提出的关于篇章生成和分析的理论。修辞结构理论将语篇的基本信息单元（EDU）定义为小句，小句与小句之间依靠修辞关系连接起来。修辞关系总体上可以分成两类：一种是主次关系，将小句分为核心句和卫星句，小句之间的关系有条件关系、阐述关系、让步关系、因果关系等；另一种是并列关系，如对比关系、选择关系、联合关系等。修辞关系把两个小句连成一个结构段（span），结构段之间同样根据修辞关系形成更大的单元。依次类推，直到将整个语篇连接成一个完整的树形结构。

语篇结构对整合和主旨理解的影响，在心理语言学领域已经得到一些初步的研究。Yang 等（2014）采用行为和眼动技术研究了语篇语境的语义整合是否会受到语篇结构差异的影响。实验语篇中的最后一个句子是局部连贯的，但是用前面的句子解释时有一致的或不一致的两种条件，并且最后一个句子可能与前面句子在同一个语篇单元或者不在同一个语篇单元，根据它们是否共享语篇目的而定。自定步速阅读结果和眼动实验结果显示，当关键句子与前面句子同在一个语篇单元时，与语篇不一致的词相比，被试对与语篇一致的词的阅读时间更长；如果不在同一个语篇单元，阅读时间的差异消失。这些结果说明，语篇结构是影响语篇语义整合的一个重要因素，语篇效应不仅依赖于所说的内容，而且依赖于内容组织的方式。

Wu 等（2016，2018）采用眼动和脑电技术，研究了修辞层级在语篇记忆表征中的作用及其对语篇在线理解的影响。其还通过眼动追踪和 EEG 技术考察了修辞层级对语篇记忆表征的影响。结果发现，层级结构调节了语篇的记忆表征，处在高层级的信息记忆表征更精细。具体表现在：处于高层级的信息只获得了字形和语义信息的记忆表征，处于低层级的信息只获得了语义信息的记忆表征。其关于修辞层级对语篇在线理解的影响的研究结果表明，关键词在高层级条件比在低层级条件下诱发的 N400 波幅更小，说明与低层级条件相比，在高层级条件下整合关键词需要付出的努力更小，层级的突显性促进了语义整合。除了层级的主效应，这个实验还发现了在 N400 时间窗的焦点主效应。层级结构刻画了语篇的整体结构，焦点是突出句子重要成分的局部结构（Lambrecht，1994）。Givón（1992）指出，语言学线索具有心理加工指示的功能，向读者指示相对重要的概念，引导语言理解过程中的注意资源分配。在 N400 时间窗显示的修辞层级和焦点的主效应，说明这两种突显方式同时影响了语篇的整合加工。

修辞结构和宏观结构在语篇主旨加工中的作用，在心理语言学中尚未得到深入研究，然而在自然语言处理领域已经得到重视，特别是在语篇的自然语言理解中得到了一定的应用。褚晓敏等（2017）尝试借鉴篇章宏观结构理论、修辞结构理论等，建构一个微观和宏观相统一的篇章主次关系的结构化表示体系。在该体系中，用篇章结构树的形式来表示篇章的层次关系，自顶向下地构建一个由篇章的标题、章节、段落、微观结构、篇章单位和基本篇章单位等构成的多级篇章结构。其中，第一层为篇章标题层，第二层为章节层，第三层为段落层，段落以下的层次为微观结构层。上层结构与下层结构之间的连线表示其层次之间的整体与部分间的关系；同级结构之间的连线表示其依存关系，并利用箭头的方向表示各级篇章结构之间的主要和次要关系。构建微观和宏观统一的篇章主次关系表示体系，能够更直观地理解篇章结构，进而更方便地分析篇章内容。在构建篇章结构树的具体分析方法上，引入微观篇章结构分析方法和扩展修辞结构分析方法；在宏观结构分析中，引入和扩展宏观结构理论分析方法。宏观结构分析能够指导微观结构的识别，而微观结构中的关键词和线索词等信息也能辅助宏观结构的生成。

第二节　事件与情境模型

上一节以命题为基础，从衔接与连贯的角度阐述了语篇整合加工的认知和神经机制，整合的结果是宏观结构表征的建构和语篇主旨的理解。本节将从事件和情境的角度出发来阐述语篇的分析和整合过程。在这里，语篇的加工单元是事件和事件结构；建构的语篇心理表征主要对应于图式和情境模型。这种视角特别适用于叙事语篇的分析与整合研究。León（2016）指出，叙事不仅是交流的有效方式，而且是一种特殊的知识结构化的方式。多数的认知结构理论都承认叙事结构的重要性，但通常都是从功能角度出发，并不将叙事结构视为一种在记忆中存储信息的基本方式。他强调，应该把叙事-意识结构包括在一般认知结构中，尝试用叙事结构对情景记忆和语义记忆中的程序重新定义。事件与情境在语篇加工中的重要性还在于，阅读过程中读者通常是以"浸入式"将自己的生活经验与文本故事内容融合起来，仿佛自己也参与到故事的情节之中。其中，事件与情境表征可能是这种"浸入式"阅读的重要桥梁。

一、情境模型

情境模型是关于语篇中描述的主角、地点、活动的连贯表征。在语篇理解的建构–整合模型中，情境模型的建构是理解的最高阶段。追随这个理论，有些学者对情境模型给出了更细致的定义和描述，对建构的认知和神经过程做了进一步的实证研究，提出了一系列新的模型和假设。

（一）事件标记模型

事件标记模型（event-indexing model）的提出是为了更完整地理解在情境模型建构中涉及的认知成分和加工过程（Zwaan & Graesser，1995；Zwaan & Radvansky，1998），这个模型对建构–整合模型中的"情境模型"表征的内容和形成过程做了很好的诠释。事件标记模型认为，事件和人物的意图行为是情境模型的焦点。随着对阅读故事的事件或行为的理解，读者会在多个维度上监视和更新当前的情境模型。

Zwaan 和 Radvansky（1998）将情境模型分为三种：当前模型、整合模型和完全模型。当前模型是指当前建构的模型，记作 T_n 时刻的情境模型；整合模型是指时间 $T_1 \sim T_{n-1}$ 的过程中情境模型的整合；完全模型是指时间 $T_1 \sim T_n$ 阅读过程中的情境模型的整合。完全模型是所有的语篇输入完成后形成的情境模型，存储在长时记忆中。完全模型未必是最终的模型，读者可能会反复思考一个语篇并结合自己的背景知识，通过推理来建构一个全新的模型。

事件标记模型认为，情境模型的加工包括四个过程：一是加工，即对读者正在阅读的句子所描述的当前情境模型的建构；二是更新，即将当前模型并入到先前句子所描述的整合模型的过程；三是提取，即将长时工作记忆中的内容带到整合模型或最终模型；四是展望，即在短时工作记忆中保持提取线索，以便提取长时工作记忆中的整合模型。结合这三种情境模型和四个加工过程，事件标记模型描述了理解过程：读者在长时工作记忆中保持整合的情境模型，同时当前模型在短时工作记忆中进行建构。在建构过程中，短时工作记忆内存在一个短暂的激活，它是整合模型部分的提取线索。当前模型和整合模型中的提取成分形成联系时，更新便发生了。这样，当前模型被整合，整合模型被更新，而一个新的当前模型在短时工作记忆中被建构，这样就构成了语篇理解的过程。

Zwaan 和 Graesser（1995）考察了事件的 5 个维度：时间、空间、人物、因果和意图。在加工第一个事件时，读者就建构了这 5 个维度，即它发生的时间框架、空间位置、涉及的主角、与之前事件的因果关系以及与主角目标的关系。然后，读者会注意新进入的故事事件是否需要更新这些维度中的任何一个。读者对情境模型的操作主要有前景化（foregrounding）、更新（updating）和提取（retrieval）三种。事件标记模型分别对 5 个维度的前景化、更新和提取进行了说明。

事件标记模型认为，读者会同时监控这 5 个维度的连续性。对于情境连续性的监控主要是为了从语篇结构中提取情境模型（Magliano et al.，1999）。事件的 5 个维度中任意一个不连续，都将使得读者抑制当前节点的激活，并激活新的节点或者重新激活一个旧的节点。因此，当遇到情境不连续时，需要更多的注意和加工时间。不连续的维度越多，加工越困难。研究发现，随着不连续维度的增加，句子阅读时间会变长（Zwaan et al.，1995）。两个事件编码的记忆节点之间的联结会受到它们共享的情境维度数量的影响。例如，发生在相同时间、相同地点的两个事件之间的联系强度要比没有这些联系的事件强。

（二）情境模型建构和更新的神经机制

如上所述，在阅读过程中，人们会将自己的世界知识与文本信息整合，形成一定的情境模型。情境模型包含多个维度的信息，例如，关于主角和客体的信息、情境的空间和时间信息、主角的目的和意图等。当这些维度的信息发生变化时，人们会更新情境模型。神经成像研究发现，对于不同维度信息的加工，是由不同的大脑区域来负责的。而且，根据先前研究者的研究可以预期，人们在阅读过程中的大脑激活模式类似于在现实生活中进行相似活动时的模式。

为了检验这一预期，Speer 等（2009）让被试阅读四个简短的故事，同时使用 fMRI 记录他们的神经活动。每一个故事都包含与情境模型相关的 6 个维度的信息：时间、因果、人物的变化、人物空间位置的变化、人物与客体相互作用的变化以及目标的变化。实验的目的是观测这些信息发生变化时大脑活动模式的变化。研究结果显示，双侧颞上皮层后部及邻近区域（BA22、BA39）对主角和目标的变化敏感。主角目标的变化还伴随着 PFC（BA9、BA44、BA46）激活的增强；对主角-客体之间的交互作用敏感的区域包括横向的前中央沟（BA6）、中央后部皮层（BA2、BA40），以及邻近的顶内皮层的前部，这些区域具有偏侧化，主要分布在大脑左半球。对于空间位置敏感的区域位于双侧额上区域（BA 6）、双侧的旁海马皮层；对时间变化敏感的脑区包括额下回（BA45、BA47）、脑岛（BA44）、顶内沟（BA7）、内侧顶叶皮层［楔前叶和扣带回（BA23、BA31）］、ACC（BA32），以及后部和前部的白质神经束。

图 5.2 显示，存在一个对于多个维度信息变化都敏感的核心网络，包括后部内侧皮层（楔前叶、PCC、TPJ）和后部外侧前额皮层。值得注意的是，对于因果变化敏感的脑区几乎对于其他维度的信息都敏感。然而，存在一些只对某一维度变化敏感的特异性的脑区。为了进一步检验脑区加工的特异性，Speer 等进行了一系列层级性的回归分析，以便确定真正特异性的加工区域，结果如图 5.3 所示。

主角变化的特异性加工脑区位于颞上沟的后部和 mPFC，目标变化的加工脑区位于外侧前额皮层，客体变化的脑区位于 PMC，加工时间变化的加工脑区位于左侧前部岛盖区和 ACC。对多个维度信息变化敏感的区域包括背外侧前额皮层（BA9、BA46）、后部 PL（BA7、BA40）、PCC（BA7、BA29、BA31）、双侧海马（BA36）。多个维度的信息同时发生变化，会提高情境模型更新的可能性。对情境维度变化敏感的脑区在人们实际记忆、预期和想象相应的场景时也会有所激活。这表明，人们在阅读故事时会建构起对于情境的模拟，而且这一加工过程类似于人们回忆之前的场景或者想象相关场景时的活动。

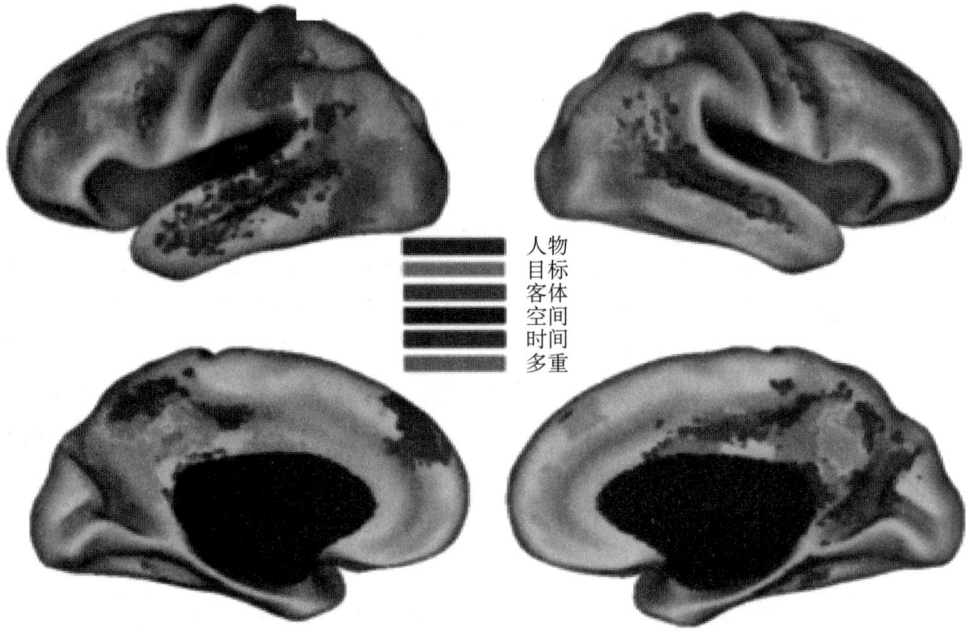

图 5.2　阐述涉及叙事情景中理解变化区域位置的脑图。每一从句根据有无因果变化、人物变化、目标变化、客体变化、空间变化和时间参考进行编码。图中的颜色编码表明，哪些脑区对每一类型情景变化的反应活动增加（或两个或多个类型）。上面的图是皮层的左侧和右侧视角，下面的图是内部视角（见彩图 5.2）

　　Yarkoni 等（2008）假设，故事阅读中理解和信息的保持得益于情境模型的使用，即故事描述的人物、位置、活动的连贯表征，并用 fMRI 对这个假设进行了验证。被试读一组句子，句子间或者互不相干，或者构成连贯的故事。用一种以时间进程为基础的方法，来确定和区分故事水平和句子水平的理解相关的脑区。受到故事理解调制的多数脑区，在句子理解时也在较低的程度上受到调制。但是，数据显示出了背内侧前额皮层的故事特异性的激活。另外，分析显示，时间和空

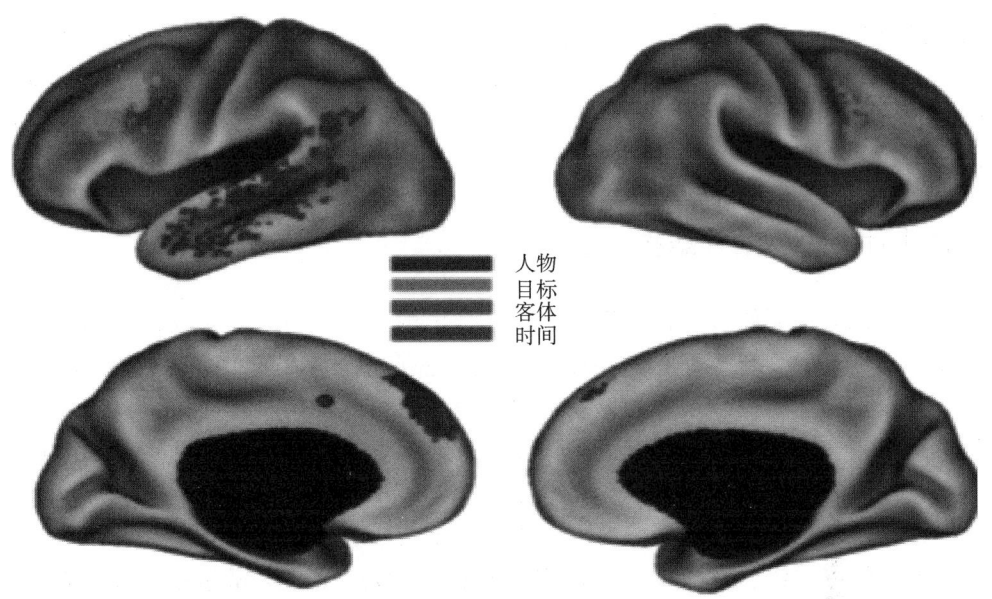

图 5.3　只对一种信息维度变化的区域（通过颜色编码指出）。上面的图是皮层的左侧和外侧视角，下面的图是内部视角。左内侧时间区域位于皮层表面内侧，它的大概位置通过红色圆圈指出（见彩图 5.3）

间不同的神经活动模式对于情境模型加工的贡献不同，后顶区支持情境模型建构，额颞区支持情境模型保持。一系列后续记忆分析表明，连贯语料对理解和记忆操作的促进可以归因于整合性情境模型，而不是句子或者词汇水平编码的低层次差异。这些结果说明，情境模型加工及其向业已存在的故事理解的心理模型的投射过程中，有不同神经系统的功能性贡献。

　　Ferstl 等（2005）采用全脑事件相关的 fMRI 研究了语篇理解中情境模型加工在情绪和时间方面的特征。其采用自旋回波序列进行扫描，让 20 名被试听 32 个短故事，一般包含整体不一致的信息。不一致的信息主要涉及时间信息或主角的情绪状态。听不一致的词汇激活了被试的右侧颞叶前部，不同类型的信息比较显示，时间信息引发了左侧楔前叶和双侧额顶网络的较强激活，情绪信息则引发了 vmPFC 与杏仁核的激活。此外，不一致情绪信息的整合需要 dmPFC 的参与，不一致时间信息的整合则需要两半球的外侧前额皮层的参与。这些结果表明，听故事会激活大脑对某种具体内容的加工。而且，情境模型的更新并非一个单一的过程，也依赖于语篇的具体要求。右半球对语境下的语言加工有作用，左内侧及两侧的前额叶皮层也有重要作用。Ferstl 等还采用 fMRI 考察了三种不同信息的激活情况，让 20 名被试阅读两句话的语篇，其中一半包含情绪、空间或时间的不一致信息，结果部分重复了之前的实验结果，外侧前额皮层前部/眶额皮层在加工时间信息的过程中有重要作用,左半球颞叶前部在加工情绪故事的过程中很重要。更重要的是,空间信息激活了两半球的附属沟(collateral sulci)和PCC,这是视空间认知的重要区域。这些结果为语篇理解中特定内容的加工过程提供了更多的证据。

二、事件切分与事件结构

事件标记模型假设,在语篇加工中,当出现空间、时间、人物、客体、目标和原因等维度的变化时,新的心理模型开始建立;情境特征的改变将会增加把新信息整合到当前心理模型中的困难。自控速阅读研究表明,读者在事件边界处的阅读速度减慢,人物及其目标的转换使阅读时间增加。这表明当遇到事件之间的边界时,读者需要进行额外的加工操作。

在阅读中,读者会利用已有的知识把叙事故事分割成离散的事件。叙事故事具有典型的结构化表征。Rumelhart和Ortony(1977)指出,故事由情节组成,情节是为达成一种目的的图式,图式具有递归结构。理解故事时,读者将其编码成一系列事件,这些事件被分割,并根据以目标为基础的结构进行安排。根据这个图式理论,对故事进行总结就是修剪层级表征中的低层次信息。与图式相似,脚本指活动的结构化表征,场景、人物、道具和活动之间具有可预测的关系。它是具有嵌套组织的知识结构,其内容包括其他知识结构。对事件图式和脚本的研究表明,故事中的事件分割与关于人物目的的推理和事件之间存在统计依存性相关。

根据语篇阅读及其他相关研究,Zacks等(2007)提出了事件切分模型。其认为事件切分是人类知觉系统的特征,对记忆、计划、决策等认知活动具有重要意义,并对事件切分的认知过程进行阐述,揭示了事件切分的神经机制。这个模型得到了语言、空间、音乐等不同领域的认知和神经成像研究结果的支持。可以设想,如果大脑进行事件边界相关的加工,在对应于事件边界的时间点应该能观察到神经活动的瞬态变化,不论是否注意了事件边界。在一项研究中(Zacks et al.,2001),研究者让被试被动观看关于日常生活的短片,同时做fMRI扫描。扫描时只要求看片并记住内容,事后让被试把影片切分成事件。对扫描和行为数据的对比分析结果表明,在被动看片时,在双侧后部枕叶、颞叶和顶叶皮层、右侧前额皮层等脑区,大脑活动的增强与事件边界相关。在另一项关于音乐事件结构知觉的研究中(Sridharan et al.,2007),研究者让没有经过音乐训练的听者根据乐章之间的转换将古典音乐片段切分成粗粒度的事件。音乐乐章提供了客观、规范的事件。研究结果表明,右半球两个分离的网络在乐章边界处有选择性的反应:早期响应的是包括腹外侧前额皮层和后部颞叶皮层的腹侧网络;晚期响应的是背外侧前额皮层和后部顶叶的背侧网络。Speer 等（2007）的研究提供了阅读中大脑自主进行事件切分的证据。研究者在实验中让被试逐词阅读，同时用 fMRI 扫描和记录。扫描结束后，要求读者把文本切分成事件。结果显示，后部颞叶、枕叶和顶叶皮层和前部颞叶皮层以及右侧后部背侧额叶皮层等脑区在事件边界处的神经活动增加。这些脑区与电影事件边界切分的脑区大体相当。

事件和故事理解研究提示，人们会使用层级组织的事件表征（脚本或图式）去理解与先前经历过的活动相似的某个活动。在知觉中对层级结构的跟踪活动有利于使用先验的知识进行理解，使先验知识适用于新技能的学习。事件边界系统性与信息的在线保持（工作记忆）和信息的永久存储（长时记忆）相关。因为在事件边界处，人们会更新当前事件的表征，把信息从工作记忆中释放，把注意转向新进来的知觉信息。事件边界处工作记忆更新的证据来自文本故事、图片故事和电影理解。事件边界可以被看作长时记忆的锚，能进行有效切分活动的人对活动的记忆保持得更好。总之，事件切分是自主的，对于知觉、理解和问题的解决都很重要。

以下介绍有关事件切分和事件结构组织与形成的三个认知神经科学模型，分别从事件切分的认知机制、神经数据结构分析和图式结构等三个不同的视角，阐述从语篇中抽取事件、事件结构和获得图式表征的过程。

（一）事件切分理论

Zacks 等（2007）提出事件切分理论（event segmentation theory，EST），阐述了事件切分的认知和神经机制。事件是一种目标导向的人类活动，具有一定的时长（几秒到几十分钟）。人类观察者如何把连续的活动分割成离散的事件？事件分割理论假设，知觉加工是由一系列表征（称为事件模型）引导的，使知觉流的加工产生偏向。事件模型是状态的表征，其时间稳定性是知觉恒常性的根源。事件模型在工作记忆中表征，由神经的瞬态活动完成，而不是长时程的突触权重的改变。事件图式是语义记忆表征，表现了先前经历的事件的共有特征，是经由长时程突触改变实现的。预期的质量取决于当下的事件模型与现实的匹配程度，匹配过程由误差监测机制完成。当输入变得不可预测时，预测误差增加，就需要更新事件模型。更新过程包括重新设置现有表征；瞬时强化感觉输入通路对事件模型的影响。这些操作使事件模型进入新的稳定状态。感觉系统在长时的稳定和短暂的变化状态中交替，稳定时段成为事件，变化时段成为事件边界。成年人有关于各种事件的大量经验，事件图式提供了所存储事件的预期性信息，能帮助个体增强事件模型的有效性。事件切分在调整知觉和认知中起到了重要作用。第一，事件分割控制认知资源的时间配置。当预测误差较低时，感觉事件模型的通路是不活动的，事件模型是稳定的。当预测误差增加时，更深的加工瞬时出现，事件模型被重置。认知资源的时间调节可以被看成一种注意转换形式。第二，事件分割控制资源分配、更新记忆。因此，事件分割是核心的领域一般的认知控制机制。

事件切分对知觉和认知的意义如下：①把活动切分成离散的事件是知觉的伴随物，不要求有意识的注意；②事件分割是一种认知控制机制，认知系统通过这个活动控制加工资源分配和工作记忆更新；③事件分割同时在不同的时间尺度进行；④整合多种感觉通道的信息；⑤事件分割依赖于变化；⑥事件分割依赖于先验知识。事件分割对长时记忆的产生有显著影响。对事件的长时记忆研究和多重事件学习程序的研究表明，事件边界被用于建构记忆编码。对事件边界的记忆好于非边界，支持 EST 假设，即事件分割是一种控制机制。对活动的分割是层级性的，使得连接跨越了不同时间尺度。

事件切分模型及其认知神经机制如图 5.4 所示。感觉输入和知觉加工由视觉听觉初级皮层和感觉运动皮层完成。后续输入的预测在 ACC 表征；误差检测功能由中脑的神经调节核团完成，包括黑质（substantia nigra，SN）、腹侧被盖区（ventral tegmental area，VTA）和蓝斑（locus coeruleus，LC）。在事件结构知觉中计算预测误差的机制是：预测误差的增加会导致一连串加工（朝向反应），事件模型的重置和对感觉输入的瞬间敏感性增加是这个反应的两个成分。重置是由中脑神经调节系统完成的。这些系统把误差信号通过广泛投射传导到皮层，SN 中的多巴胺神经元和 VTA 对实际及预测的计算敏感。LC 中的去甲肾上腺素神经元跟踪有注意要求的任务的操作，调节了机体对外界刺激的敏感性。ACC 在对预测误差反应的适应性调节行为中起作用。很可能，ACC 负责计算知觉预期和实际输入之间的差异。

（二）在连续叙事知觉和记忆中发现事件结构

Baldassano 等（2017）使用新方法确定神经数据的事件结构，其提出的理论阐释了连续的经验如何被切分成在高级脑区表征的事件，存储在长时记忆中并影响后续的知觉。

先前的行为研究发现，被试不但可以按照不同的时间尺度将事件分割成嵌套的层级结构，而且可以对事件分割进行灵活的调整。过程记忆地形图（process-memory topography）理论认为，大脑皮层能够以不同的时间尺度整合信息。从早期感觉区域的毫秒级（例如，早期听觉加工区域对音素的觉察）到秒级的中层感觉区（例如，把单词整合到句子中），再到几百秒及以上包括 TPJ、AG、后

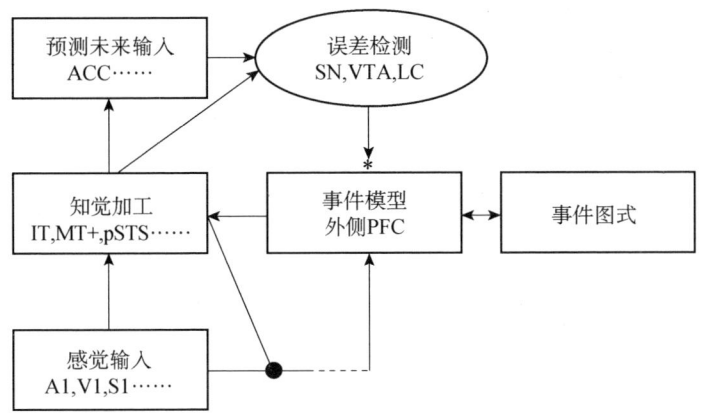

图 5.4 事件切分模型及其认知神经机制。黑色箭头是指由于长期的兴奋性投射，加工区域之间信息的流动。虚线是指导致事件模型复位的投射。PFC，前额皮层；IT，颞下皮层；MT+，颞中复合体（human middle temporal complex）；pSTS，后颞上沟；ACC，前扣带回；SN，黑质；VTA，腹侧被盖区；LC，蓝斑；A1，初级听觉皮层；S1，初级躯体感觉皮层；V1，初级视觉皮层

额叶内侧皮层在内的区域（例如，用于整合段落中的信息），加工信息的时间尺度在不断增加。Baldassano 等（2017）考察了过程记忆脑地形图与事件分割之间的关系，提出了事件分割与记忆理论模型（图 5.5），阐释了不同时间尺度与事件的对应关系，并通过实验对模型的假设进行了检验。

该模型的理论假设是：①从信息加工的时间尺度来看，进入认知加工系统的事件是按照由短时间尺度到长时间尺度的顺序逐层得到加工的。其中，短时间尺度主要涉及低级的视觉和听觉加工层级。随着加工进程的发展，事件进入较高级的视觉和听觉加工层级，最终进入最高层次的多通道事件加工层级。②从事件自身的结构特点来看，可以划分为短事件与长事件。早期视觉和听觉感觉皮层负责对短事件的加工，而角回和后内侧皮层等负责对长事件的加工。③对不同层级事件进行加工的脑区与不同层级的事件分别对应，特定皮层会按照事件对应的首选时间尺度对其进行分段加工。具体而言，始于初级视觉和听觉皮层的短时间尺度结构负责觉察和接收短事件，并对其进行初步加工。随后，在包括角回和后内侧皮层在内的长时间尺度区域建立起多模态情景模型。层级结构中顶层的长事件边界与人类观察者所确定的事件边界最接近，并可以从多种输入模式中提取事件的抽象内容。④从事件的存储与提取来看，整合与抽象后的情境模型经海马存储到长时记忆中。在回忆过程中，这些时间结构又可以恢复到这些特定的皮层。此外，先前的事件记忆也可以影响正在进行的加工，还可以促进对即将发生的事件的预测。

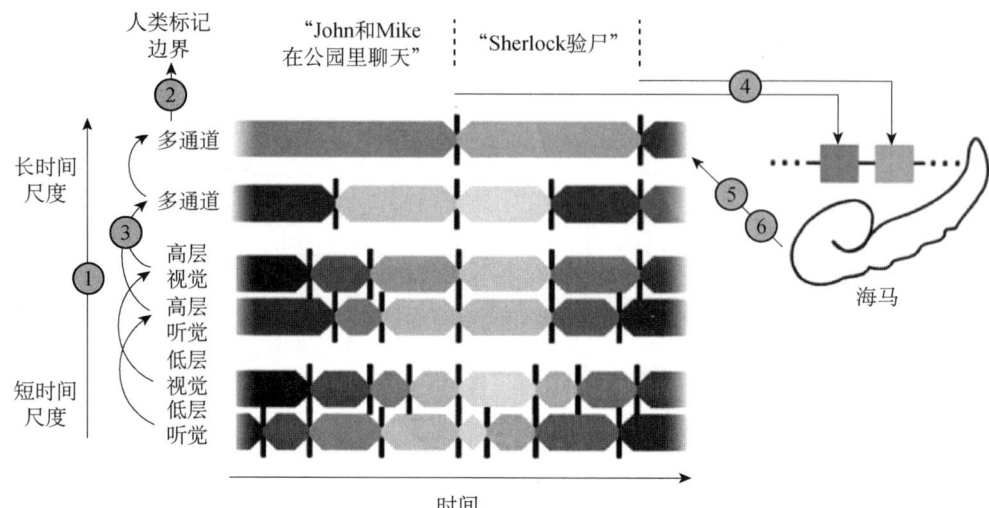

图 5.5　事件分割与记忆理论模型。在知觉过程中，事件以一个时间尺度的层级进行建构（1）。短事件在初级感觉区，长事件在包括角回和后内侧皮层在内的脑区。高级脑区的事件边界与人类观察者确定的边界最为接近（2），表征了从多个输入通道抽取出来的抽象叙事内容（3）。在高层级事件的末尾，情境模型存储到长时记忆中（4）并导致海马的边界后编码活动，在回忆过程中能够被恢复到这些皮层区域（5）。先前的事件记忆会影响进行中的加工（6），促进对相关叙事中即将出现的事件的预期。对这些假设采用数据驱动的时间分割模型进行验证，能自动确定神经活动模式的转换，并探测不同数据集的活动模式的相关性（Baldassano et al., 2017）（见彩图 5.5）

（1）皮层事件分割的时间尺度。短事件与长事件的加工层级存在分离，事件的时间尺度随皮层的不同而变化。研究者让被试观看一部 50 分钟的电影，然后对 fMRI 数据与模型进行拟合，评估看电影过程中的事件结构如何解释不同时间层级区域的激活模式。研究者发现：①不同事件在视觉和听觉感觉区域的激活变化更快，而在后内侧皮层、角回等更高水平的区域变化较慢。②所有被试对电影有一致反应的大脑区域都表现出类似的事件结构，而对应的最佳事件数量在大脑皮层又各不相同。具体而言，不同区域的最佳事件数量各有一个数量级的变化，其中感觉神经皮层有大量的短事件，高水平皮层有少量的长事件。

（2）不同脑区的事件边界与被试标注的比较。整个层次结构中的事件是一个嵌套的结构，人类观察者理解的事件边界与层次结构顶层的长事件基本一致。为了检验事件边界如何改变整个皮层加工的层级结构，研究者主要关注了四个兴趣区，分别是早期视觉皮层、晚期视觉皮层、角回和后内侧皮层。研究者确定了每个区域的最佳时间尺度，然后在这个最佳时间尺度上拟合事件分割模型。研究发现，事件边界的数量随时间尺度的增大（从短时间尺度到长时间尺度）而逐渐减少，后内侧皮层的边界与人类对事件边界划分的一致性最高。此外，较高级的认知加工皮层区域中的事件边界很可能存在于较低级的认知加工脑区。这表明，事件分割至少是部分分层的，更精细的事件边界嵌套在更粗略的事件边界内。

（3）不同通道共有的时间结构。长时间尺度脑区的激活模式具有稳定性，不会随知觉加工通道的变化而变化。将电影数据分割成事件，然后测试观看电影的被试与听音频的被试的反应是否具有相同的事件序列。结果发现，在两种实验条件下，对应的脑区（如角回、颞顶叶交界处、后内侧皮层和额下皮层）表现出显著的一致性。这一结果验证了理论假设，即电影叙事和音频叙事能够诱发相似的事件模式序列，与所使用的描述事件的手段无关。虽然上述两种刺激都可以激活低水平的听觉皮层，但是诱发的初级听觉皮层的激活模式并不相同，即两种刺激的低水平听觉特征明显不同。

（4）皮层的事件边界与海马编码的关系。只有长时间尺度皮层区域的事件结束后，海马才会将其编码到情景记忆中。先前的研究表明，视频片段结束后，海马的激活增强，激活程度预示着以后的记忆效果。但是，这些实验只使用了单独的短视频片段，在事件之间有明显的转换。在连续电影中，故事情节之间的转换造成了事件边界的变化，是否会产生同样的海马激活特征？研究者发现，角回、后内侧皮层和海马旁回皮层等离散区域中的事件边界与海马的激活密切相关，通常在事件边界后的几个时间点内，海马的激活才会达到顶峰。这些区域组成的神经网络与后内侧记忆系统（posterior medial memory system）高度重合。

（5）自由回忆时事件模式的恢复。在回忆过程中，已存储的事件记忆可以在长时间尺度的皮层区域恢复，事件的编码越强，恢复效果越好。当看完电影后，要求所有被试复述他们刚刚看过的故事。研究者对比了与海马活动密切相关的高水平区域（后扣带回和角回）和早期听觉皮层的激活情况，考察了看电影和回忆故事是否共享一个有序的潜在事件序列。研究结果显示，角回和后扣带回皮层都显示出明显的事件模式重新激活，而早期听觉皮层则没有显示出明显的激活。在编码过程中，海马被显著地激活了，在回忆阶段，海马伴随角回和后扣带回在较长的时间内被显著激活。

（6）对熟悉叙事的预期性恢复。先前的情景记忆内容会导致长时间尺度皮层的预期恢复。研究者将事件分割模型拟合成三种情况：看电影、看电影后听音频故事叙述（记忆组）和只听音频故事（无记忆组），通过估计哪些时间点属于同一潜在事件，可以获得音频数据中的时间点（对于两个组）与电影数据中的时间点之间的对应关系。研究发现，电影和音频刺激之间的对应关系接近，但记忆组与非记忆组的激活对应的时间点并不一致，在角回、后内侧皮层和内侧额叶皮层发现了预期事件的记忆恢复。这表明，记忆组在先前看电影中存储的情景记忆在随后听音频的过程中能够预测故事中将要发生的内容。

综上所述，实验验证了事件分割的动态模型的一系列假设。这个模型将自然、真实情景下的事件感知与离散记忆痕迹的理论联系起来，阐述了发现与存储连续叙事的事件结构的神经机制。根据认知加工皮层的选择性与特异性，初级视听皮层将接受的连续事件转化为一系列离散事件，这些离散事件在不同的加工层次上得到逐层加工，最终由高级认知加工皮层整合成有意义的抽象事件结构。随后，这些事件结构通过与海马的相互作用进入记忆，还可以对熟悉的内容进行预期编码。海马与角回和后内侧皮层都有不同的时间尺度，因此事件的记忆可以用多种时间分辨率存储。

（三）结构化事件复合体

结构化事件复合体（structured event complex，SEC）是一种与图式十分相似的人类知识结构。这个概念由 Damasio（1989）提出，Barbey 等（2009a）做了系统的阐述，分析了前额叶皮层在 SEC 形成中的作用，归纳了 SEC 的组织与结构特点。

前额叶皮层在神经解剖中的不同分区针对的是具体的知识类型，这一点支持了基于内容特异原则，SEC 的表征存储在前额叶皮层中某个特殊的区域的观点。汇聚证据主要来自一些脑损伤研究。PFC 在运动和感觉信息整合以及对行为的控制中具有重要作用。它随着这些被广泛激活的神经元一起发展起来，从而使得行为可以被梳理和编码，成为以序列形式相互联系、但各自能被独立识别出来的事件。从最高层次来看，事件被切分成更小的成分，这些成分包括标志事件起始阶段的活动，一系列为达成心中目标而开展的活动，以及一个最终促使事件完结的终止活动。这样的事件进一步被语义内容、时长及其所涉及的具体活动成分所定义（Zacks & Tversky，2001；Zacks et al.，2001）。事件知识结构可以被概念化为"某种特殊形式的知识"或"知识表征"。其被激活时，对应于局部脑区神经活动的强度和模式所表示的一种动态的大脑状态。这些表征单元被称为前额叶皮层的 SEC（Barbey et al.，2009b）。SEC 是一组以目标为导向的事件序列，表征了事件的特征（包括施事者、受事者，行动、心理状态以及背景信息）、行为的社会规范、伦理和道德准则以及事件的时间边界。SEC 的各方面是独立表征的，但是其编码和提取却是在情境中进行的。

1. SEC 的神经架构

SEC 是基于模拟机制（simulation mechanism）（Damasio，1989；Barsalou et al.，2003a，2003b）进行编码和激活的。大量神经科学证据证明，物理性经验和社会

性经验会激活大脑特征地图中相关的特征探测器。例如，在对面部进行视觉加工时，一些神经元会被边缘和平面区域激活，而另外一些则会被颜色、五官比例和面部表情激活。在这种按照层级组织起来的分布式系统中，整体激活模式表征了视觉中的物体（Zeki，1993；Palmer，1999）。如果一种模式在特征图中变得活跃起来，联合区（association area）的连接神经元就会捕捉到这种模式，为后续的认知活动所用。Damasio（1989）把这种联合区称作"汇聚区"（convergence zone，CZ），并且认为它们存在于大脑从后到前的各个层级中。从局部来看，处理某一种通道信息的 CZ 会捕捉到其中的激活模式。比如，靠近视觉系统的连接区会捕捉到视觉激活的模式，而靠近运动系统的联合区会捕捉到这个区域的激活模式，从大脑前部比较高的联合区开始自上而下地整合各种不同通道的激活信息。

根据 SEC 的框架，事件知识是在前额叶皮层某个特殊脑区的高层级 CZ 里被表征的。一旦一组前额叶皮层的联结神经元捕捉到特征地图，它就可以在没有自下而上的刺激时激活相关模式。在一个事件情境的激活过程中，个体可以预期接下来会发生什么。个体所做的预期推理超出了已知信息（Griffin & Ross，1991），包括个体经验和知识。SEC 是一种表征事件知识成分的分布模式（就是一种表征情境的多通道成分的结构），当这种模式的一部分与当前情境相匹配时，模式中很大的一部分即在记忆中变得活跃起来，即一个被部分观察到的情境激活了某个 SEC，接下来 SEC 会激活整个情境。

2. SEC 的组织

（1）序列结构。SEC 整合了事件知识中的模态特异性成分，提供了目标导向行动的语义结构和时间结构。SEC 把构成事件的各种成分连接起来，这些成分包括标志事件开始的活动，中间出现各种为达成目标而发生的行为活动，以及终结事件的最后活动。SEC 的时间结构会进一步受到文化和个体因素的限制，反映出在事件顺序和行为频率上的社会文化常态及个人倾向。事件知识的语义和时间结构支持我们在不断变化的环境中采取目标行为，及时调整具体的行为。

（2）目标导向。SEC 的语义和时间结构是由事件目标决定的。有些 SEC 结构良好，有着清晰的目标和认知与行为上的活动序列。比如，对"餐馆就餐"有着良好 SEC 的人会很确定，只要落座拿起菜单，就会有侍者来帮他们点餐。那些 SEC 构造不良的人，需要个人通过建构新的当前目标，选择恰当的系列行动去适应无法预期的情境（Barsalou，1991），从而进一步提取这种事件知识的构成内容（如相关的动作实施者、受事者、行为、心理状态、背景信息）。

（3）绑定。为了加工我们日常生活中的各种事件，通常多个 SEC 会被激活，这些表征有可能是按序列被激活，但也有可能是并联或并行被激活。各种事件成分之间交互影响，产生 SEC 的机制至少有三种，即前额叶皮层中用来连接多个不同的 SEC 的序列绑定（Weingartner et al., 1983），后部皮层中表征事件构成内容的自动整合区域里的时间绑定（Engel & Singer, 2001），自动展开松散连接的脑区里通过海马进行同步活动的三方绑定（Weingartner et al., 1983; O'Reilly & Rudy, 2000）。

（4）层级结构。鉴于前额皮层在儿童时期的缓慢发育，个体事件最初可能是在独立的记忆单元里表征的。比如，与"厨房"和"学校餐厅"相关的 SEC 都聚集在"去一个新地方"这个事件周围。在随后的发展中，这些原始的 SEC 因为事件的反复出现以及以目标为导向的行为而拓展到更大的多个事件单元里。如此一来，到了成年期，SEC 中从具体情节到更加抽象的事件结构可以被运用到更多的情境中（Barsalou & Wiemer-Hastings, 2005）。比如，在"吃晚饭"这件事上，包括了表征夜晚的餐厅的具体情节性内容，也包括了表征在不同类型的餐厅就餐时的行为和主题内容的 SEC。此外，一些更加抽象的 SEC 用来表征在更多情境中与"吃"相关的行为和主题（比如，在餐厅里，在聚会、野餐时，以及在棒球赛等不同场合）。

第三节　语篇理解的认知神经机制

一、语篇理解的神经网络

神经影像研究为语篇加工背后的皮层活动提供了新的信息和见解，知道语篇理解过程中大脑活动的位置和强度，显著丰富了仅通过行为测量提供的信息。Mason 和 Just（2006）结合神经影像数据和基于行为的语篇理论提出，语篇加工由五个可区分的皮层网络系统支撑，这些网络超越词汇和句子水平理解诱发的激活，用于语篇加工。这些网络包括粗糙的语义加工网络（右侧颞中和颞上皮层）、连贯性监控网络（双侧 dlPFC）、文本整合网络（lIFC-lATL）、用于解释主角观点或代理（agent）观点的网络（双侧内侧额叶/后部右颞叶/顶叶）、空间想象网络（左半球优势，双侧 IPS），如图 5.6 所示。

（一）右半球的粗糙语义加工网络

每一单词相关的粗糙语义字段（coarse semantic field）在右半球中被激活。对一个概念进行推理或另一种解释的可能性是基于这个新激活的粗糙语义字段与最

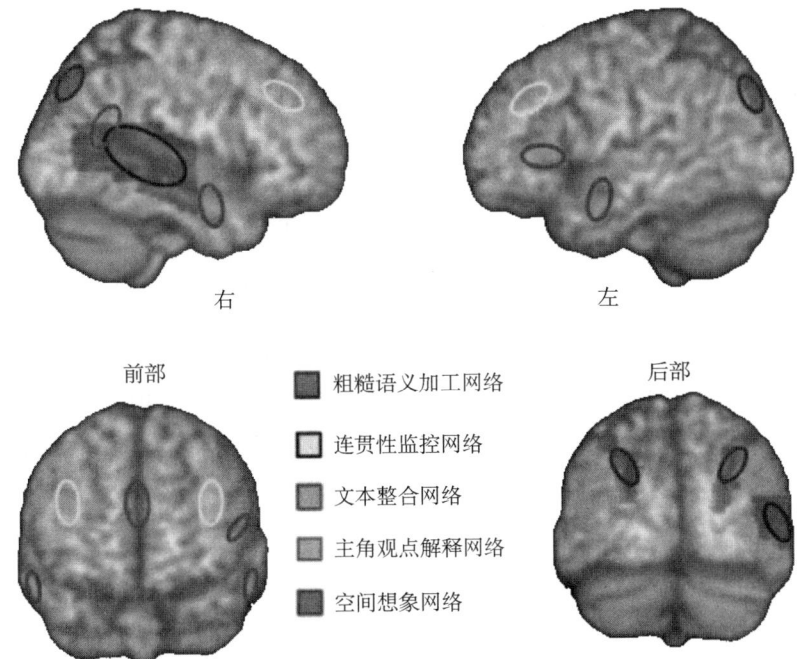

图 5.6 语篇网络（见彩图 5.6）

近激活的粗编码语义字段重叠的程度而产生的（要么是基于先前文本，要么是对世界知识、与语境相关的图式、篇章主题的反应）。因此，如果有足够的信息来支持推理的产生，应该会在右侧颞叶区域看到额外的激活。此时，其他几个伴随的皮层网络可能会被并行激活。

（二）背外侧前额皮层连贯性监控网络

当文本缺少连贯性（表明需要额外的右半球活动）或右侧颞叶区域中存在异常激活的语义字段时，双侧背外侧前额皮层可能会被激活。这种 dlPFC 激活可以被看作指导推理构建过程的目标导向行为。这个过程的指导和反复特性依赖于可用的认知资源。只要资源可用，推理过程会一直持续到一个成功的推理被整合以及达到符合读者标准的连贯性。如果消耗了资源，不管当前的解释是什么，读者都要继续读下去；稍后的信息要么支持当前的解释，要么为推理生成过程提供额外的信号，再次检查可用资源。这种重复过程一直持续到连贯性完成或以完全不能理解而结束。

（三）左额颞文本整合网络

除了传统上被视为左半球功能的词汇通达和解析外，左 IFG 和延伸至颞极的左前部 STS 保持、构建和整合信息至读者的文本理解中。这种"理解"类似于情景模型或文本的心理模型，但是还不清楚这种表征存储于哪一皮层。研究者的假设是，这种表征是分散存储的，其分布在皮层的区域特别适合信息的特性（例如，右侧顶叶负责存储空间信息，杏仁核/内侧前额皮层负责存储情绪信息等）。因此，当推理整合到语篇表征时，与在正常阅读过程中相比，这些左半球区域的活动达到更高水平，这种更高水平的活动只能在不超过读者加工能力的文本中看到；相反，当资源不可用于整合推理时（由于文本较难或读者的阅读能力有限），整合推理失败，或者可能会传递到右半球。

（四）内侧额叶主角/代理解释网络

在大多数叙事加工中，内侧额回被激活。这一区域似乎特别适合加工和理解与他人计划和动机有关的信息。这也可以被视为理解一种另类现实，即文本中主角的世界观。任何与故事中主角有关的推理应该都会导致这一区域的激活，以对更新主角模型的过程进行反应。心理理论任务也会激活右后部 STG 和右侧 IPL。这些区域可能是这种主角模型网络的一部分，但是需要额外的实验来确定网络的全部范围。当文本是情绪导向的或需要读者参考情绪记忆时，内侧额区的活动增加（Ferstl & Cramon，2002）。

（五）顶内沟空间网络

每当读者读到包含空间指示物的句子时，会激活左 IPS（Just et al.，2004）。Just 等给读者呈现了这样一些句子："当数字 8 旋转 90 度后，看起来像一副眼镜。"相比低想象句子，这种高想象句子激活了被试的双侧 IPS（左半球优势）。Mason 等（2005）采用隐喻进行研究时，发现相比无夸张句子和"冻结"的隐喻句子，可视化更高的新异隐喻激活了被试的左 IPS。

值得注意的是，这一理论框架并非为语篇加工提供了一个完整的画面，而且一些网络的功能还没有得到实验证据的支持。它只是提供了一种可能观点，即不同的皮层网络在语篇理解中如何产生作用。

二、语篇连贯表征的建立

Ferstl 等（2008）对 23 篇采用 PET 和 fMRI 进行研究的文献进行了荟萃分析，

其中 12 篇文献的研究聚焦于对比连贯和不连贯故事理解过程中的激活模式。这一对比过程最终发现了 10 个神经集群对应于建立连贯表征的不同加工过程，如图 5.7 所示。以下重点介绍其中的 4 个区域，即 ATL、顶内皮层、dmPFC 以及 TPJ。

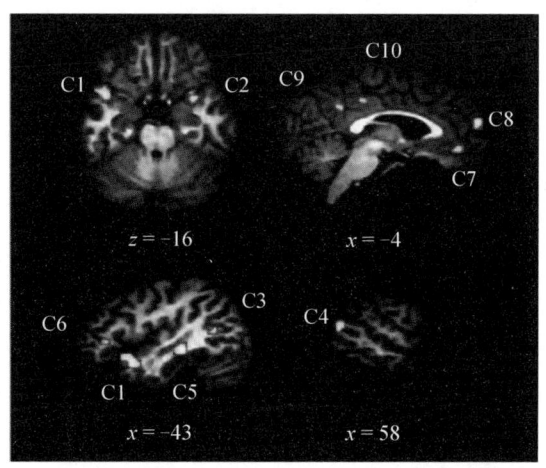

图 5.7　Ferstl 等（2008）的元分析结果。每个 C 表示一个激活体素的集群。C1，左侧颞叶前部；C2，右侧颞叶前部；C3，左侧颞顶联合区；C4，右侧颞顶联合区；C5，左侧颞中回中部；C6，左侧额下回眶额部；C7，左侧腹内侧前额叶皮层；C8，左侧背内侧前额叶皮层；C9，左侧楔前叶；C10，左侧后扣带回（见彩图 5.7）

（一）颞叶前部：语义信息整合

双侧颞叶前部（ATL）如图 5.7 中的 C1 和 C2 所示。在其他章节中已经介绍过该区域，比如，在第五章和第十五章，左侧 ATL 外侧形成了句子理解过程句法语义组合网络（combinatorial syntactic-semantic network）。在第十至十二章，双侧 ATL 是非通道概念知识表征的语义枢纽（semantic hub）。虽然对 ATL 的功能有很多种解释，但最有力的一种解释是：双侧 ATL 均参与语义信息整合过程。从这一观点出发，则不难解释相比不连贯语篇理解过程，连贯语篇理解过程中该区域的激活更强，因为后者需要更多的概念联结（Crinion et al.，2006，Spitsyna et al.，2006）。这些结果也与电生理研究所发现的 ATL 是 N400 成分的主要神经发生源之一的结果相吻合（van Petten & Luka，2006）。

（二）顶内皮层：建构和更新情境模型

与不连贯故事相比，连贯故事会显著激活顶内皮层，特别是楔前叶和 PCC，如图 5.7 中的 C9 和 C10 所示。这些区域通过感觉联结皮层、前颞叶皮层，以及前运动/前额叶皮层连接在一起。正如 Damasio（2010）所说，这些解剖结构能够"在建立连贯语篇过程中保持不同的背景激活"。

更确切地说，一些研究表明，顶内皮层在构建想象或虚拟现实世界过程中发挥着非常重要的作用。首先，它是大脑默认网络中一个非常重要的节点，不管什么时候，只要个体并未注意外部刺激或任务时就会被激活，但是该区域在白日梦过程中处于静息状态（Buckner et al.，2008；Andrews-Hanna，2012）。其次，它参与个体思考情境的过程，比如，回忆过去、想象未来或推测他人的内心活动（Buckner & Carroll，2007；Hassabis & Maguire，2007；Spreng et al.，2009）。最后，它可能是大脑语义系统中非常重要的一个部分，因为白日梦或情境想象的过程涉及大量的概念加工（Binder et al.，1999，2009）。

据此，很多研究者发现，顶内皮层参与故事理解过程，根据个人经历或现实世界知识，将语篇表征转化为成熟的情境模型（部分依赖于 ATL）。在成熟的情境模型中，人物、时间以及故事设定都非常清晰，并且在大脑中可以从不同的时空角度去审视（van Dijk & Kintsch，1983；Zwaan & Radvansky，1998；Zwaan & Rapp，2006）。与这种解释一致，fMRI 研究发现，顶内皮层在故事开始以及出现明显的故事边界的时候响应强烈，因为前者是建立情境模型的开端（Xu et al.，2005；Yarkoni et al.，2008），而后者需要对情境模型进行更新或替换（Speer et al.，2007，2009；Whitney et al.，2009）。

Speer 等（2007）发现，顶内皮层在因故事转换而产生的情境模型修正过程中具有重要作用。在该研究中，被试阅读 *One Boy's Day* 的四段摘录并接受核磁扫描。这本书以叙事手法描绘了一个叫 Raymond 的 7 岁男孩在 20 世纪 40 年代晚期的一天。这四段摘录分别描述了 Raymond 起床、吃早餐、跟小伙伴在操场上玩耍以及上一节音乐课的场景。每一段摘录均单独逐词呈现，持续 8.5～10.9min。四天之后，被试回到实验室重新阅读四个片段并完成两项任务，在粗略切分任务中，被试要按照最大的自然且有意义的单元对故事进行切分，在精细切分任务中，被试要按照最小的自然且有意义的单元对故事进行切分。

研究者对行为数据进行分析发现，不管是最大单元还是最小单元，两种事件的边界都明显包括任务、地点、目的、与客体的交互以及因果和事件因素的改变。结合扫描的数据，研究者以粗略或精细切分任务中被试所标记的时间边界词为中心点，向前、向后各取 18s 形成一个 36s 的窗口，分析这些窗口内的 BOLD 信号。如图 5.8 所示，对这些边界词响应最大的区域为双侧顶内皮层，表现为这一区域的信号强度随着标记事件转换的边界词的出现而增强，而标记大尺度粗略切分的边界词的激活更强，而标记小尺度精细切分的边界词的激活稍弱。因此，该结果表明，在个体阅读故事的过程中，即使并不主动关注情境转换过程，大脑的顶内皮层仍然能够非常有效地跟踪这些转变，以完成情境模型的适当更新。

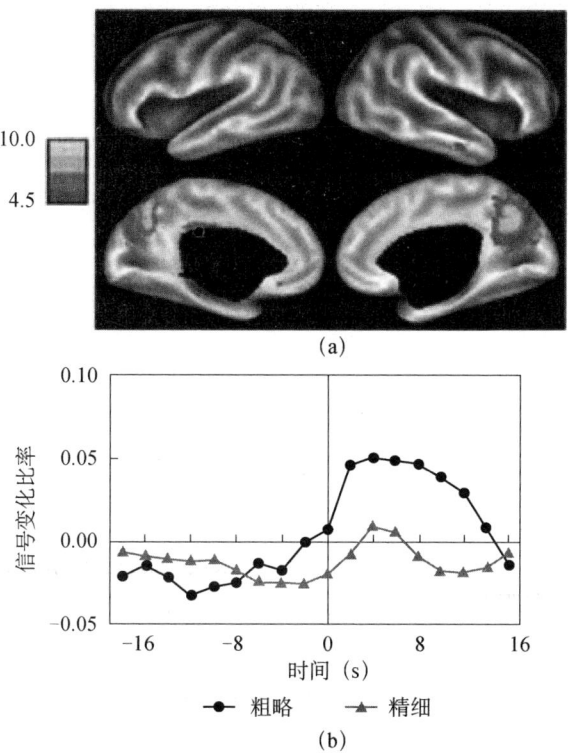

图 5.8 Speer 等的研究结果。(a) 故事边界所激活的大脑区域。左上部为大脑左外侧视角，右上部为大脑右外侧视角，左下部为大脑左内侧视角，右下部为大脑右内侧视角。(b) 为 (a) 中所显示的所有区域激活的平均时间进程，两条线分别代表了粗略切分和精细切分两种条件。横轴代表确定事件边界的时间点（Speer et al., 2007）（见彩图 5.8）

（三）背内侧前额叶皮层：推理

图 5.7 中的 C8 区域为左侧背内侧前额叶皮层（dmPFC）。Ferstl 等（2008）的元分析研究发现，dmPFC 特别是左侧部在连贯故事理解中被激活。与顶内皮层一样，dmPFC 也是默认网络的一部分，在有意识的静息状态下起主导作用（Buckner et al., 2008）。另外，还有研究发现它在心理理论任务中，比如，涉及推断他人的信念、愿望、计划、意图等任务中被激活（Amodio & Frith, 2006）。据此可能得出的结论是：dmPFC 能够通过帮助读者或听者从心理学角度解读故事主体的行为而促进故事理解，已经有一定的研究支持了该观点。然而，还有一部分研究发现，在语篇加工中，dmPFC 只是执行比较一般性的功能，因为推理不仅包含对人们心理状态的推理，还包括对纯粹物理环境的推理（Ferstl & von Cramon, 2002; Saxe &

Powell，2006；Siebörger et al.，2007；Friese et al.，2008）。

Ferstl 和 von Cramon（2002）首先发现了这一点。他们的研究分为 A 和 B 两个部分。在每一个部分，被试均会听到 120 对句子。在 A 部分（心理理论条件），所有句子描述的都是人类的状态，指导语如下："您的任务是与句子中的主人公保持一致，以主人公的视角理解其动机、感受和行为。当第二个句子结束时，如果您成功做到，按'YES'键，如果失败则按'NO'键"（Ferstl & von Cramon，2002）。

在 B 部分（逻辑条件），所有的句对描述的都是纯物理情景，没有任何人类故事主角，被试的任务是判断第二句在逻辑上是否与第一句相关。在每一个部分的句对中，一半为连贯句对，另一半为不连贯句对，不连贯句对是通过拆分、重组两个连贯句对形成的。另外，实验中还添加了一个包含 32 组句对的控制条件，句子中所有的内容词均为假词。控制组的一半试次中，两个句子要么均含有真正的功能词，要么均不含有真正的功能词；另一半试次中，只有一个句子含有真正的功能词，要求被试判断前后两个句子是否相同。

被试的行为任务完成较好，脑成像结果如图 5.9 所示。最上方两行显示的是两组关键比较：心理理论条件-控制条件、逻辑条件-控制条件。结果发现，与控制条件相比，心理理论条件和逻辑条件下均表现出相似的广泛分布的双侧激活模式。我们不需要讨论所有涉及的脑区，因为在两个比较中，左侧 dmPFC 均被激活，如图中"1"所示。在后续的分析中，研究者还比较了每一个部分连贯句对和不连贯句对之间的差异。在心理理论条件下，两组句对之间并未出现显著的激活差异。在逻辑条件下，则发现了一些显著激活的脑区，左侧 dmPFC 的大部分为其中特别重要的一区，如图 5.9 底部一行所示。这个结果明确地表明，该脑区参与了识别连续句子中的概念之间的连接，即便这些连接与人类行为无关。

总之，Ferstl 和 von Cramon（2002）的 fMRI 研究为左侧 dmPFC 支持故事理解提供了强有力的证据。这种故事理解既包括对主人公心理状态的推理过程，也包括对纯物理情境的推理过程。尽管还不能明确这两种推理的共同之处，但 Ferstl 和 von Cramon（2002）强调二者均涉及自动开始以及持续的认知加工过程。同时，他们也指出这一结论与神经心理学研究的结论一致，左侧 dmPFC 邻近区域受损的病人经常表现出冷漠、缺乏思考以及自我引导思想的降低。希望未来关于这类病人的研究能够继续探讨他们受影响以及不受影响的故事理解方法。

（四）颞顶联合区：推测故事主角的思想

双侧 pSTS 附近区域通常被定义为颞顶联合区（TPJ），如图 5.7 中的 C3 和 C4 所示。近年来，TPJ 受到越来越多的关注，主要原因是它与之前讨论的两个脑

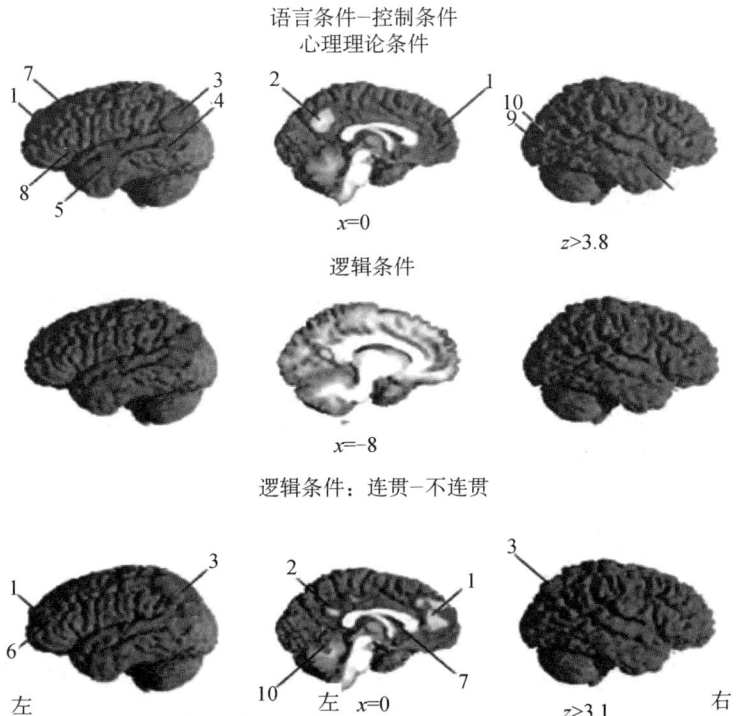

图 5.9 Ferstl 和 von Cramon 的研究结果。顶端为行为心理理论条件与控制条件的对比结果。中间为行为逻辑条件与控制条件的对比结果。底端为行为逻辑条件下连贯句对和不连贯句对的对比结果。每一行左侧图显示大脑左外侧视角,中间图显示大脑左内侧视角,右侧图显示大脑右外侧视角。最相关的脑区——背内侧前额叶皮层——以"1"标出(Ferstl & von Cramon,2002)(见彩图 5.9)

区一样,也参与默认网络,在推测他人想法的过程中具有重要作用。有趣的是,该区域在这一过程中是将自己置于目标个体所处的情境中(Waytz & Mitchell,2011)。这一观点得到了实证研究的支持,研究发现 TPJ 在识别视频游戏者虚拟化身的过程中被激活,还在一种被称为体外经历(out-of-body experience)的现象中被激活,该现象是指从身体外(通常是高处的视空视角)看世界(Blanke & Arzy,2005;Blanke,2012)。然而,最重要的证据来自直接探讨心理理论能力的研究。在这些研究中,主要采用微型故事作为实验刺激。研究发现,在故事理解过程中,TPJ 是一个非常重要的皮层结构,能够使读者或听者站在故事主角的位置。图 5.9 中标记的"10"即 TPJ,这一区域在心理理论条件与控制条件的对比中显示出激活,而在逻辑条件与控制条件的对比中未显示出激活。

Saxe 和 Kanwisher(2003)做了一项非常具有代表性的研究。在实验 1 中,被试阅读两种短故事,一种为心理理论(ToM)故事,另一种为机械性推理(MI)

故事。前者需要推理个体的意图，后者只是关于非动物性客体的推理。另外，被试还观看了身体以及非动物客体的图片。结果发现，双侧 TPJ 在 ToM 条件下的激活比机械性推理条件下的激活更强，而右侧 TPJ 对于身体和客体的图片表现出一定程度的激活，但这种激活强度也远小于 ToM 条件下的激活强度。这些结果表明，TPJ 在推测语言描述的主角的心理状态中具有重要作用。在实验 2 中，被试同样阅读短故事，包括 5 种类型：错误信念（FB）故事，故事描述的主体所持有的信念与现实世界冲突；错误图片（FP）故事，故事描述的图片与现实世界不符；愿望故事，故事描述个体的愿望；非人类描写故事，简单描述非动物性客体；物理人故事，描述个人的物理特征。阅读之后，被试需要在两个词中选择一个词完成句子。

结果发现，双侧 TPJ 的激活强度在错误信念故事条件下大于错误图片故事条件。另外，左侧 TPJ 在愿望故事条件下的激活强度也高于基线水平，尽管激活强度低于错误信念故事条件。最后，非常重要的一点是，双侧 TPJ 在非人类描写故事和物理人故事条件下表现出负激活。这些结果再一次揭示了 TPJ 对于读者和听者推测故事主人公心理状态的重要作用。

认知神经科学方面的研究已经逐渐刻画出一个故事理解的大尺度脑网络。其中，PET 和 fMRI 的研究做出了最大的贡献，为了整合这些数据，Ferstl 等（2008）对 12 篇对比连贯故事与不连贯故事理解的研究进行了荟萃分析，发现了很多与连贯故事理解相关的脑区。此处只关注四个脑区及其可能的功能：第一，颞叶前部负责理解过程中语义信息的整合；第二，顶内皮层结合语言学线索以及个人和现实世界知识，构建和更新完整的情境模型；第三，背内侧前额叶皮层通过推断连续句子之间的关系而形成连贯的语篇表征；第四，颞顶联合区对于推测故事主角的想法至关重要。

三、语篇理解的皮层激活及其与大规模神经网络的重叠

已有研究发现，语篇加工涉及由多个脑区构成的脑网络，其中包括经典的语言脑区如布罗卡区和威尔尼克区，也包括左侧颞极、内侧额叶等其他脑区（Ferstl，2010；Ferstl et al., 2008）。由于语篇内容较为复杂，人们会针对不同的内容启动不同的加工子过程，如推理、整合和语用加工等。Yang 等（2019）研究了语篇加工所启动的多个脑区是以全或无的方式参与到语篇理解中，还是分化成精细的子系统以应对不同的加工子过程；语篇加工所激活的多个脑区如何在大尺度脑网络的层面上协作完成语篇理解的过程。基于大规模人群分析的研究发现，人类的脑区活动基本上可以归纳为七个大尺度脑网络：视觉网络、感觉运动网络、背侧注

意网络、腹侧注意网络、边缘网络、额顶控制网络、默认网络（Yeo et al., 2011）。那么，这些网络在语篇加工中具有什么作用？以往只有少量的研究谈到语篇加工可能会启动默认网络（Dehghani et al., 2017；Jacobs & Willems, 2018），但是这些研究并没有明确说明默认网络到底在语篇加工中发挥什么作用，以及其他的大尺度脑网络是否也参与语篇加工。

针对上述问题，他们在 Web of Knowledge、Pubmed 和 Ebsco 等平台上搜索了 1980—2018 年所有以语篇为对象的核磁研究，通过严格的标准筛选出 78 项研究进入元分析。这些标准包括：①研究对象为正常人群；②材料为母语材料；③文章中报告了全脑分析的结果；④使用的是任务态磁共振成像的技术；⑤报告了与语篇加工相关的激活点。在抽取了这些文章中所报告的激活点以后，基于 ALE 的统计手段对数据进行分析。首先，对语篇加工的总过程和各个子过程（推理、整合及语用）在脑区层面上做分析。基于以往研究的分类方式（Egidi & Caramazza, 2013；Ferstl et al., 2005），将整合分为连贯语篇的整合和非连贯语篇的整合。然后，基于 Yeo 等（Yeo et al., 2011）提出的七个大尺度脑网络，考察所激活的脑区分属于哪些大尺度脑网络。当把所有研究中所报告的数据点都纳入分析时，发现语篇加工的总过程确实激活了在大脑中广泛分布的多个脑区［图 5.10（a）］，包括双侧额下回、颞下回和颞上回、左侧颞中回、额中回、楔前叶、背内侧前额叶等。为了控制底层感知觉因素的影响，对语篇理解与非语言加工的基线（如假字或旋转的频谱）进行对比，结果也发现了类似的结果，即语篇加工涉及多个脑区，且这些脑区主要分布在额叶和颞叶［图 5.10（b）］。

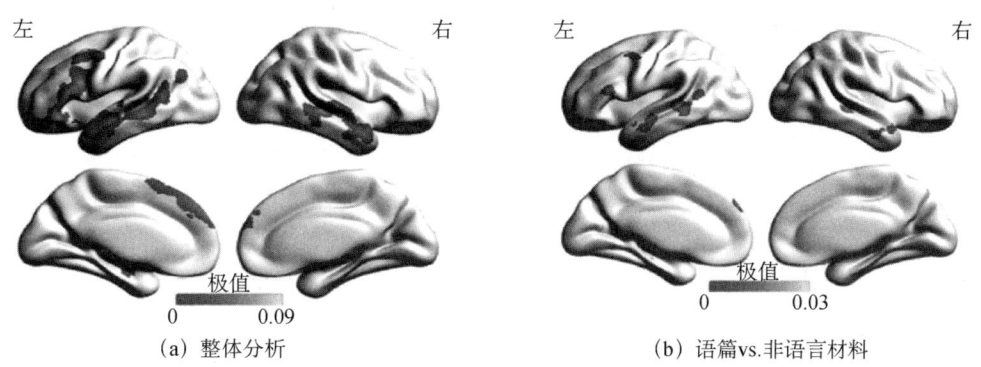

(a) 整体分析　　　　　　　　　　(b) 语篇 vs.非语言材料

图 5.10　语篇加工所涉及的脑网络（Yang et al., 2019）（见彩图 5.10）

针对各个子过程的分析发现，语篇加工所激活的多个脑区确实分化成不同的子系统来处理不同的子过程。推理主要激活的是左侧额下回、颞中回、额上回、颞上回等脑区，且这些脑区全部分布在左侧［图 5.11（a）］；连贯语篇的整合主要由左侧额下回和颞中回两个脑区负责［图5.11（b）］，而不连贯脑区的整合需要额外启动内侧前额叶和舌状回等脑区［图5.11（c）］；语用加工除了激活左侧额下回和左侧颞中回以外，在背内侧前额叶也发现了很强的激活［图5.11（d）］。

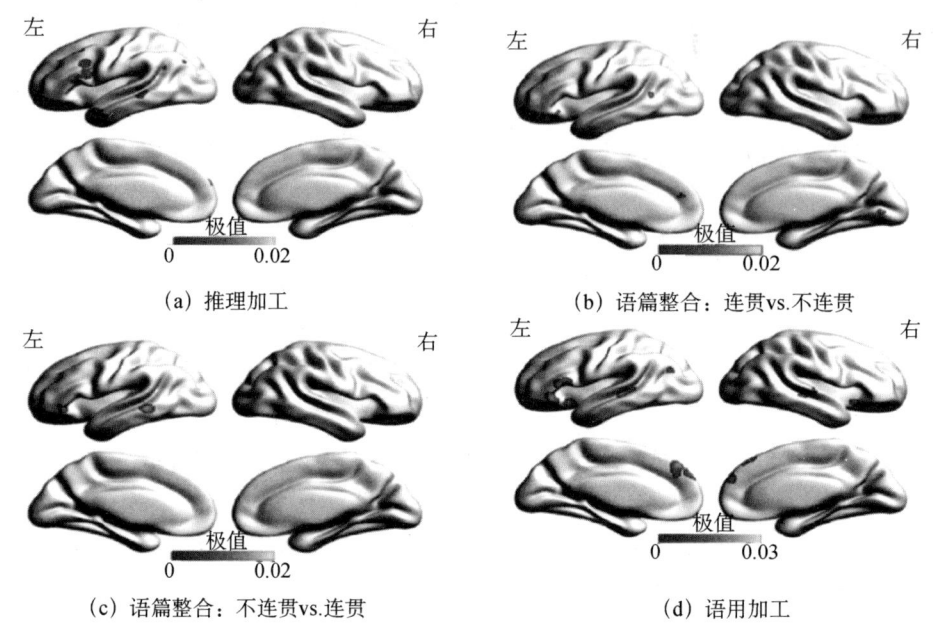

图5.11 语篇加工各子过程所涉及的脑网络（Yang，et al，2019）（见彩图5.11）

在大尺度脑网络的水平上，我们发现对于语篇加工的总过程来说，默认网络、额顶控制网络、感觉运动网络、视觉网络和腹侧注意网络等均参与了语篇加工［图5.12（b）］，但是默认网络所占的比例最大。对于语篇加工的子过程来说，我们发现推理和连贯语篇的整合都只是激活了默认网络和额顶控制网络，不连贯语篇的整合需要额外激活感觉运动网络、视觉网络和腹侧注意网络。另外，我们发现默认网络的比例在语用加工中最大，达到91.1%。

Yang等（2019）的元分析研究发现，语篇加工虽然激活了在大脑中广泛分布的多个脑区，但是这些脑区会分化成不同的子系统来处理不同的语篇加工子过程。并且，在所有的脑区中，最核心的脑区是左侧额下回和左侧颞中回，这两个脑区会参与所有的语篇加工子过程。在大尺度脑网络的水平上，语篇加工主要由默认网络来完成，并且默认网络与其他大尺度脑网络的协作方式会随着子过程的变化而变化。

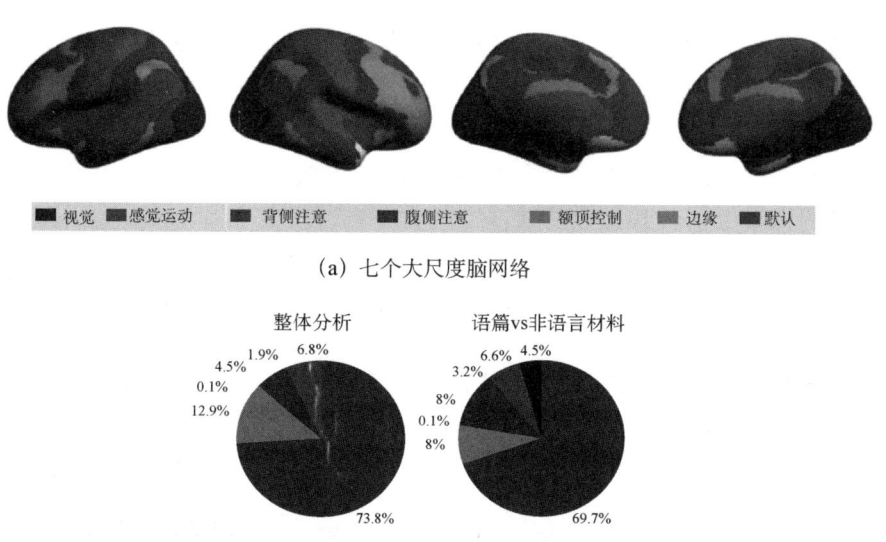

图 5.12 七个大尺度脑网络的分析结果（Yang et al., 2019）（见彩图 5.12）

本 章 小 结

本章的主题是语篇信息整合和主旨理解。根据语篇理解的 CI 模型，语篇理解过程可以分为两个部分。第一节的内容是语篇信息的整合，包括衔接与连贯性加工、语篇信息的局部与整体加工，以及宏观结构引导下的主旨提取。第二节的主要内容是情境模型的建构与更新，以及作为建构基础的事件切分理论和神经基础。虽然这些并非有关语篇理解的崭新话题，但是围绕这些话题，近年来确有不少新的事实和观点被呈现出来，值得我们予以充分的注意。第三节的内容是语篇理解的两个认知神经科学模型，一是 Masson 等的叙事理解的神经网络，包括五个子网络：右半球的粗糙语义加工网络、背外侧前额皮层连贯性监控网络、左额颞文本整合网络、内侧额叶主角/代理解释网络和顶内沟空间网络。二是杨晓虹等通过脑成像数据元分析发现的语篇理解的皮层激活及其与大规模神经网络的重叠。三是 Ferstl 等通过元分析方法揭示的与语篇连贯性建立相关的神经网络，包括颞叶前部的语义信息整合、顶内皮层的情境模型的建构和更新、背内侧前额叶皮层的推理以及颞顶联合区的故事主角思想的推测。三项工作相互印证，系统地揭示了语篇理解的认知过程及其神经基础。

参 考 文 献

常若晗．（2018）．*语篇理解中不同距离的信息加工及实验任务的调控作用*. 北京：中国科学院大学．

褚晓敏，朱巧明，周国栋．（2017）．自然语言处理中的篇章主次关系研究．*计算机学报，40*（4），842-860．

Amodio，D. M.，& Frith，C. D.（2006）．Meeting of minds：The medial frontal cortex and social cognition. *Nature Reviews Neuroscience*，7（4），268-277．

Andrews-Hanna J. R.（2012）．The brain's default network and its adaptive role in internal mentation. *The Neuroscientist*，*18*（3），251-270．

Baggio，G.，Cherubini，P.，Pischedda，D.，Blumenthal，A.，Haynes，J. D.，& Reverberi，C.（2016）．Multiple neural representations of elementary logical connectives. *NeuroImage*，*135*，300-310．

Baldassano，C.，Chen，J.，Zadbood，A.，Pillow，J. W.，Hasson，U.，& Norman，K. A.（2017）．Discovering event structure in continuous narrative perception and memory. *Neuron*，*95*（3），709-721．

Barbey，A. K.，Colom，R.，& Grafman，J.（2014）．Neural mechanisms of discourse comprehension：A human lesion study. *Brain：A Journal of Neurology*，*137*（1），277-287．

Barbey，A. K.，Colom，R.，Solomon，J.，Krueger，F.，Forbes，C.，& Grafman，J.（2012）．An integrative architecture for general intelligence and executive function revealed by lesion mapping. *Brain：A Journal of Neurology*，*135*（pt4），1154-1164．

Barbey，A. K.，Krueger，F.，& Grafman，J.（2009a）．Structured event complexes in the medial prefrontal cortex support counterfactual representations for future planning. *Philosophical Transactions of the Royal Society of London Series B：Biological Sciences*，*364*（1521），1291-1300．

Barbey，A. K.，Krueger，F.，& Grafman，J.（2009b）．An evolutionarily adaptive neural architecture for social reasoning. *Trends in Neurosciences*，*32*（12），603-610．

Barsalou，L. W.（1991）．Deriving categories to achieve goals. In：G. H. Bower（Ed.），*The Psychology of Learning and Motivation：Advances in Research and Theory*（pp.1-64）．San Diego：Academic Press．

Barsalou，L. W.，& Wiemer-Hastings，K.（2005）．Situating abstract concepts. In：D. Pecher & R. Zwaan（Eds.），*Grounding Cognition：The Role of Perception and Action in Memory，Language， and Thinking*（pp.129-163）. New York：Cambridge University Press.

Barsalou，L. W.，Niedenthal，P. M.，Barbey，A. K. & Ruppert，J.（2003a）Social embodiment. In：B. H. Ross（Ed.），*The Psychology of Learning and Motivation*（pp.43-92）. San Diego：Academic Press.

Barsalou，L. W.，Simmons，W. K.，Barbey，A. K.，& Wilson，C. D.（2003b）. Grounding conceptual knowledge in modality-specific systems. *Trends in Cognitive Sciences*，7（2），84-91.

Binder，J. R.，Desai，R. H.，Graves，W. W.，& Conant，L. L.（2009）. Where is the semantic system? A critical review and meta-analysis of 120 functional neuroimaging studies. *Cerebral Cortex*，19（12），2767-2796.

Binder，J. R.，Frost，J. A.，Hammeke，T. A.，Bellgowan，P. S.，Rao，S. M.，& Cox，R. W.（1999）. Conceptual processing during the conscious resting state：A functional MRI study. *Journal of Cognitive Neuroscience*，11（1），80-95.

Blanke，O.（2012）. Multisensory brain mechanisms of bodily self-consciousness. *Nature Reviews Neuroscience*，13（8），556-571.

Blanke，O.，& Arzy，S.（2005）. The out-of-body experience：Disturbed self-processing at the temporo-parietal junction. *The Neuroscientist：A Review Journal Bringing Neurobiology，Neurology and Psychiatry*，11（1），16-24.

Boiteau，T. W.，Bowers，E.，Nair，V. A.，& Almor，A.（2014）. The neural representation of plural discourse entities. *Brain and Language*，137，130-141.

Brodbeck，C.，& Pylkkänen，L.（2017）. Language in context：Characterizing the comprehension of referential expressions with MEG. *NeuroImage*，147，447-460.

Buckner，R. L.，& Carroll，D. C.（2007）. Self-projection and the brain. *Trends in Cognitive Sciences*，11（2），49-57.

Buckner，R. L.，Andrews-Hanna，J. R.，& Schacter，D. L.（2008）. The brain's default network. *Annals of the New York Academy of Sciences*，1124（1），1-38.

Chen，L. J.，& Yang，Y. F.（2015）. Emphasizing the only character：Emphasis，attention and contrast. *Cognition*，136，222-227.

Chen，L. J.，Li，X. S.，& Yang，Y. F.（2012）. Focus，newness and their combination：Processing of information structure in discourse. *PLoS One*，7（8），e42533.

Chen，L. J.，Wang，L.，& Yang，Y. F.（2014）. Distinguish between focus and newness：An ERP study. *Journal of Neurolinguistics*，31，28-41.

Crinion，J. T.，Warburton，E. A.，Lambon-Ralph，M. A.，Howard，D.，& Wise，R. J. S.（2006）. Listening to narrative speech after aphasic stroke：The role of the left anterior temporal lobe. *Cerebral Cortex*，16（8），1116-1125.

Damasio，A. R.（1989）. Time-locked multiregional retroactivation：A systems-level proposal for the neural substrates of recall and recognition. *Cognition*，33（1-2），25-62.

Damasio，A. R.（2010）. *Self Comes to Mind*. New York：Pantheon.

Dehghani，M.，Boghrati，R.，Man，K.，Hoover，J.，Gimbel，S. I.，Vaswani，A.，et al.（2017）. Decoding the neural representation of story meanings across languages. *Human Brain Mapping*，

38（12），6096-6106.

Egidi，G.，& Caramazza，A.（2013）. Cortical systems for local and global integration in discourse comprehension. *NeuroImage*，*71*，59-74.

Egidi，G.，& Caramazza，A.（2016）. Integration processes compared: Cortical differences for consistency evaluation and passive comprehension in local and global coherence. *Journal of Cognitive Neuroscience*，28（10），1568-1583.

Engel，A. K.，& Singer，W.（2001）. Temporal binding and the neural correlates of sensory awareness. *Trends in Cognitive Sciences*，*5*（1），16-25.

Ferstl，E. C.（2010）. Neuroimaging of text comprehension: Where are we now. *Italian Journal of Linguistics*，*22*（1），61-88.

Ferstl，E. C.，& von Cramon，D. Y.（2001）. The role of coherence and cohesion in text comprehension: An event-related fMRI study. *Cognitive Brain Research*，*11*（3），325-340.

Ferstl，E. C.，& von Cramon，D. Y.（2002）. What does the frontomedian cortex contribute to language processing: Coherence or theory of mind? *NeuroImage*，*17*（3），1599-1612.

Ferstl，E. C.，Neumann，J.，Bogler，C.，& von Cramon，D. Y.（2008）. The extended language network: A meta-analysis of neuroimaging studies on text comprehension. *Human Brain Mapping*，*29*（5），581-593.

Ferstl，E. C.，Rinck，M.，& von Cramon，D. Y.（2005）. Emotional and temporal aspects of situation model processing during text comprehension: An event-related fMRI study. *Journal of Cognitive Neuroscience*，*17*（5），724-739

Friese，U.，Rutschmann，R.，Raabe，M.，& Schmalhofer，F.（2008）. Neural indicators of inference processes in text comprehension: An event-related functional magnetic resonance lmaging study. *Journal of Cognitive Neuroscience*，*20*（11），2110-2124.

Givón，T.（1992）. The grammar of referential coherence as mental processing instructions. *Linguistics*，*30*（1），5-56.

Glascher，J.，Rudrauf，D.，Colom，R.，Paul，L. K.，Tranel，D.，Damasio，H.，& Adolphs，R.（2010）. Distributed neural system for general intelligence revealed by lesion mapping. *Proceedings of the National Academy of Sciences of the United States of America*，*107*（10），4705-4709.

Griffin，D. W.，& Ross，L.（1991）. Subjective construal, social inference, and human misunderstanding. *Advances in Experimental Social Psychology*，*24*（1），319-359.

Hald，L. A.，Steenbeek-Planting，E. G.，& Hagoort，P.（2007）. The interaction of discourse context and world knowledge in online sentence comprehension. Evidence from the N400. *Brain Research*，*1146*（none），210-218.

Hassabis，D.，& Maguire，E. A.（2007）. Deconstructing episodic memory with construction. *Trends in Cognitive Sciences*，*11*（7），299-306.

Hasson，U.，Chen，J.，& Honey，C. J.（2015）. Hierarchical process memory: Memory as an integral component of information processing. *Trends in Cognitive Sciences*，*19*（6），304-313.

Hernández-Gutiérrez，D.，Jiménez-Ortega，L.，Fondevila，S.，Casado，P.，Muñoz，F.，& Martín-Loeches，M.（2016）. Do discourse global coherence and cumulated information impact on sentence syntactic processing? An event-related brain potentials study. *Brain Research*, *1630*, 109-119.

Honey, C. J., Thesen, T., Donner, T. H., Silbert, L. J., Carlson, C. E., & Devinsky, O., et al. (2012). Slow cortical dynamics and the accumulation of information over long timescales. *Neuron*, *76* (2), 423-434.

Jacobs, A. M., & Willems, R. M. (2018). The fictive brain: Neurocognitive correlates of engagement in literature. *Review of General Psychology*, *22* (2), 147-160.

Jr Lorch, R. F. (2001). Macrostructure in discourse comprehension, psychology of. *International Encyclopedia of the Social & Behavioral Sciences*, 9122-9125.

Just, M. A., Newman, S. D., Keller, T. A., McEleney, A., & Carpenter, P. A. (2004). Imagery in sentence comprehension: An fMRI study. *NeuroImage*, *21*, 112-124.

Kim, S. I., Yoon, M., Kim, W., Lee, S., & Kang, E. (2012). Neural correlates of bridging inferences and coherence processing. *Journal of Psycholinguistic Research*, *41* (4), 311-321.

Kintsch, W. (1998). *Comprehension: A Paradigm for Cognition*. New York: Cambridge University Press.

Kurby, C. A., & Zacks, J. M. (2008). Segmentation in the perception and memory of events. *Trends in Cognitive Sciences*, *12* (2), 72-79.

Lambrecht, K. (1994). Information structure and sentence form: Topic, focus, and the mental representations of discourse referents. *Language*, *75* (3), 567-582.

León, C. (2016). An architecture of narrative memory. *Biologically Inspired Cognitive Architectures*, *16*, 19-33.

Magliano, J. P., Zwaan, R. A., & Graesser, A. C. (1999). The role of situational continuity in narrative understanding. In: H. van Oostendorp & S. R. Goldman (Eds.), *The Construction of Mental Representations During Reading* (pp.219-245). Mahwah: Lawrence Erlbaum Associates Publishers.

Mason, R. A., & Just, M. A. (2006). Neuroimaging contributions to the understanding of discourse processes-chapter 19. *Handbook of Psycholinguistics*, 765-799.

Mason, R. A., Eviatar, Z., & Just, M. A. (2005). Brain activation associated with comprehending novel and frozen metaphors. Manuscript submitted for publication.

Moeschler, J. (2016). Where is procedural meaning located? Evidence from discourse connectives and tenses. *Lingua*, *175-176*, 122-138.

Nieuwland, M. S., Petersson, K. M., & van Berkum, J. J. A. (2007). On sense and reference: Examining the functional neuroanatomy of referential processing. *NeuroImage*, *37* (3), 993-1004.

O'Reily, R. C., Rudy, J. W. (2000). Computational principles of learning in the neocortex and hippocampus. *Hippocampus*, *10* (4), 389-397.

Palmer, S. E. (1999). *Vision Science: Photons to Phenomenology*. Cambridge: MIT Press.

Prado, J., Spotorno, N., Koun, E., Hewitt, E., van der Henst, J. B., Sperber, D., et al. (2015), Neural interaction between logical reasoning and pragmatic processing in narrative discourse. *Journal of Cognitive Neuroscience*, *27* (4), 692-704.

Rumelhart, D., & Ortony, A. (1977). The representation of knowledge in memory. In: R. C. Anderson, R. J. Spiro & W. E. Montague (Eds.), *Schooling and the Acquisition of Knowledge* (pp.99-135). Hillsdale: Erlbaum.

Saxe, R., & Kanwisher, N. (2003). People thinking about thinking people: The role of the temporo-parietal junction in "theory of mind". *NeuroImage*, 19 (4), 1835-1842.

Saxe, R., & Powell, L. J. (2006). It's the thought that counts. *Psychological Science*, 17 (8), 692-699.

Siebörger, F. T., Ferstl, E. C., & von Cramon, D. Y. (2007). Making sense of nonsense: An fMRI study of task induced inference processes during discourse comprehension. *Brain Research*, *1166*, 77-91.

Speer, N. K., Reynolds, J. R., Swallow, K. M., & Zacks, J. M. (2009). Reading stories activates neural representations of visual and motor experiences. *Psychological Science*, 20(8), 989-999.

Speer, N. K., Zacks, J. M., & Reynolds, J. R. (2007). Human brain activity time-locked to narrative event boundaries. *Psychological Science*, 18 (5), 449-455.

Spitsyna, G., Warren, J. E., Scott, S. K., Turkheimer, F. E., & Wise, R. J. S. (2006). Converging language streams in the human temporal lobe. *The Journal of Neuroscience: The Official Journal of Society for Neuroscience*, 26 (28), 7328-7336.

Sportiche, D. (2013). Binding theory—Structure sensitivity of referential dependencies. *Lingua*, *130*, 187-208.

Spreng, R. N., Mar, R. A., & Kim, A. S. N. (2009). The common neural basis of autobiographical memory, prospection, navigation, theory of mind, and the default mode: A quantitative meta-analysis. *Journal of Cognitive Neuroscience*, 21 (3), 489-510.

Sridharan, D., Levitin, D. J., Chafe, C. H., Berger, J., & Menon, V. (2007). Neural dynamics of event segmentation in music: Converging evidence for dissociable ventral and dorsal networks. *Neuron*, 55 (3), 521-532.

van Dijk, T. A. (1980). *Macrostructures: An Interdisciplinary Study of Global Structures in Discourse, Interaction, and Cognition*. Hillsdale: Lawrence Erlbaum.

van Dijk, T. A., Ihwe, J., Petöfi, J. S., & Rieser, H. (1972). Two text grammatical models: A contribution to formal linguistics and the theory of narrative. *Foundations of Language*, 8(4), 499-545.

van Dijk, T. A., Kintsch, W. (1983). *Strategies of Discourse Comprehension*. New York: Academic Press.

van Overwalle, F. (2008). Social cognition and the brain: A meta-analysis. *Human Brain Mapping*, *30* (3), 829-858.

van Overwalle, F., & Baetens, K. (2009). Understanding others' actions and goals by mirror and mentalizing systems: A meta-analysis. *NeuroImage*, 48 (3), 564-584.

van Petten, C. V., & Luka, B. J. (2006). Neural localization of semantic context effects in electromagnetic and hemodynamic studies. *Brain & Language*, 97 (3), 279-293.

Waytz, A., & Mitchell, J. P. (2011). Two mechanisms for simulating other minds. *Current Directions in Psychological Science*, 20 (3), 197-200.

Weinberg, A. C., & Berwick, R. C. (1986). *The Grammatical Basis of Linguistic Performance.* Cambridge: MIT Press.

Weingartner, H., Grafman, J., Boutelle, W., Kaye, W., & Martin, P. R. (1983). Forms of memory failure. *Science, 221* (4608), 380-382.

Whitney, C., Huber, W., Klann, J., Weis, S., Krach, S., & Kircher, T. (2009). Neural correlates of narrative shifts during auditory story comprehension. *NeuroImage, 47* (1), 360-366.

Wu, Y. Y., Yang, X. H., & Yang, Y. F. (2016). Eye movement evidence for hierarchy effects on memory representation of discourses. *PLoS One, 11* (1), 1-9.

Wu, Y. Y., Yang, X. H., & Yang, Y. F. (2018). Importance conveyed in different ways: Effects of hierarchy and focus. *Journal of Neurolinguistics, 47*, 37-49.

Xu, J., Kemeny, S., Park, G., Frattali, C., & Braun, A. (2005). Language in context: Emergent features of word, sentence, and narrative comprehension. *NeuroImage, 25* (3), 1002-1015.

Yang, X. H., Chen, L. J., & Yang, Y. F. (2014). The effect of discourse structure on depth of semantic integration in reading. *Memory & Cognition, 42* (2), 325-339.

Yang, X. H., Li, H. J., Lin, N., Zhang, X. P., Wang, Y. S., Zhang, Y, et al. (2019). Uncovering cortical activations of discourse comprehension and their overlaps with common large-scale neural networks. *NeuroImage, 203*, 116200.

Yarkoni, T., Speer, N. K., & Zacks, J. M. (2008). Neural substrates of narrative comprehension and memory. *NeuroImage, 41* (4), 1408-1425.

Yeo, B. T. T., Krienen, F. M., Sepulcre, J., Sabuncu, M. R., Lashkari, D., Hollinshead, M., et al. (2011). The organization of the human cerebral cortex estimated by intrinsic functional connectivity. *Journal of Neurophysiology, 106* (3), 1125-1165.

Zacks, J. M., & Tversky, B. (2001). Event structure in perception and conception. *Psychological Bulletin, 127* (1), 3-21.

Zacks, J. M., Braver, T. S., Sheridan, M. A., Donaldson, D. I., Snyder, A. Z., Ollinger, J. M., et al. (2001). Human brain activity time-locked to perceptual event boundaries. *Nature Neuroscience, 4* (6), 651-655.

Zacks, J. M., Speer, N. K., Swallow, K. M., Braver, T. S., & Reynolds, J. R. (2007). Event perception: A mind-brain perspective. *Psychological Bulletin, 133* (2), 273-293.

Zeki, S. (1993). *A Vision of the Brain.* Cambridge: Blackwell Scientific Publications, Inc.

Zwaan, R. A., & Graesser, L. A. C. (1995). The construction of situation models in narrative comprehension: An event-indexing model. *Psychological Science, 6* (5), 292-297.

Zwaan, R. A., & Radvansky, G. A. (1998). Situation models in language comprehension and memory. *Psychological Bulletin, 123* (2), 162-185.

Zwaan, R. A., & Rapp, D. N. (2006). Discourse comprehension. *Handbook of Psycholinguistics, 48* (1), 725-764.

Zwaan, R. A., Magliano, J. P., & Graesser, A. C. (1995). Dimensions of situation model construction in narrative comprehension. *Journal of Experimental Psychology Learning Memory & Cognition, 21* (2), 386-397.

第六章

人际交流与意图理解

人际交流是人类社会生活的重要组成部分，是社会成员间协同与合作的必要前提。交流的媒介多种多样，其中语言无疑是最重要的途径之一。不同于乔姆斯基的语言学理论，言语行为理论更注重语言的交际功能（Austin，1962），认为语言的主要功能是人际交流，而不是仅限于思维，应当把交流作为语言研究的重要内容。

会话是一种口语交流形式，可以在两人或者多人之间进行。与阅读或者独白话语相比，会话中的语言理解有很多不同之处。首先，会话与独白语篇在组织与结构上有很大差异，实现衔接与连贯的语言学和语用学手段也不尽不同。其次，会话的发生和顺畅进行要求参与者了解会话的情境，包括交流的目的、共享的知识背景等。再次，为了达到特定的交流目的，会话交流中会比较多地使用隐含（如幽默、间接回应、隐喻等），这类话语的理解需要更复杂的推理过程。最后，在会话交流中，意图理解最为重要，而意图的理解不仅依赖于话语本身，还要整合会话语境中的各种线索，比如，说话者的手势、表情等，以及会话的情景和物理环境。

本章将从交流与语言的关系、会话理解的认知和神经过程以及话语与情境线索整合等方面，阐述会话话语理解的认知神经科学基础。

第一节 语言与交流

为了清晰地了解交流中的话语理解及其所涉及的认知过程和神经基础，需要认识语言与交流的关系。本节将通过认知神经科学的发现和证据，说明交流与语言过程在神经表征上的不同，阐述儿童语言交流能力的获得与发展的理论，以及人际交流的社会规约和语用原则。

一、交流不同于语言

(一) 交流和语言加工神经机制的分离

交流的主要途径是语言,语言的主要功能是交流。语言与交流的关系是什么?二者在认知和神经表征上有什么联系与区别?研究者对此进行了探索,但结果尚存争议。有学者认为,交流与语言共享神经表征和加工机制;另有学者认为,二者具有不同的神经表征和加工机制。Willems 和 Varley(2010)根据脑成像和神经心理学研究结果,探讨了交流和语言在脑功能方面是重合的还是不同的。他们的研究结果清晰地显示,处理交流信息与执行核心语言任务涉及了不同的大脑皮层系统。

对失语症患者的研究给出了明确的证据(Varley et al.,2001;Apperly et al.,2006)。如果说推测他人想法和意图必须依赖语言相关资源,比如,心理词典中的心理性动词或语法递归能力,那么语言功能受损的个体在执行心理理论任务中的表现必然会变差。语言障碍的类型之一是语法障碍(agrammatic aphasia)。患者表现为在理解和产生低画面性的抽象动词,比如,描述心理状态的动词时存在困难。严重情况下,在解码句子结构时也存在困难(McCarthy & Warrington,1985)。严重的失语症患者一般左侧大脑皮层的额叶-颞叶语言网络受损,存在严重的语言障碍。但是神经心理学研究证明,这些患者仍然能够成功地完成错误信念理解任务(Varley & Siegal,2000;Varley et al.,2001;Apperly et al.,2006)。即便有语言障碍,失语症患者依然能够采用绘画、面部表情、姿势等方法传递复杂的信息(Siegal & Varley,2002)。这些现象表明,语言和交流,尤其是语言和理解他人意图这两种功能并不相同,交流并非只依赖于语言。

Willems 和 Varley(2010)采用脑成像技术,用"禁忌游戏"(taboo game)范式进一步考察了正常人的交际意图和语言加工的脑机制,揭示出交流信息产生和语言处理在神经机制上存在着双分离。在实验中,他们分别操纵了交际意图和语言难度两种变量。让一名被试躺在磁共振扫描仪中,用语言描述一个目标词,另一名被试作为听者在扫描仪外猜测所描述的目标词,要求说话者在描述过程中不使用某些特定词。实验通过听者知道目标词与否来操纵交际意图。在听者知道目标词的情况下,说者产生的语言对听者是没有帮助的,该条件称为非目标条件;在听者不知道目标词的情况下,说者需要帮助听者猜到目标词,该条件称为目标条件。语言难度是通过限制说者在言语产生过程中使用的词汇来操纵的。结果发现,目标条件相对于非目标条件更强地激活了 mPFC,该脑区为心理理论相关的脑区(Amodio & Frith,2006;Frith C D & Frith U,2006a),在两种实验条件下的激活都对语言难度不敏感。语言难度大的条件相比容易条件更强地激活了 lIFG 和左侧顶下皮层，这些脑区的激活不受交际意图的影响。实验结果清晰地表明，交流意图和语言信息的处理是在不同的神经回路中进行的。

以上对语言障碍病人的神经心理学研究和正常人的脑成像研究均表明，交流信息生成能力与核心语言处理能力是不同的，或者说是可以分离的。当然，还有一些研究得出的结论与此相反，即语言和交际能力密切相关，推测他人信念和意图的能力依赖语言能力，比如，在错误信念任务中的表现与很多语言方面的发展相关（Milligan et al.，2007）。

（二）交流意图加工的神经网络

交流的核心任务在于理解说话者的意图。信息识别个体可以通过不同的来源信息进行识别，包括语言信息和非语言信息。对于心理加工而言，特别是对施动者的交流意图进行重构时，不同交流通道获取的信息是一样的。从这个意义上说，交流与语言能力没有必然的联系。在具体的语用情境中，交流意图是如何被重建的？ Enrici 等（2011）通过一项 fMRI 研究对这个问题进行了探讨。实验合并运用了因素分析法和关联分析法，检验两组预期：①理解交际意图时，与意义表达的通道无关，都会使用相同的脑网络；②因交流通道的不同，会有其他特殊的脑区参与进来。研究结果清楚地显示，由 mPFC 和 TPJ 构成的意图加工网络（IPN）参与了交际意图加工，与使用的交流通道无关；使用某个特定的交流通道时，意图加工有其他脑区的参与。比如，外侧裂周语言网络参与了语言通道的意图加工，而感觉运动网络则参与了非语言类动作通道的活动。因此，交流意图加工使用一个共享的语用表征；由不同的通道通达意图建构时，会涉及通道特异的网络。在这个意义上，语言和非语言表达的意图加工是有差异的。

研究发现，除了 IPN 之外，意图加工还与镜像神经元系统有关，它能使人们在没有明确的外在反射性调节时理解行为（Gallese et al.，2004）。据此，近年来，有研究者提出了一种行为理解和社会认知的大脑系统双加工模型，其中镜像神经元系统支持自下而上的自动行为识别过程，心理理论系统支持自上而下的控制性社会归因过程（Keysers & Gazzola，2007；Spunt & Lieberman，2012）。当涉及从社会动作模仿（如符号式的动作语言）到手势语的识别等这些非语言交流时，镜像神经元系统和 IPN 脑区对交际理解都是有帮助的。神经影像学数据支持了上述观点。利用脑磁图，Nakamura 等（2004）的研究清楚地表明，这两个系统都参与了符号性的手势识别。从初级视觉系统到物体识别系统，以及镜像神经元系统和 IPN 等多个不同脑区存在高度协调的电生理活动，表明意图加工涉及了从视觉动作识别到潜在意图推测等在内的一列复杂加工。

不同的实证研究得出了一致的结果,说明:①对交际动作的观察依赖于镜像神经元系统和 IPN 的结合;②无论是在神经层面还是在认知层面,这两个系统之间都有明显的区别;③镜像神经元系统并不单独为人类交流提供基础,交流意图加工可能会根据不同来源的信息(如语言、动作)对隐含意义进行推测。

二、语言交流能力的获得与发展

人类的交流和语言能力是如何获得和发展的?对于婴幼儿认知的研究可以帮助我们更好地理解这些能力的发展过程。Meltzoff(1999)综述了对婴幼儿在通道间协调(intermodal coordination)、模仿(imitation)、记忆和心理理论等方面的发展研究,在对不同的理论观点进行分析和比较之后,其认为理论-理论(theory-theory)假设能够较好地回答这一问题,即婴儿的语言是随着非语言认知能力以及社会性发展而产生的。

对儿童面部模仿的研究能够帮助我们理解社会认知和非言语交流的先天基础。Meltzoff 和 Moore(1977)发现,2~3 周的婴儿就已经能够模仿简单的动作,并假设这种模仿依赖于通道间映射,是一种向目标匹配的过程。婴儿自身运动所产生的本体感觉反馈能够与视觉呈现的目标行为相匹配。这种匹配过程的产生是由于运动知觉和产生过程处在同一个超通道表征系统(supramodal representational system)中。后续研究发现,在触觉-视觉匹配(Meltzoff & Borton, 1979)、听觉-视觉匹配(Kuhl & Meltzoff, 1982)以及言语产生和声音模仿(Kuhl & Meltzoff, 1996)方面的研究都支持了这一假设。

语言和交流能力的发展依赖于读取他人意图的能力。在儿童的心理理论研究中,主要借助于语言材料对语言反应进行测量,然而心理理论的发展早于语言的发展。为了探讨非语言心理理论的起源和发展,Meltzoff(1995)提出了行为重演技术(behavioral reenactment technique)的研究方法。研究显示,18 个月的婴儿能够推测行为背后的意图并且模仿出来。因此,我们可以认为,婴儿的心理理论会随着非语言模仿行为能力的提高而产生跳跃式发展。基于记忆的模仿是指一种没有输入通道信息时的模仿,或者称为延迟模仿。传统的发展理论认为,延迟模仿行为出现在人出生 18 个月之后。Meltzoff(1988a)发现,9 个月的婴儿就已经出现了延迟模仿行为,而且延迟模仿行为可以出现在新异行为上(Meltzoff, 1988b),也可以脱离行为产生的情境(Klein & Meltzoff, 1999)。这些研究表明,婴幼儿能够观察周围人的行为,并将这些行为表征在长时记忆中,用来指导自己的行为。

传统理论认为,婴儿刚出生时,感觉通道之间不存在协调。然而,现代研究发现，婴儿能够使用超通道编码将独立通道中的信息统合在一起。这种编码存在于面部匹配、口腔-视觉匹配以及早期的言语知觉中。婴儿将这种信息的多通道加工方式运用到语言学习任务中，因为语言不仅能被看到，也可以被听到。如果感觉通道是分离的，那么语言学习势必会被延迟。对于语言学习而言，记忆也非常重要。儿童需要抽象出规则、习得新的形式、把信息存储在记忆中，以备在新情境中使用。婴儿能够根据他们对成人行为的感知而形成长时记忆表征。他们不仅能够再认这些行为，还能够自由地回忆起这些行为，并且能够在脱离情境的条件下回忆这些信息，将前语言认知和语言习得结合在一起。

对儿童语言能力的发展过程进行的研究，发现语言学习存在关键期。在行为与神经水平的研究发现，在关键期内，影响婴儿学习母语音位系统的两个重要因素是统计学习和社会性认知。统计学习是一种内隐学习。在母语环境中，婴儿会分析所听到的语音的统计分布属性。虽然不同语言中包含的音位数量不同，但是发音器官的结构决定了人类所发出的声音具有一定的变化范围。不同语言之间的差异就在于其声音的分布模式不同，即拥有不同的元音和辅音系统。语音的分布模式提供了知觉语言音位结构的线索，有助于我们对母语音位范畴的学习。语音知觉的范畴化过程，使婴儿对母语音位的分辨能力提升，对母语中不存在的语音对立的敏感性降低，大大提高了言语知觉的能力。

社会性认知是婴儿进行语言学习的另一个重要条件。对比在真实情境交流和电视化交流两种条件下9个月的美国婴儿学习普通话音位的结果，可以发现在电视化交流的条件下，婴儿分辨音位对比的得分显著低于真实情境交流条件下的得分。这说明与个体发育成熟一样，环境也是触发抑制性环路的重要因素。言语发展的正常环境包括婴儿与成人言语交往的动力过程。在这一交往过程中，成人把很多生活中的行为和内容用言语表达出来，使婴儿在语音、词汇和意义之间建立联系。在儿童学习语言的过程中，社会性认知和语言加工的内在神经机制彼此交互影响，控制着关键期的开启和关闭及学习过程。

三、人际交流的语用原则

人际交流可以通过多种途径实现，其中最普遍、最有效的途径是会话。会话是一种合作行为，参与者在会话过程中需要遵循一定的合作原则和社会规约。在对会话进行分析时，Grice（1967）的会话合作原则和Sperber和Wilson（1986）的关联理论是重要的理论依据。

（一）会话合作原则

会话合作原则是会话含义理论（the theory of conversational implicature）的具

体要求,由美国哲学家 Grice 提出。20 世纪 50 年代初期,他就对该理论有了初步设想。1967 年,他在哈佛大学做了三次演讲。第二讲"逻辑与会话"(Logic and Conversation)中提出了"合作原则"(cooperative principle)和"会话含义"理论。

在正常的情况下,人们的交谈不是由一串不连贯、无条理的话语组成的。之所以如此,是因为交谈的参与者都能够在某种程度上意识到一个或一组共同的目的,或者至少有一个彼此都接受的方向。在交谈过程中,不适合谈话目的或方向的话语被删除,使交谈得以顺利进行。这样就提出了一个要求交谈参与者共同遵守的一般原则——合作原则,即在参与交谈时,说话者要使自己所说的话符合所参与的交谈的公认目的或方向。

仿效德国哲学家康德在"范畴表"中列出数量、质量、关系、模态等四个范畴来构成其范畴体系的做法,Grice 划分出了数量、质量、关系、方式等四个范畴,并提出了四个相应的准则及其相关的次准则:①数量准则(the maxim of quantity),即语言信息量不多不少,即所说的话应包含为达到当前交谈目的所需要的信息,即不应包含多于需要的信息。②质量准则(the maxim of quality),即所说的话力求真实,尤其是不要说自知是虚假的话,不要说缺乏足够证据的话。③关系准则(the maxim of relevance),即话语之间必须相关。在关系范畴下只提出一个准则,即所说的话是相关的。④方式准则(the maxim of manner),即清楚明白地说出要说的话,尤其是要避免含混不清,避免歧义,要简短、有序。

话语的隐含意义,即"会话含义",是语用学的核心内容。Grice 提出的会话含义理论,本质上是一种关于人们如何运用语言的理论。它不是从语言系统内部(语音、语法、语义等)去研究语言本身所表达的意义,而是依据语境研究话语的真正含义,解释话语的言外之意。会话含义关注的不是说话人说了些什么,而是说话人的话语可能意味着什么。Grice 把会话含义分为两类:一般性会话含义和特殊性会话含义。一般性会话含义是指不需要特殊语境就能推导出来的含义;特殊性会话含义是指需要依赖特殊语境才能推导出来的含义。Grice 特别关注特殊性会话含义。

会话含义有五大特征。①可取消性(cancellability)。这是会话含义的第一个,也是最重要的特征。也就是说,如果在原初的某一话语(Grice 认为"含义"不是由句子而是由话语推导出来的)上附加上某些前提,某种会话含义就会被取消。②不可分离性(non-detachability)。会话含义依附于话语的语义内容而非语言形式,因此不可能通过同义词的替换把会话含义从话语中分离出来。③可推导性(calculability)。听话人根据话语的字面意义和合作原则及其各条相关准则推导出话语的含义。④非规约性(non-conventionality)。会话含义不是话语的规约意义的部分。既然必须在知道话语的字面意义之后才能在语境中推导出它的含义,那么这种含义就不可能属于字面意义。此外，会话含义的非规约性还表现为话语命题的真假不会影响到含义的真假，反之亦然。⑤不确定性（indeterminacy）。具有单一意义的词语在不同的场合可以产生不同的含义；会话含义具有不确定性，它与各种语义理论通常假设的稳定不变的意义不相容。

（二）会话的关联理论

有关会话理解的另外一个重要理论是关联理论，它是 Sperber 和 Wilson（1986）在 Grice 的会话合作原则的基础上发展出来的认知语用理论，是对合作原则的修订和完善。关联理论从心理和认知角度对语言交际和话语理解提出了一种不同于前人的解释方法，认为理解是以语境、认知、推理和百科知识等为基础的。它强调了人的心智在语言交际活动中的作用（何自然，2006）。这一理论的核心是其对关联的定义以及两条基本原则。关联理论认为，交际的本质是推理，交际的过程是推理过程。所谓意义就是说话人的交际意图，而不是信息意图。因此，它提出了一种"明示—推理"的话语理解模式，明示是说话人的信息传达，推理是对受话人的意图的揣测。在这两个过程中，说话人和受话人需要具备共同的认知环境（mutual cognitive environment），受话人通过对词汇信息、逻辑信息和百科知识的分析，做出即时的非实证性推理，推导出说话人的话语含义。推导含义的过程需要符合关联理论的两个重要基本原则，即认知原则与交际原则。关联理论提出的认知原则又被称为最大关联性，是指人类理解话语时倾向于同最大程度的关联性相吻合；关联理论的交际原则认为每一个话语（或推理交际的其他行为）都应设想为话语和行为本身具有最佳关联性（何自然，冉永平，2001）。

关联理论的推理在其逻辑性质上被认定为非论证的演绎逻辑，语境信息是它的前提之一。它将语境定义为一个"心理结构体"，即一个人在心智内部形成的动态认知结果，由物理语境、语言语境和认知语境共同构成（熊学亮，2007）。人类的认知过程总是追求以最小的努力获取最大的认知效应。那么，在推理过程中，如果语境效果好，推理时所付出的努力就少，关联性就强；如果语境效果差，推理时所付出的努力就多，关联性就弱。关联理论并未设立任何话语交际准则，只是从动态语境建构和推理中的认知努力出发对关联性进行评价，从而解释了会话分析中一些无法通过话语准则来解释的语言现象。因此，这种从认知角度用推理的方式来解释语言的方法，将人的推理能力和知识体系融入语言研究之中，提高了语用学理论的解释力和普遍意义。

第二节　会话——一种社会互动

近年来，言语行为理论和社会心理学对人类合作行为的研究成果促进了心理语言学对人际交流的研究。在话语层面上，语言学注重会话分析，而心理语言学更注重会话形成过程以及参与者的会话行为，关注决定这些行为的认知过程和神经基础。

会话理解与独白语篇理解的共同之处是都要建基于概念、命题理解和语言的结构表征。因此，语句和语篇水平的研究成果为会话研究奠定了必要的基础。但是会话过程有着不同的组织方式和推进结构，同时有着特有的衔接和连贯的机制。此外，在会话中语言理解的主要目标在于对话语的意图理解，这需要综合语言和非语言线索（如场景、手势、表情等）来进行推断。在对会话的认知过程进行实证研究的基础上，研究者提出了多个理论模型，包括信息模型、交互对齐模型和共同基础模型（grounding model）等。这些模型对会话过程的关注点不尽相同。

信息模型由 Akmajian 等（1987）提出。信息模型假设，信息通过一个渠道以一个特定速率进行传递和接收。信息发出者将信息编码为语言，并传递给接收者，接收者对语言进行解码。只要拥有一套同样的编码和解码的规则（如同一种语言），信息发送者和接收者之间便可以进行交流。在交流中由反馈对信息流进行调节，不要求交流的一方对另一方的交流目进行识别。这个模型可以用于模拟人类之间、非人类之间、机械过程之间、人机之间的交流，但是不能用于多人交流的情境。在多人交流时，不能简单地把某个人归为信息的发出者或接收者，人们依然能够进行有效和协调的交谈，而信息模型就无法对此进行解释了。可见这个模型不能充分地解释人们是如何协调人际交流的。

交互对齐模型（Pickering & Garrod，2004）重视会话交流的动态过程，以及会话者之间的交流互动。其假设交流是由两个阶段组成的：第一个阶段的交流是自动的和快速的，在此阶段，说话者只具有自我中心的信息，不考虑参与谈话的另一方；第二个阶段包括了特定谈话者的信息和对信息的推测，但是速度比较慢。校准模型假设，在对话中言语产生系统和言语理解系统都是即时激活的；启动（priming）是解释谈话者之间共同语言行为的一种机制，谈话者通过启动过程获得共享的心理表征。人际的对齐（alignment）是直接的、自动化的。Mills（2014）提出了以个体之间的协同概念为基础的会话形成模型，认为话语和动作之间实时的协同是通过参与者的表征和行动的趋同（校准、卷入、相似性）逐步建立起来的,将对话看作一种涌现的、自组织的、个体间合作的功能系统。

共同基础模型(Clark,1992;Clark & Wilkes-Gibbs,1986;Clark & Schaefer,1989)认为,口头交流不仅是一种联合活动,而且是一种合作行为。在对话中,意义是通过构建共同基础的过程来协调的,通过互动寻找并提供彼此理解的证据(Brennan & Metzing,2004)。会话者 A 不知道自己的话语是否会对会话有贡献,直到获得了关于会话者 B 听到以及如何理解的一些线索,也就是说,构建共同基础的过程是一种共同假设的测试过程(a process of joint hypothesis testing)。通过这个过程,听话者可以随着表达的展开逐渐形成对话语意义的假设,并且随着更多证据的出现,对假设进行测试和修正。每一个对话都有一个表达阶段和一个接收阶段,讲话者评估同伴的回应与所预期的回应的差别,然后重塑自己的表达,甚至修订原来的意图。

近年来,研究者提出的同伴适应的交流理论(Brennan et al.,2010)包含上述理论所假设的主要过程,但更加强调同伴适应的即时性。这个理论认为,运用一般认知理论就可以解释会话中的心理活动和神经机制,无须建构特别的会话理论。其采用认知神经科学方法对会话过程中参与者之间神经活动的同步和耦合模式所进行的研究,为揭示会话交流的认知神经基础提供了新的有效途径。本节将介绍上述研究所揭示的会话参与者之间的认知协同及其大脑间的神经耦合。

一、会话的认知协同

(一)同伴适应的交流理论

在同伴适应的交流理论模型中,对话是一种多人参与、高度协调的假设检验活动。在会话过程中,说话人会根据他们对听话人的了解来产生话语,而听话人会根据自己对说话人的了解去解释话语。共同基础是由参与者共同构建的,在识别和指示交际意图方面起着重要作用。会话参与者特定的加工过程非常灵活,并且呈现出高度的渐进性。

参与者特定的信息主要来自两个方面:一是参与者的整体信息,如他们的特征,可能来自个体的经验、预期或刻板印象;二是局部信息,来自会话逐渐展开过程中所呈现的反馈。这两种信息都能够影响话语的产生。早期的"听者设计"(audience design)实验研究表明,会话参与者需要考虑对方的知识和心理状态。会话中,参与者的特定信息是明确的、可计算的。对话者可能会将有关对方状态的信息作为一种随着情境变化可以灵活更新的线索存储在工作记忆中。研究结果表明,一个参与者关于另一个参与者的"模型"可以在没有复杂推论或精心维持或更新的情况下,进行快速的会话参与者特定的加工过程。同伴适应的交流理论还认为，对于交流中同伴特定的适应（partner-specific adaptation），可以用记忆和认知加工的普遍原则进行解释，无须特殊的认知模型。对谈话者自发交流的研究发现，同伴特定效应（partner-specific effect）会在加工的早期出现，支持语言加工和交流的认知结构以一种平行的、基于约束的概率方式整合所获得的信息。

研究者采用脑成像技术研究了这种灵活的适应同伴加工在大脑中的实现过程，揭示出支持日常交流的神经回路。这些回路负责对一系列的线索和概念进行加工。与交流相关的线索包括姿势、眼睛注视、非语言的动作线索、对比强调等，以及可用于句法分析的韵律学线索。会话参与者在联合活动中协调姿势和动作，监测同伴的定位或注意，生成个人的固定印象（stereotype）和其他的世界知识，最后将同伴的意图和信念进行心智化（mentalizing）。为确定支持这些功能的神经回路以及这些功能如何共同作用，需要设计包含交流的重要特征的认知或行为任务。语言和交流加工的神经基础的发现，对于完善同伴适应性的交流理论有重要意义。

1. 推测同伴的意图：快与慢

有证据表明，会话中的同伴适应过程要有两个系统的参与和支持——镜像系统和心智化系统。人们依赖于自己的动作程序去感知和理解他人的动作，感知与理解使用的是同一套编码系统。例如，人们在执行一个动作或者观察一个动作的时候，镜像神经元都会被激活。人类的镜像系统由一个网络组成，这个网络包括PMC、PL（尤其是前IPS），以及来自pSTS的输入。镜像系统对各种线索进行快速加工，支持语言、交流以及其他的联合活动形式的输入。其作用是加快同伴的目标识别以及动作结果的监测。另外，镜像系统的使用是受限的，因为人们通常不会有模仿反射，而且从动作到目标的映射也不是完全对应的。镜像系统可以通过监测一个同伴或物体，并且快速更新同伴模型来支持同伴适应加工。这解释了为什么有时候谈话者可以快速地适应同伴的需要而不是产生默认的自我中心行为。

适应同伴的表达或动作还涉及心智化，即推测另一个人的意图。心智化涉及的神经回路包括mPFC、双侧TPJ以及楔前叶（BA7）。这些区域是心理理论网络的核心部分，在需要考虑另一个人的心理状态的任务中被激活。心智化是一个快速的、自动的过程，而不是缓慢的推论过程，谈话者在加工的早期就可以使加工适应他们的同伴。在心理理论（心智化）的神经回路中，推断他人的目标或意图时，会涉及双侧TPJ；当一个人的特征缓慢地呈现时，推断过程涉及mPFC。所以，心理理论作为一个网络可能不仅是快速的同伴适应加工的基础（在TPJ区域），同时也是缓慢的推断过程，是在最初的自我中心的反应之后实现同伴适应的基础（在mPFC）。

Ciaramidaro等（2007）使用连环漫画阅读任务研究了心理理论的神经基础。

这些漫画可以区分角色的私人意图和指向他人的社会意图，并且可以区分社会意图中的交流意图和非交流意图。以这种微妙的方法研究心理理论涉及的脑区，研究发现主要是 mPFC 和 TPJ 会依意图的种类而有不同的激活。右侧 TPJ 和楔前叶在加工不同种类的重要意图时都会被激活。mPFC 的扣带旁回皮层前部和左侧 TPJ 在加工社会意图时会被激活；左侧 TPJ 只有在加工交流意图时才会被激活。这个研究结果表明，心理理论网络由 4 个而不是 3 个重要的区域组成，左侧和右侧 TPJ 扮演着不同的角色。左侧 TPJ 可能是网络中的心理理论脑区，在交流意图的识别中会被激活。

让成对的同伴玩一个缄默的交流游戏，在这个任务中，交流是交互的、渐进的，使交流组和控制组产生相同的移动动作和图画，目的是将与交流意图的计划和解释相关的激活与非交流信号、视觉移动、手的动作有关的激活区分开来。分析从发出者或接收者收集到的 fMRI 数据，发现实验中发出者和接收者在相同的心理理论区域表现出明显的激活，在右侧 pSTS 而不是在左侧 pSTS 激活受到交流信号模糊程度的调节，但不会被视觉和感觉运动的复杂程度调节。除了右侧 pSTS，心智化交流的意图同时会激活 mPFC。涉及识别其中一方（发出者）意图的心理理论回路，也会在预测意图传递给另一方（接收者）时被激活，表明发送个人意图的信号与解释同伴的意图之间存在一种功能的对等性。

心智化系统和镜像系统是如何协同工作来支持灵活的适应同伴加工的？van Overwalle 和 Baetens（2009）对 200 多个 fMRI 研究结果进行了综合元分析，考虑了三个可能性：①二者可能有解剖的重叠以及共享一个功能核心；②不重叠但在相同的任务中都会被激活；③可能会被独立地激活。他们发现镜像系统和心智化系统很少同时被激活，因此得出结论：心智化系统和镜像系统是互补的，而不是一方促进另一方。但有的研究者并不同意这一结论，认为在他们的元分析中很少有研究包括同伴之间的交互交流。假如包括伴随任务交流必要方面的措施，有可能会更清楚地显示两个重要的网络是如何一起工作的。

局部线索和整体同伴模型分别映射到镜像系统和心智化网络，执行控制似乎在两种系统中都扮演着重要的角色。比如，必要时在镜像系统中抑制模仿，在语境涉及多于一个观点时对整体观点进行选择、抑制或更新。镜像系统加工的是感觉运动的社交线索（如声音、注视、身体姿势、反馈等），而心智化网络是将同伴的观点、需要以及意图作为概念化模型的基础。这些回路是否会产生交互作用以及如何产生交互作用？考虑到它们所支持的一系列加工以及这些加工在人际交流中的重要性，或许未来成像研究的新证据有助于弄清楚心理理论和镜像神经回路是如何与那些传统的语言神经回路一起工作的，以及是如何对语言使用者大脑内部和不同大脑之间的联合加工的神经模型的建构产生影响的。

2. 区分同伴的观点与自己的观点：执行控制的作用

在动态的交流中，对合适观点的选择和不合适观点的抑制，以及追踪同伴观点或者随着时间变化的共同的背景（grounding），都需要执行控制功能。Vogeley 等（2001）试图通过比较与他人意图相关的故事和与读者自己观点相关的故事时脑区的激活，对自我中心和心理理论的加工进行区分。其发现 ToM 与 mPFC 有关；推论自己的观点则导致右侧颞顶下皮层更多地被激活，而右侧颞顶下皮层似乎与 ToM 无关。因此，其认为右侧 TPJ 涉及加工自我中心的推断，ToM 和自我中心的交互则涉及右侧 PFC，该区域被认为与执行控制过程有关。

Brown-Schmidt（2009）用"视觉情境"眼动追踪范式研究了执行控制在抑制自我中心行为中的作用。为了探测执行控制的作用，其首先使用 Stroop 任务测量了个体的差异。实验中同时包含共享和私人信息的推断交流任务，要求被试将自己所知道的信息与同伴所知道的信息进行区分，测试被试是否为了追踪同伴的所知而密切地监测了背景加工。研究结果如下：抑制 Stroop 干扰表现好的被试在回应同伴的暂时的模糊问题的早期阶段，能更好地考虑共享的信息而不是私人的信息，也能够更好地追踪哪一个言语表达是共享的，哪一个言语表达被说出但是在共享之前被打断（即依旧是私人的信息）。这个研究结果显示了执行控制的作用以及谈话者对来自背景加工中的共同知识的追踪能力在会话理解中的重要作用。

（二）会话的交互对齐模型

会话涉及一系列复杂的过程，在这些过程中，参与者需要将他们的活动与精确的时间交织在一起，而且这是所有说话者都擅长的技能（Pickering & Garrod，2004）。为什么会话如此容易？交互对齐模型认为，参加谈话的人倾向于在语言表征的不同水平上对齐，因此在会话中比在独立的听或说活动中更简单（Pickering & Garrod，2004）（图6.1）。对齐是模仿的一种形式，其重要特征是自动化，不需要认知努力。这种自动模仿或模仿更普遍地发生在社交场合。

交互对齐模型为对话中的语言加工做了两种基本假设：首先，听和说中使用的表征是对等的；其次，不同水平上的对齐过程以这样的方式交互，即一个水平上的对齐增加导致其他水平上的对齐增加（即水平之间对齐渗透）。具体来说，词汇对齐导致情景模型对齐——以相同的方式描述事情的人倾向于以相同方式来思考它们。这就意味着低水平结构的对齐最终可能会影响说话者情景模型的关键水平上的对齐，这是成功沟通的标志。

之所以会出现这种对齐，是因为它们在不同的表征水平上相互启动（语音、句法、语义）。因为这些表征在产生和理解过程中是共享的。关于语言中行为和知

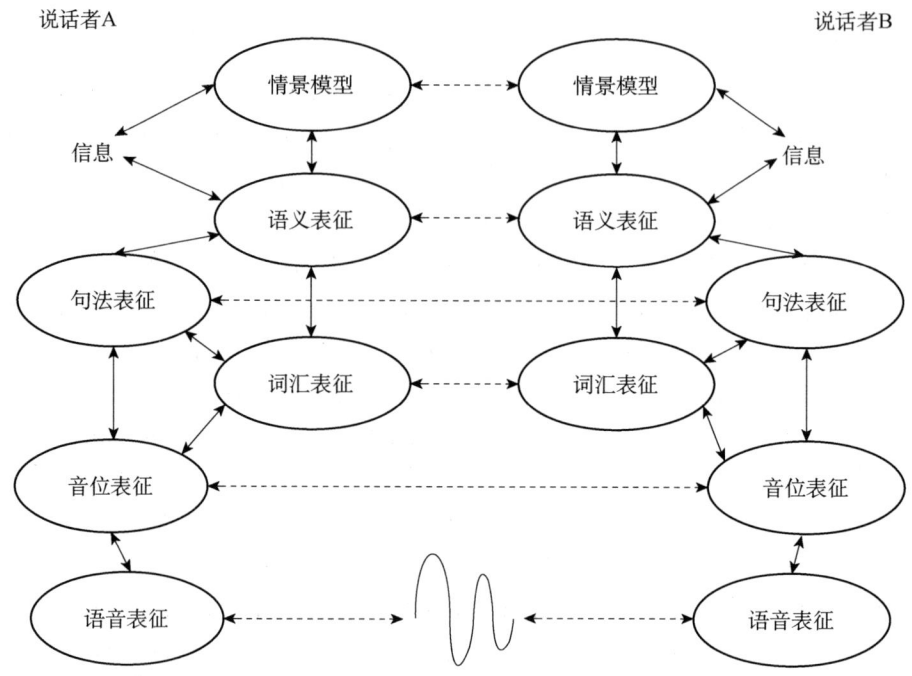

图 6.1　交互对齐模型。虚线表示对准通道（Menenti et al.，2012）

觉之间的神经重叠的大多数争议聚焦于运动系统的作用。在语音感知的运动理论中，Liberman 和 Mattingly（1985）提出语音感知是为了感知用于产生相同语音的发音姿势。在词汇中，直接对比产生和理解的研究以及控制一个因素同时操纵另一个因素的研究均发现，词汇在这两个模态之间共享神经过程。研究发现，相同脑区可以分别加工听和说中的句法。Segaert 等（2012）在同一个实验中混合了理解和产生试次。因此，被试以穿插的顺序产生或听到及物句，而且这些句子的句法结构可以是新的或在句子之间重复的。这就产生了跨模态的适应效应，而且在效果大小与启动是模态内的还是模态间的没有发生交互。结果支持这一观点，即在听和说中用于产生和理解句法的神经元集群是相同的，因此两种模态中涉及的神经表征是一样的。另外，研究还表明，对话搭档之间的对齐不仅表现在从表征的低水平到高水平上，也表现在非语言和语言过程之间。交互对齐模型认为，成功的交流是由参与对话的人在表征的很多不同水平上对齐支持的。简单来说，在对话过程中，我们不仅使用语言来传递自己的意图，身体姿势、韵律和手势也是谈话的重要方面，听者在试图推断发言者的意图时，同样会使用这些线索。

二、会话中的神经耦合

与他人的交流和互动对于人类的生存、认知和发展至关重要，人际互动中的脑机制近年来得到了神经科学研究的关注。在社会交往中，人们从他人的表情、手势、姿态、动作和语调等信息中，有意识或无意识地捕获那些转瞬即逝的社会线索。因此，在互动中，双方都会在许多层面上自发地做出回应，从身体的同步到兴趣和注意力的相似指向。这样的协同有助于预测和理解其他人的意图和行为。例如，谈话者在交谈中的话语间流畅对接的时间具有跨文化性和语言稳定性，通常在几百毫秒之内实现话语间的流畅对接（Stivers et al.，2009）；如果等到说话人话语结束再做出回应，则会延长话语间的时间间隔。因此，听者在倾听说话者说话的过程中，在完成理解的同时，还要预测结束时间，并产生与其相适应的回应。支持会话交流这种高度复杂的合作行为的神经机制是什么？

Dunbar提出了社会脑假说，认为生活在社会群体中的计算需求推动了人类大脑的进化（Dunbar & Shultz，2007；Dunbar，1998）。Jiang等（2012）的研究发现，在合作伙伴之间面对面的对话中，左额下皮层（lIFC）的神经同步显著增加，在背对背对话、面对面独白中则没有出现神经同步。在面对面对话中，合作伙伴之间的神经之所以产生同步，主要是由于合作伙伴之间直接交互，包括多模态的感官信息整合和转向-采取行为。大量的相关研究发现，面对面的交流，特别是对话，具有其他类型的交流所没有的特殊的神经机制，合作伙伴之间的神经同步可能是面对面交流成功的基础。大脑之间神经耦合程度的差异，可以用说者和听者在多重语言学层面和语言外表征的对齐程度加以解释。如何解释神经耦合在会话交流中的作用？Schoot等（2016）提出可以在预测编码的理论框架中进行解释。

Friston和Frith（2015a，2015b）从对他人的推理的角度来考虑人际交流，提出了人际交流的预测编码理论假设：大脑推断感官输入的原因，从而能够正确地预测即将到来的输入。预测编码框架符合当前认知神经科学的转变，从把大脑看作信息的被动过滤器转向将大脑视为一个主动的加工装置，从而产生对感官输入的预测。对这些自上向下的预测与较低层级的感知觉输入进行比较，二者之间的不匹配即预测误差。预测误差可以被看作促发内部生成模型被更新的反馈信号，从而自适应地使得对未来输入的预测误差达到最小化。在预测编码框架中，大脑的主要目标是尽量减少预测错误。

在会话交流的情境中，如果听者对其伙伴的言语预测的内部生成模型与同伴的相似或相同，那么他的预测误差就会达到最小化。换言之，这些内部模型的一致将会导致成功的听者预测，从而促进交流。更重要的是，当听者能够正确预测说话人接下来会说什么时，他的神经状态已经与说话者的神经活动达到广义同步性或大脑神经耦合。但是，如何正确地预测说话者将要说的话，并产生说者和听者大脑活动之间的耦合（广义同步性）？这只有在说者和听者双方都由相同的潜在驱动过程驱动时才有可能。

根据 Friston 等的观点，行动和知觉（语言生产和理解）是同一概念的两个方面。因此，当听者正确地推断出说者的生成模型时，他们的预测将是相似的，这反过来又反映在广义同步性或脑-神经耦合中。广义同步性是松散耦合动力系统中普遍存在的一种现象，在交流和预测编码的语境下，是指一种特殊的状态。这是因为从统一内部表征（即对话）这个意义上讲，交流需要在会话双方之间进行话轮转换，同时，表达和接收过程在会话双方间是此消彼长的过程。广义同步性可以被看作交流中同步动态的同义词，依赖于叙事的图式表征（分别用于说或听）。这个交流的理论框架解释了大脑之间神经耦合的机制，并且做了因果预期：说者和听者的大脑活动相互耦合的程度，应该受到听者对说者的生成模型的推断并预期后续话语的准确程度的调节。根据这一假设，听者与说者同步的表征水平应反映在大脑之间神经耦合的空间模式中。例如，如果听者在句法层面上使他们的表征与说话人的表征达到一致，这应由与句法处理相关的皮层区域的神经耦合反映出来（Schoot et al.，2016）。

大脑之间神经耦合的操作化定义是指说者与听者生成模型的匹配程度。对于语言这样的层级结构，根据行为研究可以推测，在动态生成模型中，参与者的一致性发生在不同的表征水平，从声学特征到词汇与句法，最终目标是在语言以外的水平，如情境的表征（即情境模型）层面达到一致。因此，生成模型可能包含了所有水平，而参与者之间的一致性在不同的层级水平上可能有多有少。听者与说者的一致性的表征水平应在大脑神经耦合的空间模式上有所反映。例如，对于听者与说者在句法水平上的一致性，神经耦合应该反映在与句法加工相关的脑区。

大脑之间的神经耦合可能会被作为人际理解的标记。Stephens 等（2010）分析了听者与说者之间的神经耦合程度与交流成功（以听者回忆的准确性和细节为度量）之间的关系，发现二者呈正相关。尽管这个结果有待进一步验证，但它已经提示我们如果情境模型水平上的一致性是由大脑的神经耦合所反映的，可以推测这种一致性将不依赖于交流信号。为了检验大脑之间在情境模型表征水平的耦合，可以在说者表达同样的意图但以不同的方式描述事件的实验条件下比较大脑间的神经耦合模式。

预期的生成模型和大脑的神经耦合模型在交流过程中是动态变化的。Stolk 等（2016）提出了概念匹配框架（conceptual alignment framework）。其认为在交互过程中，参与者连续更新他们的概念空间，神经活动的共享模式的时间动态性应该反映交流者对于共享概念框架的调整，这是相互理解的关键所在。这个假设得到了实验证据的支持。相关研究发现，两个参与者调整他们的情境模型时比不做调整时在右侧颞上回有更强的脑间神经耦合。神经耦合可能是人与人相互理解的标记，反映了会话中的生成模型匹配的连续过程。

以上从认知协同和神经耦合两个方面阐述了人际交流的认知和神经基础。可以看出，成功的会话交流是一种典型的社会合作行为，需要会话双方在交流过程中彼此建构共同的基础和预测模型。

第三节　会话中的隐含

会话交流是一种复杂的社会合作行为，其顺畅进行的一个前提是参与者需要遵守社会规约（Grice et al., 1975）。但事实上，参与者常常有意违反规约以实现某种交流目的，例如，间接回应、幽默、表达不充分（弦外之音）、反讽等。这种语义的隐含对话语意图的理解提出了挑战。神经语用学的研究者已经对这种交流行为的认知神经基础进行了初步研究。本节主要介绍两种隐含，即间接回应和幽默。

一、间接回应

在语言交流中，为了达到某种语用目的或者交流效果，语言表达常常包含隐含意义。对于成功的交流，听者不仅要理解字面含义，还要理解隐含意义。在语用加工过程中，这两种含义是否都需要激活以及激活的时间顺序如何，是隐含加工研究中一个有争议的问题。目前，主要有三种理论假设对这一问题进行了解释。一是标准语用模型（Grice et al., 1975）。该模型认为人们在对话中遵循合作原则，并假设人们在理解具有语用含义的话语时会先表征其字面含义，在字面含义加工完之后，如果发现与语境不符，理解者会假设与语境不符合的话语一定表达了与语境相关的内容，然后通过语用推理对会话进行重新解释。二是直接通达模型（Gibbs, 1986）。该模型认为语境信息很早就会得到加工，当语境信息支持某种语用含义时，会直接通达其语用含义，不需要激活字面含义。三是层级凸显性模型（Giora, 1997, 2003）。凸显性是由心理词典中的信息的熟悉性、规约性、使用频率和典型性等决定的。层级凸显性模型认为，无论其语境的强度如何，凸显的信息都将会优先得到加工（Giora, 1997; Peleg et al., 2001）。

在日常对话中，经常会出现说话者不直接回答提问者的问题的情况。例如，在说话人 A 和 B 之间发生了这样一段对话：

A：你喜欢我的报告吗？
B1：做一个好报告是不容易的。
B2：我希望我的彩票今晚中大奖。

在这个对话中，B 并没有直接回答 A 的问题（喜欢/不喜欢他的报告），而是采用找借口（B1）或者话题转换（B2）的方式间接地回答了 A 的问题。这似乎有违会话原则中的关联最大化原则（Grice et al., 1975；Wearing, 2015），但人们可以通过语用推理知道 B 要表达的隐含含义是"不喜欢 A 的报告"。这种采用违反关联最大化原则对说话人的问题进行回应的现象，可以称为对问题的间接回应。Holtgraves（1999）通过一系列的行为实验探讨了对间接回应隐含含义的理解过程的特性，例如，是否需要激活字面含义，是否需要推理的参与等。研究结果表明，借口和转换话题的隐含含义会在理解过程中被激活；人们在理解规约性较弱的间接回应时（例如，话题转换、间接评价、间接自我暴露），不仅需要激活其字面含义，还需要识别其隐含含义。这一过程需要较长的阅读时间，理解这种间接回应似乎是一个需要推理的过程。理解社会规约性较强的间接回应时（如间接拒绝），其隐含含义在理解过程中可以被直接识别，这一过程加工比较快，且不需要字面含义的激活。

Bašnáková 等（2014）对比了直接回应和间接回应的加工。他们让被试听一些自然语言的对话，其中最后一句话（例如，"做一个好的报告是很困难的"）在不同的对话语境和问题下具有不同的意义。在"做一个好的报告有多难？"的语境下，这句话就是一种直接回答；当问题是"你觉得我的报告怎么样？"时，这句话就是一种间接回答。在间接回答条件下，研究者观察到了从内侧额叶（mFC）到 SMA 的右前部和右侧 TPJ 广泛脑区的激活，这是一种需要 ToM 的加工任务的典型反应模式。尽管 ToM 加工所涉及的各个脑区的功能还尚未确定，但是可以肯定其中的 mFC 和右侧 TPJ 是心理理论加工的核心区域。有研究者指出，右侧 TPJ 后部可能与心理状态的推理有关，即与推测他人的信念、情绪和欲望相关。在 mFC 区域内的有些部分，被认为与复杂的社会认知加工有关。推测他人的意图（如对话目的）时，是在右侧 mFC 的前部；推测自己的意图时，是在右侧 mFC 的后部。语篇理解研究为此提供了佐证。这些脑区在语篇理解中也会被激活，因为语篇中虚构的人物的动机、目的和欲望很可能会以与现实世界中的人物相似的方式被加工。在有的语篇加工模型中，就把背内侧额叶和右侧 TPJ 看作一种主角透视网络，能够在理解角色目的的基础上预测其后续的行为。

van Ackeren 等（2016）考察了加工直接/间接话语的神经基础，揭示了在线加工中语言理解的语言区、感觉-动作区和心理理论区域存在交互作用。其尤其关注人们对他人意图的信念是如何影响大脑中语义信息的表征的。目前，尚不清楚在间接请求中神经运动系统的激活,即运动知识语义提取是由涉及处理复杂语言输入的外侧裂语言区(perisylvian language region)控制,还是由负责推理说话者交际意图的心理理论网络控制。van Ackeren 使用 fMRI 对这个问题进行了探讨。实验刺激包括两个人之间的 144 个口语对话(说话者 A,说话者 B)。其中,108 个刺激包括 A 和 B 之间可理解的对话,而 36 个刺激是不可理解的(即反向言语)。在可理解的对话中,A 总是提出一个需要由 B 回答的问题。问答配对导致形成了三个实验条件:①直接回答,其中 B 的答复是对 A 问题的字面和事实答复;②间接回答,其中 B 对 A 回答的意义不是字面反映的意义,需要对 B 所说的话的含义进行一些推论;③间接行动请求,其中 B 对 A 回复的含义不同于字面意义,此外还表明 B 要求 A 执行某种行动。实验中,要求被试认真听对话,并思考 B 的回答是否暗示要求 A 采取行动,同时对被试进行 fMRI 扫描,记录其大脑的反应。结果表明,从间接回答中推理意义,涉及了部分心理理论网络(mPFC);对动作的请求还激活了皮层运动系统(IPL)。研究者使用动态因果模型(DCM)做了后续的连接性分析,揭示了从心理理论网络 mPFC 到动作系统 IPL 的有效连接的增强,解释了间接话语增强了信息从语言网络到心理理论网络的流动;在间接请求(说话者间接要求听者进行某种肢体动作)条件下,可以观察到从心理理论网络到神经运动系统的有效连接。研究表明,理解会话的意图需要听者具备心理理论能力。因为语言的字面意义并不完全等同于其要表达的意义,因此推断说话者的意图,就需要心理理论网络的参与。尽管镜像神经元系统的观点可以用来解释行为,但是并不能解释人们对于意图的推断过程。从记忆中提取词汇信息,继而将这些词汇信息整合形成对话语的理解,是语言理解的基本过程。然而,要实现对语言的完全理解,除了这一过程涉及的核心区域外,还需要其他脑网络的参与。

  Feng 等(2017)研究了间接回应加工涉及的脑网络及其语境关联性的调节作用,发现在理解间接回应时,不仅是从 IFG 到 dmPFC 的功能连接增强,还存在更广泛的语言理解网络(包括 IFG、MTG)与 ToM 网络(包括 TPJ、dmPFC)的连接增强。为了考察语境关联性对理解会话含义的影响,实验还操纵了对话的回应句与之前语境的关联程度。回应句共分为四种条件:直接的、间接但相关的、不相关但有语境提示的、不相关且无语境提示的。研究者让被试听对话,并进行是或否的判断。结果表明,与直接回应相比,间接回应显示双侧 IFG、双侧 MTG、双侧 TPJ、dmPFC 和楔前叶的激活增加。在语用推理中,语言理解网络的核心区域(IFG/MTG)与心理理论网络的核心区域(右侧 TPJ/dmPFC)之间的功能连接增强。此外,按照非直接回应的关联程度,右侧 MTG 存在从前到后的梯度激活,表明读者为了建立最优的语境关联性,激活了更多的语义信息。

  会话含义有不同类型,根据与语境之间的关系,会话含义可以分为特殊会话含义（particularized conversational implicature）和一般会话含义（generalized conversational implicature）。对前者的理解需要基于话语所处的特定语境，而对后者的理解则无须了解话语语境信息。与一般会话含义相比，特殊会话含义理解的认知过程是否具有特殊性？对此不同的语用学理论持有不同的观点。Feng 等（2017）利用功能性磁共振和经颅磁刺激等神经科学研究方法，研究了特殊会话含义理解的认知和神经机制。

在实验中，被试先后完成听觉理解任务和 ToM 任务。在听觉理解任务中，实验材料是包含背景介绍、是否问句和答句三个部分的日常对话。在关键实验条件中，答句间接但明确地回答了前面的是否问句。在特殊含义条件中，理解回答的意义，需要有关于特定语境的知识；在一般含义条件中，则不需要关于特定语境的知识。同时，在有对应的无含义控制条件下，其答句分别与两个关键条件下的答句基本一致。在实验任务中，被试首先听取对话内容，之后对答句的真实意义进行二选一的判断。此外，研究者还采用错误信念故事理解范式测量了被试的心理理论的神经表征或能力。实验结果如下：fMRI 实验发现，相比各自的控制条件，特殊含义理解引发了包括双侧 IFG 和 MTG 在内的额颞语言网络的激活，以及双侧 TPJ、mPFC 和楔前叶等与 ToM 加工相关的脑区的激活。一般含义理解则引发了双侧 IFG、左侧 MTG 和 mPFC 的激活。进一步采用多变量模式分析（multivariate pattern analysis，MVPA）和基于元分析数据库的神经解码分析，发现对特殊含义与一般含义的理解都需要调用相似的语言加工过程，对特殊含义的理解还需要进行 ToM 加工。围绕 mPFC 的兴趣区分析，发现在特殊含义与一般含义理解中共同激活了 mPFC 区域，在神经表征、个体差异以及功能连接方面表现出了显著差异。研究者利用非侵入性脑刺激技术（经颅直流电刺激）考察了右侧 TPJ 在特殊含义和一般含义理解中的因果作用，结果表明：rTPJ 的活动是通过影响个体的心理理论能力，进而因果性地影响了对特殊含义的理解，但没有影响对一般含义的理解。

Feng 等（2017）进一步探讨了特殊会话含义理解过程中语境信息加工的神经基础，以及认知过程对任务的依赖程度。实验中操纵了两个因素：一是说话人的话语与语境之间的语义关联程度；二是听者完成任务时是否需要理解话语中的特殊含义。研究者操纵了被试完成的在线任务类型，在不同的区组中，被试需要分别完成听觉理解任务和词类判断任务。行为实验发现：在听觉理解任务中，随着语境关联程度的降低，被试理解特殊含义需要更长的时间；在词类判断任务中，尽管被试在完成与会话含义理解无关的任务，反应时依然受到答句为直接回答还是间接回答的影响，却没有受到间接回答的语境关联程度的影响。研究者通过采用单变量分析和 MVPA 分析发现，右侧 IFG 和双侧 MTG 的平均活动强度随着语境关联程度的降低而增加。无论是在语言（IFG 和 MTG）还是心理理论加工（TPJ、 dmPFC 和楔前叶）的脑区，都能通过训练达到对不同语境关联条件的明确区分，表明这些脑区均精细地表征了话语语境关联程度的变化。此外，双侧 MTG、左侧 IFG 和左侧 TPJ 在听觉理解任务下对语境关联的神经表征，在词类判断任务中也得到了一定程度的体现，而另一些脑区则没有体现出这种迁移现象，其中包括右侧 IFG、右侧 TPJ、dmPFC 和楔前叶。这表明在特殊含义理解所涉及的诸多加工过程中，语义信息或社会语境信息的提取乃至整合加工能够在一定程度上自动化地进行，双侧 MTG 区域为了建立恰当关联，有更加广泛的语义激活，左侧 TPJ 区域产生了对社会语境信息的提取，而涉及执行控制（右侧 IFG）和推理（mPFC）的认知过程则需要由明确的理解意图驱动。

二、幽默

在人际交流中，幽默显然是一种隐含意义的表达方式，其真实意义的获得需要通过推理。考虑到接受者的情绪状态和幽默讲话者的社会地位，对是否讲笑话是需要选择的，而且选择的结果对交流有非常显著的影响。一个幽默的表达可以影响会话双方的亲密程度和等级关系。当幽默未被理解时，就有失去效果甚至产生尴尬的可能，而失败的幽默可能会引起不礼貌的回应。可见，理解幽默是成功会话的条件。幽默讲话的成功需要双重的推断，即其意义需要在交流双方之间建立，听者需要探测到并理解说话者的幽默讲话的目的。

（一）心理模型和幽默意图

de Jongste（2016）根据 van Dijk 和 Teun（2008，2009，2014）的心理模型理论，提出了幽默理解的心理模型，解释了幽默话语理解的认知加工过程。该模型区分了幽默话语背后的私人心理模型、公共心理模型和交流意图，并解释了三者在幽默话语理解中的作用。

（1）心理模型。人们通过心理模型的构建来解释情境。心理模型整合了人们对于情景的相关成分以及这些成分之间的联系方式的评估。相关成分包括环境、交流双方期待的行为模式和共同的目标、交流双方的行为和心理过程，以及由此导致的交流双方的目标、动机、意图、期待等。此外，还需要评估行为的适宜性以及行为对他人的影响。心理模型用于管理情境，是策略性地操控自己和评估他人的操作框架。心理模型的建构需要整合选择性注意和意图状态。意图状态以信念、感觉和要求的形式存在。情境是动态的，会随着时间而发展和改变。作为人们对情境独特、动态、主观的心理表征，心理模型可以让人们对于将要发生的事情以及如何通过行为影响情境做出有效假设。人们构建心理模型时，不仅要考虑此时此刻存在的情境，还要把自己放在其他时刻或其他情境或一系列包含他人的情境中，甚至构建虚幻情境的心理模型、反事实的想法等。在交流情境中，这些都可能参与或者协调人们与他人的交流。

（2）私人心理模型、公共心理模型和先验意图。van Dijk 和 Teun（2008，2009，2014）区分了经验的心理模型和表达的心理模型。经验的心理模型是私人的和非话语的，而表达的心理模型是与他人公开地交流和协调的模型。谈话中，交换协调的模型是改编的经验模型，使表达的心理模型适合于社交。de Jongste（2016）根据这个理论提出，说话时呈现给他人的心理模型叫作公共心理模型；经验心理模型代表了一个人所拥有的关于当前情境的信念、愿望和情感，称为私人心理模型。公共心理模型是对私人心理模型经过策略地改编的结果。Haugh（2009）把说话策略性所追求的意图称作先验意图，并将这种形式的意图定义为仅存在于说话者心理空间的意图，即这种意图不会公然地传达给他人，但是会影响人们说话时的组织和设计。这个先验意图可以被解释为经验的私人心理模型和说话的公共心理模型的策略性联系。在交流中，根据对他人非言语动作的观察、共同的文化背景和共享的世界知识，人们可以重新构建他人的私人心理模型，对他人真正的信念、情感和愿望做出假设，这些假设无须与其公开表达的内容相一致。在谈话中，说者呈现的是公共心理模型，听者在真实的情景中可以重新构建其私人心理模型。通过比较私人心理模型和公共心理模型，可以重新构建人们的先验意图。如果公共心理模型与私人心理模型相一致，就可以把表达的意图作为先验意图的可信表征；如果公共心理模型和私人心理模型之间存在差异，就会出现认知的不一致。对这种不一致的解释之一就是幽默。说者隐藏幽默意图，其目的却是让听者探测到并引起愉悦。在人们的交往中，探测意图是一种具有挑战性的、愉悦的过程。换言之，判断讲话者的公共和私人心理模型是如何联系的是一种趣味。在有趣的讲话中，说话者可能会表现出似是而非的行为，而听话者的任务就是发现这种假装及其确切的运作方式。为此听者需要对公共的和私人的心理模型做出正确的结论，也就是说在呈现公共心理模型和隐藏的私人心理模型之间感知到不同。

（3）衍生性动机状态。在 Apter（1982，1984，2013）的理论中，衍生性动机状态是心理模型的组成部分。一个伴随目的的衍生性动机状态意味着在人们的私人心理模型中，对于必要目标的追求可以被暂时悬置，交流活动可以由于本身的缘故在心情愉悦的情况下被享受。在这样一种状态下，通过比较公共的和私人的心理模型来探测一个人先验的幽默意图，就变成了一种有趣的活动。讲话者向接受者呈现扭曲的私人心理模型，策略性地、有趣地挑战接受者，并激起其积极的情绪回应。总之，幽默的交流可能包括如下构建和重新构建活动：出于一个幽默的先验的意图，讲话者操控自己的私人心理模型，呈现一个扭曲的不一致的公共心理模型；听者体验不一致，感到有重新构建讲话者先验意图的需要；讲话者提供有限的信息，帮助听者构建准确的心理模型；交流双方暂时处于大脑的伴随目的状态，关注有趣的行为而不是对重要目标进行追求。这使得缺乏友善是可接受的，使得挑战有趣味。接受者感知到不一致并推测是一个幽默的意图，会做出适当的回应。

（二）幽默理解和幽默欣赏的神经机制

关于幽默理解的认知神经机制，目前的研究中主要关注了幽默理解的认知成分和加工的时间进程，幽默认知与情绪体验之间的联系与差别，以及幽默理解机制的性别差异等。

（1）幽默理解的认知成分。为了清楚地将认知过程的重叠映射与幽默的电生理活动分离开来，Feng等（2014）用有趣、无趣以及荒谬的问题回答型的句子调查了皮质激活的时间动力学。被试内的比较表明，荒谬的句子会引出在350～500ms最大的负事件相关电位偏差（N400）。此外，相比非笑话，笑话会在额-中央皮层区域引起更大的N400振幅，这可能反映了幽默中的不一致探测。在500～700ms，相比不合理的句子，笑话和非笑话都会在顶-中皮层区域引发更大的正波（P600），这可能表明在不一致的解决过程中有一个重新分析的过程。此外，与非笑话和荒谬的句子相比，笑话会在顶-中皮层区域引起800～1500ms的最正的慢波活动，这可能与幽默加工精化阶段中的情绪加工有关。这些结果说明，幽默加工的认知功能可分别反映在N400、P600和晚期电位（LPP）上。

（2）幽默欣赏的神经动力学。理解一个笑话依赖于来自多个大脑区域的语义、记忆、推理和情感加工。Marinkovic等（2011）结合脑磁图和核磁共振成像技术，考察了大脑在加工幽默时所激活的脑区及时间进程。被试阅读一系列问答句时，答句与问句有三种组合情况：①问答句形成一个笑话。②答句只是从语义连贯上回答了问题。③答句与问句毫无关系，形成语义违反。被试的任务是评价它们是否有趣。正如预期的那样，由于整合的困难，语义违反的答句使左侧颞额区域的N400m达到最大。相比之下，在最初的词汇语义阶段，形成笑话的答句会引起最小的N400m，这与它们启动的与设立的问题的"表面一致性"相一致。与对歧义的敏感性相一致的是，前内侧前额叶皮层可能会对随后的"第二轮"加工做出贡献，对于笑话而言，这可能反映了在有趣的回答中一个巧妙的"扭曲"的探测。在右前额叶皮层中同时出现了笑话选择性的活动，这可能会导致在建立有趣回答和问题之间的远距离的、意想不到的、创造性的连贯性时，一个扩展的双侧颞额神经网络的活动。从最初有希望的但有误导的在左额颞联合处的整合，到在内侧前额叶的模糊评价和右侧前额皮层的再加工，这一进程可能反映了从紧张到放松的幽默加工过程。

（3）幽默理解的性别差异。Yu-Chen（2016）在幽默的三成分理论的框架基础上，研究了幽默加工的神经机制的笑话类型和性别之间的关系。三种类型的语言笑话（架桥推理笑话、夸张笑话和模糊笑话）被用作刺激。结果表明，大脑活动的差异在性别和笑话类型之间存在交互作用。对架桥推理笑话来说，女性在颞顶-中脑-运动网络（the temporoparietal-mesocortical-motor network）中表现出比男性更大的激活。这表明了 TPJ 对于心理理论加工的重要性，眶额皮层对于动机功能和奖赏编码的重要性，以及副运动区域对于笑声的重要性。女性也比男性在与夸张笑话相关的前额-中脑边缘网络（the frontal-mesolimbic network）中表现出更大的激活，包括用于执行控制过程的 PFC 的前部（额极）（BA10），以及用于奖赏预期和显著加工的杏仁核和中脑。与此相反，模糊笑话在前额-旁边缘网络（the frontal-paralimbic network）中（包括背侧前额皮层和海马旁回）引起的激活，男性的程度比女性更大。所有的笑话类型在女性的 PFC 前部的激活比男性更活跃，而在男性 dPFC 中的激活比女性更活跃。为了证实与性别差异有关的发现，研究者还进行了随机组分析和组方差分析。这些结果有助于进一步建立对于不同性别而言不同笑话类型的加工机制，并为幽默性别差异理论提供神经基础。

（4）幽默认知与体验。体验幽默中的乐趣，需要我们能够对幽默进行认知，但是幽默认知并不一定伴随着愉悦的体验。在社会交往中，识别幽默非常重要，但是体验幽默相对来说就没有那么重要。关于对幽默理解和幽默欣赏中的神经机制进行区分的神经影像学的研究还比较少。在这些研究中，实验设计上的缺陷导致幽默理解与幽默欣赏之间的神经特异性被掩盖。为了弥补实验设计上的缺陷，Campbell 等（2015）采用了一个三分法的实验设计。其让 24 名被试对 120 幅漫画进行判断，其中包括 90 段未经改变的幽默含义的材料和 30 段变化了标题的没有幽默含义的材料，这样一共包括三种条件，分别是幽默（funny jokes，FJ）、标题幽默但是内容并不幽默（not funny jokes but intended to be funny，NFJ）以及没有幽默含义的（non-jokes，NJ）。被试的任务是判断当下呈现的材料属于哪一种类型，通过 NFJ-NJ 来定义幽默理解的脑区，通过 FJ-NFJ 来定义幽默欣赏的脑区。该研究测量了幽默理解和幽默欣赏的兴趣区，以及整个大脑的活动。结果发现，NFJ-NJ 显著激活了幽默理解的兴趣区，而 FJ-NFJ 则选择性地激活了欣赏幽默的兴趣区。一个重要的发现是，理解的正确性水平与 TPJ 对于幽默理解的反应具有相关性。这表明 TPJ 对于幽默理解具有重要作用。另外一个发现在于，SFG 与幽默欣赏相关。这表明幽默欣赏中潜在地存在复杂认知加工，而且幽默欣赏的模型应该被修改。最后，结果表明，我们采用的实验设计方法能够有效地区分幽默理解和幽默欣赏的加工过程，并且能够有效地测量理解幽默正确性中的个体差异。

第四节 跨通道信息整合

在面对面交流中，会话参与者不仅用语言表达自己，还伴有姿势（包括手势）、面部表情和眼睛注视等行为。这些语伴行为有助于说者充分表达自己的思想，也有利于听者更好地理解说者的意图。听者如何加工这些语伴行为并与交流语言进行整合，是近年来交流认知神经科学研究的一个话题。

一、手势

（一）手势与语言的强耦合

语伴手势是指与语言系统紧密相连的手部动作。研究者认为，手势和言语之间的强耦合表明，它们可能属于同一个整合的系统，即交流系统（McNeill，1992）。言语和语伴手势的共现是语言和运动之间存在交互作用的一个例证。Willems 和 Hagoort（2007）从口语声音的运动表征、运动相关的语言、手语和语伴手势等方面总结了语言和运动关系的认知神经科学研究，这些研究表明，言语和手势之间存在很强的交互，这种交互与语言和运动之间的其他交互方式共享一些特性。

手语是听力障碍者运用手势进行交流的语言，手语理解与口语理解的神经机制是否相同呢？神经影像学研究发现，听力正常的被试在加工语言时会激活外侧裂语言网络（包含左侧额叶和颞叶等脑区），而这个网络在听力障碍者观看手语时也会被激活。这表明口语和手语具有相似的神经基础。另外，也有研究发现，顶叶一些被认为与动作理解相关的脑区在听力障碍者加工手语时有更强的激活（MacSweeney et al.，2004）。非手语使用者在观看手语时，也会激活传统的语言区，如额下和（或）颞上区域（Levänen et al.，2001；MacSweeney et al.，2004，2006）。这些结果表明，手语与口语理解具有相似的神经机制。

语伴手势是指在说话过程中所伴随的手势。一项 ERP 研究发现（Kelly et al.，2004），被试在听到一个描述物体特性（长或宽）的词之前，如果呈现一个与之不符合的手势，相比符合的手势，会诱发一个更大的负波，大约在词呈现 400ms 之后达到峰值。该效应与语言中的 N400 效应相似，均反映了语义加工过程。那么，手势所诱发的 N400 效应与语言中的 N400 效应是否相同呢？ERP 研究发现，手势所诱发的 N400 效应与语言所诱发的 N400 效应在潜伏期上没有显著差异，表明两种条件下的信息整合时间进程没有差异。然而，fMRI 研究发现，手势违反与语言违反均更强地激活了左侧额下脑区，表明该脑区在整合言语和手势信息过程中有重要作用。还有研究考察了语伴手势对言语理解神经反应的影响。研究发现，当被试观看理解伴有手势的言语时，布罗卡区对其他脑区的影响最小，研究者认为，这表明手势促进了语义选择或提取（Skipper et al.，2007）。

语言和运动之间具有紧密的联系，语言理解过程并非必须依赖于动作激活。比如，有些研究发现，描述动作的动词表达隐喻意义时并未激活运动区。语言和运动之间的联系，使得人们改变了对于大脑加工不同认知领域信息的看法，即大脑在加工过程中存在一定程度的灵活性。比如，同一个脑区可能负责不同的加工任务，像额下脑区在很多认知加工中均有激活，如动作观察、序列或语义选择等。

（二）言语和手势信息的整合发生在语义层面

Kircher 等（2009）采用 fMRI 技术，在观察自然交流的过程中，对言语和手势之间的交互，特别是隐喻手势影响抽象概念理解的神经基础问题进行了探讨。在这项研究中，14 名德语被试观看持续 5s 的视频片段。视频片段分为 8 种条件：①视频中的个体在表达抽象内容的德语句子时，伴随着相应的隐喻手势；②抽象的德语句子伴随着不相关的随意手势；③俄语句子伴随着相应的隐喻手势；④俄语句子伴随着不相关的随意手势；⑤视频中的个体只说抽象内容的德语句子；⑥视频中的个体只说俄语句子；⑦视频中的个体只做出隐喻手势；⑧视频中的个体做出不相关的随意手势。结果发现，相比单一信息条件，在言语和手势信息均存在的条件下，lMTG、右侧 STS、PMC 和左侧 IFG 的激活增强。相比纯言语条件，在言语和手势均存在的条件下，左侧 STG 和左侧脑岛后部的激活减弱。

以往的研究发现，左侧颞中回在语言研究以及隐喻加工中均有激活，同时研究也发现，MTG 后部在多感觉信息整合过程中也被激活。右侧 STS 的激活与手语加工等有关。左侧 PMC 的激活与运动观察、人类语言加工以及言语-手势失匹配的语义加工有关。左侧 IFG 反映了高层次的语义加工，比如隐喻理解，并且该脑区也与言语-手势失匹配加工有关。由此，结合研究条件，Kircher 等认为其研究中发现的左侧额叶、PMC 以及双侧颞叶皮层的激活可能反映了加工需求的增加或语义整合效应。

研究中还发现，相比纯言语条件，伴随手势信息的言语条件下左侧 STG 和左侧脑岛的激活减弱。激活减弱主要被解释为多感觉信息整合抑制、重复启动的促进过程、语义启动以及跨通道启动。在俄语信息伴随手势信息的条件下，并未发现这两个脑区激活强度的降低。因此，研究者认为这两个脑区活动的减弱可能源于该条件下信息理解的加工需求降低。总的来讲，Kircher 等（2009）的研究表明，伴随言语的手势信息能够促进面对面的交流中的语言理解。

（三）手势理解的脑网络

手势在传达意义方面具有重要作用，心理学和神经科学对手势理解做了大量研究。然而，对于这一问题的探索非常具有挑战性，因为手势非常复杂，比如，手势的意义可能依赖于言语，如形象手势和隐喻手势（iconic and metaphoric gesture），也可能独立于言语，如象征动作。手势既可以表示具体意义（形象手势）和抽象意义（隐喻手势），也可以表示社会意义和非社会意义。另外，手势加工的研究也采用了很多不同的任务，比如，被动观看手势影片，对手势进行一些判断，甚至在加工手势时完成一些不相关的任务。这些都使得对手势理解的神经机制的探讨变得非常困难。鉴于此，Yang 等（2015）综述了该领域的研究，同时关注了伴随言语的手势（标志、隐喻及击打手势）和独立于言语的手势（象征），并且考虑了任务要求（外显和内隐任务）的影响，尝试总结了手势理解的脑网络。

结合手势类型以及任务要求，研究发现，左侧 IFG（BA9）和左侧 MFG（BA9、BA6、BA46）、左侧 STG 和左侧 MTG、双侧顶上小叶（SPL）和 IPL 在不同的条件下均有激活，表明这些脑区在手势加工中具有重要作用。连接分析发现，左侧 IFG（BA9）、右侧 PG（BA6）、左侧 MTG（BA37），不管在哪种手势类型的研究中均有涉及；左侧 IFG（BA9）、双侧 MTG（BA37、BA22）和双侧枕中回（MOG）不管在哪种任务要求下均被激活。另外，左侧 IFG（BA45、BA47）、左侧 SG、脑岛、楔前叶、BG 在特定的条件下被激活，表明这些脑区在手势理解中发挥了特定作用。基于上述结果，Yang 等（2015）提出了手势理解的三个网络。手势作为手部动作的一种，与不以交流为目的的手势在视觉上具有相似性，因此在手势理解过程中肯定涉及一个动作观察网络，被称为知觉运动成分。同时，手势能够表达不同的意义，因此必然会涉及一个概念加工的网络，被称为语义成分。最后，手势不仅表达意义，还传达象征、情绪、感觉等，因此必然会涉及一个情绪加工系统，被称为社会情绪成分。

观看手势时，双侧 PMC 和 PL 以及左侧 pSTS 会被激活。以往的研究认为，这些脑区是动作观察网络的组成部分（Nummenmaa et al., 2014）。语伴手势与独立手势共同激活了左侧 IFG，一直延续到腹侧前运动皮层（PMv）。左侧 PMv 是人类镜像神经元系统的一部分（Rizzolatti & Sinigaglia, 2010），该系统反映了所观察到的运动与大脑中所表征的运动之间的映射关系（Rizzolatti, 2005）。不同手势加工条件下 PMv 的激活表明，手势观察需要将观察到的手势与大脑中的手势表征匹配在一起。另外，右脑背侧前运动皮层（PMd）、双侧 SPL 和 IPL 以及左侧 pSTS 的激活也不依赖于手势类型。PMd 在观察手臂和手部动作时被激活。SPL 对运动计划中的空间朝向敏感，同时，研究发现 PMd 会接收 SPL 的信息输入（Johnson et al., 1996）。关于 IPL，有研究认为其是镜像神经元系统的组成部分，在理解动作目的时会被激活。左侧颞上沟在生物运动的视觉识别时会被激活，并且该脑区与 IPL 直接相连（Rizzolatti et al., 2001）。总体来讲，pSTS、PMv、IPL 参与手势识别，而 PMd 和 SPL 主要参与对观察者有意义的动作刺激的加工。

不管是语伴手势和独立手势的连接分析，还是内隐任务和外显任务的连接分析，均发现了双侧颞中回后部的激活，并且左侧颞中回后部占主导。语伴手势和独立手势都能传达语义，并且不管是在内隐还是外显任务的研究中都涉及理解，因此颞中回后部可能反映的是手势理解过程中的语义信息加工过程，并且该过程不依赖于语义信息编码形式和任务要求。以往的研究发现，颞中回后部在单词加工中的词汇语义信息提取过程中发挥了重要作用。然而，在手势理解研究中，该脑区会在标志手势（Green et al., 2009；Willems et al., 2009）、隐喻手势（Kircher et al., 2009）、情绪手势（Lotze et al., 2006）以及象征手势（Andric et al., 2013；Xu et al., 2009）的语义信息加工中被激活。这些结果表明，颞中回后部参与了手势信息的词汇语义提取过程，当然也可能是由于该脑区负责超通道层面的概念加工（Binder et al., 2009）。

手势不仅能表达语义，同时还会传递情绪。比如，一些象征手势不仅表达一些抽象概念，同时也体现了手势主体的情绪。例如，大拇指朝下，其意义是"这是不好的"，同时也表明了个体沮丧或失望的情绪。Yang 等的研究发现，IFG（BA47）、壳核（putamen）和右侧脑岛（right insula）组成了手势理解中的情绪特征加工系统（Lotze et al., 2009）。研究认为，IFG（BA47）的激活反映了个体尝试理解或对手势的情绪信息做出反应的过程。值得注意的是，手势需要配合面部表情才能表达情绪，而以往的研究发现壳核和脑岛损伤会诱发表情识别障碍。由此这些脑区组成了手势理解中的情绪信息加工系统。总结起来，对手势的理解过程会有很多脑区的参与，其中主要包含三个脑网络，分别为知觉运动网络、语义网络以及社会情绪网络。

二、注视

在面对面的交流中，说话者对谈话场景中客体的凝视会给听话者提供一个视觉线索，这一线索代表了说话人的（视觉）注意中心（Emery，2000；Flom et al.,

2007）。这一过程为听话者提供了很多有用的信息，能帮助其推测说话者的交流意图或目的，从而促进理解（Hanna & Brennan, 2007）。然而，对于说话者凝视的功能有两种解释：一种是与其他视觉线索一样，只是引导听话者的视觉注意；另一种是能够独特地表达意图。更确切地说，说话者的凝视可能会在两个层面上影响言语理解：首先，在知觉层面上，凝视位置的变化可以被视为灵活的视空间转换，能提高某一客体或某一空间位置的凸显性（Driver et al., 1999; Friesen & Kingstone, 1998; Langton & Bruce, 1999）。其次，在认知层面上，凝视还可能被附带地视为推测说话人指示意图的线索，可以让听话者对后续谈话中所涉及的指示物进行预期（Hanna & Brennan, 2007）。目前，关于第二个层面的必要性，仍存在争论。

最近，有一些研究比较支持凝视不仅仅起到视觉注意转换的作用，还有传达意图和表明心理状态的功能。比如，Meltzoff 等（2010）给婴儿呈现一个机器人。婴儿分为两个群体，一类有过与成人社会互动的经验，另一类没有。结果发现，有互动经验的婴儿的眼睛会跟随机器人的凝视点，这表明凝视具有一定的社会功能。但是，如果只是单纯的视觉线索是不是也能达到同样的效果呢？以往的研究发现，人们会不由自主地跟随凝视线索以及其他能够提供方向信息的线索，如箭头（Ristic et al., 2002）。这两种线索的功能是否相同，仍有待考察。事实上，个体经验使得人们意识到凝视线索能够表示传达者的一些信念、意图甚至是情绪，这些对于交流过程都很重要（Tomasello & Carpenter, 2007）。因此，对凝视点的跟随可能有助于对伴随的语言信息进行整合。

为了分析凝视点的视觉线索功能，Staudte 等（2014）做了一系列实验。其在实验中对比了个体的凝视和单纯的箭头线索的作用，探讨了凝视点的功能是否必须具有意图推断性。为了在语言理解过程中验证凝视点的作用，第一个实验给被试呈现一些视频片段。在视频中，一个故事主体（Amber）坐在桌子前，桌子上摆着 7 个不同形状和颜色的物体。Amber 会在说话（"那个鸡蛋比那个盒子高"）的同时伴随头和眼睛的移动，以指示话语中提到的两个物体，凝视点的变化会早于话语中关键物体出现的时间点。眼睛凝视物体的顺序与话语中物体的顺序存在一致、相反和中性的关系（中性条件即不提供任何线索）。被试的任务是判断话语描述的情形与视频中物体的情况是否相符。结果发现，当顺序一致时，被试的加工最容易，而当顺序相反时，被试的加工最慢。这表明被试采用 Amber 的凝视点来预期 Amber 想要指代的物体。在第二个实验中，将 Amber 的凝视点取消，用箭头来标记特定物体，探讨第一个实验中出现的效应是只出现在视觉水平上，还是也包含了意图水平。结果发现，当顺序相同时，与第一个实验结果相似；当顺序相反时，相比中性没有线索的条件，箭头的出现也促进了被试对目标的加工。然而，第一个实验和第二个实验除了改变线索方式之外（凝视和箭头），线索与故事主体之间的关系也改变了，在第一个实验中，凝视是由主体发出的，而第二个实验中箭头与主体没有关联。因此，研究者做了第三个实验，添加了一句指导语，告知被试箭头表示主体 Amber 当前感兴趣的物体，除此之外，所有实验操作都与第二个实验相同。实验的结果模式与第二个实验相似。另外，除了线索与主体之间的关系外，线索的精确程度也存在差异，主体发出的凝视所提供的物体信息的精度不及箭头线索。因此，研究者做了第四个实验，将视频中桌面上的物体从 7 个减少到 4 个。为了确保精度，在不呈现言语的条件下，让被试判断视频中的主体先后看了哪两个物体，结果正确率达到 91.7%。实验的结果模式与第二个实验相似，即使在物体顺序相反的条件下，被试的反应时也短于中性条件。

总体来讲，一系列实验的目的是想探讨说话者的凝视对于言语理解的影响只是基于听话者根据凝视而发生的视觉注意转换，还是基于听话者能够根据凝视而推测说话者的意图。从后者来讲，当凝视确实表达了说话者的意图时，应促进听话者的言语理解过程；当凝视顺序与言语中的物体顺序相反时，应该不会促进甚至会抑制言语理解过程。该研究发现，在增加了线索精度的条件下，即便凝视顺序与言语中的物体顺序相反，仍然促进了言语理解过程。因此，该研究表明说话者的凝视线索只是改变了言语理解过程中的视觉注意转换。

三、情绪

言语可以通过两方面传达情绪：一是韵律信息；二是言语内容，包括词汇意义和整合了词汇、句法和语境信息之后的句子意义。不同的言语理解任务均涉及核心语言相关脑区的激活，同时还有其他特定脑网络的参与，如听觉、视觉、空间或情绪（Desai et al., 2010；MacSweeney et al., 2008）。

Peelen 等（2010）采用多体素模式分析以及情绪强度判断任务的研究发现，mPFC 和左侧 pSTS 在推测他人情绪类别时会被激活，并且不依赖于信息输入通道（表情、声音等）。以往关于情绪言语加工的研究也发现了这两个脑区的参与。Beaucousin 等（2007）给被试呈现句子，被试需要完成两个任务。在情绪句子分类任务中，被试需要判断句子表达的是生气、高兴还是悲伤；在句子语法分类任务中，被试需要判断句子采用的是第一人称、第二人称还是第三人称。结果发现，相比句法分类任务，情绪分类任务在双侧 IFG、左侧 TPJ 以及左侧 dmPFC 有更强的激活。研究者认为，这些区域的激活反映了在情绪句子分类的过程中涉及了不同的神经系统，包括情绪韵律系统（右侧颞叶和杏仁核的激活）、语言系统（IFG 的激活）以及心理理论系统（mPFC 和 AG 的激活）。

为了验证在情绪韵律加工过程中不同的神经系统如语言系统或心理理论系统对于情绪言语理解的贡献，Hervé等（2012）采用fMRI技术进行了研究，并用功能连接分析方法对数据进行了分析。与Beaucousin等（2007）的研究相同，实验包含两个任务，即情绪分类任务和句法分类任务。研究结果是，相比句法分类条件，情绪分类条件下激活的脑区由三个系统组成：一是外侧裂系统，包含额下皮层、STS、AG、TP等脑区。这些脑区基本上是双侧被激活，并且存在很强的半球内偏相关。二是内侧皮层系统，包含左侧TPJ和双侧dmPFC、vmPFC和PCC。三是杏仁核系统，包括双侧杏仁核。

在句子句法分类任务中，相比基线条件，外侧裂系统中包含的四个脑区也存在激活，表明这些脑区参与了句子水平的语言加工。然而，在情绪分类任务中，这些脑区的激活增强，表明该任务条件下的语言加工需求提高，因为句法分类并不需要深层次的语义分析。以往研究比较一致地发现，ATL包括STS会在语言理解中被激活（Mazoyer et al.，1993），pSTS（包括AG）参与了句子层面或跨越句子边界的语义整合（Vigneau et al.，2006）。这些证据表明，这些脑区参与到了句子或语篇加工过程中。

内侧皮层系统中激活的脑区主要是参与心理理论加工的脑区，如TPJ、PCC和mPFC。以往的研究发现，当情绪韵律消失之后，这些脑区仍然存在激活。一个假设是这些脑区特别是mPFC参与了以句子内容为基础进行情绪意义推测的过程。在实验结束之后的问卷调查中，大部分被试报告他们会使用自己的社会知识去推测，当自己遇到句子所描述的情况时会有怎样的情绪反应，这是心理理论的一种表现形式。dmPFC参与语篇理解中的自动推理加工（Ferstl & von Cramon，2001，2002，2007），并且与心理理论任务密切相关（Ferstl & von Cramon，2002；Frith & Frith，2006a，2006b）。在心理理论（Mar，2011）或语篇理解研究中（Ferstl et al.，2008），PCC经常与dmPFC共同被激活。左侧TPJ与建立他人信念的复杂表征过程密切相关（Samson et al.，2004；Saxe & Kanwisher，2003），不管是在语言还是在非语言任务中均有发现（Castelli et al.，2000；Samson et al.，2004）。

杏仁核在情绪分类任务下的激活更强。以往研究发现，在叙事理解过程中，杏仁核会被激活（Xu et al.，2005），并且杏仁核对韵律信息比较敏感（Wiethoff et al.，2009）。在Hervé等（2012）的研究中，情绪分类条件下的句子比句法分类条件下的句子具有更多的情绪韵律。综合上述分析，Hervé的研究结果支持了情绪言语理解过程需要情绪系统、心理理论系统和言语系统的共同参与这一假设。

本 章 小 结

本章的内容是会话交流与意图理解，包括会话参与者之间的认知协同和神经耦合、交流中的隐含现象，以及会话情境对语义和意图理解的影响，这些都是当前会话的认知神经科学研究的主要议题。第一节是本章的理论基础，通过认知和神经科学的实证研究来解决语言与交流之间关系的理论争议。研究证明，交流不同于语言，交流大于语言；语言交流能力的获得和发展与认知和神经系统发展密切相关。另外，还简述了会话的社会规约。第二节通过会话的认知模型和认知神经科学的实证发现，展示会话中说话者和听者之间的认知协同和神经耦合，旨在说明会话在本质上是一种社会互动，共同的基础和相互协同是会话启动、发展和成功的必要基础。第三节是关于隐含加工的认知神经机制，通过对间接回应和幽默两种典型现象的研究，揭示出了人际交流中"隐含"加工，即意图理解的认知神经机制。第四节是有关人际交流中手势、注视和情绪等对理解说话者意图的影响，揭示了情境因素的整合加工机制。

参 考 文 献

何自然.（2006）.*认知语用学：言语交际的认知研究*. 上海：上海外语教育出版社.

何自然，冉永平.（2001）.*语用与认知：关联理论研究*. 北京：外语教学与研究出版社.

熊学亮.（2007）.*语言使用中的推理*. 上海：上海外语教育出版社.

Akmajian, A., Demers, R., & Harnish, R. M.（1987）. *Linguistics: An introduction to Language and Communication*. 2nd ed. Cambridge: MIT Press.

Amodio, D. M., & Frith, C. D.（2006）. Meeting of minds: The medial frontal cortex and social cognition. *Nature Reviews Neuroscience*, 7（4），268-277.

Andric, M., Solodkin, A., Buccino, G., Goldin-Meadow, S., Rizzolatti, G., & Small, S. L.（2013）. Brain function overlaps when people observe emblems, speech, and grasping. *Neuropsychologia*, 51（8），1619-1629.

Apperly, I. A., Samson, D., Carroll, N., Hussain, S., & Humphreys, G.（2006）. Intact first- and second-order false belief reasoning in a patient with severely impaired grammar. *Social Neuroscience*, 1（3-4），334-348.

Apter, M. J.（1982）. *The Experience of Motivation: The Theory of Psychological Reversals*. London: Academic Press.

Apter, M. J.（1984）. Reversal theory, cognitive synergy and the arts. In: W. R. Crozie, A. J. Chapman（Eds.）, *Cognitive Processes in the Perception of Art*（pp.411-426）. North-Holland: Elsevier.

Apter, M. J. (2013). Developing reversal theory: Some suggestions for future research. *Journal of Motivation, Emotion, and Personality, 1*, 1-8.

Austin, J. L. (1962). *How to Do Things with Words*. Oxford: Oxford University Press.

Bašnáková, J., Weber, K., Petersson, K. M., van Berkum, J., & Hagoort, P. (2014). Beyond the language given: The neural correlates of inferring speaker meaning. *Cerebral Cortex, 24* (10), 2572-2578.

Beaucousin, V., Lacheretdujour, A., Marie-Renée T, Morel, M., Mazoyer, B., & Tzourio-Mazoyer, N. (2007). fMRI study of emotional speech comprehension. *Cerebral Cortex, 17*(2), 339-352.

Binder, J. R., Desai, R. H., Graves, W. W., & Conant, L. L. (2009). Where is the semantic system? A critical review and meta-analysis of 120 functional neuroimaging studies. *Cerebral Cortex, 19* (12), 2767-2796.

Brennan, S. E., Galati, A., & Kuhlen, A. K. (2010). Chapter 8—Two minds, one dialog: Coordinating speaking and understanding. *Psychology of Learning and Motivation, 53*, 301-344.

Brennan, S. E., & Metzing, C. A. (2004). Two steps forward, one step back: Partner-specific effects in a psychology of dialogue. *Behavioral and Brain Sciences, 27*(2), 169-226.

Brown-Schmidt, S. (2009). Partner-specific interpretation of maintained referential precedents during interactive dialog. *Journal of Memory and Language, 61*(2), 171-190.

Campbell, D. W., Wallace, M. G., Modirrousta, M., Polimeni, J. O., Mckeen, N. A., & Reiss, J. P. (2015). The neural basis of humour comprehension and humour appreciation: The roles of the temporoparietal junction and superior frontal gyrus. *Neuropsychologia, 79*, 10-20.

Castelli, F., Happé F, Frith, U., & Frith, C. (2000). Movement and mind: A functional imaging study of perception and interpretation of complex intentional movement patterns. *NeuroImage, 12*(3), 314-325.

Ciaramidaro, A., Adenzato, M., Enrici, I., Erk, S., Pia, L., Bara, B. G., et al. (2007). The intentional network: How the brain reads varieties of intentions. *Neuropsychologia, 45*(13), 3105-3113.

Clark, H. H. (1992). Arenas of language use. *Language, 71*(4), 844.

Clark, H. H., & Schaefer, E. F. (1989). Contributing to discourse. *Cognitive Science, 13*(2), 259-294.

Clark, H. H., & Wilkes-Gibbs, D. (1986). Referring as a collaborative process. *Cognition, 22*(1), 1-39.

D'Ausilio, A., Pulvermüller, F., Salmas, P., Bufalari, I., Begliomini, C., & Fadiga, L. (2009). The motor somatotopy of speech perception. *Current Biology, 19*(5), 381-385.

de Jongste, H. (2016). Mental models and humorous intent. *Journal of Pragmatics, 95*, 107-119.

Desai, R. H., Binder, J. R., Conant, L. L., & Seidenberg, M. S. (2010). Activation of sensory-motor areas in sentence comprehension. *Cerebral Cortex, 20*(2), 468-478.

Driver, J., Davis, G., Ricciardelli, P., Kidd, P., Maxwell, E., & Baron-Cohen, S. (1999). Gaze perception triggers reflexive visuospatial orienting. *Visual Cognition, 6*(5), 509-540.

Dunbar, R. I. M. (1998). The social brain hypothesis. *Evolutionary Anthropology Issues News and*

Reviews, *6* (5), 178-190.

Dunbar, R. I. M., & Shultz, S. (2007). Evolution in the social brain. *Science, 317*(5843), 1344-1347.

Emery, N. J. (2000). The eyes have it: The neuroethology, function and evolution of social gaze. *Neuroscience & Biobehavioral Reviews, 24* (6), 581-604.

Enrici, I., Adenzato, M., Cappa, S., Bara, B. G., & Tettamanti, M. (2011). Intention processing in communication: A common brain network for language and gestures. *Journal of Cognitive Neuroscience, 23* (9), 2415-2431.

Fadiga, L., Craighero, L., Buccino, G., & Rizzolatti, G. (2002). Speech listening specifically modulates the excitability of tongue muscles: A TMS study. *The European Journal of Neuroscience, 15*, 399-402.

Feng, W. S., Wu, Y., Jan, C., Yu, H. B., Jiang, X. M., & Zhou, X. L. (2017). Effects of contextual relevance on pragmatic inference during conversation: An fMRI study. *Brain and Language, 171*, 52-61.

Feng, Y. J., Chan, Y. C., & Chen, H. C. (2014). Specialization of neural mechanisms underlying the three-stage model in humor processing: An ERP study. *Journal of Neurolinguistics, 32*, 59-70.

Ferstl, E. C., & von Cramon, D. Y. (2001). The role of coherence and cohesion in text comprehension: An event-related fmri study. *Cognitive Brain Research, 11* (3), 325-340.

Ferstl, E. C., & von Cramon, D. Y. (2002). What does the frontomedian cortex contribute to language processing: Coherence or theory of mind? *NeuroImage, 17* (3), 1599-1612.

Ferstl, E. C., & von Cramon, D. Y. (2007). Time, space and emotion: fMRI reveals content-specific activation during text comprehension. *Neuroscience Letters, 427* (3), 159-164.

Ferstl, E. C., Neumann, J., Bogler, C., & von Cramon, D. Y. (2008). The extended language network: A meta-analysis of neuroimaging studies on text comprehension. *Human Brain Mapping, 29* (5), 581-593.

Flom, R., Lee, K., & Muir, D. (2007). *Gaze-following: Its Development and Significance.* Mahwah: Lawrence Erlbaum Associates Publishers.

Friesen, C. K., & Kingstone, A. (1998). The eyes have it! Reflexive orienting is triggered by nonpredictive gaze. *Psychonomic Bulletin & Review, 5*, 490-495.

Friston, K. J., & Frith, C. D. (2015a). A Duet for one. *Consciousness and Cognition, 36*, 390-405.

Friston, K. J., & Frith, C. D. (2015b). Active inference, communication and hermeneutics. *Cortex, 68*, 129-143.

Frith, C. D., & Frith, U. (2006a). The neural basis of mentalizing. *Neuron, 50* (4), 531-534.

Frith, C. D., & Frith, U. (2006b). How we predict what other people are going to do. *Brain Research, 1079* (1), 36-46.

Gallese, V., Keysers, C., & Rizzolatti, G. (2004). A unifying view of the basis of social cognition. *Trends in Cognitive Sciences, 8* (9), 396-403.

Gibbs, R. W. (1986). What makes some indirect speech acts conventional? *Journal of Memory & Language, 25* (2), 181-196.

Giora, R. (1997). Discourse coherence and theory of relevance: Stumbling blocks in search of a unified theory. *Journal of Pragmatics*, 27 (1), 17-34.

Giora, R. (2003). On our mind: Salience, context, and figurative language. *Language in Society*, 34 (2), 307-310.

Green, A., Straube, B., Weis, S., Jansen, A., Willmes, K., Konvad, K., et al. (2009). Neural integration of iconic and unrelated coverbal gestures: A functional MRI study. *Human Brain Mapping*, 30 (10), 3309-3324.

Grice, H. P. (1967). 'Logic and Conversation', typescript from the willam James Lectures, Harvard University. In: P. Grice (1989). *Studies in the Way of Words* (pp.22-40). Cambridge: Harvard University Press.

Grice, H. P., Cole, P., & Morgan, J. (1975). Logic and conversation. In: P. Cole & J. L. Morgen (Eds.), *Syntax and Semantics, Vol.3, Speech Acts* (pp.45-47). New York: Academic Press.

Hanna, J. E., & Brennan, S. E. (2007). Speakers' eye gaze disambiguates referring expressions early during face-to-face conversation. *Journal of Memory and Language*, 57 (4), 596-615.

Haugh, M. (2009). Intention (ality) and the conceptualization of communication in pragmatics. *Australian Journal of Linguistics*, 29 (1), 91-113.

Hervé, P. Y., Razafimandimby, A., Vigneau, M., Mazoyer, B., & Tzourio-Mazoyer, N. (2012). Disentangling the brain networks supporting affective speech comprehension. *NeuroImage*, 61 (4), 1255-1267.

Holtgraves, T. (1999). Comprehending indirect replies: When and how are their conveyed meanings activated? *Journal of Memory & Language*, 41 (4), 519-540.

Jiang, J., Dai, B., Peng, D., Zhu, C. Z., Liu, L., & Lu, C. M. (2012). Neural synchronization during face-to-face communication. *The Journal of Neuroscience: The Official Journal of the Society for Neuroscience*, 32 (45), 16064-16069.

Johnson, P. B., Ferraina, S., Bianchi, L., & Caminiti, R. (1996). Cortical networks for visual reaching: Physiological and anatomical organization of frontal and parietal lobe arm regions. *Cerebral Cortex*, 6 (2), 102-119.

Kelly, S. D., Kravitz, C., & Hopkins, M. (2004). Neural correlates of bimodal speech and gesture comprehension. *Brain & Language*, 89 (1), 253-260.

Keysers, C., & Gazzola, V. (2007). Integrating simulation and theory of mind: From self to social cognition. *Trends in Cognitive Sciences*, 11 (5), 194-196.

Kircher, T., Straube, B., Leube, D., Weis, S., Sachs, O., & Willmes, K., et al. (2009). Neural interaction of speech and gesture: Differential activations of metaphoric co-verbal gestures. *Neuropsychologia*, 47 (1), 169-179.

Kuhl, P. K., & Meltzoff, A. N. (1982). The bimodal perception of speech in infancy. *Science*, 218 (4577), 1138-1141.

Kuhl, P. K., & Meltzoff, A. N. (1996). Infant vocalizations in response to speech: Vocal imitation and developmental change. *The Journal of the Acoustical Society of America*, 100 (4), 2425-2438.

Klein, P. J., & Meltzoff, A. N. (1999). Long-term memory, forgetting, and deferred imitation in 12-month-old infants. *Developmental Science*, 2 (1), 102-113.

Langton, S. R. H., & Bruce, V. (1999). Reflexive visual orienting in response to the social attention of others. *Visual Cognition*, 6 (5), 541-567.

Levänen, S., Uutela, K., Salenius, S., & Hari, R. (2001). Cortical representation of sign language: Comparison of deaf signers and hearing non-signers. *Cerebral Cortex*, 11 (6), 506-512.

Liberman, A. M., & Mattingly, I. G. (1985). The motor theory of speech perception revised. *Cognition*, 21 (1), 1-36.

Lotze, M., Heymans, U., Birbaumer, N., Veit, R., Erb, M., & Flor, H., et al. (2006). Differential cerebral activation during observation of expressive gestures and motor acts. *Neuropsychologia*, 44 (10), 1787-1795.

Lotze, M., Reimold, M., Heymans, U., Laihinen, A., Patt, M., & Halsband, U. (2009). Reduced ventrolateral fMRI response during observation of emotional gestures related to the degree of dopaminergic impairment in Parkinson disease. *Journal of Cognitive Neuroscience*, 21, 1321-1331.

MacSweeney, M., Campbell, R., Woll, B., Brammer, M. J., Giampietro, V., David, A. S., et al. (2006). Lexical and sentential processing in British sign language. *Human Brain Mapping*, 27 (1), 63-76.

MacSweeney, M., Campbell, R., Woll, B., Giampietro, V., David, A. S., McGuire, P. K., et al. (2004). Dissociating linguistic and nonlinguistic gestural communication in the brain. *NeuroImage*, 22 (4), 1605-1618.

MacSweeney, M., Capek, C. M., Campbell, R., & Woll, B. (2008). The signing brain: The neurobiology of sign language. *Trends in Cognitive Sciences*, 12 (11), 432-440.

Mar, R. A. (2011). The neural bases of social cognition and story comprehension. *Annual Review of Psychology*, 62 (1), 103-134.

Marinkovic, K., Baldwin, S., Courtney, M. G., Witzel, T., Dale, A. M., & Halgren, E. (2011). Right hemisphere has the last laugh: Neural dynamics of joke appreciation. *Cognitive Affective & Behavioral Neuroscience*, 11 (1), 113-130.

Mazoyer, B. M., Tzourio, N., Frak, V., Syrota, A., Murayama, N., A., & Levrier, O., et al. (1993). The cortical representation of speech. *Journal of Cognitive Neuroscience*, 5 (4), 467-479.

McCarthy, R., & Warrington, E. K. (1985). Category specificity in an agrammatic patient: The relative impairment of verb retrieval and comprehension. *Neuropsychologia*, 23 (6), 709-727.

McNeill, D. (1992). *Hand and Mind: What Gestures Reveal about Thought.* Chicago: University of Chicago Press.

Meltzoff, A. N. (1988a). Infant imitation and memory: Nine-month-olds in immediate and deferred tests. *Child Development*, 59 (1), 217-225.

Meltzoff, A. N. (1988b). Infant imitation after a 1-week delay: Long-term memory for novel acts and multiple stimuli. *Developmental Psychology*, 24 (4), 470-476.

Meltzoff, A. N. (1995). Understanding the intentions of others: Re-enactment of intended acts by 18-month-old children. *Developmental Psychology*, 31 (5), 838-850.

Meltzoff, A. N. (1999). Origins of theory of mind, cognition and communication. *Journal of Communication Disorders*, 32 (4), 251-269.

Meltzoff, A. N., & Borton, R. W. (1979). Intermodal matching by human neonates. *Nature*, 282 (5737), 403-404.

Meltzoff, A. N., & Moore, M. K. (1977). Imitation of facial and manual gestures by human neonates. *Science*, 198 (4312), 74-78.

Meltzoff, A. N., Brooks, R., Shon, A. P., & Rao, R. P. N. (2010). "Social" robots are psychological agents for infants: A test of gaze following. *Neural Networks*, 23 (8-9), 966-972.

Menenti, L., Pickering, M. J., & Garrod, S. C. (2012). Toward a neural basis of interactive alignment in conversation. *Frontiers in Human Neuroscience*, 6, 185.

Milligan, K., Astington, J. W., & Dack, L. A. (2007). Language and theory of mind: Meta-analysis of the relation between language ability and false-belief understanding. *Child Development*, 78 (2), 622-646.

Mills, G. J. (2014). Dialogue in joint activity: Complementarity, convergence and conventionalization. *New Ideas in Psychology*, 32, 158-173.

Nakamura, A., Maess, B., Knösche, T. R., Gunter, T. C., Bach, P., & Friederici, A. D. (2004). Cooperation of different neuronal systems during hand sign recognition. *NeuroImage*, 23 (1), 25-34.

Nummenmaa, L., Smirnov, D., Lahnakoski, J. M., Glerean, E., Jaaskelainen, I. P., Sams, M., et al. (2014). Mental action simulation synchronizes action-observation circuits across individuals. *Journal of Neuroscience: The official Journal of the Society for Neuroscience*, 34 (3), 748-757.

Peelen, M. V., Atkinson, A. P., & Vuilleumier, P. (2010). Supramodal representations of perceived emotions in the human brain. *Journal of Neuroscience*, 30 (30), 10127-10134.

Peleg, O., Giora, R., & Fein, O. (2001). Salience and context effects: Two are better than one. *Metaphor and Symbol*, 16 (3-4), 173-192.

Pickering, M. J., & Garrod, S. (2004). The interactive-alignment model: Developments and refinements-response. *Behavioral & Brain Sciences*, 27 (2), 212-225.

Ristic, J., Friesen, C. K., & Kingstone, A. (2002). Are eyes special? it depends on how you look at it. *Psychonomic Bulletin & Review*, 9 (3), 507-513.

Rizzolatti, G. (2005). The mirror neuron system and its function in humans. *Anatomy and Embryology*, 210 (5-6), 419-421.

Rizzolatti, G., & Sinigaglia, C. (2010). The functional role of the parieto-frontal mirror circuit: Interpretations and misinterpretations. *Nature Reviews Neuroscience*, 11 (4), 264-274.

Rizzolatti, G., Fogassi, L., & Gallese, V. (2001). Neurophysiological mechanisms underlying the understanding and imitation of action. *Nature Reviews Neuroscience*, 2 (9), 661-670.

Samson, D., Apperly, I. A., Chiavarino, C., & Humphreys, G. W. (2004). Left temporoparietal junction is necessary for representing someone else's belief. *Nature Neuroscience*, 7 (5), 499-500.

Saxe, R., & Kanwisher, N. (2003). People thinking about thinking people: The role of the temporo-parietal junction in "theory of mind". *NeuroImage*, 19 (4), 1835-1842.

Schoot, L., Hagoort, P., & Segaert, K. (2016). What can we learn from a two-brain approach to verbal interaction? *Neuroscience & Biobehavioral Reviews*, 68, 454-459.

Scott, S. K., McGettigan, C., & Eisner, F. (2009). A little more conversation, a little less action: Candidate roles for the motor cortex in speech perception. *Nature Reviews Neuroscience*, 10, 295-302

Segaert, K., Menenti, L., Weber, K., Petersson, K. M., & Hagoort, P. (2012). Shared syntax in language production and language comprehension—An fMRI study. *Cerebral Cortex*, 22(7), 1662-1670.

Siegal, M., & Varley, R. (2002). Neural systems involved in "theory of mind". *Nature Reviews Neuroscience*, 3 (6), 463-471.

Skipper, J. I., Goldin-Meadow, S., Nusbaum, H. C., & Small, S. L. (2007). Speech-associated gestures, Broca's area, and the human mirror system. *Brain and Language*, 101 (3), 260-277.

Sperber, D., & Wilson, D. (1986). Relevance: Communication and cognition. *Behavioral & Brain Sciences*, 10 (4), 697-710.

Spunt, R. P., & Lieberman, M. D. (2012). An integrative model of the neural systems supporting the comprehension of observed emotional behavior. *NeuroImage*, 59 (3), 3050-3059.

Staudte, M., Crocker, M. W., Heloir, A., & Kipp, M. (2014). The influence of speaker gaze on listener comprehension: Contrasting visual versus intentional accounts. *Cognition*, 133 (1), 317-328.

Stephens, G. J., Silbert, L. J., & Hasson, U. (2010). Speaker-listener neural coupling underlies successful communication. *Proceedings of the National Academy of Sciences of the United States of America*, 107 (32), 14425-14430.

Stivers, T., Enfield, N. J., Brown, P., Englert, C., Hayashi, M., Heinemann, T., et al. (2009). Universals and cultural variation in turn-taking in conversation. *Proceedings of the National Academy of Sciences of the United States of America*, 106 (26), 10587-10592.

Stolk, A., Verhagen, L., & Toni, I. (2016). Conceptual alignment: How brains achieve mutual understanding. *Trends in Cognitive Sciences*, 20 (3), 180-191.

Tomasello, M., & Carpenter, M. (2007). Shared intentionality. *Developmental Science*, 10 (1), 121-125.

van Ackeren, M. J., Smaragdi, A., & Rueschemeyer, S. A. (2016). Neuronal interactions between mentalising and action systems during indirect request processing. *Social Cognitive and Affective Neuroscience*, 11 (9), 1402-1410.

van Dijk, Teun A. (2008). *Discourse and Context: A Sociocognitive Approach*. Cambridge: Cambridge University Press.

van Dijk, Teun A. (2009). *Society and Discourse: How Social Contexts Influence Text and Talk*.

Cambridge: Cambridge University Press.

van Dijk, Teun A. (2014). *Discourse and Knowledge: A Sociocognitive Approach.* Cambridge: Cambridge University Press.

van Overwalle, F., & Baetens, K. (2009). Understanding others' actions and goals by mirror and mentalizing systems: A meta-analysis. *NeuroImage, 48* (3), 564-584.

varley, R., & Siegal, M. (2000). Evidence for cognition without grammar from causal reasoning and "theory of mind" in an agrammatic aphasic patient. *Current Biology, 10* (12), 723-726.

Varley, R., Siegal, M., & Want, S. C. (2001). Severe impairment in grammar does not preclude theory of mind. *Neurocase, 7* (6), 489-493.

Vigneau, M., Beaucousin, V., Hervé, P. Y., Duffau, H., Crivello, F., Houdé, O., et al. (2006). Meta-analyzing left hemisphere language areas: Phonology, semantics, and sentence processing. *NeuroImage, 30* (4), 1414-1432.

Vogeley, K., Bussfeld, P., Newen, A., Herrmann, S., Happé, F., & Falkai, P., et al. (2001). Mind reading: Neural mechanisms of theory of mind and self-perspective. *NeuroImage, 14* (1), 170-181.

Wearing, C. J. (2015). Relevance theory: Pragmatics and cognition. *Wiley Interdisciplinary Reviews: Cognitive Science, 6* (2), 87-95.

Wiethoff, S., Wildgruber, D., Grodd, W., & Ethofer, T. (2009). Response and habituation of the amygdala during processing of emotional prosody. *NeuroReport, 20* (15), 1356-1360.

Willems, R. M., & Hagoort, P. (2007). Neural evidence for the interplay between language, gesture, and action: A review. *Brain & Language, 101* (3), 278-289.

Willems, R. M., & Varley, R. (2010). Neural insights into the relation between language and communication. *Frontiers in Human Neuroscience, 4*, 1-8.

Willems, R. M., de Boer, M., de Ruiter, J. P., Noordzij, M. L., Hagoort, P., & Toni, I. (2010). A dissociation between linguistic and communicative abilities in the human brain. *Psychological Science, 21* (1), 8-14.

Willems, R. M., Özyürek, A., & Hagoort, P. (2009). Differential roles for left inferior frontal and superior temporal cortex in multimodal integration of action and language. *NeuroImage, 47* (4), 1992-2004.

Xu, J., Gannon, P. J., Emmorey, K., Smith, J. F., & Braun, A. R. (2009). Symbolic gestures and spoken language are processed by a common neural system. *Proceedings of the National Academy of Sciences of the United States of America, 106* (49), 20664-20669.

Xu, J., Kemeny, S., Park, G., Frattali, C., & Braun, A. (2005). Language in context: Emergent features of word, sentence, and narrative comprehension. *NeuroImage, 25* (3), 1002-1015.

Yang, J., Andric, M., & Mathew, M. M. (2015). The neural basis of hand gesture comprehension: A meta-analysis of functional magnetic resonance imaging studies. *Neuroscience & Biobehavioral Reviews, 57*, 88-104.

Yu-Chen, C. (2016). Neural correlates of sex/gender differences in humor processing for different joke types. *Frontiers in Psychology, 7*, 1-18.

第七章

记忆与知识组织

在第三至第五章,我们在不同的语言学层次上阐述了语言理解的认知过程与神经基础,包括词汇和句子的语义加工、语篇结构表征与主旨理解、交流会话中的认知互动和大脑的神经耦合,直到意图理解。可以清楚地看出,对于成功的语言理解,除了核心的语言成分之外,还要有各种不同的认知成分的参与和支持,包括记忆、认知控制、推理、预期、心理理论等。从本章开始到第十章,将分别介绍这些认知成分,并阐述其对语言理解过程的贡献。

本章的主题是记忆和记忆中的知识组织。记忆系统在人类的任何智能活动中都是不可或缺的(如 ACT-R 模型所示),当然也是支持语言理解的必要认知成分(如认知-整合-控制模型所示)。记忆本身是一个复杂的系统,可以按照不同维度划分为不同的子系统。根据存储时间,可以将记忆分为感觉记忆、短时记忆和长时记忆,其中,长时记忆又可以依据内容分为陈述性记忆和程序性记忆;根据记忆与意识状态的关系,可以将记忆分为内隐记忆与外显记忆等。记忆系统中与语言理解关系最为密切的是长时记忆和工作记忆。长时记忆中的陈述性记忆是对事实的记忆,包括语义记忆和情景记忆,以及介于二者之间的个人记忆(或者自传体记忆),还包括作为经验存在的图式记忆,可以说涵盖了人类的知识系统。程序性记忆是对各种动作和技能的记忆,有学者认为句法就是一种程序性知识和记忆。工作记忆是一种动态的、容量有限的记忆系统,包含操作图像和言语信息的子系统以及协调子系统关系的中央执行系统,是语言理解中的信息加工平台。工作记忆也经常被看作认知控制系统的一部分。介于长时记忆和工作记忆之间的有长时工作记忆,在处理语篇整合一类的长时程信息加工的任务中具有十分重要的作用。

本章主要介绍作为一种知识系统的长时记忆系统对概念、情景和图式的表征、存储和组织。这个系统涵盖了人所拥有的全部经验和知识,在语言理解中具有重要作用,并且在阅读、会话交流等语言使用过程中得到更新与发展。对于工作记忆，将在本章的"认知控制"部分进行介绍。

第一节 语义记忆

语义记忆是一种脱离了时间信息和情境信息的陈述性记忆。在认知神经科学研究中，目前对语义记忆的研究主要聚焦于概念语义系统。

一、概念语义系统的表征

概念语义系统描述了概念和语义的组织及其功能结构，可分为概念系统和语义系统。概念是个体基于感知觉经验产生的对事物的概括性认识，是大脑对客观事物的本质特征的反映，概念及其相互间的关系构成了概念系统。概念系统是个体所拥有的世界知识的组成部分。语义是语言符号所标记的意义内容，包括语言单元及其组合所表现出来的含义。语义系统通常指词汇语义系统，是概念系统中能够用语言表达的子集，与心理词典密切相关。心理语言学主要研究概念和语义在大脑中的表征，以及如何形成一个完整独立、用以解释客观世界的概念系统。因此，概念语义系统不仅包含概念和语义在大脑中的表征，还包含其与基本认知操作以及高级认知功能之间的关系。

在认知神经科学框架内，语义表征研究主要关注在记忆系统中词义表征的内容、语义表征在大脑中的存储和激活，以及大脑编码语义信息的底层的神经编码。到目前为止，对语义表征的研究主要集中于具体词。Borghesani 和 Piazza（2017）对相关理论和主要争议做了系统的阐述和分析。

（一）语义表征理论

关于语义表征的内容及其在神经层面上的实现过程，存在不同的理论模型。早期的认知理论认为，语义表征是语义网络中的节点（Collins & Quillian，1969；Collins & Loftus，1975）。在这一类模型中，语义空间是根据语义距离（两个概念之间的最短距离）和语义相似性（连接两个概念的所有可能路径的聚合度）这两个原则进行组织的。加工一个概念时，与其相连接的其他概念也会被激活。在后续出现的理论中，概念不再以不可分割的单元进行表征，而是被看作对多个特征的加权组合的结果（Smith et al.，1974）。特征分为定义性特征和特异性特征，前者对于定义一个概念是必要的。在语义空间中，概念之间的关系由二者共享的特征数量及其权重所决定。

在上述理论的基础上，后续研究者发展出了不同的理论。一种是基于特征联合的联结主义模型（Rumelhart & Todd，1993；Rogers & McClelland，2004），认为语义知识是通过相互连接的特征以不同权重进行表征的。在这一类理论中，语义表征反映的是客体和动作表征，语义空间的形成依赖于概念的知觉和动作特征的异同。另外一类理论则认为，词汇意义是通过对词汇之间关系的统计推断而获得的（Lund & Burgess，1996；Landauer & Dumais，1997），即语境中共现的词汇在记忆中的连接更加密切。概念是多维度空间的节点，每一个维度都代表了语境中共现的词汇群。

Borghesani 等（2016）融合了以往的理论模型，提出了一个综合的模型。该模型既包含语义表征的空间和层级观点，也吸收了语义特征的主张，认为语义表征是一个多维空间，具体词汇代表的概念是空间中的一个点，空间的维度可以是某种感知觉或动作特征，也可以是一种更高级的范畴性的或陈述性的描写。语义表征不仅包含运动知觉特征，也包含更高层面的概念特征。前者主要依赖于纯粹的感觉运动表征，后者主要依赖于语言表征。对运动-知觉特征和概念特征加以区分，在理论和方法上都是有益的。

（二）语义表征的神经基础

根据研究途径，关于语义表征的神经基础研究可以分为两类：一是用实验方法分离语义知觉-运动特征的神经基础；二是用词嵌入把语义投射到大脑整个新皮层的神经活动。大量研究证明，语义提取涉及一个广泛的新皮层区域。语义加工包括高阶皮层和初级、次级知觉皮层及运动脑区。某些脑区优先编码特定的语义范畴和（或）具体的特征，当存在 ATL 的损伤时，可以观察到普遍、多通道的语义损伤。以此为基础，语义表征的不同理论围绕以下两个问题展开了争论：一是语义表征是分布网络还是具有中央核心？二是概念组织是按照范畴还是特征集群进行的？一部分研究认为，语义记忆涉及广泛分布的脑区，包括初级、次级以及联合皮层，网络中的每一个节点对于完整的语义表征都至关重要。另一部分研究则认为，存在语言系统专有的模块，位于负责纯粹符号计算的语言特异性脑区。

语义表征的具身理论认为，知觉运动特征在语义表征中发挥着重要作用，因此负责加工知觉和运动信息的脑区是语义表征的基础。神经影像学研究发现，加工具体名词或动词所激活的脑区与加工相应客体和动作所激活的脑区有重叠。这种重叠发生在很多皮层，比如，运动皮层（Hauk et al.，2004；Tettamanti et al.，2005；Kemmerer et al.，2008）、感知觉皮层［如嗅觉（González et al.，2006）和味觉皮层（Barrós-Loscertales et al.，2012）］。尽管这种分布式的感觉特异性网络很有影响力，但仍然有一些问题不能解决。最主要的一点是，这些分布式的特征是如何整合在一起的，并且除了运动知觉特征以外，其还存在概念特征，这些特征的整合并不是线性的。其次，尽管临床研究发现，感觉运动区在语义表征中有重要作用，但也有阴性结果。因此，需要进一步研究确定感觉运动区到底是语义表征的必要脑区，还是说其激活可能只是语言加工产生的附带现象。

还有一部分研究者不认同分布式的具身表征，认为语义加工存在特异性和限定性的脑区。这一类理论通常强调概念的纯符号加工，因为提取特征以及对特征进行整合都依赖这种符号加工。这一观点的支持证据主要源来于对ATL的研究。这些研究发现，当ATL损伤时，个体会产生一般化的、多通道的、广泛的语义损伤（Warrington，1975；Hodges et al.，1992；Gorno-Tempini et al.，2011）。同时，白质损伤分析的研究也支持了这种观点（Agosta et al.，2010）。

近年来，研究者尝试提出新的理论融合分布式的具身表征和特异性脑区表征。首先，研究者发现了汇聚区（Damasio et al.，1996，2004），这些脑区整合了来自不同通道的信息。从解剖上看，汇聚区通过白质纤维束连接不同的脑区，也支持了这种观点。除了ATL，dmPFC、FG、IFG、顶下皮层、PCC以及楔前叶也被认为可能是负责多通道信息整合的关键脑区。Reilly等（2016）认为，这种处于核心枢纽地位的脑区可分为两类：一类整合低层通道的特异性信息，如AG；另一类整合高层符号信息，如ATL。

显然，要想完全理解语义表征的神经基础，还需要进一步研究。以往的研究表明，概念表征是一个多维空间，分布在广泛的大脑皮层，需要通道特异性脑区以及超通道脑区共同参与。然而，对这一多维空间精确的解剖和功能结构的探索仍处于初级阶段。Borghesani等（2016）认为，语义是多维空间中的点，每一个维度代表了一种特征，这种特征既包括感觉运动信息，也包括非感觉运动信息，比如，整合多种不相关的感觉运动信息而形成的特征或纯粹的陈述性知识。前者主要在初级或次级皮层进行表征（Just et al.，2010；Borghesani et al.，2016），后者主要在中前颞叶皮层进行表征（Fairhall & Caramazza，2013；Liuzzi et al.，2015；Borghesani et al.，2016）。对于这一语义表征多维空间理论，还有很多问题需要研究，比如，语义知识神经表征的组织原则，汇聚区对语义加工的意义（有多少汇聚区），在语义加工涉及的脑区中哪些是语义网络的必要成分，等等。

二、概念语义表征的认知神经模型

语义记忆的认知神经科学模型解释了概念系统在神经系统中的表征，目标是揭示一致的（coherent）、可一般化的（generalizing）和具有适应性的概念系统是如何形成的，以及在完成各种认知任务的过程中概念系统与其他认知系统的关系

(Ralph et al., 2016)。对概念系统的研究主要采用神经心理学、脑成像和脑网络方法建构，或者是不同方法的结合。以下简要介绍三个语义表征和记忆模型。

（一）辐射式模型

Ralph 等（2016）提出了受控的语义认知（CSC）框架，认为语义认知系统由两个部分组成，即语义表征系统和语义控制系统，两个系统相互协同，共同完成概念表征系统的功能。语义表征系统通过对广泛分布在大脑皮层中的感觉、动作、语言和情感等各种信息资源之间高阶关系的学习，编码概念知识。在这个系统内部，概念表征是从一个人毕生的语言和非语言经验中提炼出来的，会促进跨词项和跨语境的知识概括过程。语义控制系统对表征系统中的激活进行操控，生成适应于特定时间和情境的推理和行为。Ralph 等把这个双系统观点称为受控的语义认知框架。这里仅介绍语义表征系统，对于语义控制系统，将在本章的"认知控制"部分介绍。

CSC 框架中的语义表征系统是语义的辐射式模型。Patterson 等（2007）提出了语义表征的轴辐式（hub-and-spoke, HS）理论，如图 7.1 所示。该理论解释了概念知识是如何通过学习多通道经验的统计结构而形成的，揭示了支持这种能力的神经解剖结构基础，并对某些语义障碍病人的损伤模式进行了解释。HS 理论主要有两个假设：第一，多通道的语言和非语言经验是建构概念的核心材料；对这些信息源进行编码是大脑中广泛分布的通道特异的皮层所形成的"轮辐"（spoke）。第二，所有通道特异信息源的跨通道整合都受到一个核心轴的调节或部分调节，这一核心轴位于双侧颞叶前部。

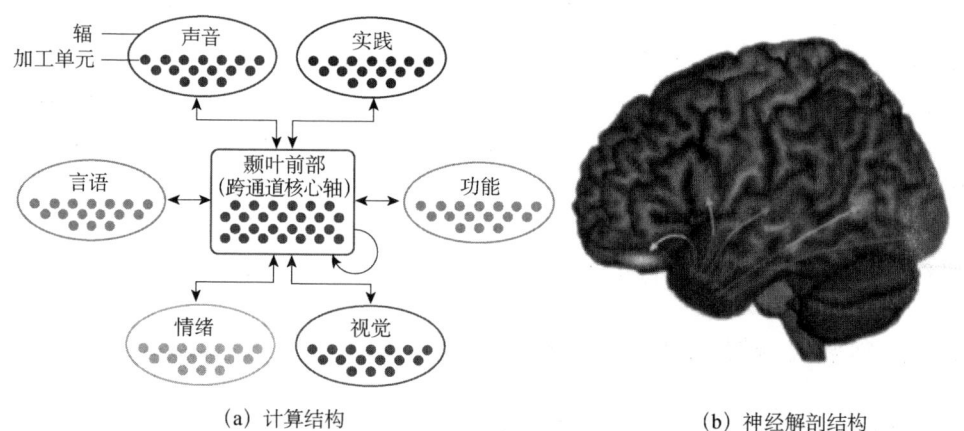

图 7.1 原始的轴辐式理论模型。（a）展示了原始版本的轴辐式模型的计算结构，（b）展示了轴辐式理论模型中表征轴和辐的神经解剖结构。（a）和（b）中的颜色相对应，比如，紫色表示轴：颞叶前部；其他颜色表示辐，如红色表示听觉通道（Ralph et al., 2016）（见彩图 7.1）

这些假设的提出主要是基于负责语义表征的皮层（包括通道特异性皮层和超越通道的皮层）这一研究发现。比如，Lissauer（1890）观察到初级视觉机制受损病人和高级语义表征障碍病人的分离，这种分离在其他感觉通道也存在。这些发现促使研究者构建一个超通道的表征系统。离开次级通道特异的联合皮层，有一个不与任何一个特定通道联系的中间的第三皮层区域，称为跨通道皮层区域。它的神经汇聚不仅将多重信息源合并成一个一致的整体，而且使得其他认知机制能够影响多通道加工。在这个跨通道的马蹄形区域内部，子区的连接和功能以分级的方式变化。

认知科学试图构建一致和可泛化的概念系统，其面临的挑战是：第一，与某一概念相关的信息是个体通过不同的言语和感觉通道在不同的语境和时间点的体验而获得的；第二，概念结构并非直接反映在感觉、动作或者语言学结构中，概念结构与通道特异性特征之间的关系非常复杂，具有可变性，并且是非线性的。传统的通道特异性信息之间的直接连接表征方式无法应对这两个挑战。解决问题的办法是：在网络模型中增加一个对所有类型以及所有通道的概念都具有调节作用的核心轴。

采用多种研究方法的研究结果都表明，ATL 在很多语义加工中均被激活，与语义输入的通道以及概念范畴无关，支持了最初的轴辐式模型。最初版本的轴辐式模型并未划分 ATL 的亚区。后续的研究发现，ATL 存在不同的亚区域，这些区域在功能上是分等级的。其据此对轴辐式模型进行了修订，进一步明确了左右两侧的 ATL 的作用，如图 7.2 所示。神经心理学研究发现，左右两侧的 ATL 对不同范畴信息的输入或输出通道具有不同的作用，左侧 ATL 损伤会导致命名障碍，而右侧 ATL 损伤会导致更强的面孔失认症（Tranel，2009；Gainotti，2012）。一项对大范围功能成像数据的元分析研究发现，ATL 核心轴系统是双侧工作的，但两侧存在一定的差异，左侧对言语产生和文字书写更敏感（Rice et al.，2015）。

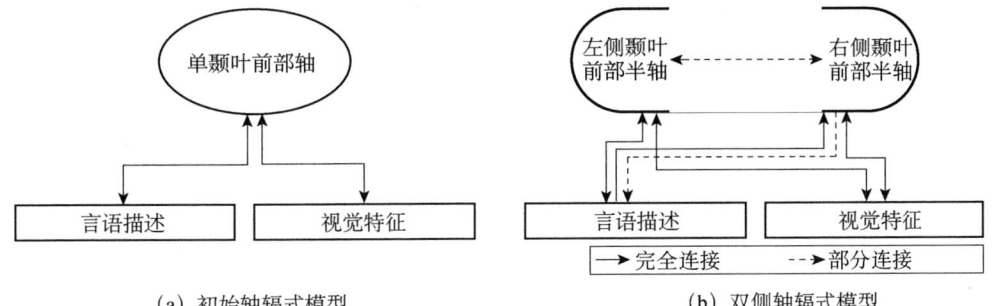

(a) 初始轴辐式模型　　　　　　(b) 双侧轴辐式模型

图 7.2　初始轴辐式模型和双侧轴辐式模型对比（Ralph et al.，2016）

（二）语义记忆神经解剖模型

Binder 等（2009）对 120 篇关于功能成像研究的文献进行了元分析，结果发现语义加工涉及广泛的脑区。他们发现大脑中的语义系统包括以下 7 个区域：后顶下皮层（AG 和部分 SG）、外侧颞叶皮层（MTG 和部分 ITG）、腹侧颞叶皮层［（FG 中部和海马旁回连接区（parahippocampal gyrus）］、dmPFC、IFG、vmPFC 以及 PCC。这些脑区的共性是均参与高层次的整合加工过程，接收多通道或超通道信息输入。另外，尽管有一些脑区（如角回和后扣带回）呈双侧激活模式，但大部分脑区的激活主要集中在左脑。进一步分析发现，语义加工的脑网络可以分成加工不同信息的子区域，如左侧缘上回和后部颞中回加工动作知识以及可操作的人造物，左前部外侧裂（如 IFG 和 STS）加工以语言编码的抽象概念，超通道联合皮层（如 AG 和腹侧颞叶）加工以知觉特征编码的具体概念。这些语义加工脑区可以被归纳为三大类：后部多通道和超通道联合皮层、超通道前额叶皮层以及内侧边缘皮层。

Binder 和 Desai（2011）认为，与现有证据最兼容的观点是"具身化抽象"。概念表征是从感觉、运动和情感通道输入，经由多层次抽象形成的。这些层次并非在所有条件下都自动提取或者激活。相反，其提取会受到语境、频率、熟悉性和任务要求等因素的影响。在这些层次中，顶层包含了从初级知觉-运动系统的翔实表征中高度抽象出来的图式表征。这些表征会根据任务要求，运用感觉-运动-情感的信息，在不同程度上得到充实和具体化。在高度熟悉的语境中，图式表征已经完全能够支持概念加工，而在新的语境中或者当任务要求深度加工时，需要由感觉-运动-情感系统对表征进行具体化。

综合语义记忆缺失病人和功能成像研究数据，Binder 和 Desai（2011）提出了一个语义记忆神经解剖模型，如图 7.3 所示。其核心观点是：语义记忆由通道特异性和超通道两种表征组成，前者由负责加工知觉、运动、情感等通道输入信息的皮层来支持，后者由分布在颞叶和顶下联合皮层的汇聚区来支持。这些超通道汇聚区支持了多种概念功能，包括客体识别、社会认知、语言和人类特有的对过去和未来建构心理模拟的能力。

在这个模型中，通道特异性表征位于感觉-运动-情感网络附近（图 7.3 中的黄色区域），是在与外部和内部环境中的物体和事件的互动中形成的。这些表征编码了低层次通道信息重复出现的时空结构。Binder 等把这些系统看成是层级组织的神经元集群相互影响而形成的连续体，支持渐进性组合式和理想化的表征。这些系统相当于 Damasio（1989）提出的局部聚合区和 Barsalou（1999）提出的单通道知觉符号系统。除了从各自相应的通道接收自下而上的输入之外，它们还接

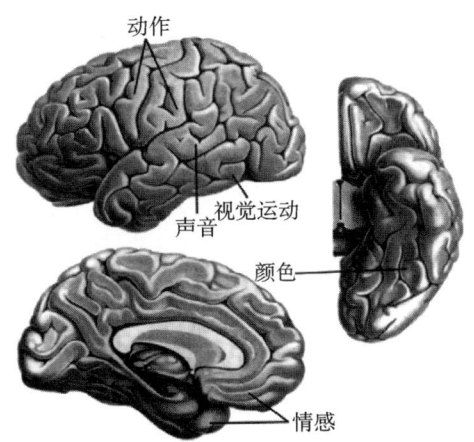

图 7.3　语义记忆神经解剖模型（Binder & Desai，2011）（见彩图 7.3）

收来自其他通道系统和注意的自上而下的输入。它们表征的信息与其自下而上的输入同构，在这个意义上，它们是单通道的。

这些低层次通道在位于顶下皮层和腹外侧颞叶的高级皮层（图 7.3 中的红色区域）相互汇聚。高层次汇聚的功能之一是捆绑来自两个或者更多通道的表征，如将动物的声音和象形或者与工具相关的视觉表征和动作知识捆绑在一起。这种超通道的表征把握了用于确定范畴的相似性结构，能够有效地操控抽象、图式性概念知识等，这些知识描述了自然语言、社会认知和其他形式的创造性思维的特征。

这些特异性通道和超通道汇聚区存储实际的语义知识，而前额区（图 7.3 中的蓝色区域）控制自上而下的激活和后部存储的内容的选择。后扣带回和临近的楔前叶（图 7.3 中的绿色区域）在成像实验中始终表现出语义效应。虽然其功能仍需进一步确定，但由于这个区域与海马结构有很强的连接，它很可能负责的是编码情景记忆中的语义和情绪意义事件。

关于后部皮层区中的语义加工，神经解剖模型的观点与 HS 模型和汇聚区模型相似，但在两个重要方面存在差异：第一，神经解剖模型不认为 TP 是汇聚区层级结构中的最高层级。信息加工流的多通道汇聚发生在整个腹外侧颞叶皮层和顶下皮层，而颞极接收来自腹侧额叶和杏仁核的情感输入，作为情感和社会概念加工的通道区域更为合适。第二，HS 模型否认顶下皮层在语义信息表征中的作用。然而，解剖和功能成像的数据表明，顶下皮层在语义记忆存储过程中的作用是不可否认的。

Binder 和 Desai（2011）的语义记忆的神经解剖模型是一个反映人脑语义记忆组织的大规模脑模型。该模型中包括与加工通道相应的感知觉特征特异性脑区，还有一般概念结构所需要的高级联合皮层。与强具身理论不同，神经解剖模型认为很多超通道脑区参与语义记忆加工过程。多通道信息向这些脑区汇聚，使得概念知识从知觉经验中逐步抽象出来，并且使得个体在语言和其他高创造性任务中能够快速、灵活地操控这些知识。同时，与 HS 理论不同，神经解剖模型认为颞极并不是信息汇聚的主要位置，这一功能脑区主要分布在颞叶皮层和顶下皮层。

（三）语义加工的解剖网络和固有功能网络

如前所述，参与语义加工的脑区分布广泛，几乎涵盖了全脑各个脑叶。这些脑区是如何协调完成相应的语义加工任务的？除了灰质皮层参与语义加工，研究发现一些白质纤维束连接也参与到语义加工任务中。研究者通过对大脑白质网络和功能网络的建构，对语义加工过程的模型进行了探索。

1. 语义解剖网络

语义加工由广泛分布的灰质皮层和白质纤维束支持。研究者采用弥散张量成像技术和电模拟技术进行的研究，发现了支持语义加工的主要白质通路，包括左侧 IFOF（亦被称为 EFCS）、左侧 UF 以及左前丘脑辐射（ATR）。这些纤维束的损伤会影响个体在完成语义加工任务中的表现（Han et al., 2013）。

为了构建语义加工的解剖网络或连接网络，需要明确白质纤维束及其连接的灰质皮层区域，即白质纤维束作为连接边连接了哪些作为节点的灰质皮层区域。Fang 等（2015）采用弥散张量成像技术对 48 名健康被试的 90 个灰质节点之间的纤维束进行了追踪，最终在 90 个节点之间获得 668 条白质纤维束连接边。其以 80 名脑损伤病人为被试，计算了这些白质纤维束的完整性及其与语义任务表现的相关性，寻找出与语义加工以及灰质皮层区相关的白质纤维束。研究最终获得了与语义加工相联系的 53 个白质边，主要分布在 ATR、IFOF、UF 和 ILF 四条主要白质纤维束上。加上与这些白质边相连接的 22 个灰质节点，组成了语义白质网络。

研究者采用图分析技术，进一步分析了语义白质网络。图分析能够揭示该网络的拓扑结构，即该网络包含哪些亚成分模块，以及在这些模块内和模块间起到连接作用的节点。如图 7.4 所示，结果发现该网络存在三个结构分离的模块：第一个模块为眶额-颞/枕叶模块（orbital frontal-temporal/occipital module），包括连接左侧额叶的眶额部分、枕叶和外侧颞叶的白质边（图 7.4 中的红色部分）。该模块中所包含的灰质区域如颞叶前部和后部以及眶额皮层参与语义加工过程，特别是 ATL，作为整合客体不同通道特征的枢纽区，所整合的特征也包含该模块中从枕叶皮层输入的视觉特征。眶额皮层之所以重要，是因为很多颞叶和枕叶皮层都通过这些区域相连。由此，该模块可被视为表征客体不同特征的核心系统。

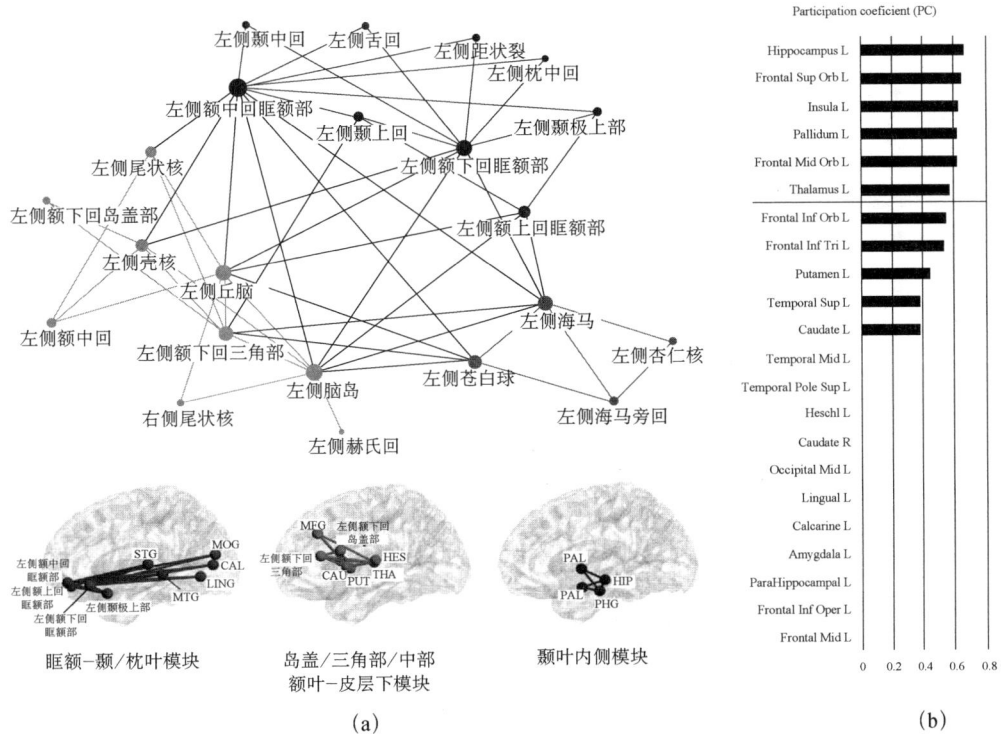

图 7.4 语义解剖网络的拓扑属性。连接边和节点的颜色区分了三个模块，节点的半径显示了其在网络中的贡献大小。红色表示的是眶额-颞/枕叶模块，包含 9 个节点，左侧额上回眶额部、左侧额下回眶额部、左侧额中回眶额部、左侧距状裂（CAL）、左侧颞极上部、左侧颞上回（STG）、左侧颞中回（MTG）、左侧舌回（LING）、左侧枕中回（MOG）。绿色表示的是岛盖/三角部/中部额叶-皮层下模块，包含 9 个节点，即右侧尾状核，左侧额下回岛盖部（frontal inf oper L, IFGoperc），左侧额下回三角部，左侧额中回（MFG）、左侧赫氏回（HES）、左侧壳核（PUT）、左侧脑岛、左侧丘脑、左侧尾状核。蓝色表示的是颞叶内侧模块，包含四个节点，即左侧苍白球（PAL）、左侧海马、左侧海马旁回（PHG）、左侧杏仁核（Fang et al.，2015）（见彩图 7.4）

第二个模块为岛盖/三角部/中部额叶-皮层下模块（opercular/triangular/middle frontal-subcortical module），主要包括连接额叶的岛盖部、三角部和额叶中部的脑区以及皮层下结构，包括丘脑、BG（壳核和 CN）和脑岛等结构的白质边（图 7.4 中的绿色部分）。这一模块中所包含的脑区在解剖学上非常相近，因此被称为"基底节-丘脑皮层回路"（Ullman，2006），该回路参与不同语境中涉及高认知控制的任务。由此，该模块可能支持了语义加工过程的执行控制功能。

第三个模块为颞叶内侧模块（medial temporal lobe module），主要包括在边缘系统，特别是内侧颞叶中起到连接作用的白质边，主要连接海马、杏仁核、海马旁回和苍白球等结构（图 7.4 中的蓝色部分）。内侧颞叶在情景记忆中起到了重要作用。情景记忆和语义记忆密切相关，以往的研究发现内侧颞叶在这两种记忆的相互转化过程中发挥了重要作用（Ranganath & Ritchey, 2012）。由此可以认为，该模块主要支持了语义记忆与情景记忆的连接。为了确定在模块间起到重要作用的连接节点，研究者计算了模型中每个连接节点的参与系数。结果发现，海马、额上回眶额部分、脑岛、苍白球、额中回眶额部分以及丘脑这6个区域在模块间的整合中起到了重要作用。

综上所述，通过对健康被试和病人的脑结构分析和采用弥散张量成像技术所绘制的以灰质为节点、白质为边的语义加工解剖网络共由三个子网络组成，分别对应于一般语义知识表征、语义控制和与情景记忆系统的连接。该模型突出了特定的分布在颞、额区之间的白质连接和模块组织在语义加工中的重要作用。

2. 语义加工的固有功能网络结构：模块与中枢

语义加工涉及广泛分布的脑区，这些广泛分布的脑区能够形成一个整合性的网络以支持语义加工过程。为了确定脑区之间确切的功能连接方式，Xu等（2016）采用图论方法揭示了这些网络的拓扑结构，描绘了所建立的语义加工网络的特征，即网络中包含哪些模块以及节点。研究以146名被试的脑功能连接数据为基础，采用图论方法建构了一个语义加工的固有功能网络结构。该网络中的节点选自Binder等（2009）的元分析结果，连接边是通过测量146名年轻健康被试在所选节点之间的静息态功能连接强度而得到的。初步建立固有功能的语义加工网络之后，用图论方法探测潜在的模块和对于模块内部和模块之间信息整合具有重要意义的枢纽。

其经过各种阈限和多重有效检验，探测出三个高度稳定的模块。第一个模块包括双侧后扣带回及其邻近的楔前叶、双侧靠近前扣带回的内侧前额叶皮层、角回、上外侧枕叶皮层、左侧额上回，以及左侧梭状回/海马旁回中部。这些区域包含了默认网络（DMN）的核心区域，DMN可以被视为基于记忆的模拟系统（Buckner et al., 2008）。第二个模块包括整个左侧MTG、IFG的眶额和三角部、MFG、dmPFC、左侧SG、左侧AG前部。这些区域是左外侧裂网络（PSN）的组成部分，称为高级语言加工系统（Friederici, 2011）。第三个模块包含左侧IFG三角部、左侧IPS周围区域以及左侧颞叶的下后部。这些区域主要分布在左侧额顶网络（FPN），这一网络主要参与语义控制过程（Geranmayeh et al., 2012, 2014）。Xu等（2016）将以上三个模块分别称为DMN模块、PSN模块和FPN模块。

枢纽区对于模块内和模块间的信息整合十分重要。对于模块之间的连接枢纽，左侧AG、左侧SFG和MFG的部分区域连接了三个模块；左侧ATL连接了DMN模块和PSN模块；左侧IPS后部连接了DMN模块和FPN模块；左侧pMTG连接了 PSN 模块和 FPN 模块。对于模块内部的枢纽区，双侧 PCC/楔前叶和双侧 AG 后部/上外侧枕叶皮层是 DMN 模块的枢纽区；左侧 IFG 眶额皮层、左侧 MTG 内侧和 SG 是 PSN 模块的枢纽区；左侧 IFG 三角部和左侧 IPS 是 FPN 模块的枢纽区。

Xu 等提出的这个三分功能模块结构与前面介绍的 Fang 等提出的语义解剖网络一致。功能网络中的 DMN 模块与解剖网络中的颞叶内侧模块相对应，PSN 模块与额–颞/枕叶模块相对应，FPN 模块与岛盖/三角部/中部额叶–皮层下模块相对应。

Xu 等结合已有的研究结果构建的语义加工框架，如图 7.5 所示。语义功能由三个可以分离的系统支持，图 7.5 中红色、蓝色和绿色的长方形为三个模块，并呈现了在各自模块中起到枢纽作用的脑区，圆形中呈现了连接不同模块的灰质脑区。DMN 模块是以记忆为基础的模拟系统，多通道的表象在这里汇聚和概化。这个系统能够重启 MTL 系统，并进一步启动通道特异性系统，使得从个人经验获得的概念实例化，引导人们知觉和动作的方式。PSN 模块与高级语言加工有关，表征了词汇和句法规则。这个系统与多重外周语言相关的感觉运动系统相连接。左侧 ATL 连接了这两个系统，知识可能由此产生。FPN 模块参与语义控制，这个系统通过左侧 pMTG 对以语言为基础的语义系统进行适应性控制，在语言加工中提取正确的信息，左侧 IPS 后部以控制记忆为基础的模拟系统有助于把对记忆表象的注意转向不同的通道和方面。需要指出的是，这个框架并不是直接从脑功能

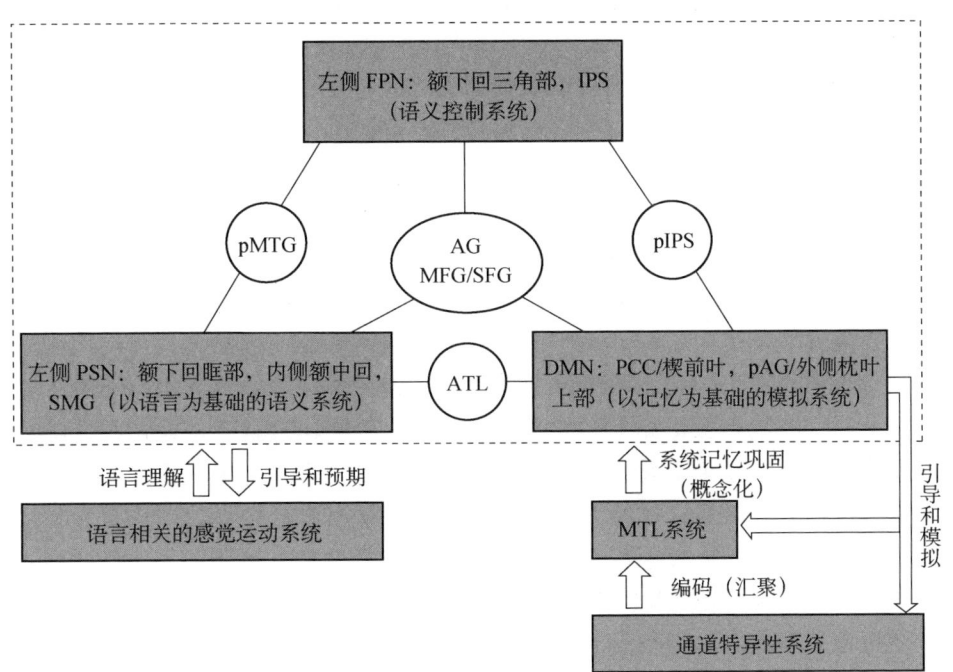

图 7.5　语义加工框架示意图（Xu et al., 2016）（见彩图 7.5）

和固有连接模式推导而来，因此需要进一步的实证研究，从系统水平的角度直接检验每一个模块和枢纽区，以及它们与不同类型语义要求相关的动态结构模式。与语义加工有关的皮下核团的影响没有包括在该网络之中，需要在未来的研究中加以考虑。

三、概念语义系统的认知功能

认知科学不仅关注概念系统的结构，也关注它的认知功能，特别是与其他认知系统的关系。这在上述几个概念语义表征和加工的认知神经模型中也有充分的体现。

Barsalou（2012）对概念系统可能具有的认知功能做了系统阐述，认为概念系统包含人的世界知识。它不是经验的空洞表象，而且表征了经验成分，包括情境、客体、人物、动作、事件、心理状态和关联。这些知识支持各种基本认知操作，包括范畴化、推理、命题表征和新概念的生成。这些基本操作进而支持了其他复杂的认知活动，包括高级知觉、注意、记忆、语言、思维和社会文化认知等。语义记忆理论是对概念系统进行研究的传统方法之一，近年来还出现了联结主义和具身/情境理论。

不同于知觉和表象，概念系统是一种解释性系统，能对知觉到的实体进行解释。为此，要把知觉的实体与记忆中的相关知识绑定在一起。解释支持推理的产生，使得认知系统超越了知觉输入；解释支持命题的形成，命题是一个表征结构，把概念（类型）与实体（样例）以真或伪的方式绑定在一起；解释还支持用简单概念建构复杂的概念表征。由于具有解释性，概念系统为更大的认知系统提供了计算能力。概念系统与知觉系统协同，实现了人类认知加工。选择性注意和记忆整合在生成概念知识的过程中具有核心作用，是解释性加工的基础。当注意持续聚焦于某一经验成分上时，有关的概念知识就发展起来。受到注意时，抽取的信息就与记忆中相关经验成分的过去信息整合起来。在时间进程中，无数经验成分以同样的方式在记忆中累积。关于这些成分的概念知识发展起来，可以用于解释一系列知觉和表象。因此，可以说知觉和概念表征共同实现了认知加工。

概念系统的基本操作如下：一是范畴化。在范畴化过程中，认知系统给知觉和想象的客体指定一个范畴。范畴化对于建构所有语言分析单元都是重要的，包括意义和结构成分。语言的语义和结构是一致的。对客观世界的非语言学方面进行范畴化，通常可以生成命名（词汇）。当命名知觉客体和激活的概念知识时，词汇被激活，成为词汇范畴的一个个例。对知觉的场景的范畴化，是产生话语、描述实际知觉的基础。对于没有明显提及的场景的范畴化会引发推理。二是推理。范畴化本身不是终结，它是推理的基础。一旦实体被指定了范畴，与概念知识相关的推理就可以超越至此所知觉的内容。一旦关于客体的概念知识在范畴化时被激活，就会引发各种相关的有用推理。三是命题。命题表征构成了被理解的语篇的意义基础。命题可以被认为是实体和概念之间建立的类别—样例关系。在语篇理解中，这种关系就是词义的组合。理解短语、句子和语篇时，许多成分命题被建构，然后层级式组装成更大、更复杂的命题结构。因为命题中的类别是概念，概念系统在语篇意义的建构中具有核心作用。四是产生性。认知系统可以产生无数的语言学结构和概念结构，远远超过了亲自经历过的。把词和概念组合成复杂的语言学和概念结构，这种创造力的基础是概念的产生性。产生性源于组合和递归机制。组合机制是通过特定的关系，用一个词（概念）转动另外一些词（概念）。名词通过修饰关系与另外的词构成名词短语。名词可以通过与一个动词相关的题元角色关系形成命题。通过递归，可以将概念和语言学结构嵌入已有的语言学和概念结构之中，把概念和语言学结构嵌套到另外的结构中，使人们能够建构新的概念化和语言表达。通过组合和嵌套，人们用有限的词汇和概念建构了无数的复杂表征。这种能力源于与概念化产生系统密切相关的语言的产生性系统。这两个系统具有平行的结构，使得人们可以通过语言来表达相应的概念结构。

  概念系统支持复杂的认知活动，包括高级知觉、选择性注意、情景记忆、思维和社会文化认知。概念系统渗透于认知系统从高到低的每一个方面，不存在没有知识的认知过程。要理解认知，就有必要理解概念系统及其在认知活动中的作用。自然语言的语义与概念系统密切相关。词汇意义不等同于概念，但二者有很多共同之处，并相互影响。在词的组合过程中，会广泛用到背景概念知识，概念关系知识对于整合词义非常重要。通常情况下，对语篇的理解越深刻，则产生的推理越丰富，这不仅需要具有题元角色关系的知识，而且需要有对知识的解释和其他的概念结构。丰富的理解推理是通过概念系统产生的，使相关概念知识变得更加活跃。思维需要广泛使用概念系统。人们在进行决策、推理和解决问题时，概念表征作为思维的对象被激活。在进行演绎推理时，人们并非简单地操控抽象的逻辑表达，而是操控了推理域相关的概念表征。概念表征对归纳推理也很重要，特别是当涉及范畴时，它对于各个领域的因果推理都具有重要作用。问题解决也依赖于概念表征，对于同样的抽象问题，当植根于一个领域时也许是不可能的，在另一个领域则会变得容易。这依赖于相关知识的可及性，不仅是确定范畴成员的物理特征，也包含实现某种目的的样例和规范知识的范畴表征。在社会交往中，人们使用社会知识对接触到的人进行社会分群。对这些分群的刻板印象，可以看成是被各种不同来源的背景知识扭曲的概念表征。一旦某个体被指定到社会范畴，就会对其行为动因、心理状态和动作产生各种推理。自我概念是概念知识在社会领域的另一种重要形式。

第二节 情景记忆

情景记忆是指包含获得的时间和地点信息的陈述性记忆（Tulving，1972，1983，2002）。由此可以看出，与语义记忆不同，情景记忆依赖于记忆获得的情景，语义记忆的内容独立于其习得的情景。情景记忆概念最初由 Tulving（1972）提出。Tulving 认为，情景记忆是个体所经历事件的记忆，而语义记忆包含的是一般性事实。后来，Tulving（1983）提出情景记忆和语义记忆是两个功能不同的记忆系统。情景记忆是指向过去的记忆系统，容易因神经系统损伤而受到影响。情景记忆的本质主要体现在三个概念的连接中——自我、自知意识以及主观感觉的时间。某一个事件的记忆成为情景记忆的必要条件是：该事件的细节及事件发生的地点在提取该事件的过程中必须存在，并伴有重新体验该事件的自知意识。

一、情景记忆的神经机制

（一）情景记忆相关的脑结构

情景记忆依赖于一个包含皮层和皮层下脑区的广泛分布的神经网络。该网络与其他记忆系统依赖的网络有所重合，但又不完全相同。在这一网络中，海马发挥着枢纽作用。在记忆编码过程中，海马把内侧颞叶和新皮层的神经元素绑定到记忆痕迹中，形成多模态、多范畴的表征（Moscovitch，1992）。由此可见，情景记忆痕迹由海马-新皮层的神经元集群以及一个稀疏编码的海马成分构成，可作为通达新皮层成分的索引。这些成分表征着事件全部的经验，不仅包括构成经验内容的知觉、情绪和概念细节，而且包括浸染这一事件整个过程的自知意识。在提取过程中，海马-新皮层集群被内部或外部线索刺激，在两阶段回忆过程中重新被激活。第一阶段是线索和海马之间快速、无意识的交互过程，然后激活与之绑定的新皮层痕迹。整个回忆过程可能到此结束，或者进入第二阶段。第二阶段比较缓慢且有意识参与。大脑皮层对第一阶段的输出进行操作，恢复当初经历情景时的意识体验（Moscovitch，2008）。由于海马调节的操作一旦启动就是强制性的，编码和提取的控制过程由前额皮层和相关的脑结构调节，对输入到海马以及从海马输出的信息进行操作，使得记忆具有智能性和目标导向性。

1. 海马及其与新皮层的连接

海马位于皮层系统（腹侧和背侧）层级结构的顶端，整合来自前面阶段的信息，在这个过程中建构更加复杂的表征，通过后向投射影响前面阶段的操作（Nadel & Peterson，2013）。信息从鼻周皮层（PRC）和海马旁回（PHC）输入到内嗅皮层（entorhinal cortex），之后从内嗅皮层输入到海马。海马整合来自内嗅皮层的复杂客体表征和来自海马旁回的场景表征，形成视觉不变的表征，包含环境各部分之间的空间关系（Nadel & Peterson，2013），并且把这些部分和它们的特征定位于空间框架中。海马所调节的记忆实际上反映的是一种关系连接（Eichenbaum et al.，2007；Olsen et al.，2012），事件的不同成分及成分之间的关系使得事件之间具有可区分性。

海马的不同区域在表征情景记忆的过程中的作用不同。沿着海马长轴，不同的位置表征了不同尺度的信息。海马后端表征着个体所经历事件的时空方面的细节信息，这些信息主要从后部新皮层输入。海马前端表征事件的整体方面，比如，一般性情境以及依赖于情境的情绪和意义等，通过海马前端与前部新皮层的交互来实现。海马的不同部位与新皮层的连接情况如图 7.6 所示。由此可以看到，两种类型的海马表征主要取决于沿着海马长轴的输入-输出连接的差异（Poppenk et al.，2013；Strange et al.，2014）。神经解剖学（Aggleton，2012）以及静息态连接性分析（Ranganath & Ritchey，2012）表明，海马后端更倾向于与后部新皮层的知觉加工区域相连接；海马前部倾向于与前部区域相连接，如腹内侧前额叶皮层和外侧颞叶一直延伸到颞极和杏仁核，这些区域分别与图式、语义信息以及社会性和情绪性信息的加工相关。这种连接模式导致了海马前端和后端不同的编码和表征环境，如前所述，海马前端主要负责编码客体的一般性或整体性关系的信息，而海马后部主要负责编码在某些连续维度上的精确位置的信息（Poppenk et al.，2013）。

图 7.6 海马前部（红色）和后部（蓝色）与不同脑区之间的连接示意图（Poppenk & Moscovitch，2011）（见彩图 7.6）

很多研究证据发现了海马前后位置功能的差异。不管是在自传体记忆的测试（Nadel et al.，2012）还是空间记忆的实验室测试（Evensmoen et al.，2014）中，海马前端的激活都与事件发生的一般性位置或这些位置的粗糙的地图相关，而海马后端的激活则与局部细节或精细地图的表征相关（Preston & Eichenbaum，2013）。关于虚拟现实导航的研究得出了相似的结果。当连续呈现的地标之间的距离增大（Morgan et al.，2011）、环境尺度变大（Baumann & Mattingley，2013）、朝向目标时，海马前端的激活增强，而海马后端的激活与个体和目标之间的距离呈负相关（Howard et al.，2014）。

2. 过程特异性联盟

单个脑区不可能完全支撑起情景记忆，上述脑区之间以及与其他脑区之间的交互是必要条件。在功能性神经成像研究中，对于这些交互过程，可以间接地通过脑区之间共变激活的情况或功能连接进行测量。对于功能连接，可以在大尺度网络水平上进行探索，如默认网络，或在小网络水平上探索。小网络是指伴随着某种认知加工过程的产生而产生、伴随其消失而消失的网络结构。比如，在记忆加工或形成的过程中，并不是所有的海马结构或与之相关联的脑区在同一时间或同一任务上都会被激活。根据任务的变化，会逐渐形成暂时性的过程特异性联盟（process-specific alliance），这就属于小网络尺度。实际上，后部新皮层与海马后端的连接（表征个体经验的局部空间知觉方面的信息），以及海马前端与颞叶、前额叶和杏仁核的前部连接（表征了概念和情绪方面），均属于过程特异性联盟。

要形成一个过程特异性联盟，必须具备以下条件：①联盟中所有的脑区之间在进行共同调节的活动时相互关联；②每个区域与加工过程的子过程相关联；③区域之间在一般条件下以及在感兴趣的认知加工过程中都相互关联（Cabeza & Moscovitch，2013）。有很多支持情景记忆的过程特异性联盟均满足以上条件。比如，海马后端和腹侧顶叶皮层之间在回忆提取过程中形成的过程特异性联盟。对于第一点，对事件相关的 fMRI 研究进行的一项元分析发现，这两个区域在成功提取与回忆的过程中均有激活（Cabeza et al.，2012）。在提取过程中，海马后端和腹侧顶叶皮层表现出相似的与回忆相关的激活模式，而海马前端则表现出不同的激活模式（Daselaar et al.，2006）。对于第二点，海马后端与情景记忆细节的恢复过程有关，而腹侧顶叶皮层负责加工和处理恢复的信息（Cabeza et al.，2012）。对于第三点，海马后端和腹侧顶叶之间存在直接的白质连接，在静息态以及情景回忆的过程中，二者的交互都非常紧密（Cabeza et al.，2012）。

鉴于过程特异性联盟形成快、消失也快，它们需要一种可以快速控制远距离脑区之间连接的机制，最可能的就是神经振荡。大量的研究表明，神经振荡，尤其是 γ 频段（40～100Hz）和 θ 频段（4～8Hz）的神经振荡，控制着情景记忆的编码和提取过程中的过程特异性联盟。在编码过程中，γ 波的相位同步化可以使得知觉特征与物体在后部皮层绑定在一起（Engel et al., 1991），γ-θ 的耦合使得客体在海马和后部皮层被整合到事件中（Jensen & Lisman, 2005）。前额叶皮层可能控制着耦合过程，工作记忆负荷增加，θ 能量在前中部电极处明显增加（Jensen & Tesche, 2002）。在提取过程中，通达一个原始事件在海马中的一个表征片段时，会引起相关 θ 波周期的复原，进而会诱发嵌套的 γ 波周期以及相关脑区表征的复原（Jensen & Lisman, 2005）。与这种假设一致，以人为对象的研究发现，当人们正确识别旧项目时，相比正确识别新项目，海马和后部皮层 γ 频段和 θ 频段的能量会增强（Osipova et al., 2006）。也有研究发现，相比熟悉一个项目，记住一个项目会在不同的头皮区域产生更大的 γ 能量（Burgess & Ali, 2002）。这些头皮区域包含顶叶皮层，与海马后端和腹侧顶叶皮层之间形成的过程特异性联盟一致。

（二）情景记忆的神经表征

根据情景记忆的概念可以发现，情景记忆既包含个体所经历事件的具体内容，也包含发生的地点和时间，即情景记忆包含细节信息、空间信息和时间信息。这三种主要信息是如何在大脑中进行表征的呢？这些信息的表征均与海马有关。

1. 细节信息

对病人的研究发现，双侧皮层广泛性损伤的病人会产生整体顺行性遗忘，影响其情景记忆的获得、保持和提取的各个方面，包括事件的特定细节以及主题和一般性结构，尽管对于细节的记忆受到了最严重的影响。当损伤局限在海马的某一个小部分时，情景记忆受到的影响比较严重，而对于事件主旨的记忆以及语义记忆受到的影响较小，表明了海马在情景记忆表征中的重要作用（Winocur & Moscovitch, 2011）。

为了区分自传体记忆提取过程中细节信息以及语义信息的记忆效果，研究者制作了一份自传体访谈（autobiographical interview, AI）量表（Levine, et al., 2002），通过这个量表的得分，可以区分内部细节和外部细节。内部细节具有事件特异性，比如，知觉、情绪或方位等信息，外部细节则不具有事件特异性，主要为语义方面的信息。研究者采用 AI 量表，对切除单侧颞叶（包含海马）的病人进行施测（St-Laurent et al., 2014），结果发现，情景记忆的知觉性信息受到了严重的影响。事件的一般性知识，比如，构成故事的要素等信息也受到了影响，但并没有前者严重；对于外部细节的情景记忆，则不受影响。通过使用 AI 量表或类似的测验量表，研究者发现了相似的模式，即内侧颞叶损伤病人的自传体记忆中的情景信息受损，而语义信息相对幸免。采用功能性磁共振成像技术对自传体记忆进行的研究发现，海马激活程度受细节数量或者自传体记忆事件的生动性的调节，这些均与内部细节信息有关（Sheldon & Levine，2013）。采用电影片段作为材料可以对自传体记忆进行更严格的实验控制，同时其具有自然性。对内侧颞叶损伤的病人采用电影片段进行的研究所观察到的结果模式，与对自传体事件回忆效果进行研究所得到的结果相类似（Maguire & Mullally，2013）。

虽然自然材料被越来越多地使用，但目前的大部分研究仍然采用无关材料去研究情景记忆。比如，采用任意背景信息，通过再认进行测试。这样可以保证关注回忆过程的不同研究能得到相似的大脑激活结果。回忆加工过程相关的脑网络中包含的脑区与回忆生动的自传体记忆的脑区有一定重合，包含海马、海马旁回、mPFC、AG 和 PCC（Rugg & Vilberg，2013）。

2. 空间信息

所有的自传体事件都是在某一特定空间下展开的，因此空间信息在情景记忆中具有重要地位，这与海马在空间记忆和导航中的作用相一致（Buzsáki & Moser，2013）。场景构建假设认为，海马在构建连贯场景过程中是必要的，其为事件提供了一个框架（Hassabis & Maguire，2009）。研究者对海马损伤病人进行的研究，以及采用功能性磁共振成像技术对健康被试进行的研究均发现，构建连贯性场景依赖海马（Maguire & Mullally，2013）。并且，研究者发现，空间任务和情景记忆任务所激活的脑区或脑网络具有很大的重合，即使情景记忆任务并不涉及明显的空间加工成分（Spreng et al.，2009）。对于这一现象，Rubin 和 Umanath（2015）的研究结果可能提供了一些解释。他们的研究发现，在空间信息缺乏的叙述文中，被试会自发地在编码和回忆过程中添加空间信息。

有研究发现，熟悉的空间信息有助于事件记忆（Robin & Moscovitch，2014）。同时，也有研究表明，即使在单细胞水平上，对事件记忆敏感的区域与海马中对空间记忆敏感的区域也存在交互作用（Miller et al.，2013）。研究者（Chadwick et al.，2010）让被试回忆电影细节，里面有两个不同的事件出现在不同的空间位置。其采用 MVPA 方法在神经层面上区分了提取的记忆，发现对不同情景的分类精度只在海马中显著高于随机水平。与事件内容的差异相比，用位置的差异去区分影片时效果更好，并且这种优势只出现在海马中。

3. 时间信息

时间是情景记忆中的另外一种重要信息，正如事件在空间维度上展开一样，事件也在时间维度上逐渐展开。关于时间信息，有研究认为时间信息编码是海马的一个衍生功能，另有研究认为时间信息编码是海马的核心功能或特征（Barba & la Corte，2013；Davachi & Dubrow，2015；Eichenbaum，2014）。

研究者总结了目前关于时间信息加工的研究，发现时间信息加工主要包含三个方面：①与一个事件展开中不同时刻相联系的时间标签，可以编码时长；②一个情景内部或者情景之间的成分的时间顺序的编码；③时间的主观感觉，据此个体能够确认记忆中的事件是出现在最近、过去还是将来（Schacter et al.，2012）。前两者的研究较多，最后一项研究较少。

对于前两点，根据时间细胞的研究证据（Eichenbaum，2014），研究者提出了一种海马机制，这种机制能够建构数百秒内尺度不变的时间表征，这种表征为事件提供了一个通过连接进行嵌入的情境/神经背景（Howard & Eichenbaum，2013）。这一模型能够解释记忆中的时间顺序效应，以及随着时间长度变长而时间精度下降的现象。研究者认为，连续性作为时间顺序的决定性因素，它对事件或片段内部的成分的决定性优于对跨事件的成分的决定性，表明事件分割具有重要作用（Davachi & Dubrow，2015）。通过重复呈现序列学习的机制可能是基于模式补全，比如，以某个项目作为线索，诱发与之相关的成分的重演。

实际上，对于情景记忆时间方面的信息，不仅海马在起作用，海马之外的脑结构也在起作用（Davachi & Dubrow，2015）。这些脑结构可以调节一些信息和策略，不论是跨越几毫秒的短时间隔还是跨越几分钟、几小时、几天的长时间隔的时长和时序记忆。这些脑结构主要包含小脑、前额叶皮层、后部顶叶皮层（Danckert et al.，2007）以及基底神经节。

二、情景记忆与语言

自从情景记忆的概念被提出（Tulving，1972），大量的研究就开始关注如何在功能和神经层面区分情景记忆与其他一般的认知功能，以及如何区分情景记忆与其他特定的记忆。鉴于海马存在广泛的连接，情景记忆不可能一成不变。在过去的十年中，情景记忆以及海马在不同领域中得到了广泛的研究，以下主要介绍情景记忆和语言之间的关系。

（一）情景记忆和语义记忆的转化

记忆表征并非静态的，而是在个体毕生中随着时间和经验的变化而变化。有些记忆保存了详尽的细节，继续依赖于海马，仍可以被回忆；有些记忆通过遗忘或者图式化，失去细节，只保留了要点或者熟悉性；还有其他的被结合进语义网络并获得语义网络的特性。后一种情况更多依赖于新皮层结构，腹内侧前额叶和前颞叶起主导作用。在某些情况下，具体性表征和主旨性表征可以共存，存在动态交互的过程。根据具体的条件，有时一种记忆支配另一种记忆，有时一种记忆向另一种记忆转化。根据认知神经科学的一般原则,这些记忆的神经实体与其功能表征相对应。互不相同的表征必须以不同的结构(神经元集合)为载体,不同结构介导的表征必须在根本上互不相同。这种功能-神经同构原则有助于说明海马-新皮层模式在记忆巩固中的作用。

记忆转化的问题一直是关于记忆的研究关注的焦点问题。这种转化过程可以发生在几周、几年甚至是几十年的时间内(Winocur & Moscovitch,2011)。标准巩固理论认为,海马是记忆转化的基础,直到记忆被巩固之前,海马都被作为暂时的记忆结构。记忆巩固过程发生在新皮层,在这里记忆可以被保持,同时也可以被提取。虽然海马之外的记忆是一般性的,不同于海马调节的细节的、具体的记忆(Penfield & Mathieson,1974),但标准巩固理论并未明确区分这两种记忆。

结合以往研究者的工作,Nadel 和 Moscovitch(1997)提出了多重痕迹理论,将记忆表征的类型(细节性与主旨性/图式性/语义性)和调节它们的脑结构(海马与新皮层)相连接。他们认为个体可以保持对细节的远期记忆,海马以及一些相关的结构都会参与到对这些记忆的保持和提取过程中,不管这些记忆多么久远。旧记忆的再激活会导致海马中一个多重痕迹的丰富的分布网络的再编码和形成,这一过程可以保证在海马小范围损伤的情况下,记忆不受损。情景的主旨性(语义化)记忆以及语义记忆受到了其他结构的调节,因此在任何情况下它们都不会因为海马损伤而受损。

基于多重痕迹理论,Winocur 和 Moscovitch(2011)提出,人类的一些自传体记忆和空间性记忆,以及啮齿类动物的情境依赖性记忆是随着时间和经历,从高细节性的、情境特异性的记忆,向低细节性的、图式性记忆转化的,后者保存着一个经历/事件或一个环境的图式表征的主旨,而非过多的具体项目。这些转化的记忆依赖于海马之外的结构,比如,依赖于腹内侧前额叶皮层而非海马进行表征。然而,不管记忆获得的时间多久,只要其仍然保持细节以及情境特异性,就会一直依赖于在海马中的表征。各种类型的表征可以同时存在并且动态交互,以至于即使是从细节形式转化到图式的记忆,也会因为适当的提示而再次与海马建立密切的关系(Winocur & Moscovitch,2011;Winocur et al.,2010)。

就语言而言,只要语义记忆中包含详细的、精确的关于自传体事件和非自我中心的空间表征的信息,就会受到由海马调控的情景记忆表征的影响。对失忆症以及语义性痴呆患者进行的研究发现,人物、地点、公共事件甚至是一般物体以及它们的名字都会充满自传体意义(autobiographical significance,AS),即它们会自动地(不管有意还是无意)让人们回想起有助于命名、再认和语义判断的信息。研究者采用 ERP 技术进一步考察了这种现象(Renoult et al.,2015)。研究者在研究中给被试呈现名人的名字和普通人的名字,采用非情景性的名声判断任务,他们发现 N400 波幅的变化与被试所具有的关于这个人的语义而非情景知识有关，而对回忆敏感的顶叶区域的晚期正成分则表现出相反的模式。

综上所述，情景记忆依赖于记忆获得的时间、地点等信息，能够随着时间以及个体经验的变化逐渐向图式或语义记忆转化。情景记忆转化之后并非一成不变，情景记忆与图式和语义记忆之间存在动态的交互过程。

（二）情景记忆对语言加工的影响

除了情景记忆和语义记忆之间的转化过程，情景记忆与语言加工的其他方面也有关。比如，海马调控的情景记忆加工会影响语义流畅性测试。研究发现，由颞叶损伤而导致的语义流畅性测试表现受损与海马损伤有关，而不仅仅与外侧颞叶的损伤有关（Greenberg et al.，2009）。这种解释得到了 fMRI 研究的支持。研究发现，海马的激活与情景信息的生成有关，在情景信息生成的过程中，主要通过想象个人经验而产生语义样例而非一般性样例（Sheldon & Moscovitch，2012）。相似地，在单个词的自由联想任务中，被试给出的词会比较具体，因为都是从个人的情景记忆中提取的，而内侧颞叶损伤的病人的反应则没有那么具体，因为他们更依赖于语义记忆（Sheldon et al.，2013）。

尽管以往获得的语义记忆剥离的情景方面的信息能够在海马损伤的病人中得到保留，但是对于新词汇的习得，如果没有海马的参与，将目标刺激与其对应的名字建立外显的相关性联结时，则变得费时、费力。然而，通过快速映射进行习得的过程不受影响。快速映射是指一种间接的联结学习过程，在这一过程中，被试会自动发现（推断）项目与其名字之间的关系（Sharon et al.，2011）。快速映射可能依赖于项目和已有图式或语义网络之间（受控于新皮层）的快速同化过程（Sharon et al.，2011）。然而，通过快速映射习得项目-名字联结容易受到干扰（Merhav et al.，2014）。在颞叶前部损伤包含嗅周皮层损伤的病人中，会出现外显学习效果好而快速映射效果差这种相反的模式（Merhav et al.，2015），表明这一结构与快速映射过程密切相关。然而，并不是所有尝试重复快速映射结果的研究都得到了相似的结果（Smith et al.，2014），还需要进一步研究，才能更好地理解调节快速映射的神经机制。

情景记忆也与语篇理解过程相关。语篇理解的目的是建立一个连贯的心理表征，根据建构整合理论（Kintsch，1988，1998；Kintsch & van Dijk，1978），语篇表征分为三个层次：表层表征、文本基础表征和情境模型。表层表征是指语篇中的单词、短语、句法等语言学水平的输入信息。文本基础表征是通过命题及命题之间的关系来表达，也称为命题表征。情境模型是指对语篇提及的事件、行为、人物和情境的认知表征。情境模型可能会根据情境的相似性整合语篇的文本基础表征，同时还会整合在语义记忆中关于这些情景的以往的经验。

语篇表征的情境模型中可能会包括读者长时记忆中存储的情境模型。很多语篇内容都是关于我们已经知道的物体、人物、地点或事实的，这与个体所具有的情景记忆密切相关。个体的情景记忆具有特异性，比如，每个人对其居住的城镇、房子、朋友、工作地点和生活事件都有主观经历，同时个体的情景记忆又具有一定的共性，比如，人们有时会共享关于国家、城市、历史事件、政治事件或名人的经历，这些都是情景记忆中的内容。Kintsch 指出，在理解过程中，这些已有的情境模型会被提取并成为新的情境模型的基础。由此可以看出，情景记忆对语篇理解过程有重要影响。

（三）个人语义记忆

本章的第一节和本节的前面部分分别介绍了陈述性记忆的两个系统，即语义记忆和情景记忆。语义记忆是关于文化共享的一般知识（包括事实和词汇），与获得的语境无关，没有心理时间旅行的感觉。情景记忆是指在特定时空之下的对独特事件的记忆，好像是自我穿越时间、重新经历原有事件。事实上，二者之间存在相互作用。这种相互作用发生在介于二者之间的记忆形式中，个人语义记忆就是其中之一。个人语义记忆是指对个人复杂生活事件的混合记忆，与记忆的自我体验紧密相连。

个人语义记忆是否是一种独立于一般语义记忆和情景记忆的记忆形式？Renoult 等（2016）采用脑电技术和句子真伪判断的范式，在同一个实验中研究了一般事实（语义记忆）、自传体事实和重复事件（个人语义记忆）及独立事件（情景记忆）加工的神经机制。用句子探测四种类型问题的真伪，在被试确认真实性时，记录他们的脑电。行为结果显示，四种条件下被试的反应时相同。电生理结果表明，N400 与语义记忆提取有关，对于一般事实的反应最大；LPC（late positive component，晚期正成分）与情景记忆提取有关，对于独立事件的反应最大。在个人语义记忆条件下（即重复事件和独立事件）的 ERP 成分与语义记忆存在系统性差别。此外，N400 的波幅也区分了自传体事实和独立事件。自传体事实和独立事件并无显著不同，但它们的头皮分布不同于一般事实的分布。研究者对这种结果的解释是：个人语义记忆的神经相关可以与语义记忆和情景记忆相区别，为独立事件如何转化为语义记忆提供了线索。

一方面，个人语义记忆与情景记忆相似，是高度个性化的；另一方面，它和一般语义记忆一样，缺乏回忆的主观感觉，与获得的情境相分离。以往的研究对个人语义记忆有 4 种操作化定义方法：自传体事实、重复事件、具有自传体意义的重要概念、自我和自我表象。如何定义个人语义记忆，将会影响它与情景记忆和一般语义记忆的比较。为了更好地把个人语义记忆整合到已有的陈述记忆模型中，Renoult 等（2016）从三种不同的视角阐述了个人语义记忆与一般语义记忆和情景记忆的关系。

1. 个人语义记忆是语义记忆的一个子范畴

许多研究者假设，个人语义系统是一般语义系统的一个子集，二者有相似的组织原则。个人语义记忆是与一般语义记忆重叠的一个子范畴，但有部分不同的神经相关。大脑是一个复杂的分布式的语义系统，不同脑区表征了不同的客体范畴，个人语义系统就是这样的范畴。在语义系统中的个人语义记忆范畴可能在进化中起到了重要作用，这是判断范畴特异性的重要标准。研究者在成像研究中发现，mPFC、颞顶（TP）、压后皮质和楔前叶对语义记忆中个人特征的表征很重要。mPFC 大量地卷入自我参照加工，在多数个人语义记忆的抽象形式中激活，即自传体事实和自我知识（活动的中心在 BA10）；TP 支持独有事件表征，是与自传体事实表征联系最紧密的脑区之一；压后皮层和楔前叶在一般语义记忆和情景记忆的界面起到了重要作用，对自我知识比对一般语义记忆有更多的激活。重要的是，这些脑区和其他与一般语义记忆相关的脑区一起被激活，例如，颞下皮层后部和 IPL，它们作为语义记忆的一个子范畴，可与个人语义记忆概念相当。个人相关的信息可以附加到已有的语义记忆中，或者其他类型的个人语义记忆与情景记忆相联系被加到语义知识中。对于这一点，在自传体意义概念上看得最清楚，它在语义和情景记忆中都得到了表征，构成了一般语义记忆和情景记忆的混合体，而不是一般语义记忆的一个子系统。

2. 连续体的视角

还有一种视角是采用连续体描述陈述记忆、自传体记忆和知识组织，即连续体的视角。连续体的范围依照所表征的信息的种类-性质，从特异到一般。在陈述记忆模型中，其范围是从情景到语义记忆；在自传体记忆模型中，其范围是从特定的场景到综合-重复事件，再到抽象知识；在知识-语义记忆模型中，其范围是从更特定的和语境约束的语义表征到更抽象的语境无关的表征。在所有这些提到的模型中，越是与个人不相关的信息越抽象。因此，个人语义记忆比一般语义记忆的抽象程度更低，更有可能与特定场景相互作用。Conway（1990）证明，只有比较不抽象的语义范畴才能启动情景记忆的提取。近期成像研究结果补充了这些结构。某些固有的自传体语义范畴（如朋友的名字）与海马-中部颞叶的激活有关，通常是情景记忆提取的相关脑区。如果把个人语义记忆看作从一般语义记忆到情景记忆的抽象连续体的中间系统，有望看到跨越这些记忆类型的大脑活动的定量而非定性的变化。的确，几项神经成像研究发现，在 mPFC、TPJ 和压后皮质，激活是从情景记忆到自传体事实，再到一般语义记忆，呈逐级递减的。楔前叶激活也出现了从情景记忆到自我知识，再到一般语义记忆的逐级递减。但是由于极少数研究包括所有三种记忆（个人记忆、一般语义记忆和情景记忆），对这些观察的解释变得复杂化。关于连续体观点的另一个问题是，可能存在不太抽象的个人知识（即重复事件）和情景记忆之间的定性差距。

3. 成分过程的观点

陈述记忆的有效编码和提取依赖于多种记忆和其他认知过程，包括注意、情绪、时空加工、感知觉表象和执行功能等。个人语义记忆、一般语义记忆和情景记忆如何组装在一起，一种概念化的方法是假设这三种类型的记忆依赖于上述成分过程的不同权重。据此，与个人语义记忆和一般语义记忆相比，情景记忆可能涉及更多的自我思考、时空中的自我投射、情绪、感知觉表象。反之，个人语义记忆不同于一般语义记忆的地方在于，前者更多地涉及自我反思，有更多的情绪涉入。想要准确描述个人语义记忆、情景记忆和一般语义记忆的差别，我们需要对个人语义记忆进行操作性定义。某些个人语义记忆形式，如重复事件记忆，似乎包含时空特征，可能与情景记忆一样，以第一人称按时序地再经历。但是，它们不同于情景记忆的感觉表象和自我反思。神经成像研究发现，独立事件比重复事件在楔前叶和 mPFC 有更多的激活，这些脑区分别参与视觉空间加工和自我反思。这些形式的个人记忆可与精细的脚本相比，而非一般表象。自我知识比情景记忆涉及更抽象的自我反思、更少的感觉表象和不丰富的时空主观投射。自我知识是唯一的一种有与情景记忆类似的 mPFC 激活的个人语义记忆。相反，情景记忆比自我知识在时空加工相关的脑区有更多的激活，包括楔前叶和 SPL/IPL。Janssen 等（2015）认为，自传体记忆是由其他认知系统支持的，自传体记忆是在认知系统（如语言、视觉、情绪等）的相互作用中建构起来的。其中，一个或者多个系统失效会影响自传体记忆的特性。对于认知能力与自传体记忆的关系，至今我们仍了解得很少。具有很强认知能力的人是否在自传体记忆测验中有更好的表现？有研究让被试在完成了语言和视觉空间测验之后，记录一个个人事件，要求被试在一段时间之后对个人事件进行回忆。语言记忆操作比较好的被试能更好地保持个人事件。这支持了自传体记忆的基本系统假设。有初步证据表明，人具有更多的青年和成人早期的记忆，因为记忆系统在这些生命时期的工作更有效。

第三节 图式记忆

在陈述记忆系统中，除了语义记忆、情景记忆，以及介于二者之间的个人记忆之外，还有图式记忆和其他知识结构形式。本节介绍图式记忆，包括三部分内容：图式的概念及其特征，图式的形成、巩固和更新，图式与语言理解。

一、图式的概念及其特征

作为一种记忆结构，图式不同于语义和情景记忆。情景记忆是对一个特定的自传体事件（或者情境）的记忆，而图式是在提取事件共性经验的基础上形成和不断发展的抽象表征。图式也不同于语义记忆，但其功能与描述语义记忆的高度结构化的概念网络相似。借助于图式，我们不仅能够记忆事实，而且能够进行问题解决、逻辑推断和思想理解。对新情景的经验和解释，要经过已有语义网络这个棱镜，作为这些解释的一种概念被编码。图式可能的激活方式有：由上一级图式激活，由外部线索激活，被竞争图式抑制，或者被图式自身激活。图式的竞争性网络的建模为研究图式表征的神经机制和图式指导行为的方式提供了启示。

Ghosh 和 Gilboa（2014）在回顾和总结了关于图式的研究文献之后，归纳出图式具有四个必备的特征和另外四个敏感性的特征。图式的必备特征包括：①以彼此不同但具有相同基本结构的多重情景为基础形成的由单元及其相互之间的关系组成的连接性网络结构。②缺乏单元细节的一般化的高级结构，包括相似性表征或者跨事件的共性。一旦被激活，就可以从多个情景抽取共性构成一个推理的集合，事件序列或者物体可以在图式框架内重现。③约束的可变性和灵活性使图式有别于定义。图式可以融入新信息，产生新的意义，为特定新情景的细节提供空间。④图式因受到新的感觉经验的影响而不断变化。Piaget（1952）指出，改变图式的方式如下：一是同化，即把新的事件或者信息整合进一个图式，但不改变图式内部已有的关系；二是顺应，即根据新的事件或者信息改变已有图式。因此，图式能够存储大量来自经验的新信息，以环境敏感的方式更新信息。

图式还具有一些敏感性的特征：①时序关系。因为图式以事件为基础，必然包含单元组织的时间顺序。一个图式可以由一系列图式构成，因而时序可以延伸到单元图式之间的关系。对于某些图式而言，时序比其他图式更为重要。②层级组织。有些模型认为图式具有层级组织，即由子图式构成的层级组织。层级组织允许自上而下和自下而上的信息传递和系统激活。层级性的功能在于图式之间是相互联系的，有助于对复杂信息的存储。另外，递归性也可以是图式结构的一种构成方式。③交叉连接。它是指图式之间的重叠单元。交叉连接的结果是，图式可以相互竞争。如果几个高层级图式共有一个与特定目标相联系的子图式，则这些图式处于竞争中。④嵌入式的反应选择。有时图式仅被作为一种知识结构，而在其他情况下，它们被作为知识与适合情境的行为之间的连接。Rumelhart（1980）把图式比作知识包，除知识本身之外，还包含这些知识如何使用的信息。Cooper等（1995）认为，图式包含一系列相联系的目标和实现目标的手段，是一个负责熟悉的动作序列产生的系统。图式的四种敏感性的特征实际上反映了人类记忆的组织方式。这些组织方式已经在传统的记忆行为研究和新近的记忆神经科学研究中得到证实。

  有的学者从广义和认知的角度理解（倪盛俭和姬东鸿，2015），提出把图式纳入语义特征范畴，并主张把物性结构、理想认知模型、框架和脚本等来自不同语言学理论的概念纳入图式的范畴。冯志伟（2011）也曾指出，语义特征既需要配价的描述，也需要认知图式的描述。所以，语义特征不仅包括传统语法分析所获得的语义信息，还可以包括各种图式内容。这些观点对于我们对图式概念及其功能的理解，具有一定的启发性。他们对这些概念之间的联系与区别做了分析和比较。物性结构是生成词库理论的重要内容，具有普通认知图式的特征，是用来分解和表示词语意义的工具。生成词库理论聚焦于语境中语义确定和条件机制，注重对一词多义现象和创造性语言用法的描述，能与语义逻辑表示产生联系，并对表示进行分层。物性结构是结构化的，表示词条所指的实体与有关内容间的关系，是桥接词汇、句法和常识的有效手段之一，这使它可以对蕴涵识别做出贡献。认知语义学中的理想认知模型、框架、脚本也是用来表示词语信息的，因而可以被纳入语义特征范畴。理想认知模型是人们在认识事体、理解世界过程中形成的一种相对定性的心智结构，是组织和表征知识的模式，由概念及相互之间相对固定的联系构成（王寅，2005）。这是建立在许多认知模型知识的一种复杂的、整合的完形结构，是一种具有格式塔性质的发展认知模型，具有体验性、完形性和内在性。框架涵盖了多种其他图式的概念。多个框架构成了脚本，脚本是框架的序列。框架语义学与理想认知模型理论的不同之处在于，前者的切入点是社会语境中事件结构的模式和理解，重点在于世界知识；后者的切入点是概念结构模式，重点在于心智和操作过程。框架语义学把格语法中针对语言的格框架映射到对世界知识的处理中，对情景进行描述。每个格框架描述一个抽象、具有图式化特征的小情景或者语境，体现为各种事件框架。

二、图式的形成、巩固和更新

事件和事实的记忆并非孤立存储的,而是被整合到图式中,即通过结构规则提取直接和间接的关联。图式是复杂的组织,其成分之间的连接是运作(操作)而非简单关联。Preston 和 Eichenbaum(2013)指出,我们能够记忆和提取大量信息的能力依赖于两种信息加工:一是在学习阶段,大脑快速地形成新经验的神经表征;二是巩固新的表征并使用最优化的组织方式,当相关的线索出现时,能以最优化的方式进行提取。大量研究已经揭示出大脑形成新事件的记忆路线。

(一)海马与事件记忆

大脑是如何编码、组织、提取记忆的?神经解剖学的研究表明,对于物体和我们经历的事件本身(what)以及它们发生的地点(where)等信息的记忆,在大脑皮层中是分别加工的。多重感觉通道会对这些物体或事件的知觉信息进行初级的加工,然后汇集到跨通道的皮层联合区。what 和 where 信息经过不同通路的加工到达内侧颞叶,鼻周的皮层和后部嗅觉区域参与物体和项目的信息加工;海马旁回和嗅觉区中部负责编码事件发生的空间信息。在内侧颞叶内部,信息流在海马的水平上汇聚。由于这种解剖结构,海马对形成事件的记忆有重要作用。海马的输出会反馈到被输入信息所兴奋的脑区,即嗅觉区后部、海马旁回和嗅觉区中部。这种反馈作用使得海马能够支持信息提取,根据 where 信息提取 what 信息,也可以根据 what 信息提取 where 信息。由此海马支持了记忆细节的提取,其模型如图 7.7 所示。

在神经网络的基础上,海马的位置细胞记录环境中的地点信息,也编码这些地点发生的事件。研究发现,海马不仅加工空间信息,也加工时间信息。时间和空间编码组织为海马提供了编码图式,完成快速整合,并能够根据空间-时间序列重演信息。这种海马-新皮层的重演是记忆巩固的关键机制。海马可以在快速眼动睡眠阶段重演信息。如果缺少睡眠,就会干扰最终的记忆提取过程。海马的重演伴随着海马和前额叶的同步活动。

(1)海马前-后轴——从特殊到一般。一些研究扩展了对海马记忆组织的观察,认为存在一种记忆组织的特异性的神经解剖形态,在海马背侧记录到编码每个情境中特定地点的特定事件的神经元集群。另有研究表明,与这些放电模式相反,海马腹侧神经元逐渐获得某一情境中事件的更一般化的表征;在区分事件出现的情景时,腹侧海马神经集群胜于背侧神经元集群。与背侧海马网络相比,对腹侧的层级组织中神经元集群放电模式进行的表征相似性分析发现,这些神经元集群在加工物体和位置时的放电模式更相似。在提取自传体记忆中事件的具体细节时,

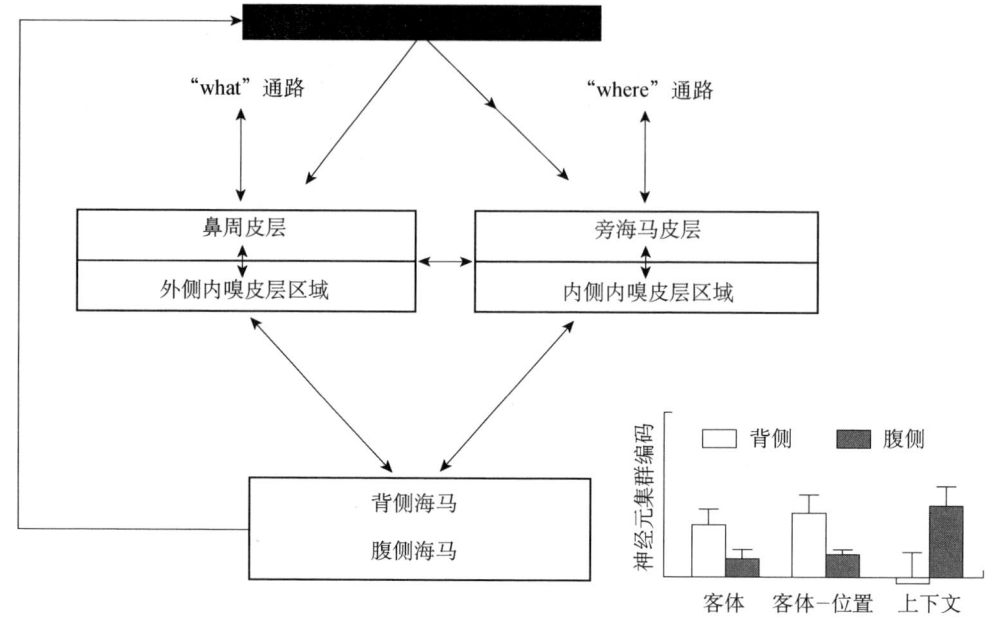

图 7.7 海马和前额皮层之间的信息流通路径（Preston & Eichenbaum，2013）

后部海马有不同的激活，前部海马在提取这些记忆的一般背景时被激活（Evensmoen et al.，2014）。从这些发现可以推测，海马的背侧-腹侧（后部-前部）轴可能编码的是从特殊到一般特征的记忆形式（Poppenk et al.，2013，Strange et al.，2014）。尤其是海马到前额皮层的输出是从腹侧海马发出，这些一般化的表征为前额皮层提供了具有相关记忆的语境特征信息，这一信息在记忆组织的前额控制中发挥了主要作用。

（2）前额叶与海马的交互——记忆提取的控制机制（图 7.8）。海马到 mPFC 的通路支持了记忆巩固过程。mPFC 通过认知控制来影响记忆提取过程，即通过选择与当前情景相关的信息和抑制无关的信息来控制记忆提取。其机制是：海马负责形成和提取特定的记忆，内侧前额叶积累相关记忆的特征，构成一个事项的相关情境表征，并使用这些情境表征来控制海马中细节信息的提取。前额叶和海马之间的信息流是双向的。背侧海马和腹侧海马的作用是不同的，其中背侧海马编码事件信息，腹侧海马编码位置信息。情境定义的信息可以直接投射到内侧前额叶。当给被试呈现一个背景信息时，这个信息由腹侧海马进行加工后传给内侧前额叶，支持情境合适信息的提取，抑制情境不合适信息的提取。情境合适信息的提取可能与记忆巩固过程相关。因为巩固需要在情境的指导下提取已有网络中存在的信息，因此这种情境合适信息的提取支持新旧信息的整合。

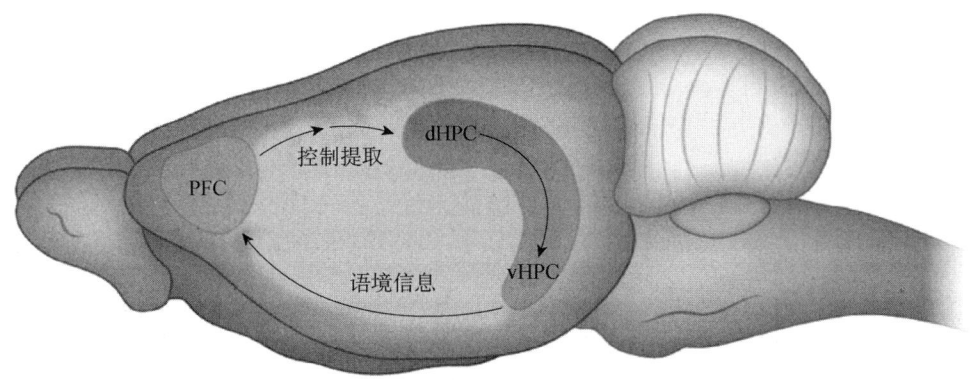

图 7.8 前额叶与海马在记忆中的互动。PFC 接受来自腹侧海马（vHPC）的直接投射，通过鼻周和鼻嗅周皮层间接投射到海马。当语境提供了记忆提取的线索时，语境线索由腹侧海马加工后把信息传给 PFC，它偏向于提取背侧海马（dHPC）中情境合适的信息

（二）图式的形成和表达

前额叶控制记忆的形成和巩固，影响着图式的形成和表达。研究发现，在联结推理范式中，加工有重叠的刺激对时，被试会恢复对先前联结的记忆。比如，在 a-b 的联结中，恢复对 a 的记忆。当加工新的关联经验，如对 b-c 进行加工时，会发现新记忆和已有记忆之间的冲突。这种在新联结建立过程中先前事件的恢复或者重演是通过 dmPFC 与海马的耦合加工完成的。在联结呈现时，这些区域的激活程度可以预期推理记忆的成功表达。这说明记忆需要前额叶的自上而下的控制加工，包括海马编码和冲突解决过程。如果新联结不与先前的学习存在重叠，那么就不需要前额叶的参与。但是，如果新的联结与已有的联结存在重叠，前额叶就会调节新的记忆和已有的图式之间的冲突。

随着记忆的增加，学习的内容被泛化到了其他的情景中，提高了前额叶的参与程度。巩固过程中需要从细节丰富、情景特异的记忆慢慢转变成细节更少的更一般化的记忆，比如，从情节记忆到语义记忆的转变，即脱离情境的过程。在这一转变过程中，前额叶的参与越来越多。没有立刻整合到已有的知识框架中的记忆在开始时不会依赖于前额叶，只有合并到语义记忆或图式中以后，才有前额叶的参与。当新的事件与已有的记忆相关时，那么海马和新皮层都会参与，这两个脑区对最初的学习过程而言是非常关键的。前额叶会选择信息，将其整合到图式中。经过巩固之后，图式更加依赖于海马和新皮层之间的交互，由此形成记忆更新的转变环路。在新学习中存在再巩固过程，再巩固加工包括图式的修正过程，可能会导致图式的崩塌。这说明所有的记忆最终都是具体表达在图式中的，前额叶在调节不同的联结中起到了重要作用，这种调节加工会导致图式与新的经验达

到平衡。

（三）图式的巩固和更新

记忆会随着时间的推移而变化。研究者认为，新信息在得到编码之后，会在记忆中发生两种形式的变化：一种是巩固（consolidation），即在学习之后的一段时间内，新信息会在细胞水平上固定下来，并且与已有的记忆产生相互影响，进而丰富我们的知识网络；另一种是再巩固（reconsolidation），指向于记忆，包含一种反向的加工过程，通过随后的再现和干扰使得新巩固的记忆得到修正。这两种形式的统一，使生活经验成为随着时间的推移而变化的一种动态组织。

Mckenzie 和 Eichenbaum（2011）提出了皮层-海马系统内部的记忆再巩固模型（models of memory consolidation within the cortical-hippocampal system）。研究者普遍认为，新记忆的形成最初依赖于海马，随后则是广泛的皮层区域在起作用。关于巩固过程，研究者形成了三种不同的假设：①皮层联结模型（cortical linkage model），即巩固是在皮层表征之间建立联结。最初，海马存储皮层表征之间联结的关键信息，之后在皮层与海马的多次交互作用过程中，皮层联结得以强化，直至不再需要海马的作用。根据这一模型，如果阻断了巩固过程，会使得新信息在加工皮层表征之间的联结难以建立，但是不会影响已经存在的记忆。②语义转换模型（semantic transformation model），即巩固是一种语义转换。这一模型认为记忆巩固本质上是从情景记忆转化为语义记忆。最初，储存在皮层-海马环路中的记忆是依赖于情景的，经过多次重复激活之后，会产生多种不同的记忆痕迹，从中能够抽取出共同的信息，与已有的皮层语义网络进行整合。最终，皮层表征的是记忆之间的共性，也就是语义记忆，这种语义记忆就不再依赖于海马的作用，但是对于情景记忆的提取仍然依赖于海马。根据这一模型，阻断巩固过程会使得支持语义转换的皮层联结的强化无法进行，但是新信息以及之前获得的情景记忆的加工主要还是由海马来负责。③图式更新模型（schema modification model），即巩固是一种图式更新。该模型认为新获得的记忆并不是单独存储的，而是会同化到已有的图式之中。图式并不区分情景记忆与语义记忆，而是通过共同的元素来统合所有的记忆。在学习新信息之后，首先由海马来负责加工，其间系统会不断调整已有的相关图式来整合新的信息。根据这一理论，阻断巩固会影响图式的重新组织过程，使得新信息的加工仍然依靠海马来进行。这三个模型并不是互相排斥的，它们从不同的方面来解释记忆的巩固过程。已经巩固的记忆也不是一成不变的，在某些情况下，它会与一些记忆痕迹或者新的信息发生相互作用，产生新的变化，得到再次巩固。再巩固是一个永无止境的过程。新信息持续不断地整合到知识网络之中，使得图式重组，记忆不断得到巩固。

三、图式与语言理解

作为一种知识结构，图式在语言理解过程的不同阶段和不同子过程中都起着重要作用。这一点已在本书的多个章节中都有所反映。这里简单介绍图式与阅读和语用推理等方面的关系。

（一）图式与阅读理解

Anderson（1994）对图式在阅读理解中的作用进行了较为系统的研究。阅读涉及在多个水平上的即时分析，包括词素、语义、句法和语用解释。阅读是一个互动的过程，分析和解释并非按照从字母到文本解释的顺序进行的。解释文本片段的意义，在理论上依赖于文字分析和形成的假设。图式如何影响读者对文本信息的学习和记忆？Anderson等进行了一系列实证研究。

Steffensen等（1979）让印度被试和美国被试读关于印度婚礼和美国婚礼的信件。社会中的每一个成年人都有关于"结婚"的图式，印度和美国的婚礼存在很大的文化差异。因此，被试对信件的理解、学习和记忆也存在很多差异。结果发现，被试读文化内的婚礼信件速度更快，表明熟悉图式加速了对信件的加工；而且美国被试能回忆起更多美国文本的内容，印度被试能回忆起更多印度文本的内容。显然，文化恰当的图式提供了概念框架，使得学习适合该图式的信息变得更容易，而且信息一旦习得便更易通达，因为图式有助于搜索记忆的结构。另外，实验者还让另一组印度被试和美国被试阅读信件，并评价每个命题的重要性。结果，美国被试认为传递仪式的信息更重要，但是印度被试认为关于金融和社会地位的信息更重要。图式理论预测，人们更可能习得图式中重要的文本单元，并且一旦习得，更可能会记住。在后续的测试中，被试回忆起了更多被本文化群体评为重要的文本信息，不管是对于其文化内的文本还是跨文化的文本，都是这样。

操控图式的另一种方法是选择不同的篇章。Anderson等（1978）写了两个可比的篇章，一个是在高档餐厅用餐，另一个是逛超市。在两个文本中以相同顺序提到了18种相同的食物和饮料，并且文本中有相同的角色。研究的第一个假设是：相比看超市篇章的被试，看餐厅篇章的被试应该会学习和回忆起更多关于食物和饮料的信息，原因是在高档餐厅用餐的图式相比去超市的图式有更加受限的结构。人们可能在超市选择苏打水和热狗，但是这些条目不会出现在高档餐厅中。而且，在餐厅图式中，条目之间有更多的交叉连接。例如，牛排伴随着烤土豆或者炸薯条。实验结果支持这一假设。研究的第二个假设是：读餐厅文本的被试更容易把食物和饮料归于正确的人物角色。例如,在超市中,谁把豆芽放进购物车并不重要,但是在餐厅中谁点了什么就很重要。实验结果也支持这一假设。研究的第三个假设是:对于阅读餐厅故事的被试来说,回忆食物和饮料的顺序将与文本中提到的顺序更对应。因为在餐厅中所点条目存在顺序,而在超市中不需要选择条目的规定顺序。实验结果支持该假设。

操纵读者图式的第三种方法是给被试指定不同的视角。Pichert 和 Anderson(1977)要求人们阅读一个故事,该故事讲述了两个男孩逃学在家假装自己是窃贼或购房者。结果发现,人们习得更多与指定视角相关的重要信息。例如,窃贼更可能习得三辆 10 速自行车停在车库,但是购房者更可能习得该房子屋顶漏水。Anderson 和 Pichert(1978)发现,读者的视角对学习和回忆有独立影响。转换视角,然后再次对故事进行回忆时,被试回想起了之前未被回忆的其他内容。因为这些内容对于他们的新视角而言是重要的,但是对于之前的视角则不重要。研究还发现,读者图式对文本元素注意的选择性分配很重要。研究者对注意进行了两种测量:一是被试阅读图式相关句子所花的时间;二是对图式相关句子中探测点的反应时间。探测点是一个通过耳机听到的声音,要求被试对该声音尽可能快地进行按键反应。探测任务的逻辑是:如果认真阅读的话,对探测点的反应将会有迟滞。结果表明,窃贼视角的人们阅读窃贼相关的句子时,阅读时间和探测时间都更长。该结果与其他研究的发现一致(Cirilo & Foss,1980;Haberlandt et al.,1980;Just & Carpenter,1980)。

在实证研究的基础上,Anderson 归纳了图式在文本阅读中的六种功能:①为同化文本信息提供了概念框架(ideational scaffolding)。图式为某些文本信息内容提供了一个插槽。例如,在餐馆晚餐的图式中对于主菜(entree)这一概念存在一个槽。如果图式适合于读者,槽的信息是容易学习的,或许无须心理努力。②有助于注意的选择性分配。图式提供了决定文本重要方面的部分依据。有技巧的读者会根据内容的重要性对认知资源进行分配,决定应该对什么给予更多的注意。③使推理性阐释成为可能。没有一个文本是完全显性的。读者的图式提供了对文本字面上没有说明的信息进行推理的根据。④使记忆的有序搜索成为可能。图式引导读者回忆哪种类型信息。例如,一个人试图回忆一顿饭的食物,可以先回顾典型情况下的食物范畴。将搜索结果用于建构文本的图式,读者可以提取文本阅读中学到的特定信息。⑤有助于编辑简要总结。因为图式自身包含重要性标准,读者形成的总结可以包含有重要意义的命题,从而忽略琐碎的内容。⑥允许推理性重构。记忆中的信息存在缺环时,图式以及可以回忆的特定文本信息有助于形成关于缺失信息的假设。由此,在一系列实证研究的基础之上,Anderson 对世界知识图式在语篇阅读中的功能做了阐述。

（二）图式与语用推理

Mazzone（2011）研究了图式在语用推理中的作用。根据语用研究中的图式理论（Récanati，2004，2007）和联想理论（Wilson & Sperber，2004；Carston，2002），其对图式和联想在语用推理中的作用，以及图式对联想加工的影响等问题进行了阐述。

Grice（1989）明确区分了言语交际的两个含义：一是说话人在特定情境下所表达的内容；二是听话人根据表达推理说话人的意图。其认为确定说话者所表达的意图，需要一个一般的推论过程：听者必须听出对话中的一些暗示或线索，并以此推断说话人的真正意图。但是，现实生活中说话者所说的内容与其所表达的意图之间的区别可能并不是明确的，不能严格按照语义与语用的概念来界定。理解说话者所说的内容需要根据具体的语境因素，远远超出了对语言形式的要求。因此，Récanati（2004）和联想理论的持有者并不赞同 Grice 的观点，而是强调了所谓的"语境立场"。他们把对话语内容的理解当作主要的语用加工，其基础是概念的激活程度及其在概念网络中的扩散程度；把隐含内容的推理称为次要的语用加工、局部的联想加工。理解话语表达内容，首先要基于其字面意义，同时也会激活话语内容的联想表征。如果联想表征为语义判断提供了更多的备选解释，无论是字面的含义还是派生的内容，都被并行加工且相互竞争。在加工过程中，上下文信息可能会改变字面含义和联想内容的选择，方法是添加新的激活序列——消除歧义。

在联想理论中，Wilson 和 Carston（2007）除了考虑联想的推理外，还考虑了一些纯粹的非推理叙述和混合联想/推理方法。假设有一种一般性的认知经验，虽然所有的推理关系都属于联想的范畴，推理机制在前提和推论之间建立了系统的对应关系，但并不是所有的联想都是推理的。除了概念网络中激活的扩展外，还需要考虑不同激活序列的相互干扰。由于图式提供了易于自上而下驱动解释过程的世界知识，不仅约束了盲目的扩展激活加工，而且能够对说话者所说的信息进行补充（Récanati，2004）。此外，图式还可以缩小解释的逻辑空间，有助于过滤掉不必要的联想，通过使用与假设（或推论）相同的图式，获得相同的语用推理。概念网络的激活是一个自下而上的过程，因此相对来说是不受约束的。但是，一些结构化的表征以自上向下的方式约束着概念网络的激活，因此联想动态本身对于扩展激活是一种平衡。换言之，如果激活内容实际上是图式的组成部分，其自下而上的激活便进入对一致性的相互评估：任何一种联想关系都有它自己的逻辑结构，如因果关系、空间关系、文本关系等。

在会话过程中，认知系统对偶发事件（空间、时间、因果等）非常敏感，这是因为我们对偶发事件的编码既保留了内容之间的关联信息,也保存了它们如何连接的信息。任何一种联想都有其逻辑结构,因此一般的偶然性表征与抽象图式的概念之间可能没有明确的界限。最终,我们所有的表征都被赋予了结构。从这个意义上说,图式、框架、脚本等都可以被视为一种更基本的现象的不同表征形式,即大脑在感觉和运动体验中检测和编码各种突发事件的能力(Mazzone & Lalumera, 2010)。可以看出,语言中基于约束的解释隐含地使用了与联想图式相似的概念,可以用于语言和语用现象的解释。越来越多的语言学研究开始重视联想加工和图式信息产生,认为在句法和语用方面,联想过程有足够的逻辑结构来解释认知操作,这些操作可以根据规则和图式在事后进行重构。

总之,Mazzone(2011)认为,联想加工是一种语用推理加工,而图式概念能够约束和驱动一般信息的联想加工。图式允许在话语和情境中将不同的信息结合在一起,摒弃缺乏连贯性的话语解释。图式所起的概括作用,其基础是联想保存了有关其构成要素之间的空间、时间、因果关系的信息。联想和激活的动力学能够解释一些语用现象,而不需要进行专门的认知加工。

本 章 小 结

从本章开始至第十章,关注的焦点转向一般认知过程对语言理解的调控和支持。本章的主题是记忆,主要指长时记忆中的陈述性记忆,分述了长时记忆的三个主要成分(语义记忆、情景记忆和图式记忆)的认知理论和神经基础及其在语言理解中的作用。第一节中的语义记忆主要指概念语义系统,包括三个方面的内容:一是概念语义系统表征的认知理论和神经模型及其理论争议;二是概念表征的认知神经模型,包括 Ralph 等的受控语义认知框架中的辐射式模型、Binder 等的语义记忆神经解剖模型以及中国学者建构的语义加工的解剖网络和固有功能网络;三是概念系统的功能,以 Barsalou 为代表对概念系统的认知功能的观点认为,概念语义系统是一个知识系统,同时也是认知操作系统,它在语言理解中的作用是不言而喻的。第二节是情景记忆。情景记忆是指包含获得的时间和地点信息的陈述性记忆。首先,简述了情景记忆的神经机制,包括支持情景记忆的神经结构,以及细节信息、空间信息和时间信息的神经表征;其次是情景记忆与语义记忆之间可以相互转化,以及其在语言理解中对信息的整合、情境模型的形成等具有的重要作用。长时记忆中还有介于情景记忆和语义记忆之间的一种知识结构——个人语义记忆,这说明语义记忆与情景记忆并非两个独立的范畴,更可能是一个连续体的两端。第三节是关于长时记忆中另一种重要的知识组织形式——图式记忆，概述了图式的概念及其特征，图式的形成、更新和巩固的神经基础，以及图式在阅读理解和语用推理等语言理解任务中的作用。语义记忆、情景记忆和图式记忆构成了人类知识结构的主要形式，为语言理解过程和一切认知活动提供了知识支撑，同时在语言使用中得到了更新和发展。

参 考 文 献

冯志伟.（2011）.计算语言学的历史回顾与现状分析. *外国语*，（1），9-17.

倪盛俭，姬东鸿.（2015）.基于图式的文本蕴涵识别初探. *中文信息学报*，29（3），82-87.

王寅.（2005）. *认知语言学探索*. 重庆：重庆出版社.

Aggleton，J. P.（2012）. Multiple anatomical systems embedded within the primate medial temporal lobe：Implications for hippocampal function. *Neuroscience & Biobehavioral Reviews*，36（7），1579-1596.

Agosta，F.，Henry，R. G.，Migliaccio，R.，Neuhaus，J.，Miller，B. L.，Dronkers，N. F.，et al.（2010）. Language networks in semantic dementia. *Brain*，133（1），286-299.

Anderson，R. C.（1994）. Role of the reader's schema in comprehension，learning，and memory. In：R. B. Ruddell, M. R. Ruddell，& H. Singer（Eds.），*Theoretical Models and Processes of Reading*（pp.469-482）. Newark：International Reading Association.

Anderson，R. C.，& Pichert，J. W.（1978）. Recall of previously unrecallable information following a shift in perspective. *Journal of Verbal Learning and Verbal Behavior*，17，1-12.

Anderson，R. C.，Spiro，R. J.，& Anderson，M. C.（1978）. Schemata as scaffolding for the representation of information in connected discourse. *American Educational Research Journal*，15，433-440.

Barba，G. D.，& la Corte，V.（2013）. The hippocampus，a time machine that makes errors. *Trends in Cognitive Sciences*，17（3），102-104.

Barró s-Loscertales，A.，González，J.，Pulvermüller，F.，Ventura-Campos，N.，Bustamante，J. C.，& Costumero，V., et al.（2012）. Reading salt activates gustatory brain regions：fMRI evidence for semantic grounding in a novel sensory modality. *Cerebral Cortex*，22（11），2554-2563.

Barsalou，L. W.（1999）. Perceptual symbol systems. *The Behavioral and Brain Sciences*，22，577-660.

Barsalou，L. W.（2012）. The human conceptual system. In：M. Spivey，K. McRae，& M. F. Joanisse（Eds.），*The Cambridge Handbook of Psycholinguistics*（pp.239-258）. New York：Cambridge University Press.

Baumann，O.，& Mattingley，J. B.（2013）. Dissociable representations of environmental size and complexity in the human hippocampus. *The Journal of Neuroscience：The Official Journal of the Society for Neuroscience*，33（25），10526-10533.

Binder，J. R.，& Desai，R. H.（2011）. The neurobiology of semantic memory. *Trends in Cognitive*

Sciences, 15(11), 527-536.

Binder, J. R., Desai, R. H., Graves, W. W., & Conant, L. L. (2009). Where is the semantic system? A critical review and meta-analysis of 120 functional neuroimaging studies. *Cerebral Cortex*, 19(12), 2767-2796.

Borghesani, V., & Piazza, M. (2017). The neuro-cognitive representations of symbols: The case of concrete words. *Neuropsychologia*, 105, 4-17.

Borghesani, V., Pedregosa, F., Buiatti, M., Amadon, A., Eger, E., & Piazza, M. (2016). Word meaning in the ventral visual path: A perceptual to conceptual gradient of semantic coding. *NeuroImage*, 143, 128-140.

Buckner, R. L., Andrews-Hanna, J. R., & Schacter, D. L. (2008). The brain's default network. *Annals of the New York Academy of Sciences*, 1124(1), 1-38.

Burgess, A. P., & Ali, L. (2002). Functional connectivity of gamma EEG activity is modulated at low frequency during conscious recollection. *International Journal of Psychophysiology*, 46(2), 91-100.

Buzsáki, G., & Moser, E. I. (2013). Memory, navigation and theta rhythm in the hippocampal-entorhinal system. *Nature Neuroscience*, 16(2), 130-138.

Cabeza, R., & Moscovitch, M. (2013). Memory systems, processing modes, and components: Functional neuroimaging evidence. *Perspectives on Psychological Science*, 8(1), 49-55.

Cabeza, R., Ciaramelli, E., & Moscovitch, M. (2012). Cognitive contributions of the ventral parietal cortex: An integrative theoretical account. *Trends in Cognitive Sciences*, 16(6), 338-352.

Carston, R. (2002). *Thoughts and Utterances: The Pragmatics of Explicit Communication*. Oxford: Wiley-Blackwell.

Chadwick, M. J., Hassabis, D., Weiskopf, N., & Maguire, E. A. (2010). Decoding individual episodic memory traces in the human hippocampus. *Current Biology*, 20(6), 544-547.

Cirilo, R. K., & Foss, D. J. (1980). Text structure and reading time for sentences. *Journal of Verbal Learning and Verbal Behavior*, 19, 96-109.

Collins, A. M., & Loftus, E. F. (1975). A spreading-activation theory of semantic processing. *Psychological Review*, 82(6), 407-428.

Collins, A. M., & Quillian, M. R. (1969). Retrieval time from semantic memory. *Journal of Verbal Learning & Verbal Behavior*, 8(2), 240-247.

Conway, M. A. (1990). Associations between autobiographical memories and concepts. *Journal of Experimental Psychology: Learning, Memory, and Cognition*, 16(5), 799-812.

Cooper, R. P., Shallice, T., & Farringdon, J. (1995). Symbolic and continuous processes in the automatic selection of actions. In: J. Hallan (Ed.), *Hybrid Problems, Hybrid Solutions* (pp.27-37). Amsterdam: IOS Press.

Damasio, A. R. (1989). Time-locked multiregional retroactivation: A systems-level proposal for the neural substrates of recall and recognition. *Cognition*, 33(1-2), 25-62.

Damasio, H., Grabowski, T. J., Tranel, D., Hichwa, R. D., & Damasio, A. R. (1996). A neural basis for lexical retrieval. *Nature*, 380(6574), 499-505.

Damasio, H., Tranel, D., Grabowski, T., Adolphs, R., & Damasio, A. (2004). Neural systems behind word and concept retrieval. *Cognition*, 92 (1-2), 179-229.

Danckert, J., Ferber, S., Pun, C., Broderick, C., Striemer, C., & Rock, S., et al. (2007). Neglected time: Impaired temporal perception of multisecond intervals in unilateral neglect. *Journal of Cognitive Neuroscience*, 19 (10), 1706-1720.

Daselaar, S. M., Fleck, M. S., Dobbins, I. G., Madden, D. J., & Cabeza, R. (2006). Effects of healthy aging on hippocampal and rhinal memory functions: An event-related fMRI study. *Cerebral Cortex*, 16 (12), 1771-1782.

Davachi, L., & Dubrow, S. (2015). How the hippocampus preserves order: The role of prediction and context. *Trends in Cognitive Sciences*, 19 (2), 92-99.

Eichenbaum, H. (2014). Time cells in the hippocampus: A new dimension for mapping memories. *Nature Reviews Neuroscience*, 15 (11), 732-744.

Eichenbaum, H., Yonelinas, A. P., & Ranganath, C. (2007). The medial temporal lobe and recognition memory. *Annual Review of Neuroscience*, 30 (1), 123-152.

Engel, A. K., Kreiter, A. K., König. P., & Singer, W. (1991). Synchronization of oscillatory neuronal responses between striate and extrastriate visual cortical areas of the cat. *Proceedings of the National Academy of Sciences of the United States of America*, 88 (14), 6048-6052.

Evensmoen, H. R., Ladstein, J., Hansen, T. I., Møller, J. A., Witter, M. P., et al. (2014). From details to large scale: The representation of environmental positions follows a granularity gradient along the human hippocampal and entorhinal anterior-posterior axis. *Hippocampus*, 25 (1), 119-135.

Fairhall, S. L., & Caramazza, A. (2013). Brain regions that represent amodal conceptual knowledge. *Journal of Neuroscience the Official Journal of the Society for Neuroscience*, 33 (25), 10552-10558.

Fang, Y., Han, Z., Zhong, S., Gong, G., Song, L., & Liu, F., et al. (2015). The semantic anatomical network: Evidence from healthy and brain-damaged patient populations. *Human Brain Mapping*, 36 (9), 3499-3515.

Friederici, A., D. (2011). The brain basis of language processing: From structure to function. *Physiological Reviews*, 91 (4), 1357-1392.

Gainotti, G. (2012). The format of conceptual representations disrupted in semantic dementia: A position paper. *Cortex: A Journal Devoted to the Study of the Nervous System and Behavior*, 48 (5), 521-529.

Geranmayeh, F., Brownsett, S. L. E., Leech, R., Beckmann, C. F., Woodhead, Z., & Wise, R. J. S. (2012). The contribution of the inferior parietal cortex to spoken language production. *Brain and Language*, 121 (1), 47-57.

Geranmayeh, F., Wise, R. J. S., Mehta, A., & Leech, R. (2014). Overlapping networks engaged during spoken language production and its cognitive control. *Journal of Neuroscience: The Official Jowrnal of the Sciety for Neuroscieace*, 34 (26), 8728-8740.

Ghosh, V. E., & Gilboa, A. (2014). What is a memory schema? A historical perspective on current neuroscience literature. *Neuropsychologia*, 53, 104-114.

González, J., Barros-Loscertales, A., Pulvermüller, F., Meseguer, V., Sanjuán, A., & Belloch, V., et al.（2006）. Reading cinnamon activates olfactory brain regions. *NeuroImage*, 32（2）, 906-912.

Gorno-Tempini, M. L., Hillis, A. E., Weintraub, S., Kertesz, A., Mendez, M., Cappa, S. F., et al.（2011）. Classification of primary progressive aphasia and its variants. *Neurology*, 76（11）, 1006-1014.

Greenberg, D. L., Keane, M. M., Ryan, L., & Verfaellie, M.（2009）. Impaired category fluency in medial temporal lobe amnesia: The role of episodic memory. *The Journal of Neuroscience: The Official Journal of the Society for Neuroscience*, 29（35）, 10900-10908.

Grice, H. P.（1989）. *Studies in the Way of Words*. Cambridge: Harvard University Press.

Haberlandt, K., Berian, C., & Sandson, J.（1980）. The episode schema in story processing. *Journal of Verbal Learning and Verbal Behavior*, 19, 635-650.

Han, Z., Ma, Y., Gong, G., He, Y., Caramazza, A., & Bi, Y.（2013）. White matter structural connectivity underlying semantic processing: Evidence from brain damaged patients. *Brain: A Journal of Neurology*, 136（10）, 2952-2965.

Hassabis, D., & Maguire, E. A.（2009）. The construction system of the brain. *Philosophical Transactions of the Royal Society of London Series B. Biological Sciences*, 364（1521）, 1263-1271.

Hauk, O., Johnsrude, I., & Pulvermüller, F.（2004）. Somatotopic representation of action words in human motor and premotor cortex. *Neuron*, 41（2）, 301-307.

Hodges, J. R., Patterson, K., Oxbury, S., & Funnell, E.（1992）. Semantic dementia: Progressive fluent aphasia with temporal lobe atrophy. *Brain*, 115, 1783-1806.

Howard, M. W., & Eichenbaum, H.（2013）. The hippocampus, time, and memory across scales. *Journal of Experimental Psychology General*, 142（4）, 1211-1230.

Howard, R. L., Javadi, A. H., Yu, Y., Mill, R. D., Morrison, L. C., & Knight, R., et al.（2014）. The hippocampus and entorhinal cortex encode the path and euclidean distances to goals during navigation. *Current Biology*, 24（12）, 1331-1340.

Janssen, S. M. J., Kristo, G., Rouw, R., & Murre, J. M. J.（2015）. The relation between verbal and visuospatial memory and autobiographical memory. *Consciousness and Cognition*, 31（31）, 12-23.

Jensen, O., & Lisman, J. E.（2005）. Hippocampal sequence-encoding driven by a cortical multi-item working memory buffer. *Trends in Neurosciences*, 28（2）, 67-72.

Jensen, O., & Tesche, C. D.（2002）. Frontal theta activity in humans increases with memory load in a working memory task. *The European Journal of Neuroscience*, 15（8）, 1395-1399.

Just, M. A., Cherkassky, V. L., Aryal, S., & Mitchell, T. M.（2010）. A neurosemantic theory of concrete noun representation based on the underlying brain codes. *PLoS One*, 5（1）, 8622.

Just, M. A., & Carpenter, P. A.（1980）. A theory of reading: From eye fixation to comprehension. *Psychological Review*, 87, 329-354.

Kemmerer, D., Castillo, J. G., Talavage, T., Patterson, S., & Wiley, C. (2008). Neuroanatomical distribution of five semantic components of verbs: Evidence from fMRI. *Brain and Language*, 107 (1), 16-43.

Kintsch, W. (1988). The role of knowledge in discourse comprehension: A construction-integration model. *Psychological Review*, 95 (2), 163-182.

Kintsch, W. (1998). *Comprehension: A Paradigm for Cognition*. New York: Cambridge University Press.

Kintsch, W., & van Dijk, T. A. (1978). Toward a model of text comprehension and production. *Psychological Review*, 85 (5), 363-394.

Landauer, T. K., & Dumais, S. T. (1997). A solution to Plato's problem: The latent semantic analysis theory of acquisition, induction, and representation of knowledge. *Psychological Review*, 104, 211-240.

Levine, B., Svoboda, E., Hay, J. F., Winocur, G., & Moscovitch, M. (2002). Aging and autobiographical memory: Dissociating episodic from semantic retrieval. *Psychology & Aging*, 17 (4), 677-689.

Lissauer, H. (1890). Ein fall von seelenblindheit nebst einem Beitrage zur theorie derselben. *Archiv für Psychiatrie and Nervenkrankheiten*, 21, 222-270.

Liuzzi, A. G., Bruffaerts, R., Dupont, P., Adamczuk, K., Peeters, R., de Deyne, S., et al. (2015). Left perirhinal cortex codes for similarity in meaning between written words: Comparison with auditory word input. *Neuropsychologia*, 76, 4-16.

Lund, K., & Burgess, C. (1996). Producing high-dimensional semantic spaces from lexical co-occurrence. *Behavior Research Methods Instruments & Computers*, 28 (2), 203-208.

Maguire, E. A., & Mullally, S. L. (2013). The hippocampus: A manifesto for change. *Journal of Experimental Psychology General*, 142 (4), 1180-1189.

Mazzone, M. (2011). Schemata and associative processes in pragmatics. *Journal of Pragmatics*, 43 (8), 2148-2159.

Mazzone, M., & Lalumera, E. (2010). Concepts: Stored or created? *Minds and Machines*, 20 (1), 47-68.

Mckenzie, S., & Eichenbaum, H. (2011). Consolidation and reconsolidation: Two lives of memories? *Neuron*, 71 (2), 224-233.

Merhav, M., Karni, A., & Gilboa, A. (2014). Neocortical catastrophic interference in healthy and amnesic adults: A paradoxical matter of time. *Hippocampus*, 24 (12), 1653-1662.

Merhav, M., Karni, A., & Gilboa, A. (2015). Not all declarative memories are created equal: Fast mapping as a direct route to cortical declarative representations. *NeuroImage*, 117, 80-92.

Miller, J. F., Neufang, M., Solway, A., Brandt, A., Trippel, M., Mader, I., et al. (2013). Neural activity in human hippocampal formation reveals the spatial context of retrieved memories. *Science*, 342 (6162), 1111-1114.

Morgan, L. K., Macevoy, S. P., Aguirre, G. K., & Epstein, R. A. (2011). Distances between real-world locations are represented in the human hippocampus. *The Journal of Neuroscience: The Official*

Journal of the Society for Neuroscience, 31 (4), 1238-1245.

Moscovitch, M. (1992). Memory and working-with-memory: A component process model based on modules and central systems. *Journal of Cognitive Neuroscience*, 4 (3), 257-267.

Moscovitch, M. (2008). The hippocampus as a "stupid", domain-specific module: Implications for theories of recent and remote memory, and of imagination. *Canadian Journal of Experimental Psychology/Revue Canadienne de Psychologie Expérimentale*, 62 (1), 62-79.

Nadel, L., & Moscovitch, M. (1997). Memory consolidation, retrograde amnesia and the hippocampal complex. *Current Opinion in Neurobiology*, 7 (2), 217-227.

Nadel, L., & Peterson, M. A. (2013). The hippocampus: Part of an interactive posterior representational system spanning perceptual and memorial systems. *Journal of Experimental Psychology General*, 142 (4), 1242-1254.

Nadel, L., Hoscheidt, S., & Ryan, L. R. (2012). Spatial cognition and the hippocampus: The anterior-posterior axis. *Journal of Cognitive Neuroscience*, 25 (1), 22-28.

Olsen, R. K., Moses, S. N., Riggs, L., & Ryan, J. D. (2012). The hippocampus supports multiple cognitive processes through relational binding and comparison. *Frontiers in Human Neuroscience*, 6 (8), 146.

Osipova, D., Takashima, A., Oostenveld, R., Fernández, G., Maris, E., & Jensen, O. (2006). Theta and gamma oscillations predict encoding and retrieval of declarative memory. *Journal of Neuroscience: The Journal of Neurocience*, 26 (28), 7523-7531.

Patterson, K., Nestor, P. J., & Rogers, T. T. (2007). Where do you know what you know? The representation of semantic knowledge in the human brain. *Nature Reviews Neuroscience*, 8(12), 976-987.

Penfield, W., & Mathieson, G. (1974). Memory: Autopsy findings and comments on the role of hippocampus in experiential recall. *Archives of Neurology*, 31 (3), 145-154.

Piaget, J. (1952). *The Origins of Intelligence in Children*. New York: International Universities Press.

Pichert, J. W., & Anderson, R. C. (1977). Taking different perspectives on a story. *Journal of Educational Psychology*, 69 (4), 309-315.

Poppenk, J., & Moscovitch, M. (2011). A hippocampal marker of recollection memory ability among healthy young adults: Contributions of posterior and anterior segments. *Neuron*, 72(6), 931-937.

Poppenk, J., Evensmoen, H. R., Moscovitch, M., & Nadel, L. (2013). Long-axis specialization of the human hippocampus. *Trends in Cognitive Sciences*, 17 (5), 230-240.

Preston, A. R., & Eichenbaum, H. (2013). Interplay of hippocampus and prefrontal cortex in memory. *Current Biology*, 23 (17), 764-773.

Pustejovsky, J. (1996). *The Generative Lexicon*. Cambridge: MIT Press.

Ralph, M. A. L., Jefferies, E., Patterson, K., & Rogers, T. T. (2017). The neural and computational bases of semantic cognition. *Nature Reviews Neuroscience*, 18 (1), 42-55.

Ranganath, C., & Ritchey, M. (2012). Two cortical systems for memory-guided behaviour. *Nature Reviews Neuroscience*, 13 (10), 713-726.

Récanati, F. (2004). *Literal Meaning*. Cambridge: Cambridge University Press.

Récanati, F. (2007). Reply to Carston. In: M. J. Frapolli (Ed.), *Saying, Meaning, Referring. Essays on the Philosophy of François Récanati* (pp.49-54). New York: Palgrave.

Reilly, J., Peelle, J. E., Garcia, A, & Crutch, S. J. (2016). Linking somatic and symbolic representation in semantic memory: The dynamic multilevel reactivation framework. *Psychonomic Bulletin & Review, 23* (4), 1002-1014.

Renoult, L., Davidson, P. S. R., Schmitz, E., Park, L., Campbeu, K., Moscooitch, M., et al. (2015). Autobiographically significant concepts: More episodic than semantic in nature? An electrophysiological investigation of overlapping types of memory. *Journal of Cognitive Neuroscience, 27* (1), 57-72.

Renoult, L., Tanguay, A., Beaudry, M., Tavakoli, P., Rabipour, S., Campbell, K., et al. (2016). Personal semantics: Is it distinct from episodic and semantic memory? An electrophysiological study of memory for autobiographical facts and repeated events in honor of Shlomo Bentin. *Neuropsychologia, 83,* 242-256.

Rice, G. E., Ralph, M. A. L., & Hoffman, P. (2015). The roles of left versus right anterior temporal lobes in conceptual knowledge: An ALE meta-analysis of 97 functional neuroimaging studies. *Cerebral Cortex, 25* (11), 4371-4391.

Robin, J., & Moscovitch, M. (2014). The effects of spatial contextual familiarity on remembered scenes, episodic memories, and imagined future events. *Journal of Experimental Psychology Learning Memory & Cognition, 40* (2), 459-475.

Rogers, T. T., & McClelland, J. L. (2004). *Semantic Cognition: A Parallel Distributed Processing Approach.* Cambridge: MIT Press.

Rubin, D. C., & Umanath, S. (2015). Event memory: A theory of memory for laboratory, autobiographical, and fictional events. *Psychological Review, 122* (1), 1-23.

Rugg, M. D., & Vilberg, K. L. (2013). Brain networks underlying episodic memory retrieval. *Current Opinion in Neurobiology, 23* (2), 255-260.

Rumelhart, D. E. (1980). On evaluating story grammars. *Cognitive Science, 4* (3), 313-316.

Rumelhart, D. E., & Todd, P. M. (1993). Learning and connectionist representations. In: D. E. Meyer & S. Kornblum (Eds), *Attention and Performance XIV: Synergies in Experimental Psychology, Artificial Intelligence, and Cognitive Neuroscience* (pp.3-30). Cambridge: MIT Press.

Schacter, D. L., Addis, D. R., Hassabis, D., Martin, V. C., Spreng, R. N., & Szpunar, K. K. (2012). The future of memory: Remembering, imagining, and the brain. *Neuron, 76* (4), 677-694.

Sharon, T., Moscovitch, M., & Gilboa, A. (2011). Rapid neocortical acquisition of long-term arbitrary associations independent of the hippocampus. *Proceedings of the National Academy of Sciences of the United States of America, 108* (3), 1146-1151.

Sheldon, S., & Levine, B. (2013). Same as it ever was: Vividness modulates the similarities and differences between the neural networks that support retrieving remote and recent autobiographical memories. *NeuroImage, 83* (12), 880-891.

Sheldon, S., & Moscovitch, M. (2012). The nature and time-course of medial temporal lobe contributions to semantic retrieval: An fMRI study on verbal fluency. *Hippocampus*, 22(6), 1451-1466.

Sheldon, S., Romero, K., & Moscovitch, M. (2013). Medial temporal lobe amnesia impairs performance on a free association task. *Hippocampus*, 23(5), 405-412.

Smith, C. N., Urgolites, Z. J., Hopkins, R. O., & Squire, L. R. (2014). Comparison of explicit and incidental learning strategies in memory-impaired patients. *Proceedings of the National Academy of Sciences of the United States of America*, 111(1), 475-479.

Smith, E. E., Shoben, E. J., & Rips, L. J. (1974). Structure and process in semantic memory: A featural model for semantic decisions. *Psychological Review*, 81(3), 214-241.

Spreng, R. N., Mar, R. A., & Kim, A. S. N. (2009). The common neural basis of autobiographical memory, prospection, navigation, theory of mind, and the default mode: A quantitative meta-analysis. *Journal of Cognitive Neuroscience*, 21(3), 489-510.

Steffensen, M. S., Joag-Dev, C., & Anderson, R. C. (1979). A cross-cultural perspective on reading comprehension. *Reading Research Quarterly*, 15, 10-29.

St-Laurent, M., Moscovitch, M., Jadd, R., & Mcandrews, M. P. (2014). The perceptual richness of complex memory episodes is compromised by medial temporal lobe damage. *Hippocampus*, 24(5), 560-576.

Strange, B. A., Witter, M. P., Lein, E. S., & Moser, E. I. (2014). Functional organization of the hippocampal longitudinal axis. *Nature Reviews Neuroscience*, 15(10), 655-669.

Tettamanti, M., Buccino, G., Saccuman, M. C., Gallese, V., Danna, M., Scifo, P., et al. (2005). Listening to action-related sentences activates fronto-parietal motor circuits. *Journal of Cognitive Neuroscience*, 17(2), 273-281.

Tranel, D. (2009). The left temporal pole is important for retrieving words for unique concrete entities. *Aphasiology*, 23(7-8), 867-884.

Tulving, E. (1972). Episodic and semantic memory. In: E. Tulving & W. Donaldson (Eds.), *Organization of Memory* (pp.381-403). New York: Academic.

Tulving, E. (1983). *Elements of Episodic Memory*. Oxford: Clarendon.

Tulving, E. (2002). Episodic memory: From mind to brain. *Annual Review of Psychology*, 53(4), 1-25.

Warrington, E. K. (1975). The selective impairment of semantic memory. *Quarterly Journal of Experimental Psychology*, 27(4), 635-657.

Wilson, D., & Carston, R. (2007). A unitary approach to lexical pragmatics: Relevance, inference and ad hoc concepts. In: N. Burton-Roberts (Ed.), *Pragmatics* (pp.230-260). New York: Palgrave.

Wilson, D., & Sperber, D. (2004). Relevance theory. In: L. Horn, & G. Ward, (Eds.), *Handbook of Pragmatic* (pp.607-632). Oxford: Blackwell.

Winocur, G., & Moscovitch, M. (2011). Memory transformation and systems consolidation. *Journal of the International Neuropsychological Society*, 17(5), 766-780.

Winocur, G., Moscovitch, M., & Bontempi, B. (2010). Memory formation and long-term retention in humans and animals: Convergence towards a transformation account of hippocampal-neocortical interactions. *Neuropsychologia*, *48*(8), 2339-2356.

Xu, Y. W., Lin, Q. X., Han, Z. Z., He, Y., & Bi, Y. C. (2016). Intrinsic functional network architecture of human semantic processing: Modules and hubs. *NeuroImage*, *132*, 542-555.

第八章

认 知 控 制

　　如同记忆系统，认知控制（也称执行控制）在人类智能系统中是不可或缺的组成部分，影响甚至决定着人类活动的方方面面。认知控制也是决定人的语言使用能力的一个重要因素，在语言理解过程中发挥着重要作用。

　　认知控制是由多个成分组成的系统。Miyake 等（2000）通过对成年人的一系列认知操作进行因素分析，确定了执行控制的三个成分。其通过个体差异分析研究了执行功能的可分离性，以及它们在复杂的执行任务中的作用。他们让 137 名大学生完成一系列常用的执行控制任务，对结果的验证性因素分析显示，心理转换、信息更新和监控、对优势反应的抑制这三种执行控制功能是可分离的，但具有彼此的适度联系。结构方程模型显示，三种功能对于复杂执行控制任务的贡献各不相同。用潜变量分析方法研究执行控制的组织和功能，结果显示，执行控制功能具有统一性和多样性。

　　尽管 Miyake 等（2000）确定的三种成分已被广泛接受，但在认知发展研究领域，研究者提出了不同但是兼容的控制成分。认知控制是指在变化的环境中支持内在目标的灵活自由和适应性协调行为的能力。Badre（2011）认为，认知控制包括三个认知神经过程，如工作记忆、抑制控制和认知灵活性。认知控制由这三个成分过程共同支持，并受到动机系统的调节。工作记忆是智能行为的核心，在规则保持、问题解决、计划等方面起到了关键作用。背外侧前额皮层和顶叶皮层区域与工作记忆过程相关。在发展过程中，工作记忆能力的提高与这些区域内更有效和可靠的神经网络的建立有关。抑制控制是指对某些特定刺激（如干扰）的注意和反应抑制。测量抑制的任务通常采用跨任务情境，要求被试在不同的主导反应中选择一个行动方案。涉及抑制控制的脑区与特定抑制控制任务以及年龄有关。认知灵活性是指注意在任务、刺激特征、视角和策略之间的转换（Miyake et al.，2000；Zelazo，2015）。

Diamond（2013）阐述了三个成分之间的关系。工作记忆的功能是保持信息并对信息进行心理操控，或者说是对知觉上不存在的信息进行操控，这对于理解任何在时间上展开的信息至关重要。不仅是感觉输入，工作记忆可以保持概念和知识，在计划和决策时考虑过去和未来；在创造性问题的解决中，从看似不相关的现象之间看出某种关系。抑制控制通常与工作记忆同时出现并相互支持，因为执行控制过程中需要记住什么是相关的或者合适的，以及什么是需要被抑制的。抑制控制支持工作记忆，为了把多个想法和实事联系在一起，就要抑制注意的单一指向；要把观点和实事以一种新的、创造性的方式联系在一起，就需要抑制旧思维模式的重复；要想使注意集中在应该注意的方面，就需要抑制内部和外部的干扰物。工作记忆和选择性注意在很多方面有相似性，包括其神经基础。额顶系统支持工作记忆，使我们能选择性地保持头脑中注意的信息，抑制不相关的信息，这与选择性注意的额顶系统有很多重叠。认知灵活性以前两者为基础，表现在能改变空间或者视角。改变视角需要抑制原有的视角，把不同的视角载入工作记忆。在这个意义上，认知灵活性要依靠抑制控制和工作记忆。认知灵活性还涉及灵活调整变化了的要求和优先性，抓住预料之外的突然出现的机遇。

认知控制与动机和情绪之间密切相关。有行为证据表明，认知控制是从冷到热变化的一个连续体。冷控制是用脱离情境的实验室测量进行研究的；热控制是在动机上有重要意义或者情绪上凸显的情境中显现出来的认知控制，强调认知与情绪在指导行为中的互动，与真实生活密切相关。冷和热的执行控制通常协同工作，解决真实世界的问题，依赖于类似的脑区，但在对动机和情绪管理的程度上不同。其中，热执行控制更依赖于前额皮层的腹正中区，参与情绪调节和情感学习，包括眶额皮层。眶额皮层是前额-纹状体回路的组成部分，与杏仁核和边缘系统的其他部分有很强的连接，整合情感与非情感的信息。

本章将分别阐述认知控制的三个成分的功能和神经基础，特别是它们在语言理解中的重要作用，并介绍有关动机与认知控制的关系的认知神经模型，以及阅读策略（作为一种动机驱动的行为方式）是如何影响阅读行为和效果的。

第一节 工作记忆

Baddeley 和 Hitch（1974）提出了工作记忆这一概念，其功能是对信息进行暂时性的加工和存储。后来，Baddeley（2003）对工作记忆进行了更准确的定义：工作记忆是一个对信息进行暂时加工和存储的能量有限的记忆系统，这个系统为知觉、长时记忆及其活动提供了一个分界点,支持了人类的思维活动。工作记忆的概念由短时记忆演变而来,人们有时会将二者等同。实际上,工作记忆和短时记忆存在本质的差别,前者不仅保存信息,还对信息进行暂时性的加工;后者只表现为对信息进行暂时性的保持。自从工作记忆功能被提出以来,得到了很大的发展,原因是其在语言、学习、推理等诸多复杂的认知过程中都发挥着重要作用。本节将介绍工作记忆的认知模型、工作记忆的认知神经机制、工作记忆与语言加工之间的关系。

一、工作记忆的认知模型

自工作记忆这一概念被正式提出以来,研究者提出了很多关于工作记忆的认知模型。在这些模型中,曾一度占主导地位的模型为 Baddeley 和 Hitch(1974)提出的多成分工作记忆模型,后来陆续有研究者提出了不同的工作记忆模型。近年来,基于状态的模型日益突出,这些模型认为存储在工作记忆中的信息处于某种激活状态,激活状态由注意分配过程决定。

(一)多成分工作记忆模型

Baddeley 和 Hitch(1974)的多成分工作记忆模型认为,工作记忆由三部分构成,包括语音环路和视觉空间画板两个存储系统,以及中央执行这一控制系统。语音环路负责加工以声音为基础的信息的保存与控制,包含语音存储和发音练习两个部分。语音存储能够在语音消退之前将其保持几秒钟,通过默读重新激活即将消退的语音表征,还可以将书面语言转换为语音代码进行暂时的存储。语音环路是记忆广度的基础。视觉空间画板主要负责存储和加工视觉空间信息,对空间任务的计划和在地理环境中的定向具有重要意义。视觉空间画板包含视觉和空间两个分系统。功能性磁共振成像研究发现,视觉客体信息和视觉空间信息的工作记忆激活了各自独立的特殊脑区(Courtney et al.,1996)。中央执行系统是工作记忆中最为重要的一个成分(Baddeley,2003)。它是一个能量有限的系统,负责各子系统之间以及它们与长时记忆的联系、注意资源的协调和策略的选择与计划等。Baddeley(1986)引入了注意控制模型,将控制分为两个过程:第一个成分是指依赖于图式的行为控制,主要由环境中的线索进行内隐式指导;第二个成分是指注意有限性控制成分,是一种监督式激活系统(supervisory activating system,SAS)。

Baddeley(2000)在原有的三成分工作记忆模型中增加了一个新的成分——情景缓冲器(episodic buffer),形成了新的多成分工作记忆模型。情景缓冲器是一种可以整合多种形态信息的容量有限的存储系统。它把整合了的情景或场景保存在缓冲器中，使多种来源的信息可以同时被加工。被更新为四成分的工作记忆模型分为三个层次：第一层为中央执行系统，完成最高级的控制过程；第二层是信息暂时存储系统，包括视觉空间画板、情景缓冲器和语音环路；第三层是长时记忆系统，包括视觉长时记忆、情景长时记忆和语言。

（二）基于状态的工作记忆模型

基于状态的工作记忆模型主要分为两类：激活的长时记忆模型（activated LTM model）和感觉运动调用模型（sensorimotor recruitment model）。支持这两类模型的研究的差别在于使用了不同类型的刺激信息。激活的长时记忆模型研究采用符号刺激，主要是语义性信息（如字母、词汇、数字）；感觉运动调用模型研究涉及的主要是知觉性信息（如刺激颜色和朝向、音高、震动频率）。这些工作记忆的状态依赖模型（state-dependent models）均植根于一点，即分配了注意的心理表征能够进入工作记忆中，注意优化机制能够解释工作记忆的某些特性，如容量有限及不相关项目的前摄抑制等。

基于状态的工作记忆模型之一，是Cowan（1995）提出的两层嵌入式模型。他描述了短时记忆的两种不同状态：一种是容量有限的状态，指的是注意焦点（focus of attention，FoA）；另一种是扩展的状态，指的是长时记忆中被激活的部分。注意焦点大约处理四个信息组块，是个体在任意时间内都能在工作记忆中保持的容量。当注意转移到其他信息时，曾经处于注意焦点中的信息则转化为激活的长时记忆。激活的长时记忆没有容量的限制，但是易受时间衰退和干扰效应的影响。Oberauer（2002，2009）在上述两种模型的基础上提出了三嵌入式成分理论。该理论把Cowan的"四项目注意焦点"修正为"一种直接通达层"，通过这个层，更窄的注意焦点可以有效地选择信息。McElree（1998，2006）也提出了一个记忆的双状态模型：注意焦点和长时记忆。前者的容量为一个项目，而后者则包含所有项目，并且所有项目都附带不同等级的记忆强度，记忆强度由项目近期出现在注意焦点的情况决定，长时记忆中的所有项目都可以通达。这些模型解释了大量支持工作记忆中的信息表征存在不同状态的行为研究结果。

感觉运动调用模型的基本前提是，在感知信息的过程中所涉及的系统或表征在这些信息的短期保留过程中同样起作用。这种模型的一个早期的范例是基于注意的复述模型。该模型指出，空间中的某一位置可以通过分配注意至该位置而使其保持在工作记忆中（Awh & Jonides，2001）。行为研究表明，其他的感知觉信息（比如，视觉输入的空间频率、对比度、朝向或运动信息）都以一种高度刺激特异的方式保留在工作记忆中,解释了感知觉表征持续激活的现象。需要记住的空间位置会立刻组织形成一个特征地图,这一地图在大脑中同时存储这些需要记住的空间位置,并且大脑系统会通过不同的动作效应器将它们表征为知觉的对象或动作的目标(Postle,2011)。

二、工作记忆的认知神经机制

在认知神经科学领域,对工作记忆的研究获得了丰富的证据,与以状态为基础的工作记忆模型比较吻合。研究者使用 MVPA 技术分析了人的功能成像数据。比如,Lewis-Peacock 和 Postle(2012)探索了暂时性激活的长时记忆的工作记忆模型,结果表明,工作记忆和长时记忆任务依赖于相同的神经表征。研究者采用多变量方法考察了感觉运动调用模型的神经机制,将目标刺激在感觉皮层的延时神经表征精度与记忆精度的行为评估相联系。其发现在延迟阶段,视觉皮层(V1 和 V2 区域)神经元集群调谐曲线的精度可以预测个体的记忆保真度,保真度能够决定个体在延迟结束之后的反应过程中在多大程度上重建目标定位(Ester et al.,2013)。Emrich 等(2013)逐个试次地改变了需要记住的运动方向的数量,发现延迟回忆精度的下降与 MVPA 解码能力的下降存在稳定的被试内相关。

关于工作记忆的认知神经机制,更多的研究和发现是在系统层面进行的。因为工作记忆不是一个离散的系统,而是大脑调动不同的系统(包括感觉系统、语义和情景记忆系统、运动系统),成功实现行为目标的产物。在实现目标的过程中,关于工作记忆可能涉及了哪些神经机制,D'Esposito 和 Postle(2015)做了系统阐述。

(一)持续性神经活动

前额叶皮层神经元的持续性神经活动可能是工作记忆的神经基础中最重要的部分。研究者发现,在延迟反应任务中,猴子需要在刺激消失之后将其保持在大脑中,在这一过程中,前额叶皮层的神经元的持续性活动与后续成功完成任务的表现非常相关(Fuster & Alexander,1971)。20 世纪 90 年代早期,随着 fMRI 技术的出现,研究者也发现了在工作记忆任务中,编码与任务相关的信息时,人脑的前额叶皮层也会被持续性地激活(Courtney et al.,1997)。这种持续性激活的很多特点都支持了 PFC 所保持的是对指导行为非常重要的信息表征。首先,神经激活在整个延迟阶段都在持续,直到需要做出反应(Funahashi et al.,1989;Fuster & Alexander,1971)。其次,这种持续性激活与行为直接相关。比如,在眼球运动延迟反应任务中,在 PFC 记录的 fMRI 信号强度反映了个体所保持的表征的保真度(Curtis et al.,2004)。

研究者将 MVPA 技术应用于 fMRI 和 EEG 数据，主要关注持续性神经激活的功能，即延迟阶段的持续性神经活动支持短时信息保持的性质及其必要性。研究结果表明，持续性神经活动可能并不是工作记忆保持信息的必要条件（la Rocque et al.，2013；Lewis-Peacock & Postle，2012）。计算建模研究、体外电生理研究以及活体猴子的细胞外记录研究表明，短时突触增强可能是工作记忆的机制（Itskov et al.，2011；Mongillo et al.，2008；Stokes et al.，2013）。

不管工作记忆表征是通过持续神经激活、突触增强，还是两种机制联合在一起，这种存储机制都与基于状态的工作记忆模型一致。这些模型认为，工作记忆中的表征不需要转到某一些数量有限的特定的缓冲器中（D'Esposito，2007；Postle，2006）。从神经层面上来讲，任何一个神经元集群都可以作为一个缓冲器，并且不管是初级皮层还是负责多模态联合的皮层中的神经元，都有持续激活或改变突触权重的能力。总之，大脑中不同位置的神经元网络都可以用来存储信息，一旦这些信息与目标行为相关，相应的脑区就会被激活。

（二）前额叶皮层的层级性表征

前额叶皮层包含很多脑区，要理解前额叶皮层在信息存储和保持中的作用，必须考虑不同亚区域在细胞结构和神经元连接之间的差异。大量神经心理学、生理学以及脑成像研究发现，额叶皮层中从前运动皮层向前至额极皮层，对动作的计划和选择的加工过程会越来越高级。据此研究者提出了额叶皮层从前到后对动作进行层级表征的假设。该假设得到了解剖学研究和 fMRI 研究的支持。研究发现，前额叶皮层不同脑区间的投射关系并不是对称的，表现为一种层级性（Badre & D'Esposito，2009）。另外，不同区域的柱状层分化程度不同（Barbas & Pandya，1991）。Koechlin 等（2003）对脑成像数据进行了结构方程建模，发现额叶前部的激活数据能够解释后部激活数据的变异，反过来却不可以。此外，研究者采用 fMRI 技术对额叶存在局部病灶的病人进行了行为研究，也验证了额叶皮层具有层级性组织这一观点。前额叶皮层的层级性组织具有很多优点，比如，非常抽象的规则和目标可以作为不同的自上而下的控制信号，可以使得某种特定的动作回路在竞争中胜出，从而指导比较灵活的目标指向性行为。在前额叶皮层，同时保持多种层级性表征可以提供独立的、但可能相互影响的自上而下的偏向信号，产生成功的目标指向性行为。

（三）自上而下的信号传导

前额叶皮层被认为是产生自上而下的控制信号的源泉，这些信号能够影响其他皮层或皮层下脑区的加工过程。一种类型的自上而下控制是前额叶皮层对输入感觉信息的后部皮层进行直接反馈。比如，当一个人在看一个非常拥挤的人群的场景时，输入视网膜的信息量非常庞大。然而，当这个人在人群中寻找他的朋友时，自上而下的加工机制能够让其抑制与目标无关的信息，增强与目标相关的信息，从而进行快速、有效的搜索。研究发现，至少存在两种自上而下的控制过程：一种是促进任务相关的信息；另一种是抑制任务无关的信息（Gazzaley，2005）。通过比较促进和抑制的神经活动强度以及加工速度，自上而下的控制信号会使得目标相关的信息在竞争中胜出。

理解前额叶皮层在认知中的作用的关键，可能在于其与其他脑区之间的连接（Yeterian et al.，2012）。任何源于前额叶皮层特定区域的代表某种目标的自上而下的信号，都可能会因接收信号脑区的不同而产生不同的影响和行为结果。比如，自上而下的信号被纹外皮层接收，则会促进感觉刺激的表征；如果信号被前运动皮层接收，则会促进预期动作计划的表征。完成某一目标行为，很可能涉及多种自上而下信号的平行控制。也有一些研究提出，其他的脑区，如顶叶皮层和海马在认知活动中也会产生自上而下的控制信号（Eichenbaum，2013；Ruff，2013）。

（四）远程连接

工作记忆另外一个非常重要的机制是不同脑区活动之间的同步过程。研究发现，在短时延迟时间内保持面孔表征的过程中，梭状回面孔区与前额叶和顶叶皮层之间存在显著的功能连接，这一结果表明高级联合脑区与后部感觉区之间的交互过程能够促进感知觉信号在工作记忆中的保持（Gazzaley et al.，2004）。这种脑区之间的分布式同步活动可以通过突触反射发生在复发性电路中，或通过同步性神经振荡发生在神经元集群之间（Fries，2005；Wang，1999）。研究者采用 EEG、MEG 以及皮质电信号记录方法探讨了哪些特定的神经振荡频率与工作记忆有关。在工作记忆任务中，θ（4～7Hz）、α（8～13Hz）、β（13～30Hz）和 γ（30～200Hz）都受到了调节（Roux & Uhlhaas，2014）。γ 频段的神经振荡活动主要与在工作记忆中主动保持信息有关，θ 频段的神经振荡活动与工作记忆项目的时间组织有关，α 频段的神经振荡活动与任务无关信息的抑制过程有关。不同脑区之间神经振荡的远程同步对工作记忆功能也很重要。一项 MEG 研究发现，在视觉工作记忆任务的回忆阶段，额顶区和视觉区之间的 α、β 和 γ 频段存在同步振荡活动。其同时发现，所观察到的同步振荡活动在整个任务延迟阶段一直存在，并且依赖于记忆负荷，与个体的工作记忆容量也存在相关（Palva et al.，2010）。

（五）脑干神经调节物

在很多认知模型中，神经调节物如多巴胺、5-羟色胺、去甲肾上腺素或乙酰胆碱可能存在一定的作用。大量以动物和人为对象的研究表明，额叶-纹状体回路的多巴胺调控对工作记忆至关重要。多巴胺释放分为短暂性和持续性两种方式。Grace（2000）认为，这两种多巴胺释放机制在功能上不同，起着拮抗作用。关于工作记忆，研究者认为持续性多巴胺效应会增强表征的稳定性，而短暂性多巴胺效应则负责决定何时编码和存储新近输入的信息以及何时更新正在保持的表征（Braver & Cohen, 1999）。在这种情况下，认知灵活性和认知稳定性这两种相分离的机制必须共同起作用：多巴胺促进表征的稳定性还是灵活性，主要取决于起调节作用的神经元所处的位置（Cools & Robbins, 2004）。具体如下：如果刺激前额叶皮层的多巴胺受体，那么会通过抑制分心刺激而增强表征的稳定性（Durstewitz et al., 2000）；相反，如果刺激纹状体的多巴胺受体，那么会增强表征的灵活性，使得表征及时地进行更新（Bilder et al., 2004）。一项以人为被试的药理性 fMRI 研究中验证了工作记忆的多巴胺模型。前额叶皮层的多巴胺含量高（纹状体的多巴胺含量低），会促进任务相关表征的保持过程，反之会促进信息的更新过程（Cools et al., 2007）。

三、语言加工与工作记忆

工作记忆对语言、学习和推理等复杂的认知过程都具有重要意义。在这些过程中，工作记忆不仅能够将有限的信息保持在一种活跃状态，同时还可以对这些进行操作。语言作为一项非常重要的认知功能，其加工过程中势必会与工作记忆密切相关。

（一）言语工作记忆

言语工作记忆是语言加工过程中必然会涉及的功能。关于言语工作记忆研究，一个主要的问题是支撑语言理解的工作记忆资源是特异性的还是一般性的。目前，主要有两种理论，独立言语资源理论认为，存在两种独立的、专门化的语言资源（Waters & Caplan, 1996a）。其中，一种资源是指心理语言学资源，用于偏自动化的语言加工过程，使用这种资源的认知操作是强制的或自动的，比如，词汇通达、句法分析以及题元角色分配；另一种资源用于偏控制性的言语加工过程，如言语理解、在语义记忆中精细地搜索一个特定的信息。与独立言语资源理论不同，单一言语资源理论认为只存在一种单一的言语工作记忆资源（Just & Carpenter,

1992；Vos et al.，2001）。独立言语资源理论和单一言语资源理论都认为复杂句法的加工使得句子理解难度增加。然而，关于额外的工作记忆负荷和工作记忆广度两个因素对句法加工的影响，前者认为句法加工不受这两个因素的影响，后者认为当额外的工作记忆负荷较高时，句法加工会更困难，工作记忆广度低的被试更是如此。独立言语资源理论和单一言语资源理论均得到了一些实验结果的支持。比如，研究者发现被试判断句子语义是否可接受时，对歧义句判断的错误率高于非歧义句，然而被试的工作记忆容量并未对此产生影响（Waters & Caplan，1996b），支持了独立资源假设。也有研究者发现，阅读广度、句法复杂性与额外的工作记忆负荷均影响了被试阅读句子的时间和理解句子的正确率（King & Just，1991）。

还有一部分研究则关注了言语工作记忆的神经基础。Baddeley 的多成分工作记忆模型的语音环路所对应的言语工作记忆，包含语音存储和发音练习两方面。最早试图在大脑中定位语音环路的研究发现，顶叶缘上回（supramarginal gyrus，BA40）皮层与语音存储相关（Paulesu et al.，1993）。一系列 PET 研究发现，顶叶是存储语音的位置，额叶-脑岛-小脑网络与发音练习相关（Awh et al.，1996；Jonides et al.，1998）。然而，研究者（Becker et al.，1999）认为，如果顶叶皮层作为语音存储的脑区，它在语音被动听觉感知过程中也应该被激活，但这方面的研究结果并不支持这一结论，反而发现语音存储的位置可能在颞上皮层（Binder et al.，2000）。功能性磁共振成像研究以及神经心理学研究发现，颞叶后部区域与言语工作记忆相关（Acheson et al.，2011），包括 pSTS 和颞平面（Buchsbaum et al.，2001）以及 STG（Leff et al.，2009）等区域。另外，布罗卡区也与言语工作记忆密切相关。Smith 和 Jonides（1999）发现，语言材料的存储过程激活了布罗卡区、左侧 SMA 和 PMC。关于失语症的研究发现，布罗卡区损伤的失语症患者在线加工定语从句时存在一定障碍，而布罗卡区完好的失语症患者则不存在这一问题（Swinney & Zurif，1995；Swinney et al.，1996）。

（二）复杂句法加工与工作记忆

语言加工包括言语产生和语言理解两个过程，按照刺激呈现的方式可以分为口语加工和书面语加工。限于刺激的呈现形式，听觉呈现的信息更依赖于工作记忆，因此，相对而言，口语加工与工作记忆的关系更密切。另外，对于语言理解过程，句法比较复杂的句子（如双嵌入式句子）对工作记忆的要求更高（Gibson，1998）。

与语言其他方面相比，个体获得加工复杂句法句子的能力相对较晚，这主要与大脑结构成熟过程以及言语工作记忆容量的扩展有关（Fengler et al.，2016）。

比如，有研究认为儿童在理解复杂句子中的困难，主要受限于其言语工作记忆容量（Felser et al.，2003）。研究者采用功能性磁共振成像技术，以 5~6 岁、7~8 岁以及成人三组对象为被试，探讨了复杂句法加工能力、大脑成熟水平以及工作记忆广度之间的关系。成人组的研究结果表明，分布在左侧的脑网络，包括岛盖（PO）、IPL 以及 pSTG，支持了语言理解过程。这一语言网络内部脑区之间的连接模式呈现出一种发展性变化。对于成人而言，PO 激活程度完全可以由 IPL 和 pSTG 的激活强度预测；对于 7~8 岁儿童而言，PO 激活程度一部分由 IPL 和 pSTG 激活强度预测，另一部分由 SMA 激活强度预测；对于 5~6 岁儿童而言，PO 激活强度完全由 SMA 激活强度预测。这一结果表明，从儿童到成人，额-颞语言网络逐渐成熟，这种成熟过程可能与这些区域之间的白质连接相关（Brauer et al.，2013；Skeide et al.，2016）。成人左侧 PO、IPL 以及 pSTG 这些脑区由 SLF 和 AF 组成的背侧通路连接在一起（Friederici & Gierhan，2013），这个背侧通路在复杂语言理解过程中发挥着非常重要的作用（Friederici，2011）。然而，这种脑区之间的连接发展比较缓慢，甚至 7 岁时这种白质连接仍未完全成熟（Brauer et al.，2011，2013；Skeide et al.，2016）。

左侧 IPL 和 pSTG 是语言理解网络中的重要脑区，与句法的复杂性密切相关。IPL 与言语工作记忆密切相关（Leff et al.，2009），而左侧 pSTG 参与句子整合中的语义和句法信息加工（Friederici，2011）。Fengler 等（2016）发现，言语工作记忆容量对于左侧 IPL 和 pSTG 的脑功能选择性变化具有很高的解释力，而这些脑区在结构上的成熟决定了其可以参与到对工作记忆需求较高的复杂句子的理解过程中。还有研究发现，与言语工作记忆相关的行为表现和左侧顶叶岛盖部一直延续到 pSTG 脑区的灰质概率呈显著正相关（Fengler et al.，2015）。以上这些研究表明，脑结构的成熟以及工作记忆容量的增加对于个体加工复杂句法的能力有重要影响。由此，我们可以看出，复杂句法加工需要工作记忆尤其是言语工作记忆的参与。

在神经基础方面，研究发现布罗卡区与工作记忆密切相关（Wager & Smith，2003），同时，加工句法复杂的句子需要一定的工作记忆容量（Cooke et al.，2002）。还有研究发现，布罗卡区对句法移位的加工具有特异性，因为该区在加工含有句法移位的句子时被激活，而在加工其他类型的句子时则没有被激活（Santi & Grodzinsky，2007）。直接探讨句法复杂性、句法歧义长度以及工作记忆的研究发现，布罗卡区中的 BA44 上部临近额下沟的位置的激活强度随着句法歧义长度的增加而增强，而 BA44 下部的激活则随着句法复杂性的增加而增强（阅读广度低的被试），这表明布罗卡区的背侧靠近额下沟的位置与工作记忆需求的增加有关，而布罗卡区下部则与复杂句法加工有关（Fiebach et al.，2004）。

(三）语言网络与工作记忆网络的交互

复杂句法加工与工作记忆之间的关系表明，语言加工网络与工作记忆网络存在一定的交互。研究者一直在探索语言加工的脑机制，发现大脑左右半球不同脑区与特定的语言功能有关。支撑语言功能的脑区包括额下皮层（包含布罗卡区）、颞上皮层（包含威尔尼克区）。运动和前运动皮层一定会参与言语产生，感觉输入系统相应的脑区也会参与言语知觉（Friederici & Gierhan，2013）。在这些脑区中，偏左侧的颞叶皮层以及额下皮层形成的脑网络主要负责句法加工，而双侧颞-额网络与语义加工过程相关。这些网络得到了功能成像研究以及结构研究的证实。电生理研究发现，听觉输入的超音段信息主要在右侧颞-额网络中加工，对胼胝体损伤病人的研究发现，后部胼胝体在句法和韵律信息的交互加工过程中起着重要作用（Friederici，2011）。

Friederici 和 Gierhan（2013）综合前人的研究提出了支撑语言加工的网络，包含两个背侧通路和两个腹侧通路。背侧通路Ⅰ由 AF 和 SLF 连接 STG 和 PMC；背侧通路Ⅱ由 AF 和 SLF 连接 STG 和布罗卡区中的 BA44。腹侧通路Ⅰ由 EFCS 连接布罗卡区的 BA45 和 TL；腹侧通路Ⅱ由 UF 连接 FOP、STG 和 aSTS（Friederici，2011；Friederici & Gierhan，2013）。背侧通路Ⅰ与言语重复（speech repetition）有关（Saur et al.，2008）。言语重复涉及言语知觉、在言语工作记忆中保持知觉到的信息、言语产生（发音计划和执行）等过程。该通路会经过 PL 下部，这部分脑区被认为与语音工作记忆相关，表明语言和工作记忆共享一定的脑结构。

在网络层面上，语言和工作记忆也存在交互。Rottschy 等（2012）对 189 篇关于 fMRI 研究的文献进行了元分析，总结出一个涉及双侧额-顶区域的工作记忆网络。这些区域包含布罗卡区、脑岛前部、pSTG、IFG、SMA 中部、IPS、SPL 以及外侧 PFC 等。由此可见，工作记忆网络是一个广泛分布的脑网络。研究者进一步分析发现，布罗卡区主要与言语任务的工作记忆功能相关。在语言网络中，背侧通路Ⅱ连接 STG 和布罗卡区的 BA44，腹侧通路Ⅰ连接 TL 和布罗卡区的 BA45。有研究发现，布罗卡区与言语工作记忆相关（Smith & Jonides，1999），并且参与复杂的句法加工（Caplan & Waters，1999；Rogalsky et al.，2008）。特别是有研究发现，BA44 主要与句法复杂性有关，而 BA45 主要与句法移位有关（Santi & Grodzinsky，2010）。由此，布罗卡区可作为语言和工作记忆网络交互的重要节点。

第二节 抑制控制与认知灵活性

本节介绍认知控制的另外两个成分——抑制控制和认知灵活性的认知神经基础及其在语言理解中的作用。

一、抑制控制

(一) 抑制控制的框架

研究者普遍将 PFC 作为抑制控制其他脑区的来源。Munakata 等（2011）主张在更广泛的 PFC 功能的背景下，建立一个更统一的框架来理解抑制控制。其将 PFC 的特征描述为：积极地表征和维护与行为认知控制相关的抽象信息（例如，目标、背景、任务）（Goldman-Rakic, 1987; Miller & Cohen, 2001）。PFC 对抽象信息的表征和维持，会对其他脑区产生两类不同的抑制效应。一是 PFC 的兴奋传递至皮层下区域，支持定向的整体抑制（directed global inhibition）。PFC 的反应激活了靶区中间神经元释放抑制性递质 γ-氨基丁酸（GABA），来实现整体抑制功能。二是 PFC 神经元直接激活目标相关的加工区域，产生抑制竞争对手的附带效应（collateral effect of inhibiting competitor），而不是导致整体性的关闭。区分这两种类型的抑制，对于理解在各种不同情况下个体抑制功能的差异具有重要作用。通过系统分析 PFC 在抽象信息表示和维护中的作用，有可能使用一个统一的框架来理解这两种不同类型的抑制。

PFC 对皮层下区域定向的整体抑制作用，体现在以下三个方面：应对外源性刺激、抑制行为反应和抑制记忆恢复。这涉及诸多特定的 PFC（内侧和外侧、背侧和腹侧），有两种支持定向整体抑制的神经机制：第一，PFC 神经元的兴奋可以直接传到靶区——中间神经元释放抑制性递质 γ-氨基丁酸（GABA），在中枢神经系统中发挥主要的抑制作用。这种抑制作用在神经环路功能的稳态平衡、复杂性以及信息加工处理中发挥着关键作用。第二，PFC 神经元的兴奋传递至某个区域的兴奋性神经元，而兴奋性神经元又优先传到靶区的中间神经元，释放抑制性递质 γ-氨基丁酸（GABA）。

与皮层对皮层下脑区的直接抑制不同，新皮层区域内的抑制表现出的是间接竞争形式。在这种类型的抑制中，PFC 的作用不是表征为"不要做任务 A"，而是为"做任务 B"相关的表征提供自上向下的支持（Egner & Hirsch, 2005）。因此，通过增强侧抑制的连通性来抑制替代性表征。这类间接竞争机制通常被认为是一种选择和注意的理论。在新皮层区域内，抑制具有竞争性抑制的证据来自以下几个方面：首先，大多数远距离区域间的连通性是受锥体细胞兴奋性的调节的。此外，相对于兴奋性神经元，抑制性神经元具有更广泛、更分散的连通性模式，而且调节功能相对粗糙，因此它们所代表和传递的信息的特异性低于兴奋性神经元。在抑制任务方面，积极维持前额叶皮层的表征，这些增强的表征在随后也竞争性地抑制了替代表征。

（二）右侧前额叶皮层在抑制控制中的作用

抑制通常被视为中断、否定或推翻正在进行的加工，特别是一些习以为常、根深蒂固的反应。抑制加工涉及 PFC（特别是右侧 PFC 的外侧区域），已经得到研究者的广泛认可。Banich 和 Depue（2015）对右侧 IFG 在执行加工中的作用，以及抑制等级在多大程度上是单一的结构等问题进行了深入讨论，即行为抑制、情绪抑制及认知抑制是否具有共同的脑机制，是否存在不同的神经机制负责行为抑制、情绪抑制及认知抑制。

右侧额下回在抑制中具有什么作用？Go/No-Go 范式与 Stop-Signal 范式是行为抑制研究中常用的实验范式。有研究证明，右侧 IFG（有时也认为是右腹外侧皮层，right ventrolateral cortex）在行为抑制反应中发挥了重要作用。其通过向基底节丘脑底核发送信号，抑制丘脑皮层输出，从而中断正在进行的行为反应（Logan & Cowan，1984）。这种观点的进一步完善，形成了行为抑制的双分离模式：一种是用来停止所有反应；另一种是选择性更强的抑制功能，中断某些行为反应，而不是中断所有行为反应。也有研究者提出了全脑的停止机制（global stopping mechanism），即右侧 IFG→丘脑底核→苍白球→丘脑的超级通路负责行为抑制。但是，近年来的一些证据表明，右侧 IFG 可能没有参与抑制加工，而是监控外部环境中的信息，确定哪些目标与当前环境条件相容，并采取什么行为用来实现当前的目标。对于右侧 IFG 在认知控制中所起的具体作用，目前尚未达成一致的观点。

是否有抑制控制的中央或普通神经系统？以往的研究强调了 PFC 在抑制性功能中的重要作用。但是，Munakata 等（2011）认为，PFC 在维持与表征当前信息方面的功能需要首先被关注，其后调节其他脑区的活动。这种调节作用主要表现为抑制作用，PFC 对某些皮层下区域采取定向全局形式的抑制。Munakata 等对 PFC 功能的阐释与质疑前额叶的抑制功能的证据是一致的。研究表明，抑制功能的某些方面存在共同之处，但也是分离的。是否有一个中央和共同的右半球系统参与抑制控制，而不管这种控制在哪个领域显示，或者在右半球内是否存在分别对运动、认知和情绪起抑制作用的具体脑区？如果抑制控制是自上而下加工机制的副产品，这些机制积极地维持目标并调节其他大脑区域的活动以实现这些目标，那么研究者就会怀疑领域之间存在高度的重叠。如果在特定的领域有特殊的抑制控制系统，那么关键区域就会被预测为不同的区域。

为什么右半球在抑制功能中起主导作用？与左侧 PFC 相比，右侧 PFC 在很大程度上参与了抑制控制。对于这一明显的右侧偏侧化产生的根本原因，仍然不清楚。有一些证据表明，右半球在监视外部环境中起着重要作用，特别是与潜在威胁有关的环境，因此它对周围的环境特别敏感。此外，也有证据表明，当刺激吸引注意力时，右下 PFC 可能会在干扰目标导向行为的过程中发挥作用，从而导致行为的重新定向。此外，与接近行为（包括动机）相比，右半球与回避有关（Spielberg et al.，2011）。对环境敏感的子系统在右半球的汇合，可以评估情境是否符合当前的目标，是否可以重新定向行为，以及控制回避行为和动机的倾向，这可能有助于解释右半球在抑制功能中的主导作用。

二、认知灵活性

（一）认知灵活性的结构和神经基础

认知灵活性反映了行为与思想的适应性，能促进流畅的思想产生，以及识别新语义关系。从艺术和科学方面的天赋的展示，到日常生活中更平凡的适应性问题的解决，认知灵活性可以通过诸多方式和途径展现。因此，越来越多的人认为，认知灵活性可能取决于多个信息处理系统，而不是源自单一的认知"模块"（Barron & Harrington，1981；Batey & Furnham，2006；Runco，2004）。

Barbey 等（2013）采用损伤投射方法研究了认知灵活性的结构，考察了大样本（$n=149$）脑局部损伤患者的认知灵活性的神经基础（图8.1）。其使用潜变量模型来描述认知灵活性的心理特性，然后评估了认知和社会过程的认知灵活性，包括心理测量智力[韦氏成人智力量表，情绪智力量表（Mayer-Salovey-Caruso Emotional Intelligence Test，MSCEIT）和人格特征量表（神经质-外向-开放人格量表，Neuroticism，Extraversion and Openness Personality Inventory，NEO-PI）]。最后，应用基于体素的病变症状映射，旨在阐明认知灵活性的信息处理结构，确定有助于智力功能适应性方面的核心脑机制。

研究者通过下六个方面进行了评估：①认知灵活性，通过心理灵活性、思维的流畅生成来评估；②语言理解，使用词汇、相似性、信息和理解子测验来评估；③流体智力，通过块设计、矩阵推理、图像完成、图像排列和对象组装等进行测

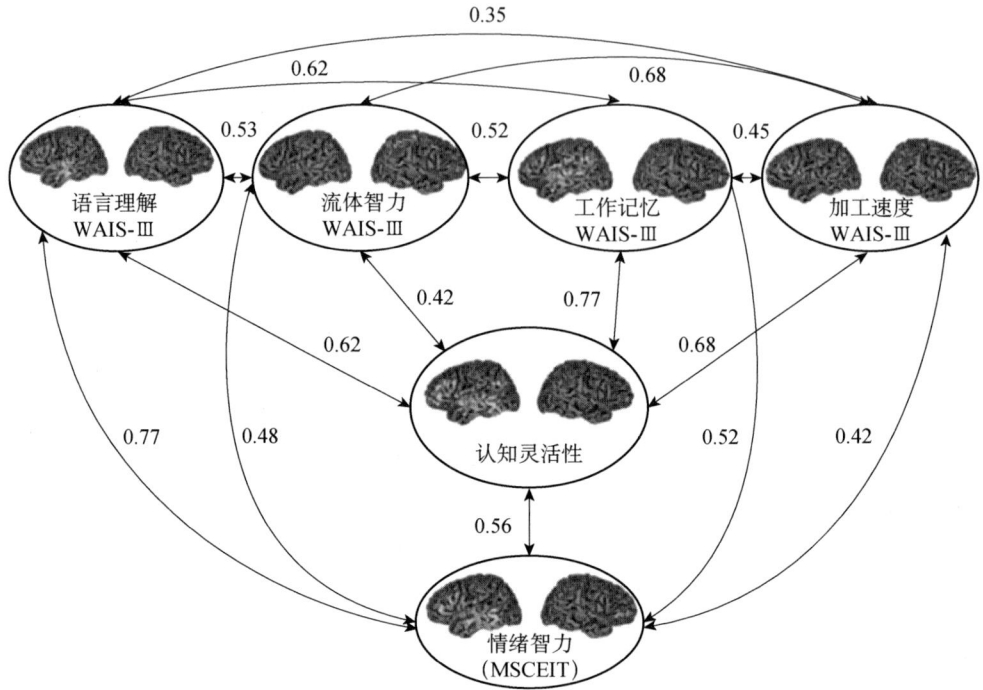

图 8.1 损伤投射的总结和结果方程模型结果（n=149）。统计图以 5%的错误发现率进行阈值处理。在每一个皮层表面图中，其左半球是读者的左边。"WAIS-Ⅲ"表示韦氏成人智力量表第三版；"MESCEIT"表示情绪智力测试（Barbey et al.，2013）

量；④工作记忆，包括测量手段；⑤加工速度，通过数字符号编码和符号搜索来评估；⑥情绪智力，用完整的情绪智力测验来评估。上述六因素模型得出了合理的拟合指标。分析结果显示，认知灵活性与大脑中广泛分布的区域网络有关，主要是在左半球。包括：①语言处理网络（例如，布罗卡区、左侧 STG）；②空间处理网络（例如，左侧 IPL、SPL）；③运动加工网络（例如，左侧躯体感觉、初级运动皮层）；④工作记忆网络（例如，左侧 dlPFC、左侧 IPL 和 SPL，以及左侧 STG）；⑤连接 TL、PL 和额下区的 SLF/AF 的前束和背束；⑥将 dlPFC 和额极与 SPL 连接的上额-枕束；⑦连接颞前皮层、杏仁核、眶额和额区的 UF。这一结果模式表明，认知灵活性反映了通过左半球一组受限的皮层连接有效整合语言、空间、运动和执行过程的能力。

以认知灵活性为因变量，对心理智力（言语理解、流体智力、工作记忆、加工速度）和情绪智力的潜在因素、人格特征进行逐步回归分析，数据分析显示，只有心理智力因素才能可靠地预测认知灵活性。认知灵活性与语言理解在左半球语言网络中具有共同的神经基础。这一网络分布在左侧裂皮层的关联区域，包括一个负责语言理解的腹侧通路和一个负责言语生成的背侧通路。其中，腹侧通路与 aMTG、pMTG 和 STS 相连，主要负责将语音表征转换为语言理解中的词汇/概念表征；背侧通路主要涉及脑岛的前部和后部，以及顶颞边界处的脑区，主要负责有助于将感觉或音系表征映射到语言生产中的发音运动表征（Hickok & Poeppel，2007）。此外，包括 AF 和 UF 在内的外周语言网络也与认知灵活性有关。

流体智力涉及了一个右侧的横向网络，这个网络在很大程度上反映了左半球网络的认知灵活性，涵盖了通常需要执行控制的任务所涉及的额叶和顶叶区域。该网络已广泛地涉及工作记忆的表征维持、监控和操作的相关脑区（Owen et al.，2005；Wager & Smith，2003），并证明了上述工作记忆相关联的脑区在认知灵活性中的中心作用。认知灵活性还与加工速度在左 vmPFC 和 dmPFC 具有相同的神经基础，涵盖了支持视觉-运动加工和协调的区域。所观察到的这些区域在认知灵活性中的作用进一步表明，其神经表征是多方面的，并参与认知加工的基本方面，如语言、工作记忆、处理速度等。

认知灵活性的损伤与右 STG 的选择性损伤有关。该区域在形成较远或新的语义关系以及洞察力问题解决过程中发挥着重要作用（Jung-Beeman et al.，2004）。这一结果表明，右 STG 对认知灵活性至关重要，暗示了新语义关系的形成可能在自适应问题解决过程中具有重要作用。

研究的主要结论如下：①逐步回归分析的数据表明，心理测量智力的潜在得分能够可靠地预测认知灵活性的潜在分数，从而验证了适应性行为取决于心理智能的关键能力（即语言理解能力、工作记忆能力、流体智力和加工速度）。值得注意的是，这一结果并不支持认知灵活性与社会和情绪因素得分（即人格特征和情绪智力）之间存在显著关联。②对认知灵活性的潜在评分及其可靠性预测因子（即心理智力因素）进行基于体素的病变-症状映射分析，结果表明认知灵活性与特定的心理智能能力共享神经机制，包括语言理解、工作记忆和加工速度。③对由认知灵活性解释的独特变异（即去除与其可靠性预测因子共享的变异）进行基于体素的病变-症状映射分析，发现了右 STG 的选择性介入，该区域支持识别新的语义关系，并在洞察力问题解决过程中发挥核心作用（Jung-Beeman et al.，2004）。

（二）认知灵活性的神经生化基础

认知灵活性反映了我们灵活适应不断变化的环境的能力。在有利于目标实现的情况下，坚持当前的行为策略；当需要改变的时候，灵活地更新策略。大脑是如何使人具有这种灵活性的？这需要一种根据当前任务要求动态调整认知灵活性和认知稳定性之间平衡的能力。灵活性与稳定性之间的权衡已经在不同的领域被研究。Cools（2015）从反向学习、注意定势转移、任务转移和工作记忆更新等四个方面阐述了认知灵活性的表现形式及其神经和生化基础。

（1）反向学习。它是指反应的反转，从以前被奖赏但当下被处罚的反应转变到先前被处罚但当下被奖赏的反应。越来越多的证据表明，多巴胺和血清素对于概率反转学习具有重要作用，多巴胺变化主要与长时程学习有关，可以导致反应发生持续性的改变；血清素的变化主要与短时程学习有关，导致惩罚之后的反应立即发生转变。在强迫学习领域，认知灵活性和认知稳定性之间的权衡与环境可变性概念和最佳学习率的相应变化相关。高的学习率指新经验得到权重，导致新经验学习和对久远过去的遗忘加快。低的学习率则相反，为影响未来选择需要更多的经验积累，因而选择不仅受到近期奖赏和处罚的影响，还受到久远的过去的影响。在一种存在不确定性，但比较稳定的环境中，这是合适的。功能性磁共振成像表明，波动性的变化与前扣带回皮层信号的变化相关。因此，前扣带回皮层可能在调节多巴胺巴和血清素传递中起到了关键作用，以改变反向学习。

（2）注意定势转移。注意定势转移通常采用威斯康星卡片分类测试（Wsiconsin card sorting test，WCST）进行测量。这个范式因其非选择性受到批评。要表现出适当的行为，要求个体具备广泛的能力，包括工作记忆、反向学习、任务转换等方面的能力，不能把障碍归因于其中任何一种子成分过程。维度内部和维度之间的转换任务用于分离这些子成分。在维度外部阶段的适当行为依赖于 dPFC，以及前额皮层的最佳的儿茶酚胺水平。前额多巴胺病变有损于在维度内部定势转移阶段的注意定势的维持，这个阶段先于维度外定势转移阶段。注意定势转移领域的认知灵活性与稳定性的权衡与探究和利用之间的权衡相关。探究是指对于新的、更好的潜在方案的积极的认知搜寻，主要依赖于 PFC，在维度外定势转移阶段是必要的。适应增益理论认为，去甲肾上腺素传输的不同模式调节了探究和利用之间的权衡。强调去甲肾上腺素对于探究的重要性，是对另一个有影响的理论的补充。这个理论认为去甲肾上腺素活动具有神经阻断或者网络重启的功能，使得更新的感觉输入对内部表征进行修正成为可能。这个模型预测，当环境改变是不可预期的时候，去甲肾上腺素居于主导地位，如同维度外部的注意定势转移；可预期的不确定性由乙酰胆碱标记，类胆碱操控通常不影响维度外部的定势转移。根据这些观点，去甲肾上腺素和乙酰胆碱的增加都能使注意与感觉输入源保持一致。

（3）任务转换。任务转换范式是让被试重复地在两个或者多个已经很好学习的刺激-反应对或者任务集之间进行转换。不同于注意转换，任务转换对于多巴胺调节敏感。当任务之间的竞争性强或者刺激-反应匹配已经很好地建立时，任务转换就比较困难。关于帕金森患者和动物的研究表明，仅在对新学习要求低、对选择性要求高时，纹状体多巴胺对于认知灵活性才变得十分重要。因为纹状体是一个选择或者阈限设定装置，多巴胺调节注意转向到那些行为相关但没有预期到的刺激。纹状体影响任务转换的一种可能机制，即由前额皮层改变自上而下的控制。有研究者认为，前额皮层是通过调节后部皮层内的下行区域来改变选择性注意的。纹状体通过直接 Go 和非直接 No-Go 基底节通路来影响自上而下的控制。通过 Go 通路放大任务相关的表征，同时提供与 No-Go 通路一致竞争性的任务不相关的表征。纹状体内的多巴胺是通过调节其在前额-纹状体回路内的流动来调节任务转换的。

（4）工作记忆更新。工作记忆领域对灵活性和稳定性的研究，通常采用更新范式，如 n-back 范式或者延迟反应任务。研究证明了多巴胺的重要作用，特别是 PFC 中 D1 受体（D1R）刺激在保持工作记忆表征稳定性中的作用。目标相关的表征稳定性不仅依赖于多巴胺，也依赖于去甲肾上腺素和乙酰胆碱传输，这些神经递质的功能可能是通过调节注意和不确定性信号来实现的。比如，多巴胺 D1R 刺激对 PFC 的影响是提升被选定的新表征的阈限。同时，多巴胺也与工作记忆补偿性更新有关。工作记忆表征更新与纹状体有关，按照双状态理论（Durstewitz & Seamans，2008），PFC 网络可以在 D1 主导的状态下以有利于表征稳定的高能限为特征，也可以在 D2 主导的状态下以有利于表征之间快速、灵活地转移低能限为特征。

三、语言理解中的抑制控制与认知灵活性

语言理解系统与认知控制系统的关系一直是研究者讨论和争论的热点问题。Fedorenko（2014）指出，额颞语言核心脑区在空间和功能上都不同于领域一般的额顶多重需求网络（MDN）系统，说明这两个系统执行的计算是不同的。但是这种神经上的分离，并不否认语言加工和领域一般认知控制之间存在某种形式的相互作用，以及领域一般回路对语言理解的必要性。研究两个系统之间的关系，包括它们之间相互作用的动态性，对于理解语言加工和领域一般性的认知理论都很有帮助。

在前面几个章中，我们已经多次提及认知控制在语言理解中的作用，例如，语篇理解中的事件切分和会话交流中对同伴的话语和行为的跟踪与监控，都有认知控制过程的参与和支持。本部分将集中介绍以下几个方面的问题：词汇概念加工中的语义控制网络、注意与语言信息结构和双语加工中的认知控制问题。

（一）词汇概念加工中的语义控制网络

在语言理解过程中，为保证提取的语义表征和推理过程能够适应当前的任务

和情境，需要有控制系统的参与。Ralph 等（2017）提出的 CSC 框架认为，语义认知包含语义表征和语义控制两个方面。语义表征是一个 Hub-and-Spoke 语义表征系统，以双侧 ATL 作为表征枢纽，对概念的视觉、听觉、运动以及言语特征进行统合，形成独立于某一特定通道的概念表征。语义控制同样也是一个分布式网络系统。以往的 fMRI 研究发现，虽然前额叶皮层并不参与语义表征，但是在语义知识的通达、提取和控制性操纵过程中具有非常重要的作用。除了前额叶皮层，语义控制的脑网络可能还包括颞-顶叶的脑区。

1. 语义控制网络的三个成分

在受控语义认知模型中，语义控制网络包括三个成分，每一个成分均由不同的神经结构支持，如图 8.2 所示。第一个成分为领域一般性的执行控制过程。当需要对信息进行控制性加工以适应当前情境的要求时，需要自上而下的控制努力。该过程由 MDN 网络以及额-顶控制系统（Power & Petersen，2013）支持。MDN 网络（图 8.2 中的红色部分）包含 IFS、背侧后部 IFG、IPS、前辅助运动区（pSMA），以及 ITG/外侧枕叶皮层等脑区。第二个成分是自动激活扩散过程。当加工比较容易时，高相关概念之间的语义联结不需要太多的控制，自动激活扩散即可完成语义通达。该过程由 DMN 中的 ATL 以及其他部分脑区支持。DMN 网络（图 8.2 中的蓝色部分）包含 ATL、AG、mPFC、PCC 等脑区。第三个成分是特异性语义控制过程。当不存在外显的目标引导，或需要提取的信息并不是主导信息时，就需要语义控制网络参与。语义控制网络（图 8.2 中的绿色部分）主要包含 pMTG 和 IFG 前部等脑区，以灵活的方式提取语义，以适应时间、空间或语境主题。据此，研究者认为，pMTG 和腹侧 IFG 整合了来自 DMN 和 MDN 的信息。DMN 参与自动化的语义认知，而 MDN 参与高控制性的语义认知，这两个网络在静息态条件下具有很强的反相关性。然而，语义控制网络正好连接了两个网络，整合源自这两个网络的信息。

2. 语义控制与语义表征网络的互动

在 CSC 框架中有两个成分，即语义表征系统和语义控制网络。这两个成分之间是如何互动共同完成语义加工任务的？尽管纤维束跟踪成像的证据显示了语义加工所依赖的生理"硬件"，但并没有解释信息是如何在这种结构中传递的，以及它是如何受到任务的调节的。

Chiou 等（2018）进一步对语义表征系统（中心-辐）和语义控制网络在语义认知过程中的灵活分工和功能连接进行了研究，揭示了不同情况下表征与控制之间灵活的相互作用。18 名母语为英语的被试参与了这项研究。研究者要求被试完

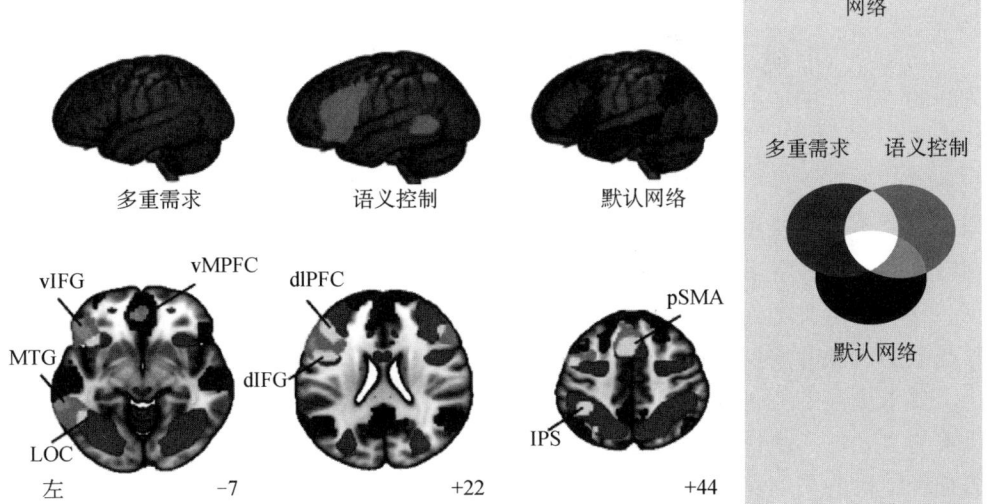

图 8.2 默认网络、多重需求网络以及语义控制网络时空图（Davey et al., 2016）（见彩图 8.2）

成五项功能扫描，其中扫描 1～3 为主要任务。①颜色知识任务。该任务要求被试在三个语义无关词中选出两个词，标准是词所代表的物体具有相同的颜色。②基于概念关系的语义关联任务。③比较视觉配置的非概念性控制任务。对颜色和语义任务的对比，可以检查任务情境是否改变了控制系统和表征系统之间的相互作用，就像 CSC 框架所设想的那样。在扫描 4～5 中，参与者完成了 Fnsworth-Munsell100 色调任务，对颜色感知相关的脑区进行考察。为被试呈现由 5 个楔形构成的环形刺激，楔形可以是彩色的，也可以是灰色的。环形刺激中 5 个楔形的明亮程度是不同的，50% 是按照由亮到暗的顺序排列，剩余 50% 以无序排列。

行为数据显示，与语义配对任务和控制任务相比较，颜色匹配任务的正确率得分更低、反应时更长。全脑分析的数据显示，相对于控制任务，颜色和语义任务在左侧的分布式网络中出现了更多的激活，主要涉及 IFG 及广大的额叶皮层等。与语义配对相比，进行颜色配对时在 PFC 执行控制区域的激活更加明显，包括 IFG 及其邻近的额中回和 IPS。关于色彩概念与色彩感知的研究结果发现，颜色感知和颜色概念激活了相邻和部分重合的视觉区域。对 FG 和 ITG 进行兴趣区向量分析，研究者观察到了一个清晰的从感知加工转变到语义加工的梯度变化。两个脑回都从更主动的视觉匹配加工（控制任务）转变为概念知识加工（颜色和语义任务）。这个结果验证了 CSC 框架的一个关键预测，即额顶位置的"控制"机制根据语义内容和任务的特征调节了轮辐"表征"系统。具体来说，要求以非典型方式配比语义概念任务（或需要高度语义特异性的任务）时，需要更强的执行控制。与典型的联想语义任务相比，颜色匹配任务增强了 PFC 和 PL "控制"区域的活动。

这两项任务都显著地激活了 FG 前部,而 FG 以前曾被认为是代表语义加工相关联的"轴"的中心点。此外,沿颞下回有一个梯度变化,它的尾部更倾向于执行颜色任务(也许是反映了具体的颜色模拟),而吻侧区更倾向于执行典型的关联任务。此外,心理-生理交互分析(PPI)和动态因果模型(DCM)分析揭示了不同任务的不同连接模式:与认知负荷较轻的语义任务相比,PPI 检测到了 IFG(控制网络的一个关键节点)和枕-颞"辐"区域之间更强的耦合。

与使用语义配对任务相比,颜色配对任务需要更多认知资源的投入,并能更好地激活前额叶皮层。研究者验证了 CSC 框架的一个关键预测,即与语义任务相比,要求更高的颜色任务可能会增强前额叶所代表的"控制"系统和腹侧颞叶所代表的"表征"区域之间的连接。结果显示,与 IFG 连接的模式揭示了色彩知识的神经结构的关键特征:为了获取颜色属性的细节,IFG 与额顶叶"控制"网络的其他节点更加紧密地连接。此外,它与枕颞的"辐"皮层的连接也得到了加强。进一步分析表明,在语义条件下,更高要求的颜色任务中 DMN 的更大程度的失活导致了更强的 IFG-DMN 连通性,这与其在认知负荷情况下失活的倾向是一致的。

实验结果支持了 CSC 框架的一个关键原则,即语义认知是基于两个功能和解剖上不同但相互作用的机制进行的,语义网络的组成部分之间的功能相互作用。此外,还揭示了皮层活动的表征性梯度,包括叶内尺度(枕叶内)和叶间尺度(包括整个腹侧颞叶皮层、横跨枕叶和颞叶),以及神经连接如何根据不同的环境改变其动态,突出了连接性在理解语义处理方面的重要性;强调了视觉皮层内的"概念与感知"的梯度变化,即色彩知识激活邻近区域的色调感知区域,当概念和感知占据部分重叠区域时,对概念更倾向于在前部和外侧脑区加工。

3. 分布式语义控制网络

Noonan 等(2013)通过对以往涉及语义控制的 fMRI 研究进行综合分析,提出了一个分布式的语义控制网络。该网络中主要包含两个神经集群:PFC 和 pMTG。他们发现,第一,语义控制网络是一个分布式脑区耦合系统,不仅仅包含经典的控制皮层 PFC。对 fMRI 研究的元分析发现,还包括双侧腹侧和背侧 PFC、左侧 pMTG、靠近 IPS 和 SG 的背侧前部 AG 以及 ACC。以往关于语义失语(semantic aphasia,SA)病人的研究发现,SA 病人比较一致地存在左侧 PFC、pMTG 和背侧 AG 损伤(Jefferies & Ralph,2006)。fMRI 研究和神经心理学研究的结果汇聚在一起,形成了一个涉及左侧 PFC、pMTG 和背侧 AG 等脑区的分布式语义控制网络。

第二,语义控制是多层面的。语义控制网络中特定的区域支持了语义控制加工的不同方面。左侧 PFC 和 AG 在所有语义控制类型的任务中均被激活,而 pMTG 只对接收性语义控制加工任务敏感。这与关于 SA 病人的研究以及经颅磁刺激 (TMS) 的研究结果相一致。PFC 和 AG 损伤的病人在绝大部分的语义控制加工任务中都存在缺陷。对左侧腹侧 PFC 进行 TMS 刺激,使其在短时间内失能,结果被试在图片命名过程中,语义相关的分心刺激会加大对目标刺激反应的影响。对左侧 IFG 和 pMTG 进行 TMS 发现,被试只在需要高控制加工的理解任务中的表现受损。

第三,语义控制与领域一般性的控制过程在一定程度上共享认知神经资源。在语义加工领域和语音加工领域,相比基线条件,高控制任务均激活了腹侧和内侧 PFC。以往的研究也发现,PFC 和 IPS 在不同领域(语义任务和非语义任务)的高控制加工过程中被激活。对这两个脑区进行 TMS 发现,被试完成语义和非语义任务的表现受损(Nagel et al.,2008)。

综上所述,Noonan 等(2013)的元分析最终形成了一个包括双侧 PFC、左侧 pMTG 和左侧背侧 AG 的分布式语义控制网络。这个分布式语义控制网络非常灵活,当某一区域的功能受损时,其他区域会发生代偿性激活。另外,该网络中每一个位置都有其一般性或特异性作用:PFC 和背侧 AG/IPS 参与一般性控制过程,pMTG 对于理解性语义控制过程敏感。PFC 参与到语义认知以及语义选择/抑制的目标建立过程中,左侧背侧 AG 参与到将注意朝向任务相关概念上的过程中,而左侧 pMTG 主要通过捕捉任务相关的概念特征,以形成多通道情境表征。

(二)注意与语言信息结构

在认知控制成分中,尽管没有明确指出注意的地位和作用,但它是一种十分重要的基本认知成分,与认知控制的三个成分密切相关,而且参与和支持了几乎所有有意识的认知活动。在语言加工的各个层面上,注意都起到了重要作用。注意可以是内源性的(由动机支配),也可以是外源性的(由客观环境调控的)。以下介绍语言的信息结构对注意和理解过程的影响。

1. 认知控制与注意系统

在 Petersen 和 Posner(2012)提出的框架中,注意系统有三个独立但相关的网络,即警觉、朝向和执行控制。警觉网络用于产生和维持任务期间最佳的警觉和操作。朝向网络引导注意焦点转向和选择具有凸显意义的输入(如通道、位置)。执行控制网络处理竞争控制的不同神经系统之间的冲突。神经成像研究确定了两个主要通道:自上而下的注意网络和自下而上的注意网络。自上而下的注意网络调节知识、期望和现行目标驱动的注意分配。这个网络包括背侧额顶网络(IPS

和 SPL），以及沿中央前沟的背侧额叶皮层，靠近或者包括额叶视区。自下而上的注意网络调节由相关刺激，特别是没有预期和由新刺激所驱动的自下而上的注意。它涉及腹侧额顶网络，包括 IPL 和腹侧额叶皮层，还包括 MFG、IFG 和前脑岛的一部分。除了这两个网络，皮下结构，如上丘和丘脑的丘脑后结节也在协调注意中起到了重要作用。Shulman 和 Corbetta（2012）提出的两个框架聚焦于注意的不同方面，即注意的认知和神经生物学结构。这些模型主要是以知觉不同物体、物体的特定特征或者空间位置的发现为基础的。有两类过程控制信息的流动：自上而下控制是指根据先前知识或者当前目标，选择性地注意相关信息的能力；自下而上选择是指把加工资源快速分配到新的或者凸显的刺激的能力。这两种过程被称为注意的两个方面，这在视知觉研究中已经得到证明。但是，在语言理解中，注意的作用尚未得到系统研究。

与主流的认知控制理论不同，Sadaghiani 和 Kleinschmidt（2016）根据脑网络和 α 振荡对认知控制的结构和功能基础进行了描述，并对认知控制系统各成分的功能进行了划分和界定，将注意和警觉作为认知控制的主要功能。这个框架中包括了持续的内源性保持过程，即心理上需要付出努力的、自发的准备加工信息并做出反应的警觉性注意；还有阶段式适应性控制的部分，具有快速变化和刺激驱动性，体现在外源触发的认知启动、快速任务转换中的调整等方面。阶段式适应性控制的一个方面是选择性注意，指向或者聚焦于特定信息，强化特定感觉输入的加工。静息态的固有功能连接从解剖上界定了认知控制网络，包括扣带回-岛盖/脑岛（cingulo-opercular/insular，CO）网络、外侧前额-顶叶或额顶网络（lateral prefrontal-parietal or frontoparietal network，FP network）、背侧额顶或背侧注意网络（dorsal parietofrontal or dorsal attention network，DAT network）。多通道成像把这些认知控制网络与神经振荡相联系。神经成像的发现说明，前者网络支持认知控制的阶段性和适应性方面，如外源性控制激发、错误之后的策略调整、在重复快速任务转换中的执行控制。后者是对特定刺激进行自上而下的选择性注意的基础。CO 网络的认知功能比较分散，如维持任务目标，整合内脏、自主和感觉数据，对自我平衡管理或者对内部和外部刺激的意义做出评价，CO 网络的功能是维持警觉。

2. 注意与语言的界面

在语言理解的记忆-整合-控制模型中，包含了认知控制成分。这种控制过程会受到语言结构的调控，如信息结构。为了使交流更加有效，人们会使用多种线索组织自己的话语和解释别人的话语。对句子中不同信息成分进行打包的方式，被称为信息结构。它规定了句中哪些信息对于会话参与者是重要的，使听者知道注意应该指向哪里。在这个意义上,信息结构的作用是强调最重要的信息,引起听者或者读者的注意。信息结构使用不同的术语描述了语句的不同成分,如背景-焦点、主题-述题、预设-焦点、已知信息-新信息。在这些区分和对立中,背景通常相当于话题、预设和已知信息,而焦点大致相当于评述、述位和新信息。背景指会话者共享的信息,焦点是对听者或者读者来说最重要的信息(新信息或者对比信息)。有几种方式可以标记信息结构,包括问题语境、韵律特征、句法结构、语序、焦点标记词、信息对比等。表达信息结构的方式根据语言的不同而不同,但信息结构在语义加工中的作用是相同的。以下简述信息结构对语篇加工中注意的调节。

(1) 信息结构线索一致性的影响。Li(2008,2011)和 Wang(2012)等探讨了词汇信息状态与标记之间的一致性是如何影响语言加工的。其采用 EEG 技术研究了口语在线理解中重音和语篇语境的一致性对理解的影响。实验通过操控词汇重音和信息状态的一致性,发现焦点信息的重音缺失与有重音的焦点信息相比、非焦点信息的不必要重读与非重读相比,都诱发了波幅更大的 N400,说明听者对重音和信息状态之间的不一致性是敏感的。对多余重音的 ERP 反应与重音和焦点信息之间的相对位置有关。当多余重音在焦点信息之前时,诱发正漂移;当多余重复在焦点信息之后时,诱发负漂移。对于缺失重音和多余重音的 ERP 反应,说明音高重音可以用于理解话语的信息状态,并很快整合到语篇语境中。

(2) 不同的信息结构引导了不同的认知过程。Chen 等(Chen et al., 2012; Chen & Yang, 2015)研究了信息结构不同成分和标记方式对语篇加工的影响,比较了汉语的句法标记词"是"指示的焦点状态和语篇语境指示的"新"引导的加工过程。眼动实验结果说明,二者具有不同的加工模式和作用。其中,焦点标记促进了对所标记词汇的加工,而语境信息指示的"新"增加了信息加工的难度,这说明二者引导了不同的认知加工机制。Cowles 等(2007)用 it-cleft 结构恰当或者不恰当地突显疑问句中的一个询问词,发现不恰当突显的词诱发了一个 N400,显示出读者即时地探测到了句法结构标记的和语篇语境标记的信息状态之间的不匹配。这说明不同语言学线索标记的信息状态(音高重音、句法结构和语境)可以被读者或者听者即时识别,在线语义加工过程中快速发生相互作用。

(3) 信息结构会影响语言加工深度。在语篇理解研究中,加工深度是用人们是否注意到句子中的不正常或者不一致来标示的。人们不能注意到不正常和不一致的现象,称为"语义错觉"。Wang 等(2009)的研究发现,当对于不正常词用 it-cleft 结构聚焦或者其他方式被标记为突显之后,语义错觉的频率会大大减少。比较焦点和非焦点之间的任务操作,说明信息结构调节了语言输入的阐释程度。这个调节可以归因于焦点信息吸引了更多的注意资源,因此加工更为详尽。但是以上研究均使用了外显任务,可能涉及与自然语言理解不同的加工过程(如决策)。Wang 等(2011)通过操控问答句对中焦点、非焦点词的语义合适性,比较了焦点、非焦点信息的语义合适性的 ERP 反应,发现焦点词的语义不合适诱发了 N400,当词在非焦点位置时,N400 效应会减小。当焦点和非焦点词在口语中有或者没有重音时,带重音的焦点词产生了更大的 N400 效应,其他条件之间没有差异。这说明处于焦点位置的不一致性更容易被探测到。另一项研究探讨了信息结构是否能调节句法加工的深度(Wang et al., 2012)。在这里,精细(数量一致性)和突显(短语结构)的句法违反被置于问答句对的焦点或者非焦点位置。这些语法违反诱发的 P600 效应反映了句法加工的深度。对于精细的违反,P600 出现在焦点条件下,但没有出现在非焦点条件下;对于突显的违反,在两种条件下都有 P600 出现。这说明信息结构可以调节句法加工深度,但有赖于信息的突显程度。当精细违反不处于焦点位置时,信息结构的调节作用可以被信息的突显性改变。依赖突显性的信息结构调节,在词汇的情绪突显和信息状态的研究中也得到了证实。

(4)信息结构激活了领域一般的注意网络。Kristensen 等(2013)采用 fMRI 技术研究了以信息结构对语义加工的调节所涉及的神经基础。在句子理解过程中,用于标记焦点的音高重音是否调动了一般注意网络?其比较了韵律标记的信息结构与听觉空间注意任务定位的注意网络。结果表明,作为一种语言学手段,信息结构调用了领域一般的注意网络。语义和语用加工影响了双侧 IFG 和 MFG。韵律操控显示了双侧 SPL 和 IPL、颞上和颞中皮层以及额叶的下、中和后部的参与。将这些区域与听觉空间注意任务定位的注意网络进行比较,结果发现两种任务都激活了双侧 SPL 和 IPL、颞上皮层和左侧前中央皮层。而且,韵律和一致性之间在双侧顶上和顶下皮层存在交互。对于不一致的句子,如果不一致词带有音高重音,比不带音高重音有一个更大的激活。语言任务和听觉空间注意任务之间的共同激活,说明音高重音激活了一个领域一般的注意网络,它对语言的语义和语用特性敏感。因此,注意和语言加工在神经生物学水平上是高度相互作用的。

(三)双语加工中的认知控制

有大量证据显示,使用双语或者多语可能会以某种方式改变大脑,并在非语言认知功能上产生差异。有研究者使用网络水平的分析,研究了双语者和单语者在使自己的神经网络适应于新任务要求的机制方面的差异。研究者使用动态因果模型和快速指导性任务学习范式,检验了网络水平适应性差异的三个竞争性假设。对双语和单语两组被试数据的最优拟合模型说明,适应新任务是通过调节 ACC 对 dlPFC 和纹状体的影响来实现的。最优拟合模型进一步揭示出,对双语者而言,

ACC 活动增加了 dlPFC 和纹状体的活动，对单语者而言，是减少了这些脑区的活动。ACC 和纹状体之间正性连接增强与跨组的准确性降低相关。这些结果说明不论语言经验如何，ACC 对认知灵活性都起到了关键作用，但是 ACC 对其他初级控制区的影响似乎与语言经验相关。当与行为结果相比较时，这些结果说明在监控冲突以适应新情景的过程中，双语者和单语者使用了不同的认知神经机制。

双语者根据当前语言使用情境，有效地从一种语言转换到另一种语言，这一现象被称为语言转换（language switching）。关于双语认知的大量研究表明，双语者的两种语言系统存在着共享表征，且无神经结构上的明显分离（Chen，1990；Kroll & Stewart，1994）。然而，语言转换的同时，也存在语言转换代价（Verhoef et al.，2009），即当双语者使用第二语言（L2）时，受第一语言（L1）中获取的正字法、音韵学和语义学知识的影响，会出现反应时延长、准确率下降的现象。即便是高度熟练的双语者用母语阅读时，也会出现这种双语加工中的"竞争"现象（Titone et al.，2011；Assche et al.，2012）。并且，这种情况不止出现于口语理解中，在言语产生过程中，甚至在阅读过程中同样会出现（Bialystok et al.，2012；de Groot & Christoffels，2006）。

在具体的语言使用情景中，在双语加工过程中，两种语言词汇都有可能会被激活，双语者必须选择其中的一种语言作为目标语言。因此，需要一种语言的认知控制机制来规范从目标语言中选择词汇表征，以尽量减少跨语言的错误。同时，双语者必须选择目标语言的句法规则，以避免出现不符合语法的话语。当双语者在各自的语言之间进行翻译时，恰当的词汇和句法框架是最重要的。因此，双语者必须能够抑制或过滤非目标语言的表征及其干扰，才能准确地使用目标语言（Green，1998）。这种对非目标语言的控制机制是双语加工过程中的必要条件。这已经得到众多 fMRI 研究的证实，即双语者执行控制与语言处理的功能重叠（Blanco-Elorrieta & Pylkkänen，2016；Coderre et al.，2016）。

Abutalebi 和 Green（2008）提出了针对非目标语言的抑制控制模型（inhibitory control model）。该模型认为，目标语言与非目标语言表征系统不但能够同时被激活，而且概念表征信息和语言任务同时对双语者的词汇和语义系统产生作用，进而影响语言的输入或输出。尽管在语言产生时，双语者的 L1 和 L2 的产生是两项相互独立的任务，但它们之间存在干扰，也就是说在使用目标语言时，需要将非目标语言词汇加以抑制，以保证目标语言词汇的顺利提取。此外，当非目标语言再次被使用时，已经被抑制了的非目标语言词汇又可以再次被激活。该模型强调了语言加工过程中执行控制的早期核心作用。该模型最初是为了阐释双语使用者在言语产生过程中的双语冲突问题，关于它能否适用于阅读中的双语冲突，研究者持有不同观点（Pivneva et al.，2014）。

在双语理解中，两种语言的词汇候选词和句法规则都被激活，从而导致词汇识别和句法加工中出现选择问题。双语者可以通过有控制的选择过程或抑制机制来处理这种语言冲突（van Heuven et al.，2008）。双语阅读认知控制的"双语交互激活+模型"（bilingual interactive activation plus，BIA+）（Dijkstra & van Heuven，2002；van Heuven & Dijkstra，2010）认为，在双语竞争中存在被动抑制（语言系统）和主动抑制（任务/决策系统）两种方式。在语言系统中，L1和L2中的词语表征为共同的"心理词典"，涵盖语义、正字法、语音等信息的词汇项集合。语言系统以语义网络形式存在，语言节点（语言标记）存储了一个完整语义的所有特征（语义、语音、字形）。任务决策系统与语言系统不同，它是一种主动控制的过程。该模型假设，词汇识别系统内以及该系统与高级系统之间存在互动性。但是非语言语境变量，如参与者期望和策略中包含的变量，只能影响任务/决策系统中的参数设置和处理。词汇识别系统本身的词汇激活水平不受任务/决策系统的影响，因此也不受非语言信息来源的影响。

BIA体系结构对理解双语阅读过程中的语言控制具有一定的理论意义。第一，语言系统内部（内部和跨层）的被动控制过程会迅速发生，因为它们会直接调节词汇激活。第二，在语言系统之外运行的主动控制过程发生得较慢，因为它们只是调节语言系统的输出，而不是持续的激活。因此，BIA预测与语言系统中的控制操作相关的变量（例如，语义约束）会直接影响词汇的激活。相反，与语言系统之外的控制操作相关的变量不能直接影响初始词汇激活（van Heuven & Dijkstra，2010）。研究者使用fMRI和MEG等神经影像技术，从语言理解和语言产生两个方面考察了双语语言转换中的认知控制机制。

（1）语言产生的认知控制。大量的研究发现，在语言转换过程中，除了经典的语言加工脑区外，双语者的认知控制相关的神经网络也参与语言产生，如左侧PFC和PL等（Rodriguez-Fornells et al.，2005），这些皮层在解决语言干扰和调节语言激活方面发挥了关键的作用。此外，背侧ACC、CN和双侧SG（Abutalebi & Green，2008；Blanco-Elorrieta & Pylkkänen，2016；Guo et al.，2011；Luk et al.，2012）等脑区也在双语转换任务中出现显著的激活。这些证据说明，语言转换的顺利完成，需要语言脑区和认知控制脑区的协同配合与参与，从而监督并控制语言的激活与抑制，最终顺利完成语言产生中的转换任务。

（2）言语理解中的认知控制。Abutalebi等（2007）的研究发现，在被动听觉理解的过程中，语言转换的认知控制网络与语言产生相似，同样能够激活与认知控制机制有关的区域，如CN和ACC。Blanco-Elorrieta和Pylkkänen（2016）使用MEG技术进一步考察了双语者在语言理解与产生过程中的认知控制机制。该研究发现，双语者的语言产生控制机制与理解控制机制存在明显的分离。其中，语言产生过程中的语言转换与双侧的 dPFC 区域有关，而在理解过程中，ACC 发挥了重要作用。对前扣带回皮层和左腹侧 PFC 认知功能的经典研究发现，前者主要由注意和监控网络组成，而后者与反应选择和抑制密切相关。

第三节 动机与认知控制

一、动机对认知控制的调控

认知控制受到动机的调控。也就是说，只有有目标和动机，才会去控制。Botvinick 和 Braver（2015）等在对文献进行系统梳理的基础上，从行为研究、理论分析方法和神经基础等三个方面对认知控制与动机的关系进行了系统阐述。

关于动机与控制的关系的研究发现主要有以下三个方面：①奖励刺激对控制功能的影响。通常人们会观察到，依表现而进行奖惩的机制或加大奖惩的力度，都会提高任务表现的水平。但是，值得注意的是，这不包括当任务复杂性超过主体能力或基本信息处理能力时的情况。另外，当奖励过小或过大时，也会产生负面影响。一些研究也发现外在奖赏会减少与任务有关的内部动机。②动机因素对控制的时间动态性的影响。几乎在任何任务情境下，动机控制的强度和方向都会随时间而发生变化。这种波动在短时程和长时程中都可以看到，而且相关现象与动机都是密切联系的。例如，在试次-试次尺度上，认知控制会不断变化，以响应持续性能监控，具体表现为错误试次后的反应时增加。与控制和动机相关的不同效应可以在较长时程中看到。关于社会人格的研究发现，自我衰竭效应表明，参与一项更需要控制的任务后，个体在第二项任务上的持久性和任务表现都会降低。传统观点将这种现象解释为认知控制不应期，但是当前观点认为这是一种动机现象。具体来说，在某一时间点上的自我控制产生了任务优先性转换的动机，即工作越来越让人厌恶，休闲放松越来越具有吸引力。③认知控制的内在成本。测量内在成本，通常采用需求选择范式和经济折扣范式。在需求选择范式下，被试在两种来源的任务刺激中进行重复选择，需要有细微水平差异的认知控制。在该范式下，研究者发现了对低要求资源的一致偏好，详细的行为分析表明，这种偏好并不是完全由避免错误或最低工作时间所驱动。在经济折扣范式中，要求被试在某个特定支付价格上的低水平任务和不同酬劳水平但更具挑战性的任务间进行一系列的选择。结果发现，对低要求任务的偏好还可能源于参与者在经济上低估了高要求任务的价值。

分析动机和认知控制的关系有三种理论方法：①力场模型将行为看作力的结

果,力能够吸引个体完成目标,或者加快朝向目标的进程。因此,我们可以通过对驱动力和驱动力之间的相互作用的分析对行动选择进行研究。认知能量理论(Kruglanski et al.,2012)认为,认知活动中投入的能量由有效的驱动力决定,有效的驱动力由两方面因素决定:一是可以通过目标重要性和可用心理资源测得的潜在驱力;二是由任务难度和个体保存资源的倾向性决定的约束力。②资源模型认为,认知活动消耗了某种形式的资源,这种资源的可用量对认知加工会有所限制。这种资源有限观点可以在研究动机和认知控制的大量理论中发现。③基于奖赏的模型将认知操作看成是一系列进行中的决定,每个决定都着眼于将预期效益最大化。多数奖赏模型都有一个重要的假设,即决策既要考虑一项具体控制操作的可预见的奖赏,也要考虑其可预见的成本。这些奖赏与完成目标任务的良好表现相联系,而成本则与调用认知控制所固有的消耗有关。因此,决策就是对认知控制进行成本-收益分析的结果。

支持认知控制的主要脑区包括左侧 PFC、背侧 ACC、背侧 PMC、前脑岛、顶内皮层。很多研究都发现,还有一组脑区(包括 vmPFC 和内侧顶叶皮层)在完成控制要求高的任务时出现了活动性下降的情况,被称为缺省模式或负任务网络(Buckner et al.,2008;Fox et al.,2005)。还有一个独特的相关结构网络,它包括腹内侧眶额皮层、腹侧纹状体(包括伏核)、杏仁核以及 VTN,这些区域被认为是中脑缘和中脑皮层多巴胺的来源地。奖赏和基于奖赏的决策在这些结构中是如何被表征或加工的?这需要区别奖赏和期望值的信号之间的差别,以及强化学习相关的价值表征和预测错误信号的表征(Niv,2009)。相关脑区奖赏信号的普遍存在,说明可以将这些脑区作为在更广泛意义上专注于奖赏加工的具有一致性的脑网络。

这些专注于奖赏和控制的脑网络是如何彼此交接或互动的呢?有研究指出,在两种网络间有着复杂的、结构化的路径将它们相连。其他一些研究是将多巴胺的释放与持续的动机行为联系起来,认为中脑缘和中脑皮层的多巴胺系统可能在连接认知控制和奖赏方面起到了更加直接的作用。这种广泛存在的联系,始于 VTN 和 SN,一直到达皮层表面和皮层下的大部分区域,在那里多巴胺可以快速地影响到神经活动。多巴胺对细胞的生理功能有着特别的效应,如改变神经元的兴奋性、提高信噪比。这种皮层下和皮层效应(其中包括额叶皮层的效应)通过多种方式促进了控制性信息的加工。比如,多巴胺可能会使皮层对信号的调节更敏锐,这样能够提高知觉敏感度,加强自上而下的注意或控制信号。

奖赏和控制系统接口还可能会出现在某一个特殊的皮层区域,作为一个枢纽或汇聚区联系着动机与控制。有证据显示,前扣带回皮层参与到基于奖赏的决策中,在桥接奖赏和控制加工方面起到了中心作用。Shenhav 等(2013)提出,背侧 ACC 会计算控制期待值，这是选择备选控制功能的基础，然后用于双侧 PFC 的若干区域。后续相关研究都认为，ACC 具有上述类似功能，但是更强调它的层级性组织。具体来说，外侧 PFC 可能包括了一组不同层级的下一级脑区，执行不同水平的控制功能（Badre，2008）。

二、动机与控制的分层推理模型

动机控制是指通过协调行为以达成具有情感性效价的结果或目标的认知过程。传统的动机控制观点认为，控制和动机过程之间存在区别，并投射到不同的大脑系统（背外侧与腹内侧）。但是，对于这些过程各自的功能及相互作用，依然存在争议。Pezzulo 等（2018）提出了一种新观点，将控制和动机过程作为深层生成模型下的主动推理和层级加工的互补的两个方面，分别是目标产生和目标优先排序（图 8.3）。控制层级产生先验偏好或目标，这些偏好或目标的精确性是在动机层级的不同水平上进行推理后由动机情境所决定的。在控制层级中，高层级可以通过自上而下的方式对低层级产生影响，而从低层级来的信息使得高层级对目标进行精细调节。在动机层级中，动机过程需要在不同层级水平上推理结果和目标的动机价值，并对它们进行优先排序。同时，需要将动机传递到控制层级，通过它们的外侧交互作用，使用每一水平上的推断目标价值和动机去调节和激活控制层级的相应水平。控制和动机过程的整合决定了行为和策略的选择，并以情境敏感的方式进行深层推理，确定目标的优先级，驱使个体产生相应的行为。

大脑中的深层目标层级以控制系统和动机系统之间的交互作用为特征，与背外侧和腹内侧皮层–皮层下的层级有关，如图 8.3 所示。与 dlPFC 后部–前部梯度相关的控制层级有三个水平，即前运动皮层、尾部外侧 PFC 以及喙部外侧 PFC，分别对应感觉运动、语义情境（或任务设定）和情节情境。这些脑区在不同的时间尺度上（更短–更长）运转，并且高层级脑区会影响低层级脑区，即高层级的目标会对低层级的感觉运动信息产生认知控制。

动机层级也有三个水平，最低层面包含了皮层下区域，如丘脑下部、孤束核、杏仁核以及脑岛，这些脑结构在调节基本营养、稳态和情绪过程中具有重要作用。比如，它们可能会编码与内感受状态相关的设定点（如胃里的食物），这一过程对应于主动推理中的预期。当偏离这些设定点（如空空的胃）时，会相应地产生内感受预测误差并诱发适当的驱力，会使得相关结果的激励性增大（如食物）。另外，这些区域（特别是杏仁核）还会加工外部刺激，并给它们赋值。第二层级包含海马和 vmPFC，这些区域在加工一般的情境化信息时十分重要（如海马中的情境性恐惧、vmPFC 中的多属性评估）。动机层级中的第三个层级可能包含 vlPFC 和 IFG，

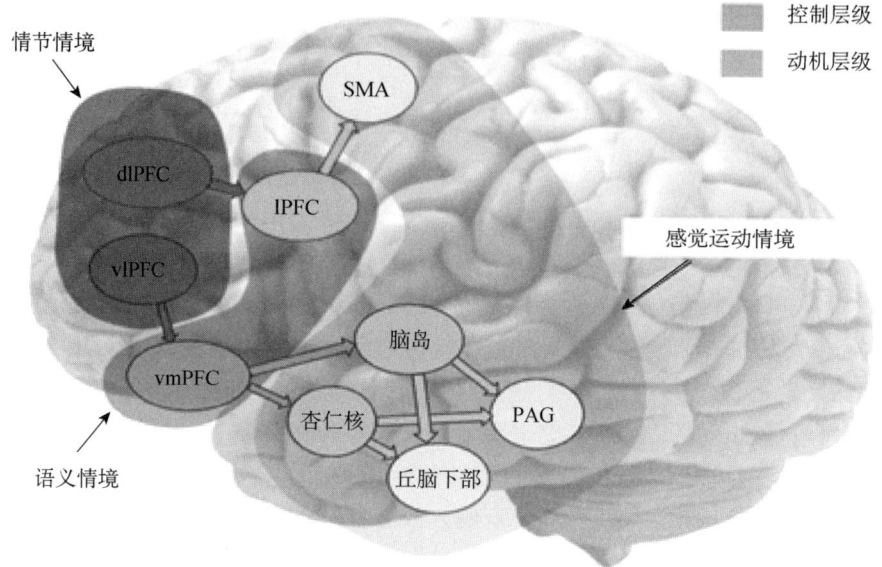

图 8.3　深层目标层级中的感觉运动、语义和情节情境

这两个区域与本能的抑制努力、支持抽象的短期驱力、长期目标（如抑制渴望）以及情绪调节策略有关。有趣的是，不同动机层级的脑区之间的交互方式与不同控制层级的脑区之间的交互方式相同。支持这一假设的证据是：消除从 vmPFC 到杏仁核的抑制连接调节，但是 IFG 的参与增强了 IFG 和 vmPFC 之间的连接。最后，前扣带回皮层对错误和奖励的多维敏感性与扩展行为动机的联系以及对行为结果的预期，都表明它在层级之间扮演着整合者和调节者的角色。

三、策略性阅读理解中的认知控制

对语言理解过程中动机与认知控制的关系的研究，主要集中于阅读研究领域。研究者建构的阅读理解模型通常包括语言材料的特点、读者的阅读能力以及阅读动机等维度。策略性阅读是指读者在阅读文本时，会根据需要或者不同的阅读目的而采用不同的阅读策略，可以是精读、浏览，对文本进行粗浅或者深层加工等。在不同的策略下，认知控制的参与程度不同，达到的阅读效果也会不同。

Moss 等（2011）采用 fMRI 技术研究了语篇策略性理解（strategic reading comprehension）中的认知控制和神经相关，深入探讨了在执行复杂阅读策略时激活的脑网络与认知过程的关系。阅读理解策略的目的在于改进读者对于文本的理解。其研究假设是，由于读者有意地使用某种复杂阅读策略，阅读策略涉及的脑区将包括阅读理解和策略控制过程所激活的脑区。实验中要求读者分别采用三种不同的阅读策略阅读科学短文，包括重读（rereading）、解述（paraphrasing）和自我解释（self-explanation），三者之间的策略复杂性是递增的。行为学习结果证实，三种阅读策略的学习有效性不同。在学习和测验之间有简短的延迟，测验观察到了采用三种策略之间的中等程度的学习差异。可以推测，如果时间延迟更长，很可能在三者之间会有更大的差异。

对 fMRI 数据进行分析，结果与假设一致。与重读相比，执行复杂策略时，与执行控制相关的脑区有更多的激活，即复杂的策略要求更多的认知参与和认知控制。除了控制网络的激活，还包括语言加工相关的脑区，如左侧 pSMA 和 IFG（Ferstl et al.，2008），以及在词汇和句子加工中涉及的右侧舌回、右侧小脑和部分 BG。因此，解述比重读更多地激活了控制网络和部分语言加工网络。与重读相比，自我解释除了激活与解述相同的脑区之外，还有靠近背中间壁（dorsal median wall）的左侧 SFG、左侧楔前叶、左侧 MTG 和丘脑。这些脑区（包括前运动皮层和丘脑）会在词汇和句子加工中被激活。dmPFC、楔前叶、MTG 等与包括推理在内的连贯性建立过程相关。根据 Maguire 等（1999）的分析，楔前叶在二次阅读叙事文本时有更强的激活，推测这个区域与建立文本的心理模型时的情景记忆加工有关。之所以设置自我解释策略，就是想增强连贯性建立的过程，这些结果也正好表明这些脑区与连贯性建立有关。

在自我解释条件下，控制网络的激活并不比解述强，但自我解释的效果在行为学习结果中是清楚的。与解述相比，自我解释激活了双侧 vmPFC（ACC 和眶额回）、双侧 dmPFC（额上回）、双侧楔前叶和左侧 PCC，这些脑区的激活都在连贯与不连贯对比的元分析研究中被观察到。这个对比和元分析结果说明，与解述相比，自我解释激活的更多的脑区是已知的与连贯性建立过程相关的脑区。角回和 PCC、楔前叶被认为与将文本与先验知识建立联系，使用和操控心理模型有关。自我解释中的 MTG 激活与在阅读理解中进行推理时激活的脑区相似。

右半球语言加工区在语篇理解中有重要作用。有些神经成像和神经心理研究发现，对于理解和推理，右半球比左半球更重要（Mason & Just，2004；St George et al.，1999）。然而，目前关于这一结果仍存在争议。Moss 等（2011）的研究结果就不支持这种论断。自我解释时的脑区激活似乎与连贯性建立过程有关，自我解释与解述条件对比激活的脑区，并不是自我解释与重读对比激活的脑区的子集。结果显示，自我解释与解述对比激活的许多脑区与重读条件相似，是默认网络的一部分（Buckner et al.，2008；Raichle et al.，2001）。对定义默认网络的活动模式有各种可能的解释，有些解释聚焦于思维的内部模式，即与刺激无关、自动导向的思维。重读不同于解述和自我解释，不像另外两种条件那样要求新句子的生成和产生。因此，在文本包含的内容之外生成新的句子是重读和其他更有效地阅读理解策略之间的内在差别。

默认网络与注意和执行控制脑区是呈负相关的（Fox et al., 2005）。有效阅读策略似乎是在执行控制和默认网络时都有更强的激活。这些默认模式的脑区可能在静息状态和理解中执行了类似的功能。一种可能性是，有效阅读策略是外显的策略，涉及有意执行的一系列活动。这些策略涉及的认知功能，如记忆提取、心理模拟和信息整合，可能是在冥思或者其他形式的自我主导的思维活动中进行的。对自我解释中学习量与相关脑区的分析，主要显示了双侧 PFC 前部的激活。关于 PFC 前部的功能，近期有些理论认为它是思维默认模式的通道或者开关。

Moss 和 Schunn（2015）进一步对需要构建外显推理的阅读策略进行了研究，探索了连贯性网络如何与其他脑区交互。研究中包括两种阅读策略：不需要进行推理的解述和需要建立连贯性推理的自我解释。其使用了 PPI 分析来探索与连贯性网络产生功能连接的区域。用于 PPI 分析的种子点包括左侧 AG、左背侧 SFG 以及左侧 PCC。选择这些种子点，是因为它们在自我解释中比在解述中更活跃（Moss et al., 2013）。研究发现，这些种子区域中的每一个种子点都通过一组独特区域增加了功能连接。两项额外分析对这些区域以及它们所参与的更大的网络进行了进一步探索。

第一种分析是通过在不同策略下区域激活的变化，检测这些连接区域在自我解释中是否比解述中更活跃。左侧舌回和小脑在自我解释中的激活增加，伴随着连贯性建立区域功能连接增加。背侧 IFG 在自我解释中的总体激活水平降低，尽管在自我解释过程中它与 PCC 兴趣区的功能连接增加。PCC 与这个区域之间增加的互动，可能反映了将新的语义信息吸收进情景模型中。解述可能涉及记忆提取，这种提取可能更多地涉及寻找文本中包含的同义词，因此不需要被吸收到情景模型中。在自我解释和解述策略的对比中，研究还找到了除了三个原始种子兴趣区以外的区域，包括左半球兴趣区的右半球同源区。包括 dmPFC 和 vmPFC 在内的心智化网络的其他区域（Mar, 2011；Spunt & Liberman, 2012）在自我解释过程中更活跃。dmPFC 被认为是社会情景和叙述文中心理理论加工的基础（Ferstl & von Cramon, 2001, 2002；Spunt & Lieberman, 2012），尽管实验中使用的文本是生物和物理说明文本，不太需要心理理论过程。可能的解释是，心理理论过程需要假定隐含目标以及将他人行为与这些目标相关联。在理解说明文时，我们需要解释客观实体间的交互过程，而这一过程可能与我们在解释社交情境中某人为何会采取某种行动时具有相同的认知加工过程。vmPFC 通常与决策制定过程中的评估价值有关（Hare et al., 2009）。在自我解释中，个体需要决定在一系列可能的推理中选择最好的推理。

第二种分析对人类连接组项目（human connectome project）的静息态数据进

行了分析，找到了两个主要网络。第一个网络类似于心智化网络或默认网络（Raichle et al.，2001；Buckner et al.，2008；Mar，2011）。心智化网络或默认网络中的很多节点似乎也与连贯性建立有关，与叙事理解或社会认知范式相比，内侧前额叶皮层区域在策略阅读范式中的反应更小。另外，自我解释和解述的对比也包括这些区域，如 IFG 前部以及颞叶中部和前部。基于涉及语义记忆的提取和操控的很多任务的元分析，这个更大的网络被识别为一个一般语义网络（Binder et al.，2009）。第二个网络包括 dlPFC、前部脑岛、额下连接以及背侧 IFG。基于静息态磁共振数据，这个网络可能还包括背侧 AG、ACC、pSMA 和 MTL 等脑区。先前的研究发现，这些区域的活动随着练习的增加而减少（Chein & Schneider，2005），被称为认知控制网络（Cole & Schneider，2007）。PPI 分析中所确定的控制网络子集可以被认为是控制网络中专门用于控制语义表征的部分。有趣的是，PPI 分析中找到的 SMA 和舌回这两个区域没有被包括在这两个网络中。这两个区域与 PCC 连接，可能反映了表征行为顺序序列的区域的参与以及视空心理模型的使用。

本 章 小 结

　　本章首先概述了认知控制的三个成分（包括工作记忆、抑制控制和认知灵活性）及其相互间的关系。然后，分述了它们的认知神经基础及其在语言理解中的作用，同时介绍了认知控制与动机关系的相关理论和实证研究。第一节的内容是工作记忆。工作记忆是对信息进行暂时加工和存储的能量有限的记忆系统。工作记忆的认知理论包括 Baddeley 等提出的多成分工作记忆模型和 Cowan 等提出的基于状态的工作记忆模型。工作记忆是大脑为成功实现行为目标而调动不同的神经系统（包括感觉系统、语义和情景记忆系统、运动系统）的产物。这一节仅从言语工作记忆、复杂句法加工、语言加工网络与工作记忆网络的交互过程等方面阐述了工作记忆在语言理解中不可或缺的作用，事实上远非如此。

　　第二节是关于抑制控制和认知灵活性的认知神经基础及其在语言理解中的作用。Munakata 等将前额叶皮层的特征描述为积极地表征和维护与行为认知控制相关的抽象信息，主张在更广泛的前额叶皮层功能背景下建立一个统一的框架来理解抑制控制。Banich 等对右侧 IFG 在执行加工中的作用以及抑制在多大程度上是单一的结构等问题进行了深入讨论。认知灵活性反映了行为与思想的适应性，它不是源自单一的认知"模块"，而是取决于多个信息处理系统的协同。Barbey 等采用损伤投射方法研究了认知灵活性的结构,Cools 等从反向学习、注意定势转移、任务转换和工作记忆更新等四个方面阐述了认知灵活性的表现形式及其神经和生化基础。这一节还从词汇概念加工中的语义控制网络、注意与语言信息结构以及双语加工中的认知控制等方面阐述了认知控制对语言理解过程的调控。

第三节是关于认知控制与动机调控的。对于认知控制与动机的关系问题,Botvinick 等从行为研究、理论分析方法和神经基础等三个方面做了系统阐述;Pezzulo 等提出的动机与控制的分层推理模型将控制和动机过程作为深层生成模型下的主动推理和层级加工的两个互补的方面;Moss 等采用 fMRI 技术对语篇策略性理解中的认知控制和神经相关所做的研究,为理解认知控制如何在阅读策略的引导下参与和调控语言理解过程提供了一个很好的例证。

参 考 文 献

Abutalebi, D. J., & Green, D. (2007). Bilingual language production: The neurocognition of language representation and control. *Journal of Neurolinguistics*, 20 (3), 242-275.

Abutalebi, D. J., & Green, D. W. (2008). Control mechanisms in bilingual language production: Neural evidence from language switching studies. *Language and Cognitive Processes*, 23 (4), 557-582.

Abutalebi, D. J., Brambati, S. M., Annoni, J. M., Moro, A., Cappa, S. F., & Perani, D. (2007). The neural cost of the auditory perception of language switches: An event-related functional magnetic resonance imaging study in bilinguals. *The Journal of Neuroscience*, 27 (50), 13762-13769.

Acheson, D. J., Hamidi, M., Binder, J. R., & Postle, B. R. (2011). A common neural substrate for language production and verbal working memory. *Journal of Cognitive Neuroscience*, 23 (6), 1358-1367.

Anderson, J. R., Qin, Y. L., Sohn, M. H., Stenger, V. A., & Carter, C. S. (2003). An information-processing model of the bold response in symbol manipulation tasks. *Psychonomic Bulletin & Review*, 10 (2), 241-261.

Assche, E. V., Duyck, W., & Hartsuiker, R. J. (2012). Bilingual word recognition in a sentence context. *Frontiers in Psychology*, 3, 1-8.

Awh, E., & Jonides, J. (2001). Overlapping mechanisms of attention and spatial working memory. *Trends in Cognitive Sciences*, 5 (3), 119-126.

Awh, E., Jonides, J., Smith, E. E., Schumacher, E. H., Koeppe, R. A., & Katz. S. (1996). Dissociation of storage and rehearsal in verbal working memory: Evidence from positron emission tomography. *Psychological Science*, 7 (1), 25-31.

Baddeley, A. (1986). *Working Memory*. New York: Oxford University Press.

Baddeley, A. (2000). The episodic buffer: A new component of working memory? *Trends in*

Cognitive Sciences, 4 (11), 417-423.

Baddeley, A. (2003). Working memory: Looking back and looking forward. *Nature Reviews Neuroscience*, 4 (10), 829-839.

Baddeley, A., & Hitch, G. (1974). Working memory. In: G. H. Bower (Ed.), *The Psychology of Learning and Motivation* (pp.47-89). New York: Academic Press.

Badre, D. (2008). Cognitive control, hierarchy, and the rostro-caudal organization of the frontal lobes. *Trends in Cognitive Sciences*, 12 (5), 193-200.

Badre, D. (2011). Defining an ontology of cognitive control requires attention to component interactions. *Topics in Cognitive Science*, 3 (2), 217-221.

Badre, D., & D'Esposito, M. (2009). Is the rostro-caudal axis of the frontal lobe hierarchical? Nature *Reviews Neuroscience*, 10 (9), 659-669.

Banich, M. T., & Depue, B. E. (2015). Recent advances in understanding neural systems that support inhibitory control. *Current Opinion in Behavioral Sciences*, 1, 17-22.

Barbas, H., & Pandya, N. (1991). Patterns of connections of the prefrontal cortex in the rhesus monkey associated with cortical architecture. In: H. S. Levin, H. M. Eisenberg & A. L. Benton (Eds.), *Frontal Lobe Function and Dysfunction* (pp.35-58). New York: Oxford University Press.

Barbey, A. K., Colom, R., & Grafman, J. (2013). Architecture of cognitive flexibility revealed by lesion mapping. *NeuroImage*, 82, 547-554.

Barron, F., & Harrington, D. M. (1981). Creativity, intelligence, and personality. *Annual Review of Psychology*, 32 (1), 439-476.

Batey, M., & Furnham, A. (2006). Creativity, intelligence, and personality: A critical review of the scattered literature. *Genetic, Social, and General Psychology Monographs*, 132 (4), 355-429.

Becker, J. T., Macandrew, D. K., & Fiez, J. A. (1999). A comment on the functional localization of the phonological storage subsystem of working memory. *Brain & Cognition*, 41 (1), 27-38.

Bialystok, E., Craik, F. I. M. & Luk, G. (2012). Bilingualism: Consequences for mind and brain. *Trends in Cognitive Sciences*, 16 (4), 240-250.

Bilder, R. M., Volavka, J., Lachman, H. M., & Grace, A. A. (2004). The Catechol-O-Methyltransferase Polymorphism: Relations to the tonic-phasic dopamine hypothesis and neuropsychiatric phenotypes. *Neuropsychopharmacology: Offcial Publication of the American College of Neuropsychopharmacology*, 29 (11), 1943-1961.

Binder, J. R., Desai, R. H., Graves, W. W., & Conant, L. L. (2009). Where is the semantic system? A critical review and meta-analysis of 120 functional neuroimaging studies. *Cerebral Cortex*, 19 (12), 2767-2796.

Binder, J. R., Frost, J. A., Hammeke, T. A., Bellgowan, P. S., Springer, J. A., Kaufman, J. N., et al (2000). Human temporal lobe activation by speech and nonspeech sounds. *Cerebral Cortex*, 10 (5), 512-528.

Blanco-Elorrieta, E., & Pylkkänen, L. (2016). Bilingual language control in perception versus action: MEG reveals comprehension control mechanisms in anterior cingulate cortex and domain-general control of production in dorsolateral prefrontal cortex. *Journal of Neuroscience: The*

Official Journal of the Society for Neuroscience, 36（2），290-301.

Botvinick, M., & Braver, T.（2015）. Motivation and cognitive control: From behavior to neural mechanism. *Annual Review of Psychology*, 66（1），83-113.

Brauer, J., Anwander, A., & Friederici, A. D.（2011）. Neuroanatomical prerequisites for language functions in the maturing brain. *Cerebral Cortex*, 21（2），459-466.

Brauer, J., Anwander, A., Perani, D., & Friederici, A. D.（2013）. Dorsal and ventral pathways in language development. *Brain & Language*, 127（2），289-295.

Braver, T. S., & Cohen, J. D.（1999）. Dopamine, cognitive control, and schizophrenia: The gating model. *Progress in Brain Research*, 121（121），327-349.

Buchsbaum, B. R., Hickok, G., & Humphries, C.（2001）. Role of left posterior superior temporal gyrus in phonological processing for speech perception and production. *Cognitive Science*, 25（5），663-678.

Buckner, R. L., Andrews-Hanna, J. R., & Schacter, D. L.（2008）. The brain's default network. *Annals of the New York Academy of Sciences*, 1124（1），1-38.

Caplan, D., & Waters, G. S.（1999）. Verbal working memory and sentence comprehension. *The Behavioral & Brain Sciences*, 22（1），95-126.

Chein, J. M., & Schneider, W.（2005）. Neuroimaging studies of practice-related change: fMRI and meta-analytic evidence of a domain-general control network for learning. *Cognitive Brain Research*, 25（3），607-623.

Chen, H. C.（1990）. Lexical processing in a non-native language: Effects of language proficiency and learning strategy. *Memory and Cognition*, 18（3），279-288.

Chen, L. J., Li, X. S., & Yang, Y. F.（2012）. Focus, newness and their combination: Processing of information structure in discourse. *PLoS One*, 7（8），e42533.

Chen, L. J., & Yang, Y. F.（2015）. Emphasizing the only character: Emphasis, attention and contrast. *Cognition*, 136，222-227.

Chiou, R., Humphreys, G. F., Jung, J. J., & Ralph, M. A. L.（2018）. Controlled semantic cognition relies upon dynamic and flexible interactions between the executive "semantic control" and hub-and-spoke "semantic representation" systems. *Cortex*, 103，100-116.

Coderre, E. L., Smith, J. F., van Heuven, W. J. B., & Horwitz, B.（2016）. The functional overlap of executive control and language processing in bilinguals. *Bilingualism Language & Cognition*, 19（3），471-488.

Cole, M. W., & Schneider, W.（2007）. The cognitive control network: Integrated cortical regions with dissociable functions. *NeuroImage*, 37，343-360.

Cooke, A., Zurif, E. B., Devita, C., Alsop, D., Koenig, P., Detre, J., et al.（2002）. Neural basis for sentence comprehension: Grammatical and short-term memory components. *Human Brain Mapping*, 15（2），80-94.

Cools, R.（2015）. Neuropsychopharmacology of cognitive flexibility. *Brain Mapping*, 349-353.

Cools, R., & Robbins, T. W.（2004）. Chemistry of the adaptive mind. *Philosophical Transactions*, 362（1825），2871-2888.

Cools, R., Sheridan, M., Jacobs, E., & D'Esposito, M. (2007). Impulsive personality predicts dopamine-dependent changes in frontostriatal activity during component processes of working memory. *Journal of Neuroscience: The Official Journal of the Society for Neuroscience, 27* (20), 5506-5514.

Courtney, S. M., Ungerleider, L. G., Keil, K., & Haxby, J. V. (1996). Object and spatial visual working memory activate separate neural systems in human cortex. *Cerebral Cortex, 6* (1), 39-49.

Courtney, S. M., Ungerleider, L. G., Keil, K., & Haxby, J. V. (1997). Transient and sustained activity in a distributed neural system for human working memory. *Nature, 386*(6625), 608-611.

Cowan, N. (1995). *Attention and Memory: An Integrated Framework*. New York: Oxford University Press.

Cowles, H. W., Kluender, R., Kutas, M., & Polinsky, M. (2007). Violations of information structure: An electrophysiological study of answers to wh-questions. *Brain and Language, 102* (3), 228-242.

Curtis, C. E., Rao, V. Y., & D'Esposito, M. (2004). Maintenance of spatial and motor codes during oculomotor delayed response tasks. *The Journal of Neuroscience the Official Journal of the Society for Neuroscience, 24* (16), 3944-3952.

Davey, J., Thompson, H. E., Hallam, G., Karapanagiotidis, T., Murphy, C., de Caso, et al. (2016). Exploring the role of the posterior middle temporal gyrus in semantic cognition: Integration of anterior temporal lobe with executive processes. *NeuroImage, 137,* 165-177.

de Groot A. M. B., & Christoffels, I. K. (2006). Language control in bilinguals: Monolingual tasks and simultaneous interpreting. *Bilingualism: Language and Cognition, 9* (2), 189-201.

D'Esposito, M. (2007). From cognitive to neural models of working memory. *Philosophical Transactions of the Royal Society of London, Series B. Biological Sciences, 362* (1481), 761-772.

D'Esposito, M., & Postle, B. R. (2015). The cognitive neuroscience of working memory. *Annual Review of Psychology, 66* (1), 115-142.

Diamond, A. (2013). Executive functions. *Annual Review of Psychology, 64* (1), 135-168.

Dijkstra, T., & van Heuven, W. J. B., (2002). The architecture of the bilingual word recognition system: From identification to decision. *Bilingualism: Language and Cognition, 5* (3), 175-197.

Durstewitz, D., & Seamans, J. K. (2008). The dual-state theory of prefrontal cortex dopamine function with relevance to catechol-o-methyltransferase genotypes and schizophrenia. *Biological Psychiatry, 64* (9), 739-749.

Durstewitz, D., Seamans, J. K., & Sejnowski, T. J. (2000). Neurocomputational models of working memory. *Nature Neuroscience, 3* (11), 1184-1191.

Egner, T., & Hirsch, J. (2005). Cognitive control mechanisms resolve conflict through cortical amplification of task-relevant information. *Nature Neuroscience, 8* (12), 1784-1790.

Eichenbaum, H. (2013). Memory on time. *Trends in Cognitive Sciences, 17* (2), 81-88.

Emrich, S. M., Riggall, A. C., Larocque, J. J., & Postle, B. R. (2013). Distributed patterns of activity in sensory cortex reflect the precision of multiple items maintained in visual short-term memory. *The Journal of Neuroscience: The Official Journal of the Society for Neuroscience*, 33 (15), 6516-6523.

Ester, E. F., Anderson, D. E., Serences, J. T., & Awh, E. (2013). A neural measure of precision in visual working memory. *Journal of Cognitive Neuroscience*, 25 (5), 754-761.

Fedorenko, E. (2014). The role of domain-general cognitive control in language comprehension. *Frontiers in Psychology*, 5, 335.

Felser, C., Marinis, T., & Clahsen, H. (2003). Children's processing of ambiguous sentences: A study of relative clause attachment. *Language Acquisition*, 11 (3), 127-163.

Fengler, A., Meyer, L., & Friederici, A. D. (2015). Brain structural correlates of complex sentence comprehension in children. *Developmental Cognitive Neuroscience*, 15, 48-57.

Fengler, A., Meyer, L., & Friederici, A. D. (2016). How the brain attunes to sentence processing: Relating behavior, structure, and function. *NeuroImage*, 129, 268-278.

Ferstl, E. C., & von Cramon, D. Y. (2001). The role of coherence and cohesion in text comprehension: An event-related fMRI study. *Cognitive Brain Research*, 11 (3), 325-340.

Ferstl, E. C., & von Cramon, D. Y. (2002). What does the frontomedian cortex contribute to language processing: Coherence or theory of mind? *NeuroImage*, 17, 1599-1612.

Ferstl, E. C., Neumann, J., Bogler, C., & von Cramon, D. Y. (2008). The extended language network: A meta-analysis of neuroimaging studies on text comprehension. *Human Brain Mapping*, 29 (5), 581-593.

Fiebach, C. J., Vos, S. H., & Friederici, A. D. (2004). Neural correlates of syntactic ambiguity in sentence comprehension for low and high span readers. *Journal of Cognitive Neuroscience*, 16 (9), 1562-1575.

Fox, M. D., Snyder, A. Z., Vincent, J. L., Corbetta, M., van Essen, D. C., & Raichle, M. E. (2005). From the cover: The human brain is intrinsically organized into dynamic, anticorrelated functional networks. *Proceedings of the National Academy of Sciences of the United States of America*, 102 (27), 9673-9678.

Friederici, A. D. (2011). The brain basis of language processing: From structure to function. *Physiological Reviews*, 91 (4), 1357-1392.

Friederici, A. D., & Gierhan, S. M. E. (2013). The language network. *Current Opinion in Neurobiology*, 23 (2), 250-254.

Fries, P. (2005). A mechanism for cognitive dynamics: Neuronal communication through neuronal coherence. *Trends in Cognitive Sciences*, 9 (10), 474-480.

Funahashi, S., Bruce, C. J., & Goldman-Rakic, P. S. (1989). Mnemonic coding of visual space in the monkey's dorsolateral prefrontal cortex. *Journal of Neurophysiology*, 61 (2), 331-349.

Fuster, J. M., & Alexander, G. E. (1971). Neuron activity related to short-term memory. *Science*, 173 (3997), 652-654.

Gazzaley, A., Cooney, J. W., McEvoy, K., Knight, R. T., & D'Esposito, M. (2005). Top-down enhancement and suppression of the magnitude and speed of neural activity. *Journal of*

Cognitive Neuroscience，*17*（3），507-517.

Gazzaley, A., Rissman, J., & D'Esposito, M.（2004）. Functional connectivity during working memory maintenance. *Cognitive，Affective & Behavioral Neuroscience*，*4*（4），580-599.

Gibson, E.（1998）. Linguistic complexity: Locality of syntactic dependencies. *Cognition*，*68*（1），1-76.

Goldman-Rakic, P. S.（1987）. Circuitry of primate prefrontal cortex and regulation of behavior by representational memory. In: F. Plum & V. Mountcastle（Eds），*Handbook of Physiology: The Nervous System*（pp.373-417）. Washington: American Physiological Society.

Grace, A. A.（2000）. The tonic/phasic model of dopamine system regulation and its implications for understanding alcohol and psychostimulant craving. *Addiction*，*95*（Suppl 2），119-128.

Green, D. W.（1998）. Mental control of the bilingual lexico-semantic system. *Bilingualism: Language and Cognition*，*1*（2），67-81.

Guo, T. M., Liu, H. Y., Misra, M., & Kroll, J. F.（2011）. Local and global inhibition in bilingual word production: fMRI evidence from Chinese-English bilinguals. *NeuroImage*，*56*（4），2300-2309.

Hare, T. A., Camerer, C. F., & Rangel, A.（2009）. Self-control in decision-making involves modulation of the vmPFC valuation system. *Science*，*324*，646-648.

Hickok, G., & Poeppel, D.（2007）. The cortical organization of speech processing. *Nature Reviews Neuroscience*，*8*（5），393-402.

Itskov, V., Hansel, D., & Tsodyks, M.（2011）. Short-term facilitation may stabilize parametric working memory trace. *Frontiers in Computational Neuroscience*，*5*（5），40.

Jefferies, E., & Ralph, M. A. L.（2006）. Semantic impairment in stroke aphasia versus semantic dementia: A case-series comparison. *Brain*，*129*，2132-2147.

Jonides, J., Smith, E. E., Marshuetz, C., Koeppe, R. A., & Reuter-Lorenz, P. A.（1998）. Inhibition in verbal working memory revealed by brain activation. *Proceedings of the National Academy of Sciences of the United States of America*，*95*（14），8410-8413.

Jung-Beeman, M., Bowden, E. M., Haberman, J., Frymiare, J. L., Arambel-Liu, S., Greenblatt, R., et al.（2004）. Neural activity when people solve verbal problems with insight. *PLoS Biology*，*2*（4），e97.

Just, M. A., & Carpenter, P. A.（1992）. A capacity theory of comprehension: Individual differences in working memory. *Psychological Review*，*99*（1），122-149.

King, J., & Just, M. A.（1991）. Individual differences in syntactic processing: The role of working memory. *Journal of Memory & Language*，*30*（5），580-602.

Koechlin, E., Ody, C., & Kouneiher, F.（2003）. The architecture of cognitive control in the human prefrontal cortex. *Science*，*302*（5648），1181-1185.

Kristensen, L. B., Wang, L., Petersson, K. M., & Hagoort, P.（2013）. The interface between language and attention: Prosodic focus marking recruits a general attention network in spoken language comprehension. *Cerebral Cortex*，*23*（8），1836-1848.

Kroll, J. F., & Stewart, E.（1994）. Category interference in translation and picture naming: Evidence for asymmetric connections between bilingual memory representations. *Journal of Memory and Language*, *33*, 149-174.

Kruglanski, A. W., Bélanger, J. J., Chen, X. Y., Köpetz, C., Pierro, A., & Mannetti, L. (2012). The energetics of motivated cognition: A force-field analysis. *Psychological Review*, *119* (1), 1-20.

la Rocque, J. J., Lewis-Peacock, J. A., Drysdale, A. T., Oberauer, K., & Postle, B. R. (2013). Decoding attended information in short-term memory: An EEG study. *Journal of Cognitive Neuroscience*, *25* (1), 127-142.

Leff, A. P., Schofield, T. M., Crinion, J. T., Seghier, M. L., Grogan, A., Green, D. W., et al. (2009). The left superior temporal gyrus is a shared substrate for auditory short-term memory and speech comprehension: Evidence from 210 patients with stroke. *Brain: A Journal of Neurology*, *132* (12), 3401-3410.

Lewis-Peacock, J. A., & Postle, B. R. (2012). Decoding the internal focus of attention. *Neuropsychologia*, *50* (4), 470-478.

Li, X. Q., Chen, Y. Y., & Yang, Y. F. (2011). Immediate integration of different types of prosodic information during on-line spoken language comprehension: An ERP study. *Brain Research*, *1386* (1), 139-152.

Li, X. Q., Yang, Y. F., & Hagoort, P. (2008). Pitch accent and lexical tone processing in Chinese discourse comprehension: An ERP study. *Brain Research*, *1222*, 192-200.

Logan, G. D., & Cowan, W. B. (1984). On the ability to inhibit thought and action: A theory of an act of control. *Psychological Review*, *91* (3), 295-327.

Luk, G., Green, D. W., Abutalebi, J., & Grady, C. (2012). Cognitive control for language switching in bilinguals: A quantitative meta-analysis of functional neuroimaging studies. *Language & Cognitive Processes*, *27* (10), 1479-1488.

Maguire, E. A., Frith, C. D., & Morris, R. G. M. (1999). The functional neuroanatomy of comprehension and memory: The importance of prior knowledge. *Brain*, *122* (10), 1839-1850.

Mar, R. A. (2011). The neural bases of social cognition and story comprehension. *Annual Review of Psychology*, *62* (1), 103-134.

Mason, R. A., & Just, M. A. (2004). How the brain processes causal inferences in text. *Psychological Science*, *15* (1), 1-7.

McElree, B. (1998). Attended and non-attended states in working memory: Accessing categorized structures. *Journal of Memory & Language*, *38* (2), 225-252.

McElree, B. (2006). Accessing recent events. *Psychology of Learning & Motivation*, *46*(6), 155-200.

Miller, E. K., & Cohen, J. D. (2001). An integrative theory of prefrontal cortex function. *Annual Review of Neuroscience*, *24* (1), 167-202.

Miyake, A., Friedman, N. P., Emerson, M. J., Witzki, A. H., Howerter, A., & Wager, T. D. (2000). The unity and diversity of executive functions and their contributions to complex "frontal lobe" tasks: A latent variable analysis. *Congnitive Psychology*, *41* (1), 49-100.

Mongillo, G., Barak, O., & Tsodyks, M. (2008). Synaptic theory of working memory. *Science*,

319（5869），1543-1546.

Moss, J., & Schunn, C. D.（2015）. Comprehension through explanation as the interaction of the brain's coherence and cognitive control networks. *Frontiers in Human Neuroscience*, *9*, 1-17.

Moss, J., Schunn, C. D., Schneider, W., & Mcnamara, D. S.（2013）. The nature of mind wandering during reading varies with the cognitive control demands of the reading strategy. *Brain Research*, *1539*, 48-60.

Moss, J., Schunn, C. D., Schneider, W., Mcnamara, D. S., & Vanlehn, K.（2011）. The neural correlates of strategic reading comprehension: Cognitive control and discourse comprehension. *NeuroImage*, *58*（2），675-686.

Munakata, Y., Herd, S. A., Chatham, C. H., Depue, B. E., Banich, M. T., & O'Reilly, R. C.（2011）. A unified framework for inhibitory control. *Trends in Cognitive Sciences*, *15*（10），453-459.

Nagel, M., Sprenger, A., Lencer, R., Kömpf, D., Siebner, H., & Heide, W.（2008）. Distributed representations of the "preparatory set" in the frontal oculomotor system: A TMS study. *BMC Neuroscience*, *9*（1），89.

Niv, Y.（2009）. Reinforcement learning in the brain. *Journal of Mathematical Psychology*, *53*（3），139-154.

Noonan, K. A., Jefferies, E., Visser, M., & Ralph, M. A. L.（2013）. Going beyond inferior prefrontal involvement in semantic control: Evidence for the additional contribution of dorsal angular gyrus and posterior middle temporal cortex. *Journal of Cognitive Neuroscience*, *25*（11），1824-1850.

Oberauer, K.（2002）. Access to information in working memory: Exploring the focus of attention. *Journal of Experimental Psychology Learning Memory & Cognition*, *28*（3），411-421.

Oberauer, K.（2009）. Design for a working memory. *Psychology of Learning and Motivation*, *51*, 45-100.

Owen, A. M., McMillan, K. M., Laird, A. R., & Bullmore, E.（2005）. N-back working memory paradigm: A meta-analysis of normative functional neuroimaging studies. *Human Brain Mapping*, *25*（1），46-59.

Palva, J. M., Monto, S., Kulashekhar, S., & Palva, S.（2010）. Neuronal synchrony reveals working memory networks and predicts individual memory capacity. *Proceedings of the National Academy of Sciences of the United States of America*, *107*（16），7580-7585.

Paulesu, E., Frith, C. D., & Frackowiak, R. S.（1993）. The neural correlates of the verbal component of working memory. *Nature*, *362*（6418），342-345.

Petersen, S. E., & Posner, M. I.（2012）. The attention system of the human brain: 20 years after. *Annual Review of Neuroscience*, *35*（1），73-89.

Pezzulo, G., Rigoli, F., & Friston, K. J.（2018）. Hierarchical active inference: A theory of motivated control. *Trends in Cognitive Sciences*, *22*（4），294-306.

Pivneva, I., Mercier, J., & Titone, D.（2014）. Executive control modulates cross-language lexical activation during l2 reading: Evidence from eye movements. *Journal of Experimental Psychology: Learning, Memory, and Cognition*, *40*（3），787-796.

Postle, B. R. (2006). Working memory as an emergent property of the mind and brain. *Neuroscience*, *139* (1), 23-38.

Postle, B. R. (2011). What underlies the ability to guide action with spatial information that is no longer present in the environment? In: A. Vandierendonck & A. Szmalec (Eds.), *Spatial Working Memory* (pp.77-101). Hove: Psychology.

Power, J. D., & Petersen, S. E. (2013). Control-related systems in the human brain. *Current Opinion in Neurobiology*, *23* (2), 223-228.

Raichle, M. E., Macleod, A. M., Snyder, A. Z., Powers, W. J., Gusnard, D. A., Shulman, G. L., et al. (2001). Inaugural article: A default mode of brain function. *Proceedings of the National Academy of Science*, *98* (2), 676-682.

Rodriguez-Fornells, A., van der Lugt, A., Rotte, M., Britti, B., Heinze, H. J., & Münte, T. F. (2005). Second language interferes with word production in fluent bilinguals: Brain potential and functional imaging evidence. *Journal Cognitive Neuroscience*, *17* (3), 422-433.

Ralph, M. A. L., Jefferies, E., Patterson, K., & Rogers, T. T. (2017). The neural and computational bases of semantic cognition. *Nature Reviews Neuroscience*, *18* (1), 42-55.

Rogalsky, C., Matchin, W., & Hickok, G. (2008). Broca's area, sentence comprehension, and working memory: An fMRI study. *Frontiers in Human Neuroscience*, *2* (2), 14.

Rottschy, C., Langner, R., Dogan, I., Reetz, K., Laird, A. R., Schulz, J. B., et al. (2012). Modelling neural correlates of working memory: A coordinate-based meta-analysis. *NeuroImage*, *60* (1), 830-846.

Roux, F., & Uhlhaas, P. J. (2014). Working memory and neural oscillations: Alpha-gamma versus theta-gamma codes for distinct WM information? *Trends in Cognitive Sciences*, *18* (1), 16-25.

Ruff, C. C. (2013). Sensory processing: Who's in (top-down) control? *Annals of the New York Academy of Sciences*, *1296* (1), 88-107.

Runco, M. A. (2004). Creativity. *Annual Review of Psychology*, *55* (1), 657-687.

Sadaghiani, S., & Kleinschmidt, A. (2016). Brain networks and alpha-oscillations: Structural and functional foundations of cognitive control. *Trends in Cognitive Sciences*, *20* (11), 805-817.

Santi, A., & Grodzinsky, Y. (2007). Working memory and syntax interact in Broca's area. *NeuroImage*, *37* (1), 8-17.

Santi, A., & Grodzinsky, Y. (2010). fMRI adaptation dissociates syntactic complexity dimensions. *NeuroImage*, *51* (4), 1285-1293.

Saur, D., Kreher, B. W., Schnell, S., Kümmerer, D., Kellmeyer, P., Vry, M. S., et al. (2008). Ventral and dorsal pathways for language. *Proceedings of the National Academy of Sciences of the United States of America*, *105* (46), 18035-18040.

Shenhav, A., Botvinick, M. M., & Cohen, J. D. (2013). The expected value of control: An integrative theory of anterior cingulate cortex function. *Neuron*, *79* (2), 217-240.

Shulman G. L., Corbetta, M. (2012). Two attentional networks: Identification and function within a larger cognitive architecture. In: M. I. Posner (Ed.), *Cognitive Neuroscience of Attention* (pp.113-127). New York: Guilford.

Skeide, M. A., Brauer, J., & Friederici, A. D. (2016). Brain functional and structural predictors of language performance. *Cerebral Cortex*, 21 (5), 2127-2139.

Smith, E. E., & Jonides, J. (1999). Storage and executive processes in the frontal lobes. *Science*, 283 (5408), 1657-1661.

Spielberg, J. M., Miller, G. A., Engels, A. S., Herrington, J. D., Sutton, B. P., Banich, M. T., et al. (2011). Trait approach and avoidance motivation: Lateralized neural activity associated with executive function. *NeuroImage*, 54 (1), 661-670.

Spunt, R. P., & Lieberman, M. D. (2012). An integrative model of the neural systems supporting the comprehension of observed emotional behavior. *NeuroImage*, 59, 3050-3059.

St George, M., Kutas, M., Martinez, A., & Sereno, M. I. (1999). Semantic integration in reading: Engagement of the right hemisphere during discourse processing. *Brain*, 122 (7), 1317-1325.

Stokes, M. G., Kusunoki, M., Sigala, N., Nili, H., Gaffan, D., & Duncan, J. (2013). Dynamic coding for cognitive control in prefrontal cortex. *Neuron*, 78 (2), 364-375.

Swinney, D., & Zurif, E. (1995). Syntactic processing in aphasia. *Brain & Language*, 50 (2), 225-239.

Swinney, D., Zurif, E., Prather, P., & Love, T. (1996). Neurological distribution of processing resources underlying language comprehension. *Journal of Cognitive Neuroscience*, 8 (2), 174-184.

Titone, D., Libben, M., Mercier, J., Whitford, V., & Pivneva, I. (2011). Bilingual lexical access during L1 sentence reading: The effects of L2 knowledge, semantic constraint, and L1-L2 intermixing. *Journal of Experimental Psychology: Learning, Memory, and Cognition*, 37 (6), 1412-1431.

van Heuven, W. J. B., & Dijkstra, T. (2010). Language comprehension in the bilingual brain: fMRI and ERP support for psycholinguistic models. *Brain Research Reviews*, 64 (1), 104-122.

van Heuven, W. J. B., Schriefers, H., Dijkstra, T., & Hagoort, P. (2008). Language conflict in the bilingual brain. *Cerebral Cortex*, 18 (11), 2706-2716.

Verhoef, K., Roelofs, A., & Chwilla, D. J. (2009). Role of inhibition in language switching: Evidence from event-related brain potentials in overt picture naming. *Cognition*, 110 (1), 84-99.

Vos, S. H., Gunter, T. C., Kolk, H. H., & Mulder, G. (2001). Working memory constraints on syntactic processing: An electrophysiological investigation. *Psychophysiology*, 38 (1), 41-63.

Wager, T. D., & Smith, E. E. (2003). Neuroimaging studies of working memory. *Cognitive Affective & Behavioral Neuroscience*, 3 (4), 255-274.

Wang, L., Bastiaansen, M., Yang, Y. F., & Hagoort, P. (2011). The influence of information structure on the depth of semantic processing: How focus and pitch accent determine the size of the N400 effect. *Neuropsychologia*, 49 (5), 813-820.

Wang, L., Bastiaansen, M., Yang, Y. F., & Hagoort, P. (2012). Information structure influences depth of syntactic processing: Event-related potential evidence for the Chomsky illusion. *PLoS One*, 7 (10), e47917.

Wang, L., Hagoort, P., & Yang, Y. F. (2009). Semantic illusion depends on information structure:

ERP evidence. *Brain Research, 1282,* 50-56.

Wang, L., Verdonschot, R. G., & Yang, Y. F. (2016). The processing difference between person names and common nouns in sentence contexts: An ERP study. *Psychological Research, 80* (1), 94-108.

Wang, X. J. (1999). Synaptic basis of cortical persistent activity: The importance of NMDA receptors to working memory. *The Journal of Neuroscience: The Official Journal of the Society for Neuroscience, 19* (21), 9587-9603.

Waters, G. S., & Caplan, D. (1996a). The capacity theory of sentence comprehension: Critique of Just and Carpenter (1992). *Psychological Review, 103* (4), 761-772.

Waters, G. S., & Caplan, D. (1996b). Processing resource capacity and the comprehension of garden path sentences. *Memory & Cognition, 24* (3), 342-355.

Yeterian, E. H., Pandya, D. N., Tomaiuolo, F., & Petrides, M. (2012). The cortical connectivity of the prefrontal cortex in the monkey brain. *Cortex: A Journal Devoted to the Study of the Nervus System and Behavior, 48* (1), 58-81.

Zelazo, D. P. (2015). Executive function: Reflection, iterative reprocessing, complexity, and the developing brain. *Developmental Review, 38,* 55-68.

第九章

推理与逻辑

　　推理是人类的一种思维形式，是在已有知识的基础上由一个或几个已知判断推出一个新判断的思维过程。根据其认知基础、推理方向和不确定性程度等，可以将推理划分为不同的类型。按照推理的认知基础，可将其分为基于逻辑的推理（形式推理）、基于心理模型的推理和基于事实经验的推理等。按照思维运动的方向，即从一般到特殊还是从特殊到一般，可将其分为演绎推理和归纳推理。按照信息的不确定性程度或者推理主体的确信程度，可将其分为确定性推理和不确定性推理。概率推理是一种不确定性推理，可分为单调推理和非单调推理。类比推理是根据两类不同对象的某些属性相同或相似而推出其他属性可能相同或相似的逻辑方法，有人认为它属于归纳推理，也有人认为它是独立的推理类型。除了演绎推理和归纳推理之外，还有逆证推理。它是一种不确定性推理，但有的学者主张将它看作独立于演绎和归纳的另一种推理形式。

　　语言使用中存在多种类型的推理过程，例如，为实现语篇连贯，根据上下文和知识经验进行的架桥推理；在人际交流中，为理解隐含（如间接话语和幽默）背后的意图进行的语用推理。这些内容在前面章节以及后续章节中都有涉及。本章的重点在于分析语言理解中的逻辑推理，即语言理解的逻辑基础。首先，介绍人类推理的认知基础和整合模型；其次，论述语言理解中的演绎推理和归纳推理，将类比推理、因果推理、不确定性推理都归于归纳推理之中；最后，论述逆证推理及其在寻求语用解释中的作用，由于其内容较少，不足以成章，也暂归于归纳推理之中。

第一节 推理及其认知基础

一、推理及其分类

(一)认知基础

推理可以有不同的认知基础和途径,有基于形式规则或句法的逻辑推理、基于心理模型的语义推理和基于事实知识的经验性推理。

逻辑推理理论认为,人类大脑拥有一系列与逻辑算法类似的推理形式规则。一旦命题的逻辑形式与规则匹配,人们就会使用这些规则进行推理。推理是对支持结论的证据的搜索过程,如果没有找到证据,那么推理就是无效的。逻辑推理是根据形式规则进行推理的过程。逻辑由两种成分组成:论证理论规定了论证形式和推导规则;模型理论是逻辑符号的意义和推理有效性的对应说明。在判决逻辑中,每一个论证与一个有效推理对应,但对于其他更强大的逻辑,并非每一个有效推理都可以论证。逻辑形式对于推理的重要意义在于,它对人的思维的严密性、一致性具有校正作用,因为演绎推理保证推理有效的依据不是内容而是形式。它的问题是:①传统逻辑是单向的。若推理有效,就不需要撤销结论,即使新前提与之冲突。但是,在人类推理中,事实上人们会取消与前提冲突的结论。②条件断言发生在各种推理中,然而它们与句子连词并不对应,研究者称之为实质蕴涵,但是实质蕴涵存在悖论。③逻辑可以得出许多有效的结论,但是其中很多都是无趣的。

心理模型理论把推理过程分为理解、描述和有效检验三个不同的阶段。首先,建构关于前提的心理模型,即利用抽象、记忆和语言理解等认知资源,建构一个关于前提所描述的事件状态的内部模型。然后,形成一种关于所建构模型的描述,这种描述通常提示着某个结论。最后,通过建构关于前提的其他模型来对这一结论进行证伪。如果能建构其他模型,推理就会返回到第二个阶段,通过不断重复,最终发现对于所有建构的模型都正确的结论。推理结果的正确性与基于推理前提所建构的心理模型的数量有关。但是心理模型数量多,增加了工作记忆的负荷和加工难度,使推理者难以得出正确结论。心理模型理论的一个重要原则是真值原则,即人们只表征正确的可能性,这样减少了表征数量,体现了经济原则。心理模型理论依赖于两个系统:系统1建立一个表征可能性的心理模型,但不在工作记忆中存储中间结果,因此是快速的,但是也容易发生错误;系统2通达工作记忆，可以进行递归加工，建构完全外显的模型。

基于事实知识的推理是使用特定内容的条件句规则，根据一般知识进行的推理，这也是 ACT 模型和 SOAR 模型的组成部分。在这两个模型中，由工作记忆的当前内容引发规则或产生式，并由动作加以实施；反过来，这些动作又为工作记忆增加了新的知识，由此产生了推理链条。另一些理论则认为，对先前推论的记忆和形成的知识在推理中发挥着重要作用。例如，基于实例（case-based）的推理理论认为，思维与逻辑无关，推理的过程是一个推论引出了另一个推论。知识在推理中有着重要作用，但是它的表征是规则的还是特定案例，仍是不确定的。或许它由心理语言中的断言来表征，或许它是一个分布式表征。这一理论的缺点是不能解释人们对未知事物的推理能力。

关于推理的认知基础，长期以来一直存在争议。近年来，有研究者主张，不同的认知基础在推理过程中均被使用，而且具有互补性。通过比较不同的演绎推理理论在解决条件推理时的优势和问题，Johnson-Laird（2010）指出，心理模型与形式规则的差异反映了证据理论与模型理论的差异，两者强调了不同的方面，但并不是不兼容的。

（二）思维运动方向

根据思维运动方向，可以把推理分为演绎推理和归纳推理。演绎推理是从一般性的知识前提推出一个特殊性的知识结论；归纳推理则是从一些特殊性的知识前提推出一个一般性的知识的结论。从前提与结论联系的性质来看，演绎推理的结论不超出前提所断定的范围，其前提和结论之间的联系是必然的。只要前提真实并且推理形式正确，那么演绎推理的结论就必然真实。然而，归纳推理（除了完全归纳推理）的结论则超出了前提所断定的范围，其前提和结论之间的联系只具有或然性，即使其前提都真，也不能保证结论必然是真实的。

在人的认识过程中，归纳推理与演绎推理密切相关、互为补充。演绎推理的一般性知识的大前提必须借助于归纳推理从具体的经验中概括出来。在这个意义上，可以说没有归纳推理，就没有演绎推理。另外，归纳推理也离不开演绎推理。归纳活动的目的、任务和方向需要有先前积累的一般性知识的指导。而且，单靠归纳推理是不能证明必然性的，需要应用演绎推理对某些归纳的前提或者结论加以论证。在这个意义上，可以说没有演绎推理，就不可能有归纳推理。

Peirce（1955）提出，在演绎推理和归纳推理之外，还存在一种推理，即逆证推理。逆证是由某个需要解释的现象所触发的、寻求最佳解释的推理过程。其推理过程涉及对背景知识的提取和选择，结果会导致背景知识的变化。以是否引起背景知识的变化为标准，可以将逆证推理分为选择性逆证推理和创造性逆证推理。有研究者认为，演绎、归纳和逆证这三种推理形式是在科学发现和理解过程中起着不同作用的三个阶段。

（三）不确定性

不确定性推理（或者概率推理）是根据不确定的信息进行决策的，其结果具有概率特征或者可能性。贝叶斯概率理论是研究不确定性推理的工具，本身也是一种推理理论。人们在做因果推理时常常采用概率推理。在推理过程中，对因果强度和因果结构的分布做贝叶斯推理，整合多重原因对单一事件的影响，可以预测关于因果强度和因果结构的判断。构成整合函数基础的领域一般的因果假设引导了人类因果学习的逻辑过程。因果关系框架、逻辑一致性和简易性使人类的因果学习过程能够从看似混沌的秩序中达到理解和计划行动的目的。

在现实世界中，人们很少能拥有决策所需的一切信息。在缺乏信息时，一种有效的做法就是根据已有信息和经验做有益的猜测。做出猜测并选择和检验这些猜测的过程就是逆证推理。不完全信息的出现要求缺省推理。为了彻底回答一个问题，首先要生成暂时性假设或者试探性的部分解答，对这些假设进行检验、修改或删除，直至获得完全解答。这是一个非单调的推理过程。

二、推理的整合模型

以上按照三个不同的维度对推理做了区分。有研究者尝试在人类一般认知的框架下，将不同类型的推理整合为一个统一的计算模型，并根据人类被试的行为数据对模型的计算结果进行验证。这种模型有助于我们更好地了解各种推理之间的关系，以及推理所需的知识表征和认知过程。

Nyamsuren 和 Taatgen（2014）以 ACT-R 模型为基础，提出了人类推理的一般框架，将其称为人类推理模块（HRM）。HRM 寻求在一个单一的系统中完成不同形式的推理，从规则到心理模型，从演绎到归纳，从决定论到概率推理，目标是建立人类推理的整合模型。整合模型包含三个维度和六种推理形式。第一个维度是心理模型和逻辑。HRM 认为，心理模型是一种工作记忆，能够从记忆内容中快速提取基本的语义关系；心理逻辑使用这种语义关系完成更复杂的语义加工。第二个维度整合了概率的归纳推理和决定论的演绎推理。HRM 认为，由于知识通达和检索的随机性，通常人类的推理能力似乎是概率和归纳的。然而，当与知识有关的不确定性达到最小值时，推理可以是决定性的，因此演绎推理可以被看作归纳推理的特例。第三个维度是通过不确定程度整合了基于相似性的推理和基于规则的推理。HRM认为，不确定程度是推理策略的主要影响因素。归纳推理和概率推理都是以先前的知识和过去的经验为基础的，是相似性推理；在没有先前知识的情况下进行的推理，是通过一套规则完成的类比推理。

HRM以ACT-R模型为基础，将人类推理的不同方面整合起来。与ACT-R模型相比，HRM没有增加新的认知资源类型，但是扩展了理论框架和已有模块的计算功能。①演绎推理和归纳推理。HRM认为，人类的一般推理能力是概率的或归纳的。与经典的演绎推理理论不同的是，HRM以开放性世界（open world）假设为基础，认为没有被证实的并不一定是错误的。因此，HRM的核心并不是证伪，而是证明正确。演绎推理和归纳推理并非两个分离的过程，演绎推理是归纳推理的一个特例。②心理逻辑、心理模型和自下而上的推理。HRM认为，人类推理并不一定依赖于形式命题，也不是严格的自上而下的（有意识的）。心理模型和形式逻辑同样是推理过程的一部分，并非相互排斥。心理模型是工作记忆的一部分，储存在视觉短时记忆（VSTM）中。③决定性的和可能性的推理。HRM使用基于规则的推理，这种决定性的推理有赖于知识来源一致（自恰）且可靠的假设。VSTM即知识的一种来源，为推理提供了可靠的知识。因此，依赖于VSTM的推理过程是决定性的和演绎性的。此外，知识的另一个来源是长时的陈述性记忆，包含不一致和竞争性知识。推理过程就是基于可能的激活值对知识组块的提取进行管理的过程。提取的知识可能与所需要的知识并不匹配，提取的不确定性使HRM从基于规则的推理变成概率性推理。

（一）知识表征：概念和图式

（1）概念。HRM中知识的基本单元是概念，分为属性实例和类别实例。属性实例是将其他两个概念在语义上连接起来的一个概念。因此，知识组织围绕谓词结构进行组织，被称为三元组。在每个三元组中，属性建立了主语和宾语之间的语义连接。此外，在HRM中存在时间概念，三元组会被分配到一个特定的时间戳（timestamp）上。陈述是三元组的一种类型，用于表征事件知识。HRM通过三种方式创建陈述：一是自定义陈述，作为模型的背景知识；二是模型本身通过产生式规则实时地创建陈述；三是通过自上而下的推理，从已有陈述或概念之间的内隐联系中产生新陈述。陈述是一种外显知识，而内隐知识是由概念组块的槽值来表征的一类知识。说这类知识是内隐的，是因为ACT-R模型没有意识到它的存在，但是可以通过自下而上的过程，下意识地将它从外显陈述中提取出来。

推理原则描述了新陈述如何从已有陈述中被推理出来。规则反映了过去的经验，是通过对现实世界客体之间关系的观察而形成的。规则使用特殊的三元组即规则-陈述（rule-statement）来表示。规则-陈述不是事实，而是一种条件或者可能性。它不同于普通的陈述，可以使用变量作为三元组中的一个客体。断言是另一种类型的三元组，表征了对三元组是否正确的疑问。与规则相似的是，断言也有变量。

（2）图式。HRM 采用了与 Braine 和 O'Brien（1991）的研究中相同的条件证据图式。但是，HRM 的条件证据图式是基于开放性世界的假设。其与形式逻辑理论的不同之处在于：①不遵循闭合世界假设，因此不能证明的并不一定是错误的；②在不同的实例中，会出现两个或多个相互竞争或相冲突的推理规则，此时可能会通过掷筛子的方式来建立推理规则；③充分性要求并不一定是有效的，对于 if p then q，前提 p 并不是证明 q 的充分条件，其他信息也可以证明这个条件句；④有效性要求并不一定是有效的，即使前提是正确的，结果也可能是不正确的；⑤反向定律或者否定后件也不一定是有效的；⑥三段论定律是 HRM 推理能力的核心，这种将推理规则连接在一起的能力，使 HRM 可以在相同的推理过程中探索不同的策略。

（二）推理类型

HRM 有后向推理和前向推理两种推理类型。后向推理决定了一个结论是否可以被推理出来，与结果匹配；前向推理是指在给定的条件下，可以推出什么类型的结论，与前提匹配。

后向推理路径有三种策略，即自下而上推理、陈述性检索和自上而下推理，三种策略之间存在优先性。在推理过程中，首先使用自下而上推理，接受断言并尝试证明它的正确性；如果失败，就会采用其他两种策略。自下而上推理只支持空间推理，使用 VSTM 中的知识，不需要付出任何认知代价，也可以从 VSTM 中提取外显知识。陈述性检索，即从陈述性记忆中检索陈述，直接验证断言，这需要花费时间。当然，也有可能会出现提取失败的情况，即使在长时记忆中存在匹配的陈述。自上而下推理包含基于规则的推理，使用推理规则来证明断言是否正确。这种推理需要从陈述性记忆中提取一系列产生式规则，它不仅需要花费大量时间，同时也要占用很多认知资源。

前向推理路径需要从陈述性记忆中检索规则，这个规则必须包含与疑问中的陈述相匹配的先行规则陈述。规则的选择有三个标准：首先，一个规则必须包含可以匹配所有疑问陈述中的规则-陈述；其次，规则-陈述顺序必须与相应提问的陈述顺序相同；最后，无关的规则将会导致被忽视。前向推理并不是完全前向的，如果前向推理使用的规则没有包含疑问指定的规则-陈述，那么可能会引发向后推理。

（三）模型的验证

Nyamsuren 和 Taatgen（2014）用三种任务的认知模型验证了 HRM 的正确性，包括简单因果演绎、空间关系推理和因果关系贝叶斯推理。第一个模型解释了为什么人们可以使用一种归纳推理过程，即使是在使用表面上的演绎参数时。第二个模型表明，视觉的自下而上过程能够快速有效地加工语义。根据这个论点，模型解释了为什么人们对具有歧义解的空间关系问题的操作差于具有单一解的问题。第三个模型说明，可结合使用基于规则的推理和概率陈述式检索来再现类似贝叶斯推理的统计数据。三个模型可以使用人类数据得到成功的验证，证明一个单一的系统能够表达推理的不同方面。

HRM 可以作为认知结构的一部分，在单一的系统中实现了多种类型的推理，但仍有一些问题没有解决，比如，推理规则是如何被创建的？一方面，可能存在一套一般规则，其作为模板转化为特定任务的形式；另一方面，可能存在类似于图式的元规则，以感知到的信息为基础，对如何创建推理规则进行管理。

第二节　演绎与理解

演绎推理是一种从一般到特殊、能获得确定结果的推理。在前提正确的情况下，能获得正确的推论。在与语言理解相关的推理研究中，对演绎推理的研究最为集中，其成果也最为丰富。

一、语言与逻辑的界面

人们在文本理解中进行基本演绎推理，似乎很难区分话语和从话语中推理出来的信息。为了使推理获得成功，我们必须跟踪重要的命题，这说明逻辑推理需要显式表征。推理过程需要借助于逻辑和知识或者说规则和语义。逻辑是否将事件之间的语言学或者非语言学关系形式化了？逻辑和演绎规则在功能上如何与心理组织的其他知识领域相互连接？Grice（1975）对此曾做了阐述，认为语言和逻辑之间在三个语义水平上存在复杂的交织：句子的逻辑形式、逻辑概念的词项解释和语篇过程的逻辑结构。

（一）句子的逻辑形式

逻辑与句法都是构成自然语言基础的形式系统，都与语义交界。这两个系统的差异在于逻辑结构和句法结构的一致性程度，以及各自对语义结构的贡献方式不同。模式-理论语义学（model-theoretic semantics）用真值条件将语义解释形式化。可能世界语义学（possible-worlds semantics）是一种模式-理论语义学，认为句子意义即它表达的命题，以使其成为真值的可能世界为特征。在扩展语义学中难以处理的意义，例如，必要与可能，可以用可能世界的适当集合（suitable set）来表征。可能世界语义学为演绎提供了一个形式推理的框架和一个理论驱动的假设。情境语义学是另一种模式-理论语义学，把意义置于情境和认知主体与情境的关系之中。情境理论对一些语言和非语言学关系进行形式化，强调逻辑形式在句法方面的重要性。当一个表达式的逻辑形式被揭示出来并用于演绎推理过程时，句法加工一定在起作用。对于任何语义理论而言，逻辑形式都是语义的支柱。

（二）逻辑概念的词项解释

编码演绎关系的词汇成分有助于表现逻辑结构，对推理具有重要作用。认知语言学理论区分了词汇意义的逻辑成分，包括必然性、事实性和因果性等。语义网络描述了词汇之间的关系，即揭示了逻辑范畴的存在。逻辑词汇使得推理更加顺畅，因而促进了语言理解。这类词汇的例子有：条件标记"如果"（if）驱动关于真实和假设的条件关系，但条件句的推理受到它的语用特性的调节；情态动词表达必然和可能的概念，对模态逻辑十分重要，它不仅表示逻辑概念，也标记了说话者对于命题真值的确信程度。

（三）语篇过程的逻辑结构

在文本和口语理解中，连贯语篇的建构通常会根据逻辑结构对语篇而展开。Asher（1993）和 Zucchi（1993）的工作为语篇水平的演绎关系处理铺设了道路。语篇表征理论强调在连贯的语篇中的意义累积。应用模式理论方法可以形成跨越多个句子语境的真值条件。语篇心理表征的建立是通过整合多个句子和语境成分，然后投射到脚本模型上实现的。利用语义蕴涵、句法逻辑蕴涵和语篇水平的语境假设进行推理，是口语理解的一个重要层次。

二、演绎推理在语篇理解中的作用

对于演绎推理在语篇理解中的作用，不同的语言学和心理学理论都做过分析和阐述。但是，显然其解释和强调了不同的方面。心理语言学的语篇理解理论认为，演绎推理是语篇理解必不可少的一个子成分；关联理论强调演绎推理是语篇理解中影响全局的动态过程。了解这些不同的见解，我们能够获得对于演绎推理的重要性的全面认识。

（一）演绎推理是理解过程的子成分

很多语言理解的理论模型都把推理作为理解过程的一种成分。在语篇理解的CI模型框架中，Kintsch（1993）对演绎推理的认知结构进行了深入的分析。其根据推理结果和涉及的加工性质对推理进行了分类。按照推理结果，可以把推理分为通过从长时记忆检索而增加信息的推理和通过特定程序产生新信息的推理。根据参与的认知过程，可以把推理分为自动推理和控制推理。

1. 增加信息的推理和减少信息的推理

（1）增加信息的推理。在表9.1中，A和C都属于增加信息的推理，可分为自动推理和控制推理。对于前者，文本包含从长时记忆中检索精细信息的必要线索；对于后者，文本中的检索线索并不充足，需要部分控制过程的支持。控制加工和自动加工之间存在个体差异，其中经验发挥了重要作用。产生新信息的推理可再分为自动加工（B）和控制加工（D）。前者，最终推理出来的信息不是从长时记忆中提取的，而是在给定文本和产生式规则的基础上由计算而得。当产生新信息的规则非常复杂时，需要消耗认知资源，那么这种推理就属于控制加工，一般包含类比推理、归纳演绎推理。当然，除了文本信息，规则可能也需要从长时记忆中检索信息。

表9.1 推理的分类系统

项目	增加信息		减少信息	
	提取	产生	删除	产生
自动加工	A 架桥推理 联想阐述	B 在一个熟悉领域中的递移推理	E 删除不重要的细节	F 在熟悉领域中建构、概括
控制加工	C 搜索架桥知识	D 逻辑推理	G 提取要点	H 在不熟悉领域中建构、概括

资料来源：Kintsch（1993）

（2）减少信息的推理。减少信息的推理也分为自动加工和控制加工。自动推理（类型E）一般发生在建构-整合模型中相对孤立的节点，这些节点在整合过程中没有得到足够的激活，因此在记忆表征中并不活跃。然而，即使节点存在于记忆表征中，也有可能会被删除，如Kintsch（1988，1991）的文本回忆模型所提出的，读者通过形成文本心理表征的网络来选择路径。如果节点不在路径上，那么在回忆时，这些节点将会被自动删除。人们在总结文本或者选择重点时所进行的推理都属于控制性的推理过程（类型 G）。根据 Kintsch（1988）的模型，在这个过程中，强度低于临界值的记忆节点被删除。对于类型 F 和 H，需要运用生成运算符和建构运算符，这些运算符以语言规则的形式存储在模型中。生成运算符使用适当的上位成分替代一系列命题，建构运算符使用事件标签替代描述事件细节的一系列命题。

虽然关于信息减少的推理研究比较少，但是证据都比较明确，关于信息增加的推理研究比较多。大量研究证明，通过记忆检索进行的知识精细化既可以是自动加工的（类型 A），也可以是控制加工的（类型 C），但是这些推理在什么条件下可以被观测到，目前仍是一个问题；关于类型 B 和 D，也存在一些问题。除了这两种推理发生的条件，这类推理在生成信息时所使用的程序或规则是什么，也是一个问题。在某些条件下，人们进行演绎推理，却不一定使用形式逻辑规则。

2. 推理发生的时间

（1）控制加工。控制过程发生在阅读理解的最初阶段和之后阶段，并且受到特定任务的影响，比如，测试问题可能要求被试对之前没有考虑到的额外知识进行检索，或者为了生成新信息或者压缩旧信息，需要使用规则。但这并不代表只有在特定问题出现时才对附加信息进行检索，或者只在最初理解加工后，被试才能使用生成或减少信息的程序。在一般任务要求下，阅读理解中也有可能发生大量的生成过程。因此，在一般任务要求下，当读者阅读文本并总结内容时，会有意识地以控制的方式使用相关的宏运算符。读者根据一般的任务要求对事件和动作之间的因果联系进行推论，不需要等到特定问题出现时才这样做，因为这种关系对理解故事是必要的。但问题是，在哪些条件下会发生哪种控制加工？

（2）自动加工。信息增加或减少的自动加工应当发生在最初的理解过程中，在什么程度上可以认为这些加工是推理呢？长时工作记忆模型可以为解决这个问题提供框架。根据这个模型，在长时记忆中，包括文本理解在内的各种认知加工被转化成扩展的工作记忆。长时记忆中的所有项目在工作记忆中都有充足的检索线索，它们成为工作记忆的功能部分。例如，如果概念"海"在工作记忆中，那么在长时记忆中与海相关的所有概念（如水、盐等）都是潜在的知识，而不必从长时记忆储存转换到工作记忆。因此，在理解中，相对于文本本身的信息而言，可以直接获得的知识总量是非常大的。这些信息在进一步加工中被利用的程度取决于任务特征，因为信息已经是工作记忆的一部分，因此不需要进行推理。

根据建构-整合模型，当一些节点比较孤立且没有得到足够的激活时，在理解过程中将会被自动删除，即发生了信息减少的自动加工（E）。对于 B 类的研究，一些问题尚未解决，如这类推理发生在哪里？Kitsch 认为，这些信息并不是由计算而得的，而是空间图像组成了情境模型，并为问题解决提供了信息。对于 F 类的研究，虽然之前的研究没有排除宏运算符的应用是由于段落末尾效应这种可能性，但是已有研究表明，宏命题在理解文本中几乎立刻生成，为这类推理属于自动加工提供了证据。除此之外，还有另一个研究方向，即逻辑推理（D 类）。

（二）演绎推理是一个全局性的动态过程

关联理论认为，演绎推理涉及认知的各个方面，包括语言知识、情境、信念等。①推理利用了记忆中和背景假设的全部概念信息。概念具有百科知识、词汇和逻辑的入口，逻辑入口由用于逻辑形式（概念是其成分）的演绎规则组成，百科知识入口由与概念相关的世界知识组成，这对于演绎中的形式和内容的交互的概念化是极其重要的。②情境化推理。情境语义学把言语、思维和推理看作主体在环境中的情境化活动。这样对语言和非语言关系的统一描述，为建构演绎和逻辑发展的认知理论提供了概念桥梁。逻辑知识可以来源于语言和非语言，二者融合成一个整体的逻辑系统，有共同的形式表征。③作为信念修正的推理。推理的目标是信念修正，推理过程整合了人的知识基础的各种成分，是信念更新的自然过程。Manktelow 和 Over（1990）综述了语言学推理、一般知识、语用原则和逻辑对语言理解的贡献，认为演绎在发现说者意图即语用解释中起到了核心作用，在理解中演绎与其他认知成分存在界面。

利用语义蕴涵、句法逻辑蕴涵和语篇水平的语境假设，Sperber 和 Wilson（1986）把推理描述为口语理解的一个层次。关于推理的研究聚焦于两个问题：一类研究关注演绎推理在语篇意义发现中的作用。Grice 把语用推理看作取决于语义解释的。因而，在推理语境中，人们通常遵从语用学语言规则而不是逻辑规则，可能与逻辑冲突。言语活动的主要目的是发现意义，并非评价有效性或者说话者所说短语的真值。演绎在发现说者意图过程中起到了核心作用。演绎参与了语境假设整合，在语用解释中具有中心地位。另一类实证研究关注演绎在文本理解中的作用，基于它如何与其他认知成分交互。读者在文本理解中进行基本演绎推理，似乎很难区分话语和从话语中逻辑推理出来的信息。这反映了以脚本为基础的推理过程，说明演绎推理在支持整合中是正常的、自动的。但是，为了成功推理，我们必须跟踪重要的命题（Hudson & Slackman，1990），说明逻辑推理需要显式表征。与此相关，Kintch（1993）把逻辑推理看成是一个控制过程而不是自动过程，不同于其他以文本为基础的加工过程。但控制是灵活的，演绎推理只是语篇加工的许多认知目标之一，但是它可以被合适的启动激活。

因果推理不是逻辑推理，但与演绎有关。因为在推理的语境中，因果关系的原因（前件）包含结果。形式与内容的关系是复杂的，演绎的语用图式理论提出，在演绎中因果性是一种重要的内容结构。因果推理通常在理解过程中展开，正如因果关系之间的传递推理一样。语篇水平的表征是多层次表征。情境模型的建构整合了文本给出的和推理的信息，或者在命题文本基础之外，或者取代它。

（三）故事理解的情境空间分布模型

以上简述了建构-整合模型和关联理论对于演绎推理在语篇理解中的作用的观点。下面介绍一个故事理解的认知计算模型，借以说明故事理解中演绎推理的实现过程。

认知计算建模是一种独特的研究方法，将实证发现和理论建构的结果用认知成分及其相互关系表示出来，通过程序在计算机上的运行来实现对人类行为的模拟，并且根据人的行为数据对模型加以验证。Frank等（2003）建构了一个故事理解的情景空间分布（DSS）模型，实现了故事理解中的演绎推理。对这个模型的简单介绍，有助于我们对推理过程中的知识表征和认知操作的理解更加具体化、实例化。该模型是以Golden和Rumelhart（1993）提出的模型为基础产生的，所不同的是，DSS模型使用了命题的分布式表征。

1. 情境空间分布表征

DSS模型使用分布式表征，命题由高维情境空间中的矢量来表征，但是命题和分布式情境空间的维度之间不存在一一对应关系。

（1）表征命题和情境。DSS模型利用主观概率来描述分布式的矢量表征，主观概率是已知故事情景中某个命题可能发生的概率，也称为信念值。在这种表征中，可以使用否定、联合和析取的布尔运算符来组合命题，并保留表征和信念值之间的关系。如果故事情境由多个命题组合而成，包含更多特定信息，那么相应的区域也越小，并且命题和情境之间没有差异，在一定程度上两者与区域有相同的地位。

（2）自组织映射（self-organizing map，SOM）。自组织映射是将一系列单元网格组织起来以映射命题p。对于每个命题，SOM的每个单元i都有一个在0～1的成员值$\mu_{i(p)}$，表明单元i属于命题区域的程度。SOM区域对应于分布式情境空间中的一个点。SOM上一个命题的区域是模糊的，所以DSS模型利用模糊集理论来定义与否定、联合和其他复杂命题等相对应的区域。DSS模型定义了非p和$p \& q$的计算公式（式9.1），而命题逻辑的所有连词都可以根据否定和联合来定义。因此，通过SOM和计算公式，任何故事情境都可以表征为DSS模型矢量。故事由一系列情境矢量构成，在情境空间中构成一条轨迹。如果$X_t \in [0, 1]^n$是时间步

长 t 上的情境矢量,那么由 T 个情境组成的故事的轨迹是 T-tuple $\overline{X} = \langle X_1, X_2, \cdots, X_T \rangle$。模型把这个轨迹作为输入,并在推理过程中把它转化成信息量更大的轨迹。

(3) 信念值的计算。为了解释推理过程产生的轨迹,在已知 DSS 模型矢量的情况下,计算命题的信念值。假设 $X=(x_1, x_2, \cdots, x_n)$ 是一个情境矢量(也是 SOM 区域),n 是情境-空间维度的数量。根据式 9.2 和式 9.3,可以分别计算出情境 X 的信念值 $\tau(X)$ 和命题 p 在情境 X 中的信念值为 $\tau(p|X)$。

$$\mu_i(\neg p) = 1 - \mu_i(p), \quad \mu_i(p \wedge q) = \mu_i(p)\mu_i(q) \tag{9.1}$$

$$\tau(X) = \frac{1}{n}\sum_i x_i \tag{9.2}$$

$$\tau(p|X) = \frac{\sum_i \mu_i(p) x_i}{\sum_i x_i} \tag{9.3}$$

2. 故事情景的时间

已知情境矢量 X_{t-1} 和 X_{t+1},世界知识矩阵 W 可以对时间 t 上的每个 SOM 单元 i 的预期值 $E_{i,t}$ 进行计算(式 9.4)。利用式 9.4 计算出来的预期值,可计算命题 p 在时间 t 的信念值(式 9.5)。信念值对于计算情境的时间相关度的两个指标非常重要:命题合适度以及故事连贯性。命题合适度是该命题与相邻情境的相关强度。在给定情景 X_{t-1} 和 X_{t+1} 的情况下,p_t 的信念值 $\tau(p_t|X_{t-1},X_{t+1})$ 比非条件的信念值 $\tau(p)$ 更大,两者之间的差异即命题合适度 prop.fit(p_t)(式 9.6)。

故事连贯性是对一系列情境与时间的世界知识的一致程度的测量。如果 X_{t-1} 和 X_{t+1} 增加了中间情境 X_t 的信念量,那么轨迹 $\langle X_{t-1}, X_t, X_{t+1} \rangle$ 是时间上连贯的。一个完整故事轨迹的连贯性 $[\text{con}(\overline{X})]$ 是在所有时间步长平均的情况下,故事情境 X_t 在 X_{t-1} 和 X_{t+1} 条件下,相对于 X_t 的无条件信念值的增加量(式 9.7)。

$$E_{i,t} = \sigma(X_{t-1}W_i + W_i X'_{t+1}) \tag{9.4}$$

$$\tau(p_t|X_{t-1},X_{t+1}) = \frac{\sum_i \mu_i(p) E_{i,t}}{\sum_i x_{i,t}} \tag{9.5}$$

$$\text{prop.fit}(p_t) = \tau(p_t|X_{t-1},X_{t+1}) - \tau(p) \tag{9.6}$$

$$\text{con}(\overline{X}) = \frac{1}{T}\sum_t \left(\tau(X_t|X_{t-1},X_{t+1}) - \tau(X_t)\right) \tag{9.7}$$

3. 演绎推理

(1) 推论。①防止产生与文本不一致的结论。在故事情景 SOM 区域之外的任何事物都属于情境的否定,因此不会被推断出来。故事情景加上额外信息是最初情境区域的分区。假设 $x^0_{i,t}$ 是在时间步长 t 上最初故事情景的 SOM 单元 i 的值,那么在任何数量的加工时间之后,当前值 x_i 不会大于 $x^0_{i,t}$。②使用时间知识。通过将 $x_{i,t}$ 调整到当前的轨迹水平和 W 中的值,来实现时间模式的匹配。利用式(9.4)计算 SOM 的单元 i 在时间步长 t 上的预期值 $E_{i,t}$,在此基础上,采用式(9.8)对 $x_{i,t}$ 进行调整,反映 $x_{i,t}$ 随着加工时间的改变,用 $\dot{x}_{i,t}$ 表示。

$$\dot{x}_{i,t} = \begin{cases} \left(E_{i,t} - \frac{1}{2}\right)(x^0_{i,t} - x_{i,t}) \text{ if } E_{i,t} > \frac{1}{2} \\ \left(E_{i,t} - \frac{1}{2}\right)x_{i,t} \text{ if } E_{i,t} \leq \frac{1}{2} \end{cases} \tag{9.8}$$

③加工深度。当情境被充分加工时,模型允许下一个情景进入。充分加工的标准由加工深度参数 θ 来控制。θ 的值越大,代表加工程度越深;随着 θ 的降低,收敛标准逐渐宽松,甚至在大多数内容仍然可以被推断出来的时候,加工过程也会停止(即浅加工)。④推理数量。对于一个命题来说,推理数量 $\inf(p_t)$ 等于相对于最初信念值,该命题信念值的增加(式 9.9)。随着推理的进行,信息量增加,信念值降低,因此在时间步长 t 上的推理总数 total inf($\overline{X}$)等于当前情境的信念值的降低。在故事轨迹中的推论总数是所有单个情景的推论之和(式 9.10)。

$$\inf(p_t) = \tau(p_t | X_t) - \tau(p_t | X^0_t) \tag{9.9}$$

$$\text{tota linf}(\overline{X}) = \sum_t \left(\tau(X^0_t) - \tau(X_t)\right) \tag{9.10}$$

(2)保留。随着时间的增加,故事的记忆痕迹逐渐微弱,即信息总量减少。在 DSS 模型中,如果一个情境包含的 SOM 区域越多,那么这个情境包含的信息就越少。因此,故事轨迹中减少的信息数量对应于 SOM 单元值 $x_{i,t}$ 增加的数量,增加率取决于世界知识和剩余轨迹。同推理过程一样,保留过程不受信念值的影响,却会使信念值发生调整。随着保留时间的增加,信念值倒回到非条件水平,因此一个命题被保留的程度 ret(p_t)是当前信念值和无条件信念值之间的差异。

4. 模型的测试

通过对实际概率和信念值进行比较,可以确定 DSS 模型是否正确运用世界知识反映了微观世界中的规律。首先,对命题联合/否定的主观概率和实际概率进行比较。其次,检验命题间的非时间关系是否可以由矢量表征。在这种情况下,检验命题 s 在命题 p 的影响下发生变化的概率、实际概率 [Pr($s|p$)−Pr(s)] 与主观概率 [$\tau(s|p) - \tau(s)$] 的相关。最后,检验世界知识矩阵 W 是否正确地反映了命题间的时间关系。在这三种情况下,如果实际概率和主观概率之间相关非常高,且没有异常值,则说明命题的矢量表征和世界知识矩阵的确能够反映出微观世界的规律。

为了检验模型的一般推理能力,研究者使用 100 个故事进行测试,这些故事包含的情景数量并不相同，变化范围为 3~7 个。推理数量和命题合适度之间的相关是 0.66，表明模型的确推理出了故事暗示的命题。此外，观测数据分为不可推测组和可推测组，前者的最初信念值接近 0 或 1（小于 0.001，或大于 0.99），不可能发生推论；后者的最初信念值为 0~1 的其他值，可以发生推论。不可推测组的命题平均合适度是 0.11，可推测组的命题平均合适度是 0.08，表明如果只有命题合适度发生作用的话，后者被推测的少。然而，情况恰恰相反，可推测组内发生的推测数量远多于不可推测组。这说明在推理中不仅命题合适度发生了作用，推理数量也发生了作用。连贯性是故事和世界知识之间匹配的衡量标准，并且推理过程对轨迹进行调整，适应世界知识矩阵 W，因此通过推理过程使故事的连贯性增强。测试发现 100 个故事的连贯性增强，表明推理促进了故事连贯性的增强。

研究发现，当句子与之前语境的相关度更高时，阅读时间更短。为了检验模型是否能够预期相关度和阅读时间之间的关系，研究者使用 5 个相关度不同的故事进行了测试。每个故事均包含 3 个情景，通过修改第二个情景，从而操控每个故事的相关度。测验结果显示，相关度越高，对最后一个情景的加工时间越短，推理数量越少，这与研究结果一致。相对于浅加工，深加工条件下的推理数量更多，阅读时间增长。在 DSS 模型中，加工深度由参数 θ 控制。测验发现，在 100 个随机故事中，随着 θ 的增加，平均加工时间和推理数量均增加。这表明深加工导致了更长的加工时间和更多的推理。

虽然 DSS 模型对推理的表征发生在建构理论的情景模型水平上，但是两者存在区别。建构理论认为，推理由连贯性的需要来推动，根据意义后搜寻（search-after-meaning）原则，人们主动增强文本的连贯性。但 DSS 模型提供了相反的假设：连贯性的增强来自推理，将故事事件匹配到世界知识上，新的信息自动地对故事轨迹进行调整，从而导致连贯性增强。在 DSS 模型中，连贯性的定义以信念值为基础，信念值依赖于情境矢量，但是并不能影响矢量，因此推理过程不会由连贯性控制。

三、演绎推理的神经基础

对演绎推理的神经基础的研究是以不同的认知理论为依据的。由于理论取向不同，对演绎推理神经基础的研究得出的结果也不同。这些发现揭示了语言理解过程中演绎推理涉及的神经组织，以及不同组织和结构之间进行协同的动态过程，可以深化人们对演绎推理本身的理解，也为解决相关的理论争议提供了实证数据。

Goel（2007）指出，以往多数关于演绎推理的研究都支持或者反对视觉空间的（心理模型理论）或者语言-句法（心理逻辑理论）的演绎理论。基于对演绎推理神经基础研究的回顾,他认为以语言为基础的系统和以视觉系统为基础的系统都参与了逻辑推理,单一的逻辑推理系统的主张不可取,对特定任务和环境线索做出响应,要依赖于不同系统的动态协同。

(一)演绎推理相关的基本认知成分

演绎推理不是一个简单的过程,而是以某些基本加工过程为基础的一种高级认知过程,记忆、注意、语言和执行控制等都参与其中。有的学者假设,演绎推理包括三个加工阶段。第一阶段是前提加工阶段,在这个阶段中,工作记忆和注意机制都发挥作用,用以保持已经被加工过的和正要加工的信息。第二阶段是前提整合阶段,此时人们接受连续的刺激。第三阶段是选择正确的结论。在这样的框架的指导下,Bhattacharjee 和 Choudhury(2015)研究了三个加工阶段所涉及的神经结构。结果表明,前提加工阶段与枕颞皮层的双侧皮层结构有关,这些区域参与视觉工作记忆(what 通路),说明人们会利用知识建立一个视觉的空间模型来理解前提中的信息。在前提整合阶段,人们需要根据呈现的刺激建立一个整合模型,因此执行功能尤为重要。在这个过程中,PFC 的前部(关系整合和多重关系的保持)和扣带回皮层的前部都发挥了作用。

记忆、语言和注意这三种基本认知过程都参与了演绎推理。①视觉记忆和空间记忆参与了演绎推理。在演绎推理任务中,皮层区域和 CN 之间存在交互作用。CN 的作用是执行控制功能,执行控制有助于人们在演绎推理中保持工作记忆中的信息,说明了工作记忆的参与。②语言是演绎推理的必要成分。在演绎推理中,语义记忆是长时记忆中的陈述性记忆。概念熟悉和连贯的信息激活了左侧额-颞系统,而不熟悉的非概念信息和不连贯的材料激活了双侧颞叶。③注意参与了演绎推理。有研究采用符号线索任务,发现被试可以根据自己的目标或意图来分配注意,支配推理行为。

(二)推理类型和推理者的认知状态

1. 演绎推理类型的分级系统

人类的推理并不是一个统一的系统,而是一个对特定任务和环境线索进行反应的分级系统。Prado 等(2011)采用多层核密度分析(multilevel kernel density analysis,MKDA)方法对 1997—2010 年的 28 篇关于演绎推理的神经成像研究的文献进行了元分析。结果发现,不同研究之间较为一致激活的区域是左侧额顶系统(左侧 IFG、左侧 MeFG)、双侧 MFG、双侧 PG 和双侧 PPC 以及左侧壳核和尾状核。研究者认为,特定的脑区对演绎推理的不同类型敏感,提出了存在"演绎推理的分级系统"的假设,特别是与关系推理、范畴推理和命题推理相关的脑区。

(1)关系推理。关系推理主要与双侧 PPC 和双侧 MFG 有关。前人的研究发现,双侧 PPC 尤其是右侧 PPC 与空间认知有关。TMS 研究发现,右侧 PPC 的阻断与视觉空间认知和视觉空间意象有关。关系推理任务中没有出现左侧额下回的激活,但是激活了右侧 PPC,这些结果支持了心理模型理论。

(2)范畴推理。范畴推理主要与左侧 IFG 和左侧 BG(壳核和尾状核)两个脑区有关。大量的损伤研究和神经成像研究表明,左侧 IFG 支持了规则主导的句法加工。在探测句法加工和音乐句法的研究中,发现了左侧 IFG 和 BG 的共同激活。这些研究结果说明,范畴推理是语言句法加工的过程,而不是视觉空间过程,这些研究为形式规则理论提供了支持。范畴推理与关系推理的神经基础不同,原因主要有两点:一是相对于关系推理,使用视觉空间模型来表征范畴推理的难度更大,因为范畴推理的前提所包含的项目是对一系列客体而非单个客体进行表征,这些项目不能映射到单一类比维度上,因此视觉空间表征需要更多的精细过程;二是在很多情况下,范畴推理的前提是歧义的,它们与多个心理模型都兼容。因此,在范畴推理中建立关于前提的视觉空间表征的难度更大。因此,人们选择了建立前提的命题表征。

(3)命题推理。命题推理与左侧 PPC、左侧 PG 和 MeFG 有关。但这三个脑区并不能对心理模型理论和心理逻辑做出区分。首先,如前所述,当左侧额下回没有被激活而 PPC 被激活时,这种情况支持了心理模型。然而,在命题推理中,激活的 PPC 神经元集群位于左侧,且分布在角回中央,而角回与口语加工有关。其次,之前的研究发现,MeFG 与抽象规则在记忆中的保持有关,额叶内侧的激活支持了形式逻辑理论;最后,左侧 PG 可能反映了注意和运动过程的结合,但是也不能区分心理模型和形式规则理论。这样的结果也可能与研究的异质性有关,研究关注了不同种类的条件推理,有的关注简单的条件推理,有的关注合取和析取,有的关注肯定前件和否定后件,这些类型之间本身就存在差异。

2. 演绎推理的神经解剖基础

Goel(2007)通过对脑损伤病人的数据分析,从推理者的认知状态(熟悉性、信念、确定性)的角度,区分了演绎推理所涉及的不同神经基础。研究结果显示,形式逻辑系统和心理模型系统似乎都参与了推理,具体的推理机制由实验刺激的内容和语境来决定。

(1)处理熟悉和不熟悉材料的系统。左侧额-颞系统加工熟悉的、概念连贯的材料,双侧顶叶时空系统加工不熟悉的、非概念的或者不连贯的材料。根据双机制理论,额-颞通路对应于算法系统,颞叶通路对应于形式/普遍系统。一般认为,人们进行熟悉情境的推理时，会主动使用以背景知识和经验为基础的算法，当算法难以获得时，人们会使用依赖于顶叶系统和视觉空间表征的普遍/形式方法。

（2）处理冲突和信念偏向的系统。信念偏差反应激活了 vmPFC，说明了这些脑区在非逻辑的、基于信念的反应中的作用。如果被试需要正确反应，那么他们要探测信念与逻辑推理之间的冲突，抑制与信念偏差相关的优势反应，使用形式逻辑推理机制。冲突检测需要右侧或者背侧 PFC 的参与。这些假设得到了来自脑损伤病人研究数据的支持。

（3）处理确定和不确定信息的系统。确定性推理和不确定性推理之间的机制可能并不相同。在 Goel 等的研究中，要求单侧额叶受损的病人完成传递性推理任务，实验通过操纵信息的完整性来操纵结论的确定性。结果发现，左侧 PFC 损伤的病人在完整信息（确定结论）的加工中的表现不好，右侧 PFC 损伤的病人在不完整信息（不确定结论）的加工中的表现不好，这样的研究结果表明，左侧和右侧 PFC 可能分别负责进行确定推理和不确定推理。

损伤研究证实，是左半球主导了推理加工。9 项关于病人的研究报告了推理的正确率因左半球的不同损伤部位（左颞叶、左额叶和广泛的左半球损伤）而改变。在推理过程中，左侧额-颞系统与加工熟悉内容有关，这一假设得到了对单侧 PFC 损伤的病人研究的支持。这些病人参与了沃森卡片选择任务，结果显示，左侧 PFC 损伤的病人没有表现出内容优势效应，右侧 PFC 损伤的病人与正常被试的表现一样好。另外，也有研究者报告，左半球参与了分析/形式推理，右半球参与了意义情境的推理，但是由于研究技术的局限，他们的解释也有很多不确定的地方。此外，冲突检测与右侧 PFC 有关，也得到了损伤研究的支持。

（三）演绎推理的心理模型和心理逻辑

心理逻辑理论认为，推理依赖于类似语言的结构，因此主要涉及左半球的语言区域。然而，心理模型理论提出，推理根植于前提所呈现的情境的心理集合，这些集合是空间性质的，因此推理受到视觉空间加工有关的脑区（如右侧顶-枕叶区域）的影响。尽管大多数心理学理论将演绎推理分为三个阶段，即前提编码阶段、前提整合阶段和结论验证阶段，但是尚不清楚这些阶段是否由不同的大脑区域支持。对于演绎推理的神经机制，关于神经成像的研究尚无定论。

Goel 等（2000）提出了关于范畴三段论的双系统理论，这个系统包括与记忆和语言相关的左侧额-颞网络，以及与视觉空间网络有关的右侧顶叶区域。另外，Osherson 等（1998）发现，在对范畴三段论的有效性进行评定时，包括语言加工脑区在内的右半球网络被激活。针对研究结果的不一致，Goel 等（2000）使用功能性磁共振成像和混合事件相关的设计，分别在视觉形式和听觉形式下呈现演绎推理任务，以探测跨模态的推理相关的脑区，并区分推理的不同过程以及与其相对应的脑区。

实验任务分为推理任务和控制任务。在推理任务中，范畴三段论中的两个前提和结论序列呈现，一半的三段论是有效的，另一半是无效的。要求被试在第二个前提呈现之后得出结论，并且在结论出现的时候对结论的正确与否进行判断。在控制任务中，呈现三个无关的句子，最后呈现目标词，被试需要判断目标词是否出现在句子中。材料呈现方式分为视觉和听觉两种，在实验过程中，视觉材料和听觉材料交替呈现。

研究发现，演绎推理激活了与传统语言网络不同的网络系统（左侧额-顶-尾状核系统），并且在视觉和听觉形式下，推理任务激活的脑区大多是重合的，这说明参与演绎推理的神经系统是共享的。此外，演绎推理的神经系统既包括核心脑区（演绎推理特有的），也包括支持脑区（与控制任务共有的）。另外，不同脑区的激活与推理的不同阶段有关。研究表明，人们在解决演绎推理问题时，需要语言网络和推理网络的共同参与，这些网络的共同作用形成了一种独立于语言的、跨模态的推理网络。这个网络是动态变化的，不同的脑区在不同的推理阶段中被激活的程度不同。

（四）推理的双过程理论——启发式和分析系统

推理的双过程理论认为，人类推理通过两种不同系统的相互作用来完成。第一个系统是启发式系统，依赖于先前的知识和信念。第二个系统是分析系统，根据逻辑标准进行推理。启发式系统快速、自动地运行，而分析系统的运行是缓慢的，对计算资源的要求很高。分析系统对于解决抽象和不一致推理是必要的，而对于一致性推理，有启发式系统就已经足够。根据这个双过程理论，左侧额-颞通路（如左侧 IFG）对应于基于信念的启发式系统，双侧顶叶通路（如 SPL）对应于基于逻辑的分析系统，而右侧 IFG 的作用可能是转化机制，抑制默认的启发式系统，使分析系统工作。这些假设得到了神经影像研究的支持，但是这些研究只研究了皮层区域和行为的相关性。Tsujii 等（2010）研究了 IFG 在信念-偏差推理中的作用，发现右侧 IFG 损伤的被试在不一致推理中不能抑制不相关的语义加工，导致了信念-偏差效应增强。相反，施加在左侧 IFG 的脉冲明显损害了被试一致性推理的表现，同时又促进了不一致推理的表现。左侧 IFG 刺激消除了不相关语义加工的干扰，从而消除了信念-偏见效应。但是这一研究也存在不足：一是只考察了 IFG 周围的区域；二是没有研究缺乏语义内容的抽象推理。

Tsujii 等（2011）通过重复经颅磁刺激（repetitive TMS，rTMS）来研究 SPL 和 IFG 在演绎推理任务中的作用，从而更直接地探测了大脑与行为之间的因果关系。实验任务包括一致、不一致和抽象推理实验，研究这三种推理如何受到 SPL 和 IFG 的影响。实验采用了 144 套内容三段论推理和 72 套抽象三段论推理。在 144 套内容三段论推理中，根据前提和结论是否一致，可分为一致和不一致两种类型，72 套一致（前提有效-结论可信；前提无效-结论不可信）和 72 套不一致（前提有效-结论不可信；前提无效-结论可信）。在抽象推理中，只有结论有效和无效两种条件。实验中，三种类型的三段论推理随机呈现。被试完成范畴三段论推理任务，对三段论推理的有效性进行评估，在每个试次中，被试可以在 20s 内改变自己的答案。一半被试进行 SPL 模拟（分别在左侧 SPL 和右侧 SPL 施加脉冲），另一半被试进行 IFG 模拟（分别在左侧 IFG 和右侧 IFG 施加脉冲）。有三个自变量，被试间变量是脉冲施加位置（SPL、IFG），被试内变量有推理类型（一致、不一致和抽象）和半球（左半球、右半球和控制位点），分别在每个位置下进行推理类型和半球的两因素方差分析。

Tsujii 等的研究结果在很大程度上与推理的双过程理论相一致。双过程理论认为，存在两种不同的推理系统：基于信念的启发式系统和基于逻辑的分析系统。左侧 IFG 与启发式系统相对应，而双侧 SPL 则是分析系统的一部分，右侧的 IFG 在解决不一致的推理时可能会阻碍基于信念的启发式系统（左 IFG）。

第三节 归纳与理解

不同于演绎推理，归纳推理的前提与结论之间的关系不是逻辑必然，没有确定性的断言。当我们为寻求新知识而进行归纳推理时，或许只能依靠那些前提对结论的支持是或然为真的证据。这样的证据有一些是有力的，有一些仅有一般的价值。归纳推理包括多种推理类型，如类比推理、因果推理和概率推理等。类比推理是基于类别的论证得到特定的结论；因果推理可以形成普遍可用、超越特例的论证；概率推理是人们根据不确定的信息做出决定时进行的推理。这几种类型的归纳推理在语言理解中都具有重要作用，本节仅做简要的介绍和讨论。

一、类比推理

类比是一种以结构相应性为基础，根据类似情境的先验知识学习和了解新情境的归纳推理形式。当我们考虑客体、人物、地点和物体如何相互联系时，会提取出一种抽象性质，在源和目标之间建立相应性，即构成一个类比。目标是我们希望了解的当下尚不熟悉的情境，源是已知的熟悉情境。目标和源的类比关系可以有不同的方面，例如，结构相似性是指情境内部元素之间的关系与一个被比较的情境的相应关系的匹配；表面相似性是以类比的两个情境之间的共有的知觉特征或者性质为基础；关系相似性是以不同情境间内部元素的结构关系为基础。

（一）范畴关系与主题关系

事物或者概念之间的关系，可以划分为范畴关系（类别关系）和主题关系。范畴关系是指被比较的事物是否属于同一个范畴；主题关系是指被比较的事物处于相同的事件或者情境之中。有研究比较了这两种类比加工的神经基础，证明其神经机制是不同的。

Schmidt 等（2012）通过对脑损伤病人进行比较，研究了联想关系（包含主题关系）类比和范畴关系类比加工的神经机制。联想关系（如狗-骨头）和范畴关系（如狗-猫）是两种非常重要且不同的概念关系。Schmidt 等的研究检验了如下假设：不同类型概念关系的类比投射具有不同的神经表现。其检验了左右半球损伤的病人理解两种类比的能力（表达联想关系和范畴关系）。VLSM 和行为分析揭示出，联想类比依赖于左侧化语言网络，而范畴类比同时依赖于左右半球，这是因为它们更困难、抽象和脆弱，包含更多的远关系。

Zhao 等（2011）采用脑电技术研究了属性隐喻和关系隐喻类比推理的神经机制。属性隐喻的类比推理涉及类比物之间的表面关系，关系隐喻的类比推理要求结构具有相似性。实验中要求被试判断一个词对是否与另一个词对存在语义类比关系。结果表明，对于属性隐喻和关系隐喻任务，在图式归纳阶段，在右前部头皮诱发了波幅更大的 N400 成分，可能源于隐喻词对的语义加工。之后有广泛分布的 P300 和左前部分布的晚期负成分（late negative component，LNC）——LNC1。P300 可能与关系范畴的形成呈正相关，而 LNC1 与工作记忆中推理形式的保持呈正相关。类比映射阶段诱发了广泛分布的 N400 和 LNC2，可能指示了语义提取和类别转换的存在。在答案产生阶段，所有条件都诱发了 P2 成分，可以归因于早期刺激编码。最大的 P2 波幅出现在关系隐喻任务中。关系隐喻诱发的 LPC 大于属性隐喻，即使为了控制不同的 P2 效应对基线做了校正。LPC 效应可能说明，关系隐喻比属性隐喻涉及更多的整合加工。

（二）以远距离映射为基础的类比

在非常不同的领域的情境之间进行类比可以被视为一种创造力。例如，办公楼和蜂窝之间的比较，这种比较具有幽默和智慧的性质。有人把这种创造性类比称为远距离类比。Green 等（2016）描述了语义空间较近的类比和语义空间较远的类比，认为创造性的两个特征是新异性和有用性，创造性类比可能是新异的，但真正的价值在于在满足给定情境的要求下被证明是有用的。

Green（2006）让被试对不同类型的类比进行评价。领域内类比包括的词项在语义距离上较近。相反，跨领域的词项来自不同的语义范畴，属于远距离类比。实验中，要求被试判断类比是真还是假。研究者使用 fMRI 比较了远和较近距离类比加工诱发的大脑活动。结果显示，左侧额极、前额皮层的反应与语义距离相关。这个发现表明，跨领域远距离类比在根本上不同于只涉及高度相近的词项的类比。

为了进一步检验额极皮层对远距离类比的效应，Green 等（2017）使用穿颅直流电刺激（tDCS）影响大脑的活动。tDCS 作用于左前额极的前额区域，作用时间为 20min，刺激之后可以在 1h 左右的时间内改变皮层的兴奋性。要求被试完成一项动词生成任务，即给一个名词，要求被试说出一个与该名词具有创造性联系的动词。结果是，tDCS 增强了产出动词的创造性或者远隔性。他们还研究了额极皮层兴奋性对类比距离的影响。其要求被试完成一项关系匹配任务，说出一个词，与一个相关的词对相匹配，对完成结果进行概念间语义距离的计算。这项研究进一步证明，类比匹配的距离由不同的脑区支配；增加左前额极区的活动，会提高被试探测和生成远距离概念间创造性类比的能力。

如果类比的创造性水平是由语义距离和类比的有用性决定的，那么语义提取是最关键的认知过程。比较两种情境中的心理跨越能力，要求提取的记忆与当前情境共享关系结构。这里的挑战性在于，远距离的要求使得局部记忆线索不足以唤起这些记忆。远距离相关是不容易想到的相关性，常常要求深入搜索记忆，这样的搜索与顿悟相关。研究顿悟的范式之一是远距离联想测验（RAT）。以往关于 RAT 的神经科学研究揭示出顿悟感觉的基础在右侧颞叶。颞叶与语义记忆相关，右侧颞叶在顿悟解决时被激活。有研究者认为，右侧颞叶以松散的方式存储语义信息，称为粗糙编码。当人们考虑不同的词或概念之间的关系时，远距离联系的激活出现在右侧颞叶，提供一个与目标或者任务适应的远距离联想。左半球支配精细粒度的语义搜索。右侧颞叶的粗糙语义搜索过程是宽泛的，这个半球表征知识概念的神经网络激活方式较弱，但分布更广泛。

在日常生活中，类比推理具有不同的功能，使我们有可能构成一个有关新情境的归纳推理，例如，科学研究。类比表征了一种相似项目的抽象范畴，以项目间的关系为基础。当我们觉得客体具有相似性时,这种相似性是以低级特征为基础的。在事件中出现的情境的相似性,是以项目、客体之间的关系为基础的,具有共同的关系特性。这使得类比成为高度灵活的思维形式,成为某些最强的推理和复杂思维的基础。源和目标类比物之间的距离越远,提取合适的类比物就越困难。

(三)隐喻理解作为一种类比推理

隐喻是利用语义不相关领域的结构知识,为抽象概念提供一个思考的框架。在这个意义上,隐喻如同类比,隐喻推理和类别推理可以互换,描述人们如何用一个领域的知识来谈论或者思考另一个领域。在自然语言中,隐喻十分普遍,占据了语篇的20%。

关于隐喻和类别推理的符号和分布模型均研究了结构映射的计算理论。对于明显结构化的符号模型,结构映射的机制是寻找不同命题表征之间的相应性,如同在源和目标领域的语义表征中确定句法相似关系的过程一样。一旦模型确定了源和目标领域之间的一致映射,就把推理从描绘清晰的源领域投射到目标领域。对于结构性差的模型,映射是网络学习的重叠分布表征涌现出来的结果,是一种一般化过程。这些模型的关键特征是:把隐喻作为一种动态过程,源领域的先验知识在帮助人们在工作记忆中建构目标域的表征时起到了积极的作用,决定了人们如何对目标域进行推理。影响隐喻推理的因素包括先验知识和对目标域的态度、对源领域的知识,这些因素在建立隐喻和隐喻推理中都起到了重要作用。隐喻投射是动态的,依赖于源域诱发的突显结构,但是受到人们的目标域知识的制约。隐喻投射可以用多种方式扩展,以增加或者减少它的作用。隐喻会影响人们的思维和行为,个体会根据源域的结构知识来组织目标域的表征。结构投射过程的建模可以是概念结构的命题表征之间的显性投射,或者是对亚符号的重叠分布概念表征的概括。

二、因果推理

为了理解我们生活于其中的世界,需要理解事件发生或者不发生的条件。一个事件发生的必要条件是指只有该条件出现时,事件才有可能发生;充分条件(或者是必要条件的集合)是指它出现的情况下事件必定发生。原因可以指充分条件,有时也指必要条件或者关键因素。原因有远和近之分,分别为远因和近因。

因果连接的本质是:原因这个概念包含(或者预设了)原因和结果一致的相互联系。说某个事件是某个特定结果的原因,即承认该类型的其他事件将引起与先前结果同种类型的另一个结果,即类似的原因产生类似的结果。每一个关于因果连接的断言都包含普遍性的关键要素。建立因果律的方法是：因果关系不是纯粹逻辑的或者演绎的；不能被任何先验的推理所发现，人们只能凭经验去发现。从特定经验中得到普遍命题的过程称作归纳概括。寻求事物的原因和之间的结果关系，是人类活动的重要内容。人们在行动时期望得到预期结果，因而了解事物之间的因果关系是最基本的条件。

（一）因果关系的表征

为了更好地认识和适应世界，人类需要寻求客观事物和社会事件之间的因果关系，这需要一种核心的认知能力——因果推理。在不同的学科领域，研究者一直致力于探索能够描述人类对因果关系进行推理的规范理论和方法，试图建构植根于几个基本原则的统一、一致的理论。一致性、相容性、简约性是其力图实现的目标。目前，存在多重的规范理论框架，其差别在于如何对因果性和因果推理进行建模。心理学研究了人在日常活动中的因果推理，常把规范理论作为对心理行为进行解释的基础。例如，把哲学和工程中发展起来的贝叶斯因果网络作为日常因果推理的模型。但是，人们在日常推理中使用的方法和工具并不关心整体的一致性和相容性。Waldmann 和 Mayrhofer（2016）将目前存在的因果推理的理论框架归纳为三种：依存框架（the dependency framework）、配置框架（the disposition framework）和过程框架（the process framework）。在此基础上，其提出了适合于描述日常推理活动的混合因果表征（hybrid causal representation）。

依存框架是几个相互竞争的心理学理论（关联理论、共变理论、因果模型理论和贝叶斯推理理论）所共享的，认为世界可以用随机变量和相互间的依存关系来表征。依存关系编码了一系列与因果模型相容的假设情境，分为是以模型为基础的模型和以样例为基础的模型。其中，以样例为基础的模型假定，一个样例的可观察的共变是因果关系的直接度量。因果方向性是潜在的因果结构的一个特征，可以用图形描述为从原因指向效果的因果箭头。因果模型用于机制的表征，将因果机制看作相互连接、相互依存的变量的链条或者网络。因果模型理论能解释人们如何根据观察到的原因推测结果，或者从结果推测可能的原因，也可用于解释人们如何通过共变学习因果表征。

配置框架以原因和结果之间的相互作用所涉及的成分为基础，解释了被观察到的规律性关系的存在。这种理论认为，依存关系是被赋予因果关系的客体之间相互作用的产物，而配置理论以客体作为基本的实体。因果关系是指当客体被置于一个特定情境中并允许发挥作用时的情境。因此，是配置特性生成了因果关系，而事件之间的依存关系是第二位的。配置框架需要对构成共变基础的依存关系进行深层解释。在语言学中，比较流行的理论是力动态（force dynamics）。这类理论通常假设，在具体的因果交互中有两类实体，即因果主体（causal agent）和因果受体（causal patient）。有效的因果关系是这些实体互动的结果。Talmy（1988）认为，因果力量互动的直觉是一般语义知觉的重要成分。这个理论在语言学中被用来描述动词语义学和论元结构，例如，动词的隐含因果性。

过程框架认为因果关系不能被理解为事件或者客体之间的关系，而是产生于连续的过程和过程之间的相互作用关系。根据 Salmon（1984）的观点，过程是具有时间结构的任何东西。因果过程如何与非因果事件链区分？过程理论的核心观点是，因果涉及某种"量"从原因向结果的转移。原因过程是因果关系的主要基础，而事件是潜在的过程的抽象。依存观点将机制表征为事件链，而过程理论把这些事件链看成是因果过程的抽象。这些理论描述了人们的直觉，存在某些类型的隐含关系连接了原因和结果。

上述理论的差异在于关注的构成因果关系（causal relationship）的成分及因果关系建构的方式的不同，而且这些结构性差异与特定的任务相关。依存框架理论采用因果变量的学习数据进行检验；配置框架理论采用语言学短语和有关客体间相互作用的情节进行检验。

Mayrhofer 和 Waldmann（2016）的假设是，在日常因果推理中，人们同时使用来源于不同因果性框架的多种表征，在因果推理中使用的是混合表征而不是单一的或者多元的表征。人们使用的混合表征组合了不同框架触发的直觉，这些框架在相关研究文献中往往被描述为相互对立和竞争性的。在有限的情形下，因果推理可以用单一框架来解释，但在更一般的情形下，是多重表征相互作用和彼此制约。多重来源的信息可以被同时加工、相互制约。在不同的表征中，哪一个成为主导，则依赖于当时的任务。语言理解将激活与观察学习不同的过程，但在许多情况下，这两个知识元是交互影响的。为了证实这个假设，他们进行了一系列实证研究，将不同的框架两两组合，同时呈现在同一个实验中，揭示因果依存、因果配置、因果过程表征等如何相互作用，以生成复杂的因果表征，推动因果推理的进行。

（二）以心理模型为基础的因果推理

Khemlani 等（2014）对以心理模型为基础的因果推理进行了阐述，认为因果断言的核心意义是决定论的，指的是以时间顺序排列的一系列可能性。心理模型表征是演绎、归纳和逆证推理并产生解释的基础。他们还回顾了神经科学证据，指出因果推理的心理模型是在左侧前额皮层完成的。

根据心理模型理论，因果关系具有概率性，原因足以引发结果，结果不先于原因；条件使得结果成为可能；预防性行为则可以使结果不出现。推理者通过模拟情境对条件断言进行解释，即建构一个断言所指的心理模型，然后从模型得出结论。最初的模型反映了因果关系的直觉解释。模型是决定论的，原因断言被用于建构可能的具体模型，具体模型的建构排除了连续的似是而非的信息。心理模型可以包括动态信息，个体可能会做出错误的推断，因为心理模型不表征可能性中什么是错误的。推理者从前提出发，利用前提的心理模型进行因果演绎、因果归纳和因果逆证推理。因果演绎是根据与前提相应的可能性做出推断结论；因果归纳有利于使用背景知识建构模型，超越前提中的信息；因果逆证是一个复杂的过程，可以将不属于前提的组成部分的知识引入新的因果关系中，从而使解释优于结论与命题边界之间的非单调交互。

神经科学的证据揭示出，外侧前额皮层（lPFC）是因果推理的脑区。因果推理心理模型的神经基础是 lPFC，负责编码原因表征，体现了模型理论的三个基本假设。①心理模型表征可能性。lPFC 在表征行为指导原则的过程中具有关键作用，支持目标导向的思维和行为。这种自上而下的表征传递有关世界的可能状态的信息，表征当前环境中目标的可行性，以及可以实现目标的行为是什么。lPFC 以学习的任务结构的形式表征因果关系。lPFC 表征因果关系，建立世界可能状态之间的映射，提供连接和绑定情境、行为和结果，是支持目标导向行为的神经结构。lPFC 的信号指导着与任务相关的感觉区域、记忆和动作输出的通路的活动，可以在因果关系的心理模型中被自动表征。②心理模型的意象性。lPFC 的信息结构支持心理模型的意象性。lPFC 与所有感觉新皮层和运动系统以及大范围的皮层下结构连接，支持心理模型的意象性；整合广泛分布的系统信息，支持高级符号表征。③心理模型只表征真值。其直接表征经历过的事件，在时间进程中积极维持这些表征以高度可及的形式存在。持续的神经活动常常表征某一特定类型的信息，例如，经历过的位置或者信号的确认。

（三）语言理解中的因果推理

Kuperberg 等（2006）通过一系列认知神经成像实验，以因果关系作为语篇理解连贯性的维度，研究了语言理解中因果和连贯性推理的神经基础。

1. 推理过程中的时间节点

因果关系与事件之间的时间顺序密切相关。前人的研究表明，颞上回与语义信息的整合有关，额下回与语义信息的选择有关。虽然之前的研究探测了与推理有关的神经机制，但是对于这种神经机制能否推广到推理过程中的不同时间点还不确定。Virtue 等（2006）采用事件相关 fMRI 设计，并在材料中设置了两个时间点——动词关键点（verb point）和连贯性中断（coherence break），探测在这两个时间点的神经活动。其以 20 个故事作为实验材料，每个故事均描述四个场景。每个场景有两个重要的时间点：①动词关键点。动词分为明确推理和隐含推理。②连贯性中断。如果没有进行推理，就会出现连贯性中断。为了保证被试认真阅读，在读完故事之后，向被试呈现关于故事的阅读理解问题。此外，实验将被试分为高工作记忆容量组和低工作记忆容量组。研究结果表明，在动词关键点，隐含推理在右侧 STG 引发的激活显著多于明确推理；在连贯性中断上，隐含推理在左侧 STG 引发的激活显著多于明确推理。

研究也分析了工作记忆容量与推理之间的关系，结果发现，在动词关键点，在隐含推理条件下，高工作记忆容量个体的 PCC 的激活显著多于明确推理条件。在连贯性中断上，在隐含推理条件下，高工作记忆容量个体的左侧 STG、右侧 STG 以及左侧 IFG 的激活显著高于明确推理。此外，在连贯性中断时，对高低工作记忆容量组在隐含推理与明确推理之间的变化程度进行对比，发现高工作记忆容量组在左侧 IFG 和左侧 STG 的变化程度显著高于低工作记忆容量组。研究结果表明，当人们在理解带有隐含的故事时，相对于明确陈述的故事，一些脑区出现了激活的增加。此外，在推理生成过程中，激活模式在不同的时间发生变化，而且在工作记忆能力的不同水平上也存在差异。

这些结果说明，推理生成需要语义激活、整合、选择和推理概念的协同，每个加工过程都对应不同的脑区。例如，内隐事件下的语义整合比明确陈述事件更困难，而语义整合难度的增加与 STG 的激活增加有关。此外，读者在推理过程中需要选择合适的语义概念，以解决连贯性中断，而前人的研究表明语义选择与 IFG 的激活有关。与此一致的是，研究发现，相比低工作记忆容量组被试，高工作记忆容量组被试在内隐事件和明确事件加工中 IFG 的激活表现出更大的差异。当推理事件出现时，右侧 STG 的激活反映了成功的语义整合，表明该区域参与了早期的推理过程，而左侧 STG 参与了晚期的推理过程，即连贯性中断。此外，高记忆容量个体的左 IFG 的激活高于低记忆容量个体，说明高记忆容量个体在连贯性中断时更倾向于进行推理。综上所述，研究结果证明了 STG 和左侧 IFG 在推理产生中的作用。

2. 因果连贯性推理的脑区与时间进程

Kuperberg 等（2006）对因果推理的神经机制做了进一步研究。每套材料包含三句话，通过操纵最后一句话与前两句话之间的因果相关度，形成高相关、中相关和无相关三个条件。实验中，前两句话分别呈现 3.4s，第三句话逐词呈现，每个单词呈现 500ms，在最后一句话消失之后，屏幕出现"？"，被试进行连贯性判断任务，评定最后一句与前两句的连贯性程度。

这项研究采用皮层统计映射图和兴趣区分析，将中相关分别与无相关和高相关进行对比。采用两种方法进行的研究共同发现，在中相关条件下的激活显著高于高相关和无相关条件下的脑区是左侧 TL、IPL、PFC 脑网络以及右侧前额回下部。研究者对推理加工的不同过程和对应的脑区进行了推测。TL 参与语义信息的激活，PFC 下部参与语义信息的检索和选择；PFC 后部和 dlPFC 后部的作用是当激活的语义信息整合到语篇结构中和编码进长时记忆时，在工作记忆中对语义信息进行保持和操纵，并通过 PFC 下部和 TL 的相互作用再一次进行编码。此外，mPFC 上部的作用可能是进行有意义的定向搜索，并检查事件之间的时间、顺序关系以产生推论。右侧 TL 和 PFC 下部可能在不连贯信息的检测中发挥了作用，并且在存在语义关联的情况下，使网络的其余部分继续工作，以产生和整合因果推理。

Kuperberg 等（2011）采用 ERP 技术探测了因果推理的时间进程。研究的问题是：第一，因果推理发生在什么水平之上？研究采用潜在语义分析，对高因果相关、中因果相关、无相关三种条件之间的词汇的语义关系进行匹配。如果推理发生在词汇语义水平上，那么三种条件下的 N400 效应上是没有差异的，如果发生在情景水平上，那么高相关的 N400 效应显著低于其他条件。第二，在中相关的关键词上会发生什么推理效应？实验材料是 159 套由三句话组成的语篇，通过操纵最后一句话与前两句话之间的因果相关度，形成高相关、中相关和无相关三个条件。此外，第三句话中的关键词有两种位置：出现在句中或者句末。在每个实验试次中，前两句话的呈现时间分别为 3.4s，第三句逐字呈现。在每个试次呈现完之后，屏幕中央出现"？"，此时被试需要对第三句话与前两句话之间的关联强度进行评定。

研究结果说明：①因果连贯性在情境模型的水平上发生，并立即影响了后续单词的语义加工。研究结果支持了基于记忆的加工模型。②在不同条件之间发现了 N400 的差异，为基于记忆的模型提供了证据。③推理并不是一个全或无的过程。中相关条件下的 N400 比无相关条件更小，说明至少已经生成了一些推理。当关键词在句中时，中相关条件引发了比高相关条件下更大的 N400；当关键词在句末时，中相关条件下的 N400 与高相关条件相同。这表明句末可能作为外显线索，促进了完全的因果推理的生成。

3. 因果相关度与架桥推理

Kim 等（2012）通过改变语篇句子间的因果相关度，研究了架桥推理的神经基础。

关于架桥推理的行为研究发现，句子之间的因果相关度决定了产生架桥推理的可能性。虽然已有研究探测了架桥推理的激活脑区，但是结果尚不一致。有些研究发现了 dmPFC 的激活，另一些研究则发现了其他脑区（如 IFG 和 STG）的激活。此外，不仅在推理相关的研究中发现了 dmPFC 的激活，在连贯性加工和评定加工的研究中也发现了该脑区的激活。尽管这些研究一致发现了 dmPFC 在连贯文本加工中出现激活，但对于 dmPFC 在叙事理解过程中的具体功能仍不清楚。一个重要的问题是，dmPFC 的激活反映了连贯性评定还是架桥推理？Kim 等（2012）采用 PET 技术分析了与连贯加工和架桥推理加工相关的脑区，并分析了 dmPFC 在故事理解中的具体功能。

实验材料是由三句话组成的语篇，根据第三句话与第二句话之间的因果关系强度，分为强连贯、弱连贯和控制三个条件。在强连贯条件下，第三句是高度可预测的，被试不需要进行架桥推理；在弱连贯条件下，第三个句子不可预测，但可以通过建立架桥推理来理解；在控制条件下，第三个句子语法正确，但没有意义，排除句子的意义加工。前两句话分别呈现 3s，第三句话呈现 4s，被试在看完第三句话时，需要对故事是否合理进行判断。结果发现，在阅读需要连贯性评定的强连贯故事时，激活了 dmPFC；在阅读需要架桥推理的弱连贯故事时，激活了 MTG。这表明连贯性加工可以与推理加工分离，因为两者的神经基础是分离的。dmPFC 的激活和合理性得分之间存在正相关，表明当故事被评定为是连贯的时，dmPFC 的激活更强。

研究还发现了 PCC 的激活。之前的研究曾发现，PCC 与连贯性的维持有关，因此可以认为 dmPFC 和 PCC 参与了连贯加工。弱连贯故事需要产生架桥推理，激活了 MTG。与弱连贯故事相比，强连贯故事激活了 ACC 和楔前叶，这种激活模式可能反映了故事图式的检索。因为 ACC 和楔前叶参与了自传体记忆的提取和对熟悉性的感觉，因此研究者推测，在合理性判断任务中，强连贯故事可能激活了相关的故事图式或者脚本、熟悉情节或一般的世界知识。此外，强连贯故事和弱连贯故事激活了很多相同脑区，如 ATL、TPJ。这表明，这些区域与故事理解的广泛方面如语义、语境解释等有关。

三、语言中不确定性的加工

近年来，语言理解相关的不确定性推理的研究在认知神经科学领域逐渐受到关注，但与其他推理方式的研究相比，依然不够丰富。语篇理解中的不确定性可以表现在多个层次、多个方面。前文已提及，对于语言与逻辑的界面，至少可以从三个层次上来看，即句法、词汇和篇章。这一部分将简要介绍对三种语言理解中的不确定性加工的研究；在句法语义方面，与语义理解和句法加工的语言概率模型参数相关的神经结构研究；在词汇方面，形式语法相关的标量表达式加工的神经机制的实验研究；在语篇方面，自然语言处理领域采用逆证推理解决语用理解问题的相关研究。这些内容之间并没有直接、系统的联系，代表性和涵盖面也十分有限，但希望这部分内容有助于读者了解语言理解中逻辑推理应用的不同方面。

（一）语言加工中的概率约束

认知系统对于语言输入的分布特征十分敏感，概率约束在早期语言获得和后期语言加工中均发挥了作用。这种敏感性的证据有我们熟知的词频效应对识别、解歧和加工容易性的影响；语言理解中的语境效应，先前语境的限制性对句子可能延续的效应，等等。语境限制性和词频的影响通常被解释为反映了语言理解中某种形式的预期，表明语言信号和语言经验中的统计/概率约束性对语言加工系统产生了广泛影响。Armeni 等（2017）系统地介绍了语言概率模型在语言认知神经科学研究中的作用。

概率信息在形式上的建模和量化是通过语言概率模型的建构实现的。概率语言模型是根据语言数据描述概率分布的数学形式系统。概率语言模型可以在给定语境的条件下生成对后续词的预期。在计算语言学中，有三种方法估计语言的概率。①N 元（N-gram）模型，即马尔可夫模型（Markov model），是概率估计的最简单的方法。其基本思想是将文本内容按字节进行大小为 N 的滑动窗口操作，形成了长度是 N 的字节等段序列。比如，要计算当前词的概率，需要包含前 $n-1$ 个词。②前馈网络（feed-forward network，FNN）或者 RNN，在这种架构中，词不是符号串，而是向量表征。词被编码成一个实数序列，即具有实值的特征向量。这些特征向量被输入到分析器的隐藏单元。③短语结构语法（PSG）是一种重写规则，将短语与其成分的词性相联系。在推导过程中，循序使用重写规则，PSG 提供了一个给定词序列的结构描写。在当前给定的句法分析条件下，PSG 指定了后续词的句法短语的概率。可以在两个维度上考虑这些不同类型模型的特征：一是计算条件下的概率是否存在语境量的限制？根据用于概率估计的语境量，模型可以分为有界的和无界的。二是用于这些计算模型的表征的性质是什么？模型所用的表征是符号还是向量？

复杂度的定量表示有熵（entropy）和惊异指数（surprisal）。语言概率模型通过逐词分析对句子或者语篇理解任务的复杂度进行量化。概率模型用于计算序列中每一个词传递的信息量，信息论的复杂度矩阵用于计算词的熵和惊异指数。复杂度矩阵量化了当前词的假设的加工难度。熵表示在给定的先前词群条件下，可能出现的下一个词的概率分布范围的宽窄，认知上表示读者对后续出现的词的不确定性程度。惊异指数表示在给定的先前词的条件下，当前词带有的信息量的信息论测度。用底数为 2 的对数表示的惊异指数（即 bits）同样表示根据目前所遇到的词，读者对后续词的不确定性程度。认知神经科学和语言概率模型在概念上都重视语言理解的信息结构和概率性质，因而可以用信息测量指标作为神经反应的预测器。Willems 等（2016）的研究发现，词的惊异指数和熵对后续语言信号出现概率的量化引发了不同的神经反应，反映了不同的认知过程（图 9.1）。词的熵与如下脑区的激活水平呈负相关：IFG、左腹侧 PMC、左侧 MFG、SMA 和左侧 IPL。然而，词的惊异指数与双侧 STL 和右侧一系列皮下区域的激活水平呈正相关。如果在预期编码框架中对此结果进行解释，可以认为对熵敏感的脑区反映了对后续词的主动预期，而与惊异指数相关的区域可能反映了早期听觉区域的预测错误（图 9.1）。

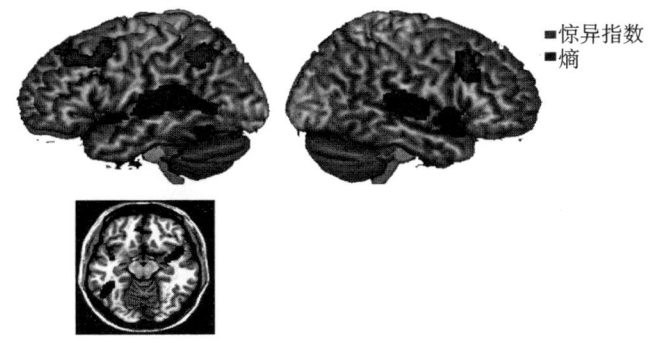

图 9.1　真实故事与反向故事片段相比，词惊异指数（蓝色）和熵（红色）激活的脑区（Willems et al.，2016）（见彩图 9.1）

Brennan（2016）研究了在自然语言理解中句法复杂性的神经基础。句法困难是由 N-gram、PSG 和极简语法来描述的。逐步增加语言预测器的句法复杂程度，可以改进统计分析与双侧 ATL、左侧 IFG、左侧 TL 后部、左侧 IPL 和左侧前运动区的血氧变化在时间进程上的匹配；2-gram 和 3-gram 惊异指数显示了在 ATL、左侧 IFG 和左侧 TL 后部的显著效应。结果表明，包含层级句法知识的模型对变异的解释优于仅包含以线性词序列为基础的统计，表明在日常句子理解中涉及了抽象句法语言学知识。Nelson 等（2017）研究了颅内记录的电生理信号的高频功率（70～150Hz）的调制，假设在逐词句子阅读过程中存在句法短语结构的建构。在模型比较分析中，研究者对比了非概率层级句法预测器（在每个词被呈现的时刻计算开放的句法节点）的解释力。前者的显著效应出现在颞上和额下区的几个电极点，而词汇和词性的 2-gram 惊异指数（转换概率）和下一个词的熵分别在

MTG 显示出了正性和负性效应。研究者认为结果支持了句子理解中层级句法加工的电生理现实性。

van Schijndel 等（2015）研究了听觉故事理解中句法记忆负荷的影响，以 MEG 神经振荡活动（在 10Hz）的频谱相干强度作为工作记忆增强的神经指标。句法复杂性是以在任意词位置上保持的不完整句法结构的数量（根据 PSG 估计的句法嵌套深度）来定量表示的。频率会影响文本阅读时间，因此为了排除频率效应，以 N-gram 频率和概率分析的上下文无关语法惊异指数［probabilistic context-free grammar（PCFG）surprisal］作为控制变量。研究发现，一对左侧后部和前部 MEG 感应器间的 α 频段相干对于不同句法嵌套深度来说存在显著差异。研究者认为，结果显示了理解过程中语言学层级结构的计算，它比竞争性的非层级模型能更好地与对实验数据匹配。

把语言概率模型用于认知神经科学，可以用血流动力学和神经生理方法研究和聚焦于皮层区域中特定语言学计算的空间信息，根据同样的神经生物学数据比较不同模型之间的预测力，不论是 fMRI 时间进程、语言事件相关的 MEG 和 EEG 成分，还是电生理信号的特异成分。这类研究对于揭示语言理解中的不确定性问题的认知神经基础，具有重要的启示。

（二）标量表达式与等级含义加工

在语言理解中，读者可能常常需要推断话语的字面意义和逻辑意义以外的含义。句子意义的丰富性是通过语义和语用过程显现的。对于标量表达（scalar expressions），如"某些"（some），可以通过标量蕴涵（scalar implicatures）获得丰富的意义。这种现象引起了语言学和心理语言学研究者的兴趣。传统语言学认为，some 只有一个意义，定义了一个较低的边界，来表示任何大于零的数量，包括最大值。但是它的意义通过标量蕴涵的推理过程已经排除了"全部"（即 some but not all）。阅读的眼动研究发现，some 在语境中的意义常常是有歧义的，需要进行标量蕴涵推导，而且推导过程是需要消耗认知资源的。Shetreet 等（2014）使用 fMRI 研究了与标量蕴涵相关的皮层激活模式，探索了等级含义生成和认知资源消耗的机制。

很多研究表明，人们在标量等级不匹配条件下的反应时更长、正确率更低，说明等级含义的生成与理解增加了加工代价，需要消耗更多的认知资源。但是不清楚的是，加工代价是来自含义生成还是含义不匹配或者两者都有。Shetreet 等（2014）的研究旨在分离不同的加工过程，使用 fMRI 技术探测等级含义不匹配的脑区激活以及成功的等级含义理解的脑区激活，进而探索等级含义中加工代价的来源。

实验中,研究者向被试呈现图片,每张图片中有 5 个客体,这 5 个客体都是同一种动物(如 5 只猴子)。图片分为三种,1/3 的图片是 ALL 型,即 5 个客体有相同属性(如 5 只老鼠都有葡萄);1/3 的图片是 SOME 型,即 5 个客体中的三个有相同属性(如 3 头狮子在滑冰);1/3 的图片是 NONE 型,即 5 个客体均没有句子所描述的属性(如没有猴子在沙发上)。根据句子所包含的标量表达式可以分为两种类型,包含"某些"(some)或者包含"每一个"(every)。

根据句子和图片之间的匹配关系,实验条件分为 6 种。①some-ALL 条件:包含 some 的句子+ALL 型图片,即等级含义不匹配条件,既有含义生成过程,也有含义不匹配过程;②some-SOME 条件:包含 some 的句子+SOME 型图片,只有等级含义生成过程;③some-NONE 条件:包含 some 的句子+NONE 型图片;④every-ALL 条件:包含 every 的句子+ALL 型图片;⑤every-SOME 条件:包含 every 的句子+SOME 型图片;⑥every-NONE 条件:包含 every 的句子+NONE 型图片。条件①~③包含弱量词 some,产生等级含义,统称为 some 条件;条件④~⑥包含强量词 every,不会产生等级含义,不包含等级含义相关的过程,统称为 every 条件。被试在实验中完成句子图片匹配任务,在看到图片的同时,会听到句子,被试需要决定图片与句子是否相符合。研究结果如下。

1. 等级含义生成与左侧额下回

全脑分析以及 ROI(region of interest)分析表明,左侧 IFG(BA47)参与了等级含义的生成。在等级含义不匹配条件与无等级含义条件的基线联合分析中,观察到了 BA47 的激活。更进一步,等级含义不匹配条件(some-ALL 条件)与其他 some 条件(some-SOME 条件和 some-NONE 条件)的对比,没有发现 BA47 的激活。此外,在 ROI 分析中,BA47 在包含等级含义生成的 some-SOME 条件下的激活明显高于不包含等级含义生成的 every 条件。

BA47 是左侧 IFG 的子区域,与语义加工有关,因此,BA47 可能与 some 句子意义和 every 句子意义的平行计算有关。另一个可能在隐含意义的产生上发挥作用的脑区是右侧 MFG(BA10)。虽然在对隐含意义生成的全脑分析中没有观察到该脑区的激活,但是在 ROI 分析中,该脑区在成功的隐含意义条件(some-SOME 条件)下的激活显著高于没有隐含意义的条件。对于这个脑区在语言加工中的作用,还不确定,但是研究发现,相比语音加工,该脑区更多地在语义加工中被激活。在全脑分析和 ROI 分析中都发现了 some-NONE 条件表现出与 some-SOME 和 some-ALL 条件不同的激活模式。此外,当将其与 every 条件进行比较时,只发现了视觉区域内的激活,这表明在 some-NONE 条件下并没有生成任何等级含义。

2. 等级含义不匹配与左侧额中回前部和内侧额叶

实验结果表明，等级含义不匹配涉及两个脑区：左前 MFG（BA10）和 MeFG/ACC。在等级含义不匹配条件（some-ALL）与其他 some 条件（some-SOME 条件和 some-NONE 条件）的对比中发现了这两个脑区的激活。对这三个条件的对比，旨在揭示与等级含义不匹配有关的激活。实验结果证明，等级含义不匹配使加工成本增加，同时也导致了含义的产生。此外，这也表明隐含意义不匹配比完全正确和完全错误的条件下有更高的认知需求。

众多研究发现，左侧 MFG 在评估句子的真值以及生成信息或者高等信息的整合中发挥作用，这可以解释等级含义不匹配过程中增加的加工需求。当句子包含弱的标量表达式时，决定句子真值就会出现困难，这导致了等级含义不匹配的加工代价。当 some 句子出现在所有客体都满足这个属性的语境中时，判断句子真值出现困难。因为在 some 的逻辑意义下，这句话是真实的，但在由隐含意义所驱动的丰富意义中，这句话是假的，这种歧义可能会增加参与真值判断的区域的加工负荷。

此外，研究发现，MeFG/ACC 也参与到等级含义不匹配的加工中。与左侧 MFG 一样，MeFG/ACC 与高级认知功能有关，尤其是在冲突监测方面。神经成像的研究表明，当信息加工导致替代方案之间出现冲突时，在不同的任务中均发现了这个脑区的激活，因此 ACC 可以检测冲突或冲突可能发生的条件。在不匹配条件下，逻辑意义与丰富意义之间产生了冲突，因此左侧 MeFG/ACC 的激活可能是这种冲突产生的结果。

在等级含义不匹配与无含义条件的基线联合分析中，也观察到了右侧小脑的激活，但是这个区域在其他分析中没有出现激活。因此，不能确定这个脑区在等级含义加工中的作用。

（三）逆证推理与语用理解

逆证推理是依据观察、解释和背景知识三者之间的关系获得最佳解释的推理，由假设生成和评价两个阶段组成。逆证是由某个需要解释的现象所触发的寻求最佳解释的推理过程。其涉及背景知识的提取和选择，并且会导致背景知识的变化。以是否引起背景知识变化作为标准，可以将逆证分为选择性逆证和创造性逆证，创造性逆证在语言理解中扮演着重要角色。Grice 的会话含义理论使用语用推理模式来定义逆证推理的特征。Sperber 的关联理论认为，语用推理是对最佳关联的追求，对于其核心关联原则，可以从逆证推理的角度利用逆证推理的表达式进行分解。在逆证推理的工作模型中，新的或预料之外的事实会触发逆证推理，包括解释事实和将其整合到先前的理论中。在用逆证推理寻求新异性时，解释是通过扩展操作被同化到理论中来实现的。在逆证推理不正常的情况下，通过修正操作修改理论并整合解释。

Hobbs 等（1993）认为，最低成本的逆证证明提供了解决全部自然语言语用学问题的方案，例如，词义消歧、隐喻和转喻、名词性复合词和复位短语的解释以及语篇关系的探测等，并对以逆证推理为基础进行的语篇加工进行了探索。逆证框架是在自然语言理解中把一个更一般的原则实例化。这个原则就是：我们理解环境，是通过对感觉到的事物做出最佳解释实现的。但是，将逆证用于大尺度语篇加工时，在背景知识增加的情况下，逆证推理的实施往往变得十分棘手。Inoue 等（2014）为此提出了一个以整数线性规划技术（integer linear programming，ILP）为基础的有效逆证推理框架。

在这个框架中，推理系统把一个逆证问题转换成一个 ILP 问题。Inoue 等（2014）把以 ILP 为基础的加权逆证用于两个语篇加工任务，尝试在真实条件下以逆证为基础处理语篇加工问题。研究使用了涵盖面很大的知识基础和可扩展的推理引擎，并根据大规模真实语篇加工问题对系统进行了评价。以 ILP 为基础的加权逆证的要点是："受约束的组合优化"寻找加权逆证的假设。其好处如下：一是减少候选假设的搜索空间；二是最优化问题可以表述为一个 ILP 问题；三是产生的框架是高度可扩展的，很容易与语言学驱动的启发式结合。Inoue 等使用这个框架来解决自然语言理解（NLP）中的计划识别和文本蕴涵识别（RTE）问题。

（1）计划识别。计划是主体关于实现某一目标的一系列意图和信念。计划识别的任务是通过观察到的行为或者话语推断主体的计划。识别计划对于完成知识密集型 NLP 任务至关重要，例如，故事理解和对话设计。计划识别任务可以模式化为在给定的观察下寻找最佳解释（计划），多数是采用以逆证为基础的方法。Inoue 的研究使用了为评价逆证计划识别系统 ACCEL 而开发的数据集的一个子集，从中提取了 50 个计划识别问题和 107 个基础公理。计划识别问题把主体的行为表征为命题的连接词，以逻辑形式（logical form，LF）表征行为序列，用加权的逆证逻辑形式表征需要用背景知识来解释的观察。同时，使用两个词汇语义库 WordNet（WN）和 FrameNet（FN）作为常识性知识的基础。在语篇加工的情形下，解释一个 LF 的假设称为"对这个 LF 的一个解释"。文本的解释通过逆证系统完成。这个系统试图证明文本的逻辑形式，必要时允许假设。在系统能够证明部分的 LF 之处，系统就会将 LF 存储到知识库中，在需要假设之处为系统增加新信息。

（2）文本蕴涵识别。文本蕴涵识别的目标是从自然语言文本中发现隐含的信息。隐含信息包括语篇实体之间的语义关系、照应关系、人物的意图等。这些信息在问题回答和识别文本蕴涵等自然语言处理任务中都是有用的。文本蕴涵识别是许多自然语言处理应用所需要的通用语义推理任务。在这个任务中，系统被给予一个文本（text，T）和假设（hypothesis，H），需要决定 H 是否被 T 和常识性知识所蕴涵。识别文本蕴涵任务（Recognizing Textual Entailment Task，RTE）问题的解决多数是基于演绎推理。演绎方法的局限性在于，如果从 T 推理 H 所要求的知识点在知识库（knowledge base，KB）中缺失了，推理机就找不到证明，并预言没有蕴涵，而用逆证解决知识不完整性问题时是允许假设的。Inoue 等用逆证推理机解释文本和假设，把从文本导出的信息加到知识库中，降低了最佳逆证假设证明的成本。

（3）知识库。语篇加工程序是以知识库为基础的，知识库由一系列公理组成。为了获得覆盖范围大、可靠的知识库，Inoue 等使用了已有的词汇语义资源库。研究已经证明，从 WN 抽取的公理，在知识密集型自然语言应用中是十分有用的。WN 中的中心实体称为一个同义词集合（synset）。synset 相当于词义，每一个词位（lexeme）可以参加多个 synset，使用词位-同义词集合的映射（lexeme-synset mapping）生成公理。我们可以把用 synsets 和 word senses 定义的 WN 关系转换成公理：上下位关系、实例化、蕴涵、相似性、因果关系、整体-部分关系和求导。另一个库是 FN，它在改进问题回答和识别文本隐含中具有应用潜力。谓词的词汇意义用框架表征，描述在自然语言中谈论的典型情境。FN 中的每一个框架都包含一系列角色，相当于所描述情境的参与者。具有类似语义的谓词被分配到同样的框架中。对于大多数例子而言，FN 提供了句法模式，表示这些词位及其论元的表层实现，可以用这些模式推导公理。FN 也引入了根据框架定义的语义关系，如继承、因果关系和优先。例如，"给予"和"得到"两个动词与因果关系相连接。被连接的框架的角色也相互连接。为了生成相应的公理，可以使用理论公理化关系的框架。公理的权重是用相应的词义在标注的语料库中的频率计算的。其中，频率信息是由 WN 和 FN 提供的。

Inoue 等（2014）以 ILP 方法和自动生成的大型知识库为基础，在把可控的推理用于大规模自然语言处理方面做了成功的尝试。而且，以 ILP 为基础的逆证框架很容易引入语言驱动的启发式策略，使其有可能成为自然语言处理的一个通用模块，用于解决广泛的语用问题，如指代消解等。

本 章 小 结

推理是人类在已有知识的基础上由一个或几个已知判断推出一个新判断的思

维过程,各种不同的推理形式在语言理解过程中时时处处都存在。本章主要阐述了演绎和归纳推理的认知机制、神经基础及其在语言理解中的作用。第一节是推理及其认知基础。根据认知基础、推理方向和不确定性程度等,可以将推理划分为不同的类型。不同类型的推理之间存在相关,并有可能被统一到一个人类推理模块之中。第二节是演绎与理解。演绎推理是一种从一般到特殊、能获得确定的结果的推理。语言和逻辑之间在多个语义水平上存在复杂的交织(界面),包括句子的逻辑形式、逻辑概念的词项解释和语篇过程的逻辑结构等。心理语言学认为,演绎推理是语篇理解必不可少的子成分;关联理论把演绎推理看作一种影响全局的动态过程。关于演绎推理的神经基础,Goel 认为以语言为基础(心理逻辑理论)和以视觉系统为基础(心理模型理论)的系统都参与了逻辑推理,对特定任务和环境线索的响应要依赖于不同系统的动态协同。第三节是归纳与理解。归纳推理的前提与结论之间的关系不是逻辑必然,没有确定性的断言。归纳推理包括多种推理类型,如类比推理、因果推理和概率推理等。类比是一种根据类似情境的先验知识学习和了解新情境的归纳推理形式,根据结构相似性、表面相似性和关系相似性,在源和目标之间建立类比关系。因果关系不是纯粹逻辑的,只能根据经验发现,从特定经验中得到普遍命题的过程称作归纳概括。寻求事物的原因和结果之间的关系是人类知识活动的重要内容,也普遍存在于语言理解过程中。语篇理解中的不确定性表现在多个层次、多个方面。第三节展示的句子理解中的语义和句法加工的语言概率模型参数的神经相关、形式语法相关的标量表达式加工的神经机制的实验研究,在 NLP 的语用问题解决过程中的逆证推理,都是语言理解中的不确定性推理的例证,尽管三者之间并没有内在联系。

参 考 文 献

Armeni, K., Willems, R. M., & Frank, S. L. (2017). Probabilistic language models in cognitive neuroscience: Promises and pitfalls. *Neuroscience and Biobehavioral Reviews*, 83, 579-588.

Asher, N. (1993). *Reference to Abstract Objects in English: A Philosophical Semantics for Natural Language Metaphysics*. Holland: Kluwer Academic Publishers.

Bhattacharjee, A., & Choudhury, L. (2015). An analysis of deductive reasoning: A review supported by neuro-physiological evidences. *Journal of the Indian Academy of Applied Psychology*, 41(1), 118-126.

Braine, M. D., & O'Brien, D. P. (1991). A Theory of "If": A lexical entry, reasoning program, and pragmatic principles. *Psychological Review*, 98(2), 182-203.

Brennan, J. (2016). Naturalistic sentence comprehension in the brain. *Language and Linguistics Compass*, 10(7), 299-313.

Frank, S. L., Koppen, M., Noordman, L. G. M., & Vonk, W. (2003). Modeling knowledge-based inferences in story comprehension. *Cognitive Science*, 27 (6), 875-910.

Goel, V. (2007). Anatomy of deductive reasoning. *Trends in Cognitive Sciences*, 11 (10), 435-441.

Goel, V., Buchel, C., Frith, C., & Dolan, R. J. (2000). Dissociation of mechanisms underlying syllogistic reasoning. *NeuroImage*, 12 (5), 504-514.

Golden, R. M., & Rumelhart, D. E. (1993). A parallel distributed processing model of story comprehension and recall. *Discourse Processes*, 16, 203-237.

Green, A. E. (2016). Creativity, within reason: Semantic distance and dynamic state creativity in relational thinking and reasoning. *Current Directions in Psychological Science*, 25 (1), 28-35.

Green, A. E., Fugelsang, J. A., Kraemer, D. J. M., Shamosh, N. A., & Dunbar, K. N. (2006). Frontopolar cortex mediates abstract integration in analogy. *Brain Research*, 1096 (1), 125-137.

Green, A. E., Spiegel, K. A., Giangrande, E. J., Weinberger, A. B., Gallagher, N. M., & Turkeltaub, P. E. (2017). Thinking cap plus thinking zap: Tdcs of frontopolar cortex improves creative analogical reasoning and facilitates conscious augmentation of state creativity in verb generation. *Cerebral Cortex*, 27 (4), 2628-2639.

Grice, H. P. (1975). *Logic and Conversation*. New York: Academic Press.

Henderson, J. M., Choi, W., Lowder, M. W., Ferreira, F. (2016). Language structure in the brain: Afixation-related fMRI study of syntactic surprisal in reading. *NeuroImage*, 132, 293-300.

Hobbs, J. R., Stickel, M. E., Martin, P., Appelt, D. E., & Martin, P. (1993). Interpretation as abduction. *Artificial Intelligence*, 63 (1-2), 69-142.

Hudson, J. A., & Slackman, E. A. (1990). Children's use of scripts in inferential text processing. *Discourse Processes*, 13 (4), 375-385.

Inoue N., Ovchinnikova, E., Inuia, K., & Hobbs, J. (2014). Weighted abduction for discourse processing based on integer linear programming. *Plan, Activity, and Intent Recognition*, 33-55.

Johnson-Laird, P. (2010). Deductive reasoning. *Wiley Interdisciplinary Reviews Cognitive Science*, 1 (1), 8-17.

Khemlani, S. S., Barbey, A. K., & Johnson-Laird, P. N. (2014). Causal reasoning with mental models. *Frontiers in Human Neuroscience*, 8, 849.

Kim, S. I., Yoon, M., Kim, W., Lee, S., & Kang, E. (2012). Neural correlates of bridging inferences and coherence processing. *Journal of Psycholinguistic Research*, 41 (4), 311-321.

Kintsch, W. (1988). The role of knowledge in discourse comprehension: A construction-integration model. *Psychological Review*, 95 (2), 163-182.

Kintsch, W. (1991). How readers construct situation models for stories: The role of syntactic cues and causal inferences. In: A. F. Healy, S. M. Kosslyn, & R. M. Shiffrin (Eds.), *From Learning Processes to Cognitive Processes: Essays in Honor of William K. Estes* (pp.261-278). Hillsdale: Erlbaum.

Kintsch, W. (1993). Information accretion and reduction in text processing: Inferences. *Discourse Processes*, 16 (1-2), 193-202.

Kuperberg, G. R., Lakshmanan, B. M., Caplan, D. N., & Holcomb, P. J. (2006). Making sense of discourse: An fMRI study of causal inferencing across sentences. *NeuroImage*, 33(1), 343-361.

Kuperberg, G. R., Paczynski, M., & Ditman, T. (2011). Establishing causal coherence across sentences: An ERP study. *Journal of Cognitive Neuroscience*, 23(5), 1230-1246.

Manktelow, K. I., & Over, D. E. (1990). *International Library of Psychology. Inference and Understanding: A Philosophical and Psychological Perspective*. Florence: Taylor & Frances/Routledge.

Mayrhofer, R., & Waldmann, M. R. (2016). Causal agency and the perception of force. *Psychonomic Bulletin & Review*, 23(3), 789-796.

Nelson, M. J., Karoui, I. E., Giber, K., Yang, X., Cohen, L., et al. (2017). Neurophysiological dynamics of phrase-structure building during sentence processing. *Proceedings of the National Academy of Sciences of the United States of America*, 114(18), e3669-e3678.

Nyamsuren, E., & Taatgen, N. A. (2014). Human reasoning module. *Biologically Inspired Cognitive Architectures*, 8, 1-18.

Oaksford, M., & Chater, N. (2001). The probabilistic approach to human reasoning. *Trends in Cognitive Sciences*, 5(8), 349-357.

Oaksford, M., & Chater, N. (2007). *Bayesian Rationality: The Probabilistic Approach to Human Reasoning*. Oxford: Oxford University Press.

Osherson, D., Perani, D., Cappa, S., Schnur, T., Grassi, F., & Fazio, F. (1998). Distinct brain loci in deductive versus probabilistic reasoning. *Neuropsychologia*, 36(4), 369-376.

Peirce, C. S. (1955). *Philosophical Writings of Peirce*. New York: Dover.

Prado, J., Chadha, A., & Booth, J. R. (2011). The brain network for deductive reasoning: A quantitative meta-analysis of 28 neuroimaging studies. *Journal of Cognitive Neuroscience*, 23(11), 3483-3497.

Salmon, W. C. (1984). *Scientific Explanation and the Causal Structure of the World*. Princeton: Princeton University Press.

Schmidt, G. L., Cardillo, E. R., Kranjec, A., Lehet, M., Widick, P., & Chatterjee, A. (2012). Not all analogies are created equal: Associative and categorical analogy processing following brain damage. *Neuropsychologia*, 50(7), 1372-1379.

Shetreet, E., Chierchia, G., & Gaab, N. (2014). When some is not every: Dissociating scalar implicature generation and mismatch. *Human Brain Mapping*, 35(4), 1503-1514.

Sperber, D., & Wilson, D. (1986). *Relevance: Communication and Cognition*. Cambridge: Blackwell, Oxford and Harvard UP.

Talmy, L. (1988). Force dynamics in language and cognition. *Cognitive Science*, 12(1), 49-100.

Tsujii, T., Masuda, S., Akiyama, T., & Watanabe, S. (2010). The role of inferior frontal cortex in belief-bias reasoning: An rtms study. *Neuropsychologia*, 48(7), 2005-2008.

Tsujii, T., Sakatani, K., Masuda, S., Akiyama, T., & Watanabe, S. (2011). Evaluating the roles of the inferior frontal gyrus and superior parietal lobule in deductive reasoning: An rtms study. *NeuroImage*, 58(2), 640-646.

van Schijndel, M., Murphy, B., Schuler, W. (2015). Evidence of syntactic working memory usage in MEG data. In: T. O'Donnell, M. van Schijndel (Eds.), *Proceedings of the 6th Workshop on Cognitive Modeling and Computational Linguistics* (pp.79-88). Denver: Association for Computational Linguistics.

Virtue, S., Haberman, J., Clancy, Z., Parrish, T., & Beeman, M. J. (2006). Neural activity of inferences during story comprehension. *Brain Research*, *1084*(1), 104-114.

Waldmann, M. R., & Hagmayer, Y. (2013). Causal reasoning. In: D. Reisberg (Ed.), *Oxford Handbook of Cognitive Psychology* (pp.733-752). New York: Oxford University Press.

Waldmann, M. R., & Hagmayer, Y. (2013). Causal reasoning. In: D. Reisberg (Ed.), *The Oxford Handbook of Cognitive Psychology* (pp.733-752). New York: Oxford University Press.

Waldmann, M. R., & Mayrhofer, R. (2016). Hybrid causal representations. In: B. H. Ross (Ed.), *The Psychology of Learning and Motivation* (Vol.65, pp.85-127). New York: Academic Press.

Willems, R. M., Frank, S. L., Nijhof, A. D., Hagoort, P., van den Bosch, A. (2016). Prediction during natural language comprehension. *Cerebral Cortex*, *26*, 2506-2516.

Zhao, M., Meng, H. S., Xu, Z. Y., Du, F. L., Liu, T., & Li, Y. X., et al.(2011). The neuromechanism underlying verbal analogical reasoning of metaphorical relations: An event-related potentials study. *Brain Research*, *1425*, 62-74.

Zucchi, A.(1993). *The Language of Propositions and Events*. Holland: Kluwer Academic Publishers.

第十章

预　　期

预期是广义认知控制的一个成分，其本身并非一个新话题，但近年来在心理学和认知神经科学领域受到格外重视。原因可能在于，人们更倾向于把认知系统看作一个主动的生成系统，而不是被动的信息加工系统；是拥有丰富的知识经验，并且用自己的知识指导认知的行为主体。在这样的理论框架下，可以更好地解释知觉、动作、思维等不同认知领域的现象，对于语言理解加工也是如此。

本章首先介绍人类预期加工的一般认知和神经生理基础，然后介绍两个有影响力的语言理解预期理论，第三部分则从语义、句法和时间三个方面，介绍语言理解过程中预期加工的认知神经科学研究。

第一节　预期加工及其神经生理基础

一、预期加工理论

（一）自由能理论

Friston（2005，2009，2010）从推理的角度，利用信息论的概念和方法，提出了预期加工的自由能理论。其认为知觉脑已经进化到能够表征或者推断感觉输入变化的原因，推理问题可用统计学术语进行形式化，推理的统计基础可能对神经元活动设定了重要的限制。用现代的统计理论对 von Helmholtz（1860/1962）的知觉起源观点进行形式化，可以得到知觉推理和学习的模型，用以解释相当多的神经生物学实事。

1. 自由能最小化框架

自由能公式起源于理论物理,后来被引入机器学习领域。这个框架显示,在与环境交互的系统中,把热力学自由能的信息论同构的最小化作为预测误差最小化的策略。热力学自由能衡量的是所获得的做有用功的能量。将其移植到认知-信息领域,即变为世界被表征的方式与它实际存在的方式之间的差异。匹配越准确,信息论自由能越低。在信息论语境下,熵是惊奇指数的长时间平均。降低信息论自由能,相当于改进了关于世界的心理模型,减少了预测误差,进而降低了惊奇指数。自由能原则如下:作为系统一部分的所有变量的变化都是为了减少自由能。将这个原则用到脑功能的不同成分中,可以引出有效内部表征图式的生成,揭示了知觉、推理、记忆、注意和动作之间相关关系背后的深层理性原则。形态学、行为趋势(包括环境生态的主动建构)以及总体神经结构,都是对这个原则在不同时间尺度上运作的表达。对感觉输入的原因的推理,以及对输入与原因之间的关系的学习,可以用同样的原则加以解决。具体而言,推理和学习都依赖于大脑自由能的最小化,如同统计物理所定义的那样。对于皮层结构可以做理论的预期,感觉皮层是双向连接的层级组织,前向和后向连接的功能是不对称的(前向连接是驱动的,后向连接同时是驱动和调节的)。对于突触生理学,可以预测突触连接的可塑性、动态模型依赖放电时间的可塑性。电生理学可以说明经典的感受野效应、长时程潜伏期或者诱发脑电反应的内源性成分。它预期编码预期误差的反应会随着知觉学习而衰减,可以解释很多现象,诸如重复抑制、电生理的 MMN 和 P300 等。

2. 贝叶斯脑假设

贝叶斯脑假设采用贝叶斯概率论,把知觉表达为一种以内部或生成模型为根据的建构过程。其潜在的观点是,脑有一个世界模型,它试图使用感觉输入达到最优化。这个观点与分析-合成(AS)(Neisser,1967)和认识论自动机(EA)(MacKay,1956)这两个理论相关。据此可以认为,脑是一个主动预测和解释感觉的推理机。这个假设的核心是:脑根据概率模型生成预期,将输入的感觉信息与预期做对比,更新关于原因的信念。这个生成模型可以分解成两部分:可能性(给定原因时感觉数据的概率)和先验知识(对这些原因的预设概率)。知觉就成为反转可能性模型(从原因到感觉的投射)的过程,在给定感觉数据(从感觉到原因的投射)的条件下,提取原因的后验概率。许多与贝叶斯脑假设有关的问题,都可以用自由能原则进行说明。

第一个问题是生成模型的形成及其在大脑中的表达。在层级生成模型中,先验知识本身是最优的。一个水平的原因生成低层次的从属原因;感觉数据本身在最低水平生成。减少自由能可以有效地将先验知识最优化。因为先验知识是以层级式连接的，接收最低水平的感觉数据后，使大脑能够将预设预期达到最优化。这个最优化使得层级中的每一个层次对其他层次负责，提供一个在多个描述水平上内部一致的感觉原因的表征。

第二个问题是识别密度的形式。它由脑的物理特征编码，最简单的假设形式是高斯定律，只需要条件平均值或者期望值。在此假设下，自由能就是模型的预期与感觉或者表征之间的差异。自由能最小化相当于消除预测误差，这称为预测编码。在这个框架里，为了描述预测误差，预测误差单元比较了条件期望与自上而下的预期。预测误差向前传送，驱动编码条件期望的上一级单元，使其自上而下地达到预期最优化，消除下一级的预测误差。消除意味着用自上而下预期驱动的抑制性突触输入，克服自下而上的对预测误差神经元的兴奋输入。自下而上的预测和自上而下的预期相互交换，直到预测误差在所有水平达到最小化和条件期望最优化。

总之，贝叶斯大脑和预测编码理论的主题是，脑是一个推理引擎，试图将引起它的感觉输入的原因的概率表征最优化。最优化是通过使用（可变自由能的）对惊奇的约束得以实现的。自由能原则需要贝叶斯大脑假说用这个领域研究者考虑过的许多框架来完成，包括脑区或者单元之间某些形式的信息传递或者信念传播，使我们能把自由能原则与感觉加工的其他方法（即信息论）联系起来。

（二）行动导向的预期加工模型

Clark（2013）提出了行动导向的预期加工模型，将认知、知觉、行动和注意力放在一个共同的理论框架内。该框架将层次生成模型诱导的概率密度分布作为表示世界的基本手段，把预测误差最小化作为学习、行动选择、识别和推理的驱动力。它提供了一个系统的桥梁，将最有前景的三种理解心智和理性的工具（认知神经科学、计算建模、贝叶斯概率方法）联系起来处理证据和不确定性。

1. 主动生成预测

von Helmholtz（1860）将知觉描述为一个概率、知识驱动的推理过程，认为知觉系统根据其本体感受推断感觉接受器之所以产生效应的原因。这反过来又涉及计算多个概率分布，因为单个效应可能对应多种不同的原因，这些原因仅由其相对（和上下文相关）发生的概率来区分。越来越多的认知心理学研究者开始认同这样的观点，大脑并不仅仅通过自下而上的加工被动地积累大量由低层级神经系统加工的线索，被动地建立其当前的远端原因模型。事实上，大脑试图从其原因的最佳模型中预测当前的一组线索（Hohwy，2007），需要根据从高层级到低层级表征的反向映射来进行计算。层级预期将多层双向级联中使用的"自上而下"概率生成模型，与有效编码和传输的核心预测编码策略相结合。这种方法可以统一解释学习、推理和控制的可塑性等大脑能力。

2. 层级双向预期

在知觉中，成功地表征世界的关键在于消除感觉预测的误差。因此，知觉是通过"解释"来驱动传入的感觉信号，并将其与一系列连续的空间和时间尺度相对应的预测相匹配。大脑不仅仅对外界输入的感觉信号做出简单的反应（即使在早期的感觉情况下），而且对输入知觉系统的信息进行实时的不间断的预测。实际上，层级结构是双加工层级的一部分。双加工层级理论模型最显著的特点是，将向前的信息流描述为仅仅是传递误差，而反向的信息流仅仅是传递预测信息。双加工层级理论模型在熟悉与新颖之间实现了微妙的平衡。双加工层级理论模型假设存在两个功能不同的神经元集群：浅层锥体细胞（前向神经解剖联系的主要来源）扮演误差单元的角色，负责向前传递预测误差；深层锥体细胞扮演表征单元的角色，负责向后传递预测模型（基于复杂的生成模型）。

3. 概率生成模型

在层级预期加工模型中，神经表征以概率生成模型的形式编码概率密度分布，推理流程符合贝叶斯法则，即在先前的期望与新的感觉证据之间取得平衡。神经系统在功能上适用于处理不确定、有噪声和模糊的信号来源，具有内部表征不确定性的特定机制。这意味着表征世界的一种状态或特征不是使用单个计算值，而是使用一个条件概率密度函数进行编码。例如，当知觉可见物体的深度时，神经计算模型会依据可用的给定感觉信息，推测物体处于不同深度 z 的相对概率。起初系统可能会避免确定任何单一的解释，同时会遇到一系列的错误信号（这些错误信号是早期诱发反应的主要组成部分），随着相互竞争的"信念"在系统中上下扩散，与一个占主导的主旨迅速趋同，随后细节信息被进一步确认。因此，这种设置倾向一种反复确认的"主旨-浏览"模型。

越来越多的研究领域开始指向贝叶斯分布，如低水平加工、适应性、知觉和运动计算、生物加工等领域可能非常接近贝叶斯最优性假设。但是，研究者发现，人类在某种绝对意义上并不是"贝叶斯最优"。在考虑到我们实际掌握的信息的不确定性时，通过有效利用知觉和处理形式来提供可利用的信息，往往是最优的或接近最优。我们会考虑感觉和运动信号的不确定性，依据背景线索（通常非常微妙）判断不同线索的相对权重。研究表明，人类在感知和行动上都是理性的贝叶斯估计者。层级预期加工模型也暗示了表征关系自身的本质。从高级别的缘由到生成低级的状态，提供了一种从"内部"黑箱到达外部世界的方法，使学习者能够可靠地将其内部生成模型与信号源（世界）的统计特性相匹配，从直接联系（通过贝叶斯工具）到理性学习和信念固着的理性加工。

4. 知觉与认知

在知觉过程中，预期的生成模型根据自下而上的驱动信号，生成一连串自上而下的预测，通过拟合提供持续的反馈，将"自上而下"和"自下而上"的影响以一种微妙的方式结合在一起。层级预期编码模型提供了一种加工机制——上下文/背景信息敏感是基本的和普遍的。该模型可以对注意力做出新的解释。注意力通过考虑自上而下与自下而上影响的精确性（不确定性程度），来平衡它们之间的相互作用。调节误差单元上的增益，其结果是在不同水平上控制了先前预期的相对影响。更高的精度意味着较少的不确定性，并反映在相关误差单元的更精确的增益调节中。如果这一推论是正确的，那么注意只是一种调节增益的方式，通过这种方式某些误差单元的反应被赋予更大的权重，从而变得易于推动学习和增强大脑可塑性，并采取补偿行动。这意味着自上而下和自下而上影响的精确组合并不是静态的或固定的，相反，对感官预测误差的权重取决于信号。层级预期编码模型使得知觉和认知之间的界限变得模糊甚至消失。知觉和信念之间的区别，是内部模型在不同的时间和空间尺度预测自上而下和自下而上的影响的拟合中获得的变量差异。顶层（认知）直观地对应于逐渐抽象的世界概念，而这些概念往往在更大的时间和空间尺度上捕捉或依赖于规律。较低层次（感觉）的捕捉或依赖于与特定类型的知觉接触密切相关的尺度和细节的种类。但是，这些水平之间的精确调节和相互作用通常是由一种连续的行为所调节的，这是智能的自适应反应的核心。

二、预期加工的神经生理基础

（一）具身的预期内感受器编码模型

Barrett 和 Simmons（2015）提出了具身的预期内感受器编码（EPIC）模型。这个模型着重描绘了支持预期加工的神经生理系统的层级组织，以及信息和预测误差在系统中的传递和加工过程。

有证据表明，大脑通过过去的经验主动建构动作和知觉表征，沿着层状变化梯度的信息流的方向，提供了有关边缘皮层在皮层加工中的作用的重要事实。皮层边缘区具有简单的层状结构（如没有第Ⅳ层或者第Ⅳ层退化），向有更好分层的底层区域发送反向投射。这个反向投射的功能是预期，驱动整个大脑皮层的加工。

这个假设有可能提供一个统一的框架，用预期编码解释大量的神经过程和失常的诸多说法，并对有关意识的假设有重要的启示。

1. 大脑皮层预期编码的组织框架

根据主动推理和预期编码原则，大脑功能是一个客观世界的层级生成模型，根据过去的经验，按照贝叶斯概率对感觉输入进行解释。这个生成模型将信号（预期）从加工层级的高级区发送到低级区，预期在感觉信号从外在感受器到达之前调节感觉神经元的发放，并与感觉输入进行比较。预期和感觉输入的差异称为预测误差，沿着层级向上传送，这是前向或者上行投射。预测误差在更新模型中的影响是不固定的，根据预测误差信号的可靠性改变权重。总之，知觉和行动被认为是从大脑关于感觉事件的原因的最佳猜测中推导出来的，通过感觉输入对这些猜测进行核查。Barrett 和 Simmons（2015）根据皮层层级结构的系统变化的观点，整合了皮层-皮层连接的结构理论与预测编码原则，提出了大脑的内感受器编码系统。

大脑的内感受编码系统提出，在两个皮层区域之间的预测和预测误差的方向是由这些区域的层状结构决定的。预测是从少层皮层流向多层皮层，预测误差沿着相反方向流动。皮层边缘区域（包括扣带回、腹侧前脑岛、后眶额皮层、海马旁回和颞极）在新皮层中有最简单的层状结构。假设在所有皮层系统的预测层级中，它们都处于顶端，发送预测；分层最多的区域（初级感觉皮层）处在最底层，接收预测。进一步假设由于它们的解剖位置与所有感觉系统邻接、处于预测层级的顶端、相互之间以及与皮层下结构（如杏仁核、腹侧纹状体、下丘脑）有强连接，边缘皮层形成了一个在大脑中整合和提取信息的高度连接、动态的功能性集合。边缘皮层凭借其结构和功能性质，有助于形成统一的意识和经验。这个假设为固有脑网络内部信息的流动提供了新见解。

2. 皮层-皮层连接的层状结构中的预测编码

用结构模型实现预测编码的结果是：预测和预测误差的方向是由皮层区域的分层差异决定的（图10.1）。预测主要源于少层的皮层区的深层，终止于多层区域的表层。相反，预测误差源于皮层区的表层，终止于少层区域的深层。当两个区域具有可比较的层状结构时，其投射起源和终止于表层和深层（它们是侧向的）。这意味着某些皮层区（如边缘皮层）主要是向多层区域发送预测，并接收预测误差，初级感觉皮层接收预测和发送预测误差。具有中等分化程度的脑区会根据所接收信息脑区的相对分化程度，来发送预测和预测误差。

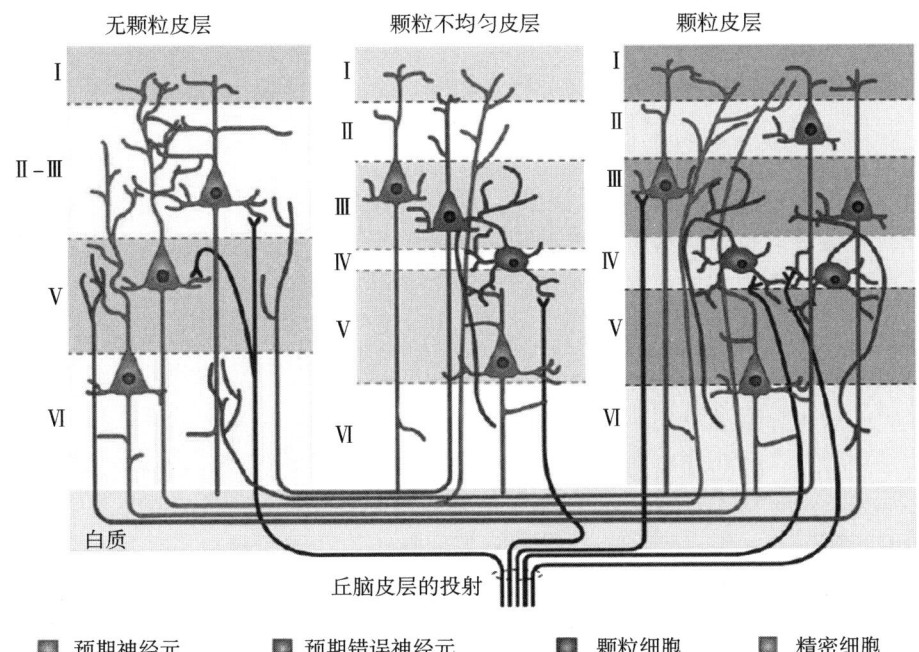

图 10.1 预期编码的皮层内结构和皮层间连接。皮层柱包括不同数量的层，每一层都有具有不同特征的细胞类型以及皮层内和皮层间的连通模式。颗粒皮层（右边）由六种不同的层组成，第Ⅳ层包含颗粒细胞，它们是兴奋性多刺星状神经元（紫色），可在整个柱中放大和传播丘脑皮层输入。颗粒皮层在其下层和上层中还包含许多多刺的锥体神经元。相反，无颗粒皮层（左边）没有完整的第Ⅳ层，而且第Ⅱ层和Ⅲ层之间的边界区分不明显。这些上层比颗粒皮层包含相对较少的锥体神经元。但是，与上层相比，无颗粒皮层在第Ⅴ层和Ⅵ层中包含的锥体神经元数量相对较多。尽管没有包含颗粒细胞的第Ⅳ层，无颗粒皮层依然接受丘脑投射；但是，与颗粒皮层相比，进入无颗粒皮层的感觉信息在整个皮层柱中的放大程度较低，重新分配的程度也较差。颗粒不均匀皮层处于颗粒和无颗粒区域的过渡区，包含小但是清晰的第Ⅳ层，以及第Ⅱ层和第Ⅲ层。该图并非旨在全面介绍，而是强调层流和细胞特征，这些特征对于理解具身的预期内感受器编码（EPIC）模型及其预测非常重要。根据 EPIC 模型，无颗粒皮层中深层的预期神经元（绿色的锥体神经元）通过发送感觉预期［投射到颗粒不均匀和无颗粒感觉皮层的上层（绿线）］来驱动主动推理。颗粒皮层上层中的预期错误神经元（红色的锥体神经元）计算预测的和接收到的感觉信号之间的差异，并发送预期错误信号［通过反向投射到无颗粒皮层的深层（红线）］。精密细胞（蓝色的锥体神经元）动态调整预期的增益和预期误差，因此根据对下行预测的相对置信度或传入感觉信号的可靠性，可以使这些信号的权重降低（或在某些情况下更大）（Barrett & Simmons，2015）（见彩图 10.1）

在 EPIC 模型中，证据主要来自猴子的束跟踪研究和人类的功能成像研究，内脏运动边缘皮层向位于脑岛中后部（the mid-to-posterior insula）的初级内感受器皮层发送预测。内脏运动皮层边缘区也向皮层下结构发送预测，这些结构控制着自主系统、荷尔蒙、代谢和免疫系统（如杏仁核和下丘脑）。我们把模型拓展到各个边缘皮层的感觉系统的顶端，称为边缘工作空间模型。

3. 感觉系统中的边缘皮层

边缘工作空间模型的一个假设是，所有皮层感觉系统的结果与内感受系统都相似。边缘皮层可以在视觉、听觉和躯体感觉系统中找到。在每一个层级皮层系统的顶端，边缘皮层向更多分层的脑区发送预测。初级皮层在底层，发送预测误差。我们在这些系统中可以看到，预测是从皮层边缘区流向多通道联合区。这些多通道联合区具有确定的第Ⅳ层，由三个系统共享。预测从这些区域流向初级感觉皮层，感觉输入从外周到达初级感觉皮层。在这里，感觉信息被详尽地表征，以计算预测误差。预测误差通过分层差异梯度流向少层区（从单通道联合区到多通道联合区，最后到边缘皮层）。尽管预测和预测误差是分层流动的，但在每个系统中的区域并非必然以严格的线性方式被放置。这些系统很可能在每一个层级通过侧向连接相互影响。在预测层级的高层次，信息以更加整合的方式表征。跨感觉范畴的整合伴随着维度的减少（感觉细节被概括和压缩）。在不同系统中，存在皮层加工量的差异。与内感觉相比，视、听和感觉运动通道的信息在大脑皮层中会被更广泛地加工。在这些外部信息处理系统中，预测和预测误差是跨越多个皮层层级进行计算的，而在内感受系统中这种计算跨越的层级只有少数几步。因此，初级内感受皮层具有不发达的第Ⅳ层。这种差别解释了为什么内感受知觉不好区分，具有低的维度。

总之，有三个发现支持 EPIC 模型，源自边缘皮层的预测牵涉更加整体和低维的信息，这些预测到达加工特异性信息的初级感觉皮层后变成高维信息。预测误差从初级感觉皮层到边缘皮层，会被压缩和概括。因此，边缘工作空间模型提出，边缘皮层在皮层加工中具有一般化的作用。这与以下两个结论相容：①这些脑区存在特异的功能以及它们之间存在差异；②不同皮层边缘区可能主要与特定系统具有更密切的联系。在预测编码框架中，知觉与动作是紧密耦联的，动作能减少预测误差。将此逻辑扩展到边缘工作空间模型，动作和知觉都来自大脑关于世界和躯体的假设，作为边缘皮层预测的开端。预测受到感觉输入的约束，因此知觉在很大程度上可以被理解为是基于过去的经验以及它们的异质相关而形成结构，由世界和躯体的实际状态来控制。

4. 意识经验的动态工作空间

大脑是一个利用过去经验建构现在的生成模型。它不是一个客观、精确的模型，是由机体在经验历史中已经编码的信息所决定的，并被剪裁以适应于变化的需要和动机。它们的解剖位置在感觉运动加工层级的顶端。此外，边缘皮层与皮层下结构（杏仁核、腹侧纹状体和下丘脑）有很强的双向连接。在边缘皮层中，高度整合的神经表征很容易被整个大脑提取。信息的可及性和共享性以及工作空间的概念，一致地被描述为意识通道的关键特征。意识的整体空间理论假设，大范围神经系统的迅速激活是意识的神经基础。其他理论则强调了皮层-丘脑环路的重要性。Barrett 和 Simmons 的假设则强调，由于其连接性和在层级皮层信息流中的位置，边缘皮层对意识通道的贡献具有优先权，可能提供了意识经验的工作空间。在一个特定的系统中，信息的表征或者组合能够被动态地选择和优化，因为它们在特定情境中与机体的预测相关。这意味着边缘皮层根据特定的情境发送预期。特定的皮层系统的内容会根据它们与特定情境的相关性被选择，并被送往工作空间。至此，大脑中几乎所有系统都可以访问优先级信息，从而获得统一的意识经验。工作空间中内容的动态选择及其灵活性保证了表征的分化和整合，这是意识和脑功能的关键特征。

（二）海马在预期和想象中的作用

Buckner（2010）系统阐述了海马在预期和想象中的作用，认为个体以往所经历的事件可能是建立预期和想象的基石。近年来的研究结果表明，海马-皮层系统能够促进对未来的预期过程。对于未来的预期，是对个体所经历以及存储的过去事件的一种融合过程。信息存储本质上是具有前瞻性的，能够支持关于未来不可预知事件的决策和判断。Mullally 和 Maguire（2014）也提出，记忆、想象和预期未来具有共享的脑机制。

1. 海马-皮层系统

海马-皮层系统包括海马以及与之相关的广泛脑区，海马也包括很多内部连接结构（CA 区、齿状回以及海马下托复合体）。这些结构的位置可以形成一个环路，从/向大脑皮层接收/发射信号（Squire et al., 2004）。海马与大脑皮层的联系主要依靠与其相邻的内嗅皮层，从这一皮层发射的信息经过鼻周皮层和海马旁回与广大皮层脑区相联系。我们将海马区以及与之相联系的广泛皮层称为海马-皮层系统。

对大鼠、猴子和人的研究发现，海马区通过很多并行通道与新皮层实现交互。解剖学研究所发现的加工路径，允许海马整合空间或非空间信息。在关于猴子的研究中，研究者发现鼻周皮层和海马旁回分别与颞叶和顶叶相连接（Suzuki & Amaral, 1994）。对人类的功能连接的研究也发现了这种相似的分化模式（Kahn et al., 2008）。

2. 当个体展望未来时，海马-皮层系统被激活

记忆系统是构建未来事件预期的基础。大量的研究发现，想象未来与回忆过去共享相似的行为特征以及相同的海马-皮层系统。关于想象未来事件依赖于海马-皮层系统的直接证据来自功能成像研究。对回忆尤其是自传体回忆的提取过程，会激活部分或全部海马-皮层系统。想象未来场景，激活了相同的海马-皮层系统。跨研究分析发现，海马-皮层系统包括海马、扣带回后部延伸至楔前叶，以及内侧额叶皮层在不同的研究中均被激活（Schacter et al., 2008, 2009），但二者并不完全一一对应，比如，海马-皮层系统中的内侧额叶皮层一般指其腹侧区域，而想象未来所激活的额叶更靠近背侧（Buckner et al., 2008）。综上所述，功能成像研究结果表明，想象未来和回忆过去激活了同样的脑区，这些脑区包含海马以及一些皮层区域，这些区域中的大部分与海马-皮层系统重合。

3. 海马细胞群是预期的基础

海马中神经元集群的活动与预期的过程是否一致？也就是说，海马神经元放电模式是否有助于对未来的预期？海马回路能够编码序列联结。然而，这些研究并不能揭示计划或决策这种前瞻性编码的激活模式。所有结果关心的只是由进入或退出一个特定位置所引发的放电序列，因此它们是与刺激绑定在一起的。然而，最近的研究结果发现了独立于环境中的即时刺激的非局部活动序列。

4. 海马预期模型

Buckner（2010）提出了一个假设模型，尝试解释海马的前瞻性编码序列如何决定未来导向的思考过程（图 10.2）。基于 Buzsáki（2005）的研究结果，Buckner 提出一种大鼠的海马 θ 序列与人的回忆能力之间可能存在关系。这个模型主要探索了海马神经元集群的活动与人类能够灵活想象未来的能力之间的关系。模型概括如下：①以往的经历可以用重复的或新异的序列来描述。通过某种形式的赫布可塑性，可修改突触强度将小跨度的新事件序列连接在一起。②当受到一定的提示时（如被某些相关的输入信息激发），海马神经元集群能够重演或预演事件序列。③多种短序列可以联合组成拓展的事件序列。一个序列事件的结束可以作为另一个序列事件的开始。这种链式神经机制可能依赖于海马和皮层之间的反复活动。活动的结果会产生时间上展开的复杂事件序列，贯穿于多个 θ 节律或波纹事件。④序列也可能由非常弱的线索或完全自发的加工过程诱发。皮层输入的环境以及海马神经元集群当前的状态可能决定了要形成的序列。这一过程在一定程度上是随机的，这样不同的序列会连在一起形成序列链以表征新异事件。

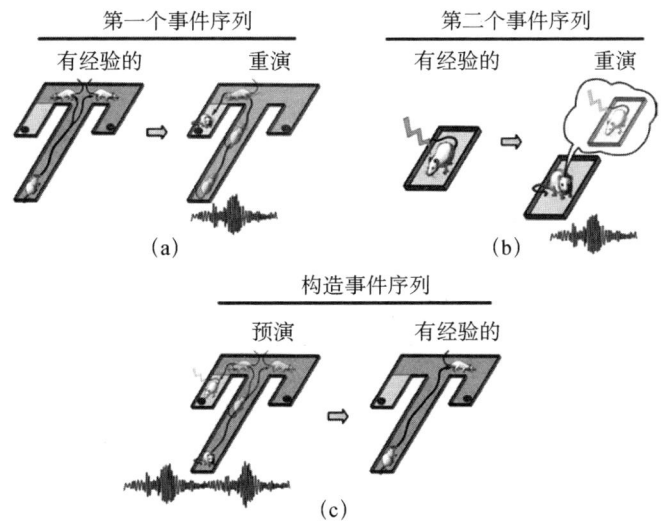

图 10.2 海马预期模型。图中为海马细胞集群中的重演和预演活动是如何构成预测的。以 Tolman 和 Gleitman（1949）的研究中的范式为例，但是旨在将该模型推论到人类行为中。（a）捕获和重演与经历过的事件有关的行为序列。序列通过重演巩固，重演发生在尖波波纹事件周期结尾或其他时间。（b）使用相同的机制针对不同的孤立事件巩固序列。大概是在进行探索时，与经历过的事件有关的大量序列被捕获，并可以满足将来的需求。（c）通过将多个过去的事件序列以构建的组合形式链接在一起，代表新预期的复杂事件序列出现。在这个例子中，将左转和被电击的经验链接在一起，老鼠大概可以预测到厌恶事件，并向右转以避开它。请注意，这是从头开始的预测，因为大鼠从未经历过左转和遭受电击的情况（Buckner，2010）

　　该模型的核心特征是需要一定程度的随机性去进行适当和灵活的加工。如果输入的信息很弱，会产生一种电回路将相似序列串联在一起的趋势，但是这个序列链会随着时间以及试次的变化而不断变化。也就是说，电回路生成的活动模式会受到过去事件的限制，但不受其支配。正是这种电回路的特征，使得 Tolman 等的研究中的大鼠能够对从未经历过的路线进行内部探索，在导航实验中找到捷径（Tolman et al.，1946）。在此基础上进行扩展，这种内部探索亦有助于提高人类的创造力和想象力（Campbell，1960）。

　　在过去的十几年中，海马-皮层系统对于未来导向性的思维过程和想象的重要性得到了越来越多的关注。当前提出的很多理论都受到 Tolman、Ingvar 及 Tulving 等开创性的工作的启发。在最近的理论中，Suddendorf 和 Corballis（1997，2007）提出了这样一种可能性，即记忆系统逐渐演变，形成能够建设性地表征未来的系统。他们指出，"心理时间之旅的重要性主要体现在其面向未来而非过去，也就是说，我们主要是站在当下展望未来，而非回顾过去"。同时，其进一步说明了"在回忆情景中的建设性元素主要适应于我们想象可能的场景而不是真实场景的能力"。Schacter 和 Addis（2007）提出了相似的观点："因为未来不是过去的精确复本，因此对未来情景的模拟系统需要能够对以往的事件中的元素进行灵活的提取和重组，这个系统应该是一个建设性系统而非复制性系统。"

第二节　语言预期的认知理论

语言加工是否有预期性？这曾经是一个有争议的问题。有学者认为，鉴于语言的组合性质，提前预期是一个不必要的过程（Jackendoff，2002；van Petten & Luka，2012）。其他学者认为，考虑噪声、歧义和语言输入的速度，想要快速、有效和准确地理解语言，预期是一种有效的办法（Kleinschmidt & Jaeger，2015）。在现实交流情境中，使用预期理解语言是一个典型现象。预期的最初含义是：在新的输入到来之前，语境改变语言加工系统的状态，因而有助于对新的输入的加工。

一、语句理解的预期理论

为了探讨一种特殊的时间结构加工机制，Elman（1990）提出了 SRN 以及在完成学习和表征语言结构的任务时使用这一机制的基本原则。他从两个方面拓展了 SRN 最初的理论（Jordan，1986）：第一，模型的输入信息被修正为"感官"输入信息和系统之前内部状态的结合；第二，通过预测每一时间点后可能出现的信息，SRN 获知了时间变化结构。于是，如果一系列的词逐一呈现于信息单元内，网络的任务就是预测（即输出）每一时段下一个输入的词汇将是什么。Dienes 等（1999）和 Altman（2002）对 SRN 理论进行了进一步研究，解释了跨域的结构映射是如何通过各自域内的即时预测和两域共同的结构表征基础得到实现的。

Altman 和 Mirković（2009）在语言、事件以及对外部世界的注意这三者的关系中对这些原则进行了研究，把 Elman 的 SRN 及其变式中提出的四个原则作为语句理解的基础，将"预期"置于理解过程的核心位置。这些原则包括：①跨域匹配。在句子展开过程中，理解是实现句子与所描述的真实世界的事件表征之间的匹配。②预期。预期语言的展开与真实世界事件的展开是一样的，如同直接经历。③语境。对句子片段的解释依赖于它所在的语言学和非语言学语境，输入和系统内部状态驱动了预期过程。④跨时间表征。预期可以跨不同时间框架和不同表征抽象水平进行。Altman 和 Mirković（2009）对采用"视觉情境"实验范式和计算模拟技术对这些原则进行系统验证的研究进行了总结，发现了支持这四个原则的实验证据。

（一）句子及其所描述的真实世界相关的时间表征之间的映射关系

在被试倾听句子时，如果视觉情境中同时呈现句子所指物体，被试的双眼会自动地移动到情境中所指的物体（Cooper，1974）。Tanenhaus 等（1989）的研究证明，眼动对声音信号是精确锁时的，反映出输入信息中语音变化所引发的词汇通达的梯度效应。这一范式可以用来探究语言结构与当前视觉世界中即时出现的实体之间及其与实体所构成的事件之间的映射关系。在语言呈现的过程中，伴随的眼动会反映在所描述的世界中。预测性眼动不仅反映了即将到来或正在发生的语言本身，也反映了与正在呈现的语言所描述的事件相对应的概念。随着被描述的事件逐渐呈现，这些眼动还反映了可能呈现在变化的情景表征中的某一种物品。

（二）映射关系可以对语言的呈现以及经验世界中事件的进展进行预测

构成事件需要有一个起始状态和最终状态，以及一个或多个参与者在其间经历的某些变化。对于事件中所包含的状态变化，是可以根据参与者的状态进行预测的。这种可预测性通常都能反映在语言中。SRN 能够运用内部表征来反映这种可预测结构，根据当前输入的信息预测出可能会在随后出现的一组词语。在 SRN 的跨域情境下，根据某一域内的输入信息（如语言域）应该能够预测出另一域内接下来要出现的相应信息。

Kamide 等（2003）在包含有"a grown man"、"a girl"、"a beer"和"some candy"的语境下，对比了"the man will taste the beer"和"the girl will taste the candy"这两个句子。刺激物是这样设计的：基于人们的世界知识和情境描述的个体情况，男人会更倾向于喝啤酒，而女孩则更倾向于吃糖。问题的关键是，当听到 taste 一词时，预测性的眼动会指向哪里？如果预期加工仅受动词驱动，这种预测性眼动会同样指向 candy 和 beer，因为它们都是可以被 taste 的东西。但是如果预期加工是受到动词与其前面的句子主语整合信息的驱动，那么在听到"the man will taste..."时，眼睛就会更多地注视到"beer"，在听到"the girl will taste..."时，眼睛会更多地注视到"candy"。实验结果证明了后者。因此，可以说句子理解中的预期加工是每个词汇与之前的语言情境及当前视觉情境和世界知识整合后的结果。在这些例子中，它是句子在语言情境和视觉情境所支撑的事件结构上的映射。

Altman 和 Kamide（2007）更直接地操纵了视觉情景解释和当前语言之间的互动关系。他们给被试展示的情景是一只猫、几只挤成一团的小老鼠，以及一堆羽毛。被试听到句子"The cat will kill all of the mice"时，在 the mice 出现之前，其会将更多的目光会投向老鼠而不是羽毛，而在听到句子"The cat has killed all of the birds"时，在听到 the birds 之前，被试将更多的目光投向了羽毛而不是老鼠。目光之所以多聚焦于羽毛，是因为被试根据对当前语境的解释，预期"已经被杀死的"是鸟而不是老鼠。

（三）语言、非语言信息以及系统之前的内部状态对预期加工过程的驱动

通过视觉世界范式看到的行为并不是语言对视觉世界本身的映射，而是对心理世界的映射。这种映射表现为一种能力，预测语言域（如预测接下来的语音信息）、视觉域（预测接下来什么样的视觉客体将出现，或哪一个视觉线索能够满足接下来的任何可能情况）或概念域（如预测在心理情景模型中，什么样的客体表征会因为接下来的信息而加入进来）中即将出现的结构。

Knoeferle 等（2005）进一步研究了事件内在表征的动态激活以及视觉世界中所述事件对它的调节。实验分析了从经验中获取的世界知识和正在描述的事件知识之间的区别。在研究中，这两者之间是相互排斥的。实验显示，驱使眼动的事件表征主要是受到了描述性情景的调节。在当前视觉世界接收到的信息会比从个人经验中抽取的知识更有影响力。然而，当即时视觉世界所提供的信息与经验知识没有冲突时，被试会运用经验知识来驱使眼动。

Zacks 等（2007）提出的事件知觉模型能够不断地对感知信息进行预测，捕捉到引发因果知觉的时空偶然性。事件角色的概念与因果关系和客观世界连续状态内的时空偶然性有着密切的联系。因此，对某个时间点的状态和未来某个时间点的状态之间在时间上的偶然性的敏感度是事件结构出现的先决条件，按照 Zacks 等的说法，通过时间进行的预测是事件结构出现的关键。

（四）跨不同时间框架和不同表征抽象水平的预期能力

已有许多研究证明，预期是在多重表征抽象水平上进行的，从粒度小的语音结构、音系、词汇到事件表征。研究者将预期区分为一种学习任务和一种随着学习任务而来的能力。在使用预期训练的 SRN 时，实际上任务具有一个时间片段的粒度；具体在逐个试次的基础上，任务是比较在时间 t 输出单元的激活模式与在时间 $t+1$ 输入单元的激活模式，区分时间连续增量的时间分辨率是固定的。然而，隐藏层的连接具有递归的性质，并且它们的激活反馈到隐藏层有一个时间步长的延迟。这意味着隐藏层在时间 t 的激活是与当前输入和隐藏层在时间 $t-1$ 的激活状态相关的，近一步而言，它又与其在时间 $t-2$ 的状态相关。这样跨隐藏层的激活模式与先前状态的历史有关，并且先前状态对当前状态的影响没有限制。这样，

如果在时间 t−n 的输入与时间 t 的输出之间存在相关,具有延迟递归的网络原则上可以学习这种相关。

根据上述分析,尽管给网络的任务是学习时间 t 和时间 t+1 的输入之间的相关,但是网络可以学习不同时间分辨率的相关。在原则上,隐藏层的激活模式可以同时编码不同时间步长的输入预期,也可以认为是在编码自己在未来不同时间的状态。因此,以单个增长尺度(单个时间分辨率)为基础的任务的结果是:一个系统原则上能够跨多个增长尺度的预期,根据不同种类的相关要求,跨连续输入之间的不同时间段。不同的相关将捕捉其时间动态的不同表征:一个连续暴露于声学-语音学片段的系统应该学习协同发音引起的元音的微妙变化与后续辅音之间的相关,这样涌现出来的表征刻画了语音片段之间的区别是与其出现的语境相关的事实。这个系统也能通过不同时间框架中出现的系统变化,刻画词之间的"高层"相关性,形成多重层级表征,因此语言结构与展开时间之间有密不可分的关系。在这方面,作为以单个给定时间增加单元的学习任务的预期和以多重变化尺度的时间增加单元任务的结果的预期之间存在重要差别。从人类语言理解的角度来看,上述运作机制有助于我们理解如何通过最初对单个时间分辨率和单层表征的预期机制,最终生成一个能够表征多重层级表征、跨多重时间进行预期的系统。

在 Elman 的 SRN(Elman,1990,1993)和它的变式中呈现的四个原则,可以被认为是人类语句理解的基础。以上所述的证据是语言理解过程中对这些原则运用的实例。这些证据已经涉及研究语言如何与同时出现或者预先存在的视觉世界的匹配。这些研究证据与理解的情境模型研究相重叠。内部表征的激活状态的动态变化的说法与以焦点或者前景为基础的语篇加工理论并不矛盾,采用"视觉情境"范式来研究将语言匹配到事件序列,可以每时每刻观察语言是如何、何时、根据什么匹配到外部非语言世界的。这些原则不是唯一的语言加工核心原则。我们的目的是:确立 SRN 的原则,研究它们是如何在人类语言理解中普遍存在的。

二、视角下预期在语言理解中的作用

Kuperburg 和 Jaeger(2016)提出了语言理解的层级多重表征生成框架(hierarchical multi-representational generative framework of language comprehension)。针对语言预期加工的一系列重要理论问题,该框架对预期在语言加工中的作用及其机制做了系统的阐述。可以看出,这个框架的诸多观点与 Altman 和 Mirković(2009)的研究非常一致。

(一)语境预期的概率性质

传统观点是,预期是"全或无"的决定论。新近的观点认为预期是一种概率现象。

ACT-R模型对语言加工有巨大影响。在这个框架内,一个理想读者最大化地准确识别新语言学输入的方式,是使用他存储的全部概率知识与前文结合,对输入进行加工。我们在一个不确定的环境中交流,神经加工系统本身是有噪声的,只要概率知识与语言输入的实际统计相似,我们就能用这种知识使正确识别的评价概率达到最大化(Lewis et al.,2013;Smith & Levy,2013)。加工新输入的速度与其概率相关。如何用概率框架解释句子理解的递增过程?在许多认知的概率框架中,在任何给定时刻将知识编码成多重假设,在句子理解过程中,这些概率假设是关于句子的句法结构的。这些假设成立的程度不同,称为信念,这些信念被描述为一个概率分布。理解者的目的是推断观察数据的潜在或者隐藏的高层次原因,在句子理解这个例子中,这一过程可以被描述为推测句子的隐含句法结构。因为输入是逐词线性展开的,必须以递增的方式进行加工,在遇到新词后更新假设。更新信念最合理的方法就是使用贝叶斯规则,把原有的概率分布转移到新的概率分布。用这种方法,句法解析器可以发现词序列的底层结构。在一个给定的循环中,从前一个到后一个概率分布的转变过程称为信念更新。信念更新的程度称为"贝叶斯惊奇"(Doya et al.,2007),用两个概率之间的KL散度定量表示。理解就是一个递增性信念更新(概率推理)的过程。

(二)使用语境中的不同类型信息促进多重表征水平上对新信息的加工

在遇到新的信息之前,理解者已经根据语境中的语言学和非语言学信息建立了语境的内部表征。语境的内部表征包括从先前加工过的语境输入中推断的部分表征、从音位以下水平直到高水平表征。这个高水平表征可能包括特定事件、事件结构、事件序列、一般图式的部分表征,还有部分信息层面的表征。事件结构是指在记忆中以不同粒度存储的知识,这种知识包括概念的必要特征,更多的是指与一个事件的特定语义-论元角色建立联系的特征。这种知识还可能包括把多重事件联系在一起构成事件序列的必要的时间、空间和因果关系,通常被称为脚本、框架或者叙事图式。

有证据表明,理解者能够利用语境信息在多重表征水平促进对新信息的加工,可以利用语境内部表征的多重不同类型信息促进这种加工,并且使用这些信息在多重表征水平上促进对新输入的加工。在任意时刻,理解者对语境的内部表征都有不同的表征粒度,编码了不同类型的信息。在不同的水平保存了多少信息,保存多长时间,是未知的问题。理解的最终目的不是推断句法结构、音位范畴、语义范畴或者一个话题,而是要推断全部意义,即说话者想要传递的信息或者情境模型。

(三)预期性预先激活

根据语境内部表征的高水平信息,在自下而上的输入信息达到这种水平之前,我们能否预先激活低水平信息的表征?语言理解的层级多重表征生成框架主张,以先前输入信息为基础的词汇推理,可被用于预先激活后续的语音信息。而且,任何预期性预先激活(PPA)都主要是在输入信息具有相对不确定性时影响知觉。在某些情况下,我们能够在语境内部表征的多重水平上预期性预先激活后续信息,包括句法、语义和语音信息。影响后续信息的预期性预先激活的程度和表征水平的因素如下:第一是语境的约束。语境信息能影响预先激活的表征水平。强限制性语境在词汇加工很早的阶段就会产生影响。词汇限制性语境能同时限制多种类型的表征(语义、语音和句法)。但是,一个语境只能很强地限制一种类型的输入表征。第二是理解者当前的目标。实验检验目标作用的一种方法是操控任务的指导语。目标不仅受实验给予被试的显性任务的影响,在日常语言交流中也起到了关键作用,语言理解的大目标是推断说话者或作者传达的信息。第三是提前激活那些有赖于信息展开速度的信息,语境的促进作用在慢速时比在快速时大。

使用计算的术语,PPA 可被看作使用高表征水平(K)的信念,在新输入到达之前,改变低表征水平($K-1$)的先前概率分布。只要这种 PPA 是以理解者存储的概率知识为基础的,就会在遇到表征的低水平上的新输入时,降低理解者期待的转移程度。表征高水平上的推理通过改变低水平的先验概率信念分布,在表征低水平上生成预期。这样的结构不仅在理论意义上是生成性的,同时在实时加工中信息也能够传递到表征的下一层,在这个意义上,它也是生成性的,即高水平信息用来预期性预激活低水平信息。

理解中如何平衡预期性预激活的损耗和收益?在有限理性的框架中,PPA 及其产生的预期行为都可以被视为一个有效函数,对收益和损耗进行权衡。有限理性的理解中的目的是使函数最优化。

(四)预期性预更新与预期违反的结果

预更新(pre-updating,PUD)是指在工作记忆内预先更新语境的内部表征,使它能够包含预期激活的低水平信息,部分事件表征除外。如果输入信息违反预期，将导致反应时和神经活动的增加，这个增加有时被称为违反强预期的损耗或者结果。在脑电反应中，N400 和 P600 提供了证据，当遇到与限制性语境违反的信息时，大脑会在 N400 之外产生额外的神经反应。

在层级生成模型中，预更新表示在某一表征水平上推理的完成，从先验到后验的转移产生一个高确定性的后验分布信念，集中于少数高概率假设，这导致了表征在低水平上的预激活。预更新不仅出现在诸如事件或者事件结构这样的表征的高水平上，也可以出现在其他表征水平上。与高限制语境违反相关的神经标记是晚期正成分。这些晚期正成分反映的计算机制超越了任何单一表征水平的简单信念更新（贝叶斯惊奇指数）。一种可能是反映了一个适应或者学习过程，理解者更新了整个内部生成模型，以便更好地反映当下环境的更宽广的统计结构；另一种可能是反映了模型更新，与推理新的生成模型相关的资源被重新分配。

（五）语言理解的层级多重表征生成框架

理解者的目标是尽可能肯定地推断说话者传递的信息层面的解释或者情境模型，保证推断的速度能够跟上语言学信号展开的速度。这一目标是通过在表征的多重水平上进行递进循环的信念更新（贝叶斯推理）来实现的。对任何一个给定的表征水平上的先验知识的可靠性和可能性的估计，都决定了更新程度的权重，具有有限资源的理解者能够有效、快速、灵活地实现这个目标。

在这个模型中，预期不仅是帮助大脑识别自下而上输入的一个附加成分，它在高水平推断中起到了枢纽的作用：理解本身的目标。对于贝叶斯惊奇指数这样的构念，可以在计算和神经水平上以不同的方式实现。例如，递进的信念更新的关键成分已经在递归连接主义网络中实现，预期误差计算和贝叶斯惊奇指数之间有密切的相关。

在语言理解中，概率预期的作用和价值反映了语言和非语言学环境的统计特性。通过估计先验知识和可能性对贝叶斯惊奇指数赋予权重的能力具有更一般的意义，使我们能更理性地配置资源，转向或者学习新的生成模型，在多重、不同的沟通环境中实现目标。

三、理解-产生-预期模型

Pickering 和 Gambi（2018）的预期模型假定理解者有两种预期的机制。其中，最重要、最有效却带有非强制性的机制是产出性预期。此外，理解者还有一种效率略低的强制性机制，即联想预期。产出性预期依赖于转换模仿和派生意图构建过程。虽然预期可以发生在整个话语的过程中，但图 10.3 从可读性角度出发侧重于展现发生在某个点上的预期。

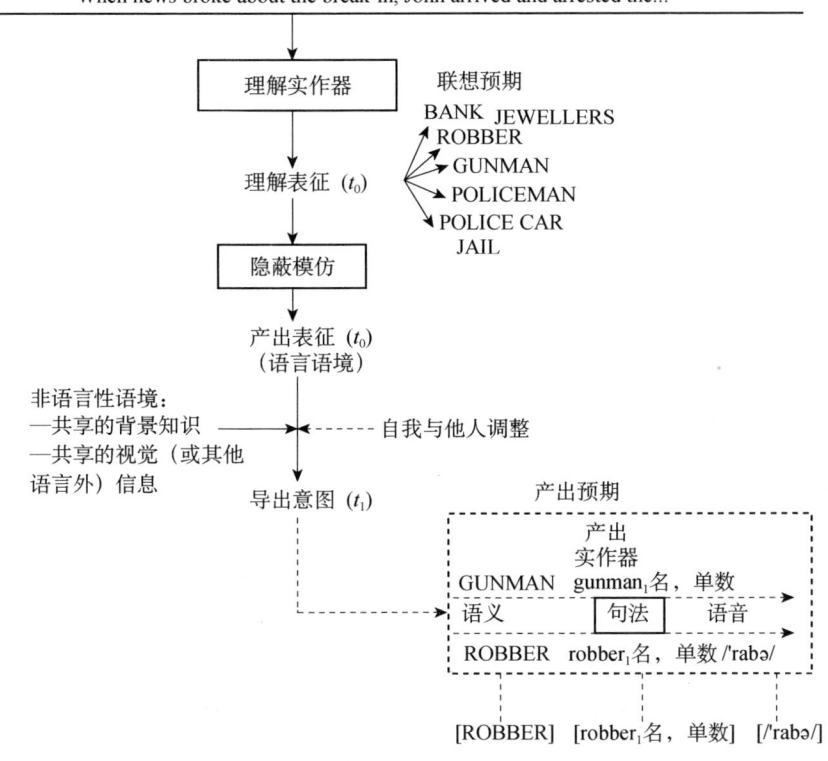

图 10.3　产出预测和联想预测图示（Pickering & Gambi，2018）

在图 10.3 中，方框描述的是过程；方框外描述的是不同的表征。实线表示在理解中不可缺少的过程；虚线则是可选择的过程。在顶部，理解者使用理解实作器在时间 t_0 上建立对应于说话者话语的理解表征。这样的表征是联想预期的基础，它将导致若干概念的预激活（粗体的 ROBBER、GUNMAN、POLICEMAN 是激活更强的概念）。如果理解者延续话语（在稍后的时间 t_1 派生的意图），理解表征也会进入理解者推导话语意图的过程中。要做到这一点，理解者要对语言语境进行隐性模仿，同时还要考虑到非语言语境，并且可以通过语境来调节自己和说话人之间的差异。然后，理解者使用其产生实作器激活被预期词的各种产出性表征，首先是在语义层面，其次是在句法层面，最后是在语音层面。在预期的语义、句法和语音表征上的方向表明句法的预期依赖于语义的预期，而语音的预期又取决于句法的预期。需要注意的是，后期的产出预期并不总是会发生，故在产出实作器中以虚线箭头表示。标记为"产出实作器"的方框内容描述了语言产出过程的各个阶段，其中包括最终被放弃的备择概念及其词元的激活。

随着说话者的话语的展开，理解者使用理解实作器（图 10.3 中 t_0 的理解表征）逐步构建语音、句法和语义的理解表征。随后，通过联想预期，激活会从这些表征扩散至相关表征的各个层级上。接着，理解者通过隐蔽模仿把话语的理解表征转化为如果其作为说话人所建构的话语表征。然后，通过一个逆映射过程，将自己假设为说话人要继续说话的意图推导出来（推到意图 t_1，图 10.3）。在这样做时，不仅要考虑到语言语境（到目前为止），还要考虑到非语言语境，包括共享的背景知识和共享的视觉（或其他额外的语言）信息。此外，其还可以通过自我-他人调整来弥补理解者和说话人在语言语境的记忆和非语言语境的通达方面的差异。

一旦理解者推导出用来产生话语的下一部分内容的意图（例如，声音、词语或短语；t_1 派生的意图），就会通过产生系统来运行这个派生的意图，并将它用于与说话相关的过程中。其可以按顺序构建语义、句法和语音，也可以在其中的某个层级上停止。理解者也可以推断所有的发言阶段，看自己将在何处完成话语（注意，这种情况未在图 10.3 中进行描绘），理解者在延续话语时所进行的完形填空任务，以及在对话中补全说话者的话语均反映了这一过程。

理解者要定期预测他们可能遇到的不同层次的语言信息——特定的词、意义的诸方面、语法以及声音。要做到这一点，他们要使用普遍存在却未必有效的通用关联机制。但是，到目前为止，最重要的预期途径涉及语言产出系统，所以在这一点上，就像人们在自然对话和完形填空任务中所做的那样，理解者要以自己为说话者所使用的机制来进行预测。（与联想预测不同）产出性预测是非常精确和有效的，但它并不总是出现，也不是成功理解所必需的。相反，它是一个非常重要却并非强制性的机制，能够帮助理解者快速而稳健地理解演讲、文本和对话。

第三节　语义预期、句法预期和时间预期

一、语义预期

（一）已有知识的作用

经典语言学理论认为，在心理词典中，词汇知识和世界知识是分开独立存储的（Chomsky，1965；Katz & Fodor，1963）。然而，这一理论受到了很多挑战，比如，心理词典是否存在（Clark，1983）？将心理词典中的语义空间划分为内部和外部特征是否合适（Jackendoff，2002）？虽然受到了一定挑战，但经典语言学

理论仍占有重要位置。该理论的一个典型结构是选择性限制。Chomsky（1965）认为，选择性限制是词典内部的限制性，是动词对其论元的约束，比如，动词会对其论元的语法特征（动物性）有一定要求。例如，"喝"这个动词要求其施事者为动物，这就是选择性限制。Katz 和 Fodor（1963）认为，选择性限制包含更多的语义特征，比如，"喝"的受事者必须是液体。根据模块加工理论，在语言理解中模块知识的加工应早于非模块知识的加工（Fodor，1983），据此可以推测，词汇知识（如选择性限制）加工应早于世界知识加工。大量研究对这一问题进行了探讨，主要通过对比语义违反与世界知识违反所诱发的效应是否相同来进行探索。这种范式要求对语义违反和世界知识违反必须明确分开，另外这类研究中还包含大量的语义不合理，会影响读者的阅读方式。采用眼动范式，降低违反句子的比例，同时明确区分词汇语义违反如选择性限制违反和世界知识违反，研究者发现选择性限制的加工早于世界知识的加工（Warren & McConnell，2007；Warren et al.，2015）。然而，尽管这些研究中违反句子的比例很低，但是对于不同类型违反句子的程度并未进行严格控制。Milburn 等（2016）采用视觉情境范式（visual world paradigm），直接地探讨了选择性限制和世界知识加工的时间进程。

视觉世界范式是指被试在听句子的同时观看图片，记录被试的眼动数据。在该研究中，Milburn 等采用了两种实验材料：一种为事件限制性（event-constrained）材料，即只能通过世界知识进行预期；另一种为动词限制性（verb-constrained）材料，即可以同时通过选择性限制和世界知识进行预期。两种材料都有其相应的控制材料。研究者控制了实验材料的限制性水平，当听觉句子和视觉图片均呈现时，两种条件下对目标客体的预期性均高于控制条件，但动词限制性条件比事件限制性条件下目标客体的预期性稍高。实验结果发现，两种限制性条件下被试在动词窗口对目标客体的注视概率均高于控制条件，但两种限制性条件之间没有显著差异。同时，事件限制性条件与其控制条件之间对目标客体观察的模式产生分化的时间早于动词限制性条件与其控制条件之间的比较。结果表明，被试只根据事件知识对客体进行预期的进程早于被试根据事件和动词限制性对客体进行预期的进程。该结果说明，在语言理解中，选择性限制并没有比世界知识更早地被利用。

感觉输入会根据高级认知脑区的预期被过滤和解释。探讨概念神经基础的神经成像研究发现，物体识别以及词汇理解过程会激活感觉运动表征的脑区。实际上，对于概念表征与感觉运动表征之间的关系，一直处于争论之中。关于这种关系到底是单向的还是双向的，仍未有定论。单向是指感觉运动经验是形成概念的基础；双向是指除此之外，概念和语言范畴会反过来调节知觉过程。这一问题主要源于知觉过程不只是由自下而上的输入信号决定，同时还受到自上而下的预期的影响。

具身认知理论认为，概念表征在大脑的感知运动系统中（Allport，1985；Barsalou et al., 2003；Kiefer & Pulvermüller, 2012）。因为大量研究发现，与感觉或运动概念相关的语言任务会激活大脑中的感觉或运动皮层。比如，腹侧颞叶皮层在被试产生颜色相关词时被激活（Martin et al., 1995），阅读动词时 MC 和 PMC 会被激活（Hauk et al., 2008），这些结果表明概念在功能以及解剖上与感觉运动脑区相连。同时，也有研究发现大脑中存在一些枢纽脑区，负责整合从其他通道输入的信息。研究发现，pSTS 和 STG 负责整合视听信息，腹外侧枕叶皮层（ventral lateral occipital cortex）和 IPS 负责整合视觉和触觉信息（Man et al., 2013），同时研究发现这些脑区在语义加工中也被激活（Fernandino et al., 2015）。目前，大多数理论主要讨论了感知运动系统在概念表征中的作用。同时，大量研究也发现，高层级皮层对早期感觉皮层具有调控作用。关于多通道信息整合的研究发现，对感觉事件的预期是一种自上而下的影响因素。由此，自下而上的知觉信息以及自上而下的预期会共同决定知觉结果。预期编码模型是解释这种现象的最有影响力的理论之一（Clark, 2013；Friston, 2003；Hohwy, 2013）。根据该模型，对知觉信息的预期会表征在所有知觉层级上，层级越高，表征越复杂（Summerfield & de Lange, 2014）。在每一个层级上，预期信号会与自下而上输入的感觉信息进行对比，形成预期误差信号并继续向前传递。预期会根据不同的预期误差进行更新。

根据预期编码模型，可以形成两个假设：首先，语言会修正不同知觉加工层级的神经反应，包括早期感觉皮层的反应；其次，预期编码表明，自上而下的预期会使得大脑在知觉信息呈现之前以及呈现过程中产生不同的神经活动。第一种假设得到了脑成像研究的支持。比如，（Puri et al., 2009）用词汇（"面孔"或"房屋"）启动面孔或房屋的图片，研究者比较了预期条件（词汇和图片一致）和非预期条件（词汇和图片不一致）下梭状回面孔区（FFA）和海马旁回方位区激活的差异。结果发现，范畴特异性脑区会对不同的范畴产生选择性反应，比如，FFA 对面孔的反应不同于对房屋的反应。研究者同时发现，在预期条件下，范畴特异性脑区对刺激的选择性反应高于非预期条件，表明语言启动刺激能够通过增强预期刺激的范畴特异性而促进视知觉过程。另外，研究者采用电生理技术也发现了语言和知觉之间的交互。Thierry 等（2009）比较了希腊语被试和英语被试对颜色刺激反应的差异。在希腊语中，对浅蓝色调和深蓝色调用不同的词汇表达，而英语中没有这种差异。结果发现，希腊语被试在蓝色条件下的视觉失匹配负波（visual mis-mateh negativity, vMMN）大于绿色条件，而英语被试不存在这种差异。第二种假设也得到了实证研究的支持。电生理研究发现，自上而下的预期受到 θ 和 α 等低频段的调节，自下而上的预期误差受到 γ 频段的调节。研究者采用图片作为刺激，让被试在阅读句子过程中产生/不产生预期。结果发现，在预期/

非预期刺激出现之前,预期条件 θ 频段的能量高于非预期条件。这表明在预期刺激呈现之前,大脑在预期和非预期条件下已经产生了神经活动的差异。然而,还有其他一些研究并未发现语言和知觉之间的交互过程,因此,对该问题还需要进一步探讨。

(二)预期信息的表征

尽管很多研究已经证明先前知识会影响知觉过程,然而这种现象如何影响决策任务,还有待研究。同时,神经学家已经开始考察视觉双选决策任务中知觉信息流动的神经机制(Heekeren et al.,2004;Kim & Shadlen,1999),但对于自上而下的预期影响信号检测和物体识别的脑机制,仍知之甚少(Frith & Dolan,1997;Gilbert & Sigman,2007;Kveraga et al.,2007)。一些定量计算理论认为,腹侧通路的反向联结使得先验信息能够向视觉区域反向传导,以引导客体识别的决策过程(Deco & Rolls,2005;Friston,2003)。预期编码模型认为,与知觉决策任务相关的先验信息使得在不同层级的知觉皮层上形成和表征条件性预期。预期相关的信息通过折返通路反向投射到前一层级的皮层,从而使得输入的知觉信息与预期信息得以整合。根据该理论,感觉皮层的神经活动会在两种决策过程中产生差异,即根据先验预期进行的决策和没有先验预期的双选决策的神经活动不同。Summerfield 和 Koechlin(2008)采用 fMRI 技术对这一问题进行了探讨。

研究中存在两种决策任务,刺激材料为不同朝向的光栅。一种任务为双选任务(A/B 条件),即对呈现的刺激进行判断,如光栅朝向 A 还是 B?另一种任务为匹配任务(A/~A 条件),即判断出现的光栅朝向是否为实验者提示的方向,如光栅朝向 A 还是不朝向 A?两种任务中所使用的材料完全一致,据此,实验通过对不同条件进行比较所发现的脑活动差异能够揭示条件性预期以及预期误差的神经机制。结果发现,相比 A/B 条件,A/~A 条件下大脑视觉皮层的 MOG 和 FG 以及视觉皮层之外的 STG 的激活更强,而匹配和不匹配试次在这些区域的激活强度没有显著差异。这一结果表明,这些区域对预期表征具有重要作用。相比于 A/~A 条件的匹配试次以及 A/B 试次,A/~A 条件下的不匹配试次在 ITG、初级视觉皮层(V1)的舌回和枕上回(SOG)等脑区有更强的激活。这一结果表明,这些脑区与预期误差和预期表征密切相关。相比不匹配的试次和 A/B 条件的试次,A/~A 条件下匹配的试次在 vmPFC、眶额皮层(OFC)和 PCC 有更强的激活。这一结果表明,这些脑区与知觉匹配过程相关。总体来讲,MOG 和 FG 与预期表征有关,ITG 和 V1 与预期误差和预期表征有关,vmPFC、OFC 和 PCC 与知觉匹配过程有关。同时,功能连接分析发现,光栅增强了初级视觉皮层中心区域 V1c 到 ITG

之间的前向连接，A/~A 条件下增强了 FG 到 V1 的反向连接，不匹配条件下增强了 V1c 到 ITG 之间的连接。STG 和视觉皮层中视觉联络区 V4 之间存在显著的内在连接，并且输入知觉信息的 V1 和 STG 之间的连接也显著。这些结果支持了预期编码理论，即根据先验信息产生的预期能够反向传播（从 FG 到 V1），不匹配试次能够导致信息从低层级向高层级脑区（V1 到 ITG）的前向传播。

综上所述，在外显的匹配决策任务中，视觉皮层表征着预期信息，同时会对预期误差产生反应。功能连接分析表明，预期误差反应呈前向传播而预期相关的信息可以反向传播，使得输入的感觉信息在各个层级的皮层加工中受限于先前的信息（预期信息）。另外，腹内侧前额叶皮层和后扣带回皮层对知觉推理过程具有重要作用。由此受限于先验知识的决策任务中连接视觉皮层和前额叶皮层的脑网络初步形成。

（三）语言理解的预期编码模型

研究发现，人们在阅读过程中每分钟一般加工 250~300 个词（Rayner et al., 2012），表明语言理解过程非常快速。这种快速加工的一种可能的基础是，人们会对即将输入的语言信息进行预期。预期（至少在某些时刻）在快速、动态、实时的语言理解过程中发挥重要作用的观点已被广泛接受（Pickering & Garrod, 2007），然而，仍有很多问题亟待解决。比如，预期是时时刻刻都在起作用还是只有在某些情况下才会起作用？预期与实时理解过程如何交互？什么样的信息才能导致预期产生？更关键的是，预期的脑机制是什么？

Friston（2005）提出了预期编码模型（predictive coding framework）。该模型假设大脑系统按层级进行组织，高层级创建概率性模型以解释低层级（皮层或皮层下）的脑活动。在该模型中，每一个层级都包含表征单元（representational unit）和误差单元（error unit）。表征单元表征当前层级的活动，对低层级提供自上而下的预期，并且接收低层级误差单元根据预期而进行更新的信息。误差单元接收同一层级和上一层级表征单元的信息，它们根据自上而下的预期和自下而上的信息之间的匹配程度计算预期误差，并将所得的预期误差传到高层级。同一层级的误差单元之间存在交互，会根据当前的任务决定哪些单元作为主导。该系统的目的是尽可能地减小预期误差。当然，大脑的真实组织结构会比该模型描述的更复杂，然而，该模型为解释预期编码过程中的神经活动和不同认知现象之间的关系提供了一个很有效的描述工具。另外，该模型与 Hagoort（2005，2013）提出的记忆-整合-控制模型密切相关。该模型包含三个成分：①记忆成分，主要负责对词汇的语音、句法和语义特征的提取；②整合成分，主要负责整合记忆中提取的语言信息以形成有意义的解释；③控制成分，主要将语言与动作以及社会信息形成连接。预期编码模型主要与记忆-整合-控制模型中的记忆和整合两个成分相关。

从预期编码模型可以看出，预期加工过程涉及各个层级之间的交互。这一过程在神经层面上是如何实现的呢？高层级自上而下的信息为低层级加工在较慢的时间尺度上提供了语境，而低层级自下而上的信息在较快的时间尺度上向高层级输入预期误差。前者主要依赖于 β 频段的神经震荡，后者主要依赖于 γ 频段的神经震荡（Bastos et al., 2012; Friston et al., 2015）。Bressler 和 Richter（2015）提出，特定任务条件下激活的皮层之间通过跨区域的 β 同步活动进行联系，在最高层级形成神经认知网络（neurocognitive network，NCN，一种自组织、大范围的脑网络）。β 频段的神经震荡活动对这种网络的保持，以及自上而下向低级皮层输入信号具有重要作用。Engel 和 Fries（2010）提出，β 频段的神经震荡活动反映了当前认知模式的保持或改变。β 能量升高，表明当前的 NCN 被主动保持，β 能量下降，表明当前的 NCN 被修正或发生了改变。另外，研究者认为，β 频段的神经振荡活动也反映了高层级预期向低层级传播的过程（Bressler & Richter, 2015）。γ 频段的神经震荡活动反映了句子理解中自下而上输入的信息与已经预激活的词汇表征之间的匹配过程（Lewis & Bastiannsen, 2015）。Lewis 和 Bastiannsen（2015）认为，γ 频段的神经振荡活动反映了神经元集群之间的同步活动，这里的神经元集群包括预期编码理论中的表征单元和误差单元。γ 频段的神经振荡同步活动既反映了预激活的表征与输入信息的匹配过程，也反映了与预激活的词汇表征间相互竞争的神经元集群的抑制作用。他们还认为，高频 γ 段（80~130Hz）的活动与预期误差向高层级传播有关，而低中频 γ 段（30~80Hz）的活动反映了同层级加工过程的联系，比如，对其他竞争信息的抑制过程。

Wang 等（2018）采用 MEG 研究了预期加工中的神经震荡。研究者给被试呈现具有不同限制性的句子，使得句末词汇的预期性高或低。结果发现，在关键词出现之前，高限制性句子比低限制性句子在 lIFC、颞叶的左后部区域（left posterior temporal region）和 VWFA 产生了更强的 α 能量的抑制。更重要的是，对于高限制性句子而言，颞叶和 VWFA 区域的 α 能量与左侧前额皮层的 γ 能量之间具有负相关关系。我们认为，颞叶 α 能量的降低与左侧前额皮层 γ 能量之间的相关关系反映了语言网络中的预期加工机制。

在预期阶段，研究者发现和低限制性条件相比，高限制性条件下 α 和 β 能量的抑制更强。α 的源定位主要在语言网络，包括 lIFC、左侧颞叶区域的后部以及 VWFA。功能连接的分析结果表明，在高限制性条件下，左侧前额区域的 γ 能量与左侧颞叶和视觉区域的 α 能量之间存在负相关，这种相关关系在句末词汇呈现之前和呈现之后均存在。

高限制性条件下 α 能量的降低反映了语言网络参与预期加工。α 能量抑制主要发生在 lIFC，扩展到 vmPFC、左侧颞后区域、VWFA、左侧海马和右侧小脑。VWFA 主要负责加工正字法信息，表明预期阶段会预激活正字法表征。后部颞叶皮层在词汇表征（包括语音、正字法和句法信息）的长时记忆存储和提取中具有重要作用。因此，我们认为，VWFA 的预激活与左侧颞叶后部皮层的词汇通达有关。lIFC 区域 α 能量的降低反映了在颞叶皮层词汇提取之后整合的表征基础上形成的预期加工。lIFC 的参与扩展到腹内侧前额皮层，该区域与基于语境形成的预期有关。α 能量的降低在海马和小脑也有发现，这些区域与序列加工和预期也有关系。总之，α 能量的降低表明，在高预期的目标词呈现之前，语言网络和皮层子区域参与了预期加工。此外，我们还发现，与低预期条件相比，高预期条件下 β 能量的降低程度更大。这表明预期加工伴随着 β 频段的抑制。目标词呈现之后，与一致条件相比，在不一致条件下诱发了更大的 α 能量的降低，主要发生在左侧颞叶、双侧枕叶皮层以及双侧小脑。高预期条件下，违反产生的效应要比低预期条件下更大。因此，这一结果也反映了语言区域的进一步参与，将目标词整合到语境中来。

目标词呈现之后，与一致词汇相比，不一致词汇在左侧前额皮层和颞叶区域诱发了更大的 γ 能量，这种效应在高预期和低预期条件下相同，表明 γ 活动并不反映预期错误，因为高预期条件下的预期错误更强。左侧前额皮层和颞叶区域与语义整合和提取有关，所以 γ 能量的增加反映了不一致条件下整合负担和进行语义提取所需努力的增加。

研究发现，左侧颞叶和 VWFA 的 α 频段能量的降低与左侧前额区域 γ 频段能量的增加存在负相关，这种相关只存在于高预期条件下。而且，在目标词呈现之前和呈现之后都存在这种相关。因为颞叶和 VWFA 的活动反映了高预期词汇表征的预激活，因此这些区域 α 频段与左侧前额皮层 γ 频段之间的耦合可能反映了语言理解加工中前部和后部区域之间的信息交换与整合。由于这种耦合关系只存在于高预期条件下，因此可能会促进接下来的词汇整合。我们的研究首次证明，在阅读过程中，前部的 γ 和后部的 α 之间的耦合对于实现预期的对词汇信息加工的自上而下的控制具有重要作用。

Wang 等（2018）的研究结论没有为 Lewis 和 Bastiannsen（2015）的预期编码框架提供支持，但在 MEG 实验数据的基础上，对预期的神经机制提出了新的解释。

（四）预期与一般认知过程的关系

大量的研究发现，听话者或阅读者能够预期即将出现的信息的不同方面，如句法结构、词汇意义,甚至是某一特定的词。尽管这些研究已经发现了语言理解中存在预期加工过程,但是对于其认知以及神经生理机制仍不明确。比如,语言中的预期加工过程与其他领域中的预期加工过程是否共享某些机制。Rommers 等(2016)采用 EEG 技术,操纵了句子水平的限制性和词汇水平的预期性,在神经震荡层面探讨了预期加工机制。在该研究中,被试阅读高限制性或低限制性的句子,句子中的最后一个词可能是符合预期的词,也可能是不符合预期但不存在语义违反的词。结果发现,在高限制性的句子中,相比预期词,非预期词诱发了更强的 α/β 频段能量的下降,以及更强的 θ 频段能量的上升。在低限制性的句子中,非预期词和预期词之间的效应只发现了与高限制性条件下相似的 α/β 效应,并未发现 θ 效应。在预期词出现之前的语境加工过程中,高限制性语境比低限制性语境诱发了更大的 α 频段(有一些时间窗口内表现为 β 频段)能量的降低。

研究者认为,在高限制性和低限制性句子中,词汇预期性诱发的 α/β 频段能量的变化并不能直接反映预期相关的加工过程,因为以往的研究发现,相对于语义正常的词汇,语义违反的词汇也会诱发上述效应(Luo et al., 2010; Wang et al., 2012)。在高限制性条件下,非预期词比预期词诱发了更大的 θ 频段能量的上升,而在低限制性条件下并未观察到该效应。这与以往在非语言任务中发现的 θ 效应相似,该效应与预期错误以及认知控制有关(Cavanagh & Frank, 2014)。另外一种可能的原因是 θ 效应反映了词汇语义提取过程(Bastiaansen et al., 2005; Hald et al., 2006),非预期词比预期词的词汇语义提取过程需要更多的认知努力。需要指出的是,词汇语义提取和认知控制两种解释并不互斥,因为已有研究表明 θ 效应可能反映了记忆通达的控制过程(Klimesch et al., 2010)。由此,非预期词从记忆中提取词汇语义的过程需要更多的认知控制,导致其诱发了更大的 θ 频段能量的上升。另外,在关键词呈现之前,被试在加工不同限制性的语境时已经产生了差异,具体为相比加工低限制性句子,加工高限制性句子时 α 和 β 频段的能量降低。这一效应反映了预期加工过程。在对非语言刺激进行的研究中也发现了类似的效应。研究者(Bidet-Caulet et al., 2012)让被试观看不同朝向的三角形序列,序列的朝向对目标三角形的朝向起到了提示作用。相比非提示序列,被试加工提示序列时 α 频段的能量下降,这反映了对输入信息的注意准备过程。还有研究以语言和图片作为刺激材料,让被试阅读限制性句子框架,然后对预期出现的图片进行命名,结果在阅读句子框架时也发现了与限制性相关的 α/β 频段能量的下降,研究者认为这一效应反映了预期性在记忆通达或动作准备过程中的促进作用(Piai et al., 2014, 2015),即预期信息出现之前的效应,特别是 α 频段能量的下降反映的并不是预期过程本身,而是对即将出现的自下而上输入信息的准备过程。

总体来讲，语言的预期加工过程包括：对即将出现的信息的准备过程，以及信息出现之后，根据其是否符合预期而进行的一般性控制过程。综上所述，语言的预期加工过程与非语言中涉及的预期加工过程非常相似，支持了语言预期加工的领域一般性机制。

（五）预期与记忆的互动

在语篇阅读中，人们会加工遇到的词汇，并且会将词汇整合起来形成有意义的表征。在这一过程中，人们会同时依赖于预期加工（prospective processes）和回顾加工（retrospective processes）。前者是指对即将出现的信息的预期，后者是指对已经出现的语篇信息的记忆。这两种过程在词汇-语篇整合（word-to-text integration）中均存在。研究者探讨了语篇中不同句子之间的词汇连接强度对语篇理解的影响，结果表明，相比基线条件，当第二个句子中的关键词与第一个句子中相关的先行词存在联结时（不管强弱），关键词诱发的 N400 幅度均变小，但强联结和弱联结之间不存在显著差异（Stafura & Perfetti，2014）。研究者认为，整合过程并未受到前向词汇水平的联结强度的影响。实际上，词汇之间的联结，比如，启动实验中的词对之间的联结，存在前向联结和反向联结。前向联结是指启动词向目标词存在语义激活扩散，反向联结是指目标词向启动词存在语义激活扩散。尽管有一些研究在词汇决定任务中发现反向联结的词对也产生了与前向联结相似的启动效应，比如，N400 波幅的降低（Chwilla et al.，1998；Dien et al.，2006），然而也有研究采用命名任务以及跨通道启动任务，但并未发现反向联结的启动效应（Seidenberg et al.，1984；Peterson & Simpson，1989）。这种联结的差异对探讨语篇理解中的预期加工和回顾加工提供了可能性。

研究者（Stafura et al.，2015）构建了含有两个句子的语篇，操纵了前后两个句子中词语之间的联结方式，第一个句子中的词作为先行词，第二个句子中的词作为关键词。先行词和关键词之间的联结方式分为前向联结和反向联结。同时设置了基线条件，即第二句中含有同样的关键词，但与第一句中的词不存在联结。每种条件下语篇的连贯性没有差异。为了比较语篇理解过程，研究者还构建了 120 个词对，30 个为前向联结，30 个为反向连接，60 个为无关词对。在语篇阅读过程中，句子逐词呈现，被试只需要被动理解。对于 120 个词对，被试执行语义判断任务，即判断第二个词与第一个词的语义相似性。结果发现，在两种任务中，不管两个词是前向联结还是反向联结，相对于基线条件，中线电极的 N400 波幅均减小。在语篇理解任务中，相比前向联结条件，在反向联结条件下左侧顶叶电极 N400 波幅下降得更多，同时前者比后者诱发了更大的 LPC。在语义判断任务中，前向联结词对比反向联结词对在右侧顶叶区诱发的 N400 波幅下降得更多。主成分分析发现，语篇理解任务和语义判断任务中均出现了一个反映中线 N400 的成分。在语篇理解任务中，还存在反映两种词对在早期（N200）和晚期（顶叶 N400 和 LPC）加工相位的差异的成分。

在词对语义判断任务中，对于前向联结词对和反向联结词对，均发现了 N400 效应，这是由于语义判断任务需要在两个词汇之间建立语义联系，因此联结方向并未影响启动效应。在语篇理解任务中，跨句子整合涉及基于记忆的当前信息与以往语篇背景的整合过程。记忆过程包含对阅读语篇信息的记忆，也包含根据语篇信息而激活的长时记忆信息（Ericsson & Kintsch，1995）。尽管由 EEG 技术得到的效应头皮分布具有一定的限制性，但在一定程度上讲，不同的 N400 效应可能反映了不同水平的信息加工过程。当前研究表明，在词汇-语篇整合加工过程中，第一个句子中的先行词能够促进对第二个句子中的词的整合，但前向词汇联结会产生额外的促进作用。这些结果表明，在语篇理解中，前向的预期性加工和反向的基于记忆的加工过程存在动态的交互。

（六）预期加工与认知负荷、认知成本

语言加工系统可以预测后续信息，但对于被预期信息出现之前，即预期产生阶段的神经机制，目前仍不清楚。Li 等（2017）采用 EEG 研究了语言理解中预期加工的潜在的认知和神经震荡机制，以及预期对于被预期/未被预期的信息的自下而上加工的影响。被试阅读汉语句子，受到强或弱的限定，包含的关键词与句子语境一致或者不一致。其检验了语义预期对于关键词开始前的预期加工和关键词整合的影响。结果是，在整合阶段，与弱限定性条件比，强限定性条件下一致词诱发了更小的 N400 和 θ 活动（4～7Hz），不一致词诱发了更小的 β（13～18Hz）和 θ（4～7Hz）活动，证明了被印证的预期的有利作用和未被印证的预期的潜在成本。在预期阶段，强限定性条件诱发了增强的持续的前部负波和 β 能量（9～25Hz）降低，说明强预期给预期加工阶段施加了很高的加工负荷。该研究揭示了词汇加工的预期和整合阶段的加工难度和神经震荡机制的差异。

二、句法预期

（一）句法预期和语义预期有不同的神经基础

Bonhage 等（2015）通过预期性眼睛注视阅读任务，结合眼动和功能成像技术，研究了句法与语义预期的神经基础。实验中，研究者通过预期性眼动推测语言学预期的存在和时间。被试读不同类型的句子，如规则句、无意义句和非词列表，直到最后一个词之前的一个词。最后的目标词的显示有一个时间延迟，它在屏幕上的位置依赖于词的范畴——名词或者动词。在延迟时间内，预期性眼动进入正确的目标词区域，即指示语言学预期。在 fMRI 分析中，句子条件与非词条件对比，预期性眼动指示了跨条件的时间差异。

采用这一实验范式和眼动、fMRI 结合的技术，可以研究预期和实际刺激匹配之前的预期过程。要研究预期过程本身，就需要将生产预期的过程与加工预测误差的过程在时间上进行分离。预期性眼动为预期的存在和时间提供了证据，并提示了收集 fMRI 数据的时间窗。根据预期编码框架，影响预期是在与语言相关的皮层系统产生的。词-非词预期将依赖句法相关的神经系统，而预期具体的词（只在规则句条件下是可能的）还要调用与语义加工相关的脑区。此外，预期过程本质上是序列性的，语言理解通常处理序列输入，因此假定负责各种类型的预期和序列加工的更领域一般的系统也会影响语言中的预期。

实验结果如图 10.4 所示，两种句子条件的联合分析显示，词汇范畴预期的神经基础是皮层和皮下脑区的分布网络，包括语言系统、基底神经节、丘脑和海马。规则句和无意义句条件的对比揭示，在无意义句条件下，词汇范畴预期依赖于经典的左半球语言系统，包括左侧 IFG 的 BA44 和 BA45、左颞上区和背侧 CN。只有在规则句条件下才可能产生具体词词的预期，具体词汇的预期与分布更广泛的颞叶和顶叶皮层系统相关，主要是在右半球。

这项研究为预期性语言加工过程的存在提供了直接的行为证据，语义和句法预期有不同的激活模式，表明语言理解中语义和语法预期过程有不同的神经基础。

（二）句法加工可预期性（惊奇指数）的神经相关

在语言理解中，人脑是如何完成句法分析的？Henderson 等（2016）结合计算语言学、眼动和 fMRI 研究了这个问题，其使用概率无语境语法分析文本，把句法难度分离出来。句法难度用句法惊奇指数定量化，即根据前面的语境计算某个给定词项的句法范畴的可预期性。对具有高、低句法惊奇指数的词进行比较，这些词的词长、频率和词汇惊奇指数值相匹配，使用注视相关的 fMRI 测量与每一项注视词惊奇指数相关的脑活动。

句法成分结构是一个框架，是建立解释的基础。人类理解语言的能力是以词汇知识和句法计算为基础的，因此有必要研究大脑如何实现语言功能的句法成分功能，即大脑皮层系统是如何在在线语言理解过程中计算句法表征的。有三个区

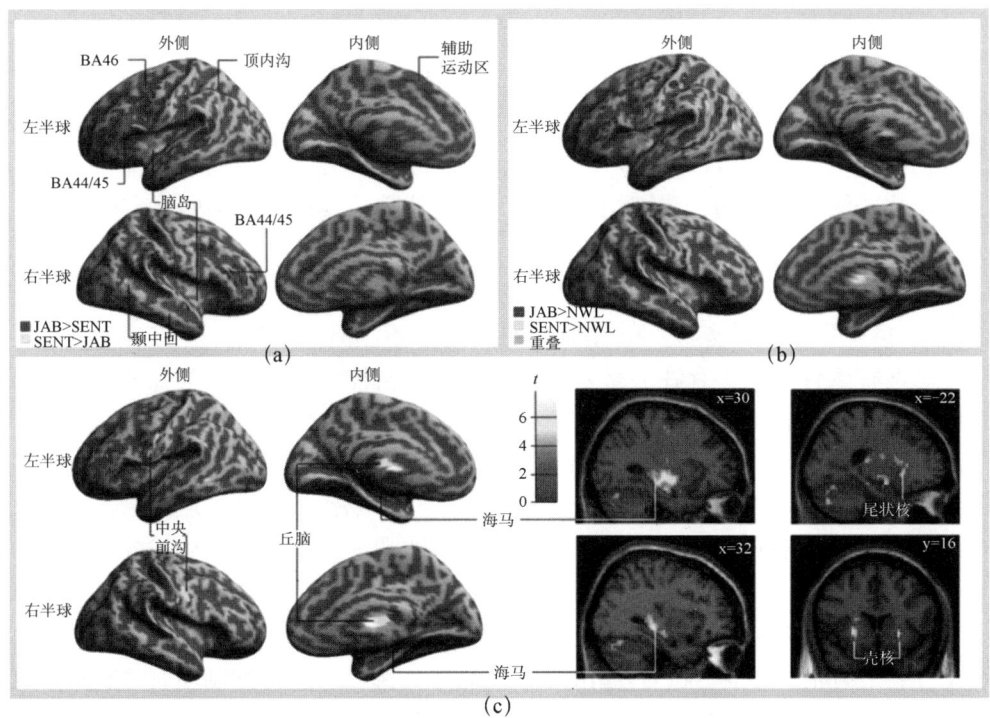

图 10.4 fMRI 激活模式。(a) 在词汇（规则句语境）或词类预期（无意义语境）中激活的区域的 t 对比。(b) 词汇或词类预期，相比没有预期（非词列表）激活更强区域的 t 对比。(c) 联合分析（SENT>NWL，JAB>NWL）指出了支持词类预期的脑区。SENT，规则句子；JAB，无意义句子；NWL，非词列表（Bonhage et al.，2015）（见彩图 10.4）

域通常被认为是执行句法加工的：IFG、ATL 和 STS-STG。研究句法神经功能的挑战之一是变化句法难度和测量其神经效应。

使用惊奇矩阵定义句法难度，对每一个词的语言学难度的客观定量表示，反映了理解者试图在每一特定时刻根据语言使用历史联系当前输入与后续语境的一种加工运作。惊奇指数可以在多个表征水平生成。Roark（2001）发展了递增的自上而下的句法分析器，把总的惊奇分解成词汇惊奇和句法惊奇。其算法是根据概率性无语境语法建立一系列部分导数。总的惊奇分解成两部分，即与句法树中建立词汇终端项（词）相关的惊奇和与建立无终端句法节点（句法惊奇）相关的句法结构。研究证明，可以从对词汇和句法惊奇的分别估计中更准确地预测自定步速阅读时间。惊奇指数的定义如下：$\text{surprisal}(w_i) = -\log P(w_i | w_1, \cdots, w_{i-1})$。也就是说，句子中第 i 个词即 w_i 的惊奇指数是 w_i 出现在包含它前面单词（即 w_1，w_2，$\cdots$，w_{i-1}）的语境中的概率的负对数。评价句法难度还有其他方法，如句法复杂度的量化，把每个词整合到短语结构中所需要的句法节点的数目；或者根据依

存-局部理论建构矩阵，将整合难度与需要整合的数量和整合发生的距离相联系。

为了研究与惊奇和预期相关的神经过程，Henderson 等使用阅读自然故事的任务，进行与注视相关的脑成像扫描。句法难度可以逐词操作规定，用眼动和脑成像数据的配准（co-registration）测量每一个被注视词的神经活动，也测量了与句法惊奇相关的全脑活动。我们预先假定，句法计算主要由三个脑区（左侧 IFG、lATL 和左侧后部 STS/STG）完成。

结果发现，相比低句法惊奇条件，高句法惊奇条件下在左侧 IFG[包括岛盖部（BA44）并扩展到脑岛]和 ATL 有更大的激活，但是左侧后部 STG-STS 的激活在这两种条件之间不存在显著差异。研究中严格控制了词频、词长和词的可预期性这三个预测自然阅读行为最重要的变量，因此研究发现的大脑激活反映了对句法难度的加工。这一结果与 Hale（2015）的研究结果一致。Hale 等发现，左侧 IFG 的激活与以词汇共现为基础的惊奇指数有关，双侧 ATL 等区域的激活与句法难度有关。这里的句法难度是通过短语结构语法和最低限度语法生成的句法节点数计算的。此外，在高句法惊奇条件下，还有其他区域的激活：双侧脑岛、梭状回、壳核；右侧 IFG、舌回、腹侧间脑。在低惊奇条件下，右侧 MFG 有更多激活，这是预料之外的。右侧 MFG 通常与工作记忆、执行功能、抑制控制等有关。我们猜测，这与右侧 MFG 功能相关的注意过程有关。在阅读中，当前词的分析成功时，注意会转向下一个词。句法难度大时，注意的控制过程会延迟。在 fMRI 数据中看到的部分效应，在眼动数据中没有反映。

综上所述，句法惊奇的心理语言学概念在阅读过程中引发了清晰的神经认知效应。句法惊奇调节了两个与句法加工相关的脑区的活动，更一般地说，惊奇在皮层区域产生的激活与语言中的预期相关。这些结构为句法惊奇提供了神经认知现实性的证据。

（1）IFG 和 pSTS 在句法预期中的作用。通过对比短语和句子与无结构的语言材料的加工差异，一些神经成像实验试图定位句子理解过程中为生成这些结构而产生的组合性操作的脑区，其中一些实验发现了左侧 IFG 和 pSTS 的激活，研究者认为这些区域与基本句法组合加工相关。但是，这些结果在实验之间存在很大变异，使得对这些结果的解释存疑。Matchin 等（2017）研究了句子编码单词之间的层级结构关系研究结果支持了另一种假设，即这些区域是支持自上而下的预期，有助于句子加工，但不是建立句法结构所必需的。该研究在三种结构水平上提供刺激：无结构词表，如二词短语和短的简单句；内容的两个水平，如具有真词的自然刺激和无意义的话。短语和句子条件都涉及句法组合，该实验仅支持句子条件下的句法预期。研究发现，自然和无意义句在左侧 IFG 的活动增强，与无结构词表和双词短语相关的 pSTS 的活动增强，但是没有发现二词短语与无结构词表的加工在这些脑区存在显著差异。这一结果与如下假设一致：在 IFG 和 pSTS 内，结构的基本对比引发的活动增强反映了句法预期。IFG 的岛盖显示了与语言工作记忆一致的反应模式。研究还发现了 ATL 内渐增的结构效应，AG 和 TPJ 仅对句子的激活增强。这些发现支持 ATL 在语义组合和 AG/TPJ 在主题加工中的作用。

（2）颞叶参与早期的句法短语加工。在语言加工的 EEG 和 MEG 研究中，一个明显的现象是，不同类型的句法违反在违反时间点之后 100ms 诱发了一个负波。有学者认为，这些反应与感觉皮层内部或者邻近区域的活动相联系，提示基本感觉机制参与句法违反的探测。Jakuszeit 等（2013）探讨了完好的听觉皮层和临近的颞叶脑区是否足以产生听觉 ERP 的早期句法负波。该研究检测了 10 名 lIFC 损伤但 TL 完好的临床非失语病人，在被动听觉 ERP 范式中，大脑可以响应主语-动词一致性的违反和词汇范畴违反，可靠地诱发了早期负波。研究发现，主语-动词一致性违反在病人中不能诱发早期语法性效应，而一组年龄匹配的控制组显示出了可靠的早期负波。这个发现支持这样的观点，即早期句法负波反映的句法分析的感觉特性在很大程度上依赖于左侧 IFG 生成的自上而下的预期。相反，词汇范畴违反在控制组和病人中都诱发了较小的边缘显著的早期负波，说明颞叶区额外地参与了早期短语结构加工。在另一个 Oddball 实验中，病人在响应偏差音时大脑会出现一个标准的 P300，但是在响应偏差音调时没有发现 N2b 成分。P300 效应表明病人的注意加工并未受损，而 N2b 成分的缺失表明病人在早期的异常探测加工中存在缺陷。这一结果表明病人在生成感觉预期上的缺陷已经扩大到语言领域以外。

三、时间预期

（一）时间预期的表征和任务独立的内部模型更新

更新内部预测模型对于准确预测未来非常必要。动态调整内部模型主要包括：对刺激发生改变的觉察；对当前模型的抑制；将新的相关信息更新到模型中（Verbruggen et al.，2010；Hartwigsen et al.，2012）。以往的研究采用不同的范式，发现了不确定性驱动的内部模型更新过程，涉及额顶脑区，比如，ACC 和 SMA 后部（O'Reilly et al.，2013）、SPL、PFC 前部以及小脑等（McGuire et al.，2014）。关于事件发生时间的预期性内部模型以预期为基础，通常在内隐情况下完成。探索时间预期（temporal prediction，TP）研究一般会界定一个时间知觉网络，这一网络包括 PFC 下部、SMA 后部、背侧和腹侧 PMC、IPL、壳核以及小脑（Coull et al.，2011；Wiener et al.，2010）。更新内部预测模型高度依赖于时间注意，因为时间注意必须根据当前的环境要求再定向。因此，时间预期加工过程可能会涉及内部预测模型更新的脑网络以及时间知觉的脑网络。

研究者（Carvalho et al.，2016）使用 fMRI 技术对时间预期进行了连续操控，探讨了这一过程在多大程度上调用更新相关的脑区和时间知觉网络区域（图 10.5）。研究者采用外源性时间任务，给被试在屏幕上呈现一个白色圆形，在黑色背景上做类似的钟摆运动。研究中有两种运动模式，分为周期性运动和非周期性运动。周期性运动指钟摆的重力加速度一直为 $9.79m/s^2$，非周期性运动指钟摆的重力加速度在 $5.91\sim 13.23m/s^2$ 范围波动，但平均数为 $9.79m/s^2$。其要求被试在钟摆到达最高点时按键，因此被试会根据钟摆的速度产生一种内隐的时间性预期。结果发现，相对于周期性运动条件，非周期性运动条件下在额叶、顶叶和颞叶均有更强的激活。额叶区域包括双侧腹侧前运动皮层、MFG、pSMA 以及前脑岛，顶叶区域包括 IPL 和 SG，颞叶区域包括 MTG。这些结果表明，当被试不断更新时间预期的内部表征时，会激活以往研究发现的外源性时间预期的脑网络以及内部预测模型更新所涉及的脑区。另外，非周期性运动比周期性运动更强地激活了 BG 和小脑。相对于非周期性运动条件，周期性运动条件下在 DMN 有更强的激活，包括双侧 PCC 和楔前叶、左侧 dmPFC 和左侧 ACC。这一结果表明，DMN 在加工根据背景预期到的信息时发挥了重要作用，以往的研究也支持这样的结论（Bar，2009；Meyer et al.，2012；Tylén et al.，2015）。同时，PCC 和楔前叶与熟悉环境中的行为监控有关，这一过程受到预期性内部模型的指导。该研究结果支持了 DMN 参与预期性内部模型的确认和预期性控制过程。总之，这些发现说明，时间预期的连续操控涉及了时间预期的表征和任务独立的内部模型更新。

（二）特定时间预期的双通路神经结构

对于即将出现的信息做出内容和时间预期，是大脑的一个基本功能。预期的形成使得大脑能够有效地分配注意资源，从而帮助人们在特定时刻做出特定的反应。要想形成时间预期，需要对事件的时间结构形成内部表征。然而，大脑是如何表征时间预期的，目前还不清楚。

以往的研究发现，对时间结构的加工可能存在两种方式。第一种方式是同步化，不同神经元的振荡频率共同耦合外部刺激的频率。神经元振荡的相位与外界刺激的相位同步发生，使得刺激出现在注意的峰值位置（动态注意理论），从而促进对刺激的加工。第二种方式是认为存在一个专用的时间加工系统来表征时间，就像一个内在的时钟。小脑定时假设（the cerebellar timing hypothesis）认为小脑参与这个专用系统的加工，在感觉和感觉运动领域进行精确的自动化的、特征的

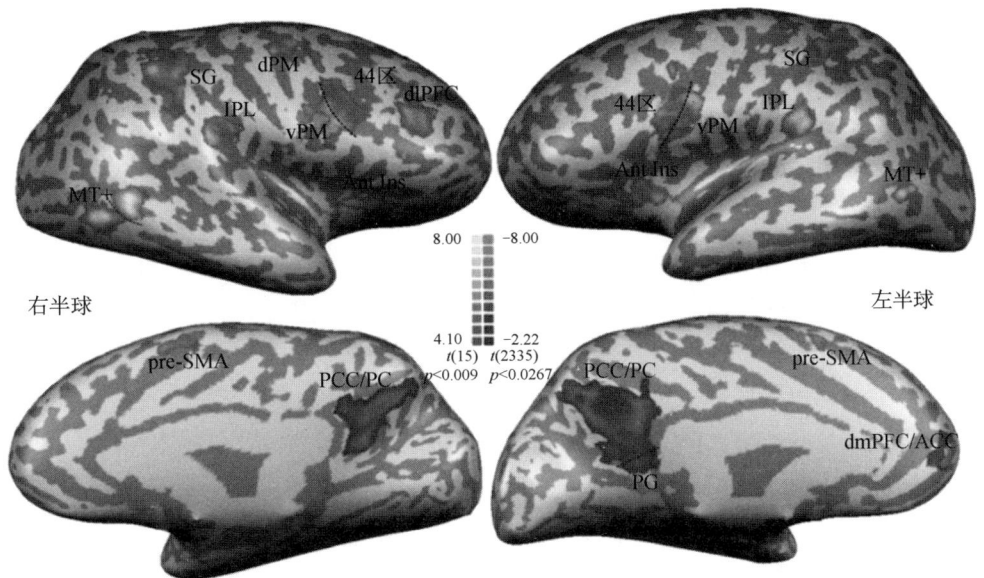

图 10.5 与两个对比有关的统计显著聚集区：[非周期>周期]（橘色-黄色刻度）、[非周期<周期]（蓝色-绿色刻度）（Carvalho et al., 2016）（见彩图 10.5）

或者基于事件（如离散事件）的时间加工。纹状体敲打频率（SBF）模型认为 BG 以及一些新皮层如 dlPFC、SMA 也参与其中。SBF 模型处理需要注意参与的、与间隔时间（例如，持续事件）有关的时间加工。然而，小脑和皮层-纹状体这两个时间加工系统可能平行工作，因此可能存在一个整合的时间加工网络。在这个网络里，小脑、BG、丘脑和 SMA 之间发生结构和功能连接。在这些工作的基础之上，Schwartze 和 Kotz（2013）提出了时间预期的双通路模型（图 10.6）。

在这个模型中，第一条通路主要进行紧张性编码（tonic-encoded）的连续表征，最后传到初级感觉皮层。第二条通路主要对时间结构进行脉冲编码（burst-encoded）的离散表征，最后传到额叶皮层。第一条通路对刺激连续加工，保留了大量细节信息，从而能够确定刺激类型。第二条通路对刺激进行离散加工，虽然牺牲了细节信息，但是能够快速而准确地加工时间结构。第一条通路如图 10.6 中的蓝线所示。这条通路经历一系列加工阶段，从背侧耳蜗核到下丘，然后到丘脑，最后到达颞叶皮层。第二条通路如图 10.6 中的红线所示，通过快速的小脑传输，由背侧耳蜗核直接到小脑、丘脑，最后到达额叶皮层。时间预期的内部表征，是通过神经振荡对外部刺激进行相位、周期的适应性耦合，或者对非适应性的振荡进行重合探测，再分别传到基底神经节和纹状体-丘脑-皮层回路进行整合[图 10.6（b）中的绿线]。快速小脑传输是第二条通路的一个核心特征。小脑与听觉早期加工阶段连接，直接接收来自背侧耳蜗核输入的信息，并且绕开了经典感觉通路中的一些中心阶段,使信息传输更加快速而有效。这条通路就像一个"起床电话",提醒额叶皮层快速把注意转向外界刺激。在这种提醒之下,额叶皮层提前做好准备,来整合颞叶皮层中保留的感觉信息[图 10.6(b)中的黑线]。

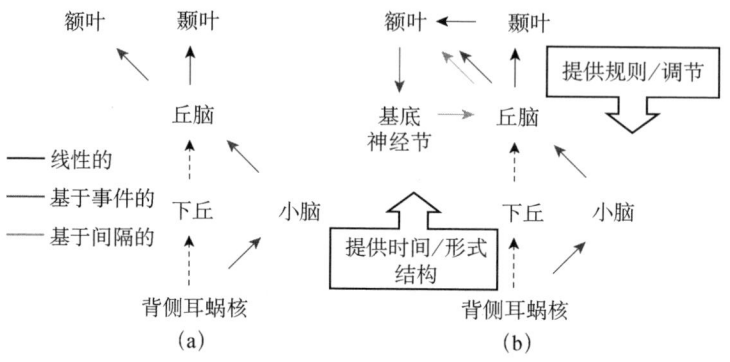

图 10.6　时间预期的双通路模型。(a)形式结构和时间结构的传递调用了不同的神经上升通路。(b)加工非线性刺激表征的通路可以表征事件之间的时间关系(Schwartze & Kotz,2013)(见彩图 10.6)

(三)固定和展开的时间预期涉及不同的脑区

预期事件何时发生的能力使我们能对事件做出最佳的反应。时间的可预期性可以是固定的(先验概率)或者变化的(后验概率),即随时间的流逝而动态更新。冒险函数(the hazard function)指的是一个必然事件将要出现的条件概率随着时间的流逝而增大。Coull 等(2016)在一个实验范式下使用脑成像研究了两种时间预期形式涉及的脑区。被试完成有线索提示的反应时(reaction time,RT)任务,目标的出现有四种时间间隔(533ms、950ms、1467ms、2083ms)。根据线索提示,目标出现的时间可被预期(时间条件)或不可被预期(中性条件)。结果表明,RT 在时间条件下短于中性条件,显示了固定时间预期的行为效益。在中性条件下,反应时的变化是时间间隔的函数,但时间条件下不是这样,这反映了冒险函数的可变时间预期性。该研究证实,左侧顶下皮层更容易被时间线索的固定时间可预期性激活。直接在中性和时间条件下比较激活怎样随时间间隔而变化,确定了由冒险函数定义的时间概率变化的神经基础,分析的同时排除了与时间本身有关的变化的影响。通过解剖引导的兴趣区分析独立确认的全脑 fMRI 结果显示,左侧顶下皮层的活动跟踪了冒险函数的可变时间预期。兴趣区分析进一步揭示了右侧额下皮层的类似作用。Coull 等(2016)的研究强调了左侧顶叶皮层在实现时间预期的行为效益中的关键作用,不论预期是固定的还是动态变化的。

总之，全脑兴趣区分析结果区分了不同脑区的功能响应模式。有时间线索的条件建立了先验知识，激活了左侧顶上和顶下皮层，而时间预期随冒险函数变化，激活了顶内沟和右侧额下皮层。这种结构模式支持和扩展了先前的 EEG 结果，认为时间线索主要引发了左侧前运动皮层-顶叶的活动。通过改变时间线索和间隔时长，研究者发现左侧顶下皮层在调节时间预期的 RT 效益时发挥了重要作用，无论时间概率是固定的还是动态变化的。

（四）内部和外部驱动的时间预期

Mento 等（2015）研究了内部驱动的时间预期（internally driven temporal prediction，I-TP）和外部驱动的时间预期（externally，E-TP）。E-TP 是指根据环境提示，在精确的时间点预先分配认知资源的能力，比如，利用时间规律的结构或某种信号预期任务相关的刺激出现的时间点，其中一种现象被称为时间定向（temporal orienting，TO）。I-TP 是指利用时间本身的单向流逝，内在地或有条件地提高目标出现时间的预期性。I-TP 一个典型的例子是变化先期时间（foreperiod，FP）效应。该研究考察了 E-TP 和 I-TP 的行为相关和时空神经动力学。研究操纵了两个因素：一个因素是目标刺激之前的线索是否可以有效提示目标出现的时间，可以提示的条件称为时间条件，不能提示的条件称为中性条件；另一个因素是线索和目标之间的 SOA，包括短 SOA 和长 SOA 两个水平。结果显示，这些过程在同样的实验情境下是可区分的，是灵活互动的。在外部驱动条件（E-TP）下，线索提供了目标出现的时间信息，被试的行为反应有较短的 RT。在内部驱动条件（I-TP）下，时间推移增加了目标出现的概率，目标预期在长 SOA 的情况下反应较快。在因素组合条件下，E-TP 和 I-TP 两个过程存在互动。长时间条件下更有利于被试的操作。这种长 SOA 的增益可由冒险函数解释（在给定时间内一个未曾出现过的事件出现的条件概率）。研究者采用了时效概率分布（aging probability distribution）方法，该方法偏重于目标开始的后验概率，随着时间的推移，使得事件在主观上更可预期。结果表明，存在一种 TP 机制的层级组织，I-TP 由于其普遍性而扮演着一个高层级的角色，它有条件地和不可免地使事件的时间预期产生偏差，并服从冒险函数。与高分辨率的电生理数据结合，运用分布源重建模型，能够精确地描述 E-TP 和 I-TP 的时空动力学及其互动。

（1）E-TP 的电生理标记。在不同 SOA 条件下，E-TP 诱发了不同的 ERP 结果。对于短 SOA，相比中性条件，时间条件下左中和后部 ERP 的关联性负变（contingent negative variation，CNV）变大，说明时间线索出现后几百毫秒，被试能够自上而下地调节注意，使其做好动作准备，并最终对目标进行快速反应。在长 SOA 条件下，显示在目标开始之前的 ERP 模式是以中后部 CNV 为特征的，它不受由线索提供的时间信息的影响，也不与 RT 显著相关。此外，长 SOA 条件下还有两个 ERP 成分，即早期持续性负波（early sustained negativity，ESN）和晚期持续性正波（late sustained positivity，LSP），在中性线索之后比时间线索之后均有更大的波幅。在左前中线位置，与长 SOA 试次相比，ESN 在中性长 SOA 试次中有更大的波幅。这些成分的时间和头皮分布可能反映了早期控制右手的运动区的参与，在时间条件下，其激活被延迟。LSP 有不同的分布模式和形态，在前部头皮的兴趣区的值最大，说明这个成分具有非运动功能。外部信息线索的缺失增加了时间不确定性，要求被试使用 TP 的内部资源，随着时间的推移连续更新目标开始的条件概率。LSP 的形态模式反映了前额皮层脑区的参与随时间逐渐增加，解释了为什么被试在长时间间隔条件下反应更快，不论外部朝向机制是否存在。

（2）I-TP 的电生理标记。在中性线索长 SOA N-long 和中性线索短 SOA N-short 条件之间，没有发现线索相关的 ERP 差异。这是预料中的结果，因为目标的出现是不可预测的，直到短 SOA（1100ms）之后。比较短间隔和长间隔条件下不同的帧，在长间隔条件下，所有兴趣区都出现一个高的 CNV 和 LSP 成分，后面的帧比早期的帧有更大的幅度。结果表明，被试在 N-long 条件下的反应快于 N-short 条件。

（3）E-TP 与 I-TP 的交互。比较短时和长时（E/I-TP）能够发现 E-TP 和 I-TP 的互动，被试的行为和神经相关都是由外部线索和以时间为基础的内部机制决定的，二者都诱发了时间预期。

（4）E-TP 和 I-TP 时空神经网络的不同与共性。与 CNV（中后部）和 LSP（前部）具有不同的分布一致，皮层源重构确定了 E-TP 和 I-TP 涉及不同的神经网络。当能够预期一个短延迟的目标时，被试明显启用了左侧感觉运动皮层网络，包括顶叶和运动区（前运动、辅助运动和初级运动皮层）。当目标开始被进一步延迟时，出现了额外的双侧前额叶激活。值得注意的是，前额叶的参与是由独立于左侧感觉运动回路的共同激活的，这是由 E-TP 实现的。随着 SOA 的延长，PFC 的活动增强，无论是有还是没有左侧顶叶-前运动区的共同激活。这说明随着时间的推移，PFC 在更新对目标开始时间的预期中起着关键作用，使得在长时间间隔之后，被试能够更有准备和快速地探测目标。

我们把 TO 效应定位于左感觉-运动环路，左顶下皮层和左 PMC 起到了关键作用。这个网络被认为参与了这些注意和运动资源的时间分配。PFC 在刺激出现时间的条件概率更新中具有核心作用。总之，TP 是在左侧顶叶-前运动回路生成，由 PFC 根据时间进行在线调节和更新。

对于高密度 EEG 阵列运用源模型，我们确定了一个网络，不同类型的 TP 有不同的参与方式。左侧感觉运动网络参与了 E-TP 对于短时间间隔的目标预期，在线索开始之后的几百毫秒内，网络在整个 SOA 保持参与状态，并在目标开始前达到最大激活。当预期到目标开始，但是有长时间延迟时，感觉运动回路同样被激活，说明注意和运动资源的分配被延迟，被试预先知道有更多的时间准备行动。皮层兴趣区的时间进程显示，左侧顶下皮层、左侧 PMA 被快速激活和首个 SOA 之后 SMA 被抑制。这些数据说明：①一旦被试开始准备一个行动，E-TP 以自上而下的方式决定注意和运动资源的时间分配；②E-TP 传送的注意和运动资源在时间上是策略性地分布的。当目标开始时间不可预期时，显著激活的第一个脑区是右侧 PFC，表明当被试开始等待一个时间不确定的事件时，他们就已经随时间开始更新目标出现时间的条件概率了。一旦被试觉察短间隔之后目标没有出现，即开始事件后验条件概率的更新。这个过程有赖于快速反应的右侧 PFC，在头皮上转化为一个陡峭的 LSP。

总之，大脑的灵活和动态性表现为一种生成 TP 的能力，由来自环境中不同类型的信息驱动。根据内部信息或者外部信息的这一特性，展现不同的神经时空动态性，目的都是降低未来事件的不确定性。外部信号能够调整注意指向，对特定时间点上出现的事件做行动准备，体现在早期 ERP 负成分的出现。这一活动相应于一个中后部的 CNV，由左侧感觉运动回路（包括顶叶和前运动/运动脑区）生成。另外，在缺少外部时间线索时，预期事件的出现，只能使用与时间流逝密切相关的内部机制。在电生理上，这个机制转变成一个正性增强的 ERP 成分的额外激活，相应于前部的 LSP，反映前额叶脑区的参与随时间逐步增强。对于这些证据，可以在更一般的理论视角下讨论。脑是一种预测机器，其主要功能是生成时间的预期，减少未来的不确定性。

（五）韵律和语义的界面

Rothermich 和 Kotz（2013）研究了言语理解中韵律和语义预期的相互作用。在听言语时，我们不仅会对即将出现的信息是什么进行预期，而且会对信息什么时候出现进行预期。例如，节律重音可用于预期下一个突显的言语事件（例如，下一个重读音节），进而促进言语理解。但是语义语境也可以促进言语理解，即接下来哪一个实词有可能出现。Rothermich 和 Kotz（2013）采用 fMRI 技术，使用节律和语义错误，探讨言语理解中特定预期的神经相关。具体如下：①通过预期错误探究节律和语义预期的脑网络；②语义加工如何被节律规则或者不规则的句子语境所调节；③任务要求是否影响两个过程。其有三点发现：①节律和语义预期错误引发了不同的神经活动模式。语义预期错误激活了额-颞脑区，包括左 IFG、左 STG 和左侧 ACC；节律预期错误激活了双侧额-纹状体网络，包括双侧 IFG、双侧前脑岛、双侧 CN/苍白球、右侧丘脑、STG 中后部以及左侧 pSMA。②左 IFG 的不同部分分别对节律和语义的不可预期事件做出反应，BA45/BA46 的前部对语义不可预期的事件做出反应，IFG 后部（BA44）对节律不可预期的事件做出反应。文献中的发现支持这种区分，语义加工是高阶加工，归于左侧 PFC 的前部；节律是低水平的加工，归于 PFC 的后部。③节律规则的语境促进了左侧额-颞语言网络中的言语理解，证实了可预期的节律语境对于语义和节律整合具有促进作用，表明在言语理解的多个水平上，基本的时间和节律关系非常重要。指向节律或者语义的注意会涉及 IFG 的不同子成分，这说明减少对理解的注意可能会缩短预期过程，表明大脑早期的响应计划会影响语言理解和加工。

本 章 小 结

本章内容包括人类预期加工的一般认知和神经生理模型、语言理解的预期加工理论，以及语言理解中语义、句法和时间等三个维度上预期加工的认知神经机制。第一节简述了两个预期加工理论——Friston 的自由能理论和 Clark 的行动导向的预期加工模型的主要观点，说明预期是人类信息加工的一般原则。同时，还介绍了 Barrett 等的具身的预期内感受器编码模型和 Buckner 的有关海马在预期与想象中的作用的论述。第二节简述了语言预期加工的理论和实证研究。一是 Altman 提出的语句加工认知原则和实证研究；二是 Kuperburg 提出的语言理解的层级多重表征生成框架，该框架针对语言预期加工的重要理论问题系统地解释了预期在语言加工中的作用机制；三是 Pickering 等提出的理解-产生-预期模型。假定两种预期机制的存在，一种是产出性预期，依赖于转换模仿和派生意图构建过程；另一种是效率略低的联想预期。第三节综述了语言理解中语义预期、句法预期和时间预期加工的认知神经机制的实证研究。针对语义预期，研究者探究了已有知识的作用、语言理解的预期编码模型、预期与一般认知过程的关系等问题。关于句法预期的研究发现，语义预期和句法预期有不同的神经基础，揭示了句法加工可预期性（惊奇指数）的神经相关。在时间预期方面，研究者发现了时间预期内部模型更新涉及的脑网络，以及对不同时间结构（固定和展开的）和不同注意指向（内部和外部驱动）的时间预期加工在认知过程和神经结构上的差别。鉴于预期是人类信息加工的一般原则，上述研究不仅对认识语言理解而且对了解其他认知领域的认知活动都具有重要的意义。

参 考 文 献

Allport, D. A. (1985). Distributed memory, modular subsystems and dysphasia. In: S. Newman (Ed.), *Current Perspectives in Dysphasia* (pp.207-244). Edinburgh: Churchill Livingstone.

Altmann, G. T. M. (2002). Learning and development in neural networks: The importance of prior experience. *Cognition*, 85, 43-50.

Altmann, G. T. M., & Kamide, Y. (2007). The real-time mediation of visual attention by language and world knowledge: Linking anticipatory (and other) eye movements to linguistic processing. *Journal of Memory and Language*, 57 (4), 502-518.

Altmann, G. T. M., & Mirković, J. (2009). Incrementality and prediction in human sentence processing. *Cognitive Science*, 33 (4), 583-609.

Bar, M. (2009). The proactive brain: Memory for predictions. *Philosophical Transactions of the Royal Society B: Biological Sciences*, 364 (1521), 1235-1243.

Barrett, L. F., & Simmons, W. K. (2015). Interoceptive predictions in the brain. *Nature Reviews Neuroscience*, 16 (7), 419-429.

Barsalou, L. W., Simmons, W. K., Barbey, A. K., & Wilson, C. D. (2003). Grounding conceptual knowledge in modality-specific systems. *Trends in Cognitive Sciences*, 7, 84-91.

Bastiaansen, M. C. M., van der Linden, M., ter Keurs, M., Dijkstra, T., & Hagoort, P. (2005). Theta responses are involved in lexical-semantic retrieval during language processing. *Journal of Cognitive Neuroscience*, 17 (3), 530-541.

Bastos, A. M., Usrey, W. M., Adams, R. A., Mangun, G. R., Fries, P., & Friston, K. J. (2012). Canonical microcircuits for predictive coding. *Neuron*, 76 (4), 695-711.

Bidet-Caulet, A., Barbe, P. G., Roux, S., Viswanath, H., Barthélémy, C., Bruneau, N., et al. (2012). Dynamics of anticipatory mechanisms during predictive context processing. *The European Journal of Neuroscience*, 36 (7), 2996-3004.

Bonhage, C. E., Mueller, J. L., Friederici, A. D., & Fiebach, C. J. (2015). Combined eye tracking and fMRI reveals neural basis of linguistic predictions during sentence comprehension. *Cortex*, 68, 33-47.

Bressler, S. L., & Richter, C. G. (2015). Interareal oscillatory synchronization in top-down neocortical processing. *Current Opinion in Neurobiology*, 31, 62-66.

Buckner, R. L. (2010). The role of the hippocampus in prediction and imagination. *Annual Review of Psychology*, 61 (1), 27-48.

Buckner, R. L., Andrews-Hanna, J. R., & Schacter, D. L. (2008). The brain's default network. *Annals of the New York Academy of Sciences*, 1124 (1), 1-38.

Buzsáki, G. (2005). Theta rhythm of navigation: Link between path integration and landmark navigation, episodic and semantic memory. *Hippocampus*, 15 (7), 827-840.

Campbell, D. T. (1960). Blind variation and selective retentions in creative thought as in other knowledge processes. *Psychological Review*, 67 (6), 380-400.

Carvalho, F. M., Chaim, K. T., Sanchez, T. A., & de Araujo, D. B. (2016). Time-perception network and default mode network are associated with temporal prediction in a periodic motion task. *Frontiers in Human Neuroscience*, 10, 268.

Cavanagh, J. F., & Frank, M. J. (2014). Frontal theta as a mechanism for cognitive control. *Trends in Cognitive Sciences*, 18 (8), 414-421.

Chomsky, N. (1965). *Aspects of the Theory of Syntax*. Cambridge: Massachusetts Institute of Technology, Cambridge Research Lab of Electronics.

Chwilla, D. J., Hagoort, P., & Brown, C. M. (1998). The mechanism underlying backward priming in a lexical decision task: Spreading activation versus semantic matching. *The Quarterly Journal of Experimental Psychology Section A*, 51 (3), 531-560.

Clark, A. (2013). Whatever next? Predictive brains, situated agents, and the future of cognitive science. *Behavioral & Brain Sciences*, 36 (3), 181-204.

Clark, H. H. (1983). Making sense of nonce sense. In: F. D'Arcais B. Giovanni, R. J. Jarvella (Eds.), *The Process of Language Understanding* (pp.297-331). Chichester: John Wiley & Sons.

Cooper, R. M. (1974). The control of eye fixation by the meaning of spoken language: A new methodology for the real-time investigation of speech perception, memory, and language processing. *Cognitive Psychology*, 6, 84-107.

Coull, J. T., Cheng, R. K., & Meck, W. H. (2011). Neuroanatomical and neurochemical substrates of timing. *Neuropsychopharmacology*, 36 (1), 3-25.

Coull, J. T., Cotti, J., & Vidal, F. (2016). Differential roles for parietal and frontal cortices in fixed versus evolving temporal expectations: Dissociating prior from posterior temporal probabilities with fMRI. *NeuroImage*, 141, 40-51.

Deco, G., & Rolls, E. T. (2005). Attention, short-term memory, and action selection: A unifying theory. *Progress in Neurobiology*, 76 (4), 236-256.

Dien, J., Franklin, M. S., & May, C. J. (2006). Is "blank" a suitable neutral prime for event related potential experiments? *Brain and Language*, 97 (1), 91-101.

Dienes, Z., Altmann, G. T. M., & Gao, S. J. (1999). Mapping across domains without feedback: A neural network model of transfer of implicit knowledge. *Cognitive Science*, 23, 53-82.

Doya, K., Ishii, S., Pouget, A., & Rao, R. P. N. (2007). *Bayesian Brain: Probabilistic Approaches to Neural Coding*. Cambridge: MIT Press.

Elman, J. L. (1990). Finding structure in time. *Cognitive Science*, 14, 179-211.

Elman, J. L. (1993). Learning and development in neural networks: The importance of starting small. *Cognition*, 48 (1), 71-99.

Engel, A. K., & Fries, P. (2010). Beta-band oscillations—Signalling the status quo? *Current Opinion in Neurobiology*, 20 (2), 156-165.

Ericsson, K. A., & Kintsch, W. (1995). Long-term working memory. *Psychological Review*, 102 (2), 211-245.

Fernandino, L., Humphries, C. J., Seidenberg, M. S., Gross, W. L., Conant, L. L., & Binder, J. R. (2015). Predicting brain activation patterns associated with individual lexical concepts based on five sensory-motor attributes. *Neuropsychologia*, 76, 17-26.

Fodor, J. A. (1983). *The Modularity of Mind: An Essay on Faculty Psychology*. Cambridge: MIT Press.

Friston, K. J., Bastos, A. M., Pinotsis, D., & Litvak, V. (2015). LFP and oscillations—What do they tell us? *Current Opinion in Neurobiology*, *31*, 1-6.

Friston, K. (2003). Learning and inference in the brain. *Neural Networks*, *16*(9), 1325-1352.

Friston, K. (2005). A theory of cortical responses. *Philosophical Transactions of the Royal Society of London, Series B. Biological Sciences*, *360*(1456), 815-836.

Friston, K. (2009). The free-energy principle: A rough guide to the brain? *Trends in Cognitive Sciences*, *13*(7), 293-301.

Friston, K. (2010). The free-energy principle: A unified brain theory? *Nature Reviews Neuroscience*, *11*(2), 127-138.

Frith, C., & Dolan, R. J. (1997). Brain mechanisms associated with top-down processes in perception. *Philosophical Transactions of the Royal Society of London, Series B. Biological Sciences*, *352*(1358), 1221-1230.

Gilbert, C. D., & Sigman, M. (2007). Brain states: Top-down influences in sensory processing. *Neuron*, *54*, 677-696.

Hagoort, P. (2005). On Broca, brain, and binding: A new framework. *Trends in Cognitive Sciences*, *9*(9), 416-423.

Hagoort, P. (2013). MUC (Memory, Unification, Control) and beyond. *Frontiers in Psychology*, *4*, 1-13.

Hald, L. A., Bastiaansen, M. C. M., & Hagoort, P. (2006). EEG theta and gamma responses to semantic violations in online sentence processing. *Brain and Language*, *96*(1), 90-105.

Hale, J. T., Lutz, D., E., Luh, W. M., & Brennan, J. R. (2015). Modeling fMRI time courses with linguistic structure at various grain sizes. Proceedings of the 6th Workshop on Cognitive Modeling and Computational Linguistics, 89-97.

Hartwigsen, G., Bestmann, S., Ward, N. S., Woerbel, S., Mastroeni, C., Granert, O., et al. (2012). Left dorsal premotor cortex and supramarginal gyrus complement each other during rapid action reprogramming. *The Journal of Neuroscience: The Official Journal of the Society for Neuroscience*, *32*(46), 16162-16171.

Hauk, O., Shtyrov, Y., & Pulvermüller, F. (2008). The time course of action and action-word comprehension in the human brain as revealed by neurophysiology. *Journal of Physiology-Paris*, *102*(1-3), 50-58.

Heekeren, H. R., Marrett, S., Bandettini, P. A., & Ungerleider, L. G. (2004). A general mechanism for perceptual decision-making in the human brain. *Nature*, *431*(7010), 859-862.

Henderson, J. M., Choi, W., Lowder, M. W., & Ferreira, F. (2016). Language structure in the brain: A fixation-related fMRI study of syntactic surprisal in reading. *NeuroImage*, *132*, 293-300.

Hohwy, J. (2007). Functional integration and the mind ‖ functional integration and the mind. *Synthese*, *159*(3), 315-328.

Hohwy, J. (2013). *The Predictive Mind*. Oxford: Oxford University Press.

Jackendoff, R. (2002). *Foundations of Language: Brain, Meaning, Grammar, Evolution.* New York: Oxford University Press.

Jakuszeit, M., Kotz, S. A., & Hasting, A. S. (2013). Generating predictions: Lesion evidence on the role of left inferior frontal cortex in rapid syntactic analysis. *Cortex, 49* (10), 2861-2874.

Jordan, M. I. (1986). *Serial Order: A Parallel Distributed Processing Approach.* San Diego: University of California, Institute for Cognitive Science.

Kahn, I., Andrews-Hanna, J. R., Vincent, J. L., Snyder, A. Z., & Buckner, R. L. (2008). Distinct cortical anatomy linked to subregions of the medial temporal lobe revealed by intrinsic functional connectivity. *Journal of Neurophysiology, 100* (1), 129-139.

Kamide, Y. (2008). Anticipatory processes in sentence processing. *Language and Linguistics Compass, 2* (4), 647-670.

Kamide, Y., Altmann, G. T. M., & Haywood, S. L. (2003). The time-course of prediction in incremental sentence processing: Evidence from anticipatory eye movements. *Journal of Memory and Language, 49* (1), 133-156.

Katz, J. J., & Fodor, J. A. (1963). The structure of a semantic theory. *Language, 39* (2), 170-210.

Kiefer, M., & Pulvermüller, F. (2012). Conceptual representations in mind and brain: Theoretical developments, current evidence and future directions. *Cortex: A Journal Devoted to the Study of the Nervous System and Behavior, 48* (7), 805-825.

Kim, J. N., & Shadlen, M. N. (1999). Neural correlates of a decision in the dorsolateral prefrontal cortex of the macaque. *Nature Neuroscience, 2* (2), 176-185.

Kleinschmidt, D. F., & Jaeger, T. F. (2015). Robust speech perception: Recognize the familiar, generalize to the similar, and adapt to the novel. *Psychological Review, 122* (2), 148-203.

Klimesch, W., Freunberger, R., & Sauseng, P. (2010). Oscillatory mechanisms of process binding in memory. *Neuroscience & Biobehavioral Reviews, 34* (7), 1002-1014.

Knoeferle, P., Crocker, M. W., Scheepers, C., & Pickering, M. J. (2005). The influence of the immediate visual context on incremental thematic role-assignment: Evidence from eye-movements in depicted events. *Cognition, 95* (1), 95-127.

Kuperberg, G. R., & Jaeger, T. F. (2016). What do we mean by prediction in language comprehension? *Language, Cognition and Neuroscience, 31* (1), 32-59.

Kveraga, K., Ghuman, A. S., & Bar, M. (2007). Top-down predictions in the cognitive brain. *Brain and Cognition, 65* (2), 145-168.

Lau, E. F., Holcomb, P. J., & Kuperberg, G. R. (2013). Dissociating N400 effects of prediction from association in single-word contexts. *Journal of Cognitive Neuroscience, 25* (3), 484-502.

Lewis, A. G., & Bastiaansen, M. (2015). A predictive coding framework for rapid neural dynamics during sentence-level language comprehension. *Cortex, 68,* 155-168.

Lewis, R. L., Shvartsman, M., & Singh, S. (2013). The adaptive nature of eye movements in linguistic tasks: How payoff and architecture shape speed accuracy trade-offs. *Topics in Cognitive Science, 5* (3), 581-610.

Li, X. Q., Zhang, Y. P., Xia, J. Y., & Swaab, T. Y. (2017). Internal mechanisms underlying anticipatory language processing: Evidence from event-related-potentials and neural oscillations. *Neuropsychologia*, *102*, 70-81.

Luo, Y., Zhang, Y., Feng, X., & Zhou, X. (2010). Electroencephalogram oscillations differentiate semantic and prosodic processes during sentence reading. *Neuroscience*, *169*, 654-664.

MacKay, D. M. (1956). In: Shannon, C. E. & McCarthy, J. (Eds.), *Automata Studies* (pp.235-251). Princeton: Princeton University Press.

Man, K., Kaplan, J., Damasio, H., & Damasio, A. (2013). Neural convergence and divergence in the mammalian cerebral cortex: From experimental neuroanatomy to functional neuroimaging. *The Journal of Comparative Neurology*, *521* (18), 4097-4111.

Martin, A., Haxby, J. V., Lalonde, F. M., Wiggs, C. L., & Ungerleider, L. G. (1995). Discrete cortical regions associated with knowledge of color and knowledge of action. *Science*, *270*, 102-105.

Matchin, W., Hammerly, C., & Lau, E. (2017). The role of the IFG and pSTS in syntactic prediction: Evidence from a parametric study of hierarchical structure in fMRI. *Cortex*, *88*, 106-123.

McGuire, J. T., Nassar, M. R., Gold, J. I., & Kable, J. W. (2014). Functionally dissociable influences on learning rate in a dynamic environment. *Neuron*, *84*, 870-881.

Mento, G., Tarantino, V., Vallesi, A., & Bisiacchi, P. S. (2015). Spatiotemporal neurodynamics underlying internally and externally driven temporal prediction: A high spatial resolution ERP study. *Journal of Cognitive Neuroscience*, *27* (3), 425-439.

Meyer, M. L., Spunt, R. P., Berkman, E. T., Taylor, S. E., & Lieberman, M. D. (2012). Evidence for social working memory from a parametric functional MRI study. *Proceedings of the National Academy of Sciences of the United States of America*, *109* (6), 1883-1888.

Milburn, E., Warren, T., & Dickey, M. W. (2016). World knowledge affects prediction as quickly as selectional restrictions: Evidence from the visual world paradigm. *Language, Cognition and Neuroscience*, *31* (4), 536-548.

Mullally, S. L., & Maguire, E. A. (2014). Memory, imagination, and predicting the future: A common brain mechanism? *The Neuroscientist*, *20* (3), 220-234.

Neisser, U. (1967). *Cognitive Psychology*. New York: Appleton-Century-Crofts.

O'Reilly, J. X., Schuffelgen, U., Cuell, S. F., Behrens, T. E. J., Mars, R. B., & Rushworth, M. F. S. (2013). Dissociable effects of surprise and model update in parietal and anterior cingulate cortex. *Proceedings of the National Academy of Sciences of the United States of America*, *110* (38), e3660-e3669.

Peterson, R. R., & Simpson, G. B. (1989). Effect of backward priming on word recognition in single-word and sentence contexts. *Journal of Experimental Psychology: Learning, Memory, and Cognition*, *15* (6), 1020-1032.

Piai, V., Roelofs, A., & Maris, E. (2014). Oscillatory brain responses in spoken word production reflect lexical frequency and sen- tential constraint. *Neuropsychologia*, *53*, 146-156.

Piai, V., Roelofs, A., Rommers, J., & Maris, E. (2015). Beta oscillations reflect memory and motor aspects of spoken word production. *Human Brain Mapping*, *36* (7), 2767-2780.

Pickering, M. J., & Gambi, C. (2018). Predicting while comprehending language: A theory and review. *Psychological Bulletin*, 144（10），1002-1044.

Pickering, M. J., & Garrod, S.（2007）. Do people use language production to make predictions during comprehension? *Trends in Cognitive Sciences*, 11（3），105-110.

Puri, A. M., Wojciulik, E., & Ranganath, C.（2009）. Category expectation modulates baseline and stimulus-evoked activity in human inferotemporal cortex. *Brain Research*, 1301, 89-99.

Rayner, K., Pollatsek, A., Ashby, J., & Clifton, C.（2012）. *The Psychology of Reading.* New York: Psychology Press.

Roark, B.（2001）. Probabilistic top-down parsing and language modeling. *Computational Linguistics*, 27, 249-276.

Rommers, J., Dickson, D. S., Norton, J. J. S., Wlotko, E. W., & Federmeier, K. D.（2016）. Alpha and theta band dynamics related to sentential constraint and word expectancy. *Language, Cognition and Neuroscience*, 32（5）：576-589.

Rothermich, K., & Kotz, S. A.（2013）. Predictions in speech comprehension: fMRI evidence on the meter-semantic interface. *NeuroImage*, 70, 89-100.

Schacter, D. L., & Addis, D. R.（2007）. The cognitive neuroscience of constructive memory: Remembering the past and imagining the future. *Philosophical Transactions of the Royal Society B. Biological Sciences*, 362（1481），773-786.

Schacter, D. L., Addis, D. R., & Buckner, R. L.（2008）. Episodic simulation of future events—Concepts, data, and applications. *Annals of the New York Academy of Sciences*, 1124（1），39-60.

Schwartze, M., & Kotz, S. A.（2013）. A dual-pathway neural architecture for specific temporal prediction. *Neuroscience & Biobehavioral Reviews*, 37（10），2587-2596.

Seidenberg, M. S., Waters, G. S., Sanders, M., & Langer, P.（1984）. Pre-and post-lexical loci of contextual effects on word recognition. *Memory & Cognition*, 12（4），315-328.

Smith, N. J., & Levy, R.（2013）. The effect of word predictability on reading time is logarithmic. *Cognition*, 128（3），302-319.

Spreng, R. N., Mar, R. A., & Kim, A. S. N.（2009）. The common neural basis of autobiographical memory, prospection, navigation, theory of mind, and the default mode: A quantitative meta-analysis. *Journal of Cognitive Neuroscience*, 21（3），489-510.

Squire, L. R., Stark, C. E., & Clark, R. E.（2004）. The medial temporal lobe. *Annual Review of Neuroscience*, 27（1），279-306.

Stafura, J. Z., & Perfetti, C. A.（2014）. Word-to-text integration: Message-level and lexical level influences in ERPs. *Neuropsychologia*, 64, 41-53.

Stafura, J. Z., Rickles, B., & Perfetti, C. A.（2015）. ERP evidence for memory and predictive mechanisms in word-to-text integration. *Language, Cognition and Neuroscience*, 30（10），1273-1290.

Suddendorf, T., & Corballis, M. C.（1997）. Mental time travel and the evolution of the human mind. *Genetic Social and General Psychology Monographs*, 123（2），133-167.

Suddendorf, T., & Corballis, M. C.（2007）. The evolution of foresight: What is mental time travel, and is it unique to humans? *The Behavioral and Brain Sciences*, 30（3），299-351.

Summerfield, C., & de Lange, F. P.（2014）. Expectation in perceptual decision making: Neural and computational mechanisms. *Nature Reviews Neuroscience*, 15 (11), 745-756.

Summerfield, C., & Koechlin, E. (2008). A neural representation of prior information during perceptual inference. *Neuron*, 59 (2), 336-347.

Suzuki, W. A., & Amaral, D. G. (1994). Perirhinal and parahippocampal cortices of the macaque monkey: Cortical afferents. *The Journal of Comparative Neurology*, 350 (4), 497-533.

Tanenhaus, M. K., Carlson, G., & Trueswell, J. C. (1989). The role of thematic structures in interpretation and parsing. *Language and Cognitive Processes*, 4, 211-234.

Thierry, G., Athanasopoulos, P., Wiggett, A., Dering, B., & Kuipers, J. R. (2009). Unconscious effects of language-specific terminology on preattentive color perception. *Proceedings of the National Academy of Sciences of the United States of America*, 106 (11), 4567-4570.

Tolman, E. C., & Gleitman, H.. (1949). Studies in learning and motivation; equal reinforcements in both end-boxes; followed by shock in one end-box. *Journal of Experimental Psychology*, 39 (6), 810-819.

Tolman, E. C., Ritchie, B. F., & Kalish, D. (1946). Studies in spatial learning. I. Orientation and the short-cut.1946. *Journal of Experimental Psychology General*, 121 (4), 429-434.

Tylén, K., Christensen, P., Roepstorff, A., Lund, T., Østergaard, S., & Donald, M. (2015). Brains striving for coherence: Long-term cumulative plot formation in the default mode network. *NeuroImage*, 121, 106-114.

van Petten, C., & Luka, B. J. (2012). Prediction during language comprehension: Benefits, costs, and ERP components. *International Journal of Psychophysiology*, 83 (2), 176-190.

Verbruggen, F., Aron, A. R., Stevens, M. A., & Chambers, C. D. (2010). Theta burst stimulation dissociates attention and action updating in human inferior frontal cortex. *Proceedings of the National Academy of Sciences of the United States of America*, 107 (31), 13966-13971.

von Helmholtz, H. V. (1860/1962). *Handbuch der Physiologischen Optik*. New York: Dover.

Wang, L., Hagoort, P., & Jensen, O. (2018). Language prediction is reflected by coupling between frontal gamma and posterior alpha oscillations. *Journal of Cognitive Neuroscience*, 30 (3), 432-447.

Wang, L., Jensen, O., van den Brink, D., Weder, N., Schoffelen, J. M., Magyari, L., et al. (2012). Beta oscillations relate to the N400m during language comprehension. *Human Brain Mapping*, 33, 2898-2912.

Warren, T., & McConnell, K. (2007). Investigating effects of selectional restriction violations and plausibility violation severity on eye movements in reading. *Psychonomic Bulletin & Review*, 14 (4), 770-775.

Warren, T., Milburn, E., Patson, N. D., & Dickey, M. W. (2015). Comprehending the impossible: What role do selectional restriction violations play? *Language, Cognition and Neuroscience*, 30 (8), 932-939.

Wiener, M., Turkeltaub, P., & Coslett, H. B. (2010). The image of time: A voxel-wise meta-analysis. *NeuroImage*, 49, 1728-1740.

Zacks, J. M., Speer, N. K., Swallow, K. M., Braver, T. S., & Reynolds, J. R. (2007). Event perception: A mind/brain perspective. *Psychological Bulletin*, 133, 273-293.

第十一章

心 理 理 论

心理理论（ToM）是根据明显的社会信号（眼睛注视、面部表情、行为和语言等）确定内部心理状态，理解自己和他人的思想和情感的一种能力。它赋予人类高度的适应社会的技能，是人类社会智力的关键成分，在社会互动和交流中起到了关键作用。

理解他人心理状态是一种发展性能力，最基本的成分在儿童早期获得。发育完全的心智化依赖于特异的表征技能（表征性质、状态的能力）和这些表征的目标导向的加工资源。在发展进程中，用于跟踪心智状态的表征系统是自动、快速和高效的。其基本成分在认知控制之前成熟，在成长过程中逐步变成内隐和自动的。这意味着 ToM 是以不同的认知结构为基础的，而且这些结构的作用会随着年龄而变化。研究 ToM 的行为任务包括区分自我和他人的信念，识别他人的意图和情感，在策略性社会交互中预测他人的行为等。已有研究表明，心智化可以分解成不同的认知神经成分，不同成分的成熟过程可能各不相同，可能早于或晚于执行功能。

心理理论在语言理解和人际交流中具有重要的作用。本章第一节将介绍几个心理理论的神经生理理论模型。这些模型分别关注心理理论的不同维度，结合在一起可以形成一个相对完整的图景。第二节介绍在语篇理解中对于语篇人物的意图、视角和信念的认知加工；第三节聚焦于语篇情绪理解的神经基础。

第一节　人类的心理理论

一、心理理论的结构与神经基础

心理理论或者说心智化不是单一的认知能力，而是一个复杂系统，可以分解成不同的认知成分。不同心智化任务的操作均与工作记忆和抑制控制有关，需要调用大尺度脑网络，通常包括楔前叶、TPJ 和 mPFC。正常成年人的心智化能力存在差异，ToM 脑网络成分的容量可以预测在不同心智化任务中的个体间差异。

在大量心理学和认知神经科学研究的基础之上，研究者对大数据集采用元分析和连接建模分析方法，建构了 ToM 的神经生理和生化模型。这些模型揭示了 ToM 作为一个整体所涉及的核心脑网络，以及支持它的不同维度（或者成分）的神经网络。在这些维度上对 ToM 进行分析，可以有认知-情感、自我-他人、内隐-外显等任务。ToM 的分析内容可能包括信念、意图、视角、情感、计划、目标、人格特质等。

本节将介绍几项有关 ToM 的元分析研究和一个神经生物学模型，它们系统地揭示了支持 ToM 能力的神经基础和运行机制。

（一）不同任务涉及的脑区

大量的神经成像研究聚焦于确定与 ToM 相关的脑区，但是对于不同类型 ToM 相关的神经网络的研究还存在大量问题。Molenberghs 等（2016）对 144 个数据集（含 3150 名被试）进行了一系列 ALE 元分析，结果揭示出跨 ToM 任务和广泛任务参数的共同脑区和一些重要的分离。在不同 ToM 任务中，一致激活的脑区有 mPFC 和双侧 TPJ。另外，对数据集进行 ALE 对比分析以及对脑图数据集的元分析连接建模分析（MACA），提示不同类型的 ToM 任务诱发了独特脑区的激活。研究采用的是两种不同但是互补的元分析方法，即 ALE 和 MACA，扩展了对于不同类型的 ToM 推理任务涉及的功能网络的理解。

1. ToM 涉及的共同脑区

Molenberghs 等（2016）对 144 项相关研究进行 ALE 分析，揭示出参与 ToM 的一致脑区是一个广泛的脑网络。心智化网络通常包括 dmPFC 前部和双侧 TPJ。尽管这两个脑区在不同的通道和不同的任务下一致地被激活，其他脑区包括楔前叶、IFG（包括岛盖部、三角部和内侧及外侧 OFC）、PG、ACC、TP、dmPFC 后部、vmPFC、MTG 和 pSTS 也有激活。考虑他人的心理状态通常与 dmPFC 前部相关，研究还揭示出内侧额叶后部、dmPFC 前部、vmPFC 和内侧眶额皮层（mOFC）等脑区与此相关。

2. 不同的任务

Molenberghs 等对 7 种不同的 ToM 任务（故事、卡通、视频、互动游戏等）分别进行 ALE 分析，结果发现，与 Schurz 等（2014）的报告有重要的相似性，也有系统的差异。ToM 故事激活的脑区只与心智化系统相关（mPFC、TPJ、楔前叶），说明由于故事缺少面部表情、运动等有助于心智化推理的语境视觉化线索，因而对他人心理状态的认知理论有特别高的要求。ToM 故事可靠地激活了 TP 和 MTG，这些故事提供了语义信息。在故事理解和语义知识提取任务中，颞叶起到了重要作用。

3. TOM 子成分

将 ToM 分解成不同的维度，与不同维度相关的广泛神经网络如下。

（1）内隐-外显。内隐-外显的 ToM 加工涉及的神经网络有很大的重叠，包括 dmPFC 前部、楔前叶、双侧 IFG、TPJ、TP，说明两种任务由同一个神经网络进行加工。但也存在重要差别，如内隐任务对右侧 OFC 有更多要求，因为 OFC 有助于社会认知的自动化。它与几个感觉和内脏相关的脑区有很强的输入连接，与边缘系统（杏仁核、海马、扣带回和丘脑）有输出连接。这些连接使其很适合于多通道内隐的刺激强化学习，而外显任务在 TPJ 有更强的激活，通常与他人信念的语境外显表征相联系。

（2）情感-认知。情感和认知 ToM 加工导致了 dmPFC 前部和 TPJ 一致被激活，但也存在重要差异，例如，情感 ToM 加工是在左侧 OFC、双侧 IFG 后部（岛盖）和相邻的 PMv。这说明 OFC 在情感加工中起到了重要作用，相比认知加工，情感对模拟能力有更高的要求。MACA 揭示了情感和认知加工的不同连接。情感 ToM 激活的脑区与双侧 OFC、脑岛、额下回后部、前运动皮层和梭状回有很强的连接。认知 ToM 任务增强激活的是在与心智化过程相关的典型脑区，如双侧 TPJ 和楔前叶，这些区域与默认、腹侧注意和额顶网络有重叠。这些说明，情感 ToM 依赖于更广泛的网络。

（3）刺激呈现通道。视觉和听觉两种任务都激活了 dmPFC 前部、双侧 TPJ、楔前叶、TP 和双侧 IFG。但是，视觉任务在前脑岛、左侧 PG 和 IFG 后部（岛盖部）有更多的激活。在没有视觉刺激的情况下，言语 ToM 任务中的激活增强是在认知 ToM 脑区（dmPFC 前部、楔前叶、双侧 TPJ 和 MTG）。这些脑区经常在认知理论中被提到，这些理论强调心理状态推理时的个人反思和高阶控制过程。这些区域反映了复杂的 ToM 推理，例如，根据抽象信息预期一个人的行为。MACA 分析表明，通常言语 ToM 加工在与心智化的认知方面相联系的脑区显示出了增强连接，例如，dmPFC 前部、楔前叶、双侧 TPJ，这些脑区与默认网络重叠。视觉 ToM 加工与基于模拟的脑区（右侧 IPL、后部 IFG、PMC）显示出了增强连接。这些脑区与背侧和腹侧注意和额顶网络重叠。

以上的数据分析结果提供了清晰的证据，说明内隐-外显 ToM、情感-认知 ToM、视觉-听觉 ToM 利用了不同的网络，但对这些结果的解释需要考虑 ALE 元分析方法的局限性。这项研究确定的核心 ToM 网络包括 dmPFC 前部、双侧 TPJ。

无论什么任务要求，它们都被激活，说明跨越多重任务的 ToM 的操作定义涉及同样的脑区。研究结果也指出了不同的 ToM 任务和任务参数之间的重要区别。依赖于情感、视觉和内隐刺激的 ToM 成分对于镜像系统相关的脑区有额外的要求，而认知、言语或者外显刺激则依赖于心智化脑区，如 dmPFC 和 TPJ。

（二）Schurz 的心理分级理论

Schurz 等（2014）根据对脑成像数据的元分析，提出了心理分级理论（fractionating theory of mind）。ToM 的核心网络是三个重叠的脑区：mPFC、双侧 TPJ。所有 ToM 任务都一致地调用了这些特定的脑网络。有些理论假设，存在特定机制服务于心理状态属性，例如，心理理论机制（theory of mind mechanism）、期待信念和愿望归属的机制，还包括其他心理状态属性，如特质判断。

ToM 脑区：①TPJ，即颞叶和外侧裂包围的顶叶的边界区，有时也称为 pSTS、IPL 后部、腹侧顶叶、AG 等。fMIR 研究发现，对 ToM 有贡献的 TPJ 可以分为腹侧-前部（vetral-anterior，v-a）和背侧-后部（dorsal-posterior，d-p）两部分。所有 ToM 任务激活的那一部分 TPJ 都大致相当于 TPJp。TPJ 内部的功能分区支持先前的理论，即 v-aTPJ 加工显性的心理状态，d-pTPJ 加工隐藏的心理状态。TPJ 的整体功能是根据个人的信息推断或者预测心理状态。在整个区域中，子区把整体功能用于不同类型的信息，依功能连接模式而变化，TPJa 与 IFG、SMA 连接；TPJp 与背侧 IPL、楔前叶、vmPFC 和颞叶后部连接。②mPFC。其参与所有 ToM 任务，特别是错误信念、特质判断等任务。其差异在于，所加工的社会信息的时间尺度不同。与 ToM 最可靠的相关是楔前叶的激活，它参与视觉-空间想象。也有人认为，它在 ToM 中的主要功能是表征他人视角的心理表象。③ATL 存储和提取社会语义脚本，近期的研究扩展了这种看法，即它不仅提供脚本，还提供了一般的社会语义概念，支持社会语义概念解释。IFG 参与动作的执行和对他人动作的观察，由于与边缘系统连接，它支持情绪判断和共情，也是进行某些 ToM 推理的关键脑区。

对 ToM 的神经成像研究进行元分析，根据刺激分组，在所有任务组都有脑激活的是 mPFC 和双侧 TPJ。其支持如下观点：当我们对心理状态进行推理时，无论任务和刺激形式是什么，都激活了心理理论核心网络。此外，研究还发现了围绕这个核心网络的、与任务相关的一些激活差异。以兴趣区为基础的分析表明，TPJ、mPFC、楔前叶、颞叶和 IFG 的一些区域具有不同的任务相关的激活模式。

（三）神经生物学模型

Abu-Akel 和 Shamay-Tsoory（2011）提出了一个 ToM 的神经生物学模型，结

合了神经解剖和神经化学水平的特性。该模型从认知-情感、自我-他人和外显-内隐三个维度对 ToM 进行了建模。

1. 认知-情感

在这个模型中，皮层和皮下脑区组成网络，具有表征自我和他人的认知和情感心理状态的能力。ToM 的认知和情感是由分离但是相互影响的前额网络支持的。认知 ToM 网络主要涉及背侧 PFC、背侧 ACC 和背侧纹状体；情感 ToM 网络主要涉及 vmOFC、腹侧 ACC、杏仁核和腹侧纹状体；外侧额下皮层（ILFC）和 dlPFC 表征情感和认知 ToM 网络的执行/应用结构（execution/application structure）；两个网络的交互由 ACC 调节（图 11.1）。

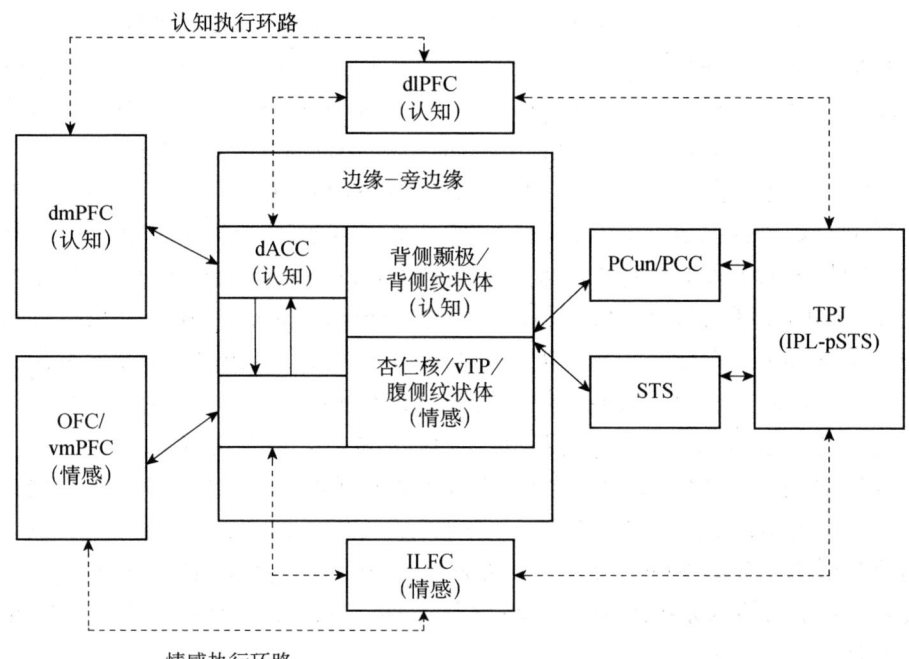

图 11.1 加工情感和认知心理状态的神经网络。箭头是双向的。被表征的心理状态在颞顶联合区（TPJ）形成，然后在颞上沟（STS）或楔前叶/后部扣带回（PCun/PCC）中转，到边缘-旁边缘区，被赋予认知或者情感值。情感 TOM（红色框）受一个网络调节，包括腹侧纹状体、杏仁核、腹侧颞极（vTP）、腹侧 ACC、眶额皮层（OFC）、腹侧前额叶（vmPFC）和外侧额下皮层（ILFC）。认知 TOM（蓝色框）网络调节背侧纹状体、背侧颞极、背侧前扣带回（dACC）、背侧前额皮层（dmPFC）和背侧额下皮层（dlPFC）。ILFC 和 dlPFC 表示它们各自的情感和认知 ToM 网络的执行/应用结构。这两个网络的交互作用在 ACC 中受到调节（Abu-Akel & Shamay-Tsoory，2011）（见彩图 11.1）

2. 自我-他人

自我和他人的心理状态表征是由心智化网络内部的不同脑区加工的，区分自我和他人心理状态的能力受到功能上相互影响的背侧和腹侧注意选择系统（位于 TPJ 和 ACC）的调节（图 11.2）。

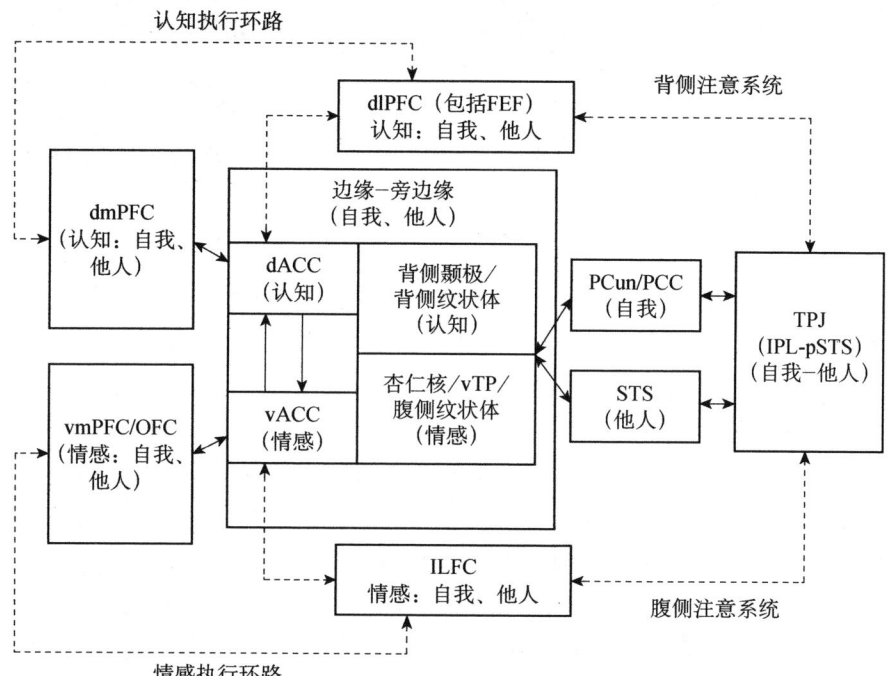

图 11.2　加工自我和他人心理状态的神经网络。箭头是双向的。自我和他人心理状态的表征最初在 TPJ 加工。刺激与自我或者他人心理状态的关联性是通过腹侧和背侧注意系统指认的。如果刺激与他人相关，那么信息通过 pSTS 被送回到 STS。如果刺激与自我相关，那么信息通过顶下皮层（IPL）被送回到 PCun/PCC。来自边缘-边缘旁系的信号（杏仁核、纹状体、颞极和 ACC）决定表征是认知的还是情感的。在 ACC 内部，对与自我相关或者他人相关的刺激（最终是表征自我和他人心理状态）的注意指向是由腹侧和背侧注意系统的介入与否决定的。边缘-边缘旁系内部的背侧系统执行认知心理状态的加工，腹侧指向情感心理状态的加工。从那里，自我或者他人认知状态通过 dmPFC 被送到 dlPFC，进行执行/应用的决策。来自腹侧系统的情感表征，通过 vmPFC/OFC 复合体到达 ILFC，进行执行/应用决策（Abu-Akel & Shamay-Tsoory, 2011）

ToM 功能的整体性依赖于多巴胺-羟色胺系统（DS），主要参与被表征的心理状态的维持和应用过程。DS 对 ToM 功能的完整性有重要的影响。证据表明，ToM 损伤常常会受到 DS 的病理的影响，DS 在 ToM 加工中有特殊的作用。根据 PFC 内部 5-羟色胺和多巴胺活动与 ToM 功能的联系，有理由假定，在 PFC 内部多巴胺/5-羟色胺最优水平的分布对人的心智化能力有直接影响。

3. 外显-内隐

近期的理论进展说明，ToM 由两个系统支持：一个是早期发展的内隐系统，独立于语言和执行功能的发展，对信念一类的高效监控任务做出反应；另一个是外显系统，发展较晚，有赖于领域一般的认知资源，如执行功能。双加工系统理论认为，这两个系统由不同的神经网络支持。外显系统依赖于 mPFC、内侧顶叶、ACC 和内侧颞叶，内隐系统依赖于杏仁核、BG、腹侧前额叶、背侧 ACC 和内侧颞叶皮层。对内隐和外显任务共同响应的脑区有四个，包括 mPFC、楔前叶和双侧 TPJ 和 TP。研究者对比分析和解释了四个区域激活的显著差异：外显任务更多地激活了 mFC 后部、左侧 TPJ；内隐任务激活了 dmPFC 和右侧 OFC。MACA 分析揭示了外显和内隐条件下共同激活的脑区：外显 ToM 对中部扣带回和左侧 IPL 两个脑区产生了激活；内隐 ToM 对 mFC 后部和双侧 dPFC 两个脑区产生了激活。

二、心理理论与社会认知

在社会认知神经科学领域，大部分研究聚焦于描述典型和异常的社会信息加工的独立成分，缺少整合不同成分的综合性模型。Yang 等（2015）对构成社会信息加工的神经基础的三个主要神经系统（社会知觉、动作观察和心理理论）进行了分析整合，提出了三个过程的整合模型，强调了 pSTS 在三个系统中的协调作用（图 11.3）。其采用内隐和外显社会信息加工的双系统理论整合这些神经系统。以 Neurosynth 软件为基础的大规模元分析结果证实，pSTS 处于三个系统的交叉点上。对 1000 名被试的静息态功能成像分析证实，pSTS 与这些系统的所有其他脑区连接。这个发现对以社会障碍为特征的心理疾病的诊治有特别的意义。

（1）社会知觉网络。支持社会知觉的脑区在灵长类和人类大脑是有很大重叠的。动态社会知觉主要由 pSTS、杏仁核、OFC 和 FG 支持。其中，pSTS 在社会知觉网络中起到了关键作用，从初级视觉和听觉区接收知觉输入，参与这些脑区的动态信息的跟踪和表征，它对表征意图的社会信息十分敏感。FG 沿着腹侧颞叶皮层有几个不同但相邻的脑区，与社会和知觉的视觉信息相关。其中，FFA 对面孔敏感，而 FG 躯体区对身体刺激敏感。FFA 介入身份识别和目标导向的动作识别过程。杏仁核负责加工目标社会信息的情绪意义，支持注视朝向等。OFC 对环境敏感线索的奖赏编码敏感，是行为计划的关键方面，在以价值为基础的决策中具有核心作用。因此，参与对社会奖赏刺激的注意，有助于决定参与社会互动的个体兴趣，对社会线索做出反应。

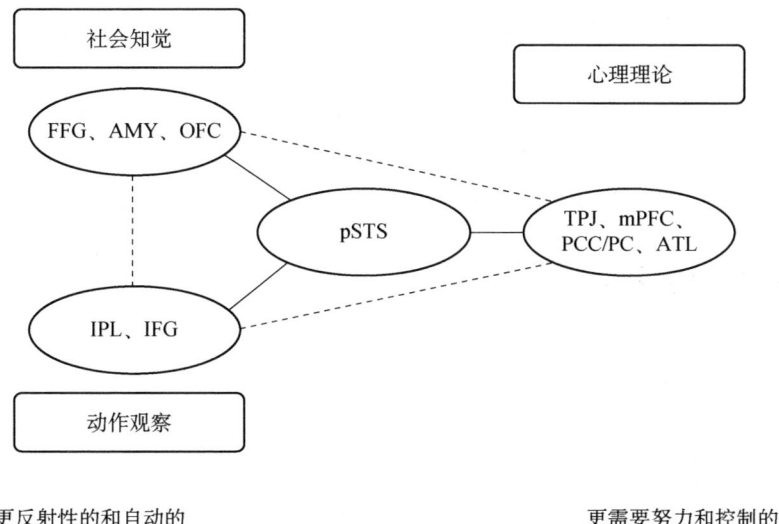

图 11.3 对于社会信息加工的神经系统的整合模型：社会知觉、动作观察和心理理论。虚线表示在这些系统间可能的联系。如图所示，整合的模型将 pSTS 放在三个系统的中间。在社会知觉系统，pSTS 与 FFG、AMY 及 OFC 有相互联系。在动作观察系统，pSTS 投射到 IPL 和 IFG，这些区域涉及产生他人动作的运动计划。在心理理论系统，社会信息在 pSTS 解码，然后在其他额叶、颞叶、顶叶区域，比如，mPFC、TPJ、ATL 及 PCC/PC 得到进一步加工，以推断他人的心理状态和意图（Yang et al., 2015）

（2）动作观察网络。pSTS：加工他人动作的动态视觉输入；顶叶镜像神经区域（IPL 的喙部）：产生对他人动作的较低水平的动作描述；额叶镜像神经区域（IFG、PMv）：产生更高水平的动作计划。

（3）心理理论网络。其能预测事物的外部状态和心理的内部状态之间的关系。这种能力要求区分主观现实与他人所知觉的现实。外显的心理状态推理要求高级认知和注意资源。理解和推测他人的心理状态的能力对于个体在复杂的社会环境中生存具有重要意义。参与 ToM 的脑区有：①mPFC 与高级元表征思维相关，负责战略决策和自我-他人比较。②TPJ 在社会情境中评价他人的心理状态，取第三人称的视角。TPJ 不同区域服务于不同的心理理论功能。③ATL、PCC 和楔前叶调节 ToM 的其他概念。ATL 对语义记忆很关键，存储客体、任务、词汇和事实的知识；楔前叶与 PCC 邻接，参与自我意识和自我相关的加工。pSTS 是支持社会知觉的核心区域，其功能是从动态刺激整合时间信息，从行为提取意图，有助于对心理状态的推理。pSTS 和 TPJ 在解剖和功能上具有延续性。

pSTS 在社会信息加工的三个主要神经系统之间处于交集的位置，在多个水平上支持社会信息加工。同时，其参与他人行为的视觉、听觉和躯体感觉线索的时间整合，对意图的基本形式加以表征。pSTS 解码视觉动态信息，也是听觉韵律加工系统的输入区，声音的情绪韵律信息在这里被抽取和表征。这些信息是更高级的社会认知计算的基础。这个模型与已有的有关社会信息加工的模型一致。例如，双系统模型认为有两个系统支持社会信息加工：一个系统可以高效地跟踪信念一类的心理状态；另一个系统需要付出认知努力去推断他人的心理状态。

三、语篇理解中的心理理论

Mar（2011）采用 ALE 对与心理理论相关的神经影像学研究进行了量化的元分析，对故事和非故事的心理理论研究分别做了 ALE 元分析，检验了 ToM、故事理解及其相互关系。

与基于故事的研究相比，故事理解与非故事性 ToM 表现出更多的重合之处。心智化网络的核心，也就是故事与非故事研究的重合之处，在 mPFC、双侧 pSTS/TPJ、双侧 aMTG 以及左侧 IFG 岛盖部显示出了与故事理解的重叠。这个重合区域中有一些明显的缺失：一个是故事理解分析没有显示出 PCC 和楔前叶的任何集群。尽管质性研究中已经发现这个区域与故事理解有着重要的关联（Mar, 2004），但是随后的 ALE 元分析发现，PCC 只在涉及文本连贯性的对比时才会出现（Ferstl et al., 2008），说明这一脑区是否参与加工取决于故事内容。同样，Mano 等（2009）发现，PCC 只在换位思考时才会被激活。另一个与故事理解并无重合的 ToM 核心区是 AG（双侧）。很显然，AG 与语言理解是相关的，尽管它可能仅仅是支持了一些低水平的语言加工，如语义通达（Graves et al., 2010），因此在叙事加工水平上的作用并不明显。人们并不清楚 AG 是如何促进 ToM 的，也不知道这个功能与 pSTS/TPJ 有何不同，但是它们可能与列序或情景建构的某些方面有关。

ToM 和故事理解之间的这种重合到底意味着什么？一种可能性是 ToM 加工参与故事理解，读者可以以类似于具体真实环境中推测他人心理状态的方式，对故事中人物的心理状态进行推测。这表明人们能够将虚构的人物当作真实的人来对待（Epley et al., 2007），而这些虚构人物也能执行一种社会功能。然而，故事理解过程中使用了 ToM 加工，并不是唯一的可能解释。比如，Ferstl 等（2008）就认为，一种更加普遍的加工过程导致了 mPFC 的激活，它可能是意识认知过程的开始和保持。但是根据元分析研究的结果，ToM 和故事理解网络的重叠看起来要比想象的更大。沿着这些线索，人们已经发现，这一大范围的脑网络与认知加工的范围相似（比如，自传体记忆、未来思考、空间导航、天马行空的想象和刺激想象、创造力、睡眠相关认知、ToM 以及故事理解）。关于这一网络的不同理论解释已经开始出现，包括自我投射、情景建构、关联处理，或者是将语言/范畴化系统与动机系统整合起来。Mar（2011）的元分析证明，一组脑区被 ToM 和故事理解共享，即故事理解网络与无刺激思考过程中观察到的情形是相似的。这些过程所激发的网络都是相似却并不完全相同的。

总体来讲，Mar（2011）的元分析研究得出的结论包括：第一，用两种 ToM 研究方法激活的重叠处所确定的核心心智化网络的范围，比以往大多数研究所发现的还要大，它包括 mPFC、双侧 pSTS、双侧 AG、双侧前颞叶区域、PCC 和楔前叶以及左侧 IFG。第二，这种心理化网络与故事理解网络在几个区域存在重合，包括 mPFC、双侧 pSTS/TPJ、双侧前颞叶区域，以及可能存在重合的左侧 IFG。这些分析已经证实存在着一个 ToM 和故事理解的共享网络，这个网络与其他加工过程的网络在某些方面有着相似性。

第二节　心理理论与语篇认知加工

一、意图

（一）心理理论网络在叙事理解中的作用

语篇理解需要理解故事中不同主体的意图和知觉，推测他们的心理状态。无论是真实的还是虚构的，都称为心理理论的加工。fMRI 研究可以更加细致地揭示这一加工过程。语篇理解会用到心理理论推理的神经基础，诱发主角视角网络。主角视角网络的主要成分有 dmPFC 及 rTPJ。Mason 和 Just（2009）研究了这两个脑区在语篇理解中是如何交互以及发挥其独特作用的（图 11.4，图 11.5）。

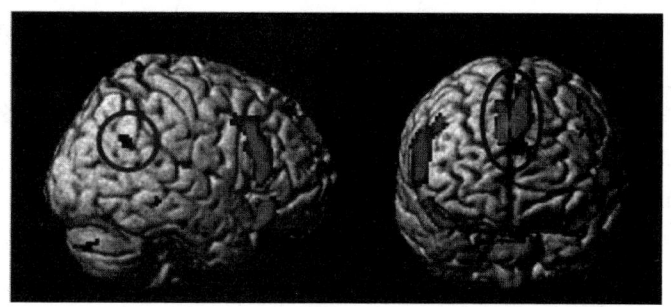

图 11.4　在语篇任务中的主角视角网络的典型激活。rTPJ 的激活用绿色椭圆表示，而 dmPFC 的激活用蓝色椭圆表示（Mason & Just，2009）（见彩图 11.4）

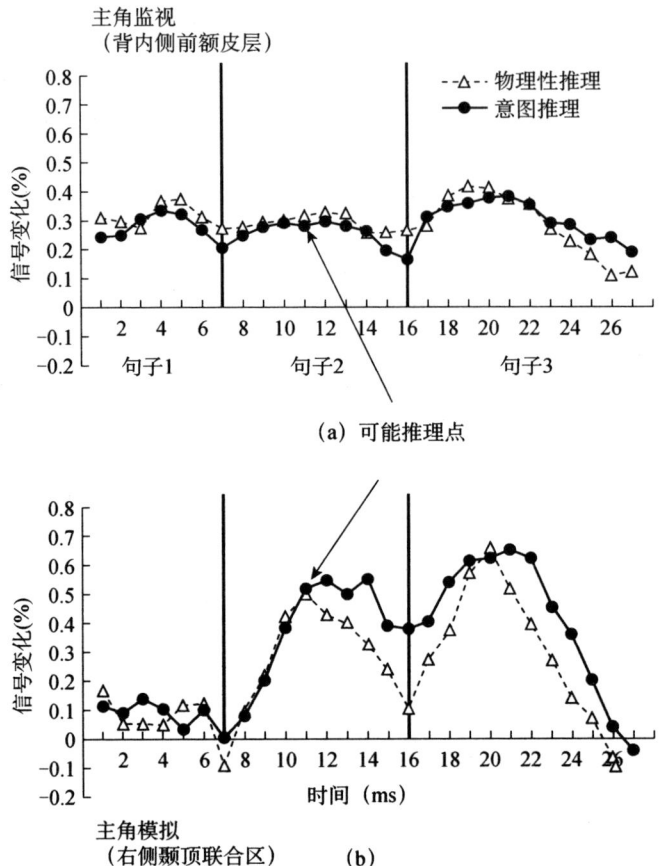

图 11.5 在阅读产生意图推理的语篇和物理推理的语篇时，两个感兴趣区中激活体素的平均时间序列。(a) 主角监视（背内侧前额皮层）的激活在两类推理中是类似的。(b) 主角模拟（右侧颞顶联合区）的激活在两种推理中是不同的，在可能发生推理的最早可测量峰值激活处发生分离，在进行阅读意图推理时比物理推理时的激活更大（Mason & Just，2009）

语篇的心理理论加工可以被解释为主角视角皮层网络的工作。这个网络的一个组成部分是 dmPFC，作为主角监视器，标记和追踪可能与意图有关的推理，在整个叙事加工过程中被激活。当主角的信息需要更新时，主角视角网络的 dmPFC 的活动可能会增加。另一个成分位于 rTPJ，对于推论他人的心理状态十分重要，在语篇理解中是一个主角模拟器，其作用可能是基于对主人公意图的理解，主动地产生对事件的期望。dmPFC 和 rTPJ 在语篇理解中执行不同的功能，同时又相互高度依赖。当关于主角的信息需要更新时，主角视角网络的 dmPFC 的激活会更强，而该网络的后部只有在加工主角意图时才会被激活。这也可能是 TPJ 的激活与基于某人自己的经验对主角的意图进行推理有关。dmPFC 的激活在物理性推理与意图推理中是相似的，并且在语篇开始的背景句中的激活也是类似的。这表明读者在整个语篇加工过程中都在监控着主角。与此相反，只有当需要推理时，rTPJ的激活才会增加。只要读者有主动模拟主角的意图，rTPJ 就会被激活。这种类型的预测推理也在其他神经影像学研究中被观察到（Virtue et al., 2006）。

基于心理理论的主人公网络的两个组成部分之间的激活时间进程不同。如图 11.5 所示，在阅读涉及物理性推理或意图推理这两种不同类型的语篇时，为了监控主角，背内侧前额叶在早期被激活；当产生推理时，rTPJ 的激活显著增强。重要的是，rTPJ 是唯一与推理相关的被激活的区域，其中意图推理的激活强度大于物理推理。这种基于意图推理的激活与 rTPJ 支持心理状态推理的观点相一致（Saxe et al., 2004）。

（二）意图推理与物理因果关系推理涉及不同的神经网络

Mason 和 Just（2011）的研究区分了意图推理与物理因果关系推理所涉及的神经网络。研究目标如下：一是确定皮层网络在阅读理解过程中进行基于话语的社会加工与物理因果关系推理时的不同激活情况；二是确定物理因果关系推理如何影响话语加工过程中激活的皮层网络的组成部分；三是研究大脑的话语加工理论。

研究者用 fMRI 技术考察了与推理产生相关的神经活动，让被试阅读 30 个故事，并回答与故事相关的"是/否"理解问题。这些故事包含三个句子：第一句提供了一段话语的背景，推理条件中的第二个句子可能会产生预期推断。如果没有推断出来，第三句就构成了一个连贯性的断裂。因果推断要么涉及物理段落的直接后果，要么在意图段落中由角色的目标引导。推理是基于主角的意图或人物某个行为的物理性后果。研究者的预期是：心理理论的脑区会在基于主角意图的推理中得到激活，而在物理性后果的语篇中则不会被激活。

研究结果表明：①根据推断的类型不同，皮层网络的参与会有所不同，意图推理需要一个额外的类似于心理理论网络的主人公网络，而物理因果关系推理需要更多的基于视觉的区域。②一组共同的网络支持这两种类型的推论。③推理有关的激活增加发生在文本中较早的位置，表明读者在这些段落中产生了一个前向推理。话语加工网络中的大脑活动随着推论类型的变化而变化，在关于人类意图和物理因果关系的推论之间有明显的区别。基于主人公意图的推理比基于物理因果关系的推理更多地需要 rTPJ 的参与（主角解释，Mason & Just，2006，2009）。基于意图的推理也导致了双侧中部额叶区（连贯性监测）及左侧 STG（经典的威尔尼克区）的激活增加。与意图推理相比，物理因果关系推理则导致左侧 SG 的一个小区域和枕后回大部分区域有更强的激活。

这两种推理引发的激活也存在共同之处。在两种推理的生成和整合过程中，有一组共同区域的激活增加。该共同区域是左侧 IFG，还包括右侧 IFG 和双侧颞前回（语篇整合）、左侧 MFG（连贯性监测）和左 STG。在阅读整个语篇的过程中，内侧额叶是被激活的，而 rTPJ 只有在听到第二和第三句话时被激活，表明前额监控区域提供了 rTPJ 合成的启动信号。总之，主角网络（dmPFC 和 rTPJ）的成分之间的同步性在需要进行意图推理时会增强。

（三）句法与意图：语言与心理理论的自动链接

心理理论的某些过程可能是自动的。例如，基于视觉提示时与经过认真思考后，对行动者的某种心理状态的判断可能会发生冲突。Strickland 等（2014）考察了语言线索是否也可能以类似于视觉线索的方式触发意图的即时印象。研究者的假设是：使用句法线索能够自动链接心理理论。换句话说，当人们听到一种行为的时候，他们可能会以一种更深刻、更有反思性的方式来判断这种行为是否是有意执行的，同时他们也能利用一个简单的句法线索的启发式来做出判断。特别是因为语法主语通常被赋予施动者角色，并且因为施动者通常是有意图的，所以人们可能倾向于使用"语法主语是行动者"这样的启发式。研究者假设，即使是在更具反思性的过程中确定行为不适当的情况下，这种启发式方法仍将继续运作。

Strickland 等（2014）通过三个实验对句法如何影响意图判断进行了研究。实验 1 让被试进行模棱两可的意图判断。相对于反思条件（表现出意图偏向），在加速条件下，被试倾向于将语法主语判断为存在行为意图，而语法宾语则出现了相反的结果模式（表现为无意图的偏向）。实验 2 让被试对部分对称的句子（"John exchanged products with Susan."）中的一个行动者的意图进行判断，结果显示，句法主语比句法宾语更容易被认为其行为是有意图的。实验 3 让被试思考这些句子所指代的事件，结果是被试认为语法主语存在行为意图的趋势显著降低。这些结果表明，语言与心理理论的核心概念间存在特殊的关系。存在两种决定意图判断的方式：①自动言语偏差导致将语法主语而非语法宾语看作有意图的；②对句子描述的事件进行更深入、细致的思考后进行判断。实验结果揭示了语法和意向性判断之间的关系：①与深入思考句子的含义相比，在时间压力下，人们更倾向把模糊的意图归结于语法主语。相反，在深入思考的条件下，人们则倾向不把不明确的意图归结为语法宾语。②人们偏向于把部分对称的动词（如"交换"）的语法主语视为比对等的间接宾语更具有意图性。③通过鼓励人们进行一种更有逻辑的思考，可以克服这种偏见。

话语理解中至少有两种方法来产生意图判断：一种方法是使用由语法位置和意向性之间的某些关联产生的启发式判断（主语具有更强的意向性，而宾语的意向性较弱）；另一种方法是以更具反思性的方式来考虑句子所描述的事件，则不会受到句法偏见的影响。在时间压力下，这种快速启发式方法可能是即时语言处理的有用方式，一般可以做出正确的推理，尽管有些时候它可能会导致人们出现偏差。

二、视角

（一）自我和他人视角转换

心理理论推理的一个基本认知成分是以他人和自己的视角进行转换的能力。已有研究发现，mPFC、TPJ、pSTS、IFG 和楔前叶是形成心理理论的神经基础，其中 mPFC 起到了关键作用。内侧前额皮层前部（anterior mPFC，amPFC）被认为是与自我视角加工相关的。比如，对自我相关的信息进行判断的时候，这一脑区会得到激活。如果这种判断与他人更加相关，那么就会更多地激活内侧前额皮层后部（posterior mPFC，pmPFC）。pmPFC 的作用是区分自己的视角和他人的视角，以及建立人际意识觉察。

区分自己和他人的心理状态，是心理理论推理的重要认知成分。关于 pmPFC 的作用，Schuwerk 等（2014）认为，以往研究可能混合了两种认知功能，即加工自己和他人的观点，同时加工冲突和不冲突的信念，后者更像是一般的认知控制加工。认知控制会激活 pmPFC，可能反映的是冲突检测。认知控制是认知加工的重要成分，但并不是心理理论的必要成分。他们通过 TMS 干扰脑区的活动，探讨了大脑和行为之间的因果关系。其还通过这一技术来干扰 pmPFC 的活动，探讨了这一脑区在心理理论加工中到底起到了什么作用。

实验使用 Sally-Anne 任务，首先让被试观看 4s 的动画，动画里有地板，在地板上面分别有一名男孩和两个盒子。在地板下面有地下室，被试可以看到地下室里面的东西，但是动画中的男孩看不到下面的东西。在动画中会看到两种活动：一种活动是盒子会动，男孩可以看到盒子的位置在变动；另一种活动是球会移动到某一个盒子下面，男孩看不到，被试可以看到。在一致信念条件下，球会伴随着盒子移动，所以盒子在上面变动，球还是在原来的盒子下面，所以男孩的信念和被试的信念是一致的；在不一致信念条件下，球会移动到另外的盒子下面，所以男孩的错误信念和被试的信念之间就会存在不一致。在随后的动画中，研究者要求被试回答男孩认为球在哪个盒子里。可以根据前面的动画推理出三种结论：一是男孩的正确信念；二是男孩的错误信念；三是其是从自己的角度进行推理的。要求被试必须尽快回答，记录被试做出反应的反应时。

结果发现，pmPFC 这一脑区的活动被干扰之后，会影响到视角加工的反应时，但没有影响到冲突加工的反应时。这说明这一脑区调节视角加工而不是冲突加工，成功区分了两种任务。在以往的研究中，在任务设置上并没有明确要求他们注意自己的心理状态。与之相比，这个研究对视角差异的要求变得更加凸显，增强了对在视角之间进行转变的需要。研究结果并不否定 pmPFC 在认知控制中起作用，而是区分了这一脑区在两种认知活动中的不同作用。

（二）抑制自我与理解他人

在心理理论能力中，抑制自己的观点对于理解别人的观点是非常重要的，也就是说，推理别人的观点，需要成功地抑制自己的观点。Vorauer 和 Ross（1999）第一次提出这样一种观点，即对他人心理状态的错误理解，可能是以自己的观点作为标准导致的。Samson 等（2005）证实，抑制自己的观点这一能力对于正确理解别人的观点是非常重要的。右侧 IFG 损伤的病人，会导致抑制自己的观点这一能力的特异性损伤。当只需要理解他人观点而不需要抑制自己的观点时，他们是能成功完成任务的。因此，心理理论可以分为两个子成分——抑制自己的观点、站在别人的视角考虑问题。有研究发现，IFG 这一脑区在抑制自己的观点方面起着非常重要的作用，Samson 等（2004）发现颞顶联合区在接受他人观点方面具有重要作用。van der Meer 等（2011）使用不同的任务（心理理论任务和停止信号任务）考察了上述两种加工成分，预期自我观点抑制是受到 IFG 调节的；接受他人观点是受到 STG 和 TPJ 调节的；在双侧 IFG 会存在重叠。

实验中，心理理论任务是由几个短的电影片段构成的。首先，呈现 15s 的注视点，接着呈现 21s 的视频，然后有 5s 的问题反应阶段。视频中的关键元素包括一名男士和一名女士，以及两个盒子和一个绿色物体，这个物体可能在任何一个盒子当中。女士提供一个线索，也就是将粉红色的标签放在有绿色物体的盒子中。随后，女士离开房间，男士更改盒子的位置，女士回来之后，就会产生错误信念。在视频的最后，被试需要回答问题，问题可能是关于女士的信念的，也可能是关于物体的位置的。这一任务包括三种条件：①高抑制（high inhibition，HI）条件。在这一条件下，前面的物体位置信息是呈现给被试的。为了做出正确决策，被试的个人经验需要被抑制，只有这样才能对问题做出正确的回答。②低抑制（low inhibition，LI）条件。在这一条件下，没有提前告知被试物体的位置，只有站在视频中人物的角度才能做出正确决策。③基线条件。在这一条件下，既不需要观点采择，也不需要抑制自己的观点。这三种条件分别对应图 11.6 中的（a）、（b）、（c）。

为了考察高级社会认知的抑制加工与一般的抑制加工的异同，在研究中加入了停止-信号任务。首先，给被试呈现向左或者向右的箭头 500ms，然后需要判断

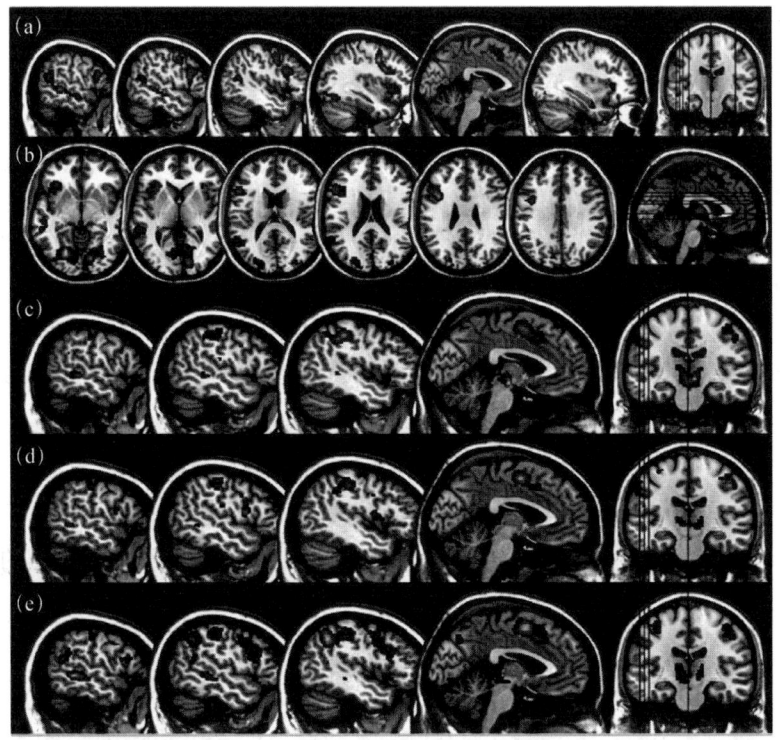

图 11.6 ToM 任务的激活模式。(a) HI-LI 条件下激活模式的矢状图。在 MNI 空间中分别以 $x=-56$, $x=-51$, $x=-46$, $x=-37$, $x=-3$ 和 $x=35$ 坐标表示切片从左到右。(b) HI-LI 条件下的轴向视图。在 MNI 空间中分别以 $x=-5$, $x=3$, $x=17$, $x=21$, $x=28$ 和 $x=33$ 坐标表示切片从左到右。(c) 基线条件激活与注视点相加。在 MNI 空间中分别以 $x=-56$, $x=-51$, $x=-46$ 和 $x=-3$ 坐标表示切片从左到右。(d) 低抑制条件下的激活与注视点相加。在 MNI 空间中分别以 $x=-56$, $x=-51$, $x=-46$ 和 $x=-3$ 坐标表示切片从左到右。(e) 高抑制激活与注视点相加。在 MNI 空间中分别以 $x=-56$, $x=-51$, $x=-46$ 和 $x=-3$ 坐标表示切片从左到右（van der Meer et al., 2011）（见彩图 11.6）

箭头的朝向，这种条件称为 Go 条件。在停止（Stop）的条件下，会在水平的箭头呈现之后，在屏幕的左边或者右边呈现垂直方向的箭头，在这种条件下，被试不需要做出反应。这一任务引入了一个算法，这一算法是关于两个刺激之间的时间间隔的。这种操作可以保证被试在抑制条件下会有 50% 的正确率，对所有的被试都有相同的难度。每个条件包括 160 个 GO 条件和 40 个 Stop 条件。

实验研究的第一个目的是看心理理论是否可以分为两个成分。结果发现，心理理论的两个成分（抑制自己的观点；站在别人的视角考虑问题）会导致不同的脑区被激活。即抑制自己的观点和采择别人的观点有不同的神经基础。被试在第一种条件下比在第二种条件下的反应更慢，说明额外的抑制加工会导致当前加工更加困难。双侧的 IFG、dmPFC 和脑岛会参与自我观点抑制。前人的研究发现，脑岛和 IFG 在情绪刺激和非情绪刺激的认知控制中起着重要的作用。研究结果反映了对自我观点的抑制。另外，在第一个高控制条件下，左侧 MTG 和左侧 TPJ 都有激活，这一区域在心理理论的研究中经常被发现，并且与他人观点采择相关。

该研究的第二个目的是分析高级社会认知的抑制加工与一般的抑制加工是否共享脑区。结果发现，在两种任务中，发现了相似的激活脑区（图 11.6 和图 11.7）。尽管这些区域不是完全重叠的，但是也可以说明这两种抑制控制加工共享神经基础（BA47），在双侧的 IFG 都存在激活。IFG 不但会参与概念表征的认知控制，也会参与情绪效价的抑制，这一脑区一般被认为参与了不同刺激的抑制加工。

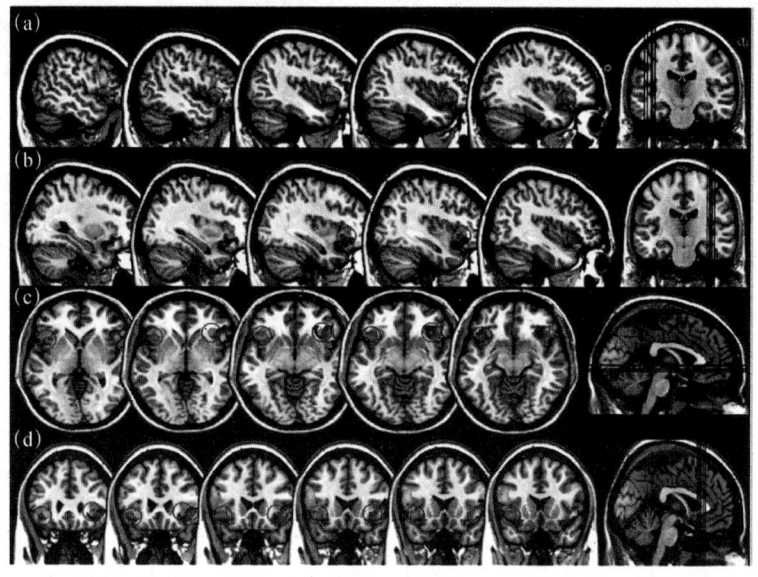

图 11.7　Stop＞Go 条件的激活模式（绿色），HI-LI 条件（黄色）和重叠激活在红色圆圈内突出显示。(a) MNI 空间中 $x=-51$，$x=-47$，$x=-42$，$x=-40$ 和 $x=-37$ 坐标上的左半球的激活模式。(b) MNI 空间中 $x=31$，$x=34$，$x=36$，$x=38$ 和 $x=41$ 坐标上的右半球的激活模式。(c) MNI 空间中 $z=-10$，$z=-8$，$z=-6$，$z=-2$ 和 $z=0$ 坐标上的轴向视图。(d) MNI 空间中 $y=28$，$y=25$，$y=22$，$y=20$，$y=18$ 和 $y=16$ 坐标上的冠状视图（van der Meer et al.，2011）（见彩图 11.7）

（三）视角推理与视角使用

观点采择涉及理解他人的观点、愿望或者意图的心理角度及其对后续行为预测的影响。Apperly（2010）使用眼动-虚假信念范式，从心理角度考察了任务如何影响对别人意图的推理和后续行为的预期。假设认为心理理论的加工包括以下几个部分：①做出心理理论推理；②存储推理出来的信息；③使用这些信息来预期后续的行为,并且进行进一步的心理理论推理。为了区分这些阶段,需要研究这些阶段发生的时间,以及每一步对应的动机和认知努力。

Ferguson 等(2015)使用动态视频来考察这些问题。动态视频包括两种:一种传递真实信念的场景;另一种传递虚假任务的场景。记录被试在看到这些场景时的眼动指标。视频中有两个人物,即 Sarah 和 Jane 他们都站在桌子旁边。桌子上有三个容器、一块巧克力,这块巧克力可能会放在任何一个容器中。在视频的第一部分,在 Sarah 和 Jane 在场的情况下,将巧克力移动到任意一个容器中。然后,Sarah 将巧克力移动到别的容器里。这包括两种情况:一种是 Jane 在场的情况,另一种是 Jane 不在场的情况。因此,就造成了真实和虚假两种条件。为了考察被试在任务中的参与程度对结果的影响,将被试分为两组,分别给予不同的指导语。被动参与组的指导语是看和听,主动参与组的指导语是要求按键来选择适合句子描述的容器,所以主动参与组的被试会主动追踪剧中人物的视角。

结果发现,当人们的知识与常识存在冲突的时候,站在别人的角度考虑问题就需要更多的认知努力。另外,被试的任务参与程度会影响预测。主动参与组的被试在先于听觉开始的 1s 的预览周期内就已经推断了人物的信念,然后才有可能使用这些信息对结果进行预测。他们参考物体的初始位置来推理正确预期。结果表明,主动参与任务激活了关于他人视角的早期推理,并立即使用这个信息预测他人的行为。被动观察者更易受自我中心或者事实偏见的影响。由此可见,使用他人的视角预测其行为需要比简单地使用自我视角付出更多的认知努力(图 11.8,图 11.9)。

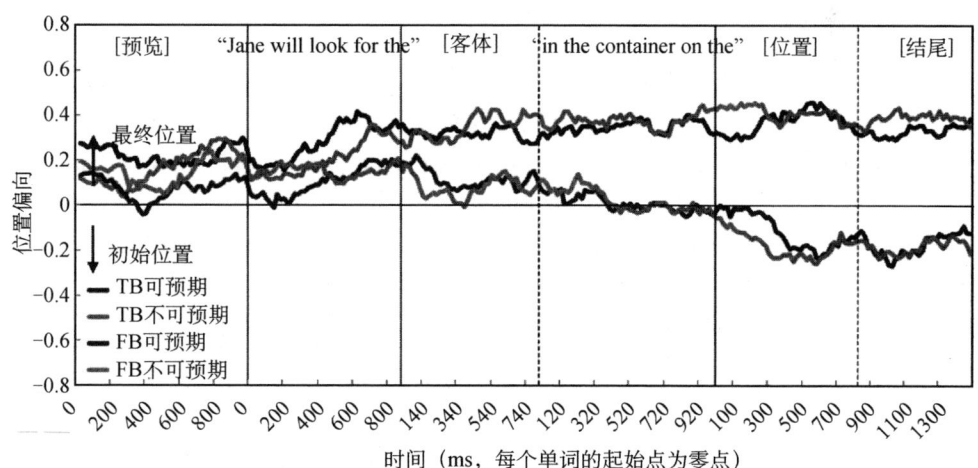

图 11.8 被动阅读组被试在每种条件下眼动的注意情况。请注意,垂直虚线表示目标语句中单词的绝对起始位置和平均结束位置。TB 为正确信念,FB 为错误信念(Ferguson et al.,2015)(见彩图 11.8)

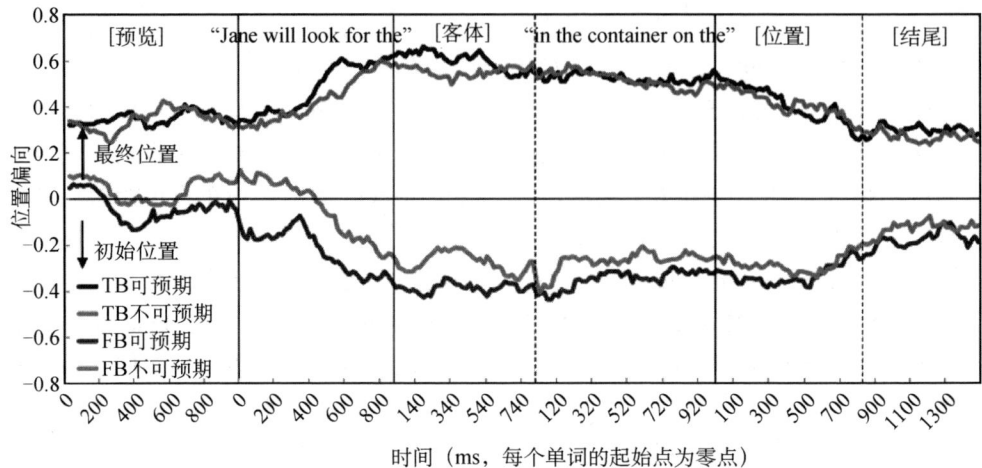

图 11.9 主动参与组中每个条件下的平均位置优势分数。请注意,垂直虚线表示目标语句中单词的绝对开始位置和平均结束位置。TB 为正确信念,FB 为错误信念(Ferguson et al.,2015)(见彩图 11.9)

三、信念

Apperly 和 Butterfill(2009)系统综述了有关人类信念推理能力的研究。其指出,流畅的社会交互意味着对信念的有效加工,灵活地推断他人的信念对心理理论有更多的要求。

(一)自我和他人信念的归因

Bradford 等(2015)研究了 ToM 机制中"自我"和"他人"信念归因过程在行为上可以区分的程度,以及这些可分离的要素是否与执行功能能力有不同的联系。在计算机化的错误信念任务中,研究者使用匹配设计直接比较自我朝向和他人朝向的信念归因,对正常发展的成年人的 ToM 进行了评价。

研究探讨了在健康的成年人群体中,对于自我导向和他人导向的信念归因能力(ToM 的两个潜在可分离的组成部分),在一定程度上可以在行为上进行区分。结果显示,当要求考虑另一个人的信念状态时(例如,"Jane 认为盒子里有什么?"),被试比在要求回答反映自己的先前信念状态的问题(例如,"你认为是什么在盒子里?")时要花费更多的时间。这表明,即使最初的信仰状态是相匹配的(例如,在看到里面之前,"自我"和"他人"都认为糖罐里有糖),评估"他人"认为容器中有什么比自己认为容器中有什么会花费更长的时间。

有趣的是,研究也发现了"视角转换"(自我到他人/他人到自我)的特殊效应。从自己的角度转向另一个人的观点,比从他人的角度转移回到自己的角度更困难，花费的时间更长，也会导致更多的错误。这些发现表明，无论最终的任务需求是否需要参与者定位于"自我"或"他人"的视角，都要对"自我"进行加工，因为"自我"是理解"他人"的根源。相反，"他人"视角只有在有明确要求时才会被加工。研究结论是：采用他人的视角，即使他们的信念状态与自己的信念状态相匹配，也比回忆和反思自我导向的信念状态需要付出更多的认知努力。

（二）执行控制在信念推理中的多重功能

信念-愿望推理是心理理论的核心成分，用以解释和预测主体的行为。神经成像研究可靠地确认了脑区网络，由标准的 ToM 网络组成，包括 TPJ 和 mPFC。相当多的实验证据表明，执行控制可能支持 ToM，而我们对 ToM 和执行控制神经系统的协同的理解还相当少。

Hartwright 等（2012）研究了执行控制在信念推理中的多重功能。使用新的实验任务，对心理相关的 ToM 参数（真-假信念、接近或者回避愿望）进行操纵。主实验是基于 Apperly 等（2011）的研究的一个范式，修改为可以在 MRI 扫描仪中进行事件相关设计的任务。修改后的版本先在预实验中（行为实验）确认了时间设置是合理的（被试的正确率高于 90%）。该实验采用 2×2 的实验设计，其中一个因素是主角的信念状态[真（B+）或假（B-）]，另一个因素是意愿状态[接近（D+）或避免（D-）]。通过改变主角的信念和意愿，生成四个条件：B+/D+、B+/D-、B-/D+ 和 B-/D-。实验要求参与者根据主角寻找他们喜爱的食物，并避免他们讨厌的食物的情景，来预测主角将打开两种颜色的盒子中的哪一个。定位实验任务是基于 Saxe 和 Kanwisher（2003）的实验程序而确定的。被试共阅读 24 个简短的故事，其中提到了主角的错误信念（false belief，FB）或过去的物理性表征，如错误照片情景（false photograph scenario，FP）。

对主实验进行 2×2 的重复测量方差分析，发现了信念（B+/B-）和意愿（D+/D-）的主效应，但两者之间没有交互作用。信念操纵激活了双侧 TPJ、SPL 和枕叶皮层以及前部的 ACC（BA32），双侧 dlPFC（BA9、BA46）以及双侧 OFC、IFG 和 FOP（BA44、BA45、BA47）（图 11.10 中的红色阴影）。意愿的变化也会引起双侧 TPJ、SPL 和枕叶皮层以及包括 ACC 在内的 PFC 区域的激活。然而，与信念这一因素形成鲜明对比的是，额叶激活在很大程度上位于左侧，包括 dlPFC 和 vlPFC 的上部区域。右前额区域的调制限于 dlPFC（图 11.10 中的绿色阴影）。因此，尽管信念和意愿都激活了 ACC，但只有信念影响了 vlPFC 的下部。对定位实验进行混合效应分析，发现被试对心理表征比对物理表征的反应更加敏感（FB>FP，p_{corr}<0.05）。这些结果与先前的 ToM 研究一致，表明 FB>FP 的对比激活了 ToM 网络的核心区域，包括双侧 TPJ 和 mPFC[图 11.11（a）中的绿色阴影]。

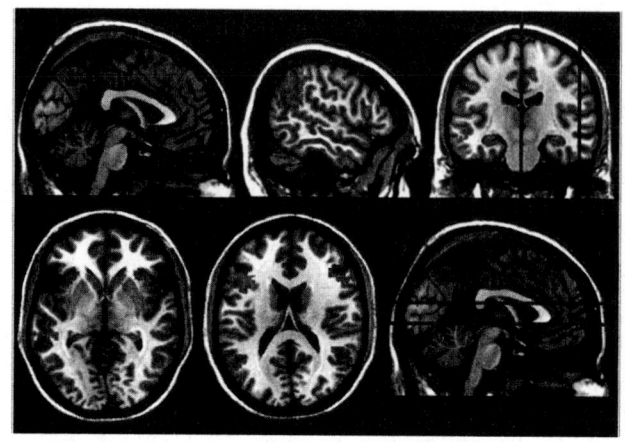

图 11.10 信念-意愿推理任务的 2×2 重复测量方差分析的全脑分析结果：以信念（B+/B−）和意愿（D+/D−）作为被试内因素。选定切片突出显示了心理理论（ToM）和执行控制（EF）区域对信念（红色）和意愿（绿色）因素的调控。黄色区域表示由这两个因素共同激活的区域。该组数据覆盖在 MNI 脑模板上，显示出显著激活的体素，其中 $z>2.3$，$p_{corr}<0.05$。从左上到右下的切片，$x=-1$，$x=54$；$z=-2$，$z=18$。图像反映了 z 校正的 F 检验图像，并以神经学惯例显示，其中左侧表示在图像的左侧（Hartwright et al., 2012）（见彩图 11.10）

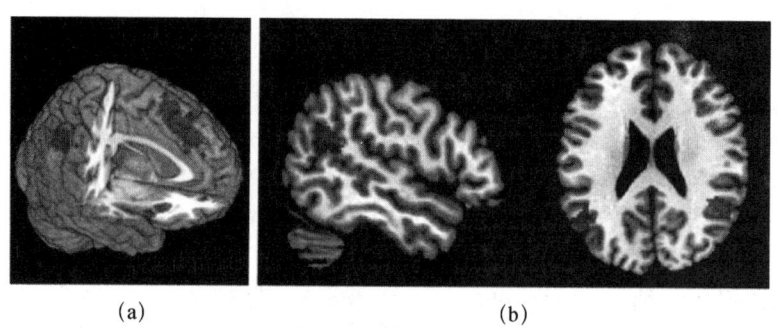

(a)   (b)

图 11.11 （a）来自信念-意愿推理任务的聚类图显示的对比度 FB>FP（绿色）的激活图，其中信仰和意愿的因素由单一颜色表示（红色）。黄色区域表示定位者和信念-意愿推理任务激活的区域。每个图叠加在 MNI 大脑模板上，并显示出显著激活的体素，其中 $z>2.3$，$p_{corr}<0.05$。（b）蓝色聚类反映了定位器对比度 FB>FP 和信仰-意愿因素（B+/B−和 D+/D−）之间的联系，$p_{corr}<0.05$。切片 $x=52$，$z=24$。图像反映了 z 校正的 t 检验图像，并以神经学惯例显示，其中左侧表示在图像的左侧（Hartwright et al., 2012）（见彩图 11.11）

信念和意愿因素不仅调节了标准的 ToM 网络，也调节了执行控制脑区。改变信念和愿望的效价调用了 ACC，说明二者存在一个共享的抑制成分，与负性效价的心理状态概念相关。变化信念的效价还要利用腹侧 PFC，反映了抑制自我视角的需要。这些结果表明，ToM 的不同方面调用了不同的执行控制功能和神经系统。

（三）心理状态的解释和推理

ToM 的行为测量通常同时提供关于人物和情景的信息，这些不同的信息可以用来推测人物的心理状态。支持 ToM 推理的 ToM 网络由一系列脑区组成，网络中的不同脑区可能支持不同的 ToM 过程。

Lavoie 等（2016）采用 fMRI 研究了心理状态的解释和推理，试图区分支持 ToM 任务固有的两个方面的脑区，即推断或者表征心理状态的能力和用语境调整这些推断的能力。首先，采用经典的联合故事任务（combined story task）来测量 ToM，然后在核磁扫描中采用了在社会情境中通过语境整合对心理状态进行再评估（reevaluation of mental states by contextual integration in social situation，REMICS）任务（图 11.12）。实验操控了心理状态推断（社会场景及物理场景）和推断的语境调整（一致的语境对自动推理进行确认及不一致的语境对自动推理进行调整）两个因素。故事阅读过程分为两个时间点：第一个（t_1）是在第一个句子处，描述了每个场景中的主要事件，第二个（t_2）是在第二个句子处，此处会引发对第一句中产生的自发推理的确认或调整。在第二个句子呈现完毕后，反应阶段要求被试判断事件发生的原因，考虑到事件本身及其发生的语境，从呈现的两个原因中选择一个。

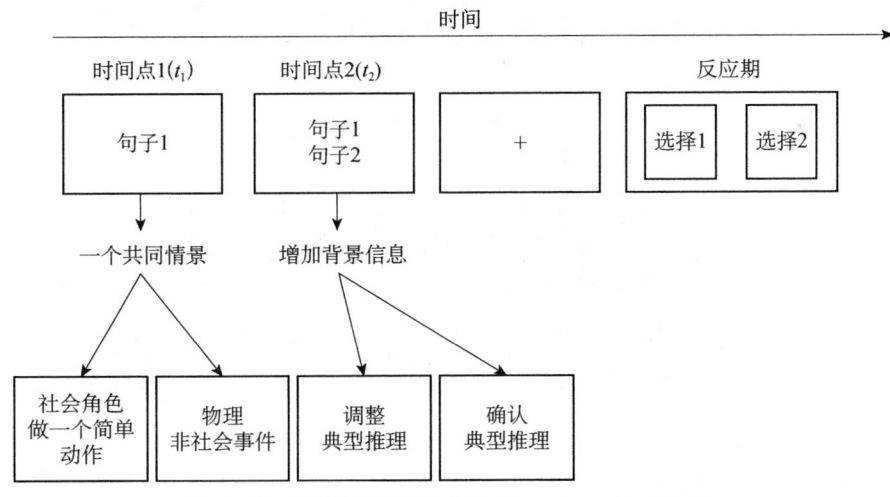

图 11.12　REMICS 任务流程（Lavoie et al., 2016）

结果发现，在阅读语篇的过程中（t_1 和 t_2），只有 ToM 经典脑区的子区域被激活，而在反应阶段，与 ToM 相关的大部分脑区被激活。这些脑区可以分为不同的子区域：其中一个表征或推测心理状态；另一个根据语境对推理进行调整。

在 t_2 时间点和反应阶段，与物理事件中需要确认的条件相比，社会事件中需要调整的条件下显著激活的脑区主要包括 mPFC、双侧 TPJ、楔前叶、双侧颞叶区域（包括 TP 和 STS）[图 11.13（b）]。社会事件和物理事件的比较（事件类型效应）发现了一些脑区的激活，包括 mPFC 下部、双侧 TPJ 下部、双侧 ATL 及楔前叶。语境类型也激活了 ToM 网络相关的脑区，尽管主要是在反应阶段。两种语境的比较揭示了大脑激活的主要脑区，包括 mPFC 上部区域、双侧 TPJ 上部、楔前叶及左侧 MTG。这些脑区与社会事件中需要调整的推理相关。事件类型效应和语境类型效应激活的重叠的脑区，主要包括双侧 TPJ、楔前叶及 mPFC 上部 [图 11.13（c）]。

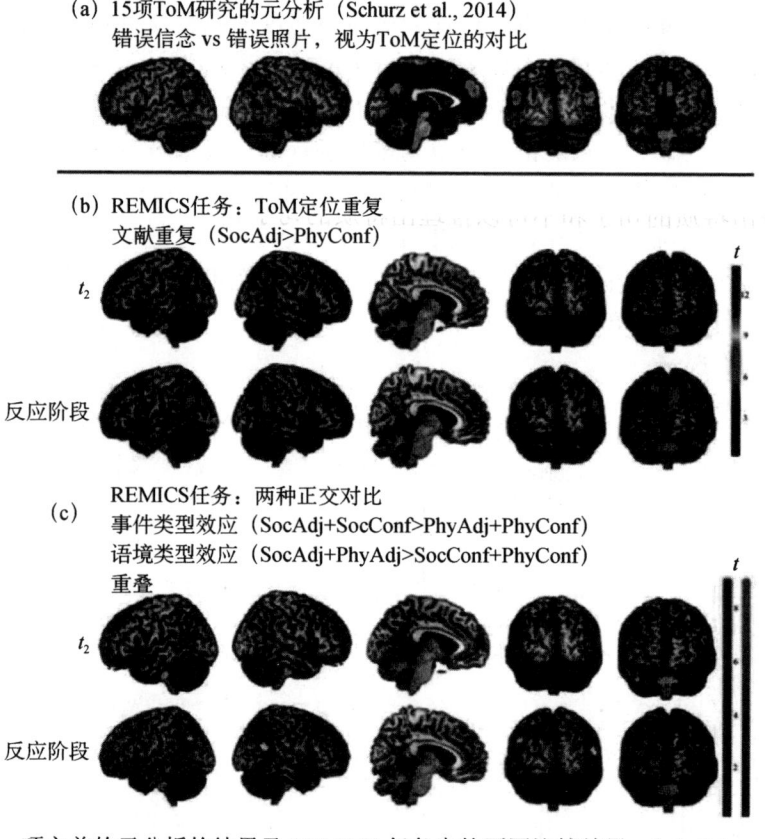

图 11.13　一项之前的元分析的结果及 REMICS 任务中的不同比较结果。(a) Schurz 等（2014）做的一项关于 ToM 的核磁研究的元分析，比较了错误信念和错误照片。(b) 在 t_2 时间点和反应阶段，社会事件中需要调整的条件（SocAdj）与物理事件中需要确认的条件（PhyConf）相比，显著激活的脑区。(c) 在 t_2 事件点上及反应阶段，事件类型的效应（紫色）、语境类型的效应（绿色）及两者的重叠部分（黄色）(Lavoie et al., 2016)（见彩图 11.13）

Lavoie 等（2016）关注了心理理论加工中两个重要且互补的方面，即解释社会情境下的心理状态的能力及结合语境做出心理状态推理调整的能力。这两种能力涉及了 ToM 网络中的不同脑区,心理状态推理和语境调整依赖于不同的脑区或者经典脑区网络中的子区域。值得注意的是,在 mPFC 和 TPJ 内部出现了分离,这些脑区的下部对心理状态推理进行反应,而上部对语境调节要求进行反应。同时,也有一些脑区参与了心理理论加工的这两个方面。这一结果表明,ToM 的定义及行为研究方法不仅要考虑到心理状态的贡献,也要考虑到进行心理理论判断时的语境的特性。

(四) 目标导向行为中的特质推理

社会认知的很多双重加工模型区分了自动连接加工和主动控制符合推理。很多证据表明,目标和特质推理是自动发生的,不需要注意或意志努力。

van Overwalle 等 (2009) 对目标导向行为中的特质推理进行了研究。实验中,研究者让被试阅读句子,描述一个人的蕴含多个目标的行为。句子包括两种类型:可以推理出特质的句子和不可以推理出特质的句子。每句话的最后一个词决定了前面句子诱导的推理是否一致。每个事件包括 4 个描述,事件包括两种类型:仅仅描述目标的条件和描述特质的条件。在第一种条件下,三种句子都指向同样的目标,比如,准备派对。最后一句的最后一个词会与整个目标构成一致和不一致的条件。在第二种条件下,前三句话都隐含着主人公的一个特质,最后一句的最后一个词也与整个隐含的特质构成一致和不一致两种条件。让被试阅读关于某个人的故事,逐词呈现,随后回答阅读理解问题。在阅读过程中,记录被试的脑电反应。随后,要求被试完成线索回忆任务,也就是在反映隐含特质或目标的关键词的提示下,写出行为句子。

结果发现,与仅仅暗示目标的行为相比,当行为还暗示了特质时,诱发了一个在 150ms 开始的较强波形 (图 11.14)。这些 ERP 成分反映出自发推理和有意推理是平行进行的,说明镶嵌在一系列目标导向的行为中的特质比仅有目标能够被更快速和自主地探测到,无论给被试的指导语是进行自发推理还是有意推理。ERP 的源定位分析都发现了 150ms~200ms 在 TPJ 的激活,说明在这个时间段中,目标被探测到。在 200~300ms 的时间段,多重目标和特质条件下的 mPFC 的激活更强,说明在这个时间段不仅推理出了目标,也推理出了特质。刺激材料呈现后的线索回忆测验结果支持了目标和特质推断的存在与神经成分显著相关,说明这些成分是判断自发推理和有意社会推理的有效神经指标。多重目标和特质推理的早期探测反映了它们具有较高的社会关联性,使得大脑优先分配注意资源并对其进行加工。

多种目标和特质条件下在 150ms 出现的更大的 ERP 波幅,说明这种推理会在大脑中得到优先探测和通达。这种特质推理条件会导致 mPFC 出现更大的激活,这一脑区也被认为是反映对他人特质觉察的脑区。多重特质推理会比单一目标推理发生得更早、更加自动。

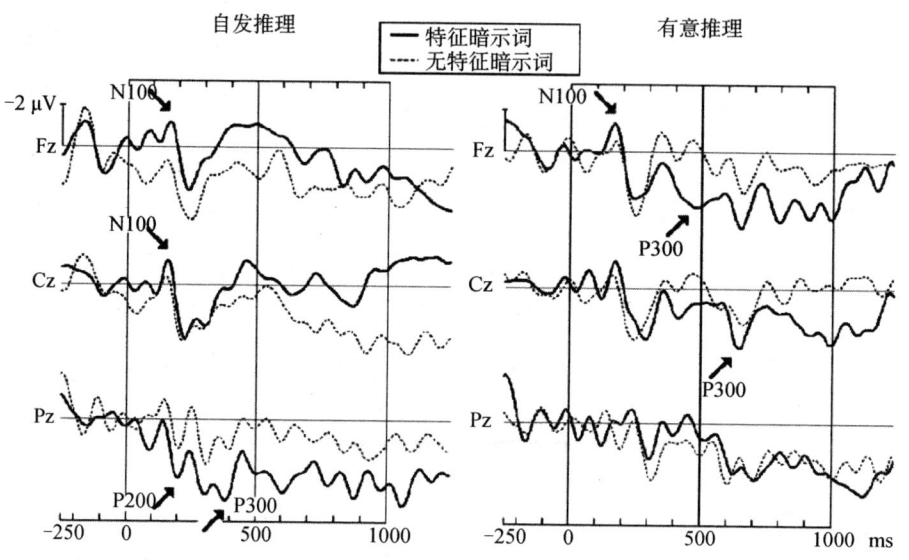

图11.14 不一致效应和推断类型效应。在自发推理和有意推理的指导语下，Fz、Cz 和 Pz 电极点上的早期（N100、P200）以及晚期（P300）效应。正波幅向下显示。箭头表示与无特征暗示词相比，特征暗示词的峰值起始点，均达到了显著水平（$p<0.05$）（van Overwalle et al., 2009）

第三节 心理理论与语篇情感加工

一、情绪知觉与心理理论

情绪知觉（emotion perception，EP）和心理理论（ToM）都是重要的社会认知过程。Mitchell 和 Phillips（2015）从概念到神经解剖等多个水平对二者之间的关系进行了阐述（图11.15）。EP 常被看作编码情绪线索必要的低水平加工过程，ToM 是涉及心理状态推理的高级认知过程。在信息加工模型中，EP 通常先于 ToM。在神经解剖水平，脑损伤研究表明，二者都是以右半球为基础，但也有证据表明ToM 需要颞叶-扣带回网络的参与，而 EP 需要与不同情绪相连的脑区的参与。脑成像研究确定的共同脑区包括 mPFC 和颞叶区域，但与知觉、认知和情绪任务有关。参与 EP 和 ToM 的两个特定区域是 dmPFC 和 TP。在一项面孔情绪判断的任务中，显示出了双侧 dmPFC 的激活（BA8）（Kim et al., 2005）。这个脑区是心理理论网络的重要组成部分（Frith & Frith, 2006），由其可以推断情绪处理机制与心理理论之间可能存在重叠。

与非情感性 ToM 相比,情感性 ToM 诱发了腹内侧前额叶(BA11、BA47 和 BA25)的更大激活(Hynes et al.,2006)。在同一研究中,认知和情感 ToM 激活的共同领域是在 mPFC(BA9 和 BA10)和颞顶部(BA39 和 BA22)中观察到的。由于其在处理社会相关刺激中的一般作用(Fossati,2012),vmPFC 的差异效应可能是预料之中的。另一项研究采用可比较的方法进行了研究,结果表明,情感性 ToM 激活了一个邻近 TPJ(BA40)和扣带回皮层(BA23 和 BA24)的区域(Bodden et al.,2013)。在这些结果中,很难解释为什么一个情绪 ToM 任务会比认知 ToM 更多地激活了经典的颞顶联合区,因为在这些经典研究中,ToM 任务本质上是认知的(Decety & Lamm,2007)。然而,考虑到扣带回区域在一般情绪加工中的作用,可以认为其在情绪 ToM 任务中的激活的增强是合理的(Etkin et al.,2011)。

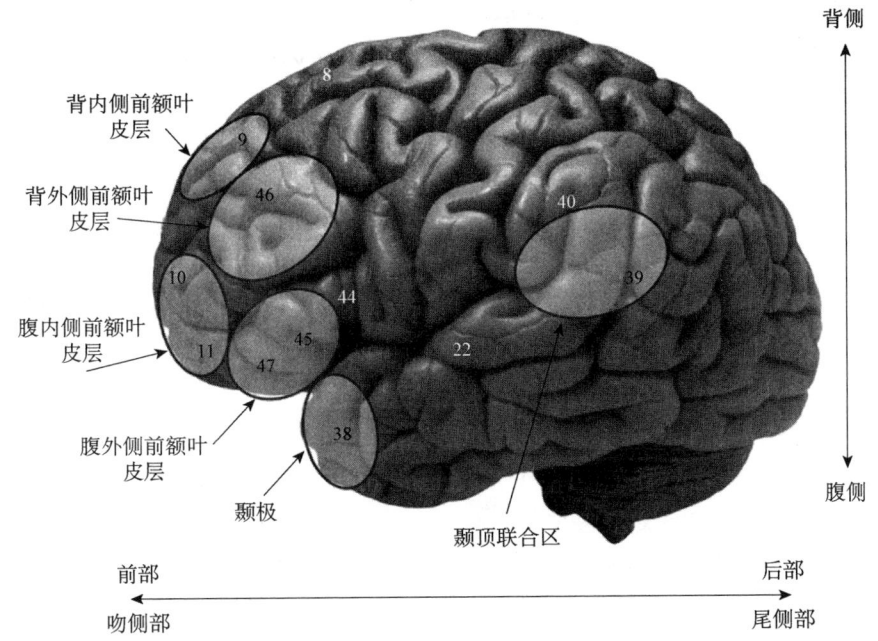

图 11.15　情绪知觉和心理理论(大概位置)之间的重叠区域(Mitchell & Phillips,2015)

二、情感心理理论的神经基础

(一)杏仁核在情绪心理理论生成中的作用

成功的社会交往需要了解他人的情绪状态,即情感 ToM。这个信息可以直接或间接地获取,通过观察情绪面部表情(EFE)或者认知视角间接地推断。皮层

ToM 网络的功能与情感 ToM 的边缘系统如何依赖于面部表情而存在？Schmitgen 等（2016）考察了有无 EFE 是否决定了情感性 ToM 过程中 ToM 网络前部和杏仁核的不同激活。基于先前观察到的情感 ToM 判断任务中，左侧杏仁核和 mPFC 区域共同被激活（Corradi-Dell'Acqua et al., 2014; Schlaffke et al., 2015; Schnell et al., 2011），研究者假设：EFE 在情感性 ToM 判断中的差异效应主要表现为：①在行为层面上，对情感性 ToM 判断有促进作用，表现为反应时的缩短；②在神经层面上，EFE 的编码导致了杏仁核激活的增强和 ToM 网络前部的不同激活；③杏仁核和情感性 ToM 网络的前额部分之间的连接性将由于 EFE 的存在而增强。

Schmitgen 等（2016）采用 fMRI 技术，通过 ToM 卡通任务考察了在情感 ToM 判断时，EFE 对杏仁核和前部 ToM 网络激活的功能和作用。在有或者没有 EFE 存在的条件下，让 22 名健康被试判断故事主角的情感状态的变化。主实验是为了考察有无 EFE 的情感性 ToM 判断之间的差异。实验操作是在 50% 的故事中将主要的主角的 EFE 添加到原始图片中。因此，主实验的两个条件包括 EFE 的存在或不存在。选用的故事中 10 个有 EFE，10 个没有 EFE。开展定位实验是为了找出情感 ToM 的功能脑区。

根据先前评估的图片之间的效价变化（全部没有 EFE）的结果，EFE 的效价（幸福、中性表达、悲伤、恐惧或愤怒）被添加到单个图片中，有 44 名被试的独立样本。这些插入 EFE 的材料中有 69.32%～94.32% 评级一致。每个 EFE 故事都与独立样本（±4.45%）中没有类似共识的 EFE 故事相匹配。另外，所呈现的 EFE 也是平衡的：10 张图片显示中性，9 张图片显示正性（幸福），11 张图片显示负性（悲伤：5 张；恐惧：5 张；愤怒：1 张）。让被试通过按键来判断主角的感觉比先前的图片更差、相同还是更好，具体程序如图 11.16 所示。

在图 11.17 和图 11.18 中，EFE 与无 EFE（No-EFE）的对比显示，右侧杏仁核的峰值水平与此前定义的感兴趣的峰值水平有差异 [$p<0.05$，杏仁核用自动解剖标记（automated anatomical labeling，AAL）图谱定义的感兴趣区，采用 FWE 校正，$t=5.84$，$z=4.37$]。这个发现与研究的主要假设一致，而左侧杏仁核效应的缺失则与预期不一致。考虑到外侧基底核（BLA）在编码 EFE 中的作用（de Gelder et al., 2014; Hoffman et al., 2007），所有进一步的分析 [即百分比信号变化（percent signal change，PSC）和 PPI] 都集中在右侧的 BLA 上。

PSC 分析表明，与无 EFE 的条件相比，有 EFE 的条件下，在右侧 BLA 有更大的信号值。在 EFE 条件下，BLA 与两个脑区的功能连接增强，这两个脑区是与定位实验找出的 ToM 网络重叠的两个对侧区域，即根据 Mars 等（2012）的研究中描述的左侧 TPJ 后部延伸至 IPL 和左侧 SFG（$p<0.001$，未校正，$k=10$ 个体素）。

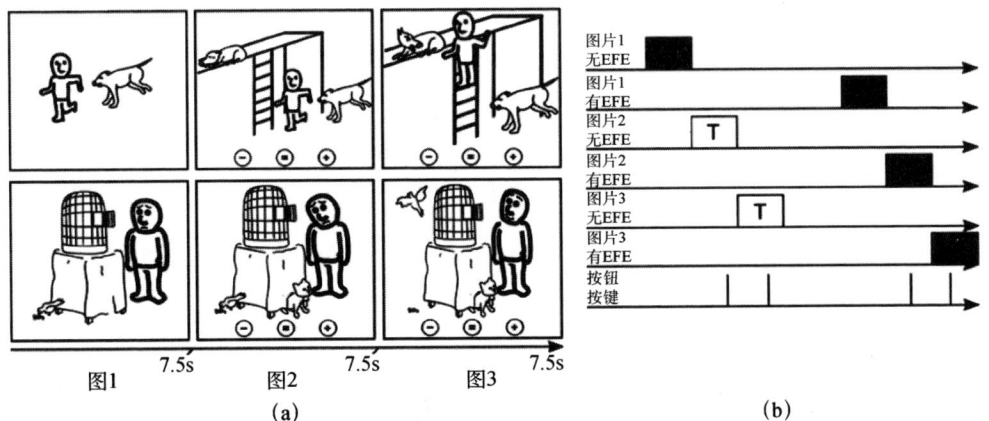

图 11.16 主实验的设计。(a) 主角没有情绪面部表情（EFE）（顶部 3 张图片）和有情绪面部表情（底部 3 张图片）的故事的例子。每张图片呈现 7.5s。在图 2 和图 3 中，被试必须通过按键来判断主角的感觉比先前的图片更差、相同还是更好。(b) 主实验的回归因子：主要感兴趣的回归因子[无 EFE 的图 2 和图 3（白色）和有 EFE 的图 2 和图 3（灰色）]。只有图 2 和图 3 包含一个明确的情感 ToM 任务（用大写字母 T 标记），即判断主角的情绪，而故事的第一张图片（黑色）则没有。因此，EFE 的主效应是通过比较图 2 和图 3 的回归因子在有和没有 EFE 的情况下得到的。最后，一个事件相关的回归因子模拟所有按键以排除运动系统激活（Schmitgen et al., 2016）

总之，在有 EFE 条件下，反应时短，右侧杏仁核（位于 BLA）的激活增强，PFC 与 ToM 相关的脑区的激活降低。PPI 揭示，右侧 BLA 和对侧 ToM 网络之间的连接受到与 EFE 相关的调控（图 11.17）。结合 EFE 与右侧杏仁核情感 ToM 的功能交互，数据表明，EFE 加工与情感 ToM 之间互补但平行。在这个框架中，当要求做情感 ToM 判断时，杏仁核似乎是 EFE 的探测器。事实上，EFE 诱发了右侧杏仁核的激活，调节与对侧 ToM 网络的连接，支持情感 ToM 的刺激驱动的成分的功能偏侧化（图 11.18，图 11.19）。

（二）腹内侧前额皮层对情感心理理论的影响

人类需要复杂的社会推理技巧来完成日常的交互。心理理论能力依赖于内在的认知和情绪心理状态，如信念、愿望和情绪。这一能力受损，会导致不合适的交流发生。心理理论包括根据别人的心理状态理解他人的行为，以及对未来的行为做出预测。心理理论可以分为认知的心理理论和情感的心理理论。前者是对他人的信念、想法等方面的觉察，后者是对个体情感等方面的觉察。前者的研究范式主要是错误信念范式，后者的研究内容不仅包括情绪状态，还包括认知状态。已有研究发现，心理理论是与前额叶相关的，此外还有扣带回后部、颞顶联合区

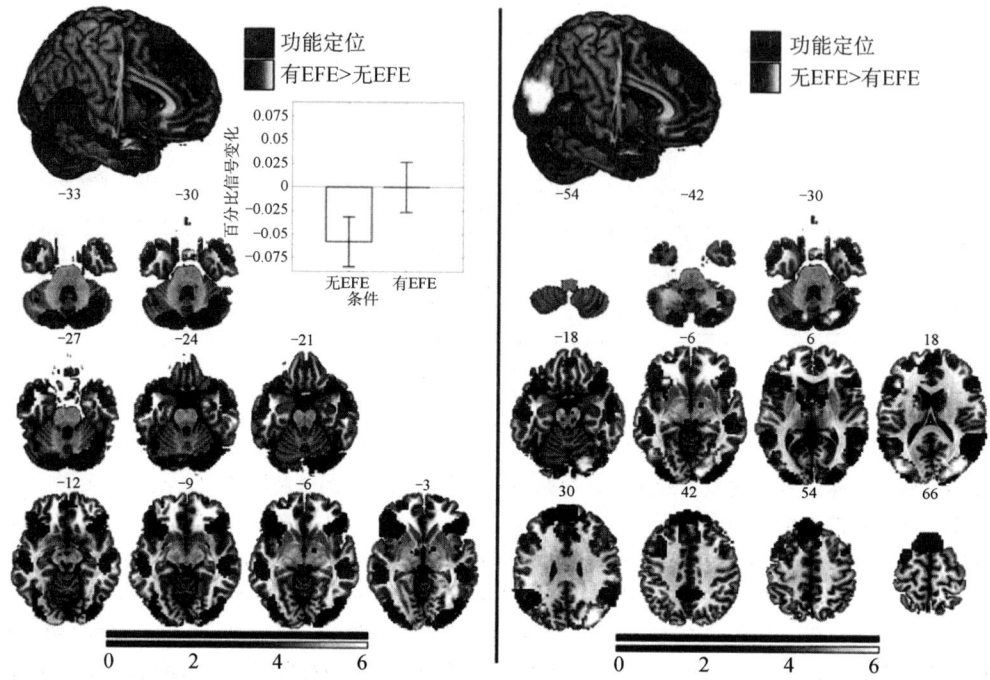

图 11.17 情感 ToM 功能网络定位的结果以及在情感 ToM（图 10.24+10.25 的卡通故事）中有 EFE >无 EFE（左）和无 EFE >有 EFE（右）的效应。$p<0.001$，$k=0$。左图：在情感 ToM 任务中有 EFE 时显示更高激活的脑区。右图：在情感 ToM 任务中无 EFE 时显示更高激活的脑区。功能定位结果以蓝色显示，差异效果及其重叠以粉色显示。彩条显示了 t。条形图显示了右侧的 BLA 中的百分信号变化的标准错误。在轴向切片上方显示各自的 z 坐标（Schmitgen et al., 2016）（见彩图 11.17）

等区域，并且最近的研究发现，情感心理理论任务和认知心理理论任务背后的神经基础是不同的。认知心理理论受损与左侧或右侧前额皮层的损伤相关。被试的双侧眶额皮层受损会影响其对情感心理理论的加工，但是并不影响其对认知心理理论的加工。Shamay-Tsoory 的研究发现，vmPFC 受损也是只影响被试对情感心理理论的加工，不影响其对认知心理理论的加工。现有研究发现了 vmPFC 在情感心理理论加工中的作用，但是并没有区分左侧和右侧 vmPFC 的作用，所以本研究通过对脑损伤被试的研究来考察这一问题。

Leopold 等（2012）采用神经心理学方法进一步研究了 vmPFC 受损对情感心理理论的影响。选取的被试如下：正常控制组（$n=55$）、后部皮层（PC）损伤组（$n=76$）、vmPFC 损伤组（$n=30$），其中 vmPFC 损伤组包括左侧损伤 8 人、右侧损伤 7 人、双侧损伤 15 人。实验任务采用失礼识别任务（faux pas recognition task），包括 20 个短的故事，有失礼行为的和没有失礼行为的各占一半。有失礼行为指的

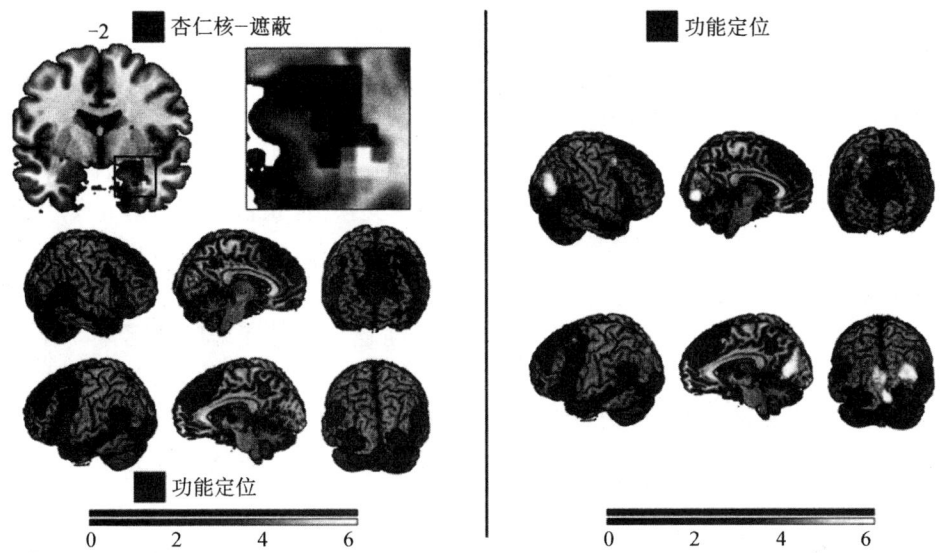

图 11.18 情感 ToM 与 EFE 效应之间交互作用的探索性分析。左图：情感 ToM 任务比无情感 ToM 任务 EFE 效应更强的区域；右图：无情感 ToM 任务比情感 ToM 任务 EFE 效应更强的区域（$p<0.001$，由于显示原因，$k=0$）。蓝色覆盖显示右侧杏仁核（左上方）和 ToM 网络定位（左下方，右侧）。在 $y=-2$（左）的冠状切片及其放大率说明了交互作用和右侧杏仁核（粉红色）的重叠。彩条显示 t（Schmitgen et al.，2016）（见彩图 11.18）

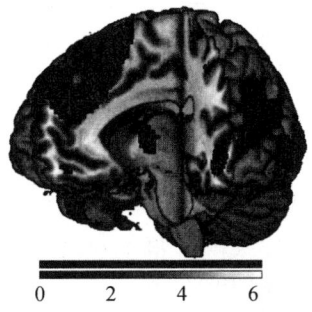

图 11.19 PPI 分析结果。功能定位实验的结果（蓝色），基于 EFE 的连接与右侧 BLA（heat map，热图）的群组定位，以及左半球的 dmPFC 和 TPJ 的重叠（粉红色）（$p=0.001$，$k=0$）。彩条显示 t（Schmitgen et al.，2016）（见彩图 11.19）

是说者会无意地中伤、侮辱听者。在每个试次中，主试给被试读故事，被试也可以自己看文本材料。被试看完之后，会被要求回答一些问题，比如，故事中是否有人说了一些不该说的话？如果被试回答是，那么就进一步问 5 个其他问题。另外，还有 2 个控制问题。控制任务采用 Happe'Stories 任务，这一任务可以考察认知心理理论受损是否会损影响情绪心理理论。给被试呈现 16 个故事，心理理论故事和物理反应故事各占一半。这些故事几乎都没有情绪信息。故事呈现结束之后，要求被试回答问题，比如，是否理解了故事中主人公的意图。

上述研究考察了情绪心理理论的神经基础是否与 vmPFC 相关。与前人的研究结果一致，结果确实发现这一脑区受损的被试在情感心理理论能力上也存在缺陷，其他脑区受损的病人在这一能力上并不存在缺陷。同时，研究发现只有左侧和双侧 vmPFC 受损的病人的情感心理理论能力显著受损，但是认知心理理论能力没有受损。由此可见，双侧 vmPFC 与情绪共情的表达相关，左侧 vmPFC 与情绪智力的策略使用方面相关。

vmPFC 受损的病人在理解认知方面没有问题，但是在理解情绪方面存在问题，支持了左侧 vmPFC 与情感心理理论相关的理论。左侧 PFC 被认为与推理心理状态相关。推测他人心理状态的能力是策略性情绪智力和情绪共情能力的基础。因此，未来关于心理理论的研究应该注意区分心理理论的不同子成分。

（三）扣带回中部与浸入式阅读体验

阅读中沉浸其中的感觉是一种读者能普遍感受到的感觉。根据虚构体验假说（fiction feeling hypothesis），情绪性语篇使得读者更容易对主角产生共情，因此与中性语篇相比，情绪性语篇能更多地激活情绪共情网络，即前脑岛和扣带回中部（mCC）。

Hsu 等（2014）通过实验检验了这一假设。在被试阅读 Harry Potter 片段时对其进行 fMRI 扫描，并事后进行沉浸度评分，比较诱发恐惧的语篇与中性语篇的平均沉浸度在神经基础上的相关。其从小说《哈利波特》中选取了诱发强烈恐惧或特别中性的时刻或事件的文本段落作为刺激材料。共选择 80 个文本段落：40 个"恐惧"段落，40 个"中性"段落。另外添加的 40 个为平衡情绪内容的填充段落，不纳入数据分析。这些段落是在进行了效价、唤醒度、恐惧程度、高兴程度的评定之后，根据评分筛选出来的。将 120 篇文章分为两部分，每部分 60 篇，每种情绪状态 20 篇。在实验过程中，每个参与者阅读一个德语的版本和一个英语的版本。德语版本和英语版本分别由 12 名被试阅读，这项研究中只有德语版本的实验材料，"恐惧"和"中性"条件的实验材料数据被用于数据分析。为了保持参与者的注意力，每个部分随机选择 4 个段落，提出一个情绪不相关的但与具体情境相关的是/否问题，参与者通过按键来回应。

对于语篇阅读过程中大脑活动的联合对比的结果是，双侧的内侧 SFG（BA6）与编码书写语言有关（Ferstl et al., 2008）。双侧外前额叶和颞叶皮层是扩展的语言网络（Ferstl et al., 2008）的一部分。在神经元层面，我们预期在阅读恐惧诱导与中性段落时，沉浸评级与前部脑岛和 mCC 的血流动力学反应之间的关联更强，这是情感移情的核心基础。正如预期的那样，mCC（而不是前部脑岛）显示出与恐惧条件下的沉浸体验有更高的相关性。关于这两个结构，Craig（2009）认为，mCC 是边缘运动皮层和情绪行为开始的脑区，而前部脑岛是感觉的对应物。小说片段对情绪的行为方面进行了形象的描述，使得阅读过程中情感移情（即 mCC）的成分可能占优势，并促进了身临其境的体验。与虚构体验假说一致，恐惧语篇的沉浸度显著高于中性语篇。与中性语篇相比，恐惧语篇在 mCC 的激活与沉浸度的评分显著相关。在恐惧语篇中，关于主角的痛苦描述激活了疼痛和情感共情的核心结构，mCC 的主效应反映了情感共情中的运动成分易化了沉浸体验。

三、阅读中的情感理解

（一）情绪理解中的观点采择

在语篇理解中，读者需要站在主角的角度来理解其情绪，这是共情的一个重要成分。空间的观点采择给出的线索可以提示主角知道什么，这对读者理解他人的观点和感知很重要。与采用此时此地（here and now）的观点相比，如果主角在另外一个地点（there and now）发生了某件事，理解这样的语篇时，读者需要采用一种非自我中心的观点，这为空间的观点采择带来了更大的认知负荷。

Mano 等（2009）运用 fMRI 考察了情绪性语篇理解的观点采择的神经基础。其采用了由两个日语句子组成的语篇，语篇描述的内容可以激起读者的情绪反应。每个语篇包括两个句子（S1 和 S2）。使用一个事件相关的设计，包括三个条件：SC 条件（"此时此地"）、SD 条件（"彼地此时"）和 UC 条件（无关条件）。在所有的实验中，视觉提示是"P"（正性的）或"N"（负性的）。在 SC 条件下，S1 和 S2 被设置在相同的地点，因此主角知道 S2 中描述的事件。在 SD 条件下，S1 和 S2 被设置在不同的地点，因此主角不知道 S2 中描述的情节。在 UC 条件下，S1 中的人物与 S2 中的主人公不一样，因此这个故事与 S1 中描述的主人公的情绪状态无关。让被试自定步速阅读完 S1 后，按键阅读 S2。读完 S2 后，被试再次按键，出现视觉提示"P/N"。然后，要求要求被试按键判断呈现的提示中所示的情绪是否正确。

如图 11.20 所示，与"here and now"的条件相比，"there and now"的条件下在扣带回后部和右侧颞顶联合区有更强的激活。与控制任务相比，两种条件都激活了心理理论网络，包括 dmpFC、TP、PCC 和 TPJ。与心理理论一致，PCC 和 rTPJ 对在情绪性语篇理解中的观点采择有重要作用。SC-UC 和 SD-UC 对比显示，在情绪理解过程中显示出共同激活的区域被突出显示。共同激活的区域包括双侧 PMd、dlPFC、IFG、内侧和外侧 OFC、mPFC、PCC、TP、MTG、ITG、TPJ、SPL、楔前叶、舌上回、海马旁回、小脑和丘脑。SC-SD 对比没有显著激活的脑区。如

SD-SC 对比所描绘的,观点采择所涉及的区域是楔前叶,并延伸至 PCC 和 rTPJ。这些区域与涉及情绪理解的区域重叠。PCC/楔前叶的前部主要是与情绪理解的激活有关,而后部则表现出更突出的观点采择的效应。

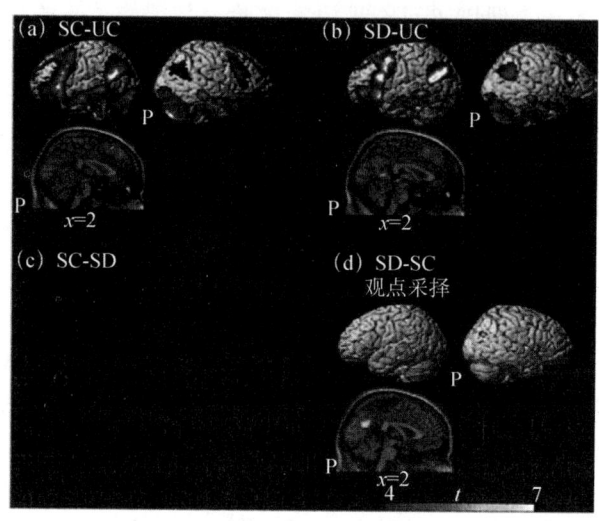

图 11.20 激活模式。(a)(SC-UC)对比相关的区域,色标(红色)表示 t,叠加在解剖标准化的磁共振图像(MNI 模板)的矢状面($x=2$)上。高度阈值 $t>3.65$,$p<0.05$ 在群集水平进行多重比较校正,显示整个大脑的体素数量。(b)(SD-UC)对比相关的区域,激活区域的阈值与(a)相同。(c)(SC-SD)对比相关的区域,没有激活的重要区域。(d)基于(SD-SC)的观点采择相关的区域的激活。高度阈值被设置在 $t>3.65$,大于 10 个体素的团块(Mano et al.,2009)(见彩图 11.20)

PCC 的共同激活经常在社会认知范式中被观察到,而不是在重新定向注意任务中(Corbetta,2008)。另外,SD-SC 对比没有显示出 VFC 激活,它与右侧的 TPJ 一起是腹侧注意网络的组成部分。因此,PCC 和右侧 TPJ 的激活可能更多地与观点采择相关,而不是注意过程的重新定向。因此,语篇中的情绪理解的空间观点采择涉及的神经基础可能与其他类型的心理理论(如错误信念推理等)存在重叠。一个情境模型由几个维度组成,如时间、空间、因果关系和主角的视角或情绪状态(Ferstl et al.,2005;Ferstl & von Cramon,2007;Zwaan & Radvansky,1998)。该研究表明,随着思维网络的发展,PCC 和 rTPJ 在语篇情绪理解的过程中与空间的观点采择有关。这一发现表明,语篇理解的情境模型的神经表征包括了心理理论的区域。

(二)情绪理解中的体验与欣赏

故事理解需要读者想象主角的认知和情感状态,很多故事的内容是不愉悦的,因为故事主角经常处理冲突、忧虑或危机。不过，不愉悦的故事也可以被喜欢和欣赏。

Altmann 等（2012）在 fMRI 研究中，采用参数的方法考察了以下内容：①负性故事内容激活心理理论网络（认知心理理论和情感心理理论）；②人们欣赏负性故事的神经基础。据此，其采用 2×2 的重复测量设计，其中一个因素是故事类型（负性、中性），另一个因素是故事呈现的背景（真实的、虚构的），共编写了 80 组短故事，其中 40 组故事的情节是负性的（犯罪、灾难、事故），另外 40 组是中性的材料，内容的设置具有可比性。其对材料进行了前测，一是确保故事的效价是负性/中性的，并且可以在"真实的"和"虚构的"两种情境下阅读。二是对故事的效价和喜欢程度进行 7 点评分，然后将每个量表的平均分作为回归因子用于核磁数据分析。

对中性语篇和负性语篇阅读的成像数据进行联合分析发现，这两种语篇共享认知 ToM 网络，包括 dmPFC、双侧 TP 及左侧 pSTS（图 11.21）。随着负性情绪的增强，这些脑区的激活增强。对效价的参数分析显示出了双侧 STS/TPJ 的激活以及心理理论网络前部（包括 dmPFC、TP、aSTS/MTG）的激活。尤其是在对心

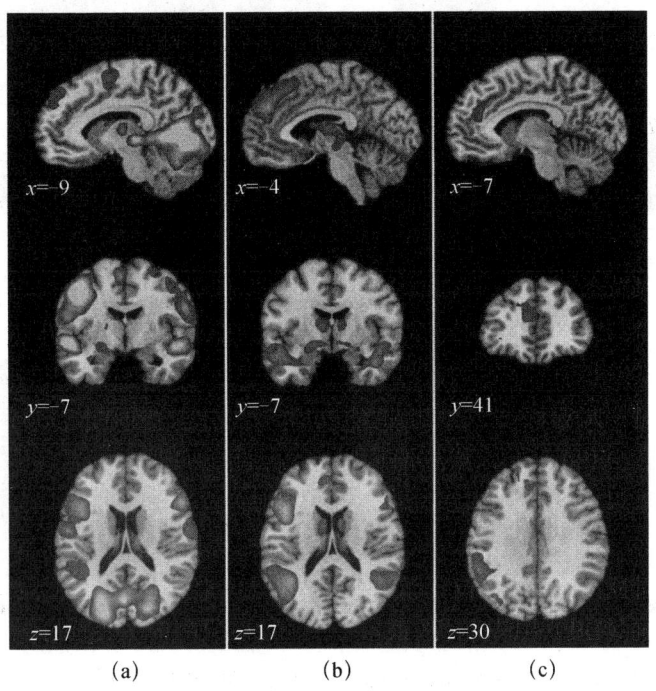

图 11.21 （a）故事阅读的脑激活——负面故事与中性故事的结合，（b）增加的负性效价态的参数效应，（c）增加的负性故事效价的脑激活与故事喜好的激活，效价与喜好的交互作用，全脑使用 FDR 校正（$p<0.05$）（Altmann et al., 2012）（见彩图 11.21）

理状态的推理需要认知和情感成分时(例如,对他人的情绪状态进行推理时),这一网络会被激活。

研究结果表明,情感和认知成分之间的关系紧密。认知 ToM 的两个关键脑区,即 dmPFC 和 TPJ 与效价加工有关。特别是当需要更新角色相关信息和加工意图(Saxe & Wexler,2005;Mason & Just,2009)时,dmPFC 和 TPJ 的激活会增强。当主角的情绪可能发生变化时,与心理理论相关的脑区(STS/TPJ、mPFC、TP)及与情绪相关的脑区(IFG、丘脑)会被激活。随着负性情绪效价的增强,阅读故事也需要双侧 IFG 的参与及负责情绪加工的皮层下结构的参与。这些皮层下结构主要有双侧的背侧纹状体(尾状核)、左侧背内侧丘脑(left mediodorsal thalamus)及左侧杏仁核(left amygdala)。不愉悦却被人喜欢的故事激活了内侧前额皮层,这反映了对故事内容的道德评价。进一步的分析表明,mPFC 在阅读负性故事时的激活越强,与情感心理理论和共情相关的脑区的激活也增强(图 11.22)。

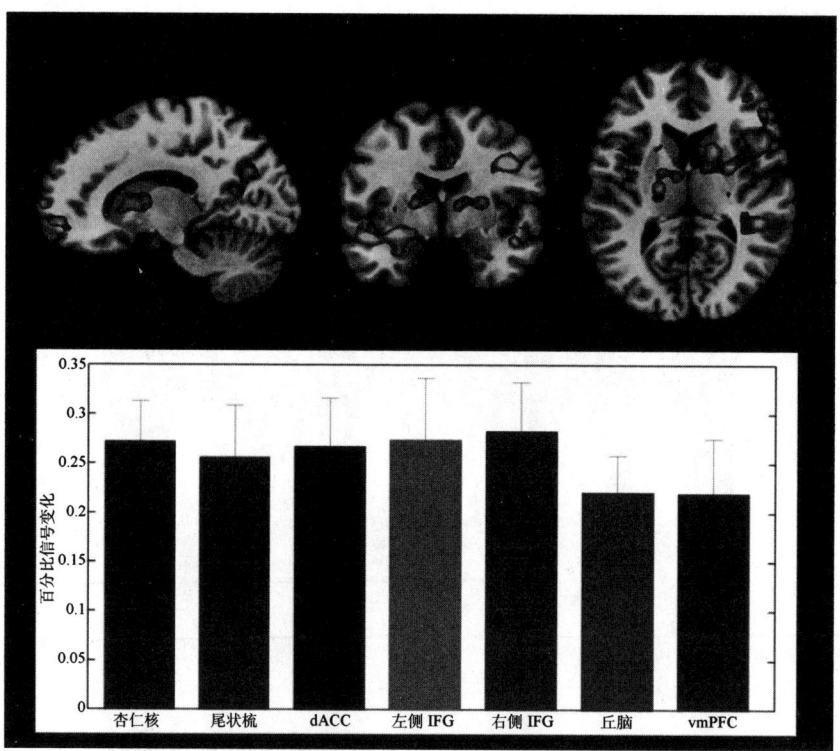

图 11.22　与阅读中性故事相比,阅读负性故事的大脑激活与 mPFC 表现出正向的功能连接,使用 FDR 全脑校正($p < 0.05$)(Altmann et al.,2012)(见彩图 11.22)

参数交互作用分析显示,当效价和喜好被一起分析时,mPFC 的激活峰值比单独由参数化效价效应产生的激活峰值下移且更接近扣带回前部。与阅读中性故事相比,阅读负性的故事时,这个区域不仅与 ToM 相关的区域耦合,而且与已知涉及情感共情的区域(杏仁核、前脑岛、mCC 和 IFG)相关。移情关注量表的自我报告分数显示了个体关注他人的倾向。进一步分析发现,在阅读负性故事时,对于那些具有较强的关注他人倾向的个体来说,双侧前脑岛和右后扣带回与 mPFc 的耦合性更强(图 11.23)。

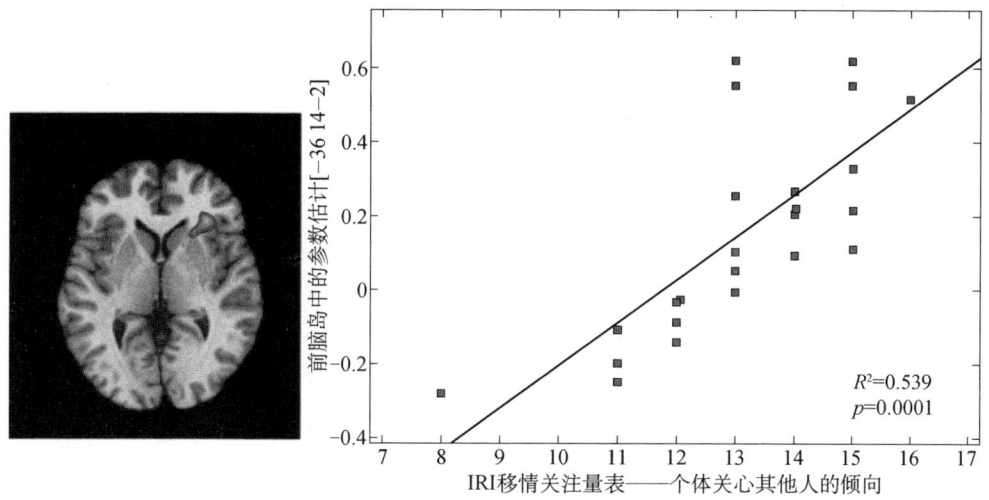

图 11.23　mPFC 与前脑岛之间的正向连接与个体对其他人的关注倾向相关(阅读负面故事与阅读中性故事相比,移情关注量表与 mPFC 功能连接呈正相关),聚类水平校正($p<0.05$),初始体素水平阈值设为 $p<0.001$,未进行校正(Altmann et al.,2012)(见彩图 11.23)

本 章 小 结

心理理论是人类的一种认知和情绪能力,在语篇理解和人际交流中具有重要的作用。第一节介绍了几个心理理论的神经生理理论模型,揭示出心理理论不是单一的认知能力,而是一个复杂系统,可以分解成不同的认知成分;不同的心理理论任务的操作均与工作记忆和抑制控制有关,需要调用大尺度脑网络,包括楔前叶、颞顶联合区和内侧前额皮层;心理理论网络在人的社会性神经网络中处于重要位置;在故事理解和非故事理解中调用的心理理论网络之间存在重叠。第二节的内容是关于在语篇阅读中对于语篇人物的意图、视角和信念的认知加工及其涉及的神经网络。功能成像研究揭示出了在故事理解中推理主人公意图所涉及的神经网络,发现意图推理与物理性推理的机制不同,同时描绘了语言网络与意图网络的连接。心理理论推理的一个基本认知成分是在他人和自己的视角中进行转换的能力,研究揭示了自我和他人视角转换、抑制自我与理解他人、视角推理与视角使用等方面的神经机制。灵活地推断他人的信念对心理理论有更多的要求,这一节从自我和他人信念的归因、执行控制在信念推理中的多重功能、心理状态的解释和推理、目标导向行为中的特质推理等方面简述了对他人信念加工的神经机制。第三节聚焦于语篇阅读中情绪理解的神经基础。这一节概述了杏仁核在情绪心理理论生成中的作用,vmPFC 对情感心理理论的影响,以及 mCC 与浸入式阅读体验的关系,并且从情绪理解中的观点采择和体验与欣赏的关系说明了语篇阅读中情感理解的认知神经机制。

参 考 文 献

Abu-Akel, A., & Shamay-Tsoory, S.(2011). Neuroanatomical and neurochemical bases of theory of mind. *Neuropsychologia*, 49(11), 2971-2984.

Altmann, U., Bohrn, I. C., Lubrich, O., Menninghaus, W., & Jacobs, A. M.(2012). The power of emotional valence—From cognitive to affective processes in reading. *Frontiers in Human Neuroscience*, 6, 1-15.

Apperly, I. A., & Butterfill, S. A.(2009). Do humans have two systems to track beliefs and belief-like states? *Psychological Review*, 116(4), 953-970.

Apperly, I. A., Carroll, D. J., Samson, D., Humphreys, G. W., Qureshi, A., & Moffitt, G.(2010). Why are there limits on theory of mind use? Evidence from adults' ability to follow instructions from an ignorant speaker. *The Quarterly Journal of Experimental Psychology*, 63(6), 1201-1217.

Apperly, I. A., Warren, F., Andrews, B. J., Grant, J., & Todd, S.(2011). Developmental continuity in theory of mind: Speed and accuracy of belief-desire reasoning in children and adults. *Child Development*, 82(5), 1691-1703.

Bodden, M. E., Kübler, D., Knake, S., Menzler, K., & Heverhagen, J. T., Sommer, J, et al.(2013). Comparing the neural correlates of affective and cognitive theory of mind using fMRI: Involvement of the basal ganglia in affective theory of mind. *Advances in Cognitive Psychology*, 9(1), 32-43.

Bradford, E. E. F., Jentzsch, I., & Gomez, J. C.(2015). From self to social cognition: Theory of mind mechanisms and their relation to executive functioning. *Cognition*, 138, 21-34.

Corbetta, M., Patel, G., & Shulman, G. L.(2008). The reorienting system of the human brain: From environment to theory of mind. *Neuron*, 58(3), 306-324.

Corradi-Dell'Acqua, C., Hofstetter, C., & Vuilleumier, P.(2014). Cognitive and affective theory of mind share the same local patterns of activity in posterior temporal but not medial prefrontal cortex. *Social Cognitive & Affective Neuroscience*, 9(8), 1175-1184.

Craig, A. D. (2009). How do you feel-now? The anterior insula and human awareness. *Nature Revviews Neuroscience*, 10 (1), 59-70.

de Gelder, B., Terburg, D., Morgan, B., Hortensius, R., Stein, D. J., & van Honk, J. (2014). The role of human basolateral amygdala in ambiguous social threat perception. *Cortex*, 52, 28-34.

Decety, J., & Lamm, C. (2007). The role of the right temporoparietal junction in social interaction: How low-level computational processes contribute to meta-cognition. *The Neuroscientist*, 13 (6), 580-593.

Epley, N., Waytz, A., & Cacioppo, J. T. (2007). On seeing human: A three-factor theory of anthropomorphism. *Psychological Review*, 114 (4), 864-886.

Etkin, A., Egner, T., & Kalisch, R. (2011). Emotional processing in anterior cingulate and medial prefrontal cortex. *Trends in Cognitive Sciences*, 15 (2), 85-93.

Ferguson, H. J., Apperly, I., Ahmad, J., Bindemann, M., & Cane, J. (2015). Task constraints distinguish perspective inferences from perspective use during discourse interpretation in a false belief task. *Cognition*, 139, 50-70.

Ferstl, E. C., & von Cramon, D. Y. (2007). Time, space and emotion: fMRI reveals content-specific activation during text comprehension. *Neuroscience Letters*, 427 (3), 159-164.

Ferstl, E. C., Neumann, J., Bogler, C., & von Cramon, D. Y. (2008). The extended language network: A meta-analysis of neuroimaging studies on text comprehension. *Human Brain Mapping*, 29 (5), 581-593.

Ferstl, E. C., Rinck, M., & von Cramon, D. Y. (2005). Emotional and temporal aspects of situation model processing during text comprehension: An event-related fMRI study. *Journal of Cognitive Neuroscience*, 17, 724-739.

Fossati, P. (2012). Neural correlates of emotion processing: From emotional to social brain. *European Neuropsychopharmacology*, 22 (Suppl 3), S487-S491.

Frith, C. D., & Frith, U. (2006). The neural basis of mentalizing. *Neuron*, 50 (4), 531-534.

Graves, W. W., Desai, R., Humphries, C., Seidenberg, M. S., & Binder, J. R. (2010). Neural systems for reading aloud: A multiparametric approach. *Cerebral Cortex*, 20 (8), 1799-1815.

Hartwright, C. E., Apperly, I. A., & Hansen, P. C. (2012). Multiple roles for executive control in belief-desire reasoning: Distinct neural networks are recruited for self perspective inhibition and complexity of reasoning. *NeuroImage*, 61 (4), 921-930.

Hoffman, K. L., Gothard, K. M., Schmid, M. C., & Logothetis, N. K. (2007). Facial-expression and gaze-selective responses in the monkey amygdala. *Current Biology*, 17 (9), 766-772.

Hsu, C. T., Conrad, M., & Jacobs, A. M. (2014). Fiction feelings in harry potter: Haemodynamic response in the mid-cingulate cortex correlates with immersive reading experience. *Neuroreport*, 25 (17), 1356-1361.

Hynes, C. A., Baird, A. A., & Grafton, S. T. (2006). Differential role of the orbital frontal lobe in emotional versus cognitive perspective-taking. *Neuropsychologia*, 44 (3), 374-383.

Kim, J. W., Kim, J. J., Jeong, B. S., Ki, S. W., Im, D. M., & Lee, S. J., et al. (2005). Neural mechanism for judging the appropriateness of facial affect. *Cognitive Brain Research*, 25 (3), 659-667.

Lavoie, M. A., Vistoli, D., Sutliff, S., Jackson, P. L., & Achim, A. M. (2016). Social representations and contextual adjustments as two distinct components of the theory of mind brain network: Evidence from the REMICS task. *Cortex*, *81*, 176-191.

Leopold, A., Krueger, F., dal Monte, O., Pardini, M., Pulaski, S. J., & Solomon, J., et al. (2012). Damage to the left ventromedial prefrontal cortex impacts affective theory of mind. *Social Cognitive and Affective Neuroscience*, 7 (8), 871-880.

Mano, Y., Harada, T., Sugiura, M., Saito, D. N., & Sadato, N. (2009). Perspective-taking as part of narrative comprehension: A functional MRI study. *Neuropsychologia*, 47 (3), 813-824.

Mar, R. A. (2004). The neuropsychology of narrative: Story comprehension, story production and their interrelation. *Neuropsychologia*, 42 (10), 1414-1434.

Mar, R. A. (2011). The neural bases of social cognition and story comprehension. *Annual Review of Psychology*, 62 (1), 103-134.

Mars, R. B., Sallet, J., Schuffelgen, U., Jbabdi, S., Toni, I., & Rushworth, M. F. S. (2012). Connectivity-based subdivisions of the human right "temporoparietal junction area": Evidence for different areas participating in different cortical networks. *Cerebral Cortex*, 22 (8), 1894-1903.

Mason, R. A., & Just, M. A. (2006). Neuroimaging contributions to the understanding of discourse processes. In: H. S. Cairns & M. A. Gerns-bacher, *Handbook of Psycholinguistics* (pp 765-799). Amster dam: Elsevier.

Mason, R. A., & Just, M. (2009). The role of the theory of mind cortical network in the comprehension of narratives. *Language and Linguistics Compass*, 3 (1), 157-174.

Mason, R. A., & Just, M. (2011). Differentiable cortical networks for inferences concerning people's intentions versus physical causality. *Human Brain Mapping*, 32 (2), 313-329.

Mitchell, R. L. C., & Phillips, L. H. (2015). The overlapping relationship between emotion perception and theory of mind. *Neuropsychologia*, *70*, 1-10.

Molenberghs, P., Johnson, H., Henry, J. D., & Mattingley, J. B. (2016). Understanding the minds of others: A neuroimaging meta-analysis. *Neuroscience & Biobehavioral Reviews*, *65*, 276-291.

Premack, D., & Woodruff, G. (1978). Does the chimpanzee have a theory of mind? *Behavioural and Brain Sciences*, *1*, 515-526.

Samson, D., Apperly, I. A., Chiavarino, C., & Humphreys, G. W. (2004). Left temporoparietal junction is necessary for representing someone else's belief. *Nature Neuroscience*, *7*, 499-500.

Samson, D., Apperly, I. A., Kathirgamanathan, U., & Humphreys, G. W. (2005). Seeing it my way: A case of a selective deficit in inhibiting self-perspective. *Brain: A Journal of Newrology*, *128* (Pt 5), 1102-1111.

Saxe, R., & Kanwisher, N. (2003). People thinking about thinking people: The role of the temporo-parietal junction in "theory of mind". *NeuroImage*, 19 (4), 1835-1842.

Saxe, R., & Wexler, A. (2005). Making sense of another mind: The role of the right temporo-parietal junction. *Neuropsychologia*, 43 (10), 1391-1399.

Saxe, R., Carey, S., & Kanwisher, N. (2004). Understanding other minds: Linking developmental psychology and functional neuroimaging. *Annual Review of Psychology*, 55 (1), 87-124.

Schlaffke, L., Lissek, S., Lenz, M., Juckel, G., Schultz, T., & Tegenthoff, M., et al. (2015). Shared and nonshared neural networks of cognitive and affective theory-of-mind: A neuroimaging study using cartoon picture stories. *Human Brain Mapping*, 36 (1), 29-39.

Schmitgen, M. M., Walter, H., Drost, S., Rückl, S., & Schnell, K. (2016). Stimulus dependent amygdala involvement in affective theory of mind generation. *NeuroImage*, 129 (2), 450-459.

Schnell, K., Bluschke, S., Konradt, B., & Walter, H. (2011). Functional relations of empathy and mentalizing: An fMRI study on the neural basis of cognitive empathy. *NeuroImage*, 54 (2), 1743-1754.

Schurz, M., Radua, J., Aichhorn, M., Richlan, F., & Perner, J. (2014). Fractionating theory of mind: A meta-analysis of functional brain imaging studies. *Neuroscience & Biobehavioral Reviews*, 42, 9-34.

Schuwerk, T., Schecklmann, M., Langguth, B., Döhnel, K., Sodian, B., & Sommer, M. (2014). Inhibiting the posterior medial prefrontal cortex by rTMS decreases the discrepancy between self and other in theory of mind reasoning. *Behavioural Brain Research*, 274, 312-318.

Shulman, G. L., Patel, S. G., & Corbetta, M. (2008). The reorienting system of the human brain: From environment to theory of mind. *Neuron*, 58 (3), 306-324.

Strickland, B., Fisher, M., Keil, F., & Knobe, J. (2014). Syntax and intentionality: An automatic link between language and theory-of-mind. *Cognition*, 133 (1), 249-261.

van der Meer, L., Groenewold, N. A., Nolen, W. A., Pijnenborg, M., & Aleman, A. (2011). Inhibit yourself and understand the other: Neural basis of distinct processes underlying Theory of Mind. *NeuroImage*, 56 (4), 2364-2374.

van Overwalle, F., Eede, S. V. D., Baetens, K., & Vandekerckhove, M. (2009). Trait inferences in goal-directed behavior: ERP timing and localization under spontaneous and intentional processing. *Social Cognitive & Affective Neuroscience*, 4 (2), 177-190.

Virtue, S., Haberman, J., Clancy, Z., Parrish, T., & Beeman, M. J. (2006). Neural activity of inferences during story comprehension. *Brain Research*, 1084 (1), 104-114.

Vorauer, J. D., & Ross, M. (1999). Self-awareness and feeling transparent: Failing to suppress one's self. *Journal of Experimental Social Psychology*, 35 (5), 415-440.

Yang, Y. J., Rosenblau, G., Keifer, C., & Pelphrey, K. A. (2015). An integrative neural model of social perception, action observation, and theory of mind. *Neuroscience & Biobehavioral Reviews*, 51, 263-275.

Zwaan, R. A., & Radvansky, G. A. (1998). Situation models in language comprehension and memory. *Psychology Bulletin*, 123, 162-185.

第十二章

语言理解与产生

语言使用包括语言理解和产生以及语言获得与发展。本书的第三至第六章阐述了各个语言层面（词汇、句子、语篇和会话）语言理解的认知过程和神经基础，这是语言理解认知神经机制的核心内容。第七至第十一章是从认知系统出发看语言理解，介绍了认知系统各成分对语言理解过程的参与和支持。本章是从语言系统内部看语言理解，简要阐述语言理解与语言产生的关系的相关理论，以及语言产生和语言理解中神经活动的重叠和耦合，这对于全面认识语言理解过程是必要的。因为在言语交流中每个语言的理解者同时也是语言的产生者。交流的基本前提是语言产生与理解的双方共享某些知识基础，如词汇概念和语法系统。在某种意义上说，语言产生系统的运作和特性为我们提供了认知语言理解的一面镜子。有学者甚至认为，是语言产生塑造了语言的形式和语言理解。

对于语言理解与产生的关系的研究，在心理语言学中可以说是源远流长。从早期的言语知觉领域的动作理论、分析-合成理论，到近年来的言语知觉双通路模型、语言产生与理解的整合理论等，都极为重视语言产生在语言理解中的作用。但是，究竟语言产生的哪些方面影响了语言理解？怎样影响语言理解？答案并非简单和显而易见的，研究者之间存在很多的分歧。近年来，研究者采用认知神经科学技术，进一步探讨了语言理解和产生过程涉及的神经活动模式及其相互之间的关系，获得了一些新的发现。这些发现与理论相互映照，使得我们对语言理解与产生的关系有了更清晰的认识和思考。

第一节 语言理解与产生的关系

本节主要介绍有关语言理解与产生的关系的四种理论，其实这已经涉及如何看待语言和语言使用的整体问题。这些理论不同于以往的经典语言神经生物学（WLG）模型和传统的心理语言学观点，强调了语言产生与理解密切相关。但是，它们的出发点有所不同，对语言理解与产生的关系的解释也不同。"语言是一种技能"的理论从语言交流中的理解与产生过程同样会面对记忆限制和"机不可失瓶颈"（now-or-never bottleneck）出发，提出这两个过程是相互交织的，处于同一系统之中。语言产生-分布-理解（PDC）理论从语言产生中应对时间压力的三种原则出发，分析了语言结构分布的形成，以及这种分布对语言理解的策略性影响。P 链和产生与理解的整合理论均以语言加工中的预期为核心概念，将理解、产生与语言学习置于同一个系统（链条）之中。

一、语言理解与产生的交织

Chater 和 Christiansen（2016）认为，语言理解和产生都需要高超的技能水平。但是，它们是同一项技能还是两项不同的技能？理解和产生之间的迁移似乎表明，它们是一个单一系统；聆听某种语言，对于说这种语言很重要。语言科学中不同的理论都认为，涉及理解和产生的知识和加工操作之间存在着重要重叠。但是，关于这种关系的本质，存在很大分歧，至少存在两种不同观点：语言是知识；语言是技能。

"语言是知识"的观点认为，语言能力和语言表现是分离的。理解和产生之间的重叠可能只存在于理解和产生过程中使用的共同的抽象语言知识之中，但是在原则上理解和产生的过程是完全无关的。"语言是技能"的观点则认为，不存在抽象的语言能力，语言习得就是习得语言加工的能力。语言的抽象结构（例如，语法）没有单独的表征，不同于语言生成和理解的机制；相反，只有语言加工程序。根据这种观点，理解和产生之间的高度重叠的过程支持了话语的理解和产生。

鉴于记忆的基本限制、"机不可失瓶颈"，Chater 等（2016）认为语言加工是渐进的、快速的。人在说话时通常每秒发出 10~15 个音位，即每分钟最多可达到 150 个词。这意味着理解系统面对着大量新的输入；产生系统也必须以很快的速度生成并执行一系列发音指令。理解和产生过程的交叉也很快，在会话过程中可以看到快速的话轮转换，话轮之间的平均潜伏期通常大约为 200ms。语言加工的这种能力与加工听觉或视觉刺激序列的有限能力形成了强烈对比。

应对快速的语音输入流的关键在于，将音位快速编码到高层级单元，如音节、词汇、短语及更大的语言单元上，即"组块-通过"（chungking-passing）的加工过程。更抽象的表征水平对应于语音输入更大的单元，通常很少会受到随后材料的干扰。相同的问题也出现在语音产生中。与理解一样，产生需要将较高水平表征解码到较低水平表征来完成。当使用低水平表征时，产生系统必须将更高水平表征解码到更详细的低水平表征。但是，由于记忆容量的限制，高水平表征只能在准备说时转化为音位表征，再转换为更详细的发声指令。这种"机不可失瓶颈"对语言习得也有重要影响。在接收话语时，学习者必须在话语结束之前将话语的早期部分编码到较高水平表征，即学习是在"在线学习"中完成的。

据此，Chater 和 Christiansen（2016）认为，语言理解和产生是一种统一的技能。基于这种理论，McCauley 和 Christiansen（2011，2014）提出了一个语言习得的计算模型——基于组块的学习者（chunk-based learner），对理解和产生提出了一个统一算法。该模型在考虑儿童经历的语言输入的基础上，再现了早期的语言产生。该模型既能分析语言，又能产生语言，并提出了语言习得只不过是学习过程的概念。

"机不可失瓶颈"是一个一般的认知限制，也会发生在更一般的知觉和行为中。在一定程度上，认知-知觉和运动行为之间存在迁移，这样的迁移可能不受抽象知识的调节，而是通过知觉和产生都涉及的共享程序出现。

二、语言产生-分布-理解理论

研究语言的产生过程，可以使我们深入了解语言理解的工作原理，以及某些语言特征的产生缘由。语言产生是一种高度复杂的运动行为，需要将概念信息转换为复杂的运动指令序列。Lashley（1951）认为，复杂序列行为，如说话，在执行前必由一个计划指导。行为计划的建构是一种要求很高的认知活动。语言规划具有高级的非语言行动计划和更细粒度的运动控制的特征。在高水平行为计划中，有些元素只是松散约束的序列，而其他方面可能会受到更多的限制。其中一个关键问题是，如何确定在计划执行开始前每一个部分或过程的优先程度。

语言产生是渐进的，意味着部分计划、执行和后续计划是交错的。预先计划的范围因环境而异，至少部分在产生者的策略控制范围内。计划的范围在竞争性需求之间取得平衡，因此产生行为受到习得的内隐策略的影响，这种策略可以最大限度地提高流利性。另外，完成大量计划之前的执行启动，使得说话者提前开始说话，避免长时间停顿，甚至在谈话中沉默。这种提前执行也可以避免保持一个更大计划的记忆负担，因为更复杂的计划需要更多的时间来启动执行。此外，说话者必须追踪计划执行的进程，避免重复和遗漏。也就是说，说话者必须平衡话语计划中的不同子任务，即激活当前，抑制过去，准备激活未来。

基于言语产生复杂过程的考虑，MacDonald（2013，2016）等提出了 PDC 理论，认为是语言产生塑造了语言的形式和理解过程。这个理论将语言产生、类型学以及语言理解等不同领域的工作相互联系，聚焦于记忆提取、运动计划以及行为计划中的序列顺序，提出语言产生者会在语言计划中使用三个原则——简单优先、计划再用、减少干扰，来约束词汇选择顺序，提高言语产生的流畅度。首先，简单优先是词序灵活性的来源。在话语中，容易提取的词汇和短语倾向于出现更早，以及出现在更突出的句法位置（如句子主语）。渐进产生中的简单优先偏向使得话语执行尽早开始，留下更多的时间计划加工更困难的元素。其次，计划再用是词序刻板的来源。产生者有明显的再用近期执行的话语计划的倾向。这种倾向也被称为结构持久性或句法启动，不受时间和其他发生于其间的话语的影响。这种效应并不是或不仅是近期计划的暂时激活，而是显现句法结构长期内隐学习的结果。最后，减少干扰就是要在呈现和回忆之间的短间隔过程中，避免元素在记忆中互相干扰，因为元素在声音、意义、空间位置或其他维度上的相似性会产生相互间的干扰。

话语形式中存在大量变体，是为了降低产生的困难程度而做出的某些选择。词序变化和词序刻板在产生计划中都有实际价值。上述三种偏向可以提高个体话语的流利程度，并对 PDC 产生重要影响。这些选择在很多话语和个体中重复，个体水平的行为导致了群体水平的语言现象，最终塑造了语言中话语形式的分布。

语言感知者通过内隐学习获得语言输入中的统计规律，并使用先验经验来指导随后的语言理解。特别是他们会基于语言输入的统计规律来预测语言信号的顺序结构。因此，语言理解的关键方面与语言理解中的词汇-句法统计紧密联系，而这些统计又源于话语计划的偏向，即相对容易的话语形式的产生先于更难的话语形式。传统的语言理解理论认为，理解行为归因于语言理解系统和相关工作记忆的固有特征，而 PDC 是将理解的基本特征与塑造语言形式的产生过程相联系。

Hsiao 和 MacDonald（2016）探索了汉语普通话中关系从句的产生和理解之间的关系。研究者在使用图片描述任务时发现，在英语中，关系从句的产生具有很强的中心词生命性效应。但是，在汉语普通话中存在大量的中心词置后的关系从句，有生命性/无生命性中心词均较晚使用，这将影响渐进语言计划理论对汉语普通话的解释。研究者通过语料库分析来检测语言中结构-信息配对的分布，这源于这些基于有生性产生的偏向。研究者采用"阀门句子完成"的任务，揭示了在关系从句解释中理解者的有生命性联系的期待，还揭示出由于中心词后置的结构，普通话关系从句中存在大量的句法模糊性。结果表明，理解者更难以理解之前没有加工过的句子类型。研究者将言语产生者对有生命性构造的不同选择以及理解者经历的语言模式的变化联系起来，对结果进行了解释。

三、P 链

Dell 和 Chang（2014）将语言理解、产生和习得统一在一个理论框架中，认为语言理解涉及以语言产生为基础的预期。P 链中的"P"代表预期或者预测（prediction）。这个框架假设，预期产生了预期错误，错误驱动了语言学习和发展过程中的学习，也解释了成熟的语言加工中的表现。其将结构启动效应的出现解释为熟练的语言使用者对试错学习机制的保留。

P 链（图 12.1）是关于心理语言学概念之间假定的交互关系的一组命题。①加工涉及预测；②预测是一种产生过程；③预测导致预测错误；④预测错误生成了启动；⑤启动是内隐学习；⑥内隐学习是习得/适应加工、预测和产生的机制；⑦产生为训练加工提供了输入。

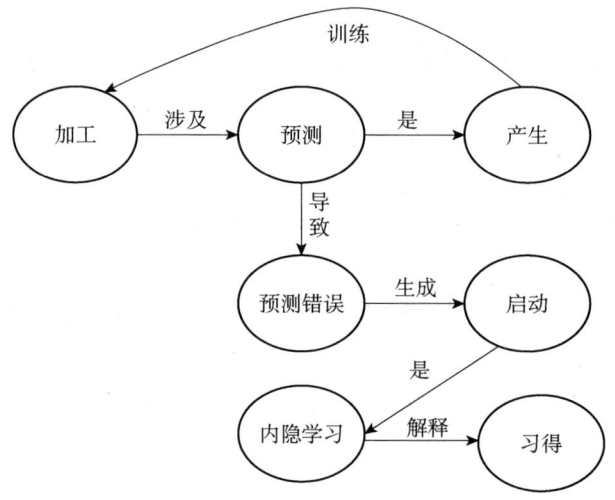

图 12.1　P 链（Dell & Chang，2014）

前六个命题形成了一条链，从语言理解（加工）到其他 P 概念，包括产生，最终到语言习得的学习机制。最后一个命题是 MacDonald（1999，2013）提出的，在链中放置了一个环路，即从产生返回到加工，进一步阐述了产生在 P 链中的中心作用。

（1）语言理解涉及预测。在理解过程中，我们会在多重语言水平上对即将到来的材料产生期待，对含义、韵律、词汇和声音进行预期。自上而下期待的观点并不新颖，但是这些观点最近已经在信息理论的解释中形式化，同时在线的理解测量证明了预测过程的强大。例如，Altmann 和 Kamide（1999）使用视觉情境范式监控了听者理解句子时的眼睛注视点，如"女孩吃了蛋糕"。听者会在听到"蛋糕"这个词之前,看着可以食用的客体,如蛋糕,因此证明了对即将到来的词汇的语义特征的期待。

(2) 预测是产生。预期是一个自上而下的过程,根据系统上层的知识预测较低层将发生什么。产生也是一个自上而下的过程,根据意图含义和信息流向编码语言形式的层级。因此,预测和产生是相关的。

(3) 预测错误产生的启动是内隐学习的一种形式。将 P 链的三个链接折叠成一个超链接,构成了链条的核心。理解过程中的预测很容易出现错误。期待和实际加工之间的偏离组成一个错误信号,可以启动或改变系统,以便减少未来相同情景中的错误。启动不仅是系统的短暂变化,而且是内隐学习的一种形式,类似于在联结模型中学习的联结权重变化。因此,启动就是学习。

(4) 内隐学习是习得和适应加工、预测和产生的机制。结构启动和序列学习研究中所揭示的内隐学习被认为是语言技能随时间变化的重要机制。它是成熟系统如何适应特定环境和说话者的机制,并且最终解释了儿童是如何获得语言系统的。

(5) 产生为训练加工提供了输入。理解系统能够学习语言元素的分布规律。根据 MacDonald 的 PDC 理论,这些分布规律来自其他说话者的产生系统。产生的固有过程使得一些结构比另外一些结构更容易产生。这些过程影响了说话者产生特定结构的可能,因而影响了理解者体验到的结构分布。因此,是产生系统训练了人们的理解系统,使得它对产生偏好分布敏感。

总之,P 链框架为语言理解、产生和获得如何联结提供了一种观点。为了阐述 P 链,研究者回顾了句子产生的双通路模型。这是一个联结模型,揭示了产生中的结构启动和语言习得的大量事实,并讨论了该模型和相关模型在解释句子产生的习得性和发展性障碍方面的潜力。

四、语言产生和理解的整合理论

语言加工中的产生和理解被认为是截然不同的,并将理解和产生当作两个不同的问题来探索。例如,研究者认为理解一个口语或手写句子所涉及的过程和产生一个句子所涉及的过程不同。Pickering 和 Garrod(2013)提出了语言产生和理解的整合框架,认为产生和理解是相互交织的,而且这种交织使得人们可以预测自己和彼此。说话者在话语中使用前向行为模型,对他们预测的话语构建表达副本,并且将这些副本与实际产生的话语进行对比。听者通过暗中模仿他们到目前为止所说的内容来预测说话者即将说的话,从而得出他们的基本信息,产生表达副本,并将这些副本与实际产生的话语进行比较。对话涉及说话者和听者的模型整合。

(一)语言产生中的前向模型

在语言产生中,行为指令即产生指令,行为执行者即产生执行者,感知执行者即理解执行者。前向行为模型即前向产生模型,前向感知模型即前向理解模型。话语感知和预测话语感知的比较构成了自我监控(图12.2)。

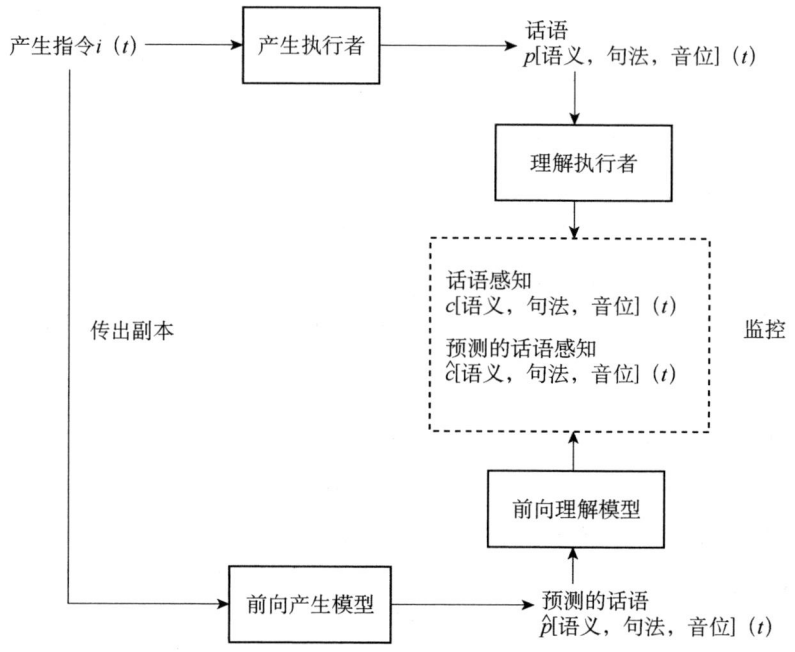

图12.2 产生模型,使用时刻 t 表示。产生指令 $i(t)$ 被用来启动两个过程:一是提供 $i(t)$ 给产生执行者,其输出一个话语 p[语义,句法,音位](t),即编码语义、句法和音位的一系列声音。请注意,t 是指产生指令的时间,而不是计算表征的时间。反之,说话者加工这个话语以产生一种话语感知,即对表征语义、句法和音位的一系列声音的感知。二是 $i(t)$ 的一个传出副本提供给前向产生模型,即可以输出预测话语的计算设备。输出的话语提供给前向理解模型,其输出一个预测的话语感知。随后,监控可以在一个或多个语言水平上比较话语感知和预测的话语感知(Pickering & Garrod, 2013)

在图12.2中,产生指令构成了说话者希望传递的信息,以及包括关于交际力(如疑问句)、语用语境以及非语言情景模型的信息,语言加工似乎涉及信息和发声之间的一系列中间表征。因此,图12.2对此进行了简述:说话者构建与实际话语的语义、句法和音位有关的表征,语义在句法之前构建,句法在音位之前构建(与语言产生的所有理论一致,即使它们假设表达之间有一些反馈)。因此,我们可以将这些单个表征称为 p[语义](t)、p[句法](t) 以及 p[音位](t)。根据 Indefrey 和 Levelt(2004)的估计(基于单个词产生),加工语义(包含概念准备阶段)花费大约175ms，加工句法花费大约75ms，加工音位花费大约205ms，音位编码和发声额外花费大约145ms。

最终，说话者使用图12.2中的理解执行者来构建话语感知。研究者再次假设这个系统单独作用于每一产生表征，因此p[语义]（t）被映射到c[语义]（t），p[句法]（t）被映射到c[句法]（t）以及p[音位]（t）被映射到c[音位]（t）。重要的是，说话者在句法和音位前为语义构建了话语感知。因此，研究者认为说话者在所有语言水平上在与产生和理解有关的表征之间进行映射。

前向产生模型构建p[语义]（t）、p[句法]（t）以及p[音位]（t），前向理解模型构建c[语义]（t）、c[句法]（t）以及c[音位]（t）。更重要的是，这些表征通常在产生执行者和理解执行者构建的表征之前准备好。随后，当这些实际感知准备好时，说话者可以使用监控来比较在每一水平上预测的话语感知和实际话语感知。因此，监控首先可以比较预测的和实际的语义，随后可以比较预测的和实际的句法，接着比较预测的和实际的音位。产生执行者会偶尔出错，监控通过产生执行者的输出和前向模型的输出之间的不匹配来检测错误。随后，它可以触发矫正（但不需要这样做）。为此，监控必须是相当准确的，而且必须独立于产生执行者本身的预测。

关于语言理解过程的预测观点认为，人们可预测他们自己的话语以及他人的话语。语言理解涉及结构化的语言表征（语义、句法和音位），而且可以在不同水平上形成预测。因此，预测很强大，因为在通常情况下至少在一种语言水平上，语言是高度可预测的。一个即将到来的词汇本身有时是可预测的。即使当单词本身不可预测时，也可以预测其所属的句法类别。或者在另外一些情况下，即将到来的音位是可预测的。研究者认为理解者可以做任何他们可以做的语言预测。

人们可以使用关联路径和模拟路径预测语言。关联路径基于理解他人话语的经历；模拟路径则是基于产生话语的经历。图12.3阐述了理解者A暗暗模仿B的话语展开（在时刻t），而且使用前向模型获得预测的话语感知，随后可以比较A对B的实际话语（在时刻t+1）的感知。由此可知，他人监控可以发生在不同语言水平上，就像自我监控一样。

（二）交互语言

交互对话是联合行为的一种复杂形式。对话者必须在产生和理解之间转换，立即执行这两项行为并即时制订计划。举例说明如下（Howes et al., 2011）。

(a) A: … and then we looked along one deck, we were high up, and down below there were rows of, rows of lifeboats in case, you see

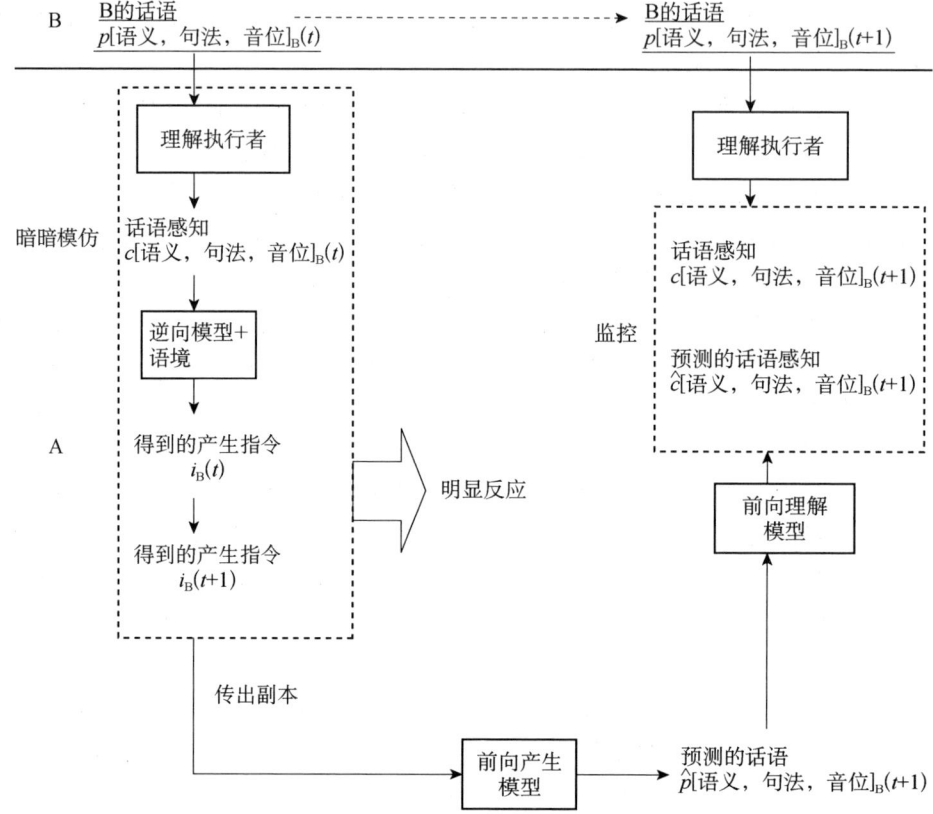

图 12.3 在理解过程中使用模仿路径进行预测的模型。最上方粗实线上的内容是指 B 即将展开的话语（都通过下划线标明）。A 预测 B 的话语 $p[语义，句法，音位]_B(t+1)$（即它的即将到来的语义、句法和音位），给出 B 的话语（即在当前时刻 t）。为此，A 首先暗暗模仿 B 的话语。得到一个话语感知表征，随后使用逆向模型和语境（例如，关于 A 的语音系统和 B 的语音系统之间差异的信息）来得到 A 将在 A 产生 B 的话语时使用的产生指令 $i_B(t)$，并且由此指令 $i_B(t+1)$ 与 B 的话语的下一部分相关联（例如，音位或单词）。A 使用其在产生话语时使用的相同前向模型来产生对 B 的话语以及话语感知的预测（在不同语言水平上）。这些预测通常在其理解 B 的话语（话语感知）之前准备好。随后，其可以在不同语言水平上比较话语感知和预测的话语感知（因此进行他人监控）。注意，A 也可以使用得到的产生指令 $i_B(t)$ 来暗暗模仿 B 的话语，以及得到产生指令 $i_B(t+1)$ 来明显产生 B 的话语的随后部分（"明显反应"）(Pickering & Garrod, 2013)

（b）B：there was an accident

（c）A：of an accident

在（b）和（c）中，B 和 A 同时说话，并且 B 和 A 有相同的理解。B 打断 A，这表明 B 一定已经准备好。因为 B 没有迟疑地完成了 A 的话语。对于 B 来说，通过理解（a）来产生（b），随后从头开始准备反应并不可能（如传统的"连续独白"观点)。相反,B 暗暗模仿 A 的话语,确定 A 当前的产生指令,以及 A 即将到来的产生指令,并产生一种明显的反应(图 12.3 中的"明显反应")。事实上,(b)区别于 A 自己的延续(c)。这两个延续都是句法不同但是语义相等的,因此表明预测可以在不同语言水平上发生。注意,联合预测可能会使得 B 预测 A 的延续,但是不能解释 B 反应的速度,因为 B 也将从头产生延续。

图 12.4 阐述了 A 和 B 如何可以预测 B 即将到来的话语(使用模仿预测)。A 理解 B 当前的话语,随后使用暗暗模仿和前向产生模型;B 形成其即将到来的产生指令,并且使用基于这种指令的前向产生模型。如果 A 和 B 是成功的,那么他们应该对 B 即将说的话产生相同的预测,并且他们可以使用这些预测进行协调(即有一个组织良好的会话)。注意,当 B 在产生话语时,他们都可以比较他们的预测和 B 即将到来的话语,A 使用他人监控,B 使用自我监控。而且,A 和 B 也可以预测 A 即将到来的话语(即 A 和 B 预测 A 和 B)。当然,这些预测与 A 和 B 对 B 的话语的预测有关,在某种程度上降低了进行两次预测的难度。

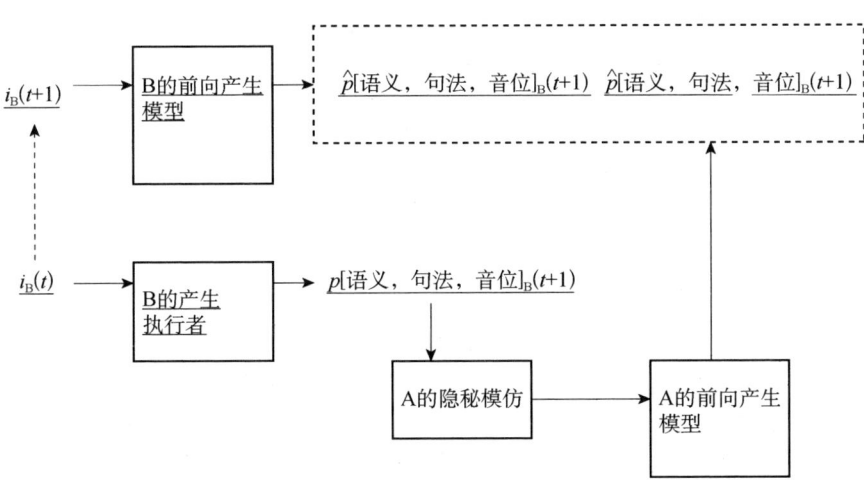

图 12.4　A 和 B 预测 B 即将说的话语(B 的过程和表征通过下划线标明)。B 的产生指令 $i_B(t)$ 提供给 B 的产生执行者,产生 B 的话语 p[语义,句法,音位]$_B(t)$。A 暗暗模仿 B 的话语,并使用 A 的前向产生模型来预测 B 即将说的话语(在时刻 $t+1$)。B 同时构建下一个产生指令(虚线表明此命令与 B 的上一个行为指令因果关联,但不是 A),并且使用 B 的前向产生模型来预测 B 即将说的话。如果 A 和 B 协调,那么 A 对 B 的话语的预测和 B 对自己话语的预测应该是匹配的(在虚线框中)。而且,它们都可以在时刻 $t+1$(未标出)匹配 B 即将说的(实际)话语(Pickering & Garrod,2013)

Pickering 和 Garrod(2013)的语言理解和产生的整合理论将预测置于语言产生、理解以及对话中的中心位置。具体来说,说话者使用前向产生模型来预测他们即将说的话,听者暗暗模仿说话者,随后使用基于自己的可能话语的前向产生模型来预测说话者可能说什么。该观点解释了语言理解和产生的快速性以及对话的流畅性。因此，它为人类交流的心理学解释提供了基础。

第二节　语言产生与理解系统的重叠

在经典的语言神经生理模型——语言神经生物学模型（Wernicke-Lichtheim-Geschwind model，WLG 模型，图 12.5）中，人类语言能力定位于左外侧裂皮层，在额叶和颞叶之间严格区分，左颞叶中的威尔尼克区支持语言理解，左额下皮层中的布罗卡区支持语言产生，弓形束则连接这两个区域。

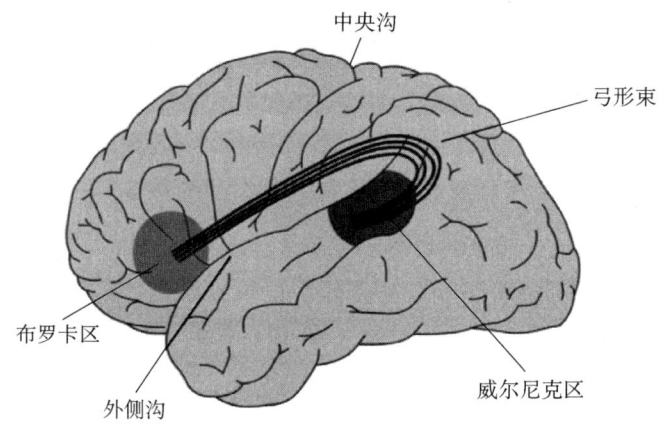

图 12.5　WLG 模型。这是经典的语言神经生物学模型。在这个模型中，布罗卡区是语言产生的关键，而威尔尼克区支持语言理解，这些脑区之间的必要的信息交换是通过弓形束进行的，它是连接颞叶皮层（威尔尼克区）和前额皮层（布罗卡区）的语言区的主要纤维束。语言区域与大脑的外侧裂毗邻。整体上大脑的这一部分被称为外侧裂周皮层（Hagoort，2014）

语言的认知神经科学研究证明了这个模型的局限性。尽管布罗卡区和威尔尼克区及其邻近脑区是语言网络的核心节点，但这些区域之间的功能分布不同于 WLG 模型。布罗卡区的损伤不仅影响语言产生，也影响语言理解。威尔尼克区损伤不仅影响语言理解，也影响语言产生。语言产生与理解的核心方面是由共享的神经回路支持的。在语言获得中，产生网络与理解网络之间存在重叠。这种重叠可能不仅发生在初级感觉和运动水平，还发生在语言水平（语义、词汇以及句法过程）。在语言理解过程中，有语言产生脑区的参与。以下分别从言语知觉和言语产生、句子的理解与产生和叙事的理解与产生等三个方面，分析语言产生与理解系统之间的协同。

一、言语知觉和言语产生

语言的心理物理学理论认为,自然言语产生和言语感知存在一定的物理连接,而发声系统可能充当了这一纽带,一方面它支持了言语产生和感知,另一方面通过在感知过程中运用发声知识使得言语理解得以进行或得到促进。在这一框架下产生了很多理论,比如,言语感知的运动理论(Liberman et al.,1967;Liberman & Mattingly,1985)、分析合成理论(Halle & Stevens,1962)、具身言语认知(Pulvermüller & Fadiga,2010)等,这些理论都承认言语产生和言语感知激活的脑区在发声皮层存在重合。修订后的言语感知运动理论进一步认为,发声意图是言语产生和言语感知共享的运动过程(Liberman & Mattingly,1985)。然而,言语产生和感知过程是否真的激活了相同的运动皮层,神经科学领域的研究得出了不同的结论。有研究根本没有发现这一共享脑区(Menenti et al.,2011),有的研究认为这一脑区的发现与个体能力如工作记忆(Szenkovits et al.,2012)、二语水平(Shimada et al.,2015)有关。当然,也确实有研究发现,在听觉、视觉和视听任务中,运动皮层会被激活,并且这种激活具有可重复性。然而,有研究者认为言语感知过程中运动皮层的激活可能源于非自然的实验条件,并非自然语言加工的结果(Hichok,2012)。因为研究发现言语感知中运动皮层的激活会受到实验范式的调节,比如,会受到认知任务所需要的注意水平的影响(Möttönen et al.,2013),或者个体对于即将出现的刺激的预期也会影响运动皮层的激活。由此可见,在自然言语交流中考察发声皮层是否会在言语感知过程中被激活,能够更好地解决当前的争论。

从目前来讲,能够考察现实语言交流过程脑活动的方法有限,由于设备特点,fMRI、PET 以及 MEG 不便用于研究自然生活中的语言交流过程。EEG 技术虽然不存在空间限制,但极易受到动作电位的影响。ECoG 则不同,它不仅具有较高的空间和时间分辨率,还可以结合 MRI 数据将神经反应与脑区一一对应,因此 ECoG 是研究自然语言交流的有力工具。Glanz 等(2018)采用这一技术,记录了 8 位癫痫病人与访客或医护人员进行日常言语交流时的皮层脑电反应,同时记录了交流过程中的语音及影像。其通过皮层电刺激投射(electrocortical stimulation mapping,ESM)方法,确定与感觉、运动或言语等功能有关的电极,并结合术前 MRI 影像确定这些电极所连接的脑区,通过言语交流过程中不同电极点高 γ 频段能量的变化来探测脑区活动。

研究结果发现,在言语产生和言语感知过程中,上腹前运动皮层(svPMC)及其邻近区域均产生了电反应变化,根据 ESM 结果,该脑区与嘴部运动特征有关,Glanz 等将该脑区定义为发声言语-产生-感知-重叠区(aSPPO)。虽然 aSPPO 均参与语言产生和语言理解过程,但这一脑区电活动的时间和幅度在不同言语加工过程中存在差异。在言语产生中,aSPPO 活动时间最早,之后其他区域如顶下皮层、顶叶岛盖、BA45 等脑区同时活动,大概 200ms 之后,前额叶皮层开始活动。在言语感知中,BA44 和 aSPPO 这两个脑区的最早激活时间晚于其他非 aSPPO 的前运动皮层(PMC)以及中央沟的活动时间,并且研究发现顶下皮层以及其他非 aSPPO 的前运动皮层和中央沟的激活时间早于言语感知的起始时间。通过 ESM 分析发现,这些脑区的活动与眼动有关。由此,在言语感知之前,这些脑区的激活可能是因为现实对话中话轮转换通常伴随眼动过程(Kendon,1967)。在电反应幅度上,在言语产生过程中,aSPPO 的高 γ 波最大波幅的变化最为明显,而在言语感知中,aSPPO 的最大波幅变化程度为言语产生中的 82%,可能表明这一脑区激活的神经元数量在言语感知过程中更少。

Wilson 等(2004)最先发现了言语产生和言语感知均会激活运动皮层。他们采用 fMRI 技术考察了被试在说和听无意义音节过程中的大脑激活,结果发现双侧 BA6,即 svPMC 在这两种加工过程中均被激活,并且左脑激活的脑区与 Glanz 等发现的 aSPPO 基本重合。Wilson 和 Iasoboni(2006)据此认为,言语感知是一种感知运动过程,在这一过程中感觉和运动通道的信息得以交互。然而,由于 fMRI 技术的时间分辨率较低,Wilson 等的研究并不能在时间和功能上特别详细地描绘 svPMC 的特点,而 Glanz 等的研究则对此做了进一步的补充和完善。另外,aSPPO 这一感觉运动脑区处于手部动作区和口面部动作区之间,Towle 等(2008)也发现在言语产生和言语感知过程中,该区 γ 波段的活动有所重叠,进一步证明了言语产生和言语感知的脑区活动存在重合。

目前,对于运动皮层(MC)在言语感知中的作用,仍存在很大争论。一些研究者认为,MC 的激活可能反映了发声动作表征的激活(Wilson et al.,2004)或视神经信息的激活(Skipper et al.,2007)。然而,有研究发现,在单纯的听觉通道中,言语感知也会激活 PMC,因此该区域在言语感知中的激活不可能只局限于视觉领域(Wilson et al.,2004)。也有研究认为,言语感知中运动皮层的激活可能反映了前向预期的产生过程(Haruno et al.,2001)、听觉言语加工自上而下的调节(Hickok,2009)、背侧通路中言语信息的感觉运动整合(Hickok & Poeppel,2007)、通过镜像神经元系统对发声动作的再认(Rizzolatti & Craighero,2004),以及对话中个体内和个体间的知觉运动耦合。还有研究认为,言语感知中 MC 的激活是一种补偿机制,即在听觉困难如噪声条件下提取语音信号(Tremblay & Small,2011)。然而,Glanz 等发现,背景噪声的有无并不影响 aSPPO 的活动,表明该运动皮层在言语感知中发挥着一般性而非特异性的作用。另外,在纯噪声条件下,aSPPO 并未出现显著的电活动变化,表明该脑区在感知过程中的激活具有言语特异性。

以往的研究表明,运动皮层在音素分类中具有重要作用,语音辨别过程以及辅音范畴知觉也会激活运动皮层。Glanz 等的研究发现,发声运动区在言语产生之前就已经被激活,而对于理解者来说,该区在言语被感知之后才会被激活。据此,他们认为这一脑区在言语产生中的激活体现了个体产生某一特定音素的意图加工过程,在言语感知中的激活反映了对这种意图加工过程的提取。当然,这种解释仍需要进一步研究和验证。

二、句子的理解与产生

(一)说和听的神经结构的重叠和分离

关于说和听之间的神经重叠一直主要聚焦于运动系统在感知语音中的作用。Menenti 等(2011)将讨论扩展到语言过程中的重叠,比较了说和听中语言加工的神经机制。研究者采用 fMRI 适应范式,直接比较了语义、词汇和句法过程在说和听中的作用。fMRI 适应现象是指当刺激重复时,对该刺激敏感的神经元集群中的血氧水平与反应抑制或增强相关(Grill-Spector et al., 2006),通过正交操纵特定刺激特征的重复来识别对这些特征敏感的区域。通过比较说和听之间语义、词汇和句法因素的 fMRI 适应反应,研究者能够测试它们背后的神经机制在两种通道之间是否相同。另外,实验也比较了基本的感觉和运动过程,以此探讨运动系统在自然理解中的参与。运动系统参与言语感知是公认的(Watkins & Paus, 2006),分歧在于对于理解来说运动系统是否是必要的。我们关注的焦点是运动系统参与理解话语的语义内容还是感知语音。同时,通过比较句子产生和句子理解中音节数量的影响,探索在说和听中初级感觉和运动过程是否重叠。

研究包含两个实验:一个分析句子理解,另一个分析句子产生。为了保证通道之间的重叠并不是由于任务之间的启动产生的,招募了两组不同的被试。在语言产生实验中,先给被试呈现及物动词(如"strangle"),随后呈现一幅由两个人表演该行为的图片。要求被试使用包含呈现动词的短句描述该图片。为了操纵被试产生主动句或被动句,改变了人物颜色(一个是绿色,一个是红色),要求被试在红色人物或客体之前提到绿色人物或客体。在语言理解实验中,使用句子—图片匹配范式,要求被试在图片和句子不匹配时按键进行反应。研究结果表明,在产生和理解中对语义、词汇和句法重复敏感的脑区是相同的,没有脑区在这两种通道中表现出对重复语义、词汇和句法不同的反应适应效应。句子水平的语义加工涉及双侧 pMTG,词汇加工涉及 lpMTG 和 laMTG、lIFG 和 MFG 以及右侧同源区,句法加工涉及 lpMTG 和 lIFG。唯一表现出通道之间差异的区域是右侧楔前叶，它仅在产生中对词汇重复敏感。研究结果表明，在说和听的过程中，句子水平上的语义、词汇和句法过程背后的神经机制在很大程度上是共享的。对于语义和句法重复，当前研究没有发现在通道之间表现出不同效应的脑区。在大脑中，语言产生和理解是一个语言系统的两个方面。

另外，比较加工负荷效应（句子中的音节数）可以揭示运动系统在语言理解中的作用。如果说和听共享基础过程，那么对加工负荷敏感的区域应该在两种通道中都表现出对这一因素敏感。额叶中的左半球区域（BA44、BA6、辅助运动区、左额下回岛盖部）和 STG 跨通道对音节数敏感。但是，音节数与句法结构效应可能存在混淆。句法重复和音节数跨通道的事后连接分析表明，对音节数跨通道敏感的左侧区域也对句法重复敏感，但不包括初级听觉皮层。听觉皮层的效应可能是在说话过程中被试听自己说话造成的。虽然由于加工负荷和句法结构之间的混淆，导致这一解释有待讨论，但是双侧初级运动皮层和躯体感觉皮层以及苍白球在说和听中都表现出不同效应。因此，这一因素影响说，但不影响听。基于此，研究者认为初级运动皮层参与语言产生，但不参与语言理解。

当前研究勾勒出了大脑语言系统的轮廓。至少当语义表征与视觉图像相结合时，编码或解码一个语义表征需要双侧颞叶后部的参与。词汇提取是左侧功能，涉及 lpMTG 和 laMTG 以及 lIFG，句法编码和解码都需要 lIFG。另外，研究没有发现初级运动皮层参与语音感知的证据。

（二）说和听的共享句法加工

成功的交流依赖于有效的语言产生和语言理解。理解和产生是一个整合的系统，还是两个分离的系统？理解和产生过程如何关联？什么信息在这两种加工通道中共享？Segaert 等（2012）探索了用于编码和加工句法表征的神经生理机制在听和说之间是否共享。

在说和听的过程中，句法加工是关键的一步，涉及指定句子中单词之间的句法关系。句法编码和解码在多大程度上依赖于相同的神经生物学系统？传统心理语言学研究、发展研究、早期病人研究均认为，理解和产生是两个分离的系统（Lichtheim，1885；Fraser et al.，1963；Clark & Hecht，1983；Clark & Malt，1984）。但是，也有研究者认为，在产生和理解中存在一个共享表征或操纵表征共享过程的单一系统（Kempen，2000；Pickering & Garrod，2004）。句法启动现象可以有效地探索句法加工。以往的研究表明，句法启动促进加工，不仅表现在一系列行为指标中，也表现在 fMRI 研究发现的大脑中的适应效应（Traxler & Tooley，2008；Weber & Indefrey，2009）。如果产生和理解这两种通道共享相同的句法加工神经机制，那么在一种通道中加工句法，应该在另一种通道中产生适应效应。

Segaert 等（2012）使用 fMRI 探索了句法编码和解码的神经生理基础，该方法的优点在于 fMRI 测量的大脑活动可作为产生和理解系统的共同指标；探索句法理解-产生以及产生-理解启动，并在一个实验中比较通道间效应和通道内效应。

有 24 名被试参与实验。实验材料包括描述及物事件的 1728 幅图片和 432 个听觉呈现的句子，共描述了 36 个不同事件，如具有施事者和受事者的"亲吻""帮助""扼杀"；另外还有 795 幅图片和 303 个听觉呈现的句子作为填充材料，包括不及物事件如"唱歌""跑步"，定位动作如"站""躺"。刺激的呈现方式如下：首先，呈现动词；随后，呈现图片（在理解试次中同时呈现听觉描述）。所呈现的动词带有颜色，以此指示随后是理解图片还是产生图片描述。在产生试次中，被试的任务是使用呈现的动词造一个描述图片的短句；在理解试次中，采用了句子-图片匹配范式，给被试呈现一幅图片和一个听觉描述。

研究者比较了通道内句法结构重复（句法产生-产生和理解-理解启动）和通道间句法结构重复（句法理解-产生和产生-理解启动）的 fMRI 适应效应。结果发现，虽然通道内句法适应在理解和产生中的作用表明涉及相同的大脑区域，但只有可比的通道间适应效应表明这些区域内的神经元集群是共享的。结果表明，句法重复确实在同等程度上促进了加工通道内和加工通道间的句法加工。具体来说，不仅是相同的大脑区域，而且是相同的神经元集群作用于语言产生中的句法编码和语言理解中的句法解码，因此，它们具有共享的神经机制。这些神经机制包括 lIFG（BA45）、lMTG（BA21）和 SMA（BA6）。

以往的研究表明，lIFG、lMTG 和双侧 SMA 是支持句法编码或解码的区域（Indefrey et al.，2001；Lee & Newman，2010）。具体来说，MTG 支持从记忆中提取词汇-句法信息，lIFG 负责将这些信息整合到多词话语中。lIFG 和 lPFC 负责主动保持、操纵和整合信息，它们可能负责整合句法信息。在这一整合过程中，使用的信息组块被称为词汇-句法框架，该框架存储于长时记忆中，lMTG 涉及存储以及提取这些词汇-句法的信息。Segaert 等（2012）的研究结果也涉及双侧 SMA，激活位于前辅助运动区（pre-SMA）。该区域与 dlPFC 有很强的联系，因此在功能上被视作 PFC 的一部分，并且与很多认知任务有关。pre-SMA 与抽象水平上的建构和感觉运动关联提取有关，这种关联独立于输入通道，更一般地加工或保持相关感觉信息。而且，该脑区在产生单个词的水平上与内部引导词汇生成以及编码音节及其序列位置有关。在当前的研究中，pre-SMA 可能负责加工音节结构顺序。两个被动的音节顺序可能比一个主动和一个被动的顺序更为常见。同时，两个主动的音节顺序比一个主动和一个被动的顺序更为常见。换句话说，当一个句法结构被重复时，音节顺序也被部分重复。

在说和听的过程中，句法加工具有共享的神经机制，即存在一个具有共享表征和（或）操纵这些表征的过程的共享认知系统，并且研究者以此质疑在理解或产生领域中的通道特定的句法理论。不过，当前的结果并不能完全排除句法编码和句法解码之间存在一些差异的可能性。可能存在分离，这与句法编码和解码之间的方向差异有关。当构建句法结构时，说话者知道概念和题元角色结构（thematic role structure），更多的困难出现在指定单词的顺序上。另外，当解构句法结构时，词汇顺序是给定的，困难出现在重构题元角色结构上。因此，在可能出现困难或歧义的地方，句法编码和解码之间可能存在差异。而且，在理解中，在存在语义、词汇和非语言信息的情况下，人们可能能够绕过完整的句法解码（Indefrey et al.，2004）。在言语产生中，人们并不能避开句法编码。研究表明，在理解和产生句法结构中存在差异，表明可能存在一种可能性，即解构和建构句法之间存在差异（Fraser et al.，1963；Clark & Hecht，1983）。无论儿童还是成人都能在不注意语法的情况下理解很多东西。在理解过程中，其可以通过纯词汇信息、语境和一般世界知识获得语义。

总的来说，在句法解码和编码中存在着大量重叠。当前的研究表明，语言产生中的句法编码与语言理解中的句法解码具有共同的神经机制。

三、叙事的理解与产生

（一）叙事理解和产生中的耦合的神经系统

成功的语言交流依赖于说话者大脑中的产生过程和听话者大脑中的理解过程之间的精细互动。目前，对于自然言语产生过程激活的脑网络仍不明确，也正因为如此，关于言语产生和言语理解系统之间的重叠程度，以及二者之间如何进行交互，仍悬而未决。Silbert 等（2014）采用 fMRI 技术主要探讨了以下三个问题：第一，描绘出复杂的、真实世界的故事产生过程所涉及的所有脑区，包括但不限于感觉、运动、语言以及语言之外的区域。第二，描绘在真实世界的故事产生与理解过程中，有哪些脑区均参与到这两个过程中。第三，探讨针对同一个故事，说话人和听话人大脑活动的耦合过程。

对于自然环境下言语产生过程的功能-解剖结构，目前仍不十分明确。目前的研究主要集中于单个音素、词汇以及去语境短语等的产生过程。这些研究发现，左侧额叶以及左侧颞叶-顶叶等脑区在言语产生过程中被激活，而这些研究结果与言语理解研究中发现的广泛激活的双侧脑区的结果相矛盾。另外，在较长的真实话语理解过程中，还会激活大脑中线位置一些言语之外的区域，比如，楔前叶和内侧额叶脑区。然而，目前，真实言语产生过程是否也会激活类似的言语之外的脑区，仍不清楚。那么，真实言语产生过程所激活的脑区到底是怎样的呢？是双侧广泛分布的，还是与目前主流的模型一致，倾向于单侧化的、腹侧产生通路？对于这一问题，仍有待考察。

观察自然言语产生过程的神经基础在方法上面临一项非常大的挑战：在重复叙述的过程中存在动作变异（Pickering & Garrond，2004）。在言语理解过程中，故事可以以相同的方式多次重复呈现给不同的听话者，但是在自然言语产生过程中，说话者所产生的言语不可能完全相同，比如，说话的速率、语调、词汇的选择以及所使用的语法都可能存在细微的差别。另外，鉴于自然言语的时空复杂性，以及目前对语言相关的神经加工过程的理解仍不明确，我们在研究较长片段的言语产生过程时，很难用传统的假设驱动的 fMRI 研究方法去构建该过程的脑活动。正是这些挑战，限制了我们当前对言语产生的脑机制的理解。为了尽可能地避免重复叙述过程带来的偏差，Silbert 等训练了一名业余说书人和两名专业演员，在核磁共振扫描过程中，讲述一个时长为 15min 的故事，每次讲述时，尽量精确地做到与上次相同。除了控制说话人的因素，他们还在数据分析方法上进行了改进。为了校正复述故事过程带来的变异，使用了动态时间规整算法（dynamic time-warping），即对多次复述语流包络的不同成分进行延伸或压缩，最大限度地提高其与最初产生的语流包络的相关性。经过处理之后，有些言语材料的相关性仍然过低，表明被试在产生该语料时与第一次产生时变异过大，此类语料不纳入分析。其通过这种方式提高了说话人内部以及不同说话人之间在产生言语过程中的稳定性。同时，研究者还采用了被试内相关分析和被试间相关分析。前者针对一个被试，通过比较多次复述故事时 BOLD 信号的时间进程，以确定每一次复述故事时脑活动的可靠性；后者则是计算不同被试在产生或理解同一故事时 BOLD 信号的时间进程。

除了言语产生神经机制的不确定性，以往的神经语言学研究很少用相同的故事考察语言理解和产生，这也影响了对二者关系的认识。一些开创性的研究已经确定了 lIFG、lMTG、lSTS 以及左侧颞顶交界处的外侧裂在言语产生和理解过程中重合，这些结果在很大程度上说明了左侧的脑结构对于这两个系统的重要性，但是这些脑区是否会随着实际交流过程故事的复杂性而变化，不得而知。

最后，尽管我们可以探测出言语产生和理解过程所激活脑区的重合区域，但在逻辑上并不能直接说明二者之间的关系，需要深入探讨重合的脑区在语言产生和理解过程中的功能是否相同。如果某一脑区在两个系统中的功能相同，那么说话人和听话人这一区域的脑活动会随着时间的推移而产生耦合。对自然交际过程中说话人和听话人脑区激活耦合情况的研究，可以让我们更好地理解人们的交际系统中的语言产生和语言理解系统之间的关系。

实验包括语言产生和语言理解两个任务。在语言产生任务中，被试先在核磁共振扫描仪中自然叙述一段真实的故事，有三次练习机会。熟悉实验流程之后，让其叙述一个新的生活中真实发生的故事，时长大概为15min。之后，让被试在扫描仪中重复叙述这一故事，并要求其尽量使用相同的语调、语速。同时，在每次重复时，让被试想象是在与朋友交流，分享自己的故事，以保证被试在复述故事时抱有交际的目的。在语言理解任务中，被试在扫描仪中倾听并理解由之前的被试第一次叙述的故事。在同一个实验中，考察同一故事的语言产生和语言理解过程，模拟了相对真实的自然交际过程。

对大脑BOLD信号进行被试内相关分析发现，被试在第一次产生以及多次复述故事的过程中激活了一个广泛、双侧分布的脑网络，包括负责言语运动的MC和PMC，与MC邻近的对音节划分十分重要的脑岛，涉及运动协调的基底神经节。同时，还包括IFG，如与词汇通达有关的左侧三角部和眶额部，以及右侧额下沟后部和眶额部。另外，还激活了与言语理解有关的脑区，如STG、TP、MTG、TPJ以及外侧裂。另外，一些用于语言之外的脑区包括楔前叶、dlPFC、PCC以及mPF也被激活。由此可见，在自然故事产生过程中，大脑的运动系统、语言系统以及语言之外的系统都会被激活。

在语言理解过程中，被试所激活的脑区虽然有一些只用于理解的脑区，比如，双侧顶叶、右侧眶额部以及沿着TP的部分脑区，但是大部分脑区都与言语产生过程所激活的脑区重叠，包括双侧TPG、STG和MTG部分脑区，以及楔前叶、PCC和mPFC。基于一项已有的研究（Stephens & Gross, 2010），研究者构建了一个模型，可以根据说话人的大脑活动预测听话人的大脑活动，该模型可以考察说话人和听话人大脑活动在空间和时间上的耦合。结果发现，言语产生和言语理解发生耦合的脑区包括言语理解相关的脑区，如左侧aMTG和pMTG，双侧TP、STG、AG和TPJ，还包括言语产生相关的脑区，如左侧额下回背后部、SMA以及与故事理解相关的言语之外的脑区，如楔前叶和mPFC。研究结果如图12.6所示。

与以往关于小尺度语言单位的产生过程所发现的左侧化结果不同，自然的故事产生过程激活了更加广泛且双侧分布的脑网络。这种双侧分布的结果可能源于：①讲述非限制性的、真实生活中发生的故事时需要调动更广泛的脑区；②该研究采用的数据分析方法并不是测量传统的信号激活强度，而是测量不同时间或不同个体针对同一刺激的脑响应的可靠性。

该研究最重要的结果是发现了自然的故事叙述和理解的脑网络存在重合，这种重合不仅是空间上的重合，还包括时间上的耦合。这些耦合的脑区中有部分区域在以往的研究中被发现与言语产生或言语理解有关。比如，IFG，传统观点认

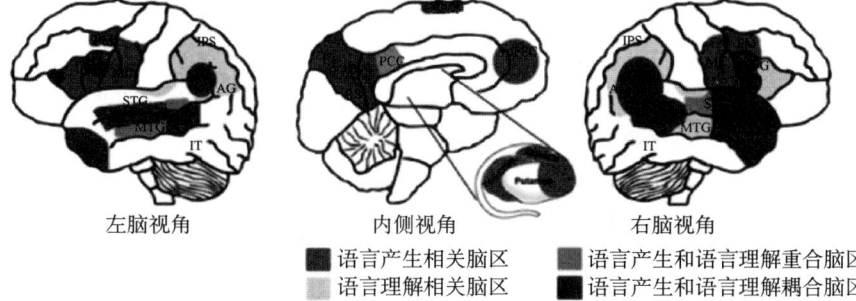

图 12.6 现实言语交流过程中激活的脑网络示意图。红色表示该脑区的响应只在言语产生过程中表现出时间进程上的可靠性,包括双侧运动区(MC)、右侧前运动区(PM)、左侧额下回前部(IFG)、右侧颞下前部(IT)以及纹状体的尾状核。黄色表示该脑区的响应只在言语理解过程中表现出时间进程上的可靠性,包括双侧顶内沟(IPS)、双侧颞上回后部(STG)、右侧额下回前部。橙色表示该脑区的响应在言语产生和言语理解过程中均表现出可靠性,但在时间进程上并未表现出耦合,包括双侧颞中回(MTG)、双侧顶内沟部分脑区、后扣带回(PCC)。蓝色表示该脑区的响应在言语产生和言语理解的时间进程上产生耦合,包括与理解过程相关的脑区,如双侧颞上回前部和后部、左侧颞中回前部和后部、双侧颞极(TP)、双侧角回(AG);与语言产生过程相关的脑区,如左侧额下回背侧、双侧脑岛、左侧前运动皮层,以及言语之外的脑区,如楔前叶和内侧前额叶皮层(mPFC)(Silbert et al.,2014)(见彩图 12.6)

为其与言语产生有关(Geschwind,1970,1972,1979),比如,左侧 BA44、BA45 参与语音环路。最近也有研究发现,IFG 的部分脑区也参与言语理解过程(Amunts et al.,2010;Friederici,2009)。以往的研究已经发现,左侧 IFG 参与到语义、句法和语音加工过程中,这些认知加工过程与言语产生和言语理解都非常相关。Silbert 等的发现扩展了这种认识,即 IFG 不仅仅同时参与言语产生和言语理解,在产生和理解同一个自然故事时,其激活模式相同。另外,语言理解相关的脑区,比如,STG、MTG 及 AG 也在言语产生和理解过程发生了耦合。以往的研究发现,左侧 pMTG 参与到了词汇通达过程中,而词汇通达对言语产生和理解都很重要(Peelle et al.,2010)。另外,对白质通路的弥散成像研究表明,左侧 MTG 连接了许多顶叶和额叶语言加工相关的脑区(Turken & Dronkers,2011)。这些结果都表明,左侧 pMTG 在言语产生和言语理解中发挥着重要作用。另外,一些语言之外的脑区如楔前叶和 mPFG 也发生了耦合现象。这些区域与一些社会性功能相关,比如,推测他人心理状态的能力(Amodio & Frith,2006;Gallagher et al.,2000;Mar,2011)。在自然的言语交流过程中,说话人和听话人都需要去推测对方的心理状态,以理解复杂的、真实的故事,而这一过程需要言语之外的脑区参与。

言语产生和理解在部分脑区的耦合表明,某些语言加工过程存在相同的神经加工进程。然而,这一观点与传统的非常强势的言语知觉运动理论(MTSP)并不相同。MTSP 认为言语产生中的语音运动系统对于言语理解非常必要（Galantucci et al.，2006），然而，Silbert 等发现这一系统中的运动区域如双侧腹侧中央前回只在言语产生过程中存在可靠性激活，而在理解过程中不存在可靠性激活，表明言语理解过程并不一定依赖于语音环路，这一结论得到了发展研究的支持，比如，不会说话的婴儿也可以理解言语（Eimas et al.，1987）。

语言的认知神经科学领域存在两个非常重要的假设：第一，理解一段语流的认知加工过程与产生一段言语的认知加工过程存在明显的分离。比如，传统的 WLG 模型基于损伤与病变之间的相关提出了相互分离的言语产生和言语理解的解剖通路（Shalom & Poeppel，2008）。第二，语言加工是偏侧化的，语言产生过程以及一定程度上的语言理解过程基本都发生在左脑。Silbert 等的研究对这两个假设都提出了挑战（Pikering & Garrod，2014）。Pikering 和 Garrod（2014）总结了 Silbert 等的研究中最引人注目的发现，他们认为主要包括三个方面：第一，在言语产生和言语理解过程中均激活了广泛的、双侧分布的脑网络，包括语言相关脑区以及非语言相关脑区。第二，言语产生和言语理解所激活的脑区在很大程度上存在空间上的重叠和时间上的耦合。第三，言语产生和言语理解也有各自特异性激活的脑区。Pikering 和 Garrod 认为，Silbert 等所采用的时间规整算法以及被试内相关的技术对神经成像方法学具有重要贡献，并且他们的研究结果为语言加工的神经组织，特别是言语交流的认知理论提供了重要启示。

事实上，言语产生和言语理解之间的耦合能够很好地解释对话中存在的一些现象。比如，在对话中，尽管有时候会省略一些内容，说话者也不能提前计划要说的内容，同时在交流的过程中不断地在产生和理解两个任务中切换，但这并不会影响双方的交流（Pikering & Garrod，2004）。进一步讲，对话双方都要理解对方的反馈，并以此为基础产生自己的表达，这种交流的过程非常迅速（Stivers et al.，2009），暗示了言语产生和言语理解是交织在一起的。Silbert 等的研究为这一假设提供了实证基础，即在独白以及对话中，言语产生和言语理解系统是交织在一起的。

近年来，也有一些理论框架强调了言语产生和言语理解之间的耦合。这些框架主要假设二者共享表征，比如，人们在产生和理解过程中使用相同的心理词典。虽然二者有不同的加工过程，但是言语产生的认知过程会促进言语理解过程，反之亦然。言语产生和言语理解过程的交织能够解释对话过程中的预期，正如预期链框架（P-chain framework）所假设的一样，言语产生中的预期与言语理解中的预期是相同的加工过程。说话者预期自己将要产生的言语特征，比如，声音、语法、语义等，然后运用理解的机制去预测即将产生的话语的感知觉结果（Pikering & Garrod，2013），通过与实际感知觉的结果相比，进行相应的控制。听话者通过模仿说话者的产生过程去预测说话者要说的内容以及他们的意图，并根据他们的意图而计划自己将要产生的言语。另外，这种预期过程并不仅仅局限在语言层面，一些更高级的非语言的社会信息也会影响对话过程中的预期。

（二）叙事理解和产生中的神经相关和网络连接

在语篇层面上，语言的产生和理解具有独特的、复杂的特征，涉及语言系统和其他认知功能的交互过程。比如，对于叙事故事的理解需要构建情境模型，构建的过程中需要提取个体的经验、记忆和世界知识等，从宏观和微观两个层面同时建构（van Dijk & Kintsch, 1983）。在认知神经科学研究中，对于故事特别是叙事故事的产生与理解的研究起步较早。故事理解和故事产生的脑机制既存在共性又具有特异性，它们都需要大脑的语言机制参与，并且需要与不同的认知功能交互，才能最终完成篇章层面的加工。然而，对于二者的异同，目前并没有得到很好的研究。

随着神经影像学研究方法的进步，如 fMRI 和 PET，为精确考察言语产生和言语理解的神经机制的异同提供了强有力的工具。然而，以往大部分研究要么只研究言语产生，要么只研究言语理解，并且采用的研究任务也不尽相同，这就导致研究结果不具有可比性。同时，单一的研究方法也存在一定的局限性，比如，采用 fMRI 研究言语产生过程，虽然能够收集到丰富的数据和进行功能网络连接分析，但是会受到难以校正的伪迹的影响。PET 作为研究言语产生的金标准，虽然很好地解决了伪迹的影响，但其在时间和空间分辨率方面有一定的局限，并且因为要控制放射性元素剂量，得到的数据点不够丰富。因此，在同一项研究中，结合 fMRI 和 PET 两种技术，通过被试内实验设计同时考察言语理解和言语产生的加工过程，能够很好地揭示二者的脑机制的异同。

AbdulSabur 等（2014）完成了上述研究。实验材料包括两个条件——叙事故事和童谣，童谣作为基线条件。每个叙事故事由三个标准化图片组成，通过训练，被试在正式收集影像数据之前，能够正确地复述每一个故事。对于研究中的童谣，被试都比较熟悉。实验包括言语产生和言语理解两个任务。在言语产生任务中，要求被试以相对恒定的速率和音量复述故事或重复童谣。在言语理解任务中，要求被试注意理解所播放的预先录制好的故事或童谣。通过对比一般线性模型，结果发现，fMRI 和 PET 的结果模式非常相似：相比基线条件，叙事故事的理解和产生均激活的脑区包括外侧裂区，如 IFG、STG、STS、MTG、TP 或 aSTS；前运动区域，如 PMd 和 pSMA；侧裂外区，如左侧 dmPFC、AG、海马旁回。复述故事时，特异性激活的脑区包括 ACC、dmPFC 上部、喙前额叶皮层（rostral PFC）、视觉关联区域（visual association area）。理解故事时，特异性激活的脑区包括右侧额下皮层和颞叶皮层以及杏仁核。

叙事故事的理解和产生均激活了语言加工相关的经典外侧裂脑区，如 IFG、STG、MTG 以及 TP 或 aSTG。以往的研究表明，这些脑区支撑了语音、句法和句子层面的言语或语言加工。同时，这些脑区的激活可能反映了故事叙述和故事理解过程中更高层次的认知和语言功能。比如，颞极的激活可能与更加复杂的语篇层面的语义知识加工有关（Visser et al.，2010），也可能反映了将句子连接在一起的加工过程（Mar，2004）。IFG 和 pMTG 在高层级的语义提取和整合中具有重要作用（Hagoort，2005），而高层级的语义提取和整合在语篇层面尤为重要。另外，功能网络连接分析也发现，上述脑区均参与到故事理解和故事产生的脑网络中。

PMd 和 pSMA 与外侧裂语言皮层在言语理解和产生的过程中均被激活。尽管从直觉上来讲，运动皮层应该与言语产生相关，然而研究也发现了其在言语理解中发挥作用。比如，相比词汇和句子加工，在故事理解过程中，PMd 的激活更强（Yarkoni et al.，2008）。pSMA 参与到工作记忆的执行控制（Marvel & Desmond，2010）、监测行为序列（Shima & Tanji，2000）以及时空的皮层表征中（Beudel et al.，2009），而这些过程均参与言语理解和言语产生，因此 pSMA 在言语理解和产生过程中均被激活。

除了外侧裂以及运动相关脑区，dmPFC、楔前叶、IPL 等脑区也均参与到言语产生和理解过程中。这些脑区所构成的网络与社会认知以及心理理论有关（Amodio & Frith，2006；Saxe et al.，2004；Spreng et al.，2009）。推测他人的目标或意图在故事产生和故事理解中均存在，一方面是推测故事主人公的心理过程，另一方面是推测听话人或说话人的意图。除此之外，语篇层面的加工也涉及一般性推理过程，比如，推理事件的时间、空间、因果等关系。在更广的层面上，推理在构建故事连贯性方面尤为重要，而讲故事和听故事都需要构建这种连贯性（Graesser et al.，1994）。虽然语篇加工还包括很多过程，但总体来讲，语篇加工是建立心理模型或情境模型的过程，而侧裂外区及其组成的网络在构建、操纵和更新这些模型的过程中发挥了重要作用（Ferstl et al.，2005；Whitney et al.，2009；Yarkoni et al.，2008）。

除了共同激活的脑区，Abdul-Sabur 等（2014）还发现了叙事故事产生过程中特异性激活的脑区。这些脑区大部分在动作选择、言语动作排序、发声和发音等方面具有重要作用。因此，在语篇层面上，最终形成和产生故事的过程中，会涉及这些皮层及皮层下运动系统。另外，mPFC 负责保持和更新工作记忆中的信息（Bledowski et al.，2009；du Boisgueheneuc et al.，2006），这对于在故事构建过程中将多种叙事元素进行组合排列尤为重要。在叙事故事理解过程中，特异性激活了双侧 IFG、STG 和 MTG 等语言加工相关脑区，比如，有研究发现右侧 IFG 与语篇层面的加工有关（Menenti et al., 2009），在歧义句对的因果推理过程中会被激活（Kuperberg et al., 2006; Mason & Just, 2011）。值得指出的是, Abdul-Sabur等（2014）发现，故事产生激活的脑区主要集中在左侧，而故事理解激活的脑区呈现双侧分布，这可能源于产生过程更多地涉及动作计划，而理解过程更多地涉及语义加工。

本 章 小 结

前几章介绍了语言理解的核心过程，以及认知系统对语言理解的支持，本章的主题是语言理解与产生的关系。本章从语言系统内部，分析了语言理解与产生过程之间的关系。第一节是语言理解与产生的关系的理论。这些理论不同于以往的经典语言神经生物学模型（如 WLG 模型）和传统的心理语言学观点，强调了语言产生与理解的密切相关。但是这些理论的出发点有所不同，有的是从语言交流中理解与产生过程同样面对的记忆限制和"机不可失瓶颈"，提出两个过程是相互交织的，处于同一系统之中。PDC 理论从语言产生中应对时间压力的三种原则出发，分析了语言结构分布的形成，以及这种分布对语言理解的策略性影响。P链、语言产生和理解的整合理论均以语言加工中的预期为核心概念，将理解、产生与语言学习置于同一个系统（链条）之中。第二节分别介绍了在语音、句子和叙事等三个不同的语言学层级上的语言理解与产生的关系的实证研究。研究结果显示了语言理解与产生涉及的过程和神经结构的关联与差异。理论和实证研究相互映照，加深了我们对语言理解与产生系统之间关系的思考和认知。

参 考 文 献

Abdul-Sabur, N. Y., Xu, Y. S., Liu, S. Y., Chow, H. M., Baxter, M., & Carson, J., et al. (2014). Neural correlates and network connectivity underlying narrative production and comprehension: A combined fMRI and pet study. *Cortex*, 57, 107-127.

Altmann, G. T. M., & Kamide, Y. (1999). Incremental interpretation at verbs: Restricting the domain of subsequent reference. *Cognition*, 73 (3), 247-264.

Amodio, D. M., & Frith, C. D. (2006). Meeting of minds: The medial frontal cortex and social cognition. *Nature Reviews Neuroscience*, 7 (4), 268-277.

Amunts, K., Lenzen, M., Friederici, A. D., Schleicher, A., Morosan, P., & Palomerogallagher, N., et al. (2010). Broca's region: Novel organizational principles and multiple receptor mapping. *PLoS Biology*, 8 (9), e1000489.

Beudel, M., Renken, R., Leenders, K. L., & de Jong, B. M. (2009). Cerebral representations of space and time. *NeuroImage*, *44*(3), 1032-1040.

Bledowski, C., Rahm, B., & Rowe, J. B. (2009). What "works" in working memory? Separate systems for selection and updating of critical information. *Journal of Neuroscience*, *29*(43), 13735-13741.

Chater, N., & Christiansen, M. H. (2016). Squeezing through the now-or-never bottleneck: Reconnecting language processing, acquisition, change, and structure. *The Behavioral and Brain Sciences*, *39*, e91.

Clark, E. V., & Hecht, B. F. (1983). Comprehension, production, and language acquisition. *Annual Review of Psychology*, *34*(1), 325-349.

Clark, H. H., & Malt, B. C. (1984). Psychological constraints on language: A commentary on Bresnan and Kaplan and on Givón. In: W. Kintsch, J. R. Miller, & P. G. Polson (Eds.), *Method and Tactics in Cognitive Science* (pp.191-214). Hillsdale: Erlbaum.

Dell, G. S., & Chang, F. (2014). The P-chain: Relating sentence production and its disorders to comprehension and acquisition. *Philosophical Transactions of the Royal Society B. Biological Sciences*, *369*(1634), 20120394.

du Boisgueheneuc, F., Levy, R., Volle, E., Seassau, M., Duffau, H., Kinkingnehun, S., et al. (2006). Functions of the left superior frontal gyrus in humans: A lesion study. *Brain*, *129*(Pt 12), 3315-3328.

Eimas, P. D., Miller, J. L., & Jusczyk, P. W. (1987). On infant speech perception and the acquisition of language. In: S. Harnad (Ed.), *Categorical Perception: The Groundwork of Cognition* (pp. 161-195). Cambridge: Cambridge University Press.

Ferstl, E. C., Rinck, M., & von Cramon, D. Y. (2005). Emotional and temporal aspects of situation model processing during text comprehension: An event-related fMRI study. *Journal of Cognitive Neuroscience*, *17*(5), 724-739.

Fraser, C., Bellugi, U., & Brown, R. (1963). Control of grammar in imitation, comprehension, and production. *Journal of Verbal Learning and Verbal Behavior*, *2*(2), 121-135.

Friederici, A. D. (2009). Pathways to language: Fiber tracts in the human brain. *Trends in Cognitive Sciences*, *13*(4), 175-181.

Galantucci, B., Fowler, C. A., & Turvey, M. T. (2006). The motor theory of speech perception reviewed. *Psychonomic Bulletin & Review*, *13*(3), 361-377.

Gallagher, H. L., Happé, F., Brunswick, N., Fletcher, P. C., Frith, U., & Frith, C. D. (2000). Reading the mind in cartoons and stories: An fMRI study of "theory of mind" in verbal and nonverbal tasks. *Neuropsychologia*, *38*(1), 11-21.

Geschwind, N. (1970). The organization of language and the brain. *Science*, *170*(3961), 940-944.

Geschwind, N. (1972). Language and the brain. *Scientific American*, *226*(4), 76-83.

Geschwind, N. (1979). Anatomical and functional specialization of the cerebral hemispheres in the human. *Bulletin Et Mémoires De Lacadémie Royale De Médecine De Belgique*, *134*(6), 286-297.

Glanz, O., Derix, J., Kaur, R., Schulze-Bonhage, A., Auer, P., Aertsen, A., et al. (2018). Real-life speech production and perception have a shared premotor-cortical substrate. *Scientific Reports*, 8 (1), 8898.

Graesser, A. C., Singer, M., & Trabasso, T. (1994). Constructing inferences during narrative text comprehension. *Psychological Review*, 101 (3), 371-395.

Grill-Spector, K., Henson, R., & Martin, A. (2006). Repetition and the brain: Neural models of stimulus-specific effects. *Trends in Cognitive Sciences*, 10, 14-23.

Hagoort, P. (2005). On Broca, brain, and binding: A new framework. *Trends in Cognitive Sciences*, 9 (9), 416-423.

Hagoort, P. (2014). Nodes and networks in the neural architecture for language: Broca's region and beyond. *Current Opinion in Neurobiology*, 28, 136-141.

Halle, M., & Stevens, K. N. (1962). Speech recognition: A model and a program for research. *Information Theory, IRE Transactions on*, 8 (2), 155-159.

Haruno, M., Wolpert, D. M., & Kawato, M. (2001). Mosaic model for sensorimotor learning and control. *Neural Computation*, 13 (10), 2201-2220.

Hickok, G. (2009). The functional neuroanatomy of language. *Physics of Life Reviews*, 6 (3), 121-143.

Hickok, G. (2012). The cortical organization of speech processing: Feedback control and predictive coding the context of a dual-stream model. *Journal of Communication Disorders*, 45 (6), 393-402.

Hickok, G., & Poeppel, D. (2007). The cortical organization of speech processing. *Nature Reviews Neuroscience*, 8 (5), 393-402.

Howes, C., Purver, M., Healey, P. G. T., Mills, G. J. & Gregoromichelaki, E. (2011). Incrementality in dialogue: Evidence from compound contributions. *Dialogue and Discourse*, 2, 279-311.

Hsiao, Y., & MacDonald, M. C. (2016). Production predicts comprehension: Animacy effects in Mandarin relative clause processing. *Journal of Memory and Language*, 89, 87-109.

Indefrey, P., Brown, C. M., Hellwig, F., Amunts, K., Herzog, H., Seitz, R. J, et al. (2001). A neural correlate of syntactic encoding during speech production. *Proceedings of the National Academy of Sciences of the United States of America*, 98, 5933-5936.

Indefrey, P., Hellwig, F., Herzog, H., Seitz, R. J., & Hagoort, P. (2004). Neural responses to the production and comprehension of syntax in identical utterances. *Brain Lang*, 89, 312-319.

Kempen, G. (2000). Could grammatical encoding and grammatical decoding be subserved by the same processing module? *Behavioral and Brain Sciences*, 23, 38-39.

Kendon, A. (1967). Some functions of gaze-direction in social interaction. *Acta Psychologica*, 26, 22-63.

Kuperberg, G. R., Lakshmanan, B. M., Caplan, D. N., & Holcomb, P. J. (2006). Making sense of discourse: An fMRI study of causal inferencing across sentences. *NeuroImage*, 33 (1), 343-361.

Lee, D., Newman, S. D. (2010). The effect of presentation paradigm on syntactic processing:

An event-related fMRI study. *Human Brain Mapping*, *31*, 65-79.

Liberman, A. M., & Mattingly, I. G. (1985). The motor theory of speech perception revised. *Cognition*, *21*(1), 1-36.

Liberman, A. M., Cooper, F. S., Shankweiler, D. P., & Studdert-Kennedy, M. (1967). Perception of the speech code. *Psychological Review*, *74*(6), 431-461.

Lichtheim, L. (1885). On aphasia. *Brain*, *7*, 433-484.

MacDonald, M. C. (1999). Distributional information in language comprehension, production, and acquisition: Three puzzles and a moral. In: B. McWhinney. *The Emergence of Language* (pp.177-196). Hillsdale: Lawrence Erlbaum Associates.

Macdonald, M. C. (2013). How language production shapes language form and comprehension. *Frontiers in Psychology*, *4*, 226.

MacDonald, M. C. (2016). Memory limitations and chunking are variable and cannot explain language structure. *The Behavioral and Brain Sciences*, *39*, e84.

Mar, R. A. (2004). The neuropsychology of narrative: Story comprehension, story production and their interrelation. *Neuropsychologia*, *42*(10), 1414-1434.

Mar, R. A. (2011). The neural bases of social cognition and story comprehension. *Social Science Electronic Publishing*, *62*(1), 103-134.

Marvel, C. L., & Desmond, J. E. (2010). The contributions of cerebro-cerebellar circuitry to executive verbal working memory. *Cortex*, *46*(7), 880-895.

Mason, R. A., & Just, M. A. (2011). Differentiable cortical networks for inferences concerning people's intentions versus physical causality. *Human Brain Mapping*, *32*(2), 313-329.

McCauley, S. M., & Christiansen, M. H. (2011). Learning simple statistics for language comprehension and production: The CAPPUCCINO model. In: L. Carlson, C. Hölscher & T. Shipley (Eds.), *Proceedings of the 33rd Annual Conference of the Cognitive Science Society* (pp.1619-1624). Austin: Cognitive Science Society.

McCauley, S. M., & Christiansen, M. H. (2014). Acquiring formulaic language: A computational model. *Mental Lexicon*, *9*, 419-436.

Menenti, L., Gierhan, S. M. E., Segaert, K., & Hagoort, P. (2011). Shared language: Overlap and segregation of the neuronal infrastructure for speaking and listening revealed by functional MRI. *Psychological Science*, *22*(9), 1173-1182.

Menenti, L., Petersson, K. M., Scheeringa, R., & Hagoort, P. (2009). When elephants fly: Differential sensitivity of right and left inferior frontal gyri to discourse and world knowledge. *Journal of Cognitive Neuroscience*, *21*(12), 2358-2368.

Möttönen, R., Dutton, R., & Watkins, K. E. (2013). Auditory-motor processing of speech sounds. *Cerebral Cortex*, *23*(5), 1190-1197.

Peelle, J. E., Johnsrude, I. S., & Davis, M. H. (2010). Hierarchical processing for speech in human auditory cortex and beyond. *Frontiers in Human Neuroscience*, *4*(2), 51.

Pickering, M. J, & Garrod, S. (2013). An integrated theory of language production and comprehension. *Behavioral & Brain Sciences*, *36*(4), 329-347.

Pickering, M. J., & Garrod, S. (2004). Toward a mechanistic psychology of dialogue. *Behavioral & Brain Sciences*, 27 (2), 190-226.

Pickering, M. J., & Garrod, S. (2014). Neural integration of language production and comprehension. *Proceedings of the National Academy of Sciences of the United States of America*, 111 (43), 15291-15292.

Pulvermüller, F., & Fadiga, L. (2010). Active perception: Sensorimotor circuits as a cortical basis for language. *Nature Reviews Neuroscience*, 11 (5), 351-360.

Rizzolatti, G., & Craighero, L. (2004). The mirror-neuron system. *Annual Review of Neuroscience*, 27 (1), 169-192.

Saxe, R., Carey, S., & Kanwisher, N. (2004). Understanding other minds: Linking developmental psychology and functional neuroimaging. *Annual Review of Psychology*, 55, 87-124.

Segaert, K., Menenti, L., Weber, K., Petersson, K. M., & Hagoort, P. (2012). Shared syntax in language production and language comprehension—An fMRI study. *Cerebral Cortex*, 22 (7), 1662-1670.

Shalom, D. B., & Poeppel, D. (2008). Functional anatomic models of language: Assembling the pieces. *Neuroscientist: A Review Journal Bringing Neurobiology Neurology & Psychiatry*, 14 (1), 119-127.

Shima, K., & Tanji, J. (2000). Neuronal activity in the supplementary and presupplementary motor areas for temporal organization of multiple movements. *Journal of Neurophysiology*, 84 (4), 2148-2160.

Shimada, K., Hirotani, M., Yokokawa, H., Yoshida, H., Makita, K., Yamazaki-Murase, et al. (2015). Fluency-dependent cortical activation associated with speech production and comprehension in second language learners. *Neuroscience*, 300, 474-492.

Silbert, L. J., Honey, C. J., Simony, E., Poeppel, D., & Hasson, U. (2014). Coupled neural systems underlie the production and comprehension of naturalistic narrative speech. *Proceedings of the National Academy of Sciences of the United States of America*, 111 (43), e4687.

Skipper, J. I., Virginie, V. W., Nusbaum, H. C., & Small, S. L. (2007). Hearing lips and seeing voices: How cortical areas supporting speech production mediate audiovisual speech perception. *Cerebral Cortex*, 17 (10), 2387-2399.

Spreng, R. N., Mar, R. A., & Kim, A. S. (2009). The common neural basis of autobiographical memory, prospection, navigation, theory of mind, and the default mode: A quantitative meta-analysis. *Journal of Cognitive Neuroscience*, 21 (3), 489-510.

Stephens, G. J., & Gross, C. G. (2010). Speaker-listener neural coupling underlies successful communication. *Proceedings of the National Academy of Sciences of the United States of America*, 107 (32), 14425.

Stivers, T., Enfield, N. J., Brown, P., Englert, C., Hayashi, M., & Heinemann, T., et al. (2009). Universals and cultural variation in turn-taking in conversation. *Proceedings of the National Academy of Sciences of the United States of America*, 106 (26), 10587-10592.

Szenkovits, G., Peelle, J. E., Norris, D., & Davis, M. H. (2012). Individual differences in premotor and motor recruitment during speech perception. *Neuropsychologia*, *50*, 1380-1392.

Towle, V. L., Yoon, H. A., Castelle, M., Edgar, J. C., Biassou, N. M., Frim, D. M., et al. (2008). ECoG gamma activity during a language task: Differentiating expressive and receptive speech areas. *Brain*, *131*(8), 2013-2027.

Traxler, M. J, Tooley, K. M. (2008). Priming in sentence comprehension: Strategic or syntactic? *Language Cognitive Process*, *23*, 609-645.

Tremblay, P., & Small, S. L. (2011). On the context-dependent nature of the contribution of the ventral premotor cortex to speech perception. *Neuro Image*, *57*(4), 1561-1571.

Turken, A. U., & Dronkers, N. F. (2011). The neural architecture of the language comprehension network: Converging evidence from lesion and connectivity analyses. *Frontiers in Systems Neuroscience*, *5*, 1.

van Dijk, T. A., & Kintsch, W. (1983). *Strategies of Discourse Comprehension*. New York: Academic Press.

Visser, M., Jefferies, E., & Ralph, M. A. L (2010). Semantic processing in the anterior temporal lobes: A meta-analysis of the functional neuroimaging literature. *Journal of Cognitive Neuroscience*, *22*(6), 1083-1094.

Watkins, K. E., & Paus, T. (2006). Modulation of motor excitability during speech perception: The role of Broca's area. *Journal of Cognitive Neuroscience*, *16*, 978-987.

Weber, K., & Indefrey, P. (2009). Syntactic priming in German-English bilinguals during sentence comprehension. *Neuro Image*, *46*, 1164-1172.

Whitney, C., Huber, W., Klann, J., Weis, S., Krach, S., & Kircher, T. (2009). Neural correlates of narrative shifts during auditory story comprehension. *NeuroImage*, *47*(1), 360-366.

Wilson, S. M., & Iacoboni, M. (2006). Neural responses to non-native phonemes varying in producibility: Evidence for the sensorimotor nature of speech perception. *NeuroImage*, *33*, 316-325.

Wilson, S. M., Saygin, A. P., Sereno, M. I., & Iacoboni, M. (2004). Listening to speech activates motor areas involved in speech production. *Nature Neuroscience*, *7*(7), 701-702.

Yarkoni, T., Speer, N. K., & Zacks, J. M. (2008). Neural substrates of narrative comprehension and memory. *NeuroImage*, *41*(4), 1408-1425.

索　引

A

alpha 能量，54
Altman，350
Anderson，29
BA46，102
BA47，43
β 频段，363
Brodmann，46
Clark，1
Collins，211
CYCLE-R 测试，119
ECoG，112
Friederici，42
Friston，75
γ 频段，54
Garrod，179
Grice，176
Hagoort，42
Jackendoff，43
Kintsch，16
Kuperberg，324
MacDonald，428
Marslen-Wilson，62
McCulloch，32
N400，70
N-gram，328
PET，132

P 链，430
Pickering，179
提取–整合神经计算模型，78
θ 频段，55
Trace 模型，62
Tulving，224
van Dijk，9
WLG 模型，436

B

贝叶斯脑假设，340
Bayesian brain hypothesis
背侧通路，47
dorsal pathway
背内侧前额叶皮层，157
dorsal medial prefrontal cortex
背外侧前额皮层，96
dorsolateral prefrontal cortex
鼻周皮层，225
perirhinal cortex
标量表达，328
scalar expression
标量蕴涵，330
scalar implicature
标准语用模型，187
standard pragmatic model
表层表征，35

surface representation
表征单元，152
representational unit
并行分布式处理，31
parallel distributed processing
并行式处理，32
parallel processing
不确定性推理，299
uncertainty reasoning
布罗卡区，43

C

层次网络模型，6
hierachical network model
层级过程记忆的模型，135
hierachical process memory
产生-分布-理解理论，428
production-distribution-comprehension
长短时记忆模型，34
long short-term memory
长时工作记忆，37
long term working memory
超通道表征系统，175
supramodal representational system
超长加工记忆，
long temporal receptive window
朝向网络，275
orienting network
陈述性记忆，30
declarative memory
重读，277
rereading
穿颅直流电刺激，320
transcranial direct current stimulation，tDCS
词汇，1
word

词汇场理论，2
lexical field theory
词汇类型结构，3
lexical typing structure
粗糙语义字段，154
coarse semantic field
重复分数，41
repetition score
重复经颅磁刺激，318
repetitive transcranial magnetic stimulation，rTMS

D

代词，40
pronoun
底层意义，139
underlying ideas
递归神经网络，34
recurrent neural network
典型微环路，52
canonical microcircuit
顶内沟，129
intraparietal sulcus
顶内皮层，130
parieto medial cortex
顶下小叶，43
inferior parietal lobule
动机，126
motivation
动机控制，281
motivation control
动态时间规整算法，443
dynamic time-warping
动态因果模型，189
dynamic causal modeling
多变量模式分析，190
multivariate pattern analysis，MVPA

索引

多体素模式分析，200
multi-voxel pattern analysis，MVPA
多重需求网络，271
multiple demand network，MDN

E

额下沟，48
inferior frontal sulcus
额下回，64
inferior frontal gyrus

F

反向投射，343
back projection
反向学习，270
backward learning
范畴关系，5
categorical relation
范畴化，6
categorization
非词识别点，67
nonword point
非规范句，106
non-normative sentence
非目标语言抑制控制模型，279
inhibitory control model，ICM
分布式存储，32
distributed storage
符号系统，2
symbolic system
负任务网络，282
task-negative network，TNN
复合命题，12
compound proposition
腹侧通路，44
ventral pathway

腹侧纹状体，282
ventral striatum
腹内侧前额皮层，364
ventral medial prefrontal cortex

G

概括，3
generalization
概念，1
concept
概念匹配框架，186
conceptual alignment framework
概念系统，1
conceptual system
感觉运动调用模型，257
sensorimotor recruitment model
高斯定律，341
Gauss's law
个人语义记忆，232
personal semantics
更新，34
updating
工作记忆，31
working memory
弓形束，119
arcuate fasciculus
功用角色，4
utility role
巩固，42
consolidation
共同基础模型，179
the grounding model
钩状束，99
uncinate fasciculus
构成角色，4
constitutive role

关系语义学，2
relational semantics
观点采择，400
perspective taking
归纳推理，223
inductive reasoning
过程记忆，135
process memory
过程记忆地形图理论，
process-memory topography
过程框架，322
process framework
过程性记忆，30
procedural memory

H

海马，67
hippocampus
海马旁回，130
parahippocampal gyrus
海氏回，46
Heschl's gyrus
横向组织，138
horizontal organization
宏观规则，16
macrorule
宏观结构，1
macrostructure
宏观命题，36
macro proposition
后部扣带回，390
posterior cingulate cortex，PCC
后部颞中回，216
posterior middle temporal gyrus，pMTG
后颞上沟，149
posterior superior temporal sulcus，pSTS

后向推理路径，304
pipeline
后续句，15
subsequent sentences
互文性，13
intertextuality
话轮，1
turn
话轮结构单元，21
turn construction unit
话题，1
topic
话语，1
discourse
话语标记，23
discourse markers
环式连接，34
recurrent connection
缓冲，29
buffer
回顾加工，366
retrospective process
会话，1
conversation
会话含义，176
conversational implicature
会话含义理论，176
the theory of conversational implicature
会话合作原则，177
conversational cooperation principle

J

机器学习，33
machine learning
基础表征，35
text base

激活的长时记忆模型，257
activated long-term memory model
即兴会话，23
spontaneous conversation
计划，20
plan
计划再用，429
plan reuse
记忆，6
memory
记忆-整合-控制模型，42
memory-unification-control model，MUC
假言命题，12
hypothetical proposition
简单命题，11
simple proposition
简单优先，429
easy-first
减少干扰，429
reduce interference
简单递归网络，
simple recurrent network，SRN
建构-整合模型，35
construction-integration model，CI
交互对话，433
interactive dialogue
交互对齐模型，179
interaction alignment model
交流，5
exchange
角回，43
angular gyrus
角色集合，4
role collection
脚本，7
script

结构化事件复合体，152
structured event complex，SEC
结构映射，321
structure mapping
结构主义词汇语义学，2
structuralist lexical semantics
解述，285
paraphrasing
经验性推理，300
empirical reasoning
惊异指数，328
surprisal
警觉网络，275
alert network
句法，1
syntax
句法格式，4
syntactic format
句法启动，31
syntactic priming
句法结构理论，8
syntactic structure theory
句法惊奇指数，368
surprisal
句子，1
sentence
具身性，8
embodiment
聚合关系，2
paradigmatic relation
卷积神经网络，33
convolutional neural networks，CNN

K

刻板印象，180
stereotype

可读性计算公式，39
readability formula

可接受性，13
acceptability

口语词加工群集，62
cohort

扣带回，143
cingulate cortex

扣带回中部，416
middle cingulate cortex

跨频段耦合，54
cross-frequency coupling

扩散激活模型，6
spreading activation model

L

类比，299
analogy

理性思维的自适应控制系统，29
adaptive control of thought-rational，ACT-R

力场模型，281
force field model

连贯推论，36
coherent inference

连贯性，1
coherence

连贯性矩阵模型，35
coherence metrix

连接词，41
conjunction

联合故事任务，407
combined story task

联结主义，28
connectionism

联结主义模型，62
connectionist model

联言命题，12
joint proposition

论元结构，3
argument structure

逻辑推理，129
logical reasoning

M

冒险函数，374
the hazard function

弥散张量成像技术，218
diffusion tensor imaging，DTI

命题，1
proposition

命题合适度，311
proposition suitability

模仿，8
imitation

模块，4
module

模拟机制，152
simulation mechanism

模式匹配器，29
pattern matcher

默认网络，48
default mode network，DMN

N

脑磁图，174
magnetoencephalography，MEG

脑电，54
electroencephalography，EEG

内侧眶额皮层，282
medial orbitofrontal cortex

逆证推理，299
abductive reasoning

颞顶联合区，67
temporo-parietal junction，TPJ
颞极，45
temporal pole
颞上沟后部，95
posterior superior temporal sulcus，pSTS
颞上回，45
superior temporal gyrus，STG
颞上回前部，46
anterior superior temporal gyrus，aSTG
颞下回，43
inferior temporal gyrus
颞叶前部，65
anterior temporal lobe
颞叶中部，53
middle temporal lobe
颞中回后部，65
posterior middle temporal gyrus，pMTG
凝视，198
fixation

O

耦合，50
coupling

P

配置框架，322
disposition framework
皮层联结模型，240
cortical linkage model
篇章，1
discourse

Q

启动，23
priming
前景化，142
foregrounding

前扣带回，43
anterior cingulate cortex
前脑岛，43
anterior insula
前向模型，432
forward model
前向产生模型，432
forward action model
前向理解模型，432
forward perceptual model
潜在语义分析模型，38
latent semantic analysis，LSA
浅层学习，33
shallow learning
浅加工，312
shallow processing
嵌入句，106
embedded sentence
乔姆斯基，8
Chomsky
情景缓冲器，256
episodic buffer
情景记忆，131
episodic memory
情景空间分布模型，310
distributed situation space，DSS
情境模型，35
situation model
情境性，13
situationality
情绪知觉，410
emotional perception，EP

R

人工神经网络，32
artificial neural network，ANN

人类推理模块，302
human reasoning module，HRM
认知控制，42
cognitive control
认知灵活性，254
cognitive flexibility
任务转换，270
task switching
容错性，32
fault tolerance

S

熵，116
entropy
上位关系，6
hypernymy
社会脑假说，185
social brain hypothesis
深度学习，31
deep learning
神经元集合，52
neural ensemble
神经元网络模型，28
neuron network model
生成词库理论，3
generative lexicon theory，GLT
生成语法理论，45
generative grammar theory
失匹配负波，96
mismatch negativity，MMN
失语症，65
aphasia
施成角色，4
agentive role
时间感受窗，135
temporal receptive window

时间预期，359
time predictive
时效概率分布，375
aging probability distribution
始发句，15
initial sentence
似脑机器，32
mindlike machine
事件边界，146
event boundary
事件标记模型，126
event-indexing model
事件分割与记忆理论模型，149
event segmentation and memory theory
事件结构，4
event structure
事件切分理论，147
event segmentation theory
事件图式，146
event schema
事件相关电位，193
event related potential，ERP
视角转换，399
perspective conversion
视觉词形区，69
visual word form area，VWFA
视觉空间画板，256
visuo-spatial sketchpad
适应效应，184
adaption effect
受控的语义认知框架，214
controlled semantic cognition，CSC
枢纽，50
hub
输出层，33
output

输入层，33
input
双过程理论，317
dual process theory
双通路模型，45
dual path model
双语互动激活+模型，280
Bilingual Interactive Activation Plus，BIA+
梭状回，45
fusiform gyrus

T

特征表理论，5
feature list theory
提取，8
retrieval
题元角色结构，442
thematic role structure
体裁和修辞结构，39
genre and rhetorical structure
通道间协调，175
intermodal coordination
同伴适应的交流理论，180
partner adaptation theory
图论方法，220
graph theory
图式，3
schema
图式更新模型，240
schema modification model
推理，5
inference

W

外侧基底核，412
basolateral nucleus，BLA

外侧膝状体，69
lateral geniculate body
威尔尼克区，45
Wernicke's area
微观结构，15
micro structure
文本基础表征，35
propositional textbase representation
文本蕴涵识别，333
recognition of text entailment，RTE
物性结构，4
qualia structure
误差单元，341
error unit

X

下额枕束，94
inferior-fronto-occipital fascile，IFOF
下丘脑，344
hypothalamus
纤维束跟踪成像，272
tractography
衔接性，13
cohesion
小句中枢，14
clausal pivot
小脑定时假设，372
cerebellar timing hypothesis
楔前叶，43
precuneus
心理词典，5
mental lexicon
心理的分级理论，389
fractionating theory of mind
心理理论，28
theory of mind，ToM

心理模型，35
mental model

心智化，181
mentalizing

信念值，310
belief value

信息模型，179
information model

信息性，13
informedness

行为重演技术，175
behavioral reenactment technique

形式角色，4
formal role

形式神经元，32
formal neuron

杏仁核，145
amygdala

修辞结构，15
rhetorical structure

序列组织，1
sequence organization

叙事结构，15
narrative structure

选言命题，12
disjunctive proposition

Y

亚符号系统，29
subsymbolic system

言语工作记忆，261
verbal working memory

言语知觉运动理论，445
motor theory of speech perception

衍生性动机状态，192
meta-motivational states

演绎推理，129
deductive reasoning

依存框架，322
dependent framework

以言表意行为，19
locutionary act

以言行事行为，19
illocutionary act

以言取效行为，19
perlocutionary act

义征分析，2
meaning analysis

抑制控制，254
inhibitory control

意图加工网络，174
intention processing network，IPN

意图结构，15
intention structure

意图性，13
intentionality

意义，1
senses

隐藏层，33
hidden layer

隐喻，7
metaphor

优先组织，1
preference organization

幽默，172
humour

语伴手势，195
gesture

语法障碍，173
agrammatism

语篇结构理论，15
discourse structure theory

语言概率模型，328
language probability model
语言结构，8
language structure
语言转换，256
language switching
语义宏观结构理论，16
semantic macrostructure theory
语义记忆，6
semantic memory
语义认知模型，272
semantic cognitive model
语义系统，3
semantic system
语义转换模型，240
semantic transformation model
语音环路，256
phonological loop
预期，1
prediction
预期编码模型，343
predictive coding framework
预期链框架，446
p-chain framework
元分析连接建模分析，387
meta-analysis connection modeling analysis，MACA
原型理论，5
prototype theory
远距离联想测验，320
remote associates test，RAT
韵律信息，21
prosodic information

Z

再巩固，239
reconsolidation
早期前部负波，97
early left anterior negativity，ELAN
知识库，30
knowledge base，KB
知识块，7
chunk
直接通达模型，187
direct access model
中央执行，210
central executive
终止正漂移，98
closure positive shift，CPS
轴辐式理论，214
hub-and-spoke theory，HS
逐词加工，91
incremental
主题关系，5
thematic relations
注意定势转移，270
attentional set shifting
注意焦点，140
focus of attention，FoA
注意结构，19
attentional structure
资源模型，282
resource model
自传体访谈，227
autobiographical interview
自定步速阅读，140
self paced reading
自适应共振理论，62
adaptive resonance theory
自适应性，32
adaptivity
自我监控，432

self-monitoring
自我解释，285
self explanation
自学习，32
self learning
自由能理论，339
free energy theory
自组织，32
self organization
自组织映射，310
self-organizing map，SOM

纵向组织，138
vertical organization
组合关系，2
syntagmatic relation
最低成本，333
least cost
最佳效率，66
optimal effect
左侧外周裂，44
left perisylvian

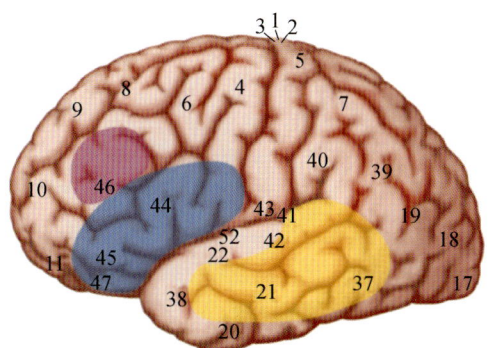

图2.2 语言的记忆–整合–控制模型。该图呈现了左半球的侧视图。数字代表布罗德曼脑区，这些脑区在细胞结构上是不同的。记忆脑区在颞叶皮层（黄色区域）。整合需要布罗卡脑区（BA44/45）和邻近的前额叶脑区（BA47/6）。控制操作需要前额叶的另一部分脑区（粉色区域）和前扣带回（在图中并未标记出来）（Hagoort, 2013）

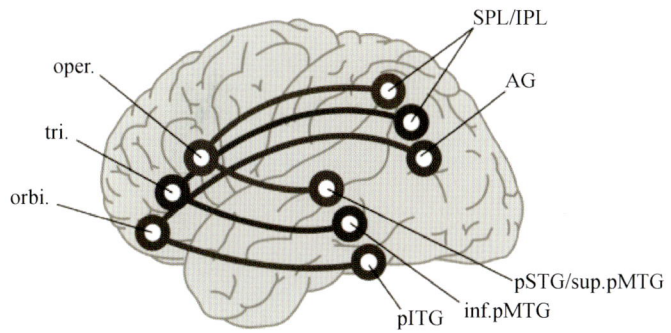

图2.3 在外侧裂语言网络的前额叶和颞顶脑区的功能连接示意图，与静息态fMRI的研究结果一致（Xiang et al., 2010）。与布罗卡区的岛盖部（oper.）、三角部（tri.）和眶部（orbi.）最强的功能连接都被标出。其中，红色为语义加工网络，蓝色是句法加工网络，绿色是语音加工网络

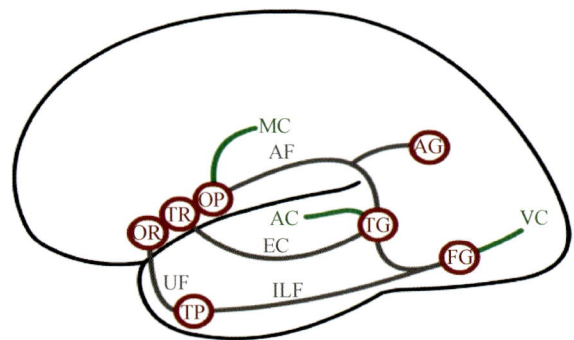

图 2.4　简化的描述左半球语言网络的结构和功能连接。脑区通过红色圆圈表示：左侧前额皮层的眶部（OR）、三角部（TR）和岛盖部（OP）；角回（AG）、颞上回和颞中回（TG）、梭状回（FG）和颞极（TP）。白质纤维束用灰线表示，箭头强调双向连接：弓状束（AF）、极端胶囊束（EC）、下纵束（ILF）。与感知运动系统的接口用绿线表示：视觉皮层（VC）、听觉皮层（AC）和运动皮层（MC）（Hagoort，2013）

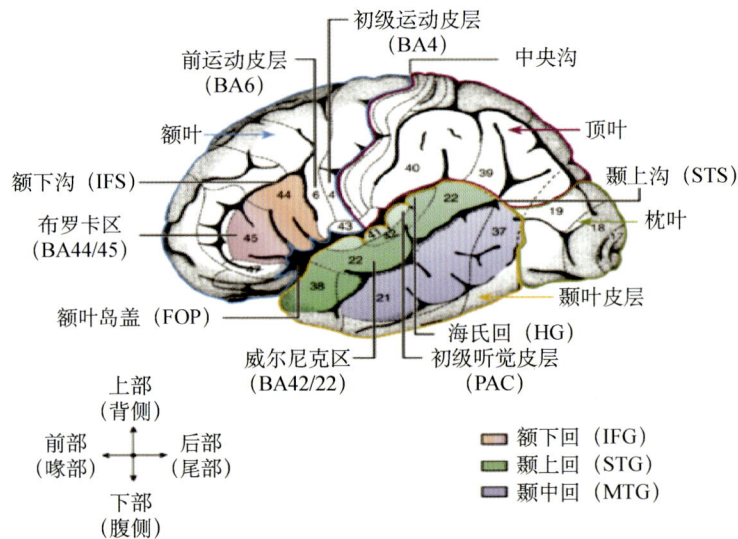

图 2.5　左半球的解剖和细胞结构的细节。不同脑区边界（额叶、颞叶、顶叶、枕叶）由不同颜色代表。主要的语言相关回路（IFG、STG、MTG）由不同颜色代表。数字表示语言相关的布罗德曼区（BA），这是 Brodmann（1909）基于细胞结构的特征所做的定义。上部/下部的坐标表示回路在脑区（如颞上回）或在布罗德曼区（如 BA44 上部；上下部维度也被标记为背侧/腹侧）中的位置。前部/后部坐标表示回路的位置（如颞上回前部；前后部维度也被标记为喙部/尾部）。布罗卡区由盖部（BA44）和三角部（BA45）组成。布罗卡区的前部是眶部（BA47）。额叶岛盖（FOP）的位置比 BA44 和 BA45 更靠内侧。前运动皮层位于 BA6。威尔尼克区是 BA42 和 BA22。初级听觉皮层（PAC）和海氏回位于内侧方向的侧面（Friederici，2011）

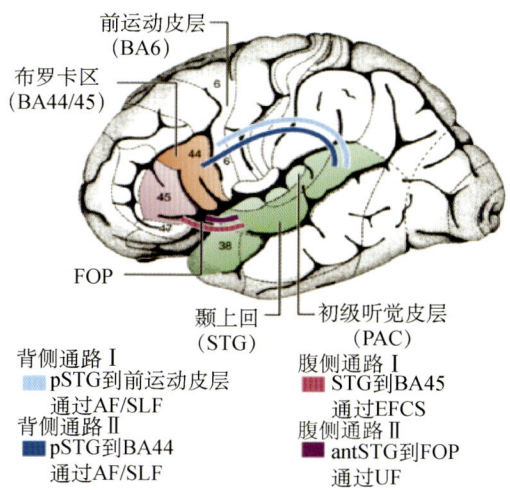

图2.6 语言皮层之间的结构连接。两条背侧通路和两条腹侧通路的观点图示。背侧通路Ⅰ通过弓形纤维束（AF）和上部纵向纤维束（SLF）连接颞上回（STG）和前运动皮层。背侧通路Ⅱ通过AF/SLF连接STG和BA44。腹侧通路Ⅰ通过极外囊系统（EFCS）连接BA45和颞叶皮层。腹侧通路Ⅱ通过钩状纤维束（UF）连接额叶岛盖（FOP）和STG/STS前部（antSTG）（Friederici，2011）

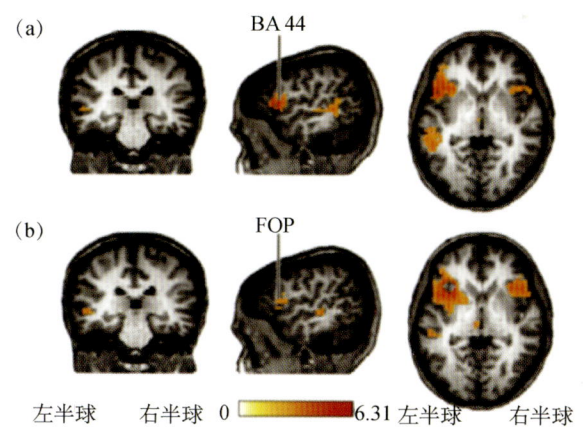

图2.7 语言默认网络中语言皮层之间的功能连接。对4个语言实验进行结合分析的结果，使用FDR阈值$p<0.05$对多重比较进行矫正。（a）与BA44种子区的相关。（b）与FOP种子区的相关。每一个实验都将r转换成z值，以此来保证高斯性，然后对被试进行体素t检验。地形图显示了4个语言研究结合后的z值。z值由颜色条形图表示（Lohmann et al.，2010）

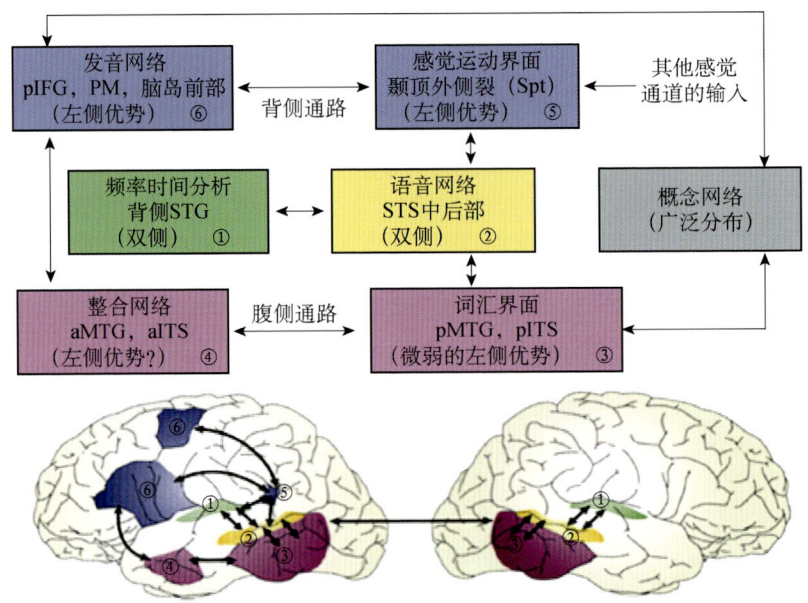

图3.1 语音加工的双通路模型。双通路模型（Hickok & Poeppel，2000，2004，2007）认为言语加工的第一个阶段是对频谱和时间信息的分析，涉及双侧皮层的颞上回（STG）背侧（绿色）；其次是音系水平的加工和表征，涉及双侧的颞上沟（STS）中后部（黄色），略有左侧化趋势。在此之后，系统分两个通路对信息进行加工：背侧通路（①—②—⑤—⑥）将感觉或音系表征投射到发音动作表征；腹侧通路（①—②—③—④）将感觉或音系表征投射到词汇概念表征。概念网络（灰色盒子）广泛分布在皮层各处。根据已有实验证据，尽可能精确地定位双通路模型中各个成分对应的结构位置。双侧的区域①代表颞上回的背侧表面，与频谱时间分析有关。双侧的区域②代表颞上沟的后半部分，与音系水平的加工有关。区域③和④代表腹侧通路，双侧分布，但略带左侧化优势。腹侧通路的后半部分以及颞叶的后中部和下部对应于词汇表征、联结音系和语义信息；前半部分对应于整合网络。区域⑤和⑥代表背侧通路，具有明显的左侧化倾向。背侧通路的后半部分对应于颞顶叶边界的外侧裂，与感觉运动有关；位于额叶的前半部分包含布罗卡区和更靠上的前运动区（PM），对应于发音网络的一部分。IFG：额下回；ITS：颞下沟；MTG：颞中回；aMTG：颞中回前部；aITS：颞下沟前部；pITS：颞下沟后部；pIFG：颞下回后部；PM：前运动区；Spt：颞顶外侧裂；STG：颞上回；STS：颞上沟（Hickok & Poeppel，2007）

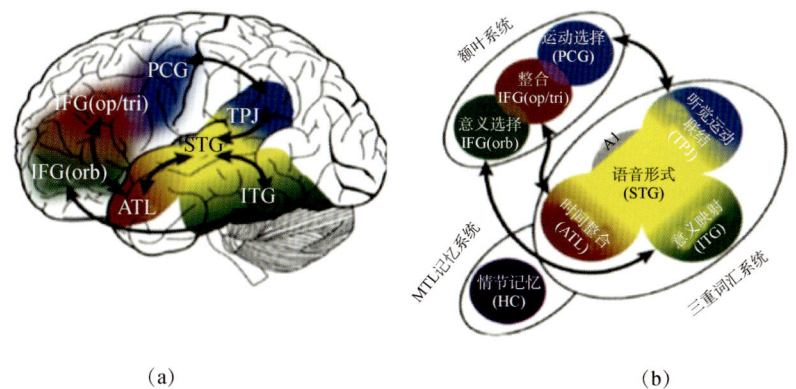

图3.2 三成分模型的解剖和功能组织示意。口语词的声音在初级听觉区域（A1）编码，然后在颞上回（STG）进行语音形式加工。在词汇加工中，言语声在STG的表征与其他三个系统结合：①在时间上与先前音段的层级表征和STG/MTG前部区域中的词汇语境整合；②通过颞顶联合区（TPJ）的听觉-运动联结投射到发音表征；③在颞叶的后部和下部投射到意义表征。额叶系统显示了以汇聚联结为基础的同样的三个成分的分级形式：中央前回（PCG）、额下回的盖后角/三角部［IFG（op/tri）］、额下回的眶部［IFG（orb）］。词汇系统三个成分之间的汇聚联结也在其他两个系统中出现，到STG和内侧颞叶/海马（MTL/HC）的联结再次进入编码词的情境表征和与学习词汇时相关的语境信息（Davis，2016）

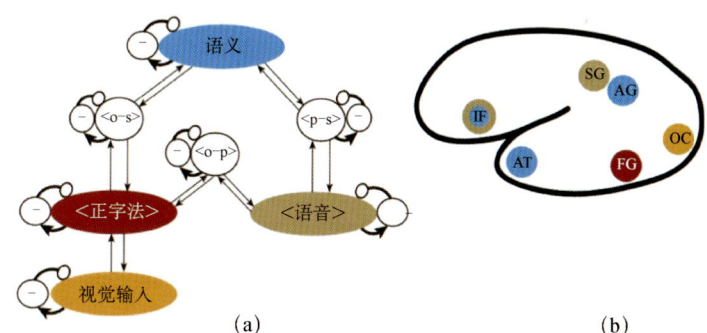

图3.3 整合联结主义模型和神经成像数据的视觉词汇加工模型。近期的联结主义模型使用大量的兴奋性神经元和少量的抑制性神经元（以"-"标记），以及稀疏/弱的远联结（粗箭头）和密集/强的局部联结（细箭头）和浮现的隐藏表征（没有具体标记，通过在可能出现的近似表征的名称上加<>来标记），这是用明确的计算理论解释和预测行为和神经成像数据的巨大进步。(a) 包含正字法和语义表征的模型（<o-p>、<o-s>、<p-s>表示正字法、语音、语义之间投射的中间神经元群），原则上可以研究激活的动态性和表征，它们在与不同表征相关的脑区（b）涌现，其中最关键脑区的子集显示在左半球的侧向横截面中。圆圈的颜色表示模型中这些区域支持的理论表征（Carreiras et al.，2014）

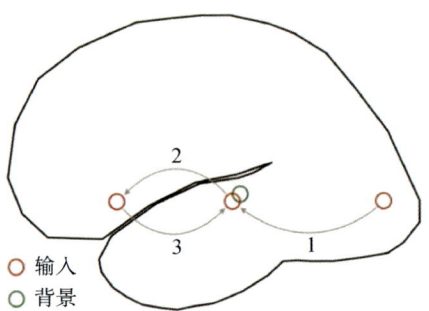

图 3.4　在左半球语言网络的词汇语义理解的加工流程。输入信息是由知觉区域（这里是视觉皮层）传递到颞上回、颞中回和颞下回（1），在这些脑区中词汇信息被激活。信号被转送到前额叶脑区（2），在这个脑区神经元反应会呈现出一种持续的放电模式。接着，信号被反馈到信号被接收的颞叶皮层相同的区域（3），一个循环的网络因此建立。这个网络允许信息的在线维持，随着接下来的加工流程，一个背景（绿色圆圈）就此形成，并且输入的词语会被整合到当前的背景中（Baggio & Hagoort，2011）

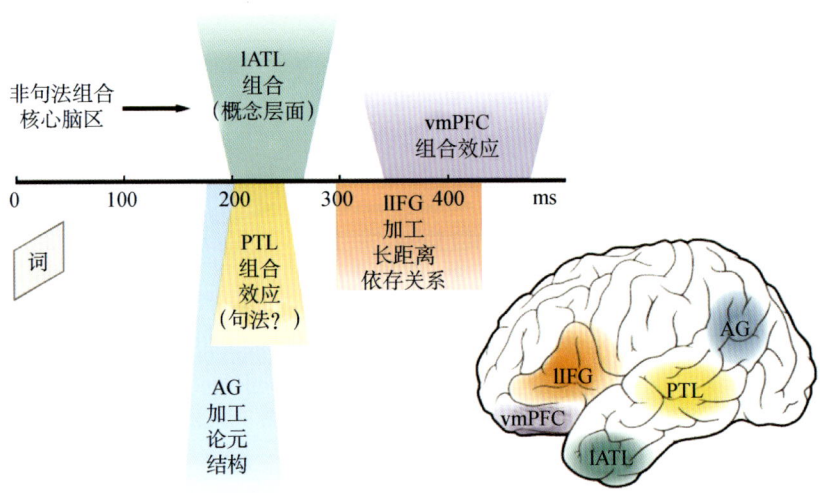

图 3.9　语义组合脑网络时空特征图。时间线以上的脑区为非句法组合核心脑区，如 lATL、vmPFC，时间线以下的脑区为加工不同句法信息的核心脑区，如 PTL、AG、lIFG（Pylkkänen，2019）

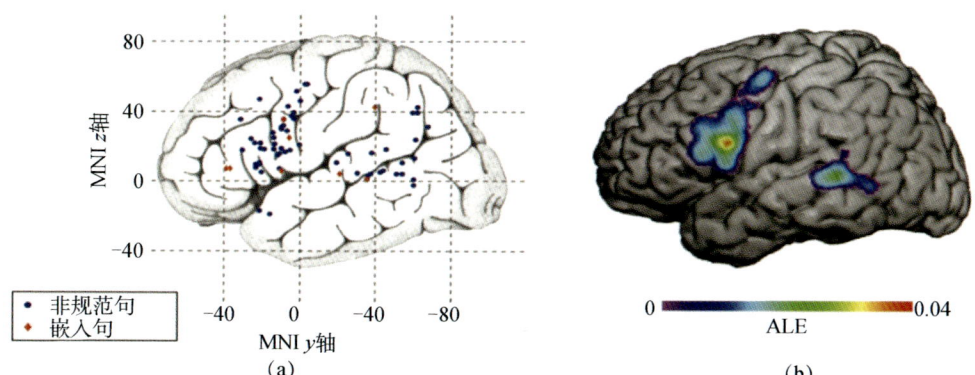

图 4.1 非规范句和嵌入句神经影响研究结果及对其进行的元分析结果。(a) 已发表的神经影像研究所显示的非规范句(蓝色)和嵌入句(红色)主要效应的左半球峰值激活坐标图。(b) 绘制坐标得出的 ALE 分析结果显示在柯林 27 标准脑图 (Holmes et al., 1998) 上。可以看到有两个主要区域在复杂句加工时最易被激活,一个是额下回的 BA44,另一个是 SG/STG (Meyer & Friederici, 2016)

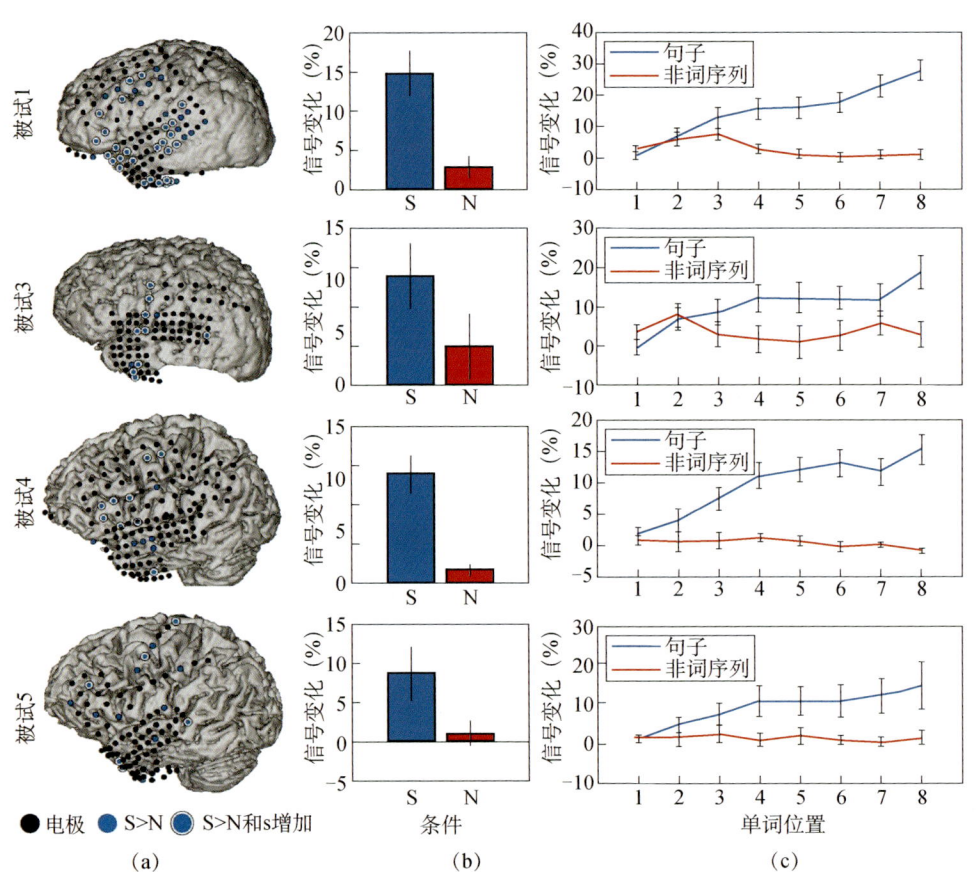

图 4.3 句子理解过程的神经基础。(a) 单个被试的大脑皮层模型,黑色点表示所有电极 (Electrode),蓝色点表示在奇数序列中句子>非词列表 (S>N) 效应的电极,白色圈起来的蓝色点表示在奇数序列中,既表现为句子>非词列表效应 (S>N) 又在句子条件中随着单词位置单调增加 (sincrease) 的电极点(即感兴趣的电极,electrodes of interest,EOIs)。(b) 句子 (S) 和非词列表 (N) 条件下偶数序列中估计的词位置的平均 γ 幅度(即独立于用于选择感兴趣电极的数据)。(c) 句子和非词列表条件下在偶数序列的 8 个单词位置中的每个单词位置上的 γ 幅度。(b) 和 (c) 中的误差线表示感兴趣电极上的标准误 (Fedorenk et al.,2016)

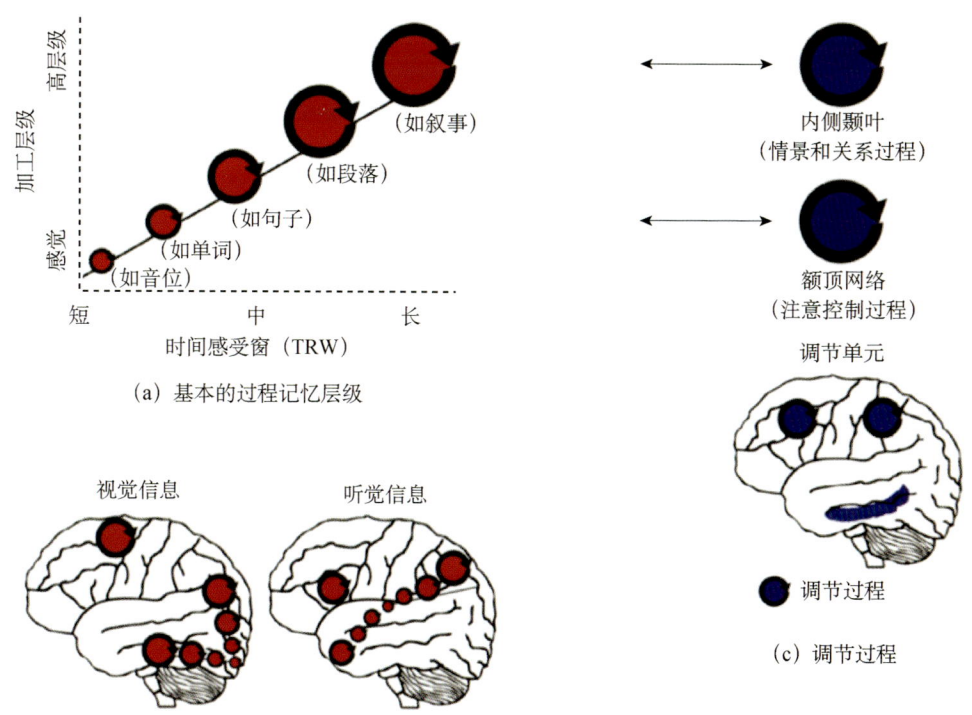

图 5.1 （a）过程记忆的层级结构。记忆是每一皮层区域加工不可或缺的一部分，而且加工单元和信息存储单元之间没有分离。此外，每一区域的加工时间尺度以头皮地形的组织方式增加，从早期感觉区域的毫秒级到高层级区域的分钟级。（b）听觉和视觉刺激的过程记忆层级图示。（c）基本的 vs.调节过程记忆。两个额外过程（蓝色圆圈）调节层级结构中的基本过程记忆：注意控制过程（如额–顶网络与短-TRW 语言区域交互可以在延迟期间保持目标词）和情景记忆过程（如内侧颞叶（MTL）/海马与长-TRW 区域[如压后皮质（retrosplenial cortex）]交互可以激活自传情景）（Hasson et al.，2015）

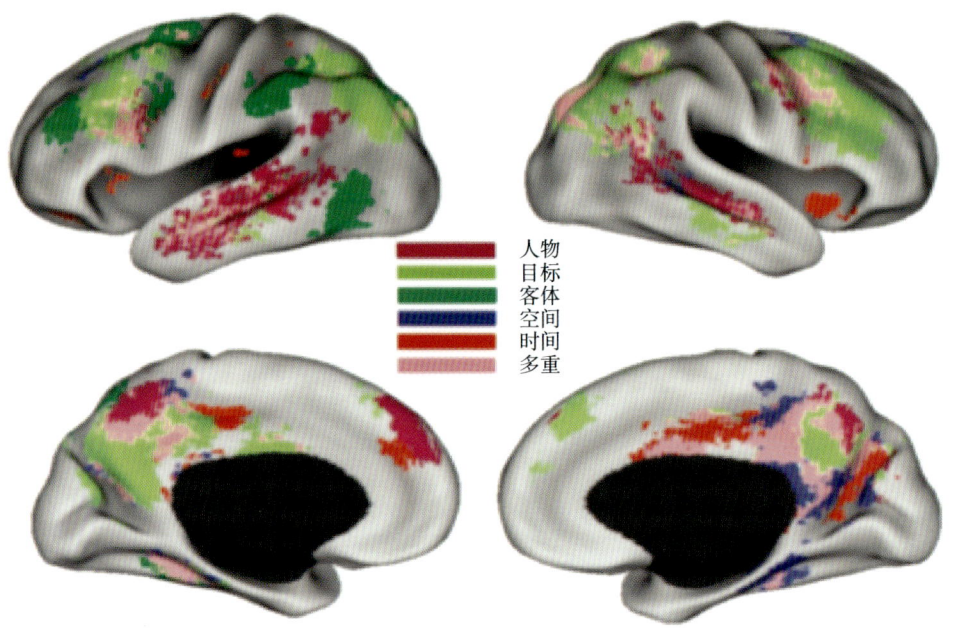

图5.2 阐述涉及叙事情景中理解变化区域位置的脑图。每一从句根据有无因果变化、人物变化、目标变化、客体变化、空间变化和时间参考进行编码。图中的颜色编码表明，哪些脑区对每一类型情景变化的反应活动增加（或两个或多个类型）。上面的图是皮层的左侧和右侧视角，下面的图是内部视角

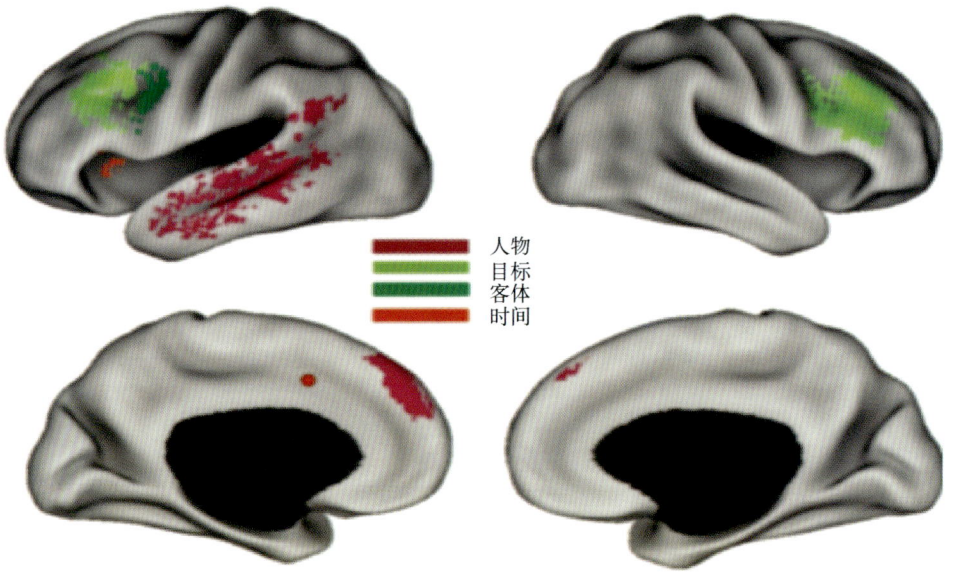

图5.3 只对一种信息维度变化的区域（通过颜色编码指出）。上面的图是皮层的左侧和外侧视角，下面的图是内部视角。左内侧时间区域位于皮层表面内侧，它的大概位置通过红色圆圈指出

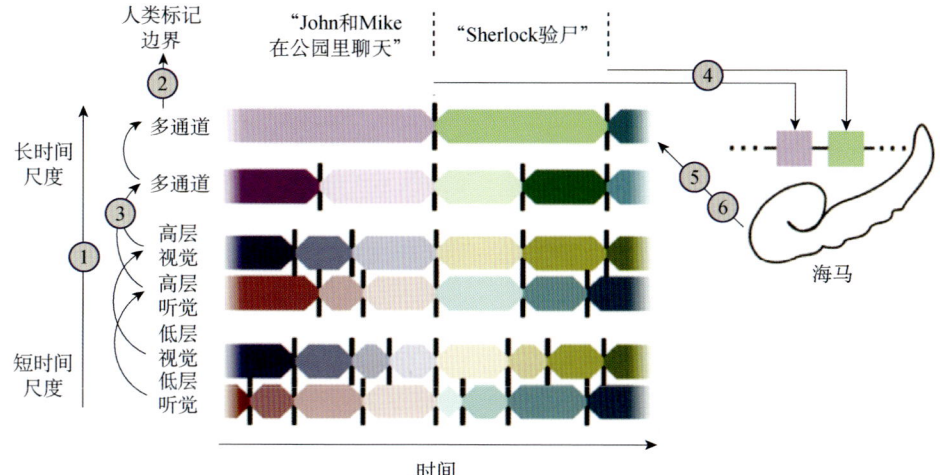

图 5.5 事件分割与记忆理论模型。在知觉过程中，事件以一个时间尺度的层级进行建构（1），短事件在初级感觉区，长事件在包括角回和后内侧皮层在内的脑区。高级脑区的事件边界与人类观察者确定的边界最为接近（2），表征了从多个输入通道抽取出来的抽象叙事内容（3）。在高层级事件的末尾，情境模型存储到长时记忆中（4）并导致海马的边界后编码活动，在回忆过程中能够被恢复到这些皮层区域（5）。先前的事件记忆会影响进行中的加工（6），促进对相关叙事中即将出现的事件的预期。对这些假设采用数据驱动的时间分割模型进行验证，能自动确定神经活动模式的转换，并探测不同数据集的活动模式的相关性（Baldassano et al., 2017）

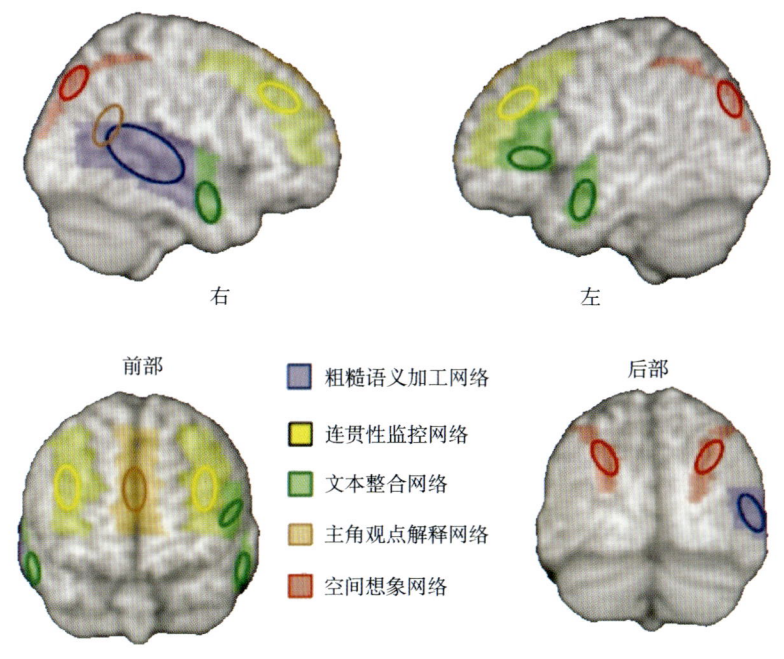

图 5.6 语篇网络

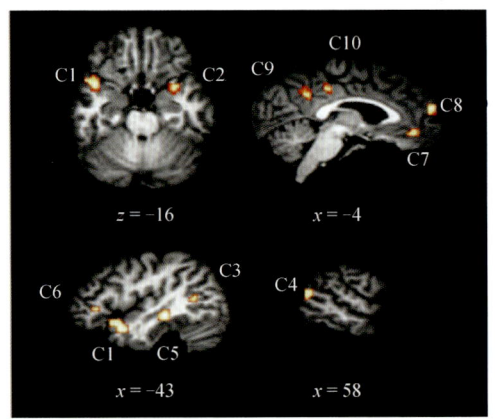

图 5.7 Ferstl 等（2008）的元分析结果。每个 C 表示一个激活体素的集群。C1，左侧颞叶前部；C2，右侧颞叶前部；C3，左侧颞顶联合区；C4，右侧颞顶联合区；C5，左侧颞中回中部；C6，左侧额下回眶额部；C7，左侧腹内侧前额叶皮层；C8，左侧背内侧前额叶皮层；C9，左侧楔前叶；C10，左侧后扣带回

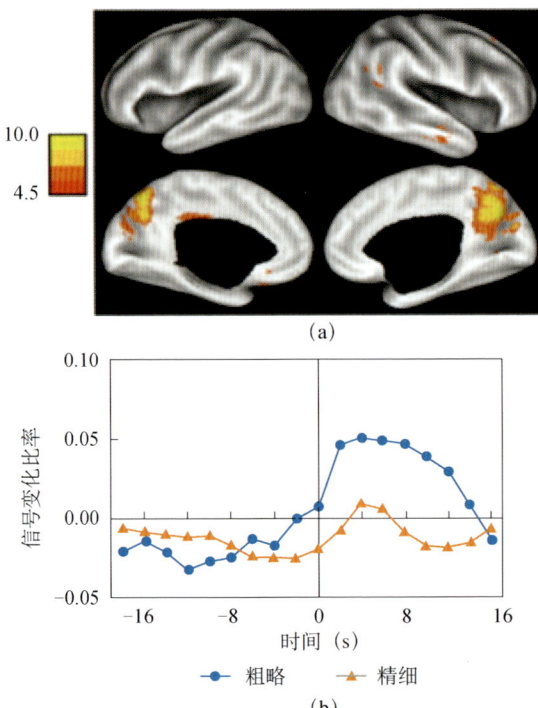

图 5.8 Speer 等的研究结果。(a) 故事边界所激活的大脑区域。左上部为大脑左外侧视角，右上部为大脑右外侧视角，左下部为大脑左内侧视角，右下部为大脑右内侧视角。(b) 为 (a) 中所显示的所有区域激活的平均时间进程，两条线分别代表了粗略切分和精细切分两种条件。横轴代表确定事件边界的时间点（Speer et al.，2007）

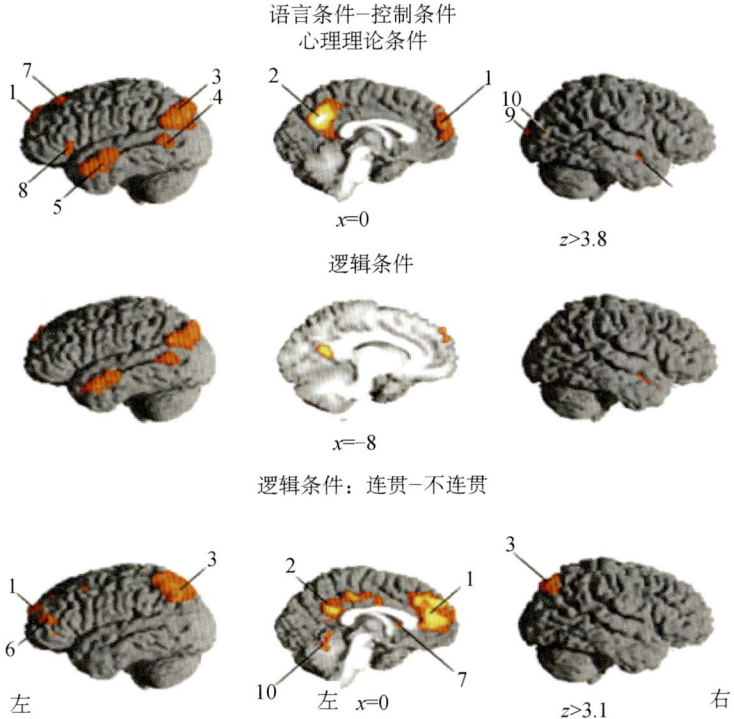

图 5.9 Ferstl 和 von Cramon 的研究结果。顶端为行为心理理论条件与控制条件的对比结果。中间为行为逻辑条件与控制条件的对比结果。底端为行为逻辑条件下连贯句对和不连贯句对的对比结果。每一行左侧图显示大脑左外侧视角,中间图显示大脑左内侧视角,右侧图显示大脑右外侧视角。最相关的脑区——背内侧前额叶皮层——以"1"标出(Ferstl & von Cramon, 2002)

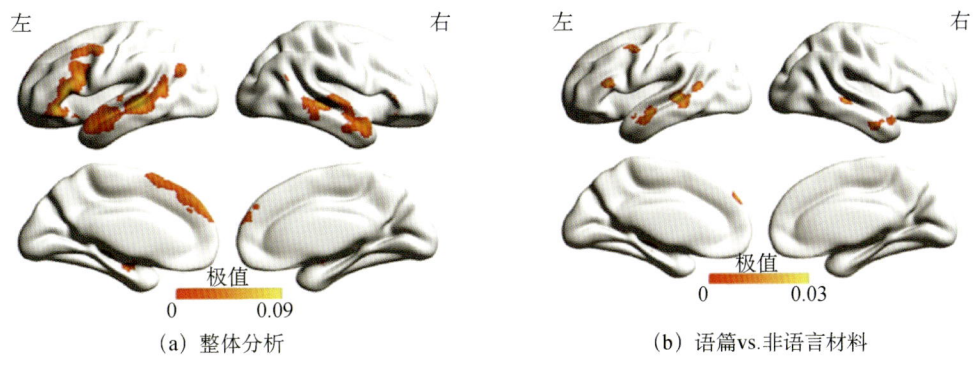

图 5.10 语篇加工所涉及的脑网络(Yang et al., 2019)

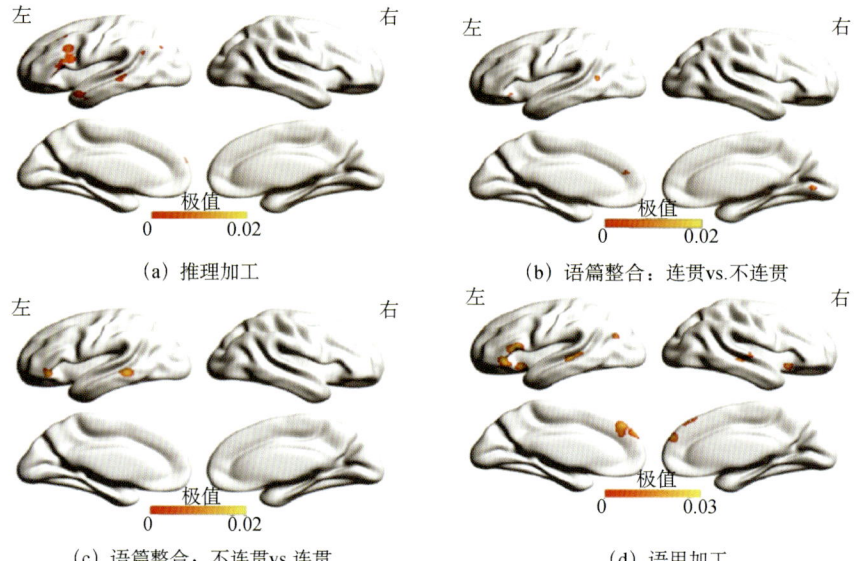

图 5.11 语篇加工各子过程所涉及的脑网络（Yang, et al, 2019）

(a) 推理加工
(b) 语篇整合：连贯vs.不连贯
(c) 语篇整合：不连贯vs.连贯
(d) 语用加工

(a) 七个大尺度脑网络

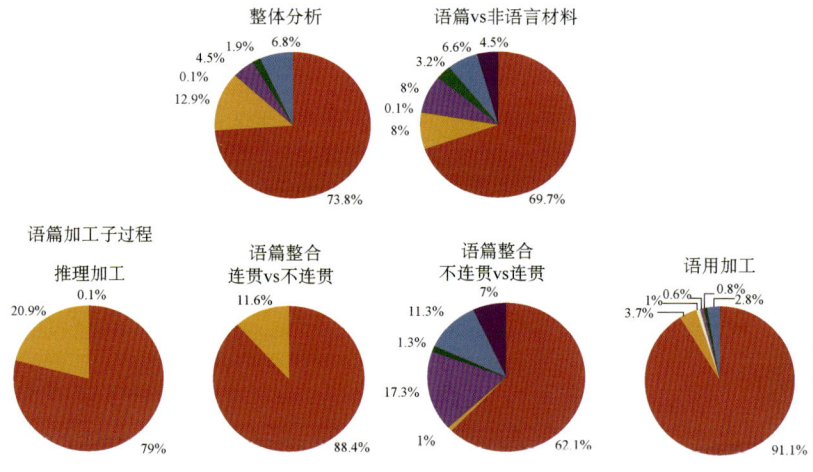

(b) 总过程和子过程期间七个大尺度脑网络激活比例

图 5.12 七个大尺度脑网络的分析结果（Yang et al., 2019）

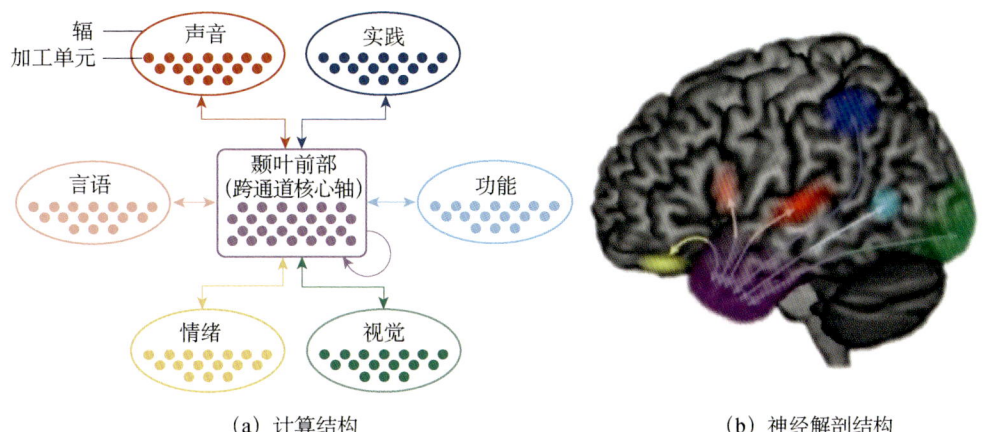

(a) 计算结构　　　　　　　　　　(b) 神经解剖结构

图 7.1　原始的轴辐式理论模型。(a) 展示了原始版本的轴辐式模型的计算结构，(b) 展示了轴辐式理论模型中表征轴和辐的神经解剖结构。(a) 和 (b) 中的颜色相对应，比如，紫色表示轴：颞叶前部；其他颜色表示辐，如红色表示听觉通道（Ralph et al.，2016）

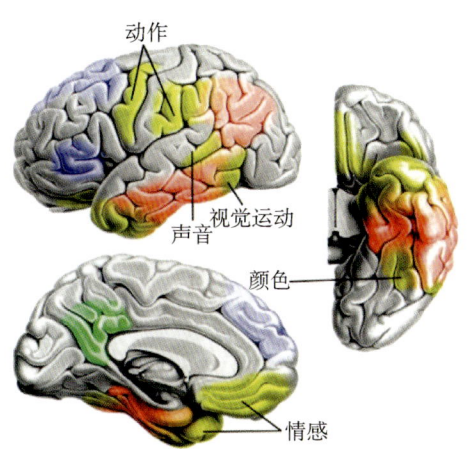

图 7.3　语义记忆神经解剖模型（Binder & Desai，2011）

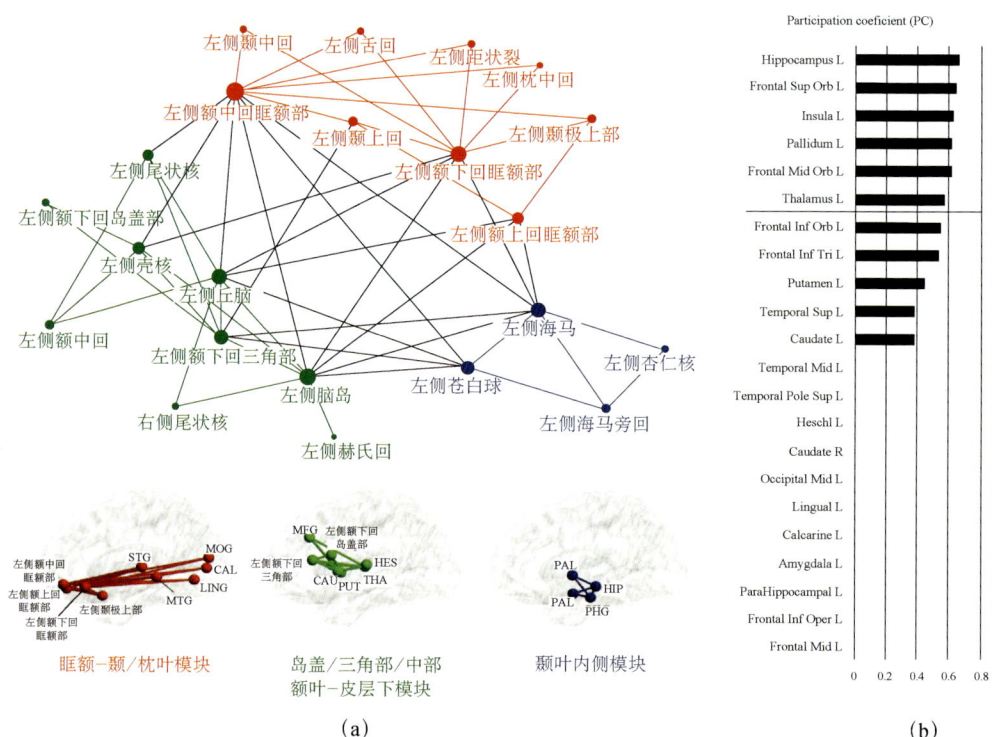

图 7.4 语义解剖网络的拓扑属性。连接边和节点的颜色区分了三个模块，节点的半径显示了其在网络中的贡献大小。红色表示的是眶额-颞/枕叶模块，包含 9 个节点，左侧额上回眶额部、左侧额下回眶额部、左侧额中回眶额部、左侧距状裂（CAL）、左侧颞极上部、左侧颞上回（STG）、左侧颞中回（MTG）、左侧舌回（LING）、左侧枕中回（MOG）。绿色表示的是岛盖/三角部/中部额叶-皮层下模块，包含 9 个节点，即右侧尾状核，左侧额下回岛盖部（frontal inf oper L, IFGoperc），左侧额下回三角部，左侧额中回（MFG）、左侧赫氏回（HES）、左侧壳核（PUT）、左侧脑岛、左侧丘脑、左侧尾状核。蓝色表示的是颞叶内侧模块，包含四个节点，即左侧苍白球（PAL）、左侧海马、左侧海马旁回（PHG）、左侧杏仁核（Fang et al., 2015）

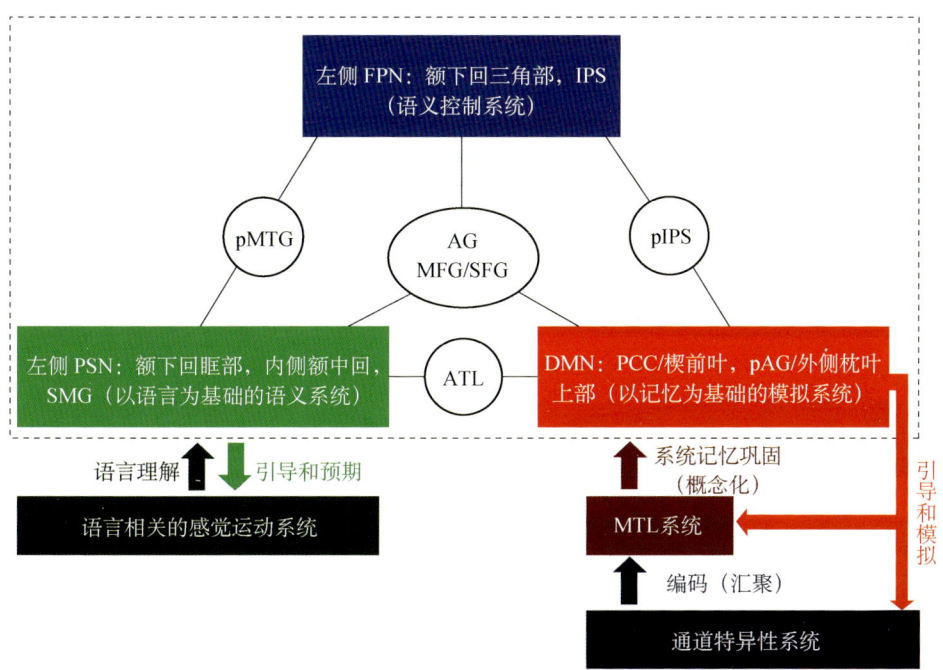

图 7.5 语义加工框架示意图（Xu et al., 2016）

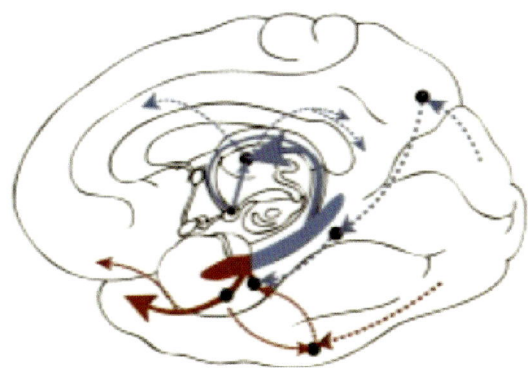

图 7.6 海马前部（红色）和后部（蓝色）与不同脑区之间的连接示意图（Poppenk & Moscovitch, 2011）

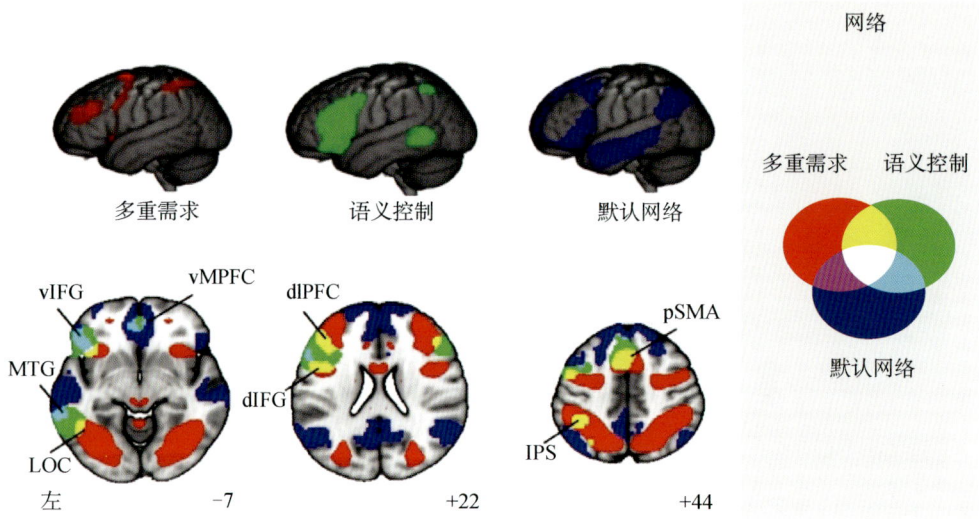

图 8.2 默认网络、多重需求网络以及语义控制网络时空图（Davey et al., 2016）

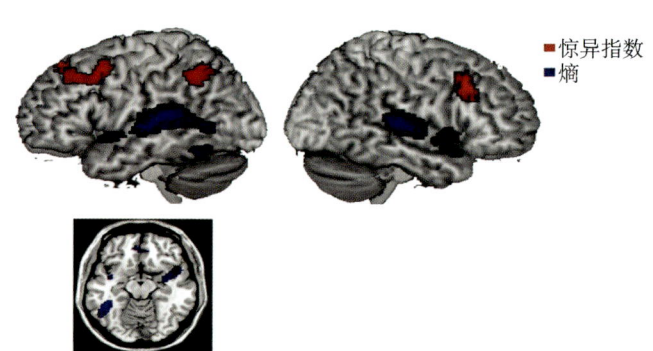

图 9.1 真实故事与反向故事片段相比，词惊异指数（蓝色）和熵（红色）激活的脑区（Willems et al., 2016）

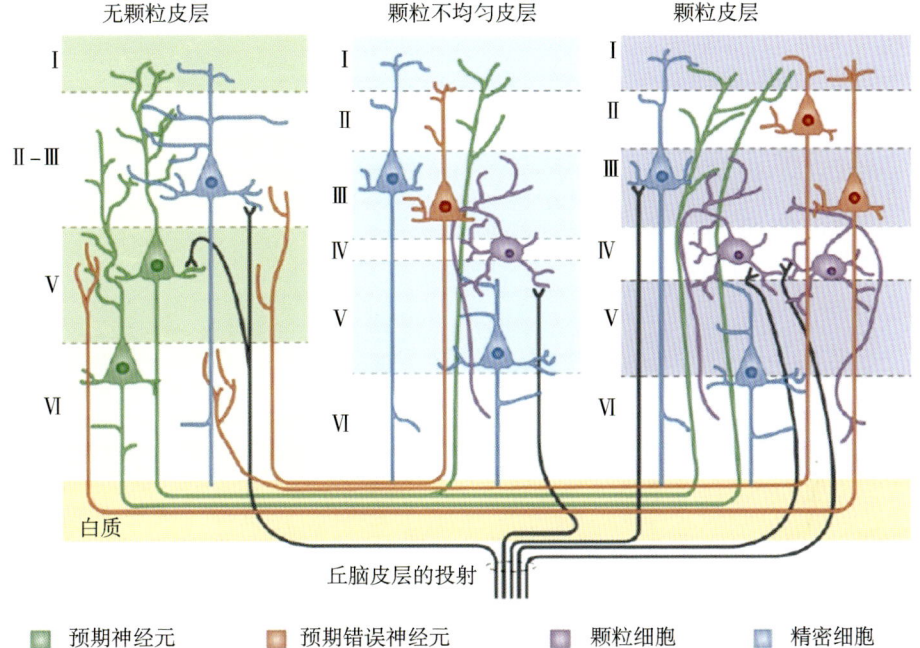

图 10.1 预期编码的皮层内结构和皮层间连接。皮层柱包括不同数量的层,每一层都有具有不同特征的细胞类型以及皮层内和皮层间的连通模式。颗粒皮层(右边)由六种不同的层组成,第Ⅳ层包含颗粒细胞,它们是兴奋性多刺星状神经元(紫色),可在整个柱中放大和传播丘脑皮层输入。颗粒皮层在其下层和上层中还包含许多多刺的锥体神经元。相反,无颗粒皮层(左边)没有完整的第Ⅳ层,而且第Ⅱ层和Ⅲ层之间的边界区分不明显。这些上层比颗粒皮层包含相对较少的锥体神经元。但是,与上层相比,无颗粒皮层在第Ⅴ层和Ⅵ层中包含的锥体神经元数量相对较多。尽管没有包含颗粒细胞的第Ⅳ层,无颗粒皮层依然接受丘脑投射;但是,与颗粒皮层相比,进入无颗粒皮层的感觉信息在整个皮层柱中的放大程度较低,重新分配的程度也较差。颗粒不均匀皮层处于颗粒和无颗粒区域的过渡区,包含小但是清晰的第Ⅳ层,以及第Ⅱ层和第Ⅲ层。该图并非旨在全面介绍,而是强调层流和细胞特征,这些特征对于理解具身的预期内感受器编码(EPIC)模型及其预测非常重要。根据 EPIC 模型,无颗粒皮层中深层的预期神经元(绿色的锥体神经元)通过发送感觉预期[投射到颗粒不均匀和无颗粒感觉皮层的上层(绿线)]来驱动主动推理。颗粒皮层上层中的预期错误神经元(红色的锥体神经元)计算预测的和接收到的感觉信号之间的差异,并发送预期错误信号[通过反向投射到无颗粒皮层的深层(红线)]。精密细胞(蓝色的锥体神经元)动态调整预期的增益和预期误差,因此根据对下行预测的相对置信度或传入感觉信号的可靠性,可以使这些信号的权重降低(或在某些情况下更大)(Barrett & Simmons,2015)

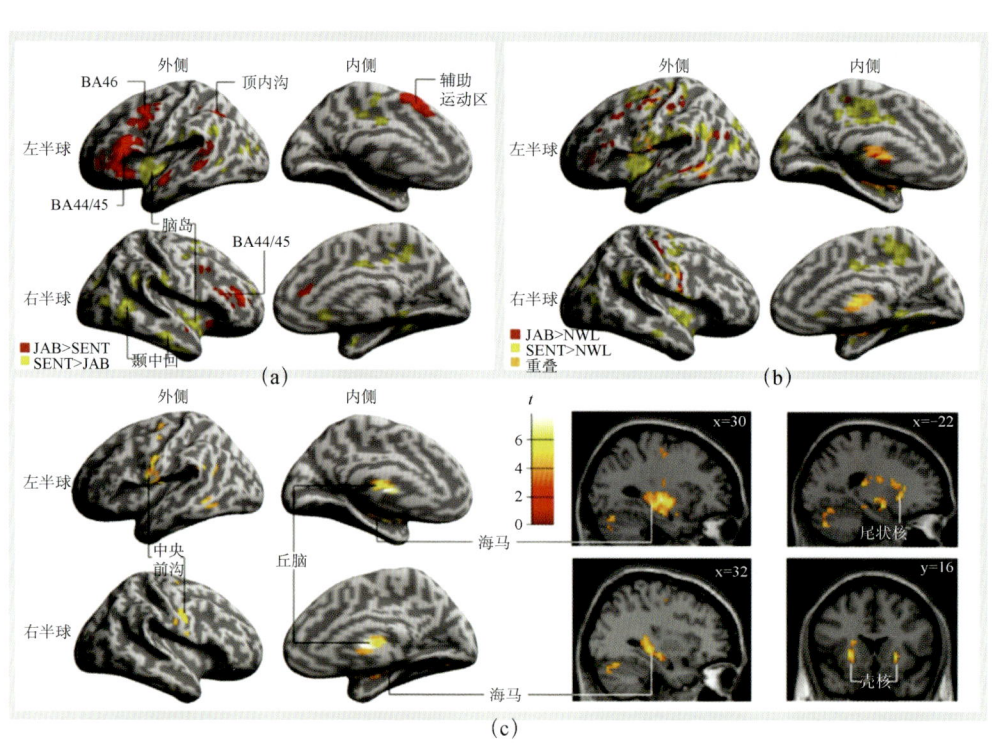

图 10.4 fMRI 激活模式。(a) 在词汇(规则句语境)或词类预期(无意义语境)中激活的区域的 t 对比。(b) 词汇或词类预期,相比没有预期(非词列表)激活更强区域的 t 对比。(c) 联合分析(SENT>NWL,JAB>NWL)指出了支持词类预期的脑区。SENT,规则句子;JAB,无意义句子;NWL,非词列表(Bonhage et al.,2015)

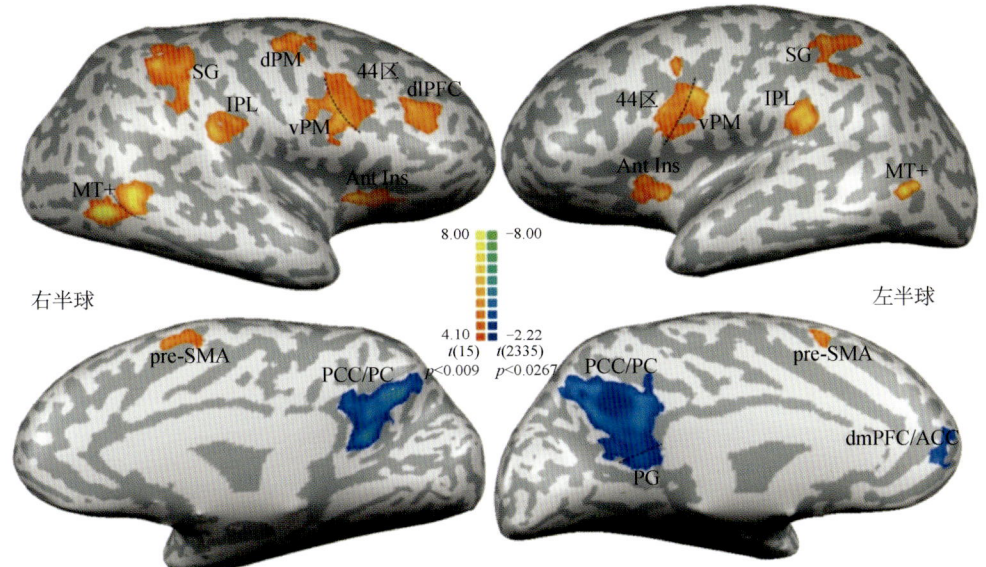

图 10.5 与两个对比有关的统计显著聚集区：[非周期>周期]（橘色-黄色刻度）、[非周期<周期]（蓝色-绿色刻度）（Carvalho et al.，2016）

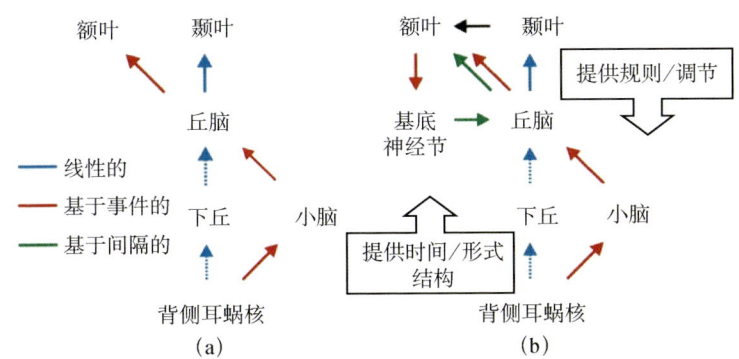

图 10.6 时间预期的双通路模型。(a) 形式结构和时间结构的传递调用了不同的神经上升通路。(b) 加工非线性刺激表征的通路可以表征事件之间的时间关系（Schwartze & Kotz，2013）

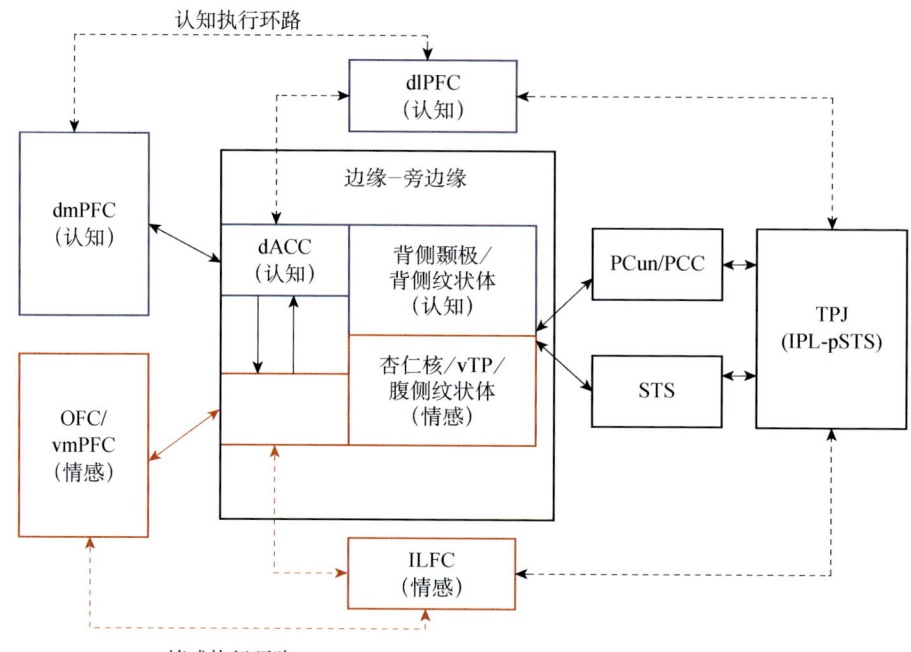

图 11.1 加工情感和认知心理状态的神经网络。箭头是双向的。被表征的心理状态在颞顶联合区（TPJ）形成，然后在颞上沟（STS）或楔前叶/后部扣带回（PCun/PCC）中转，到边缘-旁边缘区，被赋予认知或者情感值。情感 TOM（红色框）受一个网络调节，包括腹侧纹状体、杏仁核、腹侧颞极（vTP）、腹侧 ACC、眶额皮层（OFC）、腹侧前额叶（vmPFC）和外侧额下皮层（ILFC）。认知 TOM（蓝色框）网络调节背侧纹状体、背侧颞极、背侧前扣带回（dACC）、背侧前额皮层（dmPFC）和背侧额下皮层（dlPFC）。ILFC 和 dlPFC 表示它们各自的情感和认知 ToM 网络的执行/应用结构。这两个网络的交互作用在 ACC 中受到调节（Abu-Akel & Shamay-Tsoory，2011）

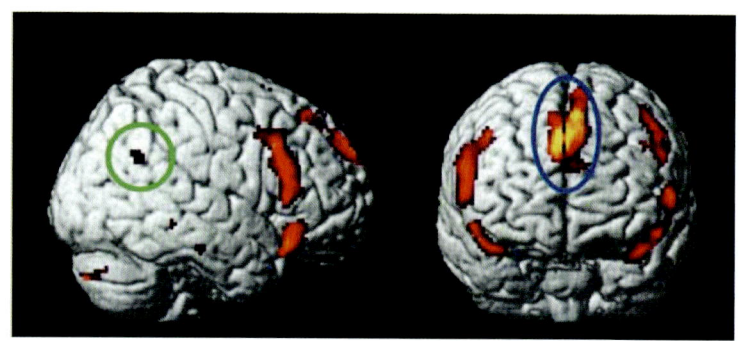

图 11.4 在语篇任务中的主角视角网络的典型激活。rTPJ 的激活用绿色椭圆表示，而 dmPFC 的激活用蓝色椭圆表示（Mason & Just，2009）

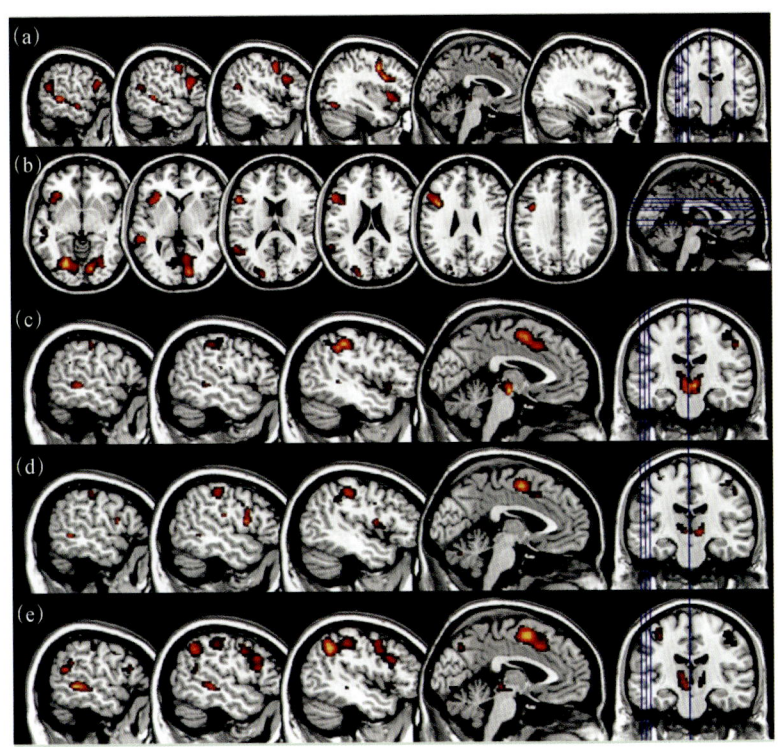

图11.6 ToM 任务的激活模式。(a) HI-LI 条件下激活模式的矢状图。在 MNI 空间中分别以 $x=-56$,$x=-51$,$x=-46$,$x=-37$,$x=-3$ 和 $x=35$ 坐标表示切片从左到右。(b) HI-LI 条件下的轴向视图。在 MNI 空间中分别以 $x=-5$,$x=3$,$x=17$,$x=21$,$x=28$ 和 $x=33$ 坐标表示切片从左到右。(c) 基线条件激活与注视点相加。在 MNI 空间中分别以 $x=-56$,$x=-51$,$x=-46$ 和 $x=-3$ 坐标表示切片从左到右。(d) 低抑制条件下的激活与注视点相加。在 MNI 空间中分别以 $x=-56$,$x=-51$,$x=-46$ 和 $x=-3$ 坐标表示切片从左到右。(e) 高抑制激活与注视点相加。在 MNI 空间中分别以 $x=-56$,$x=-51$,$x=-46$ 和 $x=-3$ 坐标表示切片从左到右(van der Meer et al.,2011)

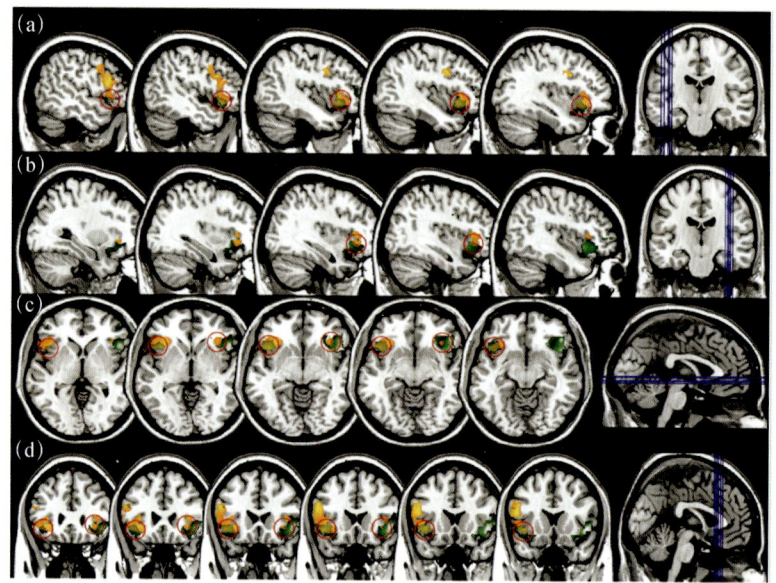

图 11.7 Stop＞Go 条件的激活模式（绿色），HI-LI 条件（黄色）和重叠激活在红色圆圈内突出显示。（a）MNI 空间中 $x=-51$，$x=-47$，$x=-42$，$x=-40$ 和 $x=-37$ 坐标上的左半球的激活模式。（b）MNI 空间中 $x=31$，$x=34$，$x=36$，$x=38$ 和 $x=41$ 坐标上的右半球的激活模式。（c）MNI 空间中 $z=-10$，$z=-8$，$z=-6$，$z=-2$ 和 $z=0$ 坐标上的轴向视图。（d）MNI 空间中 $y=28$，$y=25$，$y=22$，$y=20$，$y=18$ 和 $y=16$ 坐标上的冠状视图（van der Meer et al.，2011）

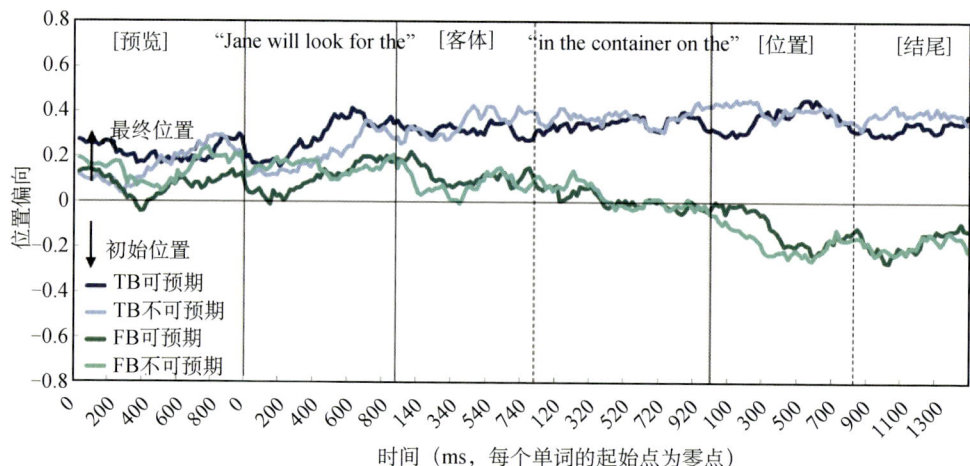

图 11.8 被动阅读组被试在每种条件下眼动的注意情况。请注意，垂直虚线表示目标语句中单词的绝对起始位置和平均结束位置。TB 为正确信念，FB 为错误信念（Ferguson et al.，2015）

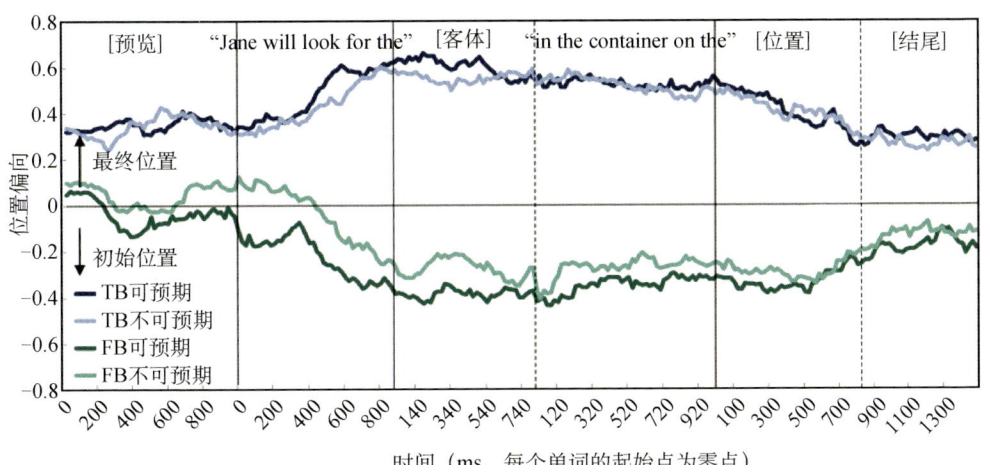

图 11.9 主动参与组中每个条件下的平均位置优势分数。请注意，垂直虚线表示目标语句中单词的绝对开始位置和平均结束位置。TB 为正确信念，FB 为错误信念（Ferguson et al.，2015）

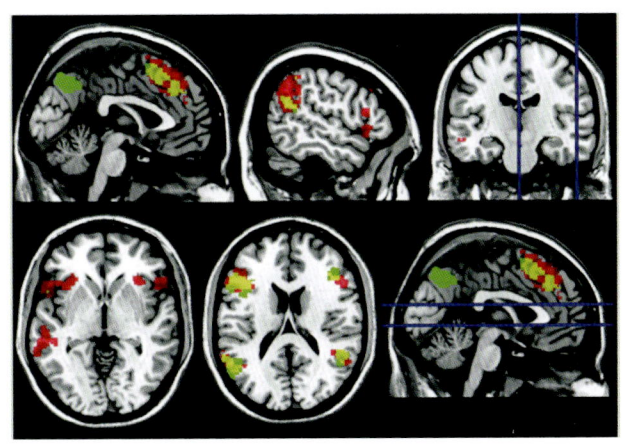

图 11.10 信念-意愿推理任务的 2×2 重复测量方差分析的全脑分析结果：以信念（B+/B−）和意愿（D+/D−）作为被试内因素。选定切片突出显示了心理理论（ToM）和执行控制（EF）区域对信念（红色）和意愿（绿色）因素的调控。黄色区域表示由这两个因素共同激活的区域。该组数据覆盖在 MNI 脑模板上，显示出显著激活的体素，其中 $z > 2.3$，$p_{corr} < 0.05$。从左上到右下的切片，$x=-1$，$x=54$；$z=-2$，$z=18$。图像反映了 z 校正的 F 检验图像，并以神经学惯例显示，其中左侧表示在图像的左侧（Hartwright et al.，2012）

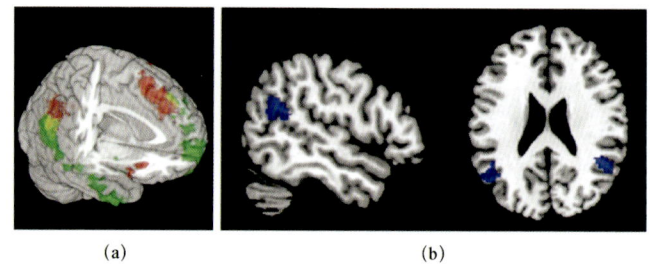

图 11.11 （a）来自信念-意愿推理任务的聚类图显示的对比度 FB>FP（绿色）的激活图，其中信仰和意愿的因素由单一颜色表示（红色）。黄色区域表示定位者和信念-意愿推理任务激活的区域。每个图叠加在 MNI 大脑模板上，并显示出显著激活的体素，其中 $z>2.3$，$p_{corr}<0.05$。（b）蓝色聚类反映了定位器对比度 FB>FP 和信仰-意愿因素（B+/B-和 D+/D-）之间的联系，$p_{corr}<0.05$。切片 $x=52$，$z=24$。图像反映了 z 校正的 t 检验图像，并以神经学惯例显示，其中左侧表示在图像的左侧（Hartwright et al.，2012）

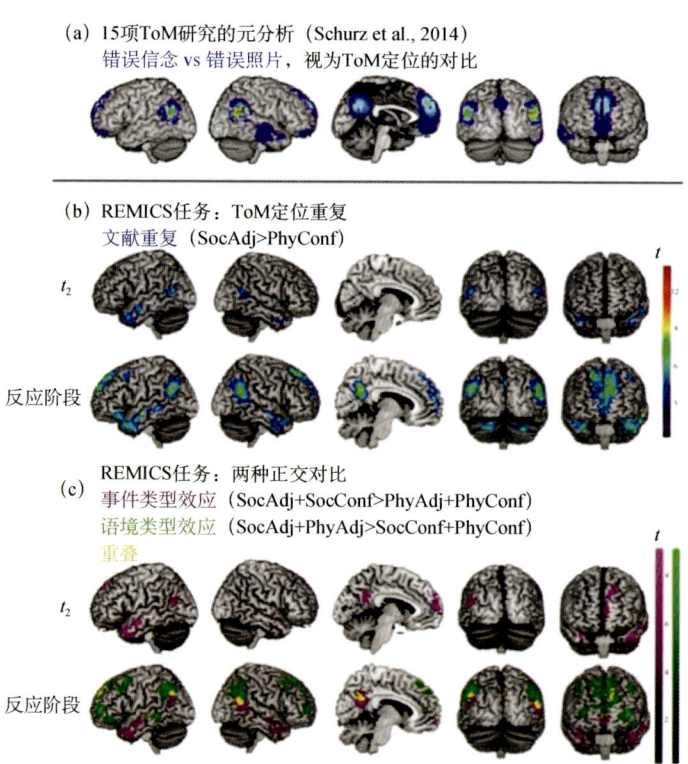

图 11.13 一项之前的元分析的结果及 REMICS 任务中的不同比较结果。（a）Schurz 等（2014）做的一项关于 ToM 的核磁研究的元分析，比较了错误信念和错误照片。（b）在 t_2 时间点和反应阶段，社会事件中需要调整的条件（SocAdj）与物理事件中需要确认的条件（PhyConf）相比，显著激活的脑区。（c）在 t_2 事件点上及反应阶段，事件类型的效应（紫色）、语境类型的效应（绿色）及两者的重叠部分（黄色）（Lavoie et al.，2016）

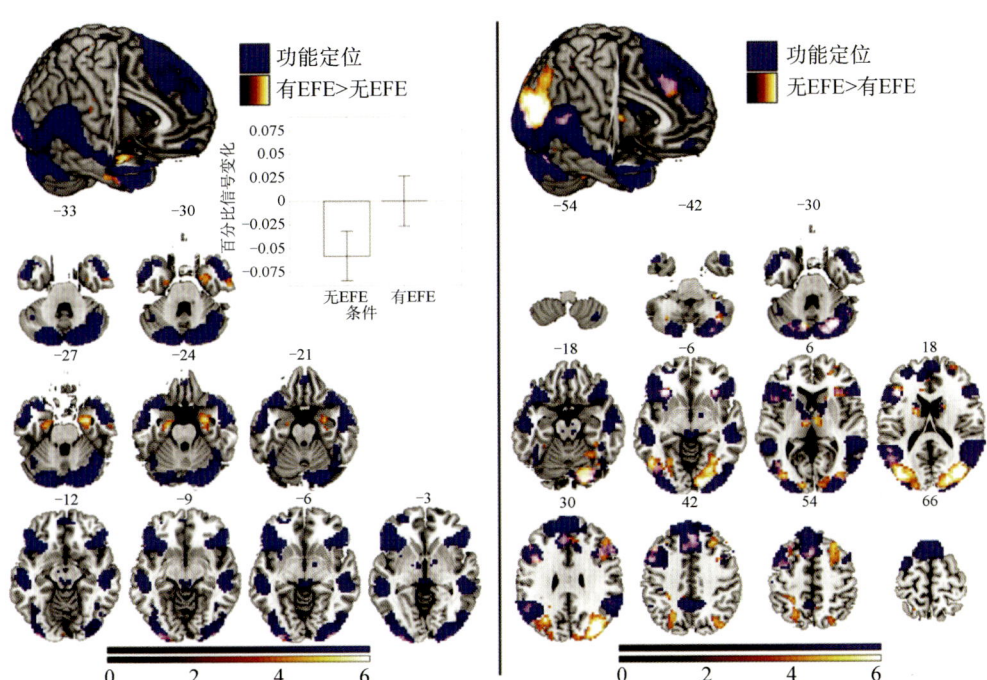

图 11.17 情感 ToM 功能网络定位的结果以及在情感 ToM（图 10.24+10.25 的卡通故事）中有 EFE >无 EFE（左）和无 EFE >有 EFE（右）的效应。$p<0.001$，$k=0$。左图：在情感 ToM 任务中有 EFE 时显示更高激活的脑区。右图：在情感 ToM 任务中无 EFE 时显示更高激活的脑区。功能定位结果以蓝色显示，差异效果及其重叠以粉色显示。彩条显示了 t。条形图显示了右侧的 BLA 中的百分信号变化的标准错误。在轴向切片上方显示各自的 z 坐标（Schmitgen et al., 2016）

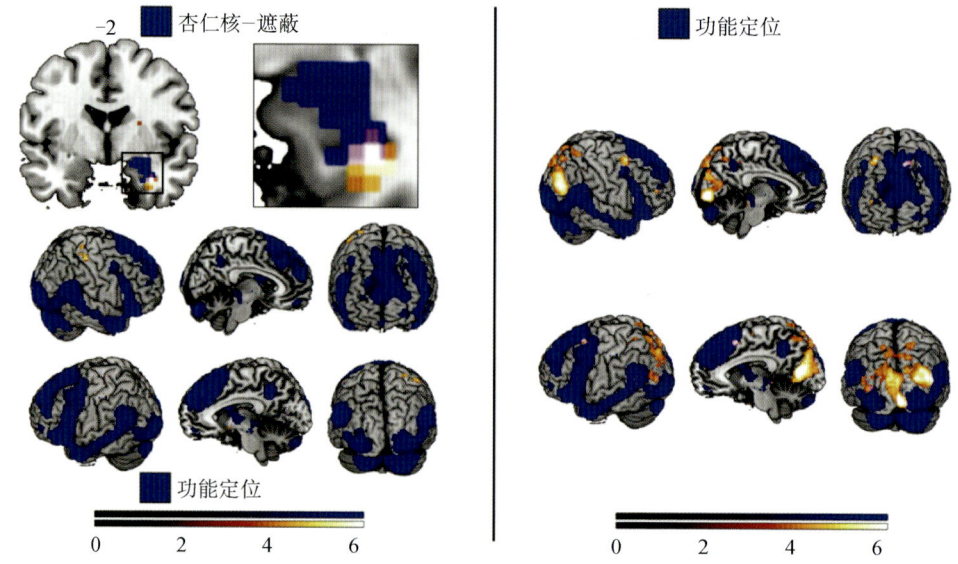

图 11.18 情感 ToM 与 EFE 效应之间交互作用的探索性分析。左图：情感 ToM 任务比无情感 ToM 任务 EFE 效应更强的区域；右图：无情感 ToM 任务比情感 ToM 任务 EFE 效应更强的区域（$p<0.001$，由于显示原因，$k=0$）。蓝色覆盖显示右侧杏仁核（左上方）和 ToM 网络定位（左下方，右侧）。在 $y=-2$（左）的冠状切片及其放大率说明了交互作用和右侧杏仁核（粉红色）的重叠。彩条显示 t（Schmitgen et al.，2016）

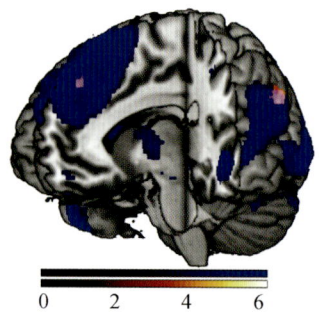

图 11.19 PPI 分析结果。功能定位实验的结果（蓝色），基于 EFE 的连接与右侧 BLA（heat map，热图）的群组定位，以及左半球的 dmPFC 和 TPJ 的重叠（粉红色）（$p=0.001$，$k=0$）。彩条显示 t（Schmitgen et al.，2016）

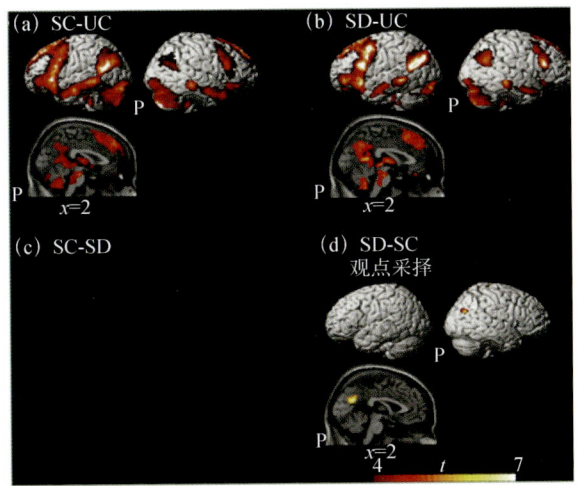

图 11.20 激活模式。(a)(SC-UC)对比相关的区域,色标(红色)表示 t,叠加在解剖标准化的磁共振图像(MNI 模板)的矢状面($x=2$)上。高度阈值 $t>3.65$,$p<0.05$ 在群集水平进行多重比较校正,显示整个大脑的体素数量。(b)(SD-UC)对比相关的区域,激活区域的阈值与(a)相同。(c)(SC-SD)对比相关的区域,没有激活的重要区域。(d)基于(SD-SC)的观点采择相关的区域的激活。高度阈值被设置在 $t>3.65$,大于 10 个体素的团块(Mano et al., 2009)

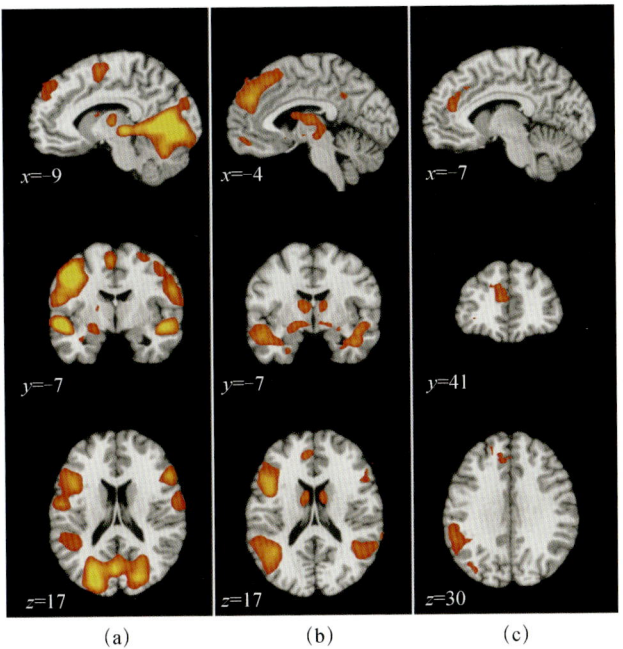

图 11.21 (a)故事阅读的脑激活——负面故事与中性故事的结合,(b)增加的负性效价态的参数效应,(c)增加的负性故事效价的脑激活与故事喜好的激活,效价与喜好的交互作用,全脑使用 FDR 校正($p<0.05$)(Altmann et al., 2012)

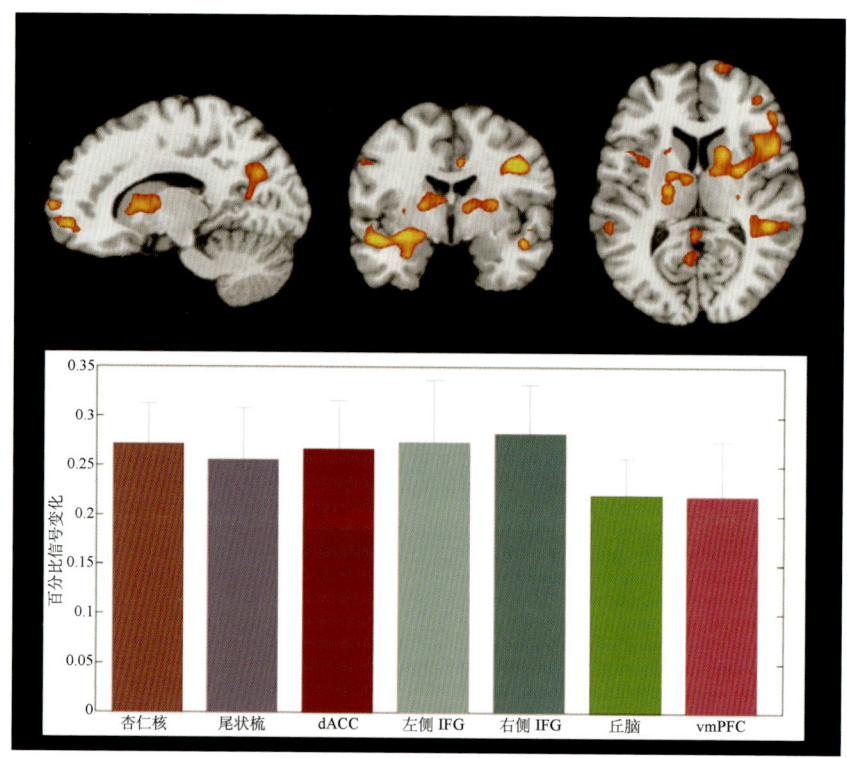

图 11.22 与阅读中性故事相比,阅读负性故事的大脑激活与 mPFC 表现出正向的功能连接,使用 FDR 全脑校正($p<0.05$)(Altmann et al., 2012)

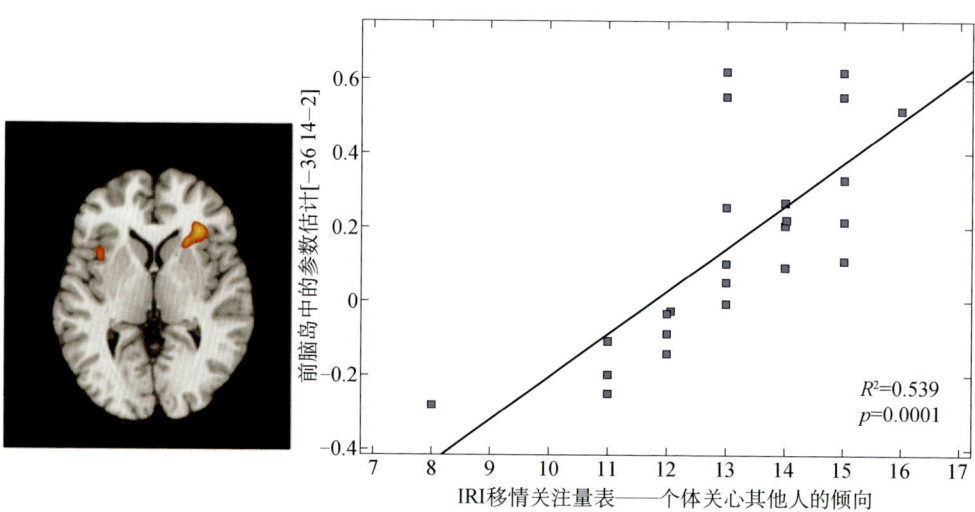

图 11.23 mPFC 与前脑岛之间的正向连接与个体对其他人的关注倾向相关(阅读负面故事与阅读中性故事相比,移情关注量表与 mPFC 功能连接呈正相关),聚类水平校正($p<0.05$),初始体素水平阈值设为 $p<0.001$,未进行校正(Altmann et al., 2012)

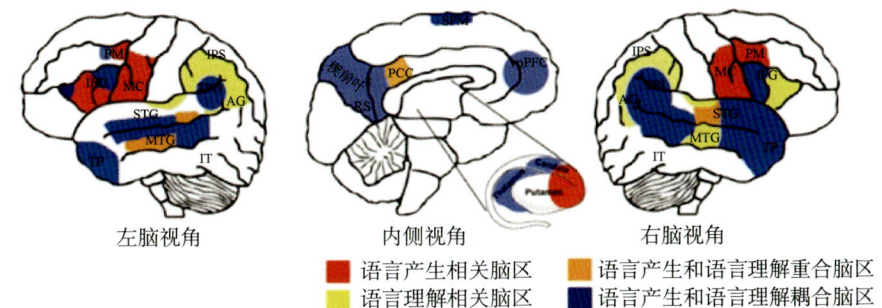

图 12.6　现实言语交流过程中激活的脑网络示意图。红色表示该脑区的响应只在言语产生过程中表现出时间进程上的可靠性，包括双侧运动区（MC）、右侧前运动区（PM）、左侧额下回前部（IFG）、右侧颞下前部（IT）以及纹状体的尾状核。黄色表示该脑区的响应只在言语理解过程中表现出时间进程上的可靠性，包括双侧顶内沟（IPS）、双侧颞上回后部（STG）、右侧额下回前部。橙色表示该脑区的响应在言语产生和言语理解过程中均表现出可靠性，但在时间进程上并未表现出耦合，包括双侧颞中回（MTG）、双侧顶内沟部分脑区、后扣带回（PCC）。蓝色表示该脑区的响应在言语产生和言语理解的时间进程上产生耦合，包括与理解过程相关的脑区，如双侧颞上回前部和后部、左侧颞中回前部和后部、双侧颞极（TP）、双侧角回（AG）；与语言产生过程相关的脑区，如左侧额下回背后侧、双侧脑岛、左侧前运动皮层，以及言语之外的脑区，如楔前叶和内侧前额叶皮层（mPFC）（Silbert et al.，2014）